朱瑞熙　著

朱 瑞 熙 文 集

第一册

上海古籍出版社

图书在版编目(CIP)数据

朱瑞熙文集/朱瑞熙著.—上海:上海古籍出版
社,2020.1
ISBN 978－7－5325－9491－7

Ⅰ.①朱… Ⅱ.①朱… Ⅲ.①中国历史-宋代-文集
Ⅳ.①K244.07－53

中国版本图书馆 CIP 数据核字(2020)第 034289 号

上海文化发展基金会图书出版专项基金资助项目

朱瑞熙文集

（全八册）

朱瑞熙 著

上海古籍出版社出版发行

（上海瑞金二路 272 号 邮政编码 200020）

（1）网址：www.guji.com.cn

（2）E-mail：gujil@guji.com.cn

（3）易文网网址：www.ewen.co

上海展强印刷有限公司印刷

开本 890×1240 1/32 印张 122.625 插页 41 字数 3,297,000

2020 年 1 月第 1 版 2020 年 1 月第 1 次印刷

ISBN 978－7－5325－9491－7

K·2780 定价：980.00 元

如有质量问题,请与承印公司联系

电话：021-66366565

前　言

朱瑞熙先生是国内学术界公认的具有较高学术成就的宋代历史研究专家。他发表了大量的著作和论文,主要集中在宋辽金时段内,为两宋历史研究做出了巨大的贡献。他在宋代科举、教育、铨选、社会结构、政治制度、社会生活、思想等方面有许多论述,对学术界影响深远。清人云:"文章公论,历久乃明。"(《四库全书总目》卷148)朱瑞熙先生的很多学术论著,是国内相关研究的开拓之作,一些学术领域他是最早的耕耘者;部分学术论著,纠正了前人的成见和不正确观点,有着令人耳目一新的感觉;部分学术论著,在前人的基础上,他大大地向前作了推进。他的大部分著作,都经受得住时间的考验,虽然过去了三、四十年,但很多观点仍然在为学界参考,是后人进入宋史研究领域的必备之作。

一

朱瑞熙先生为今上海市嘉定区人。出生时嘉定县行政上属江苏省苏州市,先生的家在嘉定县城所在地的城厢镇西大街。其父亲经营一家粮店,家庭经济状况在当时处于中产水准,对子女读书有较高的要求。先生高中就读于著名的嘉定一中,这是一所有良好学风和师资的重点学校,在这里先生打下了良好的扎实的文化基础。1956年,先生考入复旦大学历史系,步入学习和研究历史的道路。与同时期的同学大多数是调干生相比,先生的优势是年纪小,心无旁骛,刻苦用功。期间通读了《资治通鉴》、《宋史纪事本末》等文献，通过摘录卡片，分类整理保存，来积累资料，为此后向宋史方向发展打下了初步的基础。大学阶段，朱瑞熙还被安排到谭其骧先生的历史地理研究室，参加新《辞海》条目的编写和中国历史地图的绘制，学会了史料的收集、整理的基本方法。

　　1961 年 7 月，先生大学毕业后被分配到四川大学历史系工作，9 月即报考川大研究生。因为在这之前读过不少宋代的基本史料和部分宋代笔记，先生遂决定报考蒙文通先生的宋史专业。由于试卷成绩较好，录取比较顺利。尽管 60 年代前期政治运动不断，但在蒙文通先生的要求下大量读书、摘抄卡片，并写作读书日记，在学业上提高较快。至 1964 年 7 月，先生的研究生毕业论文《论宋代的佃客》写作完成。不过当年研究生都没有按期毕业，直至第二年川大才将学生送出校门。

　　1965 年 5 月，先生分配至中国科学院近代史研究所中国通史编写组，协助所长范文澜先生编写《中国通史》。范文澜先生在和先生见面后，要求他整理宋朝的相关资料，以便写作《中国通史简编》。不过，安静的时间没有多少长，就迎来了史无前例的政治运动。1967 年，先生曾被近代史所派到历史所参加中国农民战争史编写组，完成了农战史的相关内容的写作。1972 年，回到《中国通史》编写组，协助蔡美彪先生编写《中国通史》第五、六、七册的工作。至 80 年代，这三册《中国通史》正式出版。

　　在宋史研究方面，朱瑞熙最初对经济史最有兴趣。后来因为《中国通史》编写的需要，他系统地探讨了宋代的政治史、思想文化史和经济史，对唐、宋之际的社会变化产生了不少新看法，并且思考怎样更好更恰当地估计宋代在中国历史上的地位。"文革"结束，他马上投入到科研写作中，发表了一部分论文。如他专门研究宋代社会新特点的论文，后来名为《宋代社会研究》，就是这个时期写成的，最后由中州书画社于 1983 年正式发表，引起较大的反响。1979 年 9 月，他晋升为助理研究员；1983 年 4 月，晋升为副研究员。在当时来说，能评上高级职称是非常不容易，也是非常令人羡慕的，说明朱瑞熙的论著受到学界同仁的充分肯定，学术影响力超过同年代和他相仿年龄的一些学者。

1984年底，朱瑞熙调入上海师大古籍所工作。调入前后，他参加了邓广铭、程应镠主编的《中国历史大辞典·宋史卷》以及《中国大百科全书·辽宋西夏金史》的工作，是主要的编写和审稿者之一。《中国历史大辞典·宋史卷》是集众多宋史学者智慧的集体成果，朱瑞熙主要编写的是宋代选举、科举、学校类条目。由于此前学术界对宋代选举研究很少，可以参考的材料几乎没有，所以朱瑞熙对这些条目的撰写必须从阅读基础资料开始。他花了很大功夫，在一些问题上展开专题性研究，这为以后他对宋代官制、铨选、科举、学校、法制等方面制度的全面研究积累了许多知识。此书于1984年底在上海辞书出版社正式出版。在编写辞典的过程中，上海师大古籍所所长程应镠先生和朱瑞熙有了交往，对他撰写的条目非常满意，对他的学识也非常推崇。程应镠对引进朱瑞熙起了关键性的作用，并且说服学校提供了当时来说最为丰厚的经济条件。1986年程应镠因病不再担任古籍所所长，他向学校提议由朱瑞熙先生担任。从1986年夏天开始，朱瑞熙担任古籍所所长，组织和领导全所的科研工作，对研究生的培养实施了很多改革举措。1987年8月，朱瑞熙晋升为研究员。之后因为感觉行政事务非常影响自己的科研工作，1988年夏天，向学校提出请辞。

在上师大工作期间，朱瑞熙的学术成果更为丰硕，大量的著作和论文面世。如《中国政治制度通史》宋代卷的出版，奠定了他在宋代政治制度研究方面的崇高地位。他从皇帝制度、中央决策体制、中央行政体制、地方行政体制、立法和司法制度、财政管理制度、人事管理制度等角度，全方位地论述宋代的国家政治制度的运行机制和特点，同时首次论述宋代的中央决策体制，探讨中央决策机构和决策的依据，信息传递渠道，决策和政策贯彻执行的程序、方式，决策的特点与效应等。由他和一些学者合作完成的《辽宋西夏金社会生活史》，是国内系统研究宋代社会生活类著作中的第一本，他负责的称谓和排行、避讳、押字、纹身、休假、民间家族组织、节日等章节,在以往是很少有学者关注的,都是开创性的成果。

政治制度各个具体侧面的研究,是朱瑞熙学术论文中最受人称道的亮点。如关于宋代的宫廷制度、经筵制度、皇储制度、职官制度、幕职州县官的荐举制度、官员的用餐制度、官员的回避制度、官员的休假制度、官员的礼品馈赠制度、行政奖惩制度、科举制度、官署的简称和别称、"敕命"的书行和书读等等,这些具体制度中的相当部分,都是国内外第一次被研究,对深入推进宋代政治制度的探索作用巨大。

对人物的研究的见识,是朱瑞熙论著中比较让人赞叹的地方。如他谈到澶渊之盟时,与主流观点不同,认为盟约缔结后,宋辽之间不再有大的战事,肯定该盟约有其历史作用。论述范仲淹庆历新政,他认为虽然失败了,但对以后的宋朝政治产生了深远的影响,因为庆历新政随着范仲淹等人的离朝,大部分改革措施被废罢了,但也有一部分措施照常实行,有的措施还被进一步完善。再如谈王安石变法,他的观点令人耳目一新。上世纪50年代至70年代中国史学界对王安石及其变法持全盘肯定的态度,很多人的依据为列宁的"王安石是中国11世纪的改革家"这句话。朱瑞熙指出人们忽视了经典作家的原意,其实列宁是认为王安石曾实行过土地国有的措施,因此对王安石大加肯定。然而,在王安石推行的各项新法中,却没有涉及土地制度的问题,更没有实行过土地国有之法。列宁之所以对王安石有此评论,是因为普列汉诺夫提出王安石曾经推行过土地国有的措施,其实是普列汉诺夫搞错了这段历史。对岳飞的讨论,学术界观点纷纭。朱瑞熙在论述宋高宗朝的中央决策系统及其运行机制时,他从中央决策制度角度论证秦桧一手遮天、假传圣旨杀害岳飞是断然不可能的。他谈岳飞,认为岳飞有忠君思想,但他的忠君并不是只知有君、不知有国的愚忠,而是与爱国融为一体的忠君。在他生活的时代,人们难以把皇帝和国家严格区分开来,特别在民族危难时,更把忠君当作爱国,把勤王当作救国。君主与国家、君权与政权结合在一起,忠君和爱国难以分开,忠君的思想和行为自然被看成是爱国的表现。对朱熹,朱瑞熙是"文革"后大陆第一位实事求是评价的学者。他提出要为朱熹平反,并且认为长期以来对朱熹的评价都是歪曲了原意对其批判。其实在抗金方面,朱熹一生前后有三种主张,但不失为爱国者。对人物群体,朱瑞熙也有一定的研究。如关于官员子弟这一复杂的群体,他认为朝廷并不鼓励他们应举,但高级官员子弟往往优先注授近便、优轻的差遣及馆职,官员子弟还享有减免赋役和荫赎的特权。他对宋高宗、唐仲友、陈亮、林栗和一些人物也有深刻的专题性研究,不再一一枚举。

朱瑞熙还有不少论述是关于宋代经济的,既有宏观的论述,也有微观的讨论。他赞同范文澜的论断:"宋朝生产力的顺利发展,很可能产生资本主义的萌芽。"提出宋代只是中国封建社会中资本主义萌芽的准备阶段,虽然从社会经济的角度考察,宋代已经初步具备了资本主义萌芽的物质条件,但由于宋朝在外部不断受到北方邻国的侵扰,在内部社会经济的进一步发展受到压抑,因此始终没有产生出资本主义的萌芽。他对宋代商人的地位及其历史作用进行了研究,认为商人联系了城乡经济及生产与消费,促进了全国经济的发展。此外,他在"文革"以前,有数篇论文研究宋代役制等;本世纪,他对宋朝乡村催税人、土地价格等,都有深入的思考。

对宋代社会生活、文化和社会风尚,朱瑞熙有大量论述。如他考察了宋代的生活用具、服装、朱熹的服装观,探讨了宋人的婚姻观念对婚姻礼仪的影响,考察了宋代社会的丧葬礼俗,对宋人的官私的称谓、避讳习俗、南北方的饮食特点、节日、八股文的形成与没落等问题都有深入的研究。如关于八股文的雏形,他认为应是宋代的时文,大概在南宋中期已经形成了文章的八股体式,这是科举和学校考试的客观需要。这方面的研究,是在宋代科举制度史和教育制度史、文学史方面的一个突破。

由于朱瑞熙先生在宋史研究上的巨大成就,1992 年他获得了国务院颁发的政府特殊津贴,1999 年他被评为上海师大优秀教授,2002 年在中国宋史研究会第 10 届年会上当选为会长。

　　朱瑞熙先生较长一段时间内担任上师大中国古代史专业的负责人,他组织、策划和推进了一些集体项目。如他最早提出要用电子化手段对宋代笔记进行整理,尽管当时的电脑硬件还没完全具备条件,但他还是储备专门人才推进这行工作。后来上海师大古籍所上马《全宋笔记》的整理,与当年朱瑞熙先生最早的设想密切相关。《全宋笔记》整理和研究工作全面开展后,他有很多具体的指导意见,使整理工作避免了很多弯路,做得更为完善。上世纪90年代,他担任《传世藏书·集部》宋辽金元部分的主编,组织了多位古籍所中青年教师整理点校其中的十多部文集,对这些老师在学术上的培养和训练起了重要的作用。1988年,庐山白鹿洞书院恢复建制,他担任院长,组织了古籍所几位教师标点《白鹿洞书院古志五种》。从1992年起,他接受了中国历史文献研究会的推荐,主编二十五史系列专书辞典之一的《宋史辞典》,在克服经费少、编撰人员不固定的困难之下,他统一体例、文字,审读校样,将945万字的文稿全部交到了山东教育出版社。

　　朱瑞熙先生关心学生和年轻教师的成长。他在上海师大先后协助程应镠先生指导了戴建国、杨师群两位硕士生,独力指导了徐敏栩、何润香、祝建平、范平、刘学锋、周蓓等硕士生。九十年代后期,他在四川大学担任兼职博导,指导了陈国灿、戴建国获得博士学位。同时他还担任本科生的导师,古籍所历年来有很多学生受惠于他。

　　朱瑞熙从内心深处热爱着自己的出生地嘉定,常常会对故乡的文化事业建设贡献出自己的一分力量。他不但有多篇文章研究嘉定的一些具体问题,而且还标点了《南翔志》、《安亭志》,为嘉定的乡镇志整理做出了贡献。嘉定博物馆标点、校释《嘉定碑刻集》,其中的二百多通碑文是他点校注释的。他对家乡的爱是真诚的、无私的。

二

　　上海师范学院成立于1954年,历史系是最早建立的几个系科之一,创系主任是程应镠教授。程应镠为了发展历史学科,引进了张家驹先生来学校工作。张家驹先生从大学撰写毕业论文开始,主要兴趣就在宋代历史方面。他很早就发表宋史研究方面的文章,如《宋代公路考》、《南宋两浙之盐政》、《两宋与高丽之关系》、《宋室南渡前夕的中国南方社会》发表于上个世纪的 30 年代,《宋代造船工业之地理分布》、《宋代社会中西南迁史》等发表于 40 年代。他先后出版了《两宋经济中心的南移》、《赵匡胤传》、《沈括》等研究专著。他从北宋政权的建立和南方社会生产力的发展、政治中心移动对南方社会的影响、南渡后社会生产力的恢复和发展以及南方人材的勃兴等方面,说明宋王朝的南渡标志着南方经济文化的空前发展,并说明这一时期是我国历史上经济重心完成其南移行程的时代。这一论断,对中国经济史研究产生了重大影响。

上世纪 70 年代后期,政治形势渐渐有所变化,上海师院一批研究历史的教师一边劳动、参加政治运动,一边开始了二十四书中《宋史》的整理和校勘。"文革"结束后,以程应镠为首,包括裴汝诚、徐光烈、颜克述、陈九思等先生,又进行了《续资治通鉴长编》、《文献通考》等书的点校。学校专门于 1983 年成立了古籍所,具体负责古籍的整理工作,首任所长为程应镠。也就是说,从这个时候开始,上师大中国古代史学科研究宋代历史和文献的特点比较明朗。为了整理古籍,先后从各高校、科研院所和社会上调入了很多学有专长的人员加入古籍所,加上原有的科研人员,有了一支相当庞大的研究队伍。其时古籍所和历史系研究宋代历史和文献队伍非常壮大,如古籍所有朱瑞熙、许沛藻、顾吉辰、郑世刚、杨博文、金圆等,历史系有董家骏。古籍所最早培养的研究生,如俞宗宪、朱杰人、王松龄等也留校工作。上个世纪末到本世纪初,前辈先生留下的宋代历史和文献研究特点继续保存着,他们的学生,如戴建国、虞云国、范荧、程郁,加上 90 年代调入的汤勤福,至今仍然活跃在宋史研究领域,保持着宋史研究的传统。

2019 年夏天,上海师大召开全校中层干部大会,新来的学校党委书记林在勇谈到他对上师大学科的了解时,首先说上师大"宋史研究在全国是很出名的"。之后,他到人文学院,又再次提到宋史研究要在全国有一定的地位,古籍整理学科的特色一定要保持。学校主管科研的陈恒副校长多次对我说要对朱瑞熙的科研成果宣传推广,上师大担任国家级学会的副会长有很多人,但担任会长的并不多,说明朱瑞熙的学术成果在国内是被大家认可的。今年7月份,他打电话给我时再次提到了这个问题。我思索了一下,认为朱瑞熙先生学术的一个特点是重要论文很多,和人合著的书稿很多,因此是否可以考虑编辑出版文集。陈恒副校长认为应该可以,并且说让我具体负责此事,出版费用由他来协调。这样,出版文集的事情经我和朱瑞熙先生沟通后,就摆上了议事日程。

　　八册文集已经编成,工作的艰巨远超过我最初的设想,必须说这是大家共同努力、忙碌的结果。人文学院查清华院长对这项工作非常支持,不但解决了出版费用,而且时常关心着项目的进度。中国史专业建设委员会主任苏智良教授最初因为出版费用转账时间上发生问题时,提出就是学科其他地方不再用钱也要出版这套文集,令人感动。戴建国教授、俞钢教授、汤勤福教授多次和我商量文集编纂的体例,随时关心着文集编纂的进程。图书馆副书记赵龙副教授一次又一次帮我搜集论文和书稿的电子版,甚至让人从很远的地方拍了照片传送过来。上海辞书出版社的赵航先生更是直接从旧书店中买了登载朱瑞熙先生文章的八十年代的杂志寄给我。朱先生有部分论文发表在我国台湾的一些刊物上,而且这些刊物有的已停止出版,是我所的雷家圣副教授拜托朋友从台北查找后再转发过来。文集中的大部分电子版,是我的研究生周其力提供的,他从夏天开始就参加到资料的搜集工作中,他是我这次编纂文集非常得力的助手,一旦碰到文档的缺漏、核对都是通过他来完成的。文集的量很大,所有的论著必须要经过严格的核对,这得到了很多研究生同学的帮助,周其力、薛莹莹、刘涵迪、王新琪、张雷、刘炜、王振辉、刘彪彪、张永鸣、张宏超、周凯都先后参加到这项工作中,他们认真仔细,反复核对。部分文稿没有电子版,我们只能通过拍照等形式再打印成文,黄予、张宝月、张艺凡打印了所有的文稿。此外,朱惠文同学也为文集部分资料的搜集作出了贡献。

上海古籍出版社总编吕健兄最初听到我提出的文集编纂设想,马上就答应由他们社出版,并落实编辑室安排具体的工作。胡文波兄是文集编辑的具体负责人,从最初文集名称的推敲,到后来反复和我商议文集大到编纂结构、体例,小到文字和标点的校对等各种问题,工作态度十分严谨,做事一丝不苟,考虑问题相当仔细,有自己的想法和担当,对文集的出版精益求精,力求做到尽善尽美。

朱瑞熙先生八十寿诞时,我写过一篇《我心目中的朱瑞熙先生》,里面谈到朱先生的学术观点对年轻人的启发,朱先生对学问的认真和刻苦态度对古籍所年轻人的影响。朱先生调到上海师大后不久,我1985年夏天毕业,本科论文的指导教师就是朱先生。在自己的学术之路上,朱先生一再帮助、提携我,使我受益终身。因此,作为朱先生的学生,今天我们有义务编好这本文集,让古籍所的年轻教师和学生好好学习先生的学术观点和治学方法,夯实学术基础,在学术之路上走得更为顺畅。

张剑光

2019 年 12 月 18 日

编　纂　说　明

　　一、本全集共分八卷,收录朱瑞熙先生学术著作二种,论文集一种,辞典词典二种,合作著作六种,古籍选译一种,各类文章一百八十五篇。名为"全集",实际收录的只是我们尽力能够找到的文章,还有少量的论文限于我们的能力,无法找到,只能说是相对的"全"。

　　二、朱瑞熙先生参加的几种合作著作,如《中国通史》第五、六、七册,因为是多位作者合作的成果,没有明确具体的部分,经朱先生认可,全集不加收录;一般性的贺词、评语等,全集没有收录;朱瑞熙先生所有整理过的古籍著作,因为数量庞大,也没有收录。

　　三、部分合作著作的章节,收于不同的书中,如果内容基本一致,只收其中的一种。学术论文既发表在学术刊物上,又发表在论文集上,如果文字完全一样的,只收录其中的一种,但在文末标明。学术论文如果发表在不同刊物上,但文字有详略不同的,收录较为详细的一种,删节和简写的一种不加收录。个别论文分为上、下发表在不同期的刊物上,但全文又发表在论文集中,本次收录的为论文集中者。个别论文内容有部分相同,但又有部分不同的,本次两文都加以收录。

　　四、收入《嘐城集》的论文,不再收入第五至第七册的"学术论文"中。

　　五、论文的收录,大致分为几个类别,每类大体以时间先后排列。早期的论文中有特殊时期的政治背景及话语,为尊重历史事实,我们一仍其旧,不加任何改动。

六、本次收录的著述中,有一些是合著的成果。凡明确是他人的著作,不再加以收录,章节目录删减合作者的部分,次序不加改动,保持原貌;凡无法明确合作者部分的,文末加以一一标明。论文凡是合著的,文末均加以标明。

七、本次收录的论著,由于时间跨度较大,且原来各出版社和刊物要求不同,本次收录在格式上大体加以统一。(1)注释全部改为页下注,每页重新进行编号。引文的卷数改为阿拉伯数字。(2)年号后标注的公元纪年,一律改为阿拉伯数字,如绍兴元年(1131年)。(3)收录论著的文字,不作改动,除少数明显的错别字外。(4)论著的标点符号,由于原来各书、各文并不一致,本次收录时根据出版社要求全书基本统一。

八、本次收录的论著,全部以简体字横排。原来为繁体字的,一律转为简体字。

九、全集后编有《朱瑞熙论著编年》,所有著作和论文均以首次发表年份排列,修订本或在其他书刊中再次发表的,同时加以注明。

张剑光

2019 年 12 月 18 日

总　目　录

前言
编纂说明

中国政治制度史·宋朝政治制度
中华民族杰出人物传（第二辑）·岳飞

第 四 册

嫽城集

第 五 册

学术论文（上）

第 六 册

学术论文（中）

第 七 册

学术论文（下）
史籍考论

第 八 册

序跋书评
杂著
附录:朱瑞熙论著编年

朱瑞熙文集

第一册

第 一 册 目 录

宋代社会研究

目　　录

前　言

从唐代中叶开始,中国封建社会进入了新的发展时期,我们称之为中国封建社会的中期。它历经五代十国、两宋、元代,直到明代后期出现资本主义萌芽以前,共约八百年时间。由唐代中叶开始的社会发展变化,到宋代几乎完全定型,从而呈现出不同于过去的社会新面貌。

宋代社会的新面貌表现在社会的各个方面。首先是物质生产的发展和阶级关系的变化,在此基础上,出现了新的土地占有制度和租佃制度,从而形成了新的社会经济结构。其次是以新的社会经济结构为政治的和精神的基础,整个上层建筑包括政治、军事、教育、法律等制度,乃至哲学、宗教、文学、艺术、学术等意识形态以及风俗习惯都出现了相应的变革。再其次是人民群众在新的历史环境里,以不同于以往的革命目标和方式进行阶级斗争,奏响了新的战斗乐章。这一切因素互相联系、互相制约、互相影响,构成了丰富多彩的宋代社会面貌的生动图画。

本书以整个宋代社会为对象,研究宋代的社会经济、社会阶级结构、土地占有制度、租佃制度、政治制度、军事制度、教育制度、封建家族组织、妇女社会地位、理学和哲学、人民群众阶级斗争等社会的主要问题,对宋代社会进行横断面的剖析。同时,使用历史比较研究的方法,将宋代社会的各个方面跟宋以前各代主要是唐代进行比较,对宋代社会进行纵切面的剖析。试图通过这种剖析,来揭示宋代社会经济基础和上层建筑以及阶级关系发展变化的特点,进而了解宋代在漫长的中国封建社会历史上所占的重要地位。预计这项工作将会对探讨中国封建社会内部特殊的运动规律有所裨益。

本书写于 1980 年，原名《试论宋代社会发展变化的新特点》。最初作为一篇论文，曾在同年十月上海师范学院举行的宋史研究会成立会上介绍过要点。后来根据出版部门的要求，改成章节体裁，便变成了现在的样子。但内容一仍其旧，仅在个别地方作了一些修改和补充。

对宋代社会的另外一些问题，诸如赋役制度、职官制度、铨选制度、宗教迷信、风俗习惯、文学艺术、各项学术（包括历史学、地理学、金石考古学、音韵学、目录学等）、民族关系、科学技术等，有些虽然已经言及，但语焉未详，很不深入，大部分则还没有顾及。这些问题有待于今后进一步探讨和论述。

第一章　宋代的社会经济

马克思主义告诉我们,社会物质生活资料的生产以及随之而来的产品交换,是"一切社会制度的基础","整个历史的基础"①。马克思在阐述历史的前后联系和发展时,明确指出:"人们不能自由选择自己的生产力——这是他们的全部历史的基础,因为任何生产力都是一种既得的力量,以往的活动的产物。"②列宁也说:"自然界中一切现象都有物质原因作基础,同样,人类社会的发展也是由物质力量即生产力的发展所决定的。"③宋代社会各方面所出现的发展变化以及由此而形成的新特点,即以唐代和宋代本身社会经济的发展作为物质基础,并由它来决定的。依据这个原则,本文首先论述宋代社会经济的发展这一部分。

宋代社会经济的发展,表现在农业、手工业、商业、户口以及封建国家剥削收入等方面。

（一）农　　业

农业是宋代社会最主要的生产部门。宋代农业生产的发展,就广度而言,主要表现为耕地的增加。由于广大劳动人民的不断开垦,由于宋代封建国家有些时候推行奖励垦田的措施,以及某些官员关心农事、

---

① 《马克思恩格斯选集》第3卷,第424页;第1卷,第43页。
② 《马克思恩格斯选集》第4卷,第321页。
③ 《列宁选集》第1卷,第88页。

指导垦殖,各种类型的农田诸如圩田、山田、沙田、淤田、涂田、葑田等逐步增多,因此耕地肯定要比汉、唐增加很多。但是,宋朝官府对于垦田数字的统计,显然与实际情况相差甚远。据《宋史·食货志上一》记载,宋代垦田的最高额为宋真宗天禧五年(1021年)的五百二十四万多顷,其次为宋英宗治平年间(1064年到1067年)的四百四十万顷。《治平会计录》的作者蔡襄①明确指出,治平年间的垦田数,"特计其赋租,以知顷亩之数"。还指出:当时"赋租所不加者十居其七,率而计之,则天下垦田无虑三千万顷"。由此说明,这一垦田数只是依据两税等数额推算而得,而逃税的田亩占十分中的七分。据此计算,全国垦田估计达一千四百七十万顷,蔡襄所谓"三千万顷",可能系"一二千万顷"之误。

宋代农业生产的发展,就深度而言,表现为耕作制度的改进、耕作技术的提高、经济作物地区的较多出现和单位面积产量的提高。

耕作制度是在一定的社会制度和自然条件下形成的作物种植制度。历史上从原始社会、奴隶社会发展到封建社会甚至资本主义社会,耕作制度改变的方向,总是由少种到多种,由粗放到集约,由低产到高产,由地力衰退到地力不断提高的。宋代耕作制度的改进,主要表现在一年两熟制和两年三熟制面积的日趋扩大。北宋初年,官府劝谕江南、两浙、荆湖、岭南、福建各州百姓"益种诸谷,民乏粟、麦、黍、豆种者,于淮北州郡给之";江北诸州,也令"就水广种粳稻,并免其租"②。这是宋朝统治者试图改变"江北之民杂植诸谷,江南专种粳稻"的旧耕作制度的一个重要措施。以后的事实证明,宋朝统治者的这一措施是有一定成效的。北宋时期,北方的水稻和南方的麦等种植面积,都在逐步扩大。尤其在南宋初年,北方人口大批向南迁徙,因为北方人爱吃面食,麦价迅速提高,种麦者获利较多;同时,封建官府规定佃客如果种麦不须向地主交纳麦租。所以,南方植麦面积不断扩大。庄绰《鸡

---

① 章如愚:《山堂先生群书考索》续集卷45《财用门·宋朝财用》云:"蔡襄著《治平会计录》。"
② 《宋史》卷173《食货志上一》。

肋编》卷上记载:"建炎之后,江浙、湖湘、闽广,西北流寓之人遍满。绍兴初,麦一斛至万二千钱,农获其利,倍于种稻。而佃户输租,只有秋课,而种麦之利独归客户,于是竞种春稼,极目不减淮北。"宋理宗初年,方大琮说:"青黄未接,以麦为秋,如行千里弛担得浆,故禾则主、佃均之,而麦则农专其利。"①南宋后期,两浙、江西、福建、两湖等地已经普遍种植二麦,甚至天气较热的两广也有部分地区种植。南宋时,各地农民还培育出一些大、小麦优良品种。小麦方面,淮西路无为军的品种,有早白、中白、晚白、和尚等四种②。浙东路绍兴府的品种,有早白麦(小满前熟)、松蒲麦(秃芒如松房)、娜麦(穗如大麦,而米则小麦)③。台州的品种,有赤麦、白麦、早齐、鼠狼黄④。江东路饶州的品种,有赤麦、白麦、青秆、白蒲、大青、齐头黄,还有僧头麦。僧头麦本是两浙路的品种,皮厚而无茫⑤,所以又称"和尚麦"、"火烧麦"、"师姑头"等,平江府、太平州等地普遍种植⑥。大麦方面,浙东绍兴府有晚大麦(种长而子多,与小麦齐熟)、六棱麦、中早麦、红粘糯(能酿酒)等四种⑦。江东太平州有六棱麦、中早麦、红粘糯等三种⑧。徽州有早麦、中期麦、青光麦、高丽麦(又称高头麦,揉搓则粒出,但难为地力)、糯麦(宜煮饭)⑨。浙东扬州有糵麦、短秆、晚麦、淮麦⑩。各地大、小麦良种的培育,显示出当时二麦栽培面积的增加,同时也反映麦、稻二熟制地区的逐步扩大。

宋朝统治者试图改变旧的耕作制度的另一个重要措施,是引种占

① 方大琮:《铁庵方公文集》卷33《将邑丙戌(宝庆二年,1226年)秋劝种麦》。另见黄震:《黄氏日抄》卷78《(咸淳七年)中秋劝种麦文》。
② 《永乐大典》卷22181《麦字》引《濡须志》。
③ 施宿:《嘉泰会稽志》卷17《草部》。
④ 《永乐大典》卷22181《麦字》引《台州府志》。
⑤ 《永乐大典》卷22181《麦字》引《番阳志》。
⑥ 《永乐大典》卷22181《麦字》引王恽《玉堂嘉话》、《太平志》、《苏州府志》等。
⑦ 施宿:《嘉泰会稽志》卷17《草部》。
⑧ 《永乐大典》卷22181《麦字》引《太平志》。
⑨ 罗愿:《淳熙新安志》卷2《叙物产·谷粟》。
⑩ 《永乐大典》卷22181《麦字》引《维扬志》。

城旱稻。宋真宗大中祥符五年（1012 年），因江淮、两浙地区遇旱，水稻歉收，命从福建运占城稻三万斛，分给三路，“令择民田之高仰者莳之”①。同时，颁布了栽种法②。占城稻是旱籼稻，性耐旱。在大中祥符五年以前，江淮、两浙地区在水稻方面只种植粳稻和糯稻，此后，占城稻即籼稻尤其早籼稻就逐步遍于江淮、两浙。广大农民经过长期精心栽培和选育，还创造出许多适应本地气候、土壤条件的新的占城稻良种。南宋时，各地的占城稻亚种已经为数繁多，既有籼稻和糯稻，又有早稻、中稻和晚稻。金州糯（又称金钗糯，交秋糯），是从占城稻种培育出来的一种早熟的籼糯，浙西嘉兴府、湖州、平江府、临安府，浙东绍兴府，江东徽州等地都已普遍栽种。浙东绍兴府的早稻品种中有早占城（又名金成、六十日子），中稻品种中有白婢暴、红婢暴、八十日、泰州红、黄岩硬秆白、软秆白，早熟晚稻品种中有红占城，迟熟晚稻品种中有寒占城。绍兴府的早占城稻，在浙西嘉兴府、平江府、临安府、镇江府、浙东台州等地都有种植。绍兴府的白婢暴、红婢暴两个品种，在台州也有种植，是“次早”成熟的稻种。各地许多占城稻良种的培育，对逐步推行一年两熟制或两年三熟制起了重要的作用。

诚然，宋朝统治者改变耕作制度的措施，唯有经过广大劳动人民的长期努力才能够实现。宋代农民群众除在推行以上两个措施的过程中作出贡献而外，还根据早、中、晚熟品种合理搭配的需要，培育和相互交流了许多优良的粳、糯稻种。据现存资料统计，包括各种占城稻种在内，宋代共有近二百六十种水稻良种，当然实际数字远远不止这些。比如浙东台州的水稻品种，分为“最早”、“次早”、“晚”三大类共二十种，另有“宜旱”的旱棱稻、“宜水”的倒水赖稻，还有糯稻九种③。绍兴府的水稻也有早稻、中稻、晚稻、糯稻等四大类共五十六种，其中晚稻是一些

①　《续通鉴长编》卷 77，大中祥符五年五月戊辰。
②　《宋会要辑稿》食货 1 之 17《农田杂录》。
③　陈耆卿：《嘉定赤城志》卷 36《风土门·土产·谷之属·稻》。

"七月始种,得霜乃熟"的品种,称"寒占城"、"见霜稻"、"狗蜱稻"、"九里香"①。又如浙西平江府昆山县的农民引种了名叫"睦州红"的中稻和"宣州"的糯稻。浙东绍兴府的农民引种了外地的四种早稻,称为"宣州早"、"泰州红"、"黄岩硬秆白"、"黄岩软秆白"等。

北方水稻和南方二麦种植面积的扩大,以及各地许多新的稻、麦良种的培育,都为改进耕作制度创造了良好的条件。淮南路"岁收谷、麦两熟"②,浙西路苏州(平江府)"稻一岁再熟",或者"刈麦种禾",既"种粳稻,又种菜、麦、麻、豆"③。南宋初,陈旉在《农书》中,介绍了在旱田"获刈才毕,随即耕治晒暴,加粪壅培,而种豆、麦、蔬菇"④的经验,还为每个月的农事作了安排,尽量使"不违先后之序","相继以生成,相资以利用,种无虚日,收无虚月"⑤。这种耕作制度跟前代的一年一熟制已经大不相同。

宋代的耕作技术也有所提高。这跟一些比较先进的农具的逐步推广密切有关。诸如耕地用的踏犁和犁刀,扯秧用的秧马,灌溉用的人力水车、牛转水车(即踏车或龙骨车)和筒车,收获时用的飏扇(扇车)⑥,无不减轻了耕地、扯秧和灌溉时农民的劳动强度,增加了农民抗御水、旱等自然灾害的能力,并且提高了功效。在此基础上,二麦尤其是水稻的栽培技术较前有所提高。南宋初人陈旉在《农书》中,总结了两浙等先进地区的耕作经验,从耕耨、浸种、育秧、施肥、耘田、灌溉到饲牛、役牛、蚕桑等,一一作了详细介绍。陈旉《农书》的成书表明,两浙等地水稻种植,稻、麦轮种,施肥等已经形成了一套比较完整的技术,这些技术是两浙等先进地区广大农民长期劳动的结晶,对于宋代农业的发展起了相当重要的作用。作为士大夫的陈旉,经过长时期的实地调查研究,

① 施宿:《嘉泰会稽志》卷 17《草部》。
② 《宋会要辑稿》食货 63 之 117《营田杂录》。
③ 吴泳:《鹤林集》卷 39《隆兴府劝农文》;朱长文:《吴郡图经续记》卷上《物产》。
④ 陈旉:《农书》卷上《耕耨之宜篇第三》。
⑤ 陈旉:《农书》卷上《六种之宜篇第五》。
⑥ 李壁:《王荆公诗笺注》卷 15。

总结了当时农业的先进技术和经验,对宋代及以后各代农业的发展也作出了重要的贡献。

宋代农业还因气候、交通、技术等条件,自然地出现一些专门种植经济作物的农户,形成经济作物的专业经营区域。诸如太湖中洞庭山的农民专门种柑橘,而"鬷口之物,尽仰商贩"①。江西赣州、道州种植金橘,温州种植黄柑,广南种植柑橘,福州、兴化军种植荔枝。洛阳、彭州、苏州、陈州种植牡丹等名花,这些地区都出现了许多专门以种花为生的"花户"或"花农"②。盛产甘蔗的泉州、福州、吉州、广州、明州、汉州、遂宁府,也有许多蔗农,兼炼沙糖和制糖冰③。湖州安吉"唯藉蚕办生事"④,所产丝"尤好",每年上供五万两⑤。建州、雅州、蜀州、邛州、彭州、汉州、绵州、雅州、洋州等地农民"多以种茶为生",这里有大批专门种植茶叶的园户⑥。两浙地区还普遍种植粳稻和糯稻,苏州常年产米七百多万石⑦,所产箭子粳米和香子稻米专供贵族、官僚享用。随着城市人口的增长和手工业生产的发展,对此类商品粮食的需求量不断增加。两广和福建较多种植棉花,南宋末年,江淮、川蜀也逐渐种植⑧。历史证明,棉花是一种经济价值比较高的作物。为数甚多的经济作物区域的形成,表明有关地区的这些作物的产量和栽培技术已经达到了相当的高度。

宋代农田单位面积产量,比前代也有所提高。一般地说,单位面积产量因时因地因人而异,不过,各地区常年的产量仍都有一个比较稳定的数额。北宋时,京西一带的农田每亩约收三斛⑨。苏州"中稔之利,

①　庄绰:《鸡肋编》卷中。
②　陆游:《牡丹谱》、《花释名》,载《全蜀艺文志》卷56下;范成大:《吴郡志》卷30《土物下》。
③　王灼:《糖霜谱》等。
④　陈旉:《农书》卷下《种桑之法篇第一》。
⑤　谈钥:《嘉泰吴兴志》卷20《风俗·物产》。
⑥　吕陶:《净德集》卷3。
⑦　范仲淹:《范文正公集·政府奏议》卷上《答手诏条陈十事》。
⑧　王祯:《农书》卷10《百谷谱十·杂类》;卷21《农器图谱十九·木棉序》。
⑨　《续通鉴长编》卷37,至道元年正月丙辰。

每亩得米二石至三石"①,按每百斤谷加工成五十斤米②计算,苏州每亩产谷四石到六石。陕西的屯田每亩约收一石③。河东营田的膏腴田土亩产谷二石④。南宋时,两浙的上田,每亩收谷五六石⑤。明州民田每亩产谷六、七石⑥。绍兴府每亩约产米二石⑦。湖州亩收米三石⑧。平江府上田亩产米三石。与北宋时相同⑨。江东徽州上等田每亩产米二石⑩。湖北膏腴田每亩收谷三斛,下等田二斛⑪。湖南桂阳军亩产一石⑫。两浙等地的亩产量,在当时世界上居于领先的地位。

（二）手　工　业

在农业发展的基础上,宋代的手工业也比前代有所发展。宋代手工业的新特点是各个行业的规模扩大,分工细密,生产技术和产品数量、质量都有所提高,并且出现了一些专业性的著名城镇。

宋代的手工业可分农村家庭副业和专业性手工业两大类,后一类又因经营者的不同身份而分为官营和民营两种。官营手工业作坊,如制造宫廷和皇亲婚娶物件的后苑造作所,起初共分生色、缕金、烧朱、腰带等七十四作,后来又增添金线、裹剑、冠子、角衬、浮动、沥水、照子等七作,共有兵匠和工匠四百多人⑬。后苑造作所又另设"西作",有工匠

①　范仲淹:《范文正公集·政府奏议》卷上《答手诏条陈十事》。
②　岳珂:《愧郯录》卷15《祖宗朝田米直》。
③　《文献通考》卷7《田赋七·屯田》。
④　《续通鉴长编》卷517,元符二年十月丁未。
⑤　高斯得:《耻堂存稿》卷5《宁国府劝农文》。
⑥　《宋会要辑稿》食货7之45《水利三》。
⑦　朱熹:《朱文公文集》卷16《奏救荒事宜状》。
⑧　《宋会要辑稿》食货6之31《垦田杂录》。
⑨　方回:《续古今考》卷18《附论班固计井田百亩岁入岁出》。
⑩　罗愿:《淳熙新安志》卷2《税则》。
⑪　王炎:《双溪类稿》卷19《上林鄂州》。
⑫　陈傅良:《止斋文集》卷44《桂阳军劝农文》。
⑬　《宋会要辑稿》职官36之72—73《后苑造作所》。

一百七十多人①。制造兵器、旗帜、油衣、什器的东西作坊,分木、杖鼓、藤席、锁子、竹、漆等五十一作,共管兵匠和工匠七千九百多人②。制造皇室舆辇、册宝等物的文思院,分打、棱、钑、镀金、镐等三十二作,又有额外的绣、裁缝、真珠、克丝等十作,匠人二指挥(宋兵制:每指挥五百人)③。绫锦院有兵匠一千零三十四人④。东西八作司,分泥、赤白、桐油、石、瓦、竹、砖、井等八作,另外,又有"广备"指挥的大木、小木、锯匠、皮、大炉、小炉、猛火油、火药等二十一作;共有杂役"广备"四指挥、工匠三指挥,约三千五百人⑤。御前军器所,有军匠三千七百人,东西作坊工匠五千人⑥,分火药、青窑、猛火油、金、火等十作⑦。西内染院,有工匠六百十多人⑧。裁造院,有工匠二百六十多人⑨。文绣院,有绣工三百人⑩。据初步统计,为皇室服务的手工作坊共分一百五十多作。这些作坊分工细密,如"东西作坊"专门制造甲胄的,就分为马甲、马甲生叶、漆衣甲、铁甲、马甲造熟、皮甲、网甲、桑作等。这些作坊的兵匠和工匠,合计至少有二万三千九百多人,可见其规模之大。除此以外,各地还设有都作院、作院或者场务,都集中了许多兵匠和工匠,为官府制造手工产品。如宋神宗时命各路设都作院,共四十一所,每所工匠为三百人左右⑪。南宋明州作院有十三作,建康府有二十八作,九江作院日役工匠二千多人。

有些民营官收的作坊规模也很大。韶州岑水场一度"聚浮浪至十

---

① 《宋会要辑稿》职官 36 之 73《后苑造作所》。
② 《宋会要辑稿》方域 3 之 50—51《东西作坊》。
③ 《宋会要辑稿》职官 29 之 1《文思院》。
④ 《宋会要辑稿》职官 29 之 8《绫锦院》。
⑤ 《宋会要辑稿》职官 30 之 7《东西八作司》;宋敏求《东京记》:"广城攻备作"共设十一作。
⑥ 李心传:《建炎以来朝野杂记》甲集卷 18《兵马·御前军器所》。
⑦ 王得臣:《麈史》卷上《朝制》。
⑧ 《宋会要辑稿》职官 29 之 7《西内染院》。
⑨ 《宋会要辑稿》职官 29 之 8《裁造院》。
⑩ 《宋会要辑稿》职官 29 之 8《文绣院》。
⑪ 罗濬等:《宝庆四明志》卷 7《叙兵·禁军·厢军》。

余万"人,所产铜数量之多,甚至使官府"已患无本钱可买"①。信州铅山场,北宋时常募集坑户十多万人昼夜采凿②。登、莱州金矿,也曾聚集数万人③。当然,大多数民营的手工业作坊规模都比较小,分工也不如官营作坊细密。如陵州"豪民"开办的私盐井,一家有七、八口井到一、二十口井,雇佣工匠五到二十人,平均每井工匠约四、五人④。

宋代手工业产品的数量比前代增加很多。如唐代宣宗(847 年至859 年)时期,每年产银二万五千两、铜六十五万五千斤、铅十一万四千斤、锡一万七千斤、铁五十三万二千斤⑤。这是唐代矿产量较高时期的数额。北宋时,银一般年产二三十万两,最高达八十八万两;铜一般年产四百多万斤到六百多万斤,最高达一千四百六十万斤;铅的产量波动较大,一般年产数十万斤,最高达九百十九万多斤;锡一般年产三十万斤左右,最高年产二百三十二万多斤;铁一般年产六百万斤左右,最高达八百二十四万斤。这些数字表明,宋代的矿产量比唐代要增加好几倍甚至几十倍。这样的产量在当时的世界上实属首屈一指。

在各种金属增产的基础上,宋代铁制农具、武器、铜钱、铁钱、铜器等手工业产品也大量增加。如铜钱的铸造量,唐代一般年铸十几万贯,较高额为三十二万贯。北宋则逐年增加,到宋神宗元丰三年(1080年),全年铸铜钱五百零六万贯、铁钱八十八万多贯⑥。比唐代要增加几倍到十几倍。宋高宗时,军器所仅一年就能制造出各种武器三百四十多万件,"并各精致"⑦。宋理宗时,建康府在近两年半时间里,"创造及添修"武器三十六万七百多件⑧。荆州的作院,一个月能够造出铁火

---

① 《续通鉴长编》卷 240,熙宁五年十一月庚午。
② 《宋会要辑稿》食货 34 之 27《坑冶杂录》。
③ 《续通鉴长编》卷 160,庆历七年六月庚午。
④ 文同:《丹渊集》卷 34《奏为乞差京朝官知井研县事》。
⑤ 《文献通考》卷 18《征榷五》。
⑥ 王应麟:《玉海》卷 180《钱币》。
⑦ 《建炎以来系年要录》卷 156,绍兴十七年二月丁巳;《宋会要辑稿》职官 16 之 15《军器所》。
⑧ 周应合:《景定建康志》卷 39《武卫志二·军器》。

炮一二千只,因而荆淮地区的铁火炮,动辄配备十几万只①。数量如此巨大的铁制火器的生产,一方面显示当时火药的应用达到了新的高度,另一方面显示当时铁等金属的生产量的增多。

宋代的纸张,因印刷书籍、纸币等的需要,各个产纸地区均大量生产。徽州每年上供七种纸,共一百四十四万多张②。江东路每年约产纸三百二十五万多张,江西路一百二十七万多张,湖北路五十五万多张③。

有些地区还因生产技术的迅速发展,生产出一些驰名全国的产品。丝织品有蜀锦(宋太平老人《袖中锦》定为"天下第一")、定州刻丝、婺州细花罗、东阳花罗、润州花罗、青州和邵州邵阳隔织、抚州莲花纱、越州寺绫、单州成武薄缣、开封府鄢陵绢、绵州巴西纱子、亳州轻纱等④。麻织品有明州象山女儿布、平江府昆山药班布、绍兴府诸暨山后布(又称皱布)等⑤。瓷器有定州白瓷(太平老人《袖中锦》定为"天下第一")、汝州青瓷、耀州青白瓷、开封和临安官窑瓷、景德镇影青瓷、处州龙泉"秘色"青瓷、建州建阳黑瓷等。漆器有温州、杭州、江宁府竹木胎漆器,以及襄阳府的"襄样"⑥。铁器有邠州的剪刀和火筯、泾州的嵌镂石铁尺和番镊子、河间府的篦刀子等⑦。铜器有太原府的各色铜具、湖州的石家照子、衢州和信州的鍮器、醴州醴泉的乐具等⑧。纸有平江府彩笺(太平老人《袖中锦》认为"吴纸""天下第一")、蜀笺、温州蠲纸、台州黄岩玉版纸、歙州表纸和麦光、白滑、冰翼纸、杭州藤纸、绍兴府竹

① 李曾伯:《可斋续稿后》卷5《条具广南备御事宜奏》。
② 罗愿:《淳熙新安志》卷2《上供纸》。
③ 《宋会要辑稿》食货34之38《各路产物买银价》。
④ 庄绰:《鸡肋编》卷上;《宋会要辑稿》崇儒7之58《罢贡》;洪迈:《夷坚志》卷39《金客隔织》;同上卷40《陈小八子债》;朱彧:《萍洲可谈》卷2;吴曾:《能改斋漫录》卷15《绵州八子》;陆游:《老学庵笔记》卷6。
⑤ 罗濬:《宝庆四明志》卷4《叙产·布帛之品》;凌万顷、边实:《淳祐玉峰志》卷下《土产》;施宿:《嘉泰会稽志》卷17《布帛》。
⑥ 佚名:《坦斋通编》。
⑦ 《宋会要辑稿》崇儒7之56《罢贡》;庄绰:《鸡肋编》卷上。
⑧ 太平老人:《袖中锦》;《宋史》卷281《毕仲游传》;《宋史》卷180《食货志下二·钱币》。

纸、宣州宣纸等①。

宋代的手工业技术比前代有很大提高。比如比较普遍地利用石炭（煤）来冶铁；采用将生铁嵌在熟铁中锻炼的"灌钢"（团钢）炼钢法；普遍采用"工少利多"的"胆水浸铜法"来生产黄铜；广泛利用木版印刷书籍，利用铜版印刷商业广告、蜡版刻印快报，并发明胶泥活字印刷术；制造出水罗盘等指南仪器，用于海船远洋航行；按照预先设计的小样打造船只，造出了许多设备比较先进和吨位比较高的海船、车船、万石船、万斛船；广泛应用火药制造武器，并由制造燃烧性的火器发展到制造爆炸性的火器，造出了大批火箭、火球、火炮、火枪②等新式武器；更多地使用切削金属、木材等的简易车床③，官营作坊大多设置旋作④；普遍利用水力推动的水磨甚至水转连磨，以加工谷物、茶叶等；在三锭脚踏纺车的基础上，创造出一种装有三十二个锭子的水转大纺车，昼夜可纺织麻一百斤；出现了脚踏缲丝车，缲丝时可以腾出双手索丝头和添茧；使用装配双经轴和十片综等结构完整的大型提花机，能够织造复杂花纹的丝织品⑤。这些技术的发明和应用在世界科技史上均占有一定的重要地位。

（三）商　　业

农业和手工业的发展，又促使宋代的商业日益兴盛。加之，宋朝统治者稍稍改变了西汉以来封建国家传统的轻商、抑商政策，在有些情况下允许商人入仕，商人的社会地位得到提高，富商的地位更是显赫；官

①　钱康公：《植跋简谈》；范成大：《吴郡志》卷29《土物上》；陈耆卿：《嘉定赤城志》卷36《风土门·土产》等。
②　李曾伯：《可斋续稿后》卷5《条具广南备御事宜奏》载"火枪"一百五筒，周应合：《景定建康志》卷39《武卫志三·军器》作"突火筒"三百多个，《宋史》卷197《兵志十一·器甲之制》作"突火枪"，以巨竹为筒；三者实是一物。
③　《文物》1972年第8期，第39页。
④　《宋会要辑稿》方域3之50—51《东西作坊》等。
⑤　王祯：《农书》卷19《农器图谱十四》；楼璹：《耕织图》。

吏兼营商业者也很多,这些都促使商业进一步发展。宋代商业的新特点是在自然经济占支配地位的情况下,商品经济比前代有较多的发展;十万户以上的大城市比前代有所增加;在大城市中打破了前代对于营业地点和时间的限制,在城市周围的广大农村中,形成了许多"草市"和"镇市";出现了更多的"行";从全国商税的数额中反映营业数额之多;使用新的流通手段,发行了世界上第一张纸币,铜钱和铁钱的流通量增多;对外贸易较为兴盛等。

北宋十万户以上的州、府,宋神宗元丰年间为四十多个①,宋徽宗崇宁年间为五十多个②,而唐代仅有十多个。唐代实行坊市制,坊(居民区)和市(商业区)还保持明显的区别,到宋代因商业的发展以及城市生活需要的变化而逐渐消失,都城开封的基本布局不再沿袭唐代都城的封闭式的坊里制度,商人只要纳税,就可随处开设店铺,因而出现了一些新的商业街道和场所,与住宅区互相交错。开封周围五十里,宋初因居民增多,在新城外设置九厢③,连同新、旧城里的八厢,共十七厢,以管理城市生活。宋代以前,市有一定的营业时间,城门、坊门入夜关闭,有着比较严格的制度。宋代的开封则突破了这一限制,宋初即规定三鼓前不得禁止行人④,宋神宗时还规定旧城各门在三更一点闭,到五更一点开⑤,宋徽宗时有州桥夜市、马行街夜市等,营业直到三更⑥。南宋临安府的夜市,营业时间更可延长到四更⑦。开封或临安,是公元第十一世纪到十二、十三世纪世界上规模最大、人口最多的城市之一。

在城市周围的广大地区,还星罗棋布地点缀着逐步增多的新商业区——镇市和草市。这也是突破前代"市"制的产物。虽然宋代以前

---

① 据王存等:《元丰九域志》。
② 据《宋史·地理志》。
③ 《宋会要辑稿》兵 3 之 3—4《厢巡》。九厢之名,见同书方域 1 之 12—13《东京杂录》。
④ 《续通鉴长编》卷 6,乾德三年四月壬子。
⑤ 《宋会要辑稿》方域 1 之 15—16《东京杂录》。
⑥ 孟元老:《东京梦华录》卷 2《州桥夜市》。
⑦ 吴自牧:《梦粱录》卷 13《夜市》。

已经出现了草市和镇市，但数量有限。到宋代则大批涌现，有些草市、镇市还因贸易发达和人口增加，发展成为州、县城厢的一部分①，或者成为独立的小工商业城市②。草市和镇市本身是从一种定期市——北方的"集"和南方的"墟"发展而成的。往往由于地处交通要冲、便于商品集散，以及由于人口增加、主顾增多，墟、集扩大成为每天开市营业的草市或镇市③。官府对于交易量较大的墟、集，就场收税，或采取包税的"买扑"制。据宋神宗时期推行保甲法时统计，全国义勇、保甲共七百十八万二千多人，其中草市、镇市的保甲为二十三万多人，占总数的百分之三点三。经济比较发达的两浙路，草市和镇市的保甲数占总数的百分之一点八；成都府路占总数的百分之二点八。广南东路和广南西路比率最高，均占百分之六点多④。由此推测，宋代草市和镇市的居民约占全国总人口的百分之三到四之间。

唐代商店被限制在固定的街区，同一行业集中在一条街上，形成一个行列。宋代突破了这一限制，同一行业不一定聚居一处，"行"的组织逐渐严密，数量也增加很多。隋代丰都市有一百行，唐代西京东市有二百二十行。北宋开封的行虽然没有完整的统计数字，但至少有一百六十多行⑤、六千四百多家⑥。南宋临安有四百十四行⑦，比唐代西京东市增加近一倍。行一般是指商业的类别，是在各行各业发展的基础上组织起来的。但宋朝官府往往根据自己的需要，创立行名，迫使一些商户"入行"，提供货物，"入行"便成为商户望而生畏的事情。不过，宋代的行仍有一定的商业独占权。

---

① 《真文忠公文集》卷6《奏乞为江宁县城南厢居民代输和买状》云："建康府南门之外有草市，谓之城南厢，环以村落，谓之第一都、第二都、第三都，皆隶本府江宁县。"系绍兴年间至嘉定八年事。
② 范成大《骖鸾录》云：衡山县南岳市"环皆市区，江浙川广种货之所聚，生人所须无不有"，"官置巡检司"。
③ 据王存等《元丰九域志》卷5《淮南路》记载，泰州泰兴县柴墟镇系由墟发展成镇。洪迈《夷坚志》卷26《石六山美女》云：广西钦州灵山县石六山"旧为墟市，居民益广，商旅交会，至于成邑。"
④ 《宋会要辑稿》兵2之12—13《乡兵》，熙宁九年数。
⑤ 《续通鉴长编》卷262，熙宁八年四月癸未。
⑥ 《续通鉴长编》卷359，元丰八年九月乙未。
⑦ 佚名：《西湖老人繁胜录》。

　　宋代城市中到处都可开设店铺,所以改市税为"住税",税率千分之二十;另外,征收货物通过税,称"过税",税率千分之三十。对于次一等的草市、镇市或墟、集,官府允许商人包税。宋代全国的商税达到了一个可观的数额,而且有逐步增加的趋势。宋太宗时,一年的商税总额达四百万贯[①],宋仁宗时增加到二千二百万贯[②],这是北宋的最高额。此后,一直保持在每年一千万贯上下,成为国家财政的重要收入。南宋时,各地商税岁入逐步增加。临安府在北宋熙宁十年(1077年)是全国商税最多的城市,共八万二千多贯[③]。南宋咸淳年间(1265年到1274年),增加到四十二万贯[④]。这还只是临安府"在城"的商税额。如果加上临安城外及所属各县的商税钱,宋孝宗淳熙年间(1174年到1189年)共计一百零二万贯,几乎达北宋景祐年间(1034年到1038年)全国商税总额四百五十多万贯[⑤]的四分之一。镇江府"在城"的商税,熙宁年间每年收入二万五千多贯,南宋嘉定间(1208年到1224年)增加到七万四千多贯,咸淳年间增加到三十三万六千贯[⑥]。假定宋代全国每年收入商税一千万贯,按照"过税"和"住税"的平均率千分之二十五计算,每年的贸易总额就达四亿贯。北宋的户口最多为二千万户,如果每年的贸易总额为四亿贯,则每户参加商品交易的数额平均为二十贯。这同样是一个比较可观的贸易数字。当然,地方官府可能会使用非法手段征收商税,有些商税也会被各级官员中饱私囊,但是不能否认宋代封建国家商税收入的主要部分还是征自进行商品交易的商人。由此也反映出宋代商品经济的发展水平。

　　北宋的流通和支付手段主要是铜钱。铜钱的每年铸造额比唐代要多几倍到十几倍,这自然主要决定于商品流通领域的需要。同时,金、

----

① 《宋史》卷186《食货志下八·商税》。
② 龚鼎臣:《东原录》。系宋仁宗庆历年间数。
③ 《宋会要辑稿》食货16之7《商税二》。
④ 潜说友:《咸淳临安志》卷59《贡赋·商税》。
⑤ 《建炎以来朝野杂记》甲集卷14《财赋一·景祐、庆历、绍兴盐酒税绢数》。
⑥ 俞希鲁:《至顺镇江志》卷6。

银等金属的货币机能也在逐步增大,北宋末年,宋徽宗宫廷内库存银八百万铤、金三百万铤①。此外,宋真宗初年还发行了世界上第一张纸币——"交子"。在川峡地区王小波、李顺起义后,因为宋朝官府停止在益、邛、嘉、眉等州铸钱,"民间钱益少",不便于贸易,所以益州的富商自己发行了"交子"②。宋仁宗天圣元年(1023年),宋朝官府设立益州"交子务",自次年二月起,正式发行交子一百二十五万六千多贯③。面额自一贯到十贯。此后,交子或会子、钱引等发行量逐步增多,到南宋时就成为主要的流通手段。纸币出现后,虽然因为宋朝官府越印越多,出现了既不备本钱,又不定界限的弊病,往往变为不兑现纸币,造成了恶性通货膨胀的局面,但是纸币的出现本身却显示了宋代商品经济的发展,反过来也对宋代商品经济的发展起了推动的作用。宋代纸币的产生和推行,标志着中国的货币从金属铸币时期开始演进到信用货币时期。

指定航路方向的罗盘的发明,载量更大的海舶的制造,使宋代的海上交通更加发达,对外贸易更加兴盛。唐代沿海通商口岸仅有登州(山东蓬莱县)和广州两处,海船航程的最远地点是波斯湾一带④。宋代沿海的通商口岸陆续增加到广州、泉州、明州、杭州、密州、秀州华亭县、青龙镇(即通惠镇)和上海镇、温州、江阴等十多处;宋代海舶的航程也更长,最远的地点到达红海口的亚丁甚至东非。据周去非《岭外代答》、赵汝适《诸蕃志》记载,跟宋朝通商的国家有五十多个,其中宋代海舶直接到达的有二十多个。宋代的手工业品和原料大批运往海外各国。据考古发掘,亚洲的日本、朝鲜、泰国、越南、印度尼西亚、巴基斯坦、印度的卡利卡特、斯里兰卡的科伦坡、菲律宾等国和地区,进入波斯湾的港口伊朗的霍尔木兹,通往阿拉伯半岛的红海进口处南也门的亚

---

① 《建炎以来系年要录》卷1,建炎元年正月辛卯。
② 《续通鉴长编》卷59,景德二年二月。
③ 费著:《楮币谱》,载《全蜀艺文志》卷57。
④ 《新唐书》卷43下《地理志七下》。

丁,非洲的坦桑尼亚、刻尔华岛(Kilwa)附近的松哥玛那拉(Songo Mnara)岛,埃及的福斯塔市等沿海港口①,甚至苏联的亚美尼亚等地,都曾发现过许多宋代的瓷器或宋瓷的残片。亚洲的日本、印度尼西亚、新加坡,甚至非洲的肯尼亚、索马里、桑给巴尔等地,也都曾发现不少宋代铜钱。看来这些铜钱是颇受当时外国欢迎的硬通货。这表明由宋代泉州、广州等海港出发,存在着通往东南亚各地、印度、波斯湾海湾国家和东非各国的"海上丝绸之路",由此证明宋代的经济和文化在当时世界上的影响之大。

(四) 户口和封建国家的剥削收入

多年来,人们总把宋代看成是中国历史上一个积贫积弱的朝代,甚至有人认为汉、唐时经济比较发展,到宋代就出现了"停滞"的趋势。其实,积贫积弱只是表面现象,它只反映宋代国家财政上的入不敷出和对外关系上的软弱无能,从整个宋代社会经济的发展情况看,它要比汉、唐富裕得多。

就人口而言,宋代的人口比汉、唐增加一倍多。西汉末年,全国有民户一千二百多万、口五千九百多万。唐玄宗天宝十三年(754年),有九百六十多万户。这些都是汉、唐"最为殷盛"或"极盛"时期的统计数②。北宋户口的最高额为宋徽宗大观四年(1110年),共二千零八十多万户,四千六百多万口③。南宋户口的最高额为宋宁宗嘉定十六年(1223年),共一千二百六十多万户,二千八百三十二万多口④。宋代官府统计户口时,口数一般只计男丁(宋制:诸州每年奏报,男夫二十为丁,六十为老;女口不预)⑤,所以宋代史书所载的一些口数,远少于实

---

① 《东方美术》1956年第2期;《文物》1963年第1期,第19页。
② 马端临:《文献通考》卷10《户口一》。
③ 《宋史》卷85《地理志序》。
④ 《文献通考》卷11《户口考二·历代户口丁中赋役》。
⑤ 《文献通考》卷11;吕祖谦:《历代制度详说》卷3《丁齿》。

际的人口总数。宋代地方官在卖盐或赈济时,往往根据每户的实际人口平均数来计算,他们的平均数是"大率户为五口"①、"以每家五口约之"②。按照这个平均数计算,北宋人口的最高额应为一亿零四百多万,南宋为六千三百多万。北宋的疆域比汉、唐要小,南宋更其如此,但人口却比汉、唐的最高额要增加一倍多。

户口的增加只是社会经济发展的一个标志,表明社会相对安定,劳动人手加多,但是,仅仅根据户口的增加证明社会经济的发展,还是不够的。宋代封建国家剥削收入的不断增加,同样也可反映社会经济的发展水平。宋太宗说过:"国家岁入财赋,两倍于唐室。"③南宋孝宗时,叶适说:"尝试以祖宗之盛时所入之财,比于汉、唐之盛时一再倍。"④宁宗时,章如愚说:"今日生财之道多矣,惟是节省不得其术。以今〔天〕下较财用于汉、唐,所入十倍于汉、五倍于唐。"⑤他谈到东南地区的"财用"说:"自开辟以来,东南财用之饶,见诸载史者,莫盛于唐,而宋朝犹且加增数倍。唐时岁运东南粟以实关中,不赢二百万户(按:"户"系衍字)石,而宋朝漕运大增,岁至六百余万石。唐朝出铜、铁、银、锡之治(冶)凡六州,而五在江浙(宣、润、饶、衢、信州),岁铸钱多止十数万,而宋朝鼓铸大增,岁至百余万缗。唐朝盐利,初不过岁四十万缗,至刘晏斡尽其利,尝增至六百万缗,盖不常有,而宋朝盐利大增,多至岁二千万缗⑥,而海盐之利居多。茶利兴自唐季正元中,始定之额得四十万缗。自后代有增加,终唐世不过倍正元之额。而宋茶利大增,岁至二百二十五万余缗⑦,而皆在东南。"他指出这些仅是王安石变法以前"国家常

---

① 《宋会要辑稿》食货 24 之 10《盐法》。
② 朱衣:《嘉靖汉阳府志》卷 6《宦迹志》。
③ 《续通鉴长编》卷 37,至道元年五月丁卯。
④ 《叶适集·水心别集》卷 11《外稿·财总论二》。
⑤ 章如愚:《山堂先生群书考索·续集》卷 45《财用门·宋朝财用·财耗于兵官》。
⑥ 《锦绣万花谷·前集》卷 15《岁入二千五百余万贯》载,宋徽宗宣和元年海盐的盐利二千五百万贯多,还不包括解盐在内。沈括:《梦溪笔谈》卷 11《官政一》载,北宋中期的盐利一般岁入二千多万缗。
⑦ 《梦溪笔谈》卷 12《官政二》载,宋仁宗时六榷货务,茶税租额钱为二百二十五万四千多贯。《续通鉴长编》卷 66,景德四年八月己酉条载,宋真宗景德元年茶税得五百六十九万贯,此为北宋最高额。

赋"的"岁额",此后"益有增加"。他还跟汉代比较,认为宋朝"物大丰美",比之西汉兴盛时期,县邑要增加近三倍,民户增加近十倍,财资则增加了数十百倍①。章如愚的这些话进一步证实宋代的社会经济并没有处于"停滞"的状态,而是在广度和深度上都比前代有突出的发展,正因为如此,宋朝的漕运、矿产、铸钱、盐茶专卖收入等才比前代有大幅度的增加。

恩格斯说:"文明时代的基础是一个阶级对另一个阶级的剥削","生产的每一进步,同时也就是被压迫阶级即大多数人的生活状况的一个退步。"②封建国家能够长期、稳定地增加剥削收入,如果没有社会生产的进步,是不大可能的。因此,从宋代漕运、矿产、铸钱、盐茶专卖岁入比汉、唐增加十倍到五倍这一情况推断,宋代社会经济的发展,不仅人口成倍增长,而且生产也有较多的发展,有许多部门每年的生产量甚至比汉、唐增加大约十倍到五倍。

---

① 《山堂先生群书考索·续集》卷47《舆地门·诸路·东南十路》。
② 《马克思恩格斯选集》第4卷,第173页。

第二章　宋代的社会阶级结构

恩格斯指出:"每一历史时代的经济生产以及必然由此产生的社会结构,是该时代政治的和精神的历史的基础。"①社会结构首先是指社会阶级关系即社会阶级结构。唐代社会经济的发展,使社会各阶级逐步改变着自己的生产方式即保证自己生活的方式,也逐步改变着一切社会关系。当然,在封建社会里,每一次较大的社会变革,必须通过广大农民和工匠对封建统治的落后、腐朽环节进行长期反复的斗争才能实现。虽然这些斗争"首先是为了经济利益而进行的"②,但斗争的结果却促使社会的阶级结构发生较大的变动。唐末农民起义猛烈打击了当时的门阀士族和部曲奴客制度,使之分崩离析,代之而起的是新的阶级结构。

（一）地　主　阶　级

在唐代,地主阶级主要包括以下几个阶层或集团:一是门阀士族。门阀士族"官有世胄,谱有世官"③,是社会地位和门第很高的身份性地主,他们是魏晋以来士族的继续。唐代"贵有常尊,贱有等级"的传统门第族望标准,虽然已经受到某些破坏,但是,门第族望的等级跟勋官

---

① 《马克思恩格斯选集》第 1 卷,第 232 页。
② 《马克思恩格斯选集》第 4 卷,第 246 页。
③ 《全唐文》卷 372 柳芳《姓系论》。

的品级一样,依然是社会上视为同等的等级标准。士族以门第族望自炫,不与贵戚和庶族通婚;以提倡名教、礼法相标榜,俨然孔孟的继承人;重视儒经,以取重于时,最初反对开设进士科,后来又积极加入,进而把持科举。士族中很多人可以世袭爵位和封户,有些人可以用门荫得官,借此保持他们的政治特权和社会地位。他们还广占良田沃土,拥有为数众多的部曲、佃客、奴婢等劳动力。在唐代地主阶级的几个阶层里,士族尤其阻碍社会经济的发展,他们强大的政治和经济势力,使土地难于进入流通的过程。二是宦官和藩镇。他们的最高层在唐代后期已经凌驾于地主阶级的其他阶层之上,并且左右皇权,兴废皇帝,甚至割据一方。三是皇亲贵戚、勋贵功臣。他们是唐代新起的皇室、贵族,享有许多封建特权,诸如世袭爵位、封户、田地,"传之子孙","非有大故,无或黜免"①。他们对历代相传的士族门第不满,极力采取降低士族门第等级的办法,使自己成为等级最高的新贵。四是庶族地主。庶族地主是出身寒微的非身份性地主和官僚,不享有士族的种种封建特权,不能够世官世禄。他们重视诗赋辞章,拥护科举取士制度,希望自己进士科登第,跻入"衣冠户"之列;他们拥护皇权,是专制主义中央集权的积极支持者;他们常常违背名教、礼法,遭到士族们的讥诮。同时,他们对土地和劳动力进行贪婪的掠夺。他们的土地兼并和荫庇客户,使土地能够比较容易地进入流通领域,也使直接生产者对于地主的人身依附关系稍为松弛一些。

　　唐末农民起义沉重地打击了地主阶级的各个阶层。唐代都城长安居住着大批士族、皇族、勋贵、宦官,百官也"皆家京师"②。黄巢领导的农民军攻入长安后,毫不留情地镇压了这些平日高踞于广大人民头上的寄生虫。据记载,起义军"杀唐宗室在长安者无遗类"③,"尤憎官吏,

---

① 《唐大诏令集》卷65《封建功臣诏》。
② 《朱子语类》卷112《朱子九·论官》。
③ 《资治通鉴》卷254,广明元年十二月庚寅。

得者皆杀之"①,以致"天街踏遍公卿骨"②。起义军所到之处,"衣冠旧族,多流落间阎间,没而不振",或者"爵命中绝,而世系无所考"③。著名的"崔、卢、李、郑及城南韦、杜二家,蝉联珪组,世为显著",经过黄巢农民军的扫荡,到宋代已经"绝无闻人"④。唐末农民起义对于地主阶级的沉重打击,使一些侥幸漏网的官员、地主及其后裔胆破心寒,甚至一直到五代十国时期仍然心有余悸。他们"有言曰:贵不如贱,富不如贫,智不如愚,仕不如闲。"⑤有的人还直言不讳地说:"非不爱公王将相名位,徒见以乱易乱,若覆杯水,不如田家树一本疏木,尚得庇身荫族,积久存也。"⑥因此,宁愿"隐于山泽之间"⑦,"皆莫肯仕者"⑧。

在唐末农民起义的过程中,一部分庶族地主同样遭到了打击,但余下的一部分庶族地主便乘机崛起。他们中有些人混入了农民军,最后又背叛了农民军⑨;有些人利用地方势力,直接与农民军对抗⑩。在唐末、五代时期,这部分庶族地主利用社会的动乱,崭露头角,成为获利最多的暴发户。

宋初结束了五代十国的分裂局面,对各国官僚采取兼收并蓄的政策,保持其原有官职,给予优厚待遇;与此同时,又不断通过科举等途径吸收大批士大夫,于是宋王朝组成了自己的基本官僚队伍。

宋代地主阶级的新特点表现在,第一,非身份性的官僚地主已经成为宋代地主阶级的主体。

由于门阀士族最后消失,宋代社会上门第族望观念十分淡薄,士大

① 洪迈:《容斋续笔》卷5《盗贼怨官吏》。
② 韦庄:《秦妇吟》。
③ 祖无择:《龙学文集》卷9《张澄神道碑铭》;《宋史》卷262《刘温叟子烨传》。
④ 王明清:《挥麈录前录》卷2《本朝族望之盛》。
⑤ 赵令畤:《侯鲭录》卷8。
⑥ 柳开:《河东先生集》卷14《宋故中大夫、行监察御史、赠秘书少监柳公墓志铭》。
⑦ 苏洵:《嘉祐集》卷13《族谱后录下篇》。
⑧ 苏辙:《栾城集》卷25《伯父墓表》。
⑨ 孙光宪:《北梦琐言》卷17《梁祖为佣保》云,朱温"家世业儒",祖信、父诚皆以教授为业。
⑩ 《宋史》卷343《元绛传》载,元绛曾祖在唐末"聚众保乡里,进据信州"。

夫"家不尚谱牒，身不重乡贯"①，已经不存在"士、庶之别"。作为地主阶级主要组成部分的各等级官僚，不再像唐代以前那样凭借族望门第的高下担任官职，而统治者主要通过科举考试选拔民户中的士大夫进入仕途，其次通过恩荫、吏人出职、进纳买官等途径吸收品官子弟、吏胥、富民等跻入官僚行列。所以，从历史渊源考察，宋代的官僚地主虽然是唐、五代以来庶族地主尤其是"衣冠户"的继续和发展，但因宋代已不存在门阀士族，所以不称庶族地主，而称为官僚地主。

第二，宋代官僚地主不再严格地区分清、浊的流品，在法律上和习惯上一般把一品到九品的官员之家称为"官户"。

在唐代，"官户"曾经是一种属于封建国家直接控制的依附性最强的农奴的名称，其社会地位比官奴婢略高。《唐律疏议》规定："官户"系"前代以来配隶相生，或有今朝配没，州县无贯，唯属本司"者②。官奴婢一次放免为官户，再次放免为杂户，三次放免才成为良人（平民）。"官户"、"杂户"等，都是直接隶属于封建国家的所谓"贱民"。随着社会历史和级阶斗争形势的发展，官户、杂户逐渐得到放免。北宋初年，依旧保留唐律的有关条文。宋太祖建隆四年（963年）颁行的《重详定刑统》，继续把一种类似官奴婢的人户称为"官户"③。约至宋仁宗朝开始，社会上逐渐把品官之家称为"官户"。天圣年间（1023年到1032年），兴化军百姓陈清勾结"官户形势"，一起向当地官府申请胜寿、西冲等五处陂塘内土地，决水为田④。不过，宋仁宗时更经常使用的名词仍是"衣冠"、"命官形势"或"形势户"等。直到宋神宗熙宁年间（1068年到1077年）实行免役法，规定从前不负担差役的"官户"、"坊郭户"、"女户"等都要交纳"助役钱"⑤，"官户"才正式在封建法律上有所反映。此后，"官户"一词就成为品官之家的法定户名，在宋代的史籍中

---

① 陈傅良：《止斋文集》卷35《答林宗简》。
② 《唐律疏议》卷3《名例三》。
③ 窦仪等：《重详定刑统》卷6《名例律·官户、奴婢犯罪》；卷12《户婚律·养子》。
④ 蔡襄：《蔡忠惠公文集》卷22《乞复五塘札子》。
⑤ 《文献通考》卷12《职役一》。

屡见不鲜。从唐代到宋仁宗以后，"官户"这一名词含义的前后迥然不同的变化，正反映出人们的社会关系发生了较大的变动。

第三，宋代官僚地主的政治、经济地位呈现不稳定状态。

宋代的官僚地主能够累世显达即世代做官的为数不多，普遍情况是三世而后衰微。虽然如同王明清在《挥麈录前录·本朝族望之盛》中所载，宋代存在一些"望族"，但只是因为在各该族中出了一两名大臣、后妃而已，他们并不享有前代门阀士族的传统特权。宋代官僚地主的普遍情况是他们的"富贵"较少长达三世。南宋人阳枋说："俗言：'三世仕宦，方会着衣吃饭。'余谓三世仕宦，子孙必是奢侈享用之极，衣不肯着布缕绸绢、衲絮缊敝、浣濯补绽之服，必要绮罗绫縠、绞绡靡丽、新鲜华粲、绨绘绘画、时样奇巧、珍贵殊异，务以夸俗而胜人；食不肯蔬食、菜羹、粗粝、豆麦、黍稷、菲薄、清淡，必欲精凿稻粱、三蒸九折、鲜白软媚，肉必要珍羞嘉旨、脍炙蒸炮、爽口快意，水陆之品、人为之巧、缕簋雕盘、方丈罗列，此所谓'会着衣吃饭'也。殊不知极盛者，极衰之证；奢华者，寥落之基；丰腴者，贫薄之由；富庶者，困苦之自。盖子孙不学而颛蒙穷奢极靡，惟口体是供，无德以将之，其衰必矣。"①吕皓说："今之富民，鲜有三世之久者。"②北宋人张载也说过："今骤得富贵者，止能为三四十年之计。造宅一区及其所有，既死则众子分裂，未几荡尽，则家遂不存。"③言下之意，大部分官僚地主只能数十年或者两、三代保持他们的官位和财产，嗣后，由于子孙的穷奢极欲、腐败之极，或者由于子孙众多、瓜分家业，或者由于地主阶级内部争权夺利的斗争，而迅速衰落破败，代之而起的是另一批新的官僚地主。宋真宗时著名宰相寇准，生前"豪侈冠一时"，死后"子孙习其家风"，多致穷困④。宋仁宗、神宗时宰相富弼，曾经"辅佐三朝"，死后不久，"家世零替"⑤。类似

---

① 阳枋：《字溪集》卷9《杂著·辨惑》。
② 吕皓：《云溪稿》，《上邱宪宗卿书》。
③ 张载：《张载集》，《经学理窟·宗法》。
④ 刘清之：《戒子通录》卷5《训子孙文·司马文正》。
⑤ 《宋会要辑稿》职官77之81。

的事例甚多。这种现象跟前代门阀士族"虽朝代推移、鼎迁物改，犹卬然以门第自负，上之人亦缘其门地而用之"①的状况大不相同。

第四，宋代官户享有的特权跟唐代的品官有所不同。

在减免国家赋役的特权上，宋代的官户比唐代的品官要少。唐代前期规定，流内九品以上的官员"皆为不课户"②，这就是说，九品以上的官员享有免除税役的特权。后期实行两税法，品官开始负担两税和杂徭。宋代承袭此制。宋代的赋役包括二税（正税）、科配（摊派）、和买、差役、夫役等。按照封建国家规定，官户跟民户一样必须交纳二税，虽然官户可以巧立名目逃避二税或者转嫁他人，但并不享有免除二税的特权。宋太祖初年，下诏"令逐县每年造形势门内户（原注：系见任文武职官及州县势要人户）夏、秋税数文帐，内顽滑逋欠者，须于限内前半月了足"③。为了催督形势户（官户包括在内）的赋税，各州、府还设置"形势版籍"，由通判"专掌其租税"④。在科配与和买方面，北宋时规定官户在限额内（真宗时定为三十顷，徽宗时改为十顷到一百顷）所占田产，可以免除，限额外"悉同编户"⑤。但宋高宗时，又不管限田数额，官户一律不免科配与和买⑥。张俊曾经向宋高宗要求蠲免所置大批产业的科配和预买，理由是州县"并不理为官户，与百姓一等均科"，高宗认为张俊系"主兵大将"，特予批准。但仍遭到朝廷一些大臣的反对⑦。宋宁宗时，官户的科配与和预买又恢复北宋的旧制⑧。在支移、折变方面，北宋末年，允许官户依限田额所占田产，其"夏、秋税物并免支移、折变，于本县止纳本色"⑨。宋光宗时，因有的官员建议"二税支

①　马端临：《文献通考》卷34《选举七·任子》。

②　《通典》卷7《历代盛衰户口·丁中》。

③　《文献通考》卷4《田赋四·历代田赋之制》。

④　《续通鉴长编》卷12，开宝四年正月辛亥。

⑤　《宋会要辑稿》食货6之1《限田杂录》引"政和令格"。

⑥　《庆元条法事类》卷48《支移折变》，嘉泰元年六月十四日敕引绍兴二十九年正月二十四日奏札。

⑦　《建炎以来系年要录》卷78。

⑧　《庆元条法事类》卷48《科敷》。

⑨　《宋会要辑稿》刑法2之92《禁约》。

移、折变,初不以民户而输、官户而免,乞应官、民户一体均敷"。随即批准执行。不久,又下令折变、加耗等,"并令官、民户一概输纳"①。在差役方面,宋神宗以前,官户及其有荫子孙,"当户差役,例皆免之"②。宋神宗时变法,令官户交纳助役钱,比民户减半。宋徽宗时,官户限额内田产,得免差科;限额外田产,则跟编户一同③。宋孝宗时,开始在两浙路实行新法,即官户与民户一概轮差,但准许官户雇人代役④。不久,又改为官户田产在限额内可免一半差役。此外,官户还可免除夫役。官户之所以享有免除差役、夫役或雇人代役的特权,是因为官员身任官职,假如"使与民户通差,则仕者不能兼治"⑤。

综观有宋一代的赋役制度,可知宋代的官户享有免除差役及夫役的特权,但不能免除二税和支移、折变,科配和预买的负担与否则因时而异。这跟唐代前期流内品官完全享有免除赋役的特权颇不相同。

宋代的官户虽然丧失了唐代前期流内品官完全免除赋役等特权,但通过恩荫(门荫、任子)制度,又得到了补偿。这就是宋代的各级官员还享有根据自己官职的高低而授给其子弟或亲属以官衔、差遣的特权。正如宋太祖所说,在努力促使国家"运祚悠远"的同时,也让大臣们"世守禄位"⑥。恩荫制度便是宋朝统治者力图使官员世代保持禄位的措施之一,虽然事实上宋代官员已经不可能世袭固定的官职了。

唐代的品官已经有权荫补亲属,但荫补的范围还比较小。唐制,五品以上官员可以荫孙,三品以上可以荫曾孙,尚未有荫兄弟、叔侄的规定,而且"不著为常例"⑦。唐代中叶以后到五代时期,恩荫制度基本上

---

① 《庆元条法事类》卷 48《支移折变》。
② 李觏:《直讲李先生文集》卷 28《寄上孙安抚书》。
③ 《宋会要辑稿》食货 6 之 1《限田杂录》。
④ 《宋会要辑稿》食货 6 之 5《限田杂录》。
⑤ 薛季宣:《浪语集》卷 28《策问二十道》之三。
⑥ 《续通鉴长编》卷 25,雍熙元年三月乙卯。
⑦ 赵汝愚:《宋名臣奏议》卷 74,范镇:《上仁宗论荫补旁亲之滥》;《续通鉴长编》卷 169,皇祐二年八月己未。

崩坏。宋太祖即位,规定五品以上的文、武官员都可荫子弟,实际是恢复唐制。宋太宗即位,各地官员遣子弟进奉方物,都授以低级官衔①。这是由于建国之初,"人未乐仕",为了罗致士大夫,"至有敦遣富人,使为官者",所以对于荫补兄弟、叔侄之制"未遑议也"②。宋真宗时,形成了比较完整的恩荫制度。文官从知杂御史以上,每年奏荫一人;从带职员外郎以上,每三年奏荫一人;武臣从横行以上,每年奏荫一人;从诸司副使以上,每三年奏荫一人。根本没有兄弟、叔侄、曾孙等亲属远近的"品限",因而"旁及疏从",以致"入流寝广,仕路益杂"③。宋仁宗时,有不少官员已经看到"国朝任子之令,比前世最为优典",主张加以改革④。

　　宋代的恩荫名目大致有四类:一是"大礼"即举行郊祀或明堂典礼,每三年一次。按规定,宰相、执政官可以荫补本宗、异姓、门客、医人各一人;东宫三师、三少到谏议大夫,荫补本宗一人;寺、监长贰到左右司谏、开封少尹,荫补子或孙一人。这是《宋史·职官志》⑤的记载。据《庆元条法事类》"荐举格"规定,"臣僚遇大礼,荫补缌麻以上亲",宰相为十人,执政官八人,侍从六人,中散大夫到中大夫四人,带职朝奉郎到朝议大夫三人⑥。二是"圣节"即皇帝诞日。宋太宗至道二年(996年)规定,翰林学士、两省五品、尚书省四品以上,赐一子出身⑦。宋真宗时,规定大两省至知杂御史以上,各奏荫一子充京官,少卿监奏荫一子充试衔⑧。宋仁宗庆历年间(1041年到1048年),曾一度废罢圣节奏恩荫,但仍行之皇室:太皇太后、皇太后均录亲属四人为官,皇后二人,诸妃一人,公主丈夫的亲属一人⑨。三是官员致仕(退休)。曾任宰相和

---

① 《续通鉴长编》卷18,太平兴国二年三月壬戌。
② 《续通鉴长编》卷182,嘉祐元年四月丙辰。
③ 赵汝愚:《宋名臣奏议》卷74,范镇:《上仁宗论荫补旁亲之滥》。
④ 文同:《丹渊集》卷39《龙图母(母)公墓志铭》。
⑤ 《宋史》卷170《职官志十·杂制·臣僚大礼荫补》。
⑥ 《庆元条法事类》卷12《荫补·荐举格》。
⑦⑨ 《宋史》卷159《选举五·铨法下·补荫》。
⑧ 范仲淹:《范文正公奏议》卷上《答手诏条陈十事》。

现任三少、使相,荫补三人;曾任三少、使相、执政官和现任节度使,荫补二人;太中大夫及曾任尚书侍郎和右武大夫以上,并曾任谏议大夫以上及侍御史,荫补一人。四是官员上奏遗表。曾任宰相和现任、曾任三少、使相,荫补五人;曾任执政官、现任节度使,荫补四人;太中大夫以上,荫补一人;诸卫上将军、承宣使,荫补四人;观察使,荫补三人①。此外,还有改元、皇帝即位、公主生日、皇后去世时等临时性的恩典,都给予品官有关亲属以一定的荫补名额。

通过恩荫制度,每年有一大批中、高级官员的子弟获得低级官衔或差遣。宋仁宗庆历元年,孙沔说,每遇大礼,臣僚之家和皇亲母后外族,"皆奏荐略无定数",多至一二十人,少不下五七人,不问才愚,都居禄位,甚至"未离襁褓,已列簪绅"②。皇祐二年(1050 年),何郯说,这时每三年以荫得官者不减一千多人③。宋高宗绍兴七年(1137 年),又有官员指出,这时每遇亲祠之岁,任子约四千人④,比北宋时增加两三倍。据统计,宋代的州县官、财务官、巡检使等低、中级官员,大部分由恩荫出身者担任。随着官员家庭人数的自然增殖,凭借恩荫得官者日益增多,恩荫制度便成为宋代官冗的主要原因之一。

宋代封建国家在给予官户一些特权的同时,又不断制订各种条法对官户予以一定的限制。诸如按照官员品级的高低规定占有田产的最高限额⑤,禁止地方官在任所购置田宅⑥,禁止地方官跟部下的百姓结婚,任期满后不得在任所寄居⑦,禁止各级官员购买和承佃官田宅⑧,禁止官员承买坊场、坑冶⑨,等等,这一切无非为了防止各级官员过分利

---

① 《宋史》卷 170《职官志十》;《庆元条法事类》卷 12《荫补·荐举格》。
② 《续通鉴长编》卷 132,庆历元年五月壬戌。
③ 《续通鉴长编》卷 169,皇祐二年八月己未。
④ 《宋史》卷 159《选举志五·铨法下·补荫》。
⑤ 《宋会要辑稿》食货 1 之 20《农田杂录》;食货 6 之 1《限田杂录》。
⑥ 《包拯集》卷 4《请法外断魏兼》。
⑦ 《建炎以来系年要录》卷 187,绍兴三〇年十一月庚辰。
⑧ 《续通鉴长编》卷 81,大中祥符六年七月甲寅。
⑨ 《宋会要辑稿》刑法 2 之 11《禁约》。

用自己的职权,无限地扩张自己的经济力量,侵夺商人和其他地主甚至危及封建国家的利益,其根本目的是为了维持宋代地主阶级的长远统治。

第五,宋代地主阶级中还包括一定数量的乡村上户。

按照宋代农村的五等户制,乡村上户一般是指第一等到第三等户,遇到需要区别中户即第三等户的场合,上户就单指第一、二等户。宋代的官户是由政治地位决定的,乡村上户则由其经济地位而定。各地区因传统习惯的不同,划分户等的标准有所差别。一般地说,乡村上户是占田较多的地主。韩琦说:"乡村上三等并坊郭有物业人户,乃从来兼并之家。"①在乡村上户中,虽然同属一个等第,但财产的差别往往相当悬殊。比如第一等户,有占田一顷、三顷的,也有占田十顷、百顷的②。所以,出现了"高强户"、"出等户"、"无比户"之称,他们与本等人户拥有的财产"大段相远"③。在乡村主户中,上户大致占总数的十分之一弱,其余为乡村下户④。乡村上户的政治地位比官户要低一些,但在他们轮流担任州县职役和乡役即在任吏职的期间,就可以跟官户一样成为"形势户"。封建法律规定,形势户"谓见(现)充州、县及按察官司吏人、书手、保正、其(耆)户长之类,并品官之家非贫弱者"⑤。这些州县吏职名目绝大部分是由上户担任的,由于担任吏职,出入官衙,他们便在政治上取得一定的职权,可以恃仗"形势",欺压贫苦农民。他们还可以通过纳粟补官、输钱买官、科举考试、与宗室和官户联姻等途径进入仕途,转化为官户。总之,乡村上户的社会地位犹如唐代的庶族地主,但又有所不同。

---

① 韩琦:《韩魏公集》卷17《家传》。
② 《续通鉴长编》卷376,元祐元年四月;《宋史》卷177《食货志上五·役法上》。
③ 毕仲游:《西台集》卷1《耀州理会赈济奏状》;《宋会要辑稿》食货65之55《免役》。
④ 《续通鉴长编》卷131,庆历元年二月;同上卷277,熙宁九年秋;刘安世:《尽言集》卷11《论役法之弊》。
⑤ 《庆元条法事类》卷47《赋役门一·违欠税租》。

（二）农 民 阶 级

在唐代中叶以后到宋代门阀士族和庶族地主的势力消长过程中，农民阶级的身份地位也在发生变化。

唐代的农民阶级主要包括以下几个阶层：一是均田制下的一般农民。这部分农民也属于社会地位较低的庶族，在法律形式上跟作为庶族的地主并没有什么区别。但是，随着社会经济的发展，庶族中的这两个等级进一步两极分化，少数人上升为大地主，多数人日益穷困。二是逃户、客户。封建官府繁重的课役，使越来越多的农民弃家外逃。唐肃宗宝应元年（762年），已出现户口逃散过半的危机①。很多农民在外逃后，又不得不投靠地主，成为衣食客、浮客、浮户、佃客、隐户、荫户等。所谓"依托强豪，以为私属"②，"皆注家籍"③，意味着农民的身份地位发生了变化。这就是说，他们沦为没有独立户籍和封建国家法律保障而对于地主具有严格的人身依附关系的荫庇户，所受劳役地租剥削也特别繁重。三是部曲。部曲是一种人身依附极严格的农奴，属于地主"私家所有"④。部曲和奴婢同是地主的"家仆"⑤，"身系于主"⑥，"随主属贯，又别无户籍"⑦，完全是地主的"私属"。但是，"奴婢有价，部曲转事无估"⑧，部曲可以拥有私有财产，还可以娶良人、客女、奴婢为妻⑨。部曲平时在地主的田庄上劳动，战时就从军打仗。

农业劳动者的大批长期外逃，使封建国家赋役无着，统治阶级一方

---

① 《唐会要》卷85《逃户·宝应元年四月敕》云："近日以来，百姓逃散，至于户口，十不存半。"
② 陆贽：《陆宣公翰苑集》卷22《均节赋税恤百姓六条》。
③ 《晋书》卷26《食货》；《隋书》卷24《食货》。
④⑨ 《唐律疏议》卷6《名例六》。
⑤ 《唐律疏议》卷22《斗讼二》。
⑥ 《唐律疏议》卷17《盗贼一》。
⑦ 《唐律疏议释文》卷22。
⑧ 《唐律疏议》卷25《诈伪》。

面逐步改变赋役制度,由主要按照丁、口征发赋役而改变为主要按照土地、财产数量征发赋役,即实行两税法和职役法的赋役制度;另一方面,首先用"轻税入官"、"免其六年赋调"的办法招诱客户,承认他们在官府文书里是有籍的①。表明封建官府开始在法律上承认客户的合法存在,他们已不再是地主的"私属",因此客户的身份地位有了一些提高。接着,封建官府又把客户编入第九等户内,用九等户制来控制和剥削客户②。最后,在两税法中,又规定"户无主、客,以见(现)居为簿"③,进一步承认客户的合法地位。

客户由"私属"变为封建国家的正式编户,由非法变为合法,客户的身份地位得到了一些提高。这并不是封建国家的什么德政,而是基于社会经济发展的条件下,通过农民长期的逃亡斗争以至武装起义才获得的权利。至于地主阶级,只是在对己有利的前提下才会改变剥削方式,承认客户的户籍权,而客户则是以对封建国家负担额外的赋税作为代价的。

宋代的客户仍然具有独立的户籍,在封建国家的户口统计中,往往标明主户和客户的户、丁、口数。这说明客户仍然具有封建国家的编户、齐民的身份④。同时,客户也要承担封建国家的几项赋税,比如丁税(身丁米钱)、干食盐钱等。这种情况跟唐代中叶以后基本相同。但是,宋代的客户跟唐代又有一些不同之处,这就形成了宋代客户的新特点:

第一,宋代的客户一般已经成为农民阶级的主要组成部分——租佃土地的农民的专称。

在唐代,凡农民移徙异乡,脱离户籍的,都被称为客户。客户与土户相对,主要表示外乡和本乡地域的不同。正如《资治通鉴》胡三省注

---

① 《旧唐书》卷105《宇文融传》载开元九年括户的办法。
② 《唐会要》卷85《籍帐·宝应二年九月敕》。
③ 《旧唐书》卷118《杨炎传》。
④ 胡宏:《五峰集》卷2《与刘信叔(琦)书五首》云:"主户之于客户,皆齐民乎?"

"乡村浮户","谓未有土著定籍者,言其蓬转萍流,不常厥居,若浮泛于水上然"①。浮户又称浮客。宋代的客户与主户之间的不同,主要在于客户"佃人之田,居人之地"②,本身没有田产,不交纳二税;其次在于"侨寓"他乡,主户则既有"常产",又交纳二税,所以也称"税户"。官府主要是按有无田产来区分主、客,登记在户籍上。宋代客户分为两大类,即坊郭客户和乡村客户。坊郭客户是在坊市居住的无田产的外来人户,他们大多依靠出卖劳动力谋生,经营小手工业、做摊贩或者当人力等。他们的户数在有的地区,少于乡村客户,但略多于坊市主户。如南宋时汀州的坊郭客户就是这种情况③。乡村客户是宋代佃农的主体,他们的户数约占全国总户数的百分之三十五左右④。乡村客户的名称往往因地区或租佃关系、依附关系的差别而有所不同,如旁户(旁下客户)、浮客、牛客、小客、私下分田客、火客、火佃、地客、庄客、佃户、租户、种户等,如此众多名称的出现无非说明客户的增多和客户在农业生产中的重要地位。当然,乡村主户中还有大量下户,实际上也是佃农或半佃农,他们由于拥有一小块祖先的墓地或者几步地基,必须向官府纳税,同时又不曾迁徙外乡,因此官府仍把他们列入主籍,但他们的经济地位实际上跟客户并没有多少差别。

第二,封建法律开始对客户的迁移自由权作出明确的规定。

什么是迁移自由呢? 列宁说:"这就是说,农民用不着得到别人的允许,有权到随便什么地方去,搬到随便什么地方去,住在随便哪一个农村或者城市里。"⑤自从客户成为正式编户后,封建国家对客户的迁移自由等长期未作规定。这自然对地主剥削客户十分不利。为了更有效地控制客户,地主阶级需要制订体现自己意图的法律条文,以便约束客户。但是,作为一种上层建筑的法律,对于经济基础的需要的反映,

---

① 《资治通鉴》卷281,天福三年(938年)六月己丑。
② 李觏:《直讲李先生文集》卷28《寄上孙安抚书》。
③ 《永乐大典》卷7890《汀·汀州府》引《临汀志》。
④ (日)加藤繁:《中国经济史考证》第2卷,三八《宋代的主客户统计》。
⑤ 《列宁全集》第6卷,第361页。

总是落后于现实生活的。所以,直到北宋初年,封建国家才对客户的迁移自由问题作出规定。这就是宋仁宗天圣五年(1027 年)十一月以前的所谓"旧条"。"旧条"规定:江、淮、两浙、荆湖、福建、广南州军"私下分田客,非时不得起移,如主人发遣,给与凭由,方许别主(住)。"①这一法令剥夺了淮河、汉水以南(不包括川峡地区)的民间分成租制客户的迁移权,规定这些客户平时不能随便迁移,只有在地主发给通行证书后,才准予起程。北宋在太平兴国三年(978 年)最后统一南方各地;次年,又平定北汉。在此以前,即五代十国的分裂时期,不可能颁发地域如此辽阔的法令。所以,这一法令颁发的时间只能在 978 年到 1027 年之间近五十年内。这一法令把分成租制客户的能否迁移,交与地主全权处理,其结果使分成租制客户"多被主人折(抑)勒,不放起移"。针对这种情况,天圣五年十一月,宋仁宗下诏:"自今后客户起移,更不取主人凭由,须每田收田毕日,商量去住,各取稳便,即不得非时衷私起移;如是主人非理拦占,许经县论详。"②对"旧条"稍作更改,取消了客户迁移必须由地主发放通行证书的规定,允许客户在每年收成后,跟地主商量去住,但是既不准许客户随意迁移,又不准地主无理阻碍。这一更改,给予客户一定的迁移权,跟"旧条"相比,客户对于地主的人身依附关系稍稍有了减轻。

宋仁宗皇祐四年(1052 年),宋王朝对夔州路各州官庄客户的迁移问题也作了规定,凡"逃移者,并却勒归旧处,他处不得居停。"又规定该路施(今湖北恩施)、黔(今四川彭水)二州各县的"主户壮丁、寨将子弟等旁下客户",如果"逃移入外界,委县司画时差人,计会所属州县追回,令著旧业,同助祇应,把托边界"③。夔州路是宋代社会经济落后的地区,施、黔二州又是少数民族聚居地,封建国家对这里的官庄客户和旁下客户都予严格限制,不准他们随便迁移。

---

①② 《宋会要辑稿》食货 63 之 177《农田杂录》。
③ 《宋会要辑稿》食货 69 之 66—67《逃移》,淳熙十一年六月二十七日。

宋孝宗淳熙十一年（1184年），夔州路官府为了禁止豪强"偷搬地客"，实行了一路的"专法"：客户自此年起，如被搬移，"不拘年限，官司并与追还"；如果违法强搬佃客，按照"略（掠）人条法，比类断罪"①。

宋高宗绍兴二十三年（1153年），宋王朝下诏："民户典卖田地，毋得以佃户姓名私为关约，随契分付；得业者，亦毋得勒令耕佃。如违，许越诉，比附'因有利债负虚立人力顾（雇）契敕'科罪。"这一诏书是根据知鄂州庄绰（《鸡肋编》撰者）的建议而由户部"立法"的②。

有关宋代客户迁移自由问题的史料比较丰富，本书仅就封建国家立法来进行论述。至于在实际生活中，因为剥削阶级的"法律的运用比法律本身还要不人道得多"③，所以，客户的境遇更为悲惨，其中还因时间和地区而有所不同，此处不再赘述。

第三，封建法律开始对客户的社会地位作出明确规定。

在封建社会中，阶级的差别一般是用居民的等级划分而固定下来的，同时，还为每个阶级确定了在国家中的特殊法律地位。在前代，比如《唐律疏议》中，封建国家曾对直接生产者部曲、客女、奴婢、官户等的社会地位作过详尽的规定。但是，自从客户由"私属"转变为封建国家的正式编户后，封建法律对客户的社会地位长期未作规定。在这段时间里，客户的社会地位相对地说是有了一些提高。这是值得注意的。宋仁宗嘉祐二年（1057年），随州（今湖北随县）司理参军李抃之父李阮因殴杀佃客，将被判死刑，李抃请求用自己的官职代父赎罪。宋仁宗准其请求，免李阮真决（刺面），编管到湖南道州④。于是宋朝规定：凡地主殴打佃客致死，可"奏听敕裁，取敕原情"，但仍然没有"减等之例"。这就是所谓"嘉祐法"⑤。类似的事件也曾发生在湖北复州（今湖北天门）。王琪任知州时，有地主殴死佃客，吏员将按法律判处地主死罪，

---

① 《宋会要辑稿》食货69之66—67《逃移》。
② 李心传：《建炎以来系年要录》卷164，绍兴二十三年六月庚午。
③ 《马克思恩格斯全集》第1卷，第703页。
④ 郑獬：《郧溪集》卷12《李抃状》；《续通鉴长编》卷185，嘉祐二年四月癸丑。
⑤ 《建炎以来系年要录》卷75，绍兴四年四月丙午。

王琪却怀疑不决。十几天后,果然有"新制"下达,凡类似案件,都准许减罪免死①。后来,到宋哲宗元祐五年(1090年)七月乙亥,刑部再次制订条法,规定:"佃客犯主,加凡人一等。主犯之,杖以下勿论;徒以上,减凡人一等。谋杀、盗、诈及有所规求避免而犯者,不减。因殴致死者,不刺面,配邻州本城;情重者,奏裁。"②意谓佃客侵犯地主,比平民罪加一等;地主侵犯佃客,则罪减一等。这就是南宋初年王居正所说地主杀害佃客,地主只被判处流配邻州之刑,而"杀人者不复死矣"③。

南宋高宗初年,封建国家对于地主殴死佃客的罪行又减刑一等,只判以编配本城。从此,"侥幸之途既开,鬻狱之弊滋甚,由此人命寝轻,富人敢于专杀"④。这就是说,经过元祐五年和绍兴初年两次立法,佃客在法律上的社会地位低于地主二等。把这两次立法跟唐律中"诸部曲殴良人者,加凡人一等,奴婢又加一等"⑤相比,可以看出元祐五年、绍兴初年以后的客户(佃客)似乎又回复到了前代部曲、奴婢的社会地位。

第四,形成了一种新的主佃关系即佃仆制度。

"佃仆"之称,始见于北宋,盛行于南宋浙东、浙西、江东、淮西、福建诸路,并且一直延续到元、明以后。清代乾隆年间,曾有人叙述安徽南部佃仆制度的由来和性质说:"安省徽州、宁国、池州府属地方,自前宋、元、明以来,缙绅有力之家,召募贫民,佃种田亩,给予工本,遇有婚丧等事,呼之应役。其初尚不能附于豪强奴仆之列,累世相承,称为佃仆,遂不得自齿于齐民。"⑥可见这种佃仆制度是从宋代开始,而后逐步发展形成的。

北宋时,许多地区已经出现地主视客户如奴仆、奴隶的现象。宋仁

①　郑克:《折狱龟鉴》卷8《王琪》;《宋史》卷312《王琪传》。
②　《续通鉴长编》卷445。《文献通考》卷167《刑考》同。
③　《建炎以来系年要录》卷75,绍兴四年四月丙午条,"元祐"作"元丰"间。
④　《建炎以来系年要录》卷75,绍兴四年四月丙午。
⑤　《唐律疏议》卷22《斗讼二》。
⑥　转引自《历史研究》1965年第5期,第112页。

宗时,苏洵说:"富民召募浮客,分耕田亩","视以奴仆"。官吏朱寿隆劝谕"大姓",将流民"畜(蓄)为田仆,举贷立息,官为置籍索之"①。南宋时,有关佃仆的记载更是屡见不鲜。宋孝宗时,地主刘四九之姜鬼小娘,因佃仆拖欠租谷,令其他仆人"执而挞之"②。淮西蕲州蕲春县富室黄元功,命其佃仆张甲"受田七十里外查梨山下"③。江东饶州乐平县地主向生,命其田仆在田里种植绿豆④。袁采《袁氏世范》一书中,还专门撰文劝谕佃仆妇女不宜私自向地主的家属借债⑤。元初人说,南宋末年"江南富户,止靠田土;因买田土,方有地客。所谓地客,即系良民,……若地客生男,便供奴役,若有女子,便为婢使,或为妻妾"⑥。地客生男育女,都得为地主的佃仆或奴婢,供地主剥削和奴役,这跟清初人所说佃户"累世相承,称为佃仆,遂不得自齿于齐民"一致。因此,随着佃仆以及奴婢的自然增殖,地主和佃仆的关系就延续和扩大开来。

佃仆制度是在前代的部曲、"私属"制度消失以后出现的一种新的剥削制度,它采取了最有利于地主的剥削方式。在这种剥削制度下,佃仆对于地主具有最为严格的人身依附关系。束缚在这种依附关系下的直接生产者,具有双重的身份,一方面他们是地主的生产性劳动者的佃客,向地主承佃纳租,另一方面他们又是地主的服役性劳动者的奴仆,为地主服更多的劳役。简言之,这种依附关系既是主佃关系,又是主仆关系。

总之,从唐末到宋代,甚至到元代,农村直接生产者佃客对地主的人身依附关系和佃客的社会地位,出现了波浪式的发展变化过程。在唐末五代、北宋前期,佃客取得了封建国家编户齐民的地位,这是佃客社会地位稍有提高和人身依附关系较为松弛的时期。但是,到北宋中

---

① 《宋史》卷333《朱寿隆传》。
② 洪迈:《夷坚志补》卷16《鬼小娘》。
③ 洪迈:《夷坚志》庚集上《黄解元佃仆》。
④ 洪迈:《夷坚志》庚集下《向生驴》。
⑤ 袁采:《袁氏世范》卷3《治家·佃仆不宜私假借》。
⑥ 《元典章》卷57《刑部》一九,《诸禁·禁典雇·禁主户典卖佃户老小》。

期以后，封建国家开始对佃客的社会地位作出明确的规定，佃客被一再降格，有些地区还形成了佃仆制度，这些情况跟唐末、五代、北宋前期的佃客相比，出现了社会地位逐步下降和人身依附关系逐步加强的趋势，似乎又回复到了唐末以前的部曲、奴客的地位。不过，宋代的佃客毕竟获得了独立的户籍，并且由于租佃关系的发展，佃客与地主之间普遍订有书面租佃契约，劳役地租显著减少等，因此跟唐末以前的部曲、奴客仍然有较多的区别，从这个角度考察，宋代佃客的社会地位和人身依附关系比前代的部曲、奴客仍然有所提高和松弛。

（三）工匠和机户

在农民阶级的身份地位发生变化的同时，手工业工人即工匠的身份地位也出现了变化。

唐代的工匠有好几类，一是官手工业的"贱民"，如官奴婢、"官户"、"杂户"等，这些"贱民"除在农业生产领域从事劳动外，还被大批用于手工业领域。随着劳动技能的提高和长期的斗争，封建国家开始允许他们自赎为良，或被迫准许他们免贱从良。二是民间的"番匠"。封建国家规定他们每年服役二十天，如果稽留不赴或者在役逃亡，都要受罚；服役期间，口粮自备。这种强制性的番役制，在均田制时期是十分普遍的。三是民间的"和雇匠"。唐代中叶以后，由于均田制的崩溃和统治阶级内部争夺劳动力的斗争，"贱民"从良者增多，和雇制也出现了逐渐发展的趋势。和雇匠的身份地位比"贱民"要高得多。

在唐代中叶以后工匠的身份地位变化的基础上，宋代的工匠具有以下一些新特点：

第一，在宋代的官手工业中，官奴婢之类的"贱民"已经消失，代之以从民间召募来的厢军中的工匠即兵匠。

宋代厢军的数量是相当多的，其中除很少部分人系因犯罪而被发配到"牢城""指挥"服役和老年士兵等以外，相当多的人在不同的作业

"指挥"中工作,诸如采造、装卸、窑务、造船、省作院、作院工匠、船坊铁作、水磨、运锡、铁木匠、酒务、竹匠、造船军匠、鼓角匠、秤斗务等,都是当时先后成立的专业"指挥"①。属于这些"指挥"的厢军,实际上是受雇于封建国家而终身工作的工匠,他们跟民间工匠的区别首先在于具有军籍。他们中间很多人原是"有手艺者",在招兵时经过试验,才"改刺充兵匠"②。苏轼说过:"不知雇人为役,与厢军何异?"③兵匠有"工食钱",但比一般雇募来的民间工匠要少。如宋高宗时,临安府筑城的杂役兵匠,每天"工食钱"为二百五十文,比一般工匠的三百五十文少一百文④。军器所的下等工匠,每月支粮二石、添支钱八百文,每日食钱一百二十文,杂役兵匠月粮一石七斗、每日食钱一百文⑤。宋理宗时,庆元府作院的军匠,每日支钱三百文、米二升、酒一升;民匠一贯五百文;诸军子弟匠五百文,米、酒与军匠同⑥。兵匠的身份地位,从"工食钱"等项反映出要比民匠为低,但比唐代的"贱民"又提高不少。兵匠的存在,减轻了封建国家对于民间工匠和农民的劳役剥削。

第二,宋代的官手工业一般不再无偿征调民间工匠服役,而是采取一种新的介于征调和雇募之间的方式——"差雇"⑦。

宋代官府在平日将民匠登记在簿籍,遇到需要就按照簿籍而轮流差雇。南宋人撰《州县提纲》说:"役工建造,公家不能免;人情得其平,虽劳不怨。境内工匠,必预籍姓名。名籍既定,有役按籍而雇,周而复始,无有不均。"⑧岳珂《愧郯录》也说:"今世郡县官府,营缮创缔,募匠应役。凡木工,率计在市之朴斫规矩者,虽启楔之技无能逃。平日皆籍

① 《宋史》卷189《兵三·厢兵》。
② 《续通鉴长编》卷467,元祐六年十月丙子。
③ 苏轼:《苏东坡奏议集》卷1《上皇帝书》。
④ 《宋会要辑稿》方域2之21《行在所》。
⑤ 《宋会要辑稿》职官16之4—5《军器所》。
⑥ 梅应发等:《开庆四明续志》卷16《作院》。
⑦ 《宋会要辑稿》职官16之7《军器所》,绍兴六年六月十八日条云:"差雇工匠。"李元弼《作邑自箴》卷2《处事》云:"差雇人马、船车、作匠之类,置簿轮转,逐名后,多空素纸,批凿差雇月日……"
⑧ 佚名:《州县提纲》卷2《籍定工匠》。

其姓名,鳞差以俟命,谓之'当行'。间有幸而脱,则其侪相与讼挽之不置,盖不出不止也,谓之'纠差'。"①无论"按籍而雇",或者"募匠""鳞差",都是在差中有雇,雇中有差。所谓"差",是因为并非出于工匠的自愿,而是官府括籍而征发的;所谓雇,是因为官府对于服役的工匠支付"请受"或"食钱"。宋高宗时,从两浙、江南、福建等五路"差拨"到军器局造作,"除本身请受外,每月(日)添支食钱一百七十文、米二升半"②。按规定,这些工匠一年一替③。宋理宗时,庆元府作院"照籍轮差"定海等县民匠,每四十日一替,日支钱一贯五百文、米二升、酒一升,起程给盘缠钱五贯、回程十贯。这样的报酬被认为是比较合适的,因此"人皆乐赴其役"④。在差雇制下,民间工匠在服役期间的待遇要比唐代单纯的轮差制下的工匠要优厚一些。

第三,宋代的官手工业有时也采用"和雇"民匠的方式,而民营手工业则普遍采用这种方式。和雇制的普遍采用,刺激了工匠的生产兴趣,也反映工匠的身份地位有了提高。

官手工业在兵匠不足之时,除差雇民匠外,还和雇民匠⑤。所谓"和雇",就是雇主和工匠"彼此和同",即出于双方自愿。一般地说,民匠对官衙是敬而远之的,只有在报酬比较优厚或适当的情况下,民匠才会接受官府或官营作坊的雇募。如宋神宗时保州作院召募工匠,所给雇值包括银鞋钱以及南郊赏赐,跟厢军相同⑥。有的官营作坊规定民匠自备物料,使民匠尽一家的人力采矿、烹炼,规定十分之中若干分充其工价⑦。我国最早的一部完备、系统的建筑学著作——北宋李诫编《营造法式》,详细系统地规定了建筑业中各工种不同等级操作的定额

----

① 岳珂:《愧郯录》卷13《京师木工》。
② 《宋会要辑稿》职官16之23《军器局》。
③ 《宋会要辑稿》职官16之8《军器所》。
④ 梅应发等:《开庆四明续志》卷6《作院》。
⑤ 《宋会要辑稿》刑法2之47《禁约》,大观二年五月一日诏:"自今造作,计其工限,军工委有不足,方许和雇民工,事讫即遣……"
⑥ 《续通鉴长编》卷296,元丰二年二月庚子朔。
⑦ 《宋会要辑稿》食货34之17《坑冶杂录》。

和材料的用量,也规定了工匠的报酬。有时官府对工匠规定:"能倍功,即赏之,优给其值"①。鼓励工匠提高产量。但是,各级封建官府也不时"以和雇为名,强役工用,非法残害",以致"死者甚众"②。遇到这种情况,"和雇"匠的生活,实际上跟被征调来服役的工匠相差无几。宋神宗时,在发生斩马刀局工匠暴动后,王安石表示:"凡使人从事,须其情愿,乃可长久。"又说:"饩廪称事,所以来百工。饩廪称事来之,则无强役之理。且以天下之财给天下之用,苟知所以理之,何忧不足而于此靳惜!"③主张优待各色工匠,提高他们的劳动兴趣。王安石的这一主张是颇有见地的。

在民营手工业中,和雇工匠制已经被普遍采用。尽管有关资料比官营手工业要少,但仍能反映出一个概貌。跟官手工业一样,民营手工业按照行业的不同而分成许多作或行,作有作头,行有行头或行老、行首。在北宋开封和南宋临安的市场上,凡需要"雇觅"作匠者,便可找"行老""引领"④。"诸行借工卖伎人"在茶肆"会聚""行头",由行头向雇主推荐⑤。这些作匠看来主要是为城市居民提供修补加工的业务,并不直接制造手工产品。

在直接制造手工产品的民营作坊中,有时和雇的工匠数量也不少。宋仁宗时,端州崔之才,居端岩侧,"家蓄石工百人,岁入砚千数"⑥。宋神宗时,徐州利国监有三十六处铁冶,冶户都是富豪,"藏镪巨万",每冶各有工匠一百多人,"采矿伐炭,多饥寒亡命、强力鸷忍之民"⑦,全监约有工匠四千多人。宋徽宗时,开封武成王庙前张家、皇建院前郑家油饼店和胡饼店,每家各有五十多饼炉,"每案用三五人捍剂卓花入

①　王昶:《金石萃编》卷140《宣仁后山陵采石记》。
②　《续通鉴长编》卷355,元丰八年四月。
③　《续通鉴长编》卷262,熙宁八年四月己丑。
④　孟元老:《东京梦华录》卷3《雇觅人力》;吴自牧:《梦粱录》卷19《雇觅人力》。
⑤　吴自牧:《梦粱录》卷16《茶肆》。
⑥　蔡襄:《蔡忠惠公文集》卷25《研记》。
⑦　苏轼:《苏东坡奏议集》卷2《上皇帝书》。

炉"①,以每炉用工匠三人计,则每家雇佣工匠一百五十人。宋孝宗时,饶州鄱阳城内染坊余四、吴廿二,"铺肆相望","募染工继作,终夜始息"②。还有一些工匠,自备生产工具,为他人加工织品。北宋时,兖州一民家妇女,里人称为"贺织女","佣织以资之,所得佣直(值),尽归其姑"③。南宋时,饶州鄱阳县白石村一村民,"负机轴","为人织纱于十里外"④。有些工匠已跟农业脱离,成为专业性的纺织品生产者,在文献中被称为"织纱匠"或"织罗匠"⑤。有些地区的工匠还专为商人的订货制造或加工产品,赚取工钱。宋孝宗时,江西抚州民陈泰,以贩布起家,每年拿出本钱,贷给抚州崇仁、乐安、金溪以及吉州各县的"织户"。陈泰与织户之间,"各有驵(牙人)主其事"。"诸驵"除了负责将本钱分发给织户并从织户收取织物以外,还负责为陈泰"作屋停货"。比如乐平县"驵"曾小六曾经替陈泰"积布至数千匹"⑥。陈泰每年六月开始,亲自带仆人往各处催索织物,到深秋乃归。在这里,陈泰已经不是单纯经营布匹的买卖,而是预先将资金贷给织户,再从织户取得作为生产品的布匹;作为直接生产者的织户,实际上按照陈泰的订货制造或加工布匹,从中获取雇值。织户和陈泰、"诸驵"三者之间的生产关系,颇堪注意。

　　在和雇制普遍采用的基础上,各地区还因对于手工产品和手工劳动的不同需求,形成了一定标准的雇值。宋神宗时,王安石说:"若以京师雇直(值)太重,则如信州等处铁极好、匠极工,向见所作器极精,而问得雇直(值)至贱,何不下信州置造也?"⑦说明在人口比较密集的城市,工匠的雇值就高一些;反之,在人口较少的小城市,工匹的雇值就

---

① 孟元老:《东京梦华录》卷4《饼店》。
② 洪迈:《夷坚三志》辛卷7《毛家巷鬼》。
③ 李元纲:《厚德录》卷2《贺织女》。
④ 洪迈:《夷坚志》乙志卷8《无颏鬼》。
⑤ 洪迈:《夷坚志》卷38《程山人女》;《夷坚志》乙志卷17《张八叔》。
⑥ 洪迈:《夷坚志》癸集上《陈泰冤梦》。
⑦ 《续通鉴长编》卷262,熙宁八年四月己丑。

相对低一些。这种雇值的差别，显然是因为和雇制的普遍采用和各地区需求的不同而造成的。

在经济比较发达的一些地区，还出现了为数众多的机户，并且由机户发展成为机坊。

宋太祖时，济州最早出机户，其中有十四户每年为官府织绫，领取雇值①。宋仁宗时，梓州已有"机织户"几千家②。梓州是宋代丝织品的重要产地之一，每年要"上供"许多绢、红锦、鹿胎、青丝绫等，这里的织工还能织出八丈阔幅的绢③。因此，在这里出现了大批机户。宋神宗时，成都府有许多机户，官府预俵丝、红花、工直（值）给他们"雇织"④。汉州有许多"绫户"，长期替官府织绫，领取"工钱"⑤。宋徽宗时，河北、京东也有机户，被官员"拘占"，"织造匹帛"，"亏过机户工价等钱"，以致机户"日有陪（赔）费侵渔"⑥。由于各地官员普遍强使机户织造，因此尚书省特地立法，对"诸外任官，自置机杼，或令机户织造匹帛者"，处以二年的徒刑⑦。南宋时，成都府、徽州、温州、嘉兴府、常州、镇江府等地都有许多机户存在。约宋孝宗、光宗时，周五在临安府丰乐桥侧开机坊为业⑧。南宋末年，临安府出现许多机坊，专织素纱、天净、三法、新䌷、栗地等纱和一种专供画家使用的"幅狭而机密"的"唐绢"⑨。由机户发展成为机坊，可能与这些小作坊雇用了一定数量的非家庭成员的工匠有关，从而使这些小作坊由家内作坊扩大为非家内作坊。有关文献中的这些机户或机坊，主要织造丝织品。他们常常被官府"差雇"织作，官府往往少给或拖欠"工钱"。机户的产品大多成为商品，

① 《文献通考》卷20《市籴考一》。
② 《宋会要辑稿》食货64之23《匹帛》。
③ 张邦基：《墨庄漫录》卷2。
④ 《续通鉴长编》卷338，元丰六年八月己亥。
⑤ 吕陶：《净德集》卷4《奉使回奏大事状》。
⑥ 《宋会要辑稿》刑法2之45《禁约》。
⑦ 《宋会要辑稿》刑法2之91《禁约》。
⑧ 洪迈：《夷坚支丁》卷8《周氏买花》。
⑨ 潜说友：《咸淳临安志》卷58《物产》。

有些由机户直接贩卖,投入市场;有些则卖给"揽户"(牙商),受"揽户"的中间剥削①。

宋代机户的大量出现,尽管现存史料不足以详细说明他们的内部结构,但他们的数量增加这一事实本身,说明宋代的纺织业中已经有不少小作坊跟原料生产明显分离,又有许多工匠跟农村家庭副业明显分离,这种手工业和农业分工的进一步扩大在当时是空前的:同时,由机户发展为机坊,表明这些小作坊的内部结构可能有了一些变化。

(四) 家 内 服 役 者

在唐代中叶以后到宋代劳动力的重新编制过程中,家内服役者的身份地位也发生了变化。

唐代的家内服役者主要是奴婢,其次是"随身"。奴婢隶属于主人,为"家仆"之一,"律比畜产","同于资财,买卖时有价",毫无人身自由,是当时社会地位最为卑下的"贱口"。唐代蓄奴的风气比前有所减弱,但仍很盛,贵族、官员往往蓄养数百、上千名奴婢。蓄奴制表明唐代社会还存在着奴隶制度的严重残余。不过,唐代的奴婢已跟奴隶社会的奴隶有所差别,唐律规定,主人杀害奴婢,要罚杖一百,或处以一年的徒刑,说明主人已经不能随便杀死奴婢了。同时,从唐代中叶以后,随着社会经济的继续发展,官府或私家拥有奴婢的数量呈现日益减少的趋势,而另一种雇佣制,即"随身"制的比重则在逐渐增加。"随身"系雇赁而来,有一定期限,社会地位比部曲略高,但低于平民②。

宋代的家内服役者不同于唐代的新特点表现在,第一,宋代已经不存在将大批罪犯以及罪犯子女籍没入官为奴的制度。

南宋末年人方回说:"近代无从坐没入官为奴婢之法,北方以兵掳

---

① 袁甫:《蒙斋集》卷2《知徽州奏便民五事状》。
② 均见《唐律疏议》。

则有之。近代法不善者,宦官进子,宫无罪之人;良人女犯奸三人以上,理为杂户,断脊杖,送妓乐司收管。"①这就是说,宋代没有像唐代那样将大批罪人没官为奴,只是在平民女子犯奸而情重的情况下,作为"杂户",送到妓乐司看管。另外,各地也有将某些罪犯断配为奴或婢的②。但这种"杂户"或奴婢在宋代为数并不太多。

第二,宋代的家内服役者主要是受雇佣的劳动者"人力"和"女使"。

宋代继续存在奴婢买卖,但已经不是家内服役者的主要来源。宋代的家内服役者主要来自雇佣,在法律上一般称为"人力"和"女使"。据现存资料,"人力"一词最早约见于唐宣宗大中七年(853年),表示"劳力"或"劳动力"之意③,跟宋代把它作为男性被雇佣者在法律上的专称不同。北宋初年,窦仪等撰《重详定刑统》时,也未采用此称,只沿用前代的奴仆、随身等词。大约直到宋仁宗时制订"嘉祐敕","人力"、"女使"才见于宋代的法律上。"嘉祐敕"规定,"略和诱人为人力、女使","依略和诱人为部曲律,减一等"④葛洪《涉史随笔》说:"古称良、贱皆有定品,良者即是良民,贱者率皆罪隶。今之所谓奴婢者,概本良家,既非气类之本卑,又非刑辟之收坐,不幸迫于兵荒,陷身于此。"⑤指出宋代的奴婢跟前代的奴婢之间的不同之处。由此说明,宋代的奴婢本来出身"良家",因为家境窘迫,不得不出卖自己的劳动力。人力和女使跟雇主一般都订有雇佣契约,上面写明期限、工钱或身钱等项⑥。宋代封建国家还制订专法:"雇人为婢,限止十年。其限内转雇者,年限、价钱,各应通计。"⑦雇期届满,女婢可以回家,

① 方回:《续古今考》卷36《酒浆筐醢醯盐幂奄女溪》。
② 《庆元条法事类》卷75《刑狱门·编配流役》。
③ 仁井田陞:《中国法制史研究(土地法·取引法)》,东京大学出版会1960年版,第658页。
④ 《宋会辑稿》刑法1之33《格令二》。
⑤ 葛洪:《涉史随笔·汉高帝诏免奴婢自卖者为庶人》。
⑥ 《建炎以来系年要录》卷164;袁采:《袁氏世范》卷3《治家·雇女使年满当送还》;周密:《癸辛杂识》别集卷下《银花》。
⑦ 罗愿:《罗鄂州小集》卷5《鄂州到任五事札子》。

或者另找雇主,或者续订雇约。奴婢与雇主之间订有雇佣契约,这在前代也是不多见的。

第三,宋代的人力和女使的身份、地位比唐代的奴婢要高。

宋代的人力、女使与雇主之间的契约关系本身,就标志着人力、女使的身份、地位要高于唐代的奴婢。宋太祖初年,规定臣僚"不得专杀"奴仆,又下诏各州凡判处死刑的案件必须上报刑部详复,将"生杀之权"收归朝廷中央①。宋真宗时,按照"旧制,士庶家僮仆有犯,或私黥其面",宋真宗认为"今之僮使,本佣雇良民",乃下诏今后僮仆有过失,主家不得私自刺其面②。随后,又按照唐律中对于主人杀死奴婢和部曲判刑的条法,规定:"自今人家佣赁,当明设要契,及五年,主因过殴决至死者","加部曲一等"③。说明这时按照契约受雇的"佣赁"人即人力、女使的社会地位比唐代的部曲略高。不过,在前述宋仁宗"嘉祐敕"中,遇"略和诱人为人力、女使"时,按照"略和诱人为部曲律",减一等定罪,说明人力、女使的社会地位又出现变化,变为略低于唐代的部曲。南宋《庆元条法事类》对于人力和佃客奸主罪的判刑,也规定:"诸旧人力奸主者,品官之家,加凡奸二等;民庶之家,加一等。即佃客奸主,各加二等。"④人力与雇主在犯有同等罪行时在量刑上有不平等的规定,表明人力仍对雇主具有比较严格的人身依附关系,其身份、地位比一般平民为低,但又比佃客略高。

宋代人力、女使的大批出现及其身份、地位的稍有提高,标志着中国封建社会中奴隶制度严重残余的进一步削弱,具有重要的意义。诚然,宋代还存在卖身为奴或者被掠为奴的现象,这类奴婢为数也不少,但跟受雇的人力、女使相比,显然居于次要地位。

宋代新的社会阶级结构,是在社会经济发展的基础上,经过唐末

---

① 王栐:《燕翼诒谋录》卷3《主家不得黥奴仆》。
② 《续通鉴长编》卷54,咸平六年四月癸酉。
③ 《文献通考》卷11《户口二·奴婢、佣赁等》。
④ 《庆元条法事类》卷80《诸色犯奸》。

农民大起义基本摧毁旧有阶级结构的结果。官僚地主代替了门阀士族,佃客代替了部曲、奴客,和雇匠、差雇匠、兵匠代替了贱民、番匠,人力、女使代替了大部分作为奴隶制度严重残余的奴婢等等,这一阶级结构的变动说明中国封建社会内部发生了一次重要的变革,这一变革还逐步深入到社会的一切领域,从而构成或促成了以下各部分的新特点或新变化。

第三章　宋代的土地占有制度

隋、唐沿袭北魏孝文帝以来的均田制。唐代规定亲王可拥有永业田一百顷，一品京官可占有职分田十二顷；普通男丁给永业田二十亩、口分田八十亩。口分田一般不得买卖，男丁死后，要交还官府。在均田制下，土地受到封建国家的严格控制和支配，土地买卖仍旧受到限制，土地私有制不够发达。唐代中叶以后，随着均田制的崩溃，自耕农的小块土地所有制受到严重削弱，拥有大量土地的土地所有者相应增加；同时，"自田"逐渐发展起来，私人对于土地的所有权，即对于某一确定土地的占有权和支配权的自由程度也逐渐提高。到宋代，在唐代后期发展变化的基础上，土地占有制度也出现了一些新特点。

（一）土地私有制进一步发展

宋代土地私有制进一步发展，土地买卖盛行。封建国家制订日益严密的法律条文，保障私人对于土地的转移让渡，使土地买卖、典当的法律更加规范化。土地所有权分割为"田骨"、"田根"和"田皮"、"田面"，还出现一田两主或一田多主的现象。

宋朝人认为本朝"田制不立"[1]，这正反映宋代所实行的土地制度不同于前代的各种封建国家授田制，而是实行一种私有程度比较高的

---

[1]　《宋史》卷173《食货志上一·农田》。

地主和自耕农的土地所有制。叶适说:"自汉至唐,犹有授田之制,……至于今,授田之制亡矣。民自以私相贸易,而官反为之司契券而取其直(值)。而民又有于法不得占田者,谓之户绝而没官;其出以与民者,谓之官自卖田,其价与私买等,或反贵之。"①封建国家授田制的消亡,意味着土地私有制业已牢固确立。这主要表现在宋代封建国家制订了严密的法律条文,来保障人们的土地让渡转移,这也就是说,封建国家在更大的程度上允许土地自由买卖,使有关土地买卖、典当的法律更加规范化。

恩格斯说:"完全的、自由的土地所有权,不仅意味着毫无阻碍和毫无限制地占有土地的可能性,而且也意味着把它出让的可能性。"②土地的转移让渡权和毫无阻碍、限制的土地的占有权是完全的土地私有权的两个方面。自北宋初年开始,封建国家不断为土地让渡转移过程中出现的新情况制订出新的条法。宋孝宗时,袁采指出:"官中条令,惟(田产)交易一事最为详备。"③这些条法或条令中,最突出的一条是规定在买卖、典当土地时,卖出或典出者称为"业主"或"典卖人",买进或典进者称为"钱主"、"典买人"、"典主"或"见典人"④。明末学者顾炎武发现:汉、唐时大土地所有者只称"豪民"或"兼并之徒",到宋代以下,则"公然号为田主矣"⑤。诚然,据近几十年的考古发现,唐代的土地租佃契约中已经出现了"田主"之称,这是顾炎武结论的不够精确之处。不过,到宋代,一般已经不再使用带有贬意的"豪民"、"兼并之徒"等名称,而普遍直接称为"田主"、"业主"、"钱主"等。

宋代土地转移让渡有三种方式,一是绝卖,二是典当,三是倚当。绝卖是业主把土地所有权完全卖给钱主,不再收赎。典当是业主把田产交给钱主,从钱主领取银钱,但不对所领银钱付息,作为典买人的钱

---

① 《叶适集·水心别集》卷2《进卷·民事上》。
② 《马克思恩格斯选集》第4卷,第163页。
③ 袁采:《袁氏世范》卷3《治家·田产宜早印契割产》。
④ 《宋会要辑稿》刑法1之27《格令二》,政和三年九月四日条。
⑤ 顾炎武:《日知录》卷2《苏、松二府田赋之重》。

主可以使用田产,享有该田产的课利(地租等),以代利息。典卖人不得重叠典出,但保留收赎权;典买人可以转典,但不可出卖给他人。如果典卖人愿意放弃回赎权,把所有权全部归于典买人,典买人就须再付一笔绝卖和典当之间的差价,称为"添贴"或"贴买价钱"。"倚当"是将土地使用权转让他人,领取现钱①,手续方面"不必批支书"②。在宋代土地让渡转移的三种方式中,可以看出当时的土地所有权出现分割的现象,这就是在典当的过程中,典卖人所保留的土地赎回权,称为"田骨"③或"田根"④。至于典买人所享有的土地使用权,在宋代文献中尚未找到跟"田骨"、"田根"相对应的名称,估计跟近代有些地区的习惯一样,称为"田皮"或"田面"。这就是所谓一田两主或一田多主的现象。土地的典当或倚当这两种转移让渡方式,比较接近于土地所有权的完全买卖(绝卖),但又跟完全买卖有一定的区别。

　　土地转移让渡的法定手续,有如下一些:在典卖土地之前,必须询问亲邻,订有"问亲邻法"。有的地区还要交"定钱"⑤,然后订立契约。契约按照转移让渡的不同方式,订立不同的契约,即"绝卖契"、"典契"、"贴买契"等。契纸都由官府雕版印造。典卖的契约上写明号数、亩步、田色、四邻界至、典卖原因、原业税钱、色役、回赎期限(宋初始立典卖田宅收赎法)、交易钱数、买卖双方姓名等⑥。交易的双方各执一份,又称"合同契"⑦。订契后,必须携带双方砧基簿⑧、上手干照(老契

---

① 《名公书判清明集·孤幼》,"鼓诱卑幼取财"。
② 《名公书判清明集·违法交易》,"正典既子母通知,不得谓之违法"。
③ 《名公书判清明集·违法交易》,"伪作坟墓取赎"。
④ 叶绍翁:《四朝闻见录》乙集《洛学》。
⑤ 蔡襄:《山头斋会戒》,载(清)郝玉麟《福建通志》卷66。
⑥ 宋代卖地契,现存太宗太平兴国七年住盈、阿弯卖地契,载《敦煌资料》第一辑,第316页;理宗景定元年徐胜荣卖地契,浙江省博物馆藏照。
⑦ 北宋初立合同契,一式四份,后改为一式两份,见《宋会要辑稿》食货61之57《民产杂录》;同上61之64。
⑧ 杜范:《杜清献公集》卷16《常熟县版籍记》云:"民以实产受常赋,为砧基簿,印于县而藏于家。"李心传:《建炎以来朝野杂记》甲集卷5《朝事一·经界法》云:"其法令民以所有田,各置砧基簿,图田之形状及其亩目、四至、土地所宜,永为照应。"

或旧契）到官府，交契税钱，地方官当面核验，过割物力和税钱，然后盖印，并"批凿"上手干照，交由典主保存。交纳了契税、加盖了官府印章的契约称为"红契"，否则就是不合法的"白契"。宋代官府为土地买卖制订的种种条法，一方面意味着封建国家对于土地买卖的某种控制和干涉，土地所有者不能绝对自由地去处理土地，但另一方面亦即主要方面却意味着封建国家对土地买卖的法律保障日趋严密。

宋代地主阶级占有土地的方式是多种多样的，但其中最主要的方式乃是购置土地。地主购置土地的手段，除正当交易外，还有强市、伪造假契、涂改契约字迹等，无非是把那些图谋占有的土地纳入一个虚假的土地买卖过程，使这些手段合法化。同时，不仅百姓参加土地交易，而且封建国家也经常买卖土地，所谓"官庄"、"营田"、"没官田"无不经常投入土地的流通领域。封建国家与民间进行土地交易，在前代是罕见的，宋代却已习以为常。

（二）土地所有权转移频繁

跟宋代官僚地主普遍三世而后衰微的情况相适应，加上商品经济比较发达，促使土地比较容易进入流通领域，土地所有权的转移让渡极为频繁。宋高宗时，四川立限让典卖田宅者纳税印契，一次就征收到契税四百万贯，婺州征收到三十万贯①。如果以契税率百分之十计算，四川印契上的田价总额就达四千万贯、婺州三百万贯。这时四川的土地价格每亩为近四贯②，官府卖田的定价为八贯到十贯③。如果以每亩十贯计算，四川这次纳税印契的田地共有四百万亩，婺州有三十万亩。虽然这些田地的买卖可能前后相隔了一二十年，但加上另一部分在交易

---

① 《宋会要辑稿》食货35之13《钞旁印帖》；李心传：《建炎以来朝野杂记》乙集卷16《财赋·四川桩管钱物》。

② 杜大珪：《名臣碑传琬琰集》卷54《杜御史莘老行状》（南宋绍熙甲寅本）。

③ 《宋会要辑稿》食货5之30《官田杂录》。

时就向官府纳税印契的田地,足以说明当时投入流通领域的数量之大,也说明土地所有权的转移之迅速。宋孝宗时,袁采指出当时"贫富无定势,田宅无定主"①。朱熹在谈到必须实行经界法时说:"人家田产,只五六年间,便自不同,富者贫,贫者富。"②宋理宗时,黄震劝告乡村上户放债应该减息,指出:"财货不过外物,贫富久必易位。"③徐守信曾写诗云:"遥望南庄景色幽,前人田土后人收,后人不用心欢喜,更有收人在后头。……南庄北宅眼前花,好儿好女莫谩夸,我若一朝身死后,又属张三李四家。"④朱继芳也赋诗曰:"曲池毕竟有平时,冷眼看他炙手儿,十数年间三易主,焉知来者复为谁?"⑤朱熹的弟子刘爚还把富贵者所有金钱和田宅不大能够一传、再传、三传的现象,说成是一种"虚盈相代",是"天之道也"⑥。许多士大夫都敏感地意识到好景难常,有些人主张节俭和聚居以压缩消费量,并且置办一些产业,借以保证子孙世代富裕⑦;有些人认为富贵还不如贫贱,说:"富贵者劳苦,贫贱者清闲;富贵者脆弱,贫贱者坚固;富贵者惊危,贫贱者安泰。"⑧透过这种忧心忡忡的悲观论调,可以看出士大夫们正在纷纷想方设法来对付因地权转移频繁而出现的地主家庭经济地位更加不稳定的局面。

(三)土地所有权日益集中和分散经营

宋代官僚地主普遍三世而后衰微,地主阶级土地兼并日趋激烈,土地所有权转移频繁,以及农民的贫困,促使宋代在地权集中的同时,土地的经营采取零星分散的方式。实际上,这正是地主大土地所有制和

---

① 袁采:《袁氏世范》卷3《治家·富家置产当存仁心》。
② 《朱子语类》卷109《朱子六·论取士》。
③ 《黄氏日抄》卷78《七月初一日劝上户放债减息榜》。
④ 徐守信:《徐神翁语录》,载《道藏辑要》卯集。
⑤ 朱继芳:《静佳龙寻稿·朱门》,载《南宋六十家集》。
⑥ 刘爚:《云庄集》卷4《全行可度牒田记》。
⑦ 倪思:《经鉏堂杂志·岁计、月计》,载《说郛》(商务本)卷75。
⑧ 李之彦:《东谷所见·富贵贫贱》,载《说郛》(宛委山堂本)卷73。

生产过程个体性之间的矛盾。朱熹在福建漳州推行经界法时,针对民间的各色田土指出:"散漫参错,尤难检计"①。宋理宗时,吏人张洪在平江府有田一百六十五亩,分散为三十八段,佃户共二十五家②。常州无锡县学在淳祐三年(1243年)添置"养士田"近一百亩,客户共五十多家,佃耕田地每段面积多者七八亩,少者仅一角、二角几十步,有的客户一家竟佃耕十多段土地③。这种地权集中和土地分割成零星片段的经营方式,是宋代土地占有形态的特点之一,也是宋代租佃关系发展的重要原因之一。

(四)官田显著减少

宋代在土地私有制充分发展的同时,还保持着少部分的官田。宋代官田的名目颇多,主要有"官庄"、"屯田"、"营田"、"户绝没官田"、"逃田"等。这些官田的存在表明:宋代的土地国有制已经不占支配地位,只是土地私有制的一种补充形式而已。宋代有的学者认为,宋代的"佃官田及绝户田出租税",跟北魏的均田制相似④。说明宋代这部分官田的经营方式和北魏均田制之间的历史传承关系。但是,宋代官田的数量比前代要少得多。宋神宗熙宁七年(1074年),共有各种官田四十四万七千多顷⑤,这时,全国垦田为四百四十五万多顷⑥。官田占全国垦田的十分之一强。三年后,由于变法派推行出卖官田的政策,官田数量骤减,仅剩六万多顷⑦,约占全国垦田的七十五分之一强。南宋时,又因种种原因,官田的数量曾一度出现回升。但是,这种回升只是

① 朱熹:《朱文公文集》卷19《条奏经界状》。
② 《江苏金石志》卷17《平江贡士庄田籍记》。
③ 《江苏金石志》卷17《无锡县学淳祐癸卯续增养士田记》。
④ 王应麟:《玉海》卷176《食货·田制·唐口分世业田》。
⑤ 《文献通考》卷7《田赋七·官田》。
⑥ 《文献通考》卷4《田赋四》,毕仲衍《中书备对》,系元丰间四京十八路统计数。
⑦ 《文献通考》卷4《田赋四》,毕仲衍《中书备对》。

暂时的。由于封建国家不断出售官田,如截止宋孝宗乾道二年(1166年),出卖各路没官田产,共收入五百四十多万贯,到第二年,尚余价值一百四十多万贯的没官田产未卖①,从绍兴末到淳熙十四年(1187年),共卖过官田七万顷②,于是大部分没官田产转化为私田。余下的一些官田,即使名义上还由官府所有,实际上"非豪强请佃,则形势侵冒"③,使用权完全为民间"豪强"、"形势"所掌握。因此,南宋人吕祖谦说:"今世学者坐而言田制,然今天下无在官之田,而卖易之柄归之于民。"④仅仅从官田存在的相对不稳定性来考察,像吕祖谦那样认为宋代不存在官田也是可以的,不过就整个宋代而言,毕竟还是存在着一定数量的处于时生时灭状态的官田。南宋末年,贾似道在两浙、江东西路强买官户和民户逾限之田,每年收入租米六百万石⑤,曾在地主阶级内部激起一场轩然大波,如果不是因为南宋迅速亡国,这些"公田"也会逐步向私田转化。

①　《宋会要辑稿》食货 61 之 30《官田杂录》。
②　李心传:《建炎以来朝野杂记》乙集卷 16《绍兴至淳熙东南鬻官产本末》。
③　袁燮:《絜斋集》卷 14《秘阁修撰黄公行状》。
④　吕祖谦:《历代制度详说》卷 9《田制》。
⑤　潜说友:《咸淳临安志》卷 9《行在所录·监当诸局·咸淳仓》。

第四章　宋代的租佃制度

租佃关系是地主阶级对于直接生产者农民的一种剥削方式。唐代后期以来,随着社会经济的发展、阶级关系的变动以及土地占有形态的变化,地主阶级逐渐改变了剥削方式。这是因为在新的形势下,地主阶级的贪欲日益增大,对于他们而言,"支配农民的租赋就远比支配他们的人身重要很多"①。因此,在前代的基础上,宋代的地主阶级在一定程度上放松了对农民的人身束缚,采取了分散出租土地,让农民承佃纳租的办法;同时,减轻了农民的劳役地租,代之以不断加重的实物地租,从而使租佃关系得到进一步的发展。宋代租佃关系的新特点表现在以下几个方面。

（一）租 佃 契 约

宋代地主和农民之间普遍订有书面的租佃契约。据现存文献,租佃契约开始出现于唐代,到宋代普遍起来,不仅民田,而且官田的租佃,一般也订立书面契约。北宋初年,统治者下令"农师"督促地主和贫苦农民"明立要契,举借粮种,及时种莳,俟收成,依契约分,无致争讼"。②南宋高宗时,在下令毁弃地主收租使用的不合标准的收租斗斛时,规定

---

① 恩格斯:《德国古代的历史和语言》,人民出版社1957年版,第148页。
② 《宋会要辑稿》食货1之16《农田杂录》。

"佃户租契,并仰仍旧"①。在租佃契约里,写明佃户所佃土地的类别、四至、面积、地租数量以及田主、租田人姓名等项。现存的元代"佃田文字式"②,可以说就是宋代租田契约的翻版。地主和佃户之间的租田契约,就地主而言,使他的地租剥削得到保障;就佃户而言,总要比遥无限期的"私属"依附关系要好得多,尽管地主可以制造种种理由刁难佃户,但书面契约毕竟使佃户有了一种法律的依据。

（二）地租诸形态

在封建社会中,地租形态总是伴随着社会经济的发展而发展的。宋代农业、手工业、商业的不断发展,势必对地租形态的发展和变化产生影响。因此,跟前代相比,宋代劳役地租显著减少,实物地租成为主要地租形态,此外,还存在一些"折钱"租和钱租。

从整个社会看,宋代的劳役地租显著减少。这主要表现在封建国家的兵役上。宋代实行募兵制的进步意义,就在于取消了封建国家强加于农民的最繁重的劳役——兵役,得以比较安定地在田间从事生产。这是宋以前农民长期梦寐以求实现的一种愿望。关于募兵制,将在宋代军事制度的新特点部分详细论述。诚然,宋代尤其是南宋,还逐渐形成了一种比较落后的佃仆制度,佃仆必须负担沉重的劳役,这不过显示宋代地租形态和直接生产者人身依附关系的变化是一个曲折的过程,同时,也显示了各地区的不平衡性。但是,无论如何,佃仆也已无须对封建国家承担兵役了。

在劳役地租减轻的同时,宋代的实物地租确实加重了。实物地租有分成租和定额租两种形式。这两种地租形式在唐代都已经出现。分成租是地主出租土地时,规定佃客按照收获总额比例应交的地租。比

---

① 《宋会要辑稿》食货 69 之 11—12《宋量》。
② 见（日）仁井田陞:《中国法制史研究（奴隶农奴法、家族村落法）》,东京大学出版会 1962 年版,第754 页。

较普遍的是对分制。北宋苏洵说：地主富豪"田之所入，己得其半，耕者得其半"。苏轼说："富民之家，以三二十亩田中分其利，役属佃户，有同仆隶。"①主、佃之间的分租比例，经常会因佃客本身经济条件的差异和时间、地区、传统习惯的不同而略有差异。南宋时，湖北的佃客自备耕牛、农具和粮种，产品的分配为主六客四；借用地主的耕牛、农具和粮种，则为主七客三②。地主通过分成租，表面上只能取得佃客土地产品的一部分，土地产量也变成了地主剥削的一个不可逾越的界限，而在土地产品中总会有一部分留给佃客。但是，由于地主力求扩大自己所得部分，会极力加强对佃客生产活动的直接指挥和支配，借以提高土地的收益，所以，分成租制佃客对地主的依附关系要比定额租制佃客严格一些。

定额租制是从分成租制演变而来的。它规定佃客每年应向地主交纳一定数量的土地产品，地主不管收成的丰歉，因此地主跟佃客的生产活动较少直接联系，佃客的生产活动有较多的独立性。定额租的数量，据南宋时平江府有关记载，上等田每年租米平均为一石到一石七斗，中等田为七斗到九斗，下等田为三斗到五斗③。按照平江府的亩产量，其定额租的剥削率接近百分之五十。这说明定额租的剥削率跟分成租是一致的。这种情况也正与南宋人熊禾所说"南北风气虽殊，大抵农户之食，主租已居其力之半"④相合。由于定额租的租额是固定的，佃客增产部分归己所有，因此定额租制佃客对于土地比较愿意多投入生产工本，生产积极性比分成租佃客有所提高。

定额地租以外，地主们还巧立名目征收各种额外地租，如耗米和斗面（斛面）、佃鸡和佃鸭、麦租、大斗收租、强迫代纳二税、干仆或庄干的盘剥⑤，甚至还可能出现了押租⑥等，可以说中国封建社会中额外地租

---

① 苏轼：《苏东坡奏议集》卷2《论给田募役状》。
② 王炎：《双溪类稿》卷19《上林鄂州》。
③ 见《江苏金石志》卷16、15、14，常熟县学田和吴学田籍。
④ 熊禾：《熊勿轩先生文集》卷1《农桑辑要序》。
⑤ 详见《宋代佃农所受地租剥削及其抗租斗争》，载《历史教学》1965年第10期。
⑥ 《宋会要辑稿》食货1之20—21《农田杂录》，天圣元年六月条载，佃户租种官田必须以己田作抵当。尹洙：《河南先生文集》卷2《杂拟九篇·原刑》云：贫苦农民"质产入租，反为人佣"。

的各种名目,绝大部分已经在宋代出现了。

宋代还出现一些"折钱"租和钱租。定额租的租额因其固定不变,在商品经济的发展的影响下,易于向货币地租转化。折钱租是由实物地租向货币地租过渡的一种地租形式,它跟钱租一样都还属于封建地租的范畴。折钱租只在职田上实行,北宋末年就一度因官员建议,规定"职田租课并折纳见钱,以利佃户"①。南宋孝宗时,也曾下令职田佃户交纳租米时"折纳价钱"②。但折钱租往往被地方官员利用来加重对佃客的剥削。宋高宗时,江西、湖广米价每斗数十钱,职田米却令折价到三、四贯③,或者所折价钱高于本色三四倍④,从而成为佃客的又一额外负担。钱租在宋代并不普遍,主要在一些经济作物地段,如桑地、沙地、园地等实行。王安石在江宁府上元县的荒熟田产,每年除收租米、小麦、柴等实物外,还收钱五十四贯一百六十二文省⑤。宋高宗时,绍兴府嵊县学田中桑地一片,每年收"租钱"三贯文,"桑叶钱"七百文⑥。宋孝宗时,江西转运司养济院有一部分田,"岁收谷三百余斛、钱五万(文)有奇"⑦。广州也有一部分学田,按土地质量分为三等,只收取钱租⑧。福州的全部学田和职田,包括园地、山林、屋基等,除征收租米外,也征收"租课钱"⑨。宋宁宗时,池州官府的沙田也收取租钱,名叫毕家沙的沙田每年由佃户纳租钱一千七百贯多,后来召人"划佃",增为二千零七十多贯⑩。台州仙居县彭溪山是该县的学业田地,全部收取租钱,其中第四等田每亩为二百五十文、第五等田二百文足,地每亩为一百三十文足⑪。宋代的钱租分布在两浙、江西、江东、广东、福建等

①　《宋会要辑稿》职官 58 之 22《职田》。
②④　《宋会要辑稿》职官 58 之 30《职田》。
③　《建炎以来系年要录》卷 187,绍兴三十年十一月庚辰。
⑤　王安石:《王文公文集》卷 19《乞将荒熟田割入蒋山常住札子》。
⑥　杜春生:《越中金石记》卷 4《嵊县学田记》。
⑦　朱熹:《朱文公文集》卷 79《江西运司养济院记》。
⑧　(清)陆增祥:《八琼室金石补正》卷 115《广州赡学田记并阴》。
⑨　梁克家:《淳熙三山志》卷 12《版籍类三·职田、赡学田》。
⑩　真德秀:《真文忠公文集》卷 8《申户部定断池州人户争沙田事状》。
⑪　佚名:《续两浙金石志·宋修复彭溪山学业始末记》。

经济较为发展的地区,而且主要是在官田和经济作物地段上,毫无疑问,钱租是这些地区商品经济发达的产物。

(三)"二地主"

宋代佃主和管庄、干仆等"二地主"显著增多。唐律规定,官、私田宅"私家借得,令人佃食"①。窦仪《重详定刑统》沿袭此条不变,说明宋代在法律上继续允许私人租佃官、私田产,或者再转租出去。从宋代文献考察,这种转租已经屡见不鲜,主要出现在官田的租佃上。宋代禁止当职官吏租佃官田②,但非当职官吏仍可租佃,同时,当职官吏也能假托别人的名义租田官田。北宋时有人说:官田"自来州县形势、乡村有力、食禄之家假名占佃,量出租课。"③南宋时,官员、地主承佃的更多。宋理宗时,方岳说:没官田"悉为强有力者佃之","某官、某邸、某刹、某府,率非能自耕者也,而占田多至千百顷者何也? 有利焉耳。"④嘉兴府华亭县的学田,有一部分围田是由"郑七秀才"、"朱八七官人"、"卫九县尉"、"朱益能秀才"等人租佃的,少者三十三亩,多者七十四亩⑤。庆元府鄞县广惠院的部分田产,由"钱、王两宅"和"史、厉两宅分租,……系史通判干人沈、文两名分租"⑥。官员、地主之所以承佃官田,是因为官田的租额一般都比较轻,宋高宗时"兼并之家"往往"计嘱人吏","小立租额"租佃户绝没官田⑦;平江府官田,每亩仅收租三斗三升六合⑧,比一般私田的租额要少得多。在租佃到官田后,再转租给佃客耕种,

① 《唐律疏议》卷 27《杂律下·得宿藏物问答一》。
② 杨士奇:《历代名臣奏议》卷 185,吴昌裔《论赵汝梓兄弟疏》。
③ 《宋会要辑稿》食货 63 之 177《农田杂录》。
④ 方岳:《秋崖小稿》卷 5《论时事第二札》。
⑤ 《江苏金石志》卷 16《华亭学田碑》。
⑥ 梅应发等:《开庆四明续志》卷 4《广惠院·田租总数》。
⑦ 《宋会要辑稿》食货 5 之 25。
⑧ 《文献通考》卷 7《田赋七·官田》。

就可获得较多的地租。这样,就形成了业主和佃主、种户的三级租佃关系①。其中的佃主就是近代的"二地主"。

宋朝各级官府和官员、地主还经常把田产管理之事,全权交给管庄、干仆或管田人。这是土地所有权集中和分散经营的必然结果。宋神宗时,范仲淹的义庄委托给"勾当人"催租米②。南宋时,官员、大地主田产的管理,使用管庄、干仆或管田人,似乎已经形成制度。永丰圩被"权臣、大将之家"占佃后,"其管庄多武夫、健卒,侵欺小民"③。赵鼎训其子孙:"每岁收索租课,预告报管田人","诸位子弟,不得于管田人处私取租课。"④湖州"乡俗","每租一斗,有百有十二合,田主取百有十,而干仆得其二"⑤。嘉兴府一带,地主规定亩收一石租米,"庄仆"却向佃户收一石五斗以上⑥。干仆恃仗主人的威势,利用一切机会向佃客敲诈勒索,正如吕午说,"强悍之干""过取于火佃之家,少入于主人之室"⑦,因而有不少干仆还购置田产,成为新的地主。由于管庄、管田人或干仆对佃客征收合法的一定数额的地租以及非法的额外地租,因此他们成为压在直接生产者佃客头上的另一个"二地主"或"三地主"。

（四）划佃和永佃权

宋代部分地主增租划佃和部分佃客获得永佃权的现象几乎同时出现,使租佃关系更为复杂化。宋代以前,封建国家一般直接把土地交给自耕农使用,征发赋役。到宋代,封建国家仿效地主出租土地而收取租课的办法来经营官田。不仅如此,封建国家为了提高官田的租额,在佃

---

① 周密:《齐东野语》卷17《景定行公田》。
② 范仲淹:《范文正公集・义庄规矩》。
③ 《宋会要辑稿》食货8之3《水利下》。
④ 赵鼎:《忠正德集》卷8《家训笔录》。
⑤ 洪迈:《夷坚志补》卷7《沈六主管》。
⑥ 方回:《续古今考》卷18《论班固计井田百亩岁入岁出》。
⑦ 吕午:《左史谏草》,《戊戌(嘉熙二年)三月二十五日奏为财赋八事》。

户拖欠地租时，便召人添租"划佃"，把田产租佃给"实封投状"、愿出租课最高的新佃户。新佃户绝大多数是一些富豪、地主。宋高宗时，户部说："州县没官田土，往往形势之家互相划佃"①。宋宁宗时，池州毕家沙的沙田，原由吕仲富、胡彦文承佃，每年交租钱一千七百贯。后因拖欠较多，官府召人划佃，为税户乔廷臣所得，每年租钱增为二千零七十多贯。以后，江从龙又把租钱增至三千四百贯，企图从乔廷臣手中夺取租佃权②。可见富豪、地主之间对官田租佃权的争夺极为激烈。有时，地主也故意缩短佃客的租佃期限，让佃客互相"划佃"，以便加租。也有"乡曲强梗之徒，初欲挽佃他人田土，遂诣主家，约多偿租稻。主家既如其言，逐去旧客，而其人遽背原约，不肯承当，主家田土未免芜废"③。当然，一般佃客不可能成为"强梗之徒"。"划佃"的结果，促使租额逐渐提高、租佃权不断流转。

在出现增租"划佃"的同时，还出现了永佃权。北宋时，屯田官庄的佃户"皆子孙相承，租佃岁久"④，"有如己业"⑤。河北、河东、陕西三路，百姓租佃官田甚多，"往往父祖相传，修营庐舍，种植园林，已成永业"⑥。南宋时，四川资州属县的营田，也长期由"人户请佃为业，虽名营田，与民间二税田产一同"⑦。平江府"省田"十六万多亩，租佃给百姓，"系民户世业"⑧。这些"有如己业"、"已成永业"、"世业"等现象的出现，无非显示在许多官田的租佃上允许佃户享有永佃权。正因为存在永久租佃权，所以宋朝封建法律又规定租佃官田的佃户有权转移让渡。宋孝宗时，罗愿说："在法，有酬价交佃之文。"⑨宋徽宗时，徐常说，江西屯田出租时，所定课租比私田税苗要重得多，因此"许民间用为永

---

① 《宋会要辑稿》食货 5 之 26《官田杂录》。
②③ 真德秀：《真文忠公文集》卷 8《申户部定断池州人户争沙田事状》。
④⑧ 《文献通考》卷 7《田赋七·官田》。
⑤ 《续通鉴长编》卷 219，熙宁四年正月壬辰。
⑥ 《续通鉴长编》卷 397，元祐二年三月辛巳。
⑦ 《宋会要辑稿》食货 61 之 33《官田杂录》。
⑨ 罗愿：《罗鄂州小集》卷 5《鄂州到任五事札子》。

业"。"如有移变，虽立名价交佃，其实便如典卖己物。其有得以为业者，于中悉为居室、坟墓"。同时，这些田产"交佃岁久，甲乙相传，皆随价得佃"①。转佃时，因为旧佃户已对土地花费劳力，改良土地耕作条件，有时还建造田舍、种植树木等，所以新佃户必须向旧佃户交付一定代价，这就是所谓"酬价交佃"或"随价得佃"。佃户的永佃权还可以买卖。宋孝宗时，陆九渊在《与苏宰》之二中说，江西的系省屯田，从创立之日起，租课就较民田二税要重，官府承认佃户作为"永业"。"岁月寖久，民又相与贸易，谓之'资陪'，厥价与税田相若。"法律也准许其承佃，"明有资陪之文，使之立契字、输牙税"。于是，"历时既多，展转贸易，佃此田者，不复有当时给佃之人。目今无非资陪入（人）户……"②这里的"资陪"，是新佃户出资补偿旧佃户，也就是新佃户从旧佃户处购买租佃权。跟土地典卖时地权分为占有权和使用权一样，宋代官田租佃土地时也分为占有权和租佃权两部分。这种情况至今为止在私田上尚未发现。尽管如此，这也是农民长期进行争取永佃权的斗争的重要成果，从而使租佃制度逐步复杂化。

---

① 《文献通考》卷7《田赋七·官田》。
② 陆九渊：《象山先生全集》卷8。

第五章　宋代的政治和军事制度

在社会经济发展、阶级结构变动、土地占有形态以及租佃关系变化的基础上，宋代的政治和军事制度也出现了许多变化，这主要表现在封建专制主义的中央集权达到了前所未有的程度，基本上消除了封建割据和威胁皇权的种种因素；科举制度日趋定型；实行募兵制，等等。这就是宋代政治和军事制度的新特点。

（一）封建专制主义的中央集权

宋代封建专制主义中央集权达到了前所未有的程度，基本上消除了造成封建割据和威胁皇权的种种因素。宋代统治者吸取唐、五代"弊政"的历史教训，为了严密防范文臣、武将、女后、外戚、宗室、宦官等六种人专权独裁，制订出一整套集中政权、兵权、财权、司法权等的"祖宗家法"[①]。从宋太祖开始，即以设官分职、分割各级长官事权的办法，既将权力集中于皇帝一身，又削弱了各级长官的权力。为防止宰相专权，设置了参知政事和枢密使，以分散其权力。参知政事与宰相轮班知印、押班奏事。每朝奏事，枢密使与中书长官先后上殿，所奏互不相知，皇帝由此知道异同。枢密使有发兵之权，而无握兵之重；三衙有握兵之重，而无发兵之权。为防止武将"十兄弟"即十节镇专权，首先解

---

① 《续通鉴长编》卷480，元祐八年正月丁亥。

除其军职,授以节度使的虚名,赋予厚禄;其次,废除节镇领支郡之制,任命京官(文臣)出任权知州事,任期以三十个月为限,使之"名若不正,任若不久","以轻其权"①;设置通判,监督知州,并分其权柄;设置都监、监押,总管兵事;设置监当,总辖财政,所有"系省"钱物,悉送京师,不得占留。各州涉及死刑的案件,必须上报朝廷,由刑部详复。在各州之上,又设置路级长官"监司",以督察知州,但不用武将专制一路,而以文臣总制;武将只做统兵官,领兵马,"受制出入战守,惟所指挥"②。为严防各地拥兵谋叛,还隳毁城池,收集兵甲,撤除武备。

　　对于宦官,宋朝"祖宗家法",不准其参预政事,"深以为戒"③,并专叙官阶,不与士人混淆,授官最高不过"留后",平日只"供扫洒"④。不过从宋神宗朝起,又稍稍重用宦官,宋徽宗时竟握兵权。南宋时,对宦官控制转严,禁其干预朝政,不准兼兵职,不准申请提领外朝官职。否则,要受到流放二千里或除名勒停的惩处。对于外戚,"祖宗家法"也只准"奉朝请",坐享富贵,不令预政,不令管军,不许通宫禁,不许接宾客⑤,不得任文官或"二府"(中书和枢密院)的职务⑥。对于女后,统治者认识到"贼根本,起皇后阁前"⑦,"祖宗家法"的"宫禁严密"⑧,几乎与外廷隔绝;在舆论上,宣传"女后不可使预事"、"勿专政于女后"⑨,贬斥唐代武后,借以防止女后专政⑩。对于宗室,"祖宗家法"也不准其领兵,不得参预机政⑪。

① 《叶适集·水心别集》卷14《外稿·纪纲二》。
② 《续通鉴长编》卷361,元丰八年十月丙午。
③ 《续通鉴长编》卷65,景德四年二月壬申。
④ 曾肇:《曲阜集》卷1《上哲宗论君道在立己知人》。
⑤ 彭龟年:《止堂集》卷5《论韩侂胄干预政事疏》。
⑥ 《建炎以来系年要录》卷11,建炎元年十二月甲子;《续通鉴长编》卷169,皇祐二年闰十一月己未。
⑦ 《续通鉴长编》卷165,庆历八年十月壬午。
⑧ 《续通鉴长编》卷480,元祐八年正月丁亥。
⑨ 石介:《石徂徕集》卷下,《唐鉴序》。
⑩ 《续通鉴长编》卷107,天圣七年二月庚申。
⑪ 张端义:《贵耳集》卷上;《宋会要辑稿》职官73之21。

宋朝统治者的这些集权措施,"悉为之法",而且日趋严密,甚至达到了"细者愈细,密者愈密,摇手举足,辄有法禁"①的程度。宋太祖曾令后苑造一薰笼,数天不到,宋太祖怒责左右,臣僚答以此事必须经由尚书省、本部、本寺、本局逐级办齐手续,覆奏,得到皇帝的批语"依",方才制造,然后送上。宋太祖怒问宰相赵普说:"我在民间时,用数十钱可买一薰笼。今为天子,乃数日不得,何也?"赵普说:"此是自来条贯,不为陛下设,乃为陛下子孙设,使后代子孙若非理制造奢侈之物,破坏钱物,以经诸处行遣,须有台谏理会,此条贯深意也。"太祖大喜说:"此条贯极妙!"②订立各种"法制"的目的,一是使"政出于一"③,"权归于上","一兵之籍,一财之源,一地之守,皆人主自为之"④,百官不过"奉法遵职"⑤而已。于是从朝廷中央到地方州县,"上下相维,如身使臂,如臂使指"⑥,达到了空前的集中和统一。二是定为"祖宗家法",要求子孙"谨守",以保证赵家皇室长久统治⑦。

通过建立法制,宋朝统治者基本上消除了各种可能威胁皇权和出现封建割据的因素,使国家权力达到了史无前例的集中和统一。但是,过分的集权,使官府各部门机构重叠,互不相关,手续繁琐,效率极差;又使地方权力太少,一有变故,难以支撑局面。比如宰相不与知兵,增兵多少不知道;枢密院要兵,就添财用,有无也不知道;管军将帅少兵则请,不管兵员成倍增加、何以不够用;三司只知道支办食粮,日日增添,不敢论诉,原因是兵事非本职。"四者各为之谋,以至于此"。⑧又如州县的权力太轻,朝廷在"尽夺藩镇之权"时,把"兵也收了,财也收了,赏罚刑政一切收了",所以"州郡遂日就困弱"⑨。一旦外敌侵掠,"至一城

① 《叶适集·水心别集》卷12《法度总论二》。
② 杨万里:《诚斋集》卷69《转对札子》。
③⑤ 曾肇:《曲阜集》卷1《上哲宗论君道在立己知人》。
④ 《叶适集·水心别集》卷10《始议二》。
⑥ 范祖禹:《范太史集》卷22《转对条上四事》。
⑦ 《建炎以来系年要录》卷61。
⑧ 蔡襄:《蔡忠惠公文集》卷18《论兵十事》。
⑨ 《朱子语类》卷128《本朝二·法制》。

则一城创残,至一邑则一邑荡溃"①。再如各级官员只知奉行"祖宗家法",维持现状,不知通融变革,大多以"因循懦默为得计,志士仁人终无以为"②。

(二) 科 举 制 度

科举制度是隋、唐以来中国封建社会分科考试,选举人才的制度。唐代科举,设置秀才、明经、俊士、进士、明法、明字、明算等科。唐代中叶以后,进士科日益重要,庶族士大夫竞相趋于此科。由于科举制度曾经助长了庶族地主势力的发展,因此一度遭到士族的反对。此后,有些士族因"仕进无他伎"③,便参加了进士科的考试,于是科举逐渐成为统治者选拔人材、培养"衣冠户"的主要途径。到宋代,科举制度完全确立,并且日趋完整、严密。科举向士大夫广泛开放,对于士大夫,"家不尚谱牒,身不重乡贯"④,只要文章、诗赋合格,就可录取。

宋代的科举制度,跟前代的不同之处大致有以下几点:一、每次科举考试录取的进士数额远远超过唐代。唐代进士及第每次三四十人,最多不过七十人⑤。宋太祖时,士大夫还不热衷于出仕做官,朝廷取士也比较严格,每次录取进士少者几人,多者二百多人,平均每次录取近四十八人。宋太宗时,因州县缺官,大规模录用士人⑥,参加"省试"的举人往往达一二万人,每次平均录取进士二百三十人。从宋真宗到宋徽宗,每次平均录取进士四百五十六人。宋徽宗时期,每次平均为六百八十多人⑦。

二、大部分科举登第者出身于乡户,即一般地主和殷富农民,一部

①　文天祥:《文山先生全集》卷3《封事·己未上皇帝书》。
②　《续通鉴长编》卷172,皇祐四年三月丁末。
③　《新唐书》卷44《选举志上》。
④　陈傅良:《止斋文集》卷35《答林宗简》。
⑤⑥　《宋会要辑稿》选举7之2《举士十三·亲试》小注。
⑦　《宋会要辑稿》选举1之13《贡举》;《宋史》卷19至22。

分为工、商的子弟,几代为官的子弟甚少。北宋中期人苏辙说:"今世之取人,诵文书,习程课,未有不可为吏者也。其求之不难,而得之甚乐,是以群起而趋之。凡今农工商贾之家,未有不舍其旧而为士者也。"①诚然,宋朝封建法律一般禁止工商本人应举做官,但对其中的"奇才异行者",也允许参加科举考试②,也允许其子弟参加科举考试。这跟西汉规定"市井子孙不得仕宦为官"不同。北宋时,曹州商人于令仪的子侄多人考中进士③。庐州茶商侯某"家产甚富赡",其子进士及第,后授真州幕职官④。南宋时,建安人叶德孚买田贩茶,后获得"乡荐"即取得参加省试的资格,娶宗室女,授将仕郎⑤。饶州鄱阳士人黄安道应举累试不中,改营商业,成为"贾客",后又预乡荐,参加礼部试,终于登第⑥。另外,宋高宗绍兴十八年(1148 年)《题名录》,载有这一年中榜的三百三十名进士的姓名、籍贯,其中城市出身者不到三十人、宗室二十五人。宋理宗宝祐四年(1256 年)《登科录》,也载有这一年中榜的六百零一名进士的详细情况。据统计,这些进士中,除少数情况不明和宗室以外,大多数出身于乡户,其中县坊出身者不到二十人;祖或父有一代做官的有一百十三人,祖、父两代做官的有二十三人,曾祖、祖、父三代都做官的有八人,这三部分进士合计为一百四十四人。此外,还有宗室七十三人,在这些人中,祖、父两代都不曾做官的三十三人,祖或父有一代做官的有二十三人,祖和父两代做官的三人,曾祖、祖和父三代都做官的十四人。这就是说,在六百零一名进士中,平民家庭出身的有四百十七人,官僚家庭出身的有一百八十四人。这一情况显示在科举登第者中,世代做官的子弟居于少数,大多数进士来自平民家庭。造成这一情况的主要原因,是中、高级官员子弟可以通过恩荫得

① 苏辙:《栾城集》卷 21《上皇帝书》。
② 《宋会要辑稿》选举 14 之 12《锁厅》;14 之 15—16《发解》。
③ 王辟之:《渑水谈燕录》卷 3。
④ 《永乐大典》卷 13139《梦字》。
⑤ 洪迈:《夷坚丁志》卷 6《叶德孚》。
⑥ 洪迈:《夷坚丁志》卷 16《黄安道》。

官,无需去寒窗苦读,跟庶士竞争高下;只有少数子弟以科举登第为荣,在恩荫补官后又参加科举考试;还有个别子弟,拒绝恩荫所授官职,而直接应举。

三、不准知举官即考官跟进士结成"恩师"和"门生"的关系,防止考官培植私人势力。唐代进士都是知举官的门生,"恩出私门,不复知有人主"①。主司和门生之间、门生和门生之间互相结为朋党。宋太祖即位不久,即建隆三年(962 年),下诏"及第举人,不得呼知举官为恩门、师门及自称门生"②。这就防止了担任考试官的大臣与进士们结为朋党,从而一洗唐代的故习。

四、皇帝亲自监考,防止知举官营私舞弊。唐代武则天曾策问贡士于洛城殿,历来被当作中国历史上"殿试"的开始。事实上,唐代的制度规定由考功郎中任取士之责,武则天不过"下行其事,以取士誉",并非在考功郎中考试后再试。所以,元人马端临认为,武则天策问贡士"盖如后世之省试,非省试之外再有殿试也"③。宋太祖乾德六年(968 年),命中书复试,但尚未另定升黜。开宝六年(973 年),因知贡举李昉徇私录取"材质最陋"的同乡武济川一事被发觉,又因落第举人论诉,宋太祖就在讲武殿出题重试。从此,殿试就成为"常式"④。开宝八年(975 年),宋太祖再次举行殿试,所定合格进士名次,与礼部(省试)不同。从此,开始有殿试与省试之分、状元与省元之别⑤。宋太祖殿试举人的目的,是为了革除"科名多为势家所取"⑥的弊病。

五、考卷实行糊名弥封和誊录法,比较有效地防止考官利用试卷作弊。唐代科举考试,因试卷前写有举人的姓名、籍贯等项,世族仍能靠特权,在发榜前知道是否录取,考官也可从中做手脚。武则天因为吏

---

① 王栐:《燕翼诒谋录》卷 1《御试不称门生》。
② 《续通鉴长编》卷 3,建隆三年九月丙辰。
③ 《文献通考》卷 29《选举二》。
④ 叶梦得:《石林燕语》卷 8;《续通鉴长编》卷 14,开宝六年三月辛酉。
⑤ 《宋会要辑稿》选举 7 之 2《亲试》;《宋史》卷 155《选举一》。
⑥ 《宋史》卷 155《选举一》。

部选人多不合实,命令应试的举人自己将试卷上的名字等糊起,暗考以定等第①。但此后并未形成一种制度,而且仍然"兼采时望,不专词章"②。宋太宗淳化三年(992 年),殿试礼部奏名合格进士,采纳将作监丞陈靖的建议,初次实行"糊名考校"法③,糊住举人试卷前面的姓名、乡贯等项,在决定录取名单后,开拆弥封,借以革除考官"容私之弊"④。咸平二年(999 年),礼部试时,选派官员专司封印卷首。明道二年(1033 年),诸州解试(乡试)也实行弥封制。从此,各级考试在试者纳卷后,普遍密封卷首,或临时截去卷首,将试卷编成千字文号。在实行弥封制后不久,又发觉考官指使举人在试卷上暗作记号⑤,所以,宋真宗大中祥符八年(1015 年)又设立誊录院,派书吏将试卷抄成副本,考官评卷时只看副本,防止考官识认笔迹⑥。试卷弥封、誊录法的实行,应举者考试成绩的优劣"一决于文字",总算有了一个相对来说比较客观的标准,从此,贵族、官僚子弟和平民子弟同等对待,贵族、官僚利用科举世袭的特权被取消了。事实证明,弥封、誊录法是中国封建社会中行之有效的考试方法之一,它对选拔人才曾经发挥过积极的作用。

　　六、实行"锁院"和"别头试"制度,防止考官舞弊。宋太宗淳化三年(992 年)正月,翰林学士承旨苏易简等五人知贡举,他们认为既然掌握贡举大权,"义在无私",受命之日,即赴尚书省贡院锁宿,暂不回家,借以杜绝请托⑦。从此成为常制⑧。宋真宗时,监察御史张士逊任考场巡铺官,因有亲戚应试,向主考官提出辞职,以避嫌疑。宋真宗立即下

① （唐）刘𬤇:《隋唐嘉话》卷下。
② （元）刘埙:《隐居通议》卷 31《前朝科诏》。
③ 《续通鉴长编》卷 33,淳化三年三月戊戌。
④ 王栐:《燕翼诒谋录》卷 5《初立别头试》。
⑤ 《宋史》卷 304《刘师道传》。
⑥ 《宋史》卷 155《选举一》。
⑦ 《宋会要辑稿》选举 19 之 2《试官》。
⑧ 《续通鉴长编》卷 33,淳化三年正月辛丑。

诏：自今举人与试官有亲嫌者，移试别头①，因此称为"别头试"。

七、经科举考试而进士及第者，都立即按照考试成绩等第授官。唐代进士及第，并不立即"解褐入仕"，还要通过吏部考试一关。韩愈曾三次应试于吏部，无成，十年仍为"布衣"。也有出身二十年而未能当官的。宋代则一登进士第后，就是"入仕之期"②，而且不需很多年，即可"赫然显贵"③。因此，更能吸引士大夫，使之不惜焚膏继晷，屡次应举，力争侥幸得志。

八、对于多次应试的举人实行"特奏名"法，特赐各科"出身"。唐末王仙芝起义时，进士"不得志者"如敬翔、李振等人加入了起义军。为了防范失意士人心生异志，宋朝统治者"广开科举之门，俾人人皆有觊觎之心，不忍自弃于盗贼奸宄。"所以，宋太祖开宝二年（969年）三月规定，凡举人参加过十五次以上考试终场者，特赐本科"出身"。从此，士大夫潦倒不第者都"觊觎一官，老死不止"。这是"特奏名"法之始。宋真宗景德二年（1005年）三月，又赐特奏名五次以上应试者本科等第"出身"，年老者授将作监主簿。由于特奏名的数量日益增多，"英雄豪杰皆汩没消靡其中，而不自觉"，所以"乱不起于中国，而起于夷狄"④。这是宋朝统治者为防范士大夫卷入农民起义而采取的措施之一。

宋代科举制度主要在于从各个方面严防贵族、官僚凭借权势培植私人势力和世袭固定官职，并防止少数士大夫参预农民起义。宋代科举制度的实行，使魏晋以来的世族门阀制度不再可能死灰复燃。

（三）募兵制度

宋代实行募兵制，免除了农民的绝大部分兵役，厢军和禁军又分担

---

① 王栐：《燕翼诒谋录》卷5《初立别头试》。
② 《文献通考》卷29《选举二》。
③ 《文献通考》卷31《选举四·举士》。
④ 王栐：《燕翼诒谋录》卷1《进士特奏》。

了农民和工匠的大部分夫役。

唐代沿袭隋朝实行征兵制,亦即府兵制,进一步与均田制结合起来。凡百姓年满二十到六十而接受封建国家授予的田亩者,都要应征入府服役,并且自备甲仗、粮食和衣服。精壮的男子充当兵士,长期戍守边境和远征,无法务农;加之,本人虽然免除租调,但其家仍旧"不免征徭"①,农事不免荒废。这种寓兵于农制度下的军队,既是阶级压迫的工具,又是强制性的劳役组织。唐代不少诗人曾经赋诗描写在府兵制下,农民兵役繁重,每遇戍边和出征时,父子、兄弟、夫妇生离死别的悲惨情景。后来,随着土地兼并加剧,赋役繁重,大批农民失地逃亡,使兵源大成问题。均田制逐步崩溃,意味着府兵制赖以存在的物质基础逐渐消失,于是就出现了雇佣性质的募兵制。由府兵制到募兵制的转变,实质是一次兵、农分离的过程,这一过程到宋代最后完成。

宋代将军队分为几种:一为禁军,戍守京城、备征戍,是封建国家的正规军。南宋时,禁军被各屯驻大军所代替,各地的"系将禁军"和"不系将禁军"变成只供役使而不参加战斗的军队。二为厢军,镇守各州,但很少教阅,"类多给役而已"②。宋仁宗时,选拔厢军中强壮者教以武艺,免除杂役,称为"教阅厢军",只发厢军粮饷,却作禁军使用。于是出现了教阅厢军和不教阅厢军的区别。宋神宗时,将各路教阅厢军升为"下禁军",剩下的不教阅厢军更成为只供役使的兵种。三为乡兵,或征或募,由官府供给衣粮,主要在边区戍守。禁军和厢军绝大部分来自招募,招募的对象有本地百姓、军人子弟、饥民,以及因犯罪而被刺配入厢军服役者③。禁军和厢军的人数:宋太祖开宝初年(968 年),共有三十七万人,其中禁军为十九万人。宋太宗至道年间(995 年到 997 年),六十六万人,其中禁军三十五万人。宋真宗天禧年间(1017 年到 1021 年),九十一万人,其中禁军四十三万人。宋仁宗明道年间(1032

---

① 《唐会要》卷 72《府兵》。
② 《文献通考》卷 152《兵四》引《两朝国史志》语。
③ 《宋史》卷 193《兵七·召募之制序》。

年到 1033 年），一百十六万人，其中禁军六十六万人①。宋英宗治平年间（1064 年到 1067 年），一百十八万人，其中禁军六十九万三千人、厢军四十八万八千人②。宋神宗熙宁年间（1068 年到 1077 年），禁军五十六万八千人、厢军二十二万七千人③。宋哲宗元祐七年（1092 年），禁军五十五万人、厢军三十多万人④。在全国兵士总数中，禁军和厢军的比例约为三比一。宋代的禁军，实质上是受封建国家的雇佣以服兵役，有时也被贵族、官员"杂色占破"、"服事手艺"，被用来提供各种杂役⑤。至于厢军，实际上是受雇于封建国家以服杂役。宋仁宗时，枢密使王曙说："天下厢军，止给诸役，而未尝教以武技。"⑥当然厢军不可能完全不进行军事训练，但很少进行训练则属事实。厢军的名目颇多，宋神宗熙宁四年（1071 年）有二百二十三种，还有临时"因事募人，团立新额"的。诸如榷酤、水陆运送、道路、桥梁、邮传、马监、堤防、堰埭⑦、壮城、作院、水磨、窑务、船坊、铸钱、铁匠、木匠、竹匠等⑧，都按不同的职务成立专业性的"指挥"。各地官员、将校也经常派厢军服私役，如迎送眷属、护送灵柩归乡⑨、织造毛段、打锁等各种"私下杂作"⑩。

　　研究宋代的兵制，应该注意到募兵制所造成的冗兵、冗费以及士兵的生活惨苦和骄横，但是，更应该注意到：一、大批职业士兵"以起军旅"，广大直接生产者则免受"征伐之苦"和"屯戍之苦"，而收"晏然无预征役"⑪之利。二、占全国军队总数约三分之一的厢军是一支从事牧业、手工业的专业生产兵，这支军队分担了农民和工匠的大部分夫役。

① 章如愚：《山堂先生群书考索·续集》卷 44《兵制门·宋朝兵》。
② 蔡襄：《蔡忠惠公文集》卷 18《国论要目·强兵》。
③ 《续通鉴长编》卷 350，元丰七年末附注。
④ 《续通鉴长编》卷 472，元祐七年四月。
⑤ 徐梦莘：《三朝北盟会编》卷 37，靖康元年二月十五日辛亥。
⑥ 《续通鉴长编》卷 113，明道二年十一月乙未。
⑦ 《续通鉴长编》卷 228，熙宁四年十二月丙寅。
⑧ 《续通鉴长编》卷 350，元丰七年末附注。
⑨ 《庆元条法事类》卷 10《命官殷家》；卷 77《丧葬》。
⑩ 《包拯集》卷 6《请追任弁官》。
⑪ 《文献通考》卷 152《兵四》引《两朝国史志》语。

三、募兵制造成的兵、农分离,是在封建中央集权制下产生的进步的历史现象,它意味着军事劳役的赋税化,是劳役地租向实物地租过渡的一种表现。宋太祖曾赞美自己的养兵之制说:"吾家之事,惟养兵可为百代之利。"①韩琦说:"养兵虽非古,然亦自有利处。……既收拾强悍无赖者,养之以为兵,良民虽税敛良厚,而终身保骨肉相聚之乐,父子、兄弟、夫妇免生离死别之苦。"②宋代农民和工匠所受封建国家的赋税剥削,要比唐代繁重,但他们获得了比唐代实行府兵制时期要安定得多的生产环境,这种生产环境必然极大地促进了当时农业和手工业的发展。

---

① 章如愚:《山堂先生群书考索·续集》卷44《兵制门·宋朝兵》。
② 罗大经:《鹤林玉露》卷10;沈作喆:《寓简》卷5。

第六章　宋代的教育制度

宋代阶级关系和经济、政治制度的变化,需要一整套与之相适应的教育制度;与此同时,雕版印刷业、造纸业的发达和理学的形成,也为教育制度的改变提供了必要的物质条件和思想基础。宋初开国数十年间,统治者对于科举颇为关注,但尚未重视兴学。朝廷只设一所学校即国子监(国子学),学生甚少;州、县一级的学校也寥寥无几。从宋仁宗起,增设四门学、太学,并且开始在藩镇立学,随后又在州、县建学。自此,宋朝统治者注意到教育事业,着手兴办和整顿各级学校,从而形成了与前代颇不相同的一套教育制度。宋代教育制度的新特点表现如下:

(一) 各类学校大量增加

唐代国子监共管六种学校,即国子学、太学、四门学、律学、书学、算学,另有弘文馆和崇文馆,还有少部分州、县学。

北宋前期,仅设国子学,为当时独一无二的朝廷官办学校。不仅如此,国子学还逐日萧条,"生徒至寡,仅至陵夷"。朝廷只重视乡试,士大夫子弟都以入国子学为耻[①]。宋仁宗庆历三年(1043年),开始设立四门学,次年又正式建立太学。从此,打破了国子学在中央官办学校方

---

① 杨亿:《武夷新集》卷17《代人转对论太学状》。

面的垄断地位,开始了由太学逐步替代国子学的历史进程。太学的地位不断提高,尤其经过宋神宗和宋徽宗时期的两次兴学运动,太学取得了部分取士权:崇宁三年(1104年),废除科举制度中各州郡发解(乡试)和礼部试(省试)法①,"天下取士悉由学校升贡"②,太学遂成为全国士庶子弟获得殿试资格的主要途径。虽然宣和三年(1121年)又全面恢复科举制度,但此后太学的三舍考选制与朝廷的三级科举制(乡试、省试和殿试)同时实行,互为补充。朝廷还为太学专设学官。如元丰三年(1080年),把国子监直讲改为太学博士,人数由八员增加到十员③。大观元年(1107年),又分设国子、太学、辟雍博士共二十员④。太学逐步独立,日渐兴旺,到南宋时完全取代了北宋初国子学的地位。这时的国子学已经不再单独建校,国子生只附读于太学,并且被安插在太学的外舍各斋,规定不得充当斋长;如经考校合格,理应升入内舍,则暂不升名,称为"寄理内舍",直到近亲离朝、本人不算国子生后,才能正式升补为内舍生⑤。国子学本来是一种为士族门阀培养子弟而兴办的教育机构,它随着士族门阀的盛衰而盛衰。到北宋时,士族门阀作为一个阶层既已不复存在,入学门资森严的国子学也就逐步失去了它的存在价值。

从宋仁宗开始,还陆续在各府、州、县建学,尤其到庆历以后,"州郡不置学者鲜矣"⑥。宋徽宗崇宁三年(1104年),全国学生达二十一万多人⑦。大观三年(1109年),全国大小学生共十六万七千多人,所用经费钱二百六十七万多贯、粮三十三万七千多石⑧。同时,宋代还出现了跟私塾一样性质的书院,一时成为各地的教育中心。虽然书院开创

① 《宋会要辑稿》选举4之3—4、崇儒2之10。
② 《宋史》卷155《选举一》。
③ 《续通鉴长编》卷302,元丰三年正月辛巳条。
④ 《宋会要辑稿》职官28之17。
⑤ 《永乐大典》卷662《雍字·辟雍旧规》。
⑥ (明)彭大翼:《山堂肆考》商集卷30《教授》。
⑦ 《长编拾补》卷24。
⑧ 葛胜仲:《丹阳集》卷1《进养士图籍札子》。

于唐代,唐玄宗曾置丽正书院,以聚集文学之士,但宋代的书院则已变成了一种教育机构。北宋初年,州县学未建,全国只有嵩阳、应天府、潭州岳麓山、江州白鹿洞、衡州石鼓等少数书院①。这些书院一般由私人隐居读书之所发展而成,设在山林僻静处,曾培养出一批士大夫。宋仁宗庆历以后,各地兴建官学,书院暂时趋于衰落。尽管如此,许多官学实际上是在书院的基础上建成,并且承袭了书院的制度②。南宋时,跟理学的形成和传播密切联系,书院犹如雨后春笋,相继而起。这些书院最初由"贤士大夫留意斯文者所建",后来"前规后随"③,各地官员争相兴建,向朝廷申请敕额,赐置田土,任命山长,制订学规,几乎跟官学同等待遇。南宋后期,统治者还下诏兴办韶州相江书院、建康府南轩书院、信州象山书院等,用以主祀理学家周敦颐、张栻、陆九渊等人。这时,书院已经变成了由地方官员主办的半官半私的教育机构。有不少著名的书院还一直延续到明、清时期。

从宋初到宋理宗端平二年(1235年),经过二百七十多年的发展,据耐得翁描写,南宋都城内外的各类学校,除宗学、京学、县学外,"其余乡校、家塾、舍馆、书会,每一里巷须一二所,弦诵之声,往往相闻"④。大城市如此,中、小城市自然逊色一些,但不管怎样,宋代这种各类学校众多的兴旺景象则是前所未有的。

(二)扩大招生范围

唐代的国子学、太学、弘文馆、崇文馆都只招收三品或五品以上公卿士族的子弟;四门学一部分招收勋官三品以上、文武七品以上子弟,另一部分招收"庶人之俊异者";律学、书学、算学招收八品官以下子弟

---

① 吕中:《宋大事记讲义》卷10《仁宗皇帝·州县学·五书院》。
② 洪迈:《容斋三笔》卷5《州郡书院》;《续通鉴长编》卷252,熙宁七年四月己巳条。
③ 《文献通考》卷46《学校七·郡国乡党之学》。
④ 《都城纪胜·三教外地》。

及"庶人之通其事者",但每学名额仅三、五十人①。宋初以后,国子学放宽到招收七品以上京、朝官员的子孙,成为高、中两级官僚子弟学校;同时,还出现了许多低级官僚子弟和平民子弟入学听读的现象,并且允许他们"附学充贡",即随国子学发解参加省试②。太学也放宽到招收八品以下官员的子弟,一直到"庶人之优秀者"。四门学则放宽到"以士、庶子弟为生员"③,成为官僚、平民子弟的混合学校。

宋仁宗时初建太学,朝廷拨给田土和房缗,充作办学的经费④。太学生都由官府给食,后来一度减少,到宋神宗熙宁元年(1068 年),内舍生每人每月仅给三百文"添厨"⑤。从熙宁五年开始,太学上舍、内舍和外舍生皆增给食钱,每人每月达一千文左右⑥。宋仁宗嘉祐年间,教育家胡瑗和孙复在太学执教,要求朝廷放宽太学的火禁规定,允许生员在学留宿,获得批准后,"远方孤寒之士"得以寄宿太学,免得长期羁留旅邸⑦。这些措施在经济上和住宿条件上都为全国各地的低级官僚子弟和平民子弟来京就学,提供了方便。因此,到南宋时期,可以发现,各地到临安来投考最高学府太学的士子,十分之七八"无常产","居家养亲,不给旦夕,而使茫然远行,售文于一试"⑧。侥幸被太学录取,初次参斋(入学报到),"率皆责以苛礼,贫无从出,未免奔走假贷"⑨。虽然这些学生在入学时遇到了种种困难,但这一情况正显示宋代的官办学校,主要是太学的招生范围比唐代有所扩大,等级界限缩小。

至于州、县的官办学校,其招生范围也比唐代广泛得多。宋代明文规定有九类人,即一、"隐匿丧服",二、"尝犯刑",三、"亏孝弟有状",

---

① 《文献通考》卷 41《学校二·太学》。
② 《宋会要辑稿》崇儒 1 之 29、职官 28 之 1;《宋史》卷 157《选举三》。
③ 《文献通考》卷 42《学校三·太学》。
④ 赵抃:《清献集》卷 8《乞给还太学田土房缗》。
⑤ 《宋会要辑稿》崇儒 1 之 30。
⑥ 《宋会要辑稿》职官 28 之 10—15。
⑦ 张舜民:《画墁录》。
⑧ 欧阳守道:《巽斋文集》卷 12《送刘季清赴补序》。
⑨ 《宋会要辑稿》职官 28 之 27。

四、"两犯法经赎",五、"为乡里害",六、"假户籍",七、"父祖犯十恶",八、"工商杂类",九、"尝为僧及道士","皆不得与士齿"①,即不得进入官学就读。毋庸讳言,这项规定封建性极强,但也应看到,它已基本上不带有身份性或等级性了。何况在宋代现实生活中,如"工商杂类"的子孙,照样可以进入州、县学读书。宋徽宗时,饶州余干县帽匠之子吴任钧,补入饶州州学,被升贡入京,遂以贡士起家,后来做官到提举江西常平②。宋孝宗时,鄂州富商武邦宁,也使其次子武康民读书为士人③。这二例说明,宋代州、县学的招生范围更是扩大到不分士庶,甚至"濒海裔夷之邦,执末垂髫之子",也可入学"抱籍缀辞"④了。

宋代各类学校"广开来学之路"⑤,扩大招生范围,学生不拘等级,无问门第。在这种情况下,学生一般没有恩赏侥幸,只能靠成绩逐步升舍,最后"释褐入仕"。官僚地主是一个非世袭性的"贫富无定势"⑥的地主阶层。准许士、庶子弟入学,正是官僚地主阶层的特性的本质表现,也从根本上体现了整个地主阶级的意愿。

（三）封建教育深入社会

宋代封建教育逐步深入到社会的各个角落。不仅在城市中建立学校,而且深入到乡村,兴办"冬学",编写"村书";封建文人还注意到儿童教育,建立"小学",编写出适合当时需要的启蒙读物,对宋以后各代产生深远的影响。南宋人陆游诗云:"儿童冬学闹比邻,据案愚儒却自珍,授罢村书闭门睡,终年不著面看人。"自注:"农家十月乃遣子入学,

---

① 施宿等:《嘉泰会稽志》卷1《学》。
② 洪迈:《夷坚志补》卷2《吴任钧》。
③ 洪迈:《夷坚支志》庚卷5《武女异疾》。
④ 范成大:《吴郡志》卷4《学校》,引朱长文记。
⑤ 潜说友:《咸淳临安志》卷11《学校·宗学》。
⑥ 袁采:《世范》卷3《治家·富家置产当存仁心》。

谓之冬学。所谓《杂字》、《百家姓》之类,谓之'村书'。"①陆游描写的是绍兴府乡村儿童上冬学的情况,显示当时在经济比较发展的地区,从农历十月起,比较富裕的农民送儿童入冬学,学习《杂字》、《百家姓》等"村书"。项安世记载:"古人教童子,多用韵语,如今《蒙求》、《千字文》、《太公家教》、《三字训》之类,欲其易记也。"②赵汝鐩也赋诗记述:"……农家颇潇潇,……塞余入茅檐,解带为小留。……群儿窗下读,《千字文》、《蒙求》。余因拊其背,劝汝早休休:'泓颖才识面,白尽年少头,耕食而凿饮,胡不安箕裘?'乃翁听我言,急把书卷收,遣儿出门去,一人骑一牛。"③从项、赵二人的诗文中透露,南宋中期的启蒙读物,还有《蒙求》、《千字文》、《太公家教》、《三字训》等,都是适合儿童背诵的押韵文字。其中《三字训》可能就是宋后相传《三字经》的蓝本。宋度宗时,李之彦在浙东永嘉见到一种《劝学文》,内容有"书中自有黄金屋","卖金买书读,读书买金易"等,公然以读书求利来劝诱儿童,毋怪乎李之彦感到愤慨,认为"斯言一入于胸中,未得志之时,已萌贪饕。既得志之后,恣其掊克,惟以金多为荣,不以行秽为辱"④。《劝学文》的作者,用这种赤裸裸的利己主义来向儿童灌输,对于宋朝封建统治本身也是有害无益的。

在城市中,官府办有小学,制订出学规。如京兆府小学学规,规定了十五岁上下的"生徒"入学的手续、教授的职责、课程、"生徒"守则等⑤。理学家朱熹按照佛教禅宗的清规制订了小学学规⑥,这就是著名的白鹿洞书院学规⑦。他还编有《小学》、《论语训蒙口义》等蒙书,目的在于"取便于童子之习"⑧,"资其讲习,庶几有补于

---

① 《陆游集·剑南诗稿》卷25《秋日郊居》之七。
② 项安世:《项氏家说》卷7《用韵语》。
③ 赵汝鐩:《野谷诗稿》卷3《憩农家》。
④ 李之彦:《东谷所见》,《劝学文》。
⑤ (清)王昶:《金石萃编》卷134《京兆府小学规》。
⑥ 《朱子语类》卷7《学一·小学》。
⑦ 朱熹:《朱文公文集》卷74《白鹿洞书院学规》。"学规"一作"揭示",淳熙六年订。
⑧ 朱熹:《朱文公文集》卷75《论语训蒙口义序》。

风化之万一"①。南宋末年,王应麟也著有《小学绀珠》、《小学讽咏》等少年儿童读物。

(四) 形成一套比较完整的学制

宋仁宗时,教育家胡瑗先后在苏、湖二州主持州学,二十年间,有几千名弟子受教。胡瑗教法切实,学风整饬,名闻于时。后来应范仲淹之聘,主讲太学七年②。当时士人崇尚辞赋,胡瑗的教学方法则是因材施教,按照学生的爱好和才能,分成经义、治事二斋。经义斋要求学生"心性疏通,有器局可任大事",使之讲明《六经》;治事斋要求学生每人治一事,又兼一事,如治民、治兵、水利、算历等。引导学生日夕讲究,务使通达治体,适于实用。胡瑗曾带领学生游历名山大川,注意学生的文化修养和外貌修饰,还制订较为严密的学规。胡瑗的学生后来"多为时用"③。

宋神宗、徽宗时期,王安石和蔡京实行新的学制——三舍考选法,准备用学校养士代替科举养士。宋神宗时,三舍法规定,太学生初入学为外舍即大学预科,由外舍升内舍,由内舍升上舍。外舍一年,内舍二年,上舍二年,实际为五年制。宋徽宗崇宁年间,改外舍称"辟雍",招收学生三千人。大观年间,正式停止科举考试,规定州、县都用三舍法贡士,县学生选举升入州学,州学生每三年(后改为每年)升入太学上舍、内舍。三舍法实行后,学生逐级递升,程度比较整齐;入学升降,月书季考,条法备具。三舍法的实施,不仅有完备的考试制度,而且有健全的行政组织和严密的学规法令。南宋时期,三舍法更臻严密,太学还

---

① 朱熹:《朱文公文集》卷75《题小学》。
② 胡瑗在太学任教的时间,据《宋史》卷157《选举三》云:"皇祐末(1053年),召瑗为国子直讲"。又卷432《胡瑗传》云:"嘉祐初(1056年),擢太子中允,天章阁侍讲,仍治太学。既而疾不能朝,以太常博士致仕。"又《续通鉴长编》卷189嘉祐四年(1059年)正月戊申条:"授太常博士致仕。瑗归海陵……"则胡瑗在太学任教是皇祐末至嘉祐四年初,前后共七年。
③ 吕本中:《童蒙训》卷上。

实行积分法,凡学生考试成绩,固定评分。以八分为优等,分以下以厘计,如同今天的八十分①。学生必须完成若干学分,始得出学授官。元、明时代的学校基本沿用三舍法的学生升补办法。

宋代的学校、书院以及其他一些民间教育团体,都制订出类似学生守则的学规、规约、学则、乡约等。如前述京兆府小学学规、白鹿洞书院学规,还有吕祖谦所订规约②,高登"修学门庭"③,程端蒙、董铢所订学则④,吕大钧撰"吕氏乡约"和朱熹撰"增损吕氏乡约"⑤,虽然这些学规或学则各有侧重,但无不都是根据当时的教育理论演化为具体的教育规章。

（五）理学家制订教育宗旨和教学内容

宋代理学家都十分重视教育,并且把学校或书院作为研讨和传播自己学术的阵地。有的理学家,诸如杨时、袁燮、刘爚曾任国子祭酒(类似大学校长),高闶、叶适、陈埙、刘爚曾任国子司业(类似教务长),杨简、吕祖谦、彭龟年曾任国子博士或太学博士(类似教授),陆九龄、陈傅良曾任学录(类似副教授),陆九渊、叶适曾任学正(类似讲师)。还有一些理学家直接创办书院,或者担任过书院的山长或教授。这些书院就成为他们不同学派论辩、讲学的活动中心。

宋代理学的创始人周敦颐认为,立教的宗旨是要"俾人自易其恶,自至其中而止矣","中"就是"和";同时,提出"师道立,则善人多","善人多,则朝廷正而天下治矣"⑥。关学的创始人张载主张以"礼"教育学生⑦,

---

① 周密:《癸辛杂识》后集《成均旧规》。
② 《吕东莱先生遗集》卷 10《乾道四年九月规约》。
③ 《真西山先生读书记》卷 21。
④ 《宋元学案》卷 69《沧洲诸儒学案上》。
⑤ 《宋元学案》卷 31《吕范诸儒学案》。
⑥ 周敦颐:《通书·师第七》。
⑦ 《河南程氏遗书》卷 2 上《二先生语二上》。

"礼"是"圣人"的"成法",学"礼""在我乃是捷径"①。另一理学家张栻认为,"二帝三王之政,莫不以教学为先务",而教育的宗旨乃在"明人伦",所以学校应"以明伦为教,而明伦以孝弟为先"②。理学的集大成者朱熹继续主张教育应该"教以人伦",使人们"父子有亲,君臣有义,夫妇有别,长幼有序,朋友有信",认为实行"三纲五常"是教人的"定本"③。所以,在他所订《白鹿洞书院揭示》中,把这五句话放在最前面,概括为"五教之目",指出学生"学此而已"。朱熹提出的"人伦"之教,可以说是宋代理学家对于教育宗旨的最好概括。

宋代理学家还为学生编写教材。宋神宗时,将王安石所撰《(诗、书、礼)三经新义》颁于学宫,使学生习读,"令学者定于一"④。《三经新义》便成为北宋后期的钦定课本。宋孝宗时,朱熹尽"平生精力"编写《四书集注》,他希望这部书于"国家化民成俗之意、学者修己治人之方,则未必无小补"⑤。宋宁宗嘉定五年(1212年),应国子祭酒刘爚的请求,将《四书集注》及《白鹿洞书院学规》立于学官⑥,作为太学的教科书。宋理宗更多次推崇朱熹及其《四书集注》。宋度宗时,《四书集注》和周敦颐《太极图说》、张载《西铭》等理学家的著作,都成为统治者钦定的士子必读的教科书⑦。

(六) 太学生登上政治舞台

宋代的兴学运动,发展了官学,提高了官学的地位,学生人数大增,使学生尤其太学生成为一支强大的政治势力。太学生经常参预政治斗

---

① 《张载集·经学理窟·礼乐》。
② 张栻:《张南轩先生文集》卷4《潭州重修岳麓山书院记》、《江陵府松滋县学记》。
③ 《朱子语类》卷8《学二·总论为学之方》。
④ 《续通鉴长编》卷229,熙宁五年正月戊戌。
⑤ 朱熹:《大学章句·序》。
⑥ 李心传:《道命录》卷8《李仲贯(道传)乞下除学禁之诏,颁朱子〈四书〉,定周、邵、程、张五先生从祀》。
⑦ 《宋史》卷46《度宗纪》。

争,不时"伏阙上书",举行罢课、示威,掀起干预国家政治的运动。北宋末年,金兵包围汴京,太学生陈东率领诸生三百人伏阙,控诉宰相李邦彦等怀奸误国的罪行,要求恢复李纲官职。军民不约而会聚者几十万人,群情激愤,以瓦石奋击李邦彦,并殴死压制军民抗战的宦官二百多人①。此后,陈东又向宋钦宗上书,要求杀蔡京、蔡攸、童贯、朱勔、高俅、卢宗原等"六贼"②。宋孝宗初年,秦桧党羽汤思退执政,继续推行"撤守弃地,开门纳敌"③的政策。太学生张观等七十二人伏阙上书,请斩汤思退等人,召用陈康伯、胡铨,"以济大计"。宋孝宗勉从其请,任陈康伯为宰相,胡铨为兵部侍郎,赴两浙措置海道。④南宋末年,太学生动辄请愿,要挟朝廷。宋理宗淳祐十二年(1252年),武学生联名为一位病故学生求棺木,临安府尹余晦派人强行验尸,"揭帛裂衣,暴露两日"。武学、太学、宗学学生伏阙上书,表示抗议,但没有结果,即"卷堂散去",举行罢课。司业蔡抗上疏要求罢余晦官,"以谢诸生"。台谏官也上章论列。余晦被迫辞职。宋理宗下令劝谕诸生归斋复学,不久又将闹事学生"尽行放逐"。⑤在此前后,因临安府不准使用青盖和皂盖,太学生又群起诣阙控告府尹程覃。宰相担心太学生"动以扫学要〔挟〕朝廷",未免"太恣横",因此置之不理。太学生见控告无效,遂尽出太学,置绫牒(学生身份证明文件)于崇化堂,太学为之一空。宋理宗得悉后,即免程覃官,命诸生即刻返斋。⑥此后,又有太学生叶李、唐棣等八十多人,"叩阍上书",指责宰相贾似道"专权误国","尤为恺切"。贾似道将叶李等逮捕下狱。⑦太学生潘丙、潘壬,联络太湖渔民等数十人,乘夜入湖州城,拥立宋理宗兄、济王赵竑为帝,事败被

① 徐梦莘:《三朝北盟会编》卷34、卷36。
② 李纲:《梁溪先生全集》卷172《靖康传信录》中。
③ 《叶适集·水心别集》卷15《上殿札子》。
④ 《宋史》卷33《孝宗一》。
⑤ 俞文豹:《清夜录》,《历代小史》卷50。
⑥ 叶绍翁:《四朝闻见录》甲集《太学诸生置绫纸》。
⑦ (元)黄溍:《黄文献公集》卷4《跋右丞叶公上书副本》。

杀①。总之,宋代教育事业的发达和学生人数的增多,促使学生成为一支独特的社会力量,逐渐活跃在政治舞台上,给予当时的政治斗争以引人注目的影响。

---

① （元）吴莱:《三朝野史》。

第七章　宋代的封建家族组织

　　经过唐末农民战争的扫荡和五代十国时期的战乱,门阀士族遭到毁灭性的打击,他们的旧式的以血缘为纽带的宗族组织也随之崩溃,族人星散,封建宗法关系松弛。残存的士族后裔,因为亡失家谱,世系中绝,谱牒之学日趋衰落。谱牒之学本是门阀士族用来夸耀自己贵族血统的一门学问。郑樵说,隋、唐而上,官府有簿状,私家有谱系,选举官员必据簿状,私家婚姻必依谱系。历代还设置"图谱局",凡百官、族姓的家状,上交官府,为之考定详实,从而使"贵有常尊,贱有等威",所以"人尚谱系之学,家藏谱系之书"。但在门阀士族退出历史舞台以后,"取士不问家世,婚姻不问阀阅"①,既没有人为之修谱续牒,又没有人想利用旧式的门阀士族血统来谋求政治和经济上的特权,因此,到北宋初期,即使"名臣巨族",也"未尝有家谱"②。由于士大夫不讲究谱牒,世人也不载,"由贱而贵者耻言其先,由贫而富者不录其祖,而谱遂大废"③。一般庶族地主(宋代称官僚地主)因为出身微贱,不愿追述自己的祖先,也无从追溯自己的世次。同时,地主士大夫正陶醉于新王朝的太平盛世而怡然自得,尚未感到在旧的封建家族组织崩溃以后,需要重新建立一种新的封建家族组织。

　　但是,宋代的政治和经济制度决定了除皇帝和皇亲贵族享有世袭

---

① 郑樵:《通志》卷25《氏族略第一·氏族序》。
② 欧阳修:《集古录跋尾》卷2《后汉太尉刘宽碑阴题名》。
③ 苏洵:《嘉祐集》卷13《谱例》。

特权以外,一般官员、地主都不享有世袭固定官职和田产的特权。如前所述,由于政治上和经济上的激烈竞争,使他们的各个家庭处于相对动荡不定的境地。因此,在仁宗时期,有些敏感的士大夫逐渐从黑甜之乡清醒过来,意识到自己各个家庭的政治地位和经济地位的不稳定性,于是就产生了一种需要,即在封建国家的强力干预之外,寻找某种自救或自助的办法。同时,由于农民对地主的人身隶属关系相对松弛,地主阶级也正需要寻找一种补充手段,以便加强对于农民的控制。这个办法或手段,就是利用农村公社的残余,建立起新的封建家族组织。

宋仁宗皇祐、至和年间(1049 年到 1056 年),欧阳修和苏洵不约而同地率先编写本族的新族谱,并且提出了编写新族谱的方法;范仲淹也在苏州创建义庄,以其田租供养族人。这时,理学家张载、二程等人也推波助澜,大力宣传造家谱和立"宗子之法"的好处。在这些著名政治家和学者的倡导和推动下,新的封建家族组织便在各地陆续建立起来。宋代新的封建家族组织具有一些新的特色。

(一) 小 宗 之 法

宋代的封建家族组织一般实行"小宗之法"。

中国古代的家族组织都实行宗法,笼罩着一层温情脉脉的宗法关系的纱幕。秦、汉以前,宗法分大宗和小宗两种。比如一名诸侯有数子,长子继承其爵位为诸侯,其余数子即为别子,各为一家开宗的祖先,其长子累世相继,这就是"大宗"。如果别子再有次子,则另立一宗,也由次子的长子世世继承,称为"继祢",这就是"小宗"。《礼记·大传》说:"别子为祖,继别为宗(按即大宗);继祢者为小宗"。"有百世不迁之宗(按即大宗),有五世则迁之宗(按即小宗)。"这就是宗法制度。大、小宗族都由宗子或宗主充当族长。宋代理学家十分重视封建宗法统治。苏轼认为,秦、汉以后,由于官爵不能世袭,"大宗之法不可以复立",而可以用来收合亲族的"小宗之法"也存而不行,因此,北宋时习俗"不重族",完全是"有族而无宗"的缘故。"有族而无宗",族就不能收合;族不能收合,族人就不能相亲,从而忘记祖先。如今的"公卿大臣、贤人君子"的后代,之所以不能"世其家如古人之久远者",是因为"其族散而忘其祖也"①。另一位理学家张载认为,今天富贵者,只能维持三四十年,身死之后"众子分裂",家产"未几荡尽",于是"家遂不存",这样一来,"家且不能保,又安能保国家!"为了避免出现这种危机,他明确提出:"管摄天下人心,收宗族,厚风俗,使人不忘本,须是明谱系世族与立宗子法。"假如"宗法不立,则人不知统系来处,……无百年之家,骨肉无统,虽至亲,恩亦薄。""宗法若立,则人人各知来处,朝廷大有所益。"他赞成立嫡长子为"大宗",又赞成实行"继祢之宗"即小宗②。苏洵、欧阳修则不然,他们在提出编写族谱的方法时,明确主张实行"小宗之法"。程颐在议论祭祀制度时,主张在不同节序分别祭始祖、先祖、祢,而常祭则祭高祖以下③,实际上综合了"大宗"、"小宗"之法。苏轼认为:"莫若复小宗,使族人相率而尊其宗子。宗子死,则为之加服;犯之,则以其服坐,贫贱不敢轻,而富贵不敢以加之,冠婚必告,丧葬必赴,此非有所难行也。"他进一步指出:"天下之民,欲其忠厚和柔而易治,其必自小宗始矣。"④朱熹在《家礼·通礼》中,规定在祠堂中设龛以奉"先世神主",虽然其中也提出"大宗"的设龛法,但又声明如果大宗"世数未满",则仿"小宗之制";同时,他规定祭祀止于高祖以下四代(高祖、曾祖、祖、父),因此实际上仍然是实行"小宗"制度。朱熹祭祀高祖以下四代的主张,成为南宋后期的习俗。

宋代地主阶级一般不实行世袭制度,官爵不能世袭,田产不能世袭,这一制度决定了除皇室家族组织同时行用大宗、小宗之法以外,一般封建家族组织只能行用小宗的宗法。

---

①④　苏轼:《苏东坡应诏集》卷3《策别十三》。

②　张载:《张载集·经学理窟·宗法》。

③　《河南程氏遗书》卷18《伊川先生语四》。

（二）宗子（族长）

宋代的封建家族组织常常选立官僚地主为宗子（族长），形成以官僚地主为核心的宗族势力。

宋代以前的封建家族组织主要是按姓氏、门第论高下的世家大族，比较严格地按照嫡长继承制选立宗子。但是，宋代的封建家族组织则不强调这一点，而更多地从地位、财力、才能等方面考虑，选立本族中地位、财力、能力等最高的官僚地主，这是因为宋代重新建立的封建家族组织，一般是由官僚地主倡导，然后经过修族谱、置族产、订族规等过程而组成的。张载虽然在立"宗法"上，认为实行"大宗"或"小宗"法均可，但他更主张由有官职的族人当"宗子"来继承祭祀。他认为如果嫡长子"微贱不立"，其中有次子为"仕宦"，则不问长少，须由士人来当宗子，继承一家的祭祀。"大臣之家"也要按照这个办法实行，如果以嫡长子为"大宗"，就应根据家计尽力保证抚养"宗子"，再将剩余"均给族人"；"宗子"还应专请士大夫来教授；要求朝廷立下条法，允许族人将自己应升的官爵转赠给"宗子"，或者允许族人把奏荐自己子弟的恩泽给与"宗子"。张载还把立"宗法"提到"天理"的高度①。程颢、程颐也说过跟张载"明谱系世族与立宗子法"完全相同的一段话②。他们还提出"夺宗法"，主张让官位高的族人代替原来的"宗子"。他们说："立宗必有夺宗法。如卑幼为大臣，以今之法，自合立庙，不可使从宗子以祭。"③程颐还提出"宗法须是一二巨公之家立法"④，选择"宗子"，像唐代一样建庙院，不准分割祖产，派一人主管⑤。由张载、二程提倡的"宗法"看出，他们改变了古代选立宗子的旧标准，而提出了新标准。这一

---

① 《张载集·经学理窟·宗法》。
② 《河南程氏遗书》卷6《二先生语六》。
③ 《二程外书》卷11。
④ 《河南程氏遗书》卷17《伊川先生语二》。
⑤ 《河南程氏遗书》卷15《伊川先生语一》。

新标准透露,宋代地主阶级所要建立的新的封建家族组织,是以"仕宦"即官僚地主为核心力量,受到官僚地主的控制,其根本目的是要保证各个官僚地主家庭能够传宗接代、永世不绝,并且借此来巩固宋朝的封建统治。

（三）族　　产

宋代的封建家族组织以一定数量的族产作为物质基础。

宋代以前,门阀士族所拥有的财产世代相传,一般不进入流通领域,他们的经济地位比较稳定,所以不需要另置一套义田庄之类的族产;士大夫对族人的救恤,普遍采用分与"禄赐"、"禄奉"之法①。但到宋代,官僚地主为了解决各个家庭经济地位的不稳定性,以及为了模糊农民的阶级意识和培植本族的政治势力,就购置族产,作为宗族结合的物质基础。宋仁宗庆历年间（1041 年到 1048 年）到皇祐二年（1050年）,范仲淹在苏州长州、吴县置良田十多顷,将每年所得租米,自远祖以下各房宗族,计口供给衣食及婚嫁、丧葬之用,称为"义庄"。由各房中挑选一名子弟掌管,又逐步立定"规矩",命各房遵守。范仲淹亲自定下"规矩"十三条,规定各房五岁以上男女,计口给白米,每天一升;冬衣每口一匹,五岁到十岁,给半匹;族人嫁娶、丧葬,则分等给现钱。在以后的"续定规矩"中,进一步规定:义庄的经济管理有相对的独立性,即使"尊长",也不得"侵扰干预"义庄掌管人或勾当人"依规处置";族人不得借用义庄的人力、车船、器用,不得租佃义田,不得以义宅屋舍私相兑赁质当,不得占居会聚义仓;义庄不得典买本族人田土,遇有外族人赎回土地,即以所得价钱于当月另行典买②。这些规定都是为了保证义庄经济的稳定和巩固,尽量避免因本族人的侵欺而破败。在范仲淹死后,义庄田产逐渐增多。到宋宁宗时,曾有族人购置田租五百多

---

① 《汉书》卷89《朱邑传》;《旧唐书》卷93《唐休璟传》;《新唐书》卷183《毕诚传》。
② 范仲淹:《范文正公集·义庄规矩》。

石的土地,称"小庄",用以"补义庄之乏"①。宋理宗时,范氏义庄田产增加到三千多亩②。范氏义庄还得到封建国家的保护。宋英宗治平元年(1064年),宋朝特降"指挥",允许在范氏各房子弟违犯义庄规矩而本家"伸理"时,由当地官府"受理"③。

范氏义庄的建立,为宋代的封建家族组织树立了典范。从此,许多官员竞相仿效,独自置田设立义庄,成为当时十分光彩的一种义举。北宋后期,官员吴奎,何执中④、官员遗孀谢氏⑤等出钱买田或割己田宅为"义庄宅",以供祭祀、赡养族党子弟,"永为家规"。这时,封建国家也立法,规定每名大中大夫(文阶从四品)、观察使(武臣正五品)以上官员,可占"永业田"十五顷,由官府发给"公据",改注税籍,不许子孙分割典卖,只供祭祀;有余,均赡族人⑥。鼓励高级官员置办义田庄性质的"永业田",以保证高级官员世代富裕。南宋时,义庄迅速增多。官员赵鼎、汤东野在规定其子孙不得分割田产、世代永为一户的同时,又亲自出钱买田为义庄,以供给"疏族之贫者"⑦。官员楼璹在明州买田五百亩,立名义庄,订出"规约",由四个儿子轮流主持⑧。

范氏义庄是由官员独立置田兴办的,这是族产的一个来源。另一个来源,是由族人共同筹田建立。官员汪大猷在庆元府鄞县率先捐田二十亩,作为本族的义庄,族众"皆欣劝"⑨。家铉翁与本族地主相约,按照范氏义庄的标准,由"族大而子孙众多者",推举一人为"约主",以十年为期,买田为义庄,使"仕而有禄食者、居而有余财,各分其有余以

① 清乾隆本《范氏家乘》卷5《贤裔传·宋赠朝议大夫、次卿公(良遂)传附持家传》。
② 《范文正公集·朝廷优崇·与免科徭》。
③ 《范文正公集·建立义庄规矩》。
④ 《宋史》卷316《吴奎传》;卷351《何执中传》。
⑤ 张衮:《嘉靖江阴县志》卷18《列女》。
⑥ 《续通鉴长编》卷414,元祐三年九月乙丑;卷478,元祐七年十一月甲申。
⑦ 赵鼎:《忠正德集》卷8《家训笔录》;《建炎以来系年要录》卷96。
⑧ (元)王元恭:《至正四明续志》卷8《学校》。
⑨ 《宋史》卷400《汪大猷传》。

逮其不足者"①。沈涣也在鄞县本族中倡导兴办义田,"乐助者甚众",得田几百亩②。

宋代的族产一般沿用范氏义庄的"义田"、"义屋"等名称。有些地区称为"公堂田"。江西抚州金溪县,陆九渊的宗族,置有"公堂之田",供给全族一年之食,"家人计口打饭,自办蔬肉"③。有些地区还设置另一种族产,称为"祭田"或"蒸尝田"。朱熹在《家礼》中主张初立祠堂,即置祭田,由宗子主持,供给祭祀之用,不得典卖④。朱熹的弟子黄干,在福州古田等处置祭田四亩多,每年收租谷十六石,充祭祀之用。规定先在每年租谷内拨六石充祭祀的经费和纳税,交族长掌管;所余谷物积存起来,十年后即以增置田产,轮流赡养宗族中贫乏者。黄干把所置祭田称为"蒸尝田"⑤。福州福清人陈藻也说:"今自两府而至百姓之家,物力雄者,则蒸尝田多。其后子孙繁庶,而其业依律以常存,岁祀不乏。"⑥说明福州以及建宁府⑦等地都设祭田或蒸尝田作为族产。祭田或蒸尝田主要用来祭祀祖先,与义田的效用不尽相同。

以义田为中心,各地区官员还为本族举办"义学"、"义田塾",聘请教师以训族里子弟⑧;设置"义廪",资助"仕进及贤裔贫者"⑨,设置"义冢",以葬宗族的贫苦者⑩。

宋代地主阶级为了克服自身的矛盾,找到了设置族产这一非官方的解决方法。族产名义上是一族的公产,但实际上都被官僚、地主把持着。按照规约,族产只准添进,不准典卖,具有相当的稳定性,因此它的

① 家铉翁:《则堂集》卷2《积庆堂记》。
② 袁燮:《絜斋集》卷14《通判沈公行状》。
③ 罗大经:《鹤林玉露》卷5。
④ 朱熹:《朱子家礼》卷1《通礼·祠堂·置祭田》。
⑤ 黄干:《勉斋集》卷34《始祖祭田关约》。
⑥ 陈藻:《乐轩集》卷8《宗法》。
⑦ 《名公书判清明集·户婚门·立继》"嫂讼其叔用意立继夺业"。
⑧ (明)田顼:《尤溪县志》卷6《人物志》;曾丰:《缘督集》卷3《寄题项圣予卢溪书院》;洪迈:《夷坚志》卷30《界田义学》。
⑨ (明)刘松等:《隆庆临江府志》卷11。
⑩ 朱熹:《朱文公文集》卷88《龙图阁直学士吴公神道碑》。

存在首先在一定限度内保证了官僚地主经济地位的相对稳定,也保证了一部分封建地主土地所有制的相对稳定。按照规约,族产都是以散财宗族、救济贫者和培养士人的名义建置的,还不准本族族人租种,其用意无非是要模糊农民的阶级意识,避免在族内发生阶级冲突;同时,借此培植本族政治力量,使本族地主豪绅成为当地的强大势力。有的义庄还规定:凡"患苦乡闾,害及族党者,虽贫勿给;男婚越礼,女适非正者,虽贫勿助。"①这就剥夺了族内一些稍有反抗行为的贫苦农民分得义田一部分收益的权利,由此官僚地主得以加强对于族内贫苦农民的控制。

(四) 族　　谱

　　宋代的封建家族组织依靠族谱来结合全族族人。

　　宋以前的谱牒记录"世族继序"②,主要用来夸示门第,并由官方的图谱局记录副本,核实备案,作为任用官吏的依据。宋代不置谱官,族谱都由私家编修,主要用来"敬宗收族",即结合、维持本族族人。跟范仲淹在苏州举办义庄同时,即宋仁宗皇祐、至和年间,欧阳修、苏洵不约而同地最先编写本家的族谱,并提出了编写族谱的方法和体例。欧阳修将家藏旧谱与族人所藏诸本"考正其同异",发现大抵"文字残缺,其言又不纯雅"。他看到"遭唐末五代之乱,江南陷于僭伪,欧阳氏遂不显"。他认为,"祖考"相传的"遗德"是"以忠事君,以孝事亲,以廉为吏,以学立身",希望子孙"守而不失",所以采用司马迁《史记》表和郑玄《诗谱》法作"谱图",画出世系,传给族人。同时,把"安福府君"欧阳万以来的迁徙、婚嫁、官封、名谥及其行事等编成新族谱③。苏洵这时也编写了《苏氏族谱》。他认为,秦汉以来的"仕者""或至百世而不绝,

---

① 游九言:《默斋遗稿》卷下《建阳麻沙刘氏义庄记》。
② 《旧唐书》卷 46《经籍志上》。
③ 欧阳修:《居士外集》卷 21《欧阳氏谱图序》。

无庙无宗而祖宗不忘、宗族不散，其势宜亡而独存，则由有谱之力也。"所以，他编写本族的族谱，以便使后人观谱后，"孝弟之心可以油然而生"①。欧阳修、苏洵都采用"小宗之法"（五世以外则易宗）。欧阳修的"谱例"是："谱图之法，断自可见之世，即为高祖，下至五世玄孙而别自为世"。原则是以远近、亲疏为别，"凡远者、疏者略之，近者、亲者详之。"②苏洵的"谱法"是："凡嫡子而后得为谱，为谱者皆存其高祖，而迁其高祖之父。"苏洵认为，"独小宗之法，犹可施于天下，故为族谱，其法皆从小宗。"③宋代官僚地主经济和政治地位的相对不稳定性，使一般家庭难以世代富贵，如果要想追溯五世以上的祖先事迹，往往遇到其间贫贱的几世，既缺少记载，又于族人脸上无光，因此最好的办法是只记五世，即用小宗之法。但是，对于皇室贵族而言，他们的政治和经济地位是比较稳定的，所以可以按照"大宗之法"（百世不迁）来编族谱。苏洵正是基于这种理由而提出"大宗谱法"的④。

欧阳修、苏洵编写族谱的目的是"收族"，即在区别远近、亲疏的基础上，结合本族的族人，即使有些族人"贫而无归"，也应由富者"收之"⑤。由此来结合、维持封建家族组织。

宋仁宗以后，欧阳修、苏洵的族谱成为宗谱形式的规范，影响极为深远。北宋后期，官员王安石⑥、朱长文⑦、游酢⑧、程祁⑨等都编有世谱或家谱。南宋时，许多官员都为本族编写族谱。据各种文集、方志以及《宋史·艺文志》、郑樵《通志·艺文略》等书记载，有曾丰《重修曾氏族谱》、方大琮《方氏族谱》、吴潜《吴氏宗谱》、欧阳守道《欧阳氏族谱》、

---

① 苏洵：《嘉祐集》卷 13《谱例》、《苏氏族谱》。
② 欧阳修：《居士外集》卷 21《欧阳氏谱图序》。
③ 苏洵：《嘉祐集》卷 13《族谱后录上篇》。
④ 苏洵：《嘉祐集》卷 13《大宗谱法》。
⑤ 苏洵：《嘉祐集》卷 13《苏氏族谱亭记》。
⑥ 王安石：《王文公文集》卷 33《许氏世谱》。
⑦ 朱长文：《乐圃余稿》卷 9《朱氏世谱》。
⑧ 游酢：《游廌山集》卷 4《家谱后序》。
⑨ 《新安篁墩程氏世谱》，（明）程敏政述：《程氏统宗世谱序》。

游九言《游氏世谱》①,又有《三院吕氏世谱》、《胡氏世谱》、《陶氏世谱》、《东平刘氏世谱》、《赵清献家谱》、《尤氏世谱》②。这些族谱往往请著名的士大夫撰序或作跋,如文天祥曾为《燕氏族谱》写序,为《吴氏族谱》、《彭和甫族谱》、《李氏谱》作跋,又撰《李氏族谱亭记》③。陈亮为其家谱石刻写后记④。黄震也为《姜山族谱》写序⑤。在新谱编成后,隔一段时间,即须续修,如江西丰城《孙氏世谱》在乾道九年(1173年)、庆元五年(1199年)、咸淳元年(1265年)三次增修⑥,浙东淳安《桂林方氏宗谱》也在北宋末和咸淳十年(1274年)两经编修⑦。

　　宋代的族谱显然还属于开创阶段,一般考订不够精确,同时数量也远比不上元、明、清各代。南宋末文天祥说:"族谱昉于欧阳,继之者不一而足,而求其凿凿精实,百无二三。"原因是"士大夫以官为家,捐亲戚、弃坟墓,往往而是",甚至苏轼也不免如此⑧。欧阳守道认为欧阳修所编族谱尚有粗疏之处,这是因为欧阳修"游宦四方,归乡之日无几,其修谱又不暇咨(谘)于族人",所以谱中"虽数世之近、直下之流,而屡有失亡"⑨。欧阳守道还认为,现今"世家",也罕有族谱,虽然是"大家",但"往往失其传"⑩。这反映直到南宋末年,族谱的编修还不十分普遍。

　　宋代地主阶级编修族谱、结合族人的根本目的,是要把同族农民束缚在大土地所有制经济内,固着在地主的庄田上,以便恣意进行残酷的

---

① 曾丰:《缘督集》卷17《重修族谱序》;方大琮:《铁庵集》卷31《方氏族谱序》;吴潜:《履斋遗稿》卷3《吾吴氏宗谱跋》;欧阳守道:《巽斋文集》卷19《书欧阳氏族谱》;游九言:《默斋遗稿》卷下《游氏世谱》。

② 尤袤:《遂初堂书目·姓氏类》。

③ 文天祥:《文山先生全集》卷9、10。

④ 陈亮:《陈亮集》卷16《书家谱石刻后》。

⑤ 黄震:《黄氏日抄》卷90《姜山族谱序》。

⑥ (元)吴澄:《吴文正集》卷32《丰城县孙氏世谱序》。

⑦ (清)方之连:《桂林方氏宗谱》卷1《序》。

⑧ 文天祥:《文山先生全集》卷10《跋李氏谱》。

⑨ 欧阳守道:《巽斋文集》卷19《书欧阳氏族谱》。

⑩ 欧阳守道:《巽斋文集》卷11《黄师董族谱序》。

奴役和压榨。

（五）祠　　堂

宋代的封建家族组织以祠堂作为全族祭祀祖先、举行重要典礼、宣布重要决定等活动的中心。

唐制允许品官、士族建立家庙，"庶人"则"祭于寝"①。经过唐末农民大起义的扫荡和五代的混乱，"礼文大坏，士大夫无袭爵"，所以一般都不建庙，"四时寓祭室屋"②。北宋初年，"士大夫崛起草茅，致通显，一再传而或泯焉，官无世守，田无永业"，即使官员也只在"寝室奉先世神主"，不曾建立家庙③。宋仁宗庆历元年（1041年），开始允许文武官员，依照"旧式"建立家庙。皇祐二年（1050年），又规定正一品平章事、枢密使、参知政事等以上大臣建立家庙，其余官员祭于寝（室）。但是，由于有庙者的子孙可能因官低而不能承祭，朝廷又难以尽推"袭爵之恩"，因此此事不了了之④。以后，必须朝廷下诏，少数大臣才得建立家庙⑤。据南宋末年人统计，宋朝大臣赐家庙者，仅文彦博、蔡京、郑居中、邓洵武、史弥远等十四人⑥。不过，北宋时，已经出现了一些"祠堂"。范仲淹死后，庆州、淄州长山县等地为表彰他的功绩，陆续为他建立纪念性的祠堂⑦。王安石死后，在江西抚州故居，当地官员建筑了"荆国王文公祠堂"⑧。范仲淹的义庄，也只建有功德寺。这些事实说明，在宋代相当长的一段时间里，只有大臣因朝廷的特诏得以建立家庙⑨，一

① 《文献通考》卷105《宗庙十五》。
②④ 《宋史》卷109《礼志十二·吉礼十二·群臣家庙》。
③ 《朱子家礼》卷1《通礼·祠堂》清郭嵩焘案语。
⑤ 司马光：《温国文正司马公集》卷79《文潞公家庙碑》云，文彦博在嘉祐四年秋最早建成家庙。
⑥ 罗大经：《鹤林玉露》卷11。
⑦ 《范文正公集·褒贤祠礼》卷1、2。
⑧ 陆九渊：《象山先生全集》卷19《荆国王文公祠堂记》。
⑨ 孟元老：《东京梦华录》卷5《娶妇》条云，新人、新妇"至家庙前参拜"，但这一习俗只可能在贵族、大臣中实行。

般封建家族组织都还没有建立祠堂。

宋代封建家族组织建立祠堂,把它作为全族的活动中心,应该说是从朱熹、陆九渊等人的提倡开始的。朱熹在《家礼》一书中开宗明义地宣扬设置祠堂的重要性,他认为这体现了"报本反始之心、尊祖敬宗之意,实有家名分之守,所以开业传世之本"。由于当时一般士庶都不得立庙,为跟家庙之制不致混淆,"特以祠堂名之"。他主张在居室之东建祠,由宗子主持,子孙不得据为己有。祠堂内设四龛,供奉高祖以下先世神主。他还规定了祠堂内设祭器以及祭祀的仪式、服装等①。这时,抚州金溪的陆九渊宗族已经为本族建立起"祖祢祠堂",每天清晨,家长率领子弟"致恭"于此,"聚揖"于厅,妇女在堂上道"万福";晚上安置也如此②。祠堂不仅是祭祀祖先之处,族内有重要事情都要到这里来宣布决定,甚至族人每天要到这里请示、汇报。南宋时,有关祠堂的记载并不很多,到元、明以后就逐渐增多。

(六) 族　　规

宋代的封建家族组织依靠"家法"、"义约"、"规矩"等条法即族规来统治族人。

唐代世家大族已经制订"家法"等一类成文的条规。江州长史陈崇曾"为家法戒子孙"③。河东节度使柳公绰,也"有家法"④。但从宋代开始,随着封建家族组织的重新建立,这类成文的或不成文的条规便逐步增多起来。北宋中期,京兆府兰田人吕大钧制订了《乡约》。吕大钧系张载的门生。《乡约》要目有四:德业相劝、过失相规、礼俗相交、患难相恤,详细地规定了自愿入约者应该遵守的事项。南宋中期,朱熹

---

① 《朱子家礼》卷1《通礼·祠堂》。
② 罗大经:《鹤林玉露》卷5。
③ 《宋史》卷456《陈兢传》。
④ 《旧唐书》卷165《柳公绰传》。

又根据这一《乡约》及吕大钧其他著作稍稍增损,撰成《增损吕氏乡约》,流行于世①。这一《乡约》虽然不是封建家族组织的规约,但显然对"家法"、"义约"等影响很大。吉州永新人颜诩,全族百人,"家法严肃,男女异序,少长辑睦,匦架无主,厨馈不异"②。宋理宗时,台州黄岩县封建家族订有"义约规式"③。绍兴府会稽县裘氏家族,同住一村中,世推一人为族长,"有事取决,则坐于听事"。族长要制裁有过失的族人,就用竹箄。竹箄是世代相传的④。饶州鄱阳县朱氏家族,该族尊长每天聚集子弟"训饬","久而成编",共分父母、兄弟、宗族三部分,外族人"或疑其太严"⑤。抚州金溪县陆氏家族,由一位最长者任"家长",总管全家之事。每年选派子弟分管田畴、租税、出纳、厨炊、宾客等家事。公堂田只供给米饭,菜肴各家自办。私房婢仆,各家自己供给,准许交米附炊,每天清晨将附炊的米交到,管厨炊者登记于历,饭熟,按历给散。宾客到,则先由主管宾客者会见,然后请家长出见,款以五酌,仅随堂饭食。每天早晚,家长领子弟到祠堂请安致礼。子弟有过,家长聚集众子弟"责而训之;不改,则挞之;终不改,度不可容,则告于官,屏之远方。"清晨,击鼓三叠,一名子弟高唱:"听,听,听:劳我以生天理定,若还懒惰必饥寒,莫到饥寒方怨命,虚空自有神明听。"又唱:"听,听,听:衣食生身天付定,酒肉贪多折人寿,经营太甚违天命,定,定,定!"⑥从唱词的内容看,可能出自陆九渊兄弟之手。

据宋人零星记载,封建家族组织中族长是各个家族的统治者,掌有主管全族的一切权力。按照各族"规矩",族长掌管义庄、祭田的收支⑦;

---

① 《朱文公文集》卷74《增损吕氏乡约》。
② 《宋史》卷456《颜诩传》。
③ 杜范:《杜清献公集》卷17《跋义约规式》。
④ 王栐:《燕翼诒谋录》卷5《越州裘氏义门旌表》。
⑤ 黄震:《黄氏日抄》卷90《〈训族编〉序》。
⑥ 罗大经:《鹤林玉露》卷5。
⑦ 黄干:《勉斋集》卷34《始祖祭田关约》;《名公书判清明集·户婚门·立继》"命继与立继不同(再判)"。

族长到族人家里，必须坐在主位，不论亲疏都如此①。封建法律还规定，凡族人无子，如要立继，必须得到族长的同意②。

从宋仁宗时期开始，经过许多著名政治家和学者的提倡，以官僚地主为核心力量，以"小宗之制"为宗法，以族产为物质基础，以族谱为结合维持工具，以祠堂为活动中心，以"家法"、"义约"、"规矩"为统治手段，封建家族组织便在全国范围逐步建立起来。毛泽东同志在《湖南农民运动考察报告》一文所说，中国的男子"普通要受三种有系统的权力的支配"，其第二种权力为"由宗祠、支祠以至家长的宗族系统（族权）"③。这一宗族系统便是从宋代开始形成的，并且经过元、明、清各代不断地得到巩固和完善。

---

① 《朱子语类》卷91《礼八·杂仪》。
② 《名公书判清明集·户婚门·立继》"嫂讼其叔用意立继夺业"。
③ 《毛泽东选集》第1卷，人民出版社1952年版，第33页。

第八章 宋代妇女的社会地位

跟唐代尤其唐代中叶以前相比,宋代妇女的社会地位有较多的变化,主要表现为夫权得到加强,女权进一步被剥夺。

宋代以前,封建统治者虽然也提倡"三从四德",规定了男女的内外之分,对妇女作出许多限制,但妇女还享有比较自由和比较受尊重的地位。唐代则天后武曌能够登基当"圣神皇帝",就是最好的证明。同时,唐代统治阶级内部还出现过许多在宋代士大夫看来属于"闺门失礼"的事情①,诸如唐太宗杀兄元吉,强取其妻,这种行为被看作是"取之不正。又妻杀其夫、篡其位,无不至也"②。唐太宗"以晋阳宫人侍高祖,是致其父于必死之地,便无君臣、父子、夫妇之义",而唐代人对此并"不以为异"③。武曌最初是唐太宗的"才人",太宗死后,被高宗召入宫中立为"昭仪",接着又立为皇后。武曌在当时曾受到许多大臣的支持。程颐认为,"唐之有天下数百年,自是无纲纪"④。朱熹认为,这种现象的出现是由于"唐源流出于'夷狄'"⑤。事实是这样:当时北方受鲜卑统治的影响,封建礼教的束缚较弱,妇女有较多的发挥才能的机会;唐高祖李渊从祖上三代以来,一直是西魏、周、隋的大贵族,地处关中、陇西,受封建礼法的束缚比其他门阀士族更为松弛,因此形成了在宋代理学家看来简直不可思议的封建礼教薄弱的社会风气。此外,宋代以前,男子和妇女之间,不管血统远近和等级高下,遇有要事,还能会

①③⑤ 《朱子语类》卷136《历代三》。
②④ 《河南程氏外书》卷10《大全集拾遗》。

面,并不以性别为嫌。宋人王楙《野客丛书》记载:"古者内外之防甚严,然男女间以故相见,亦不问其亲疏贵贱。田延年以废昌邑事告杨敞,敞惧,不知所云,延年起更衣,敞夫人遽从东厢谓敞云云。延年更衣还,敞夫人与参语。曾不以为嫌,岂惟常人,虽至尊亦莫不然。"①这些事例说明,宋代以前封建礼教对于妇女的束缚,远不如宋代以后那样严格,妇女在社会上也还有一定的地位。但是,到宋代以后,情况就出现了许多变化。

（一）婚 姻 自 主 权

宋代妇女的婚姻自主权日益被剥夺。

在中国封建社会里,青年男女的婚姻几乎都由父母包办,谈不上什么妇女的婚姻自主权。恩格斯早已指出:"在整个古代,婚姻的缔结都是由父母包办,当事人则安心顺从。"②这里所谓婚姻自主权,乃指一、妇女向丈夫提出离婚的权利;二、丈夫死亡后改嫁或招进后夫的权利。宋代妇女在这两个方面的婚姻自主权,跟唐代相比,或者北宋中期前后相比、南宋后期前后相比,显然变化较大。

北宋时,如果妻子对丈夫不满,感情疏远,仍可要求离婚。宋仁宗时,外戚吴氏携其女儿回娘家,与其丈夫脱离关系③。宋哲宗时,章元弼娶表妹陈氏为妻,陈氏长得十分秀丽,而章元弼外貌丑陋,并且酷爱读书,深夜读《眉山集》而忘寐,"陈氏有言,遂求去,元弼出之"④。反映这时做妻子的还有一定的离婚权。但是,随着宋代理学的逐步酝酿和形成,理学家以及其他士大夫们极力提倡封建伦理纲常,把男尊女卑、妇女的"三从四德"等提到"天理""自然"的高度,只准丈夫出妻休弃,

①　王楙:《野客丛书》卷 1《古者男女相见无嫌》。
②　《马克思恩格斯选集》第 4 卷,第 72 页。
③　《宋史》卷 288《程琳传》。
④　李廌:《师友谈记》。

不准妻子主动要求离婚。北宋时，理学家程颐说："妻不贤，出之何害？如子思亦尝出妻。今世俗乃以出妻为丑行，遂不敢为。古人不如此，妻有不善，便当出也。"①主张男子行使夫权，随意休妻离异。司马光认为，社会上有些人把出妻看作丈夫"无行"是不公道的，他主张"若妻实犯礼而出之，乃义也"②。南宋时，理学集大成者朱熹，也主张"妻有七出"，即在妇女犯无子、淫泆、不事舅姑、口舌、盗窃、妒忌、恶疾等七条"罪恶"时，丈夫可将其逐出，朱熹认为这是"正当道理"③。经过他们的反复宣扬，到南宋后期，"既嫁从夫"的封建教条，就变为法律上的强制规定。封建法律规定："诸妻擅去〔其夫〕，徒二年。"④这就是说，如果妻子未经丈夫许可，主动跟丈夫离异，妻子就构成犯罪行为，官府可判处两年的徒刑。有的地方官在审理妻子一方提出的离婚案件时，公然声称"夫有出妻之理，妻无弃夫之条"⑤。在一般情况下，几乎完全剥夺了妇女要求离婚的权利，丈夫则可以随意遗弃妻子，从而使妇女更加依赖男子，听任男子的摆布，终身成为男子的附属品。

在宋代妇女逐步丧失离婚权的同时，妇女要求改嫁或者招进后夫的权利也日趋减少。

唐代不甚注重贞节观念，社会上不禁止妇女改嫁，也不逼迫守节。据《新唐书》诸公主传统计，唐代公主中更嫁者达二十三人，三嫁者四人⑥。权德舆的女儿改嫁独孤郁⑦。韩愈的女儿，先适右拾遗李汉，后来离异，改适集贤校理樊宗懿⑧。临川杨志坚妻向官府请求改嫁，临川内史颜真卿准其别适⑨。姚栖云之父战没边塞，其母也曾改嫁⑩，人们

① 《河南程氏遗书》卷18《伊川先生语四》。
② 司马光：《家范》卷8《妻上》；卷9《妻下》。
③ 《朱子语类》卷13《学七·力行》。
④ 《名公书判清明集》，《离·婚嫁皆违条法》。
⑤ 《名公书判清明集》，《婚嫁·妻以夫家贫而仳离》。
⑥ 《新唐书》卷83《诸帝公主》。
⑦ （唐）权德舆：《权载之文集》卷50《祭子婿独孤少监文》
⑧ （唐）皇甫湜：《皇甫持正文集》卷6《韩文公墓铭》。
⑨ （唐）范摅：《云溪友议》卷1。
⑩ 《宋史》卷456《姚宗明传》。

不予非难。

北宋时,社会上仍然不讳妇女改嫁,宗室、士大夫家妇女改嫁的事例极多,几乎不胜枚举。宋祁为张景撰墓志,直书其妻唐氏在张景死后,"以岁之不易,久而去室"即改适事,不以为异①。邹浩为姚棐孙妻臧氏撰墓志,也直书臧氏"尝嫁而孀居",后来才归姚家②。北宋初宰相薛居正的儿媳柴氏,早寡无子,柴氏打算尽携货财改适官员张齐贤③,另一官员向敏中也曾向柴氏求婚④。刘斌之父被人杀害后,其母携刘斌兄弟改适⑤。名德重望的大臣范仲淹,幼年丧父,其母谢氏改嫁淄州长山县朱氏⑥,他本人改名朱说。范仲淹做官后,奏请朝廷准其恢复本姓,又在苏州创设义庄,赡养范氏宗族,其中规定妇女再嫁可得二十贯作嫁资,与男子娶妇所得相同,仅比妇女初嫁少十贯,而男子再娶则一文不给⑦。范仲淹之子纯祐早死,由范仲淹作主,将其寡媳嫁给自己的门弟子王陶。江邻几之妾改嫁邵氏,后来生下理学家邵雍⑧。王安石之子王雱精神失常,每天与其妻庞氏斗哄,王安石感到庞氏无罪,想替她离异,又怕她"误被恶声",所以决定代她择婿而嫁之⑨。著名"孝子"朱寿昌之母刘氏,早年再嫁党氏,生子数人,后来朱寿昌寻迎刘氏归家,便"以孝闻天下",王安石、苏轼、苏颂等人争为诗赞美之⑩。士大夫们几乎没有要求寡妇守贞的观念。

反映在封建法律上,这时的宋王朝也允许寡妇改嫁或招进后夫。宋仁宗时,汝南郡王赵允让连续二十年任大宗正,旧制规定宗室妇女年少丧夫,虽然无子,不许更嫁,赵允让认为"此非人情",奏请朝廷准许

① 宋祁:《景文集》卷59《故大理评事张公墓志铭》。
② 邹浩:《道乡公文集》卷37《夫人臧氏墓志铭》。
③ 《宋史》卷265《张齐贤传》。
④ 《宋史》卷282《向敏中传》。
⑤ 《宋史》卷456《刘斌传》。
⑥ 《范文正公年谱》;李元纲:《厚德录》卷1。
⑦ 范仲淹:《范文正公集·建立义庄规矩》。
⑧ 章渊:《稿简赘笔·康节易数》,《说郛》(商务本)卷44。
⑨ 魏泰:《东轩笔录》卷7。
⑩ 《宋史》卷456《朱寿昌传》。

她们改适,以"使有归"①。不久,朝廷允许宗室妇女再嫁,不过规定男方必须祖、父有两代任殿直或州县以上官,才准许结婚②。集贤校理郭稹要求为其改嫁的母亲边氏服丧,朝廷于是立法:"自今并许解官申心丧"③。宋神宗时,封建法律允许妇女在丈夫出外,长期不知消息的情况下,可向官府申请改嫁④。朝廷还立法,在妇女居夫丧或父母丧,而贫乏不能谋生时,允许在一百天后自行嫁娶⑤。同时,封建法律也允许寡妇招进后夫,称为"接脚夫"。北宋初年,洛阳刘氏,在丈夫死后近半年,经人作媒,招纳儒士焦生为夫。当时"村人不知礼教",妇女在丈夫死后,"欲纳一人为夫,俚语谓之'接脚'"⑥。此后,"接脚夫"一词屡见于宋代的法令之中⑦,说明北宋时封建法律允许妇女召纳后夫。

以上这些事例显示,北宋社会普遍不以妇女改嫁或接纳后夫为耻,也不曾从伦理道德上予太多的非难,反而把允许妇女改嫁看作是对妇女的一种同情。

但是,从宋仁宗时开始,有些政治家和理学家开始提倡妇女寡居守节,不赞成改嫁。如理学家程颐曾声称男子娶孀妇为妻,是娶"失节者",自己也不免"失节"。有人问他:"或有孤孀贫穷无托者,可再嫁否?"他说:"只是后世怕寒饿死,故有是说。然饿死事极小,失节事极大。"⑧这段话经过其他理学家的一再宣传,成为理学的一句名言,影响极为深远。关学的开山祖张载,把妇女的守节问题提到了天经地义的高度。他说,夫妇之道在其初婚时,不曾约再配,所以妇女在丈夫死后,不可再嫁,这好比天地的"大义",而丈夫因为要"养亲承家,祭祀继续"

---

① 《续通鉴长编》卷 190,嘉祐四年十一月庚子。
② 《宋史》卷 115《礼十八·嘉礼六》。
③ 王栐:《燕翼诒谋录》卷 2《为母出服》;(明)方鹏:《责备余谈》卷下《出母、嫁母加厚》。
④ 《宋会要辑稿》职官 61 之 40《对换官》。
⑤ 《续通鉴长编》卷 484,元祐八年五月壬戌。
⑥ 张齐贤:《洛阳缙绅旧闻记》卷 5《焦生见亡妻》。
⑦ 《宋会要辑稿》食货 61 之 57《民产杂录》。
⑧ 《河南程氏遗书》卷 22 下《伊川先生语八下》。

以及所以在妻子死后"有再娶之理"①。司马光专门搜集了古代妇女守节的许多故事，宣扬妇女"适人之道，一与之醮，终身不改"以及"无再适男子之义"、"以专一为贞"等思想②，反对妇女再嫁。朱熹进一步发展纲常学说，认为"人道莫大于三纲，而夫妇为之首"③。把所谓"夫为妻纲"抬高到"三纲"的第一位。他继续提倡妇女守寡，反对改嫁。他曾为程颐既主张寡妇守节而又将其甥女改嫁的言行不符的举动进行辩护，认为程颐"大纲恁地，但人亦有不能尽者"④。他反对丞相陈俊卿守寡的女儿改适，认为程颐所说"饿死事小，失节事大"的话，"自世俗观之，诚为迂阔"，但从"知经说理"的"君子"来看，此中有"不可易"的道理。所以，他主张应该使陈俊卿已故女婿郑鉴"没为忠臣，而其室家生为节妇"⑤。

　　除理学家的说教外，宋代地主阶级还在民间传统的迷信观念中，增添了谴责妇女改嫁的新内容。洪迈《夷坚志》一书内有好几则故事，记载宋高宗到宁宗时期，流传在江西、两浙等地的这一类封建迷信活动。饶州鄱阳县富室汪澄死后，妻子余氏稍取丈夫的遗物送人或毁弃。一年后，余氏的奶娘作汪澄语骂其妻说："贱人来！吾死能几时，汝已萌改适他人意。……"⑥衢州郑某娶会稽陆氏女，郑死后刚孝满释服，陆氏携带全部财产改嫁苏州曾姓官员。一天晚上，有人送给陆氏一信，宛然前夫的笔迹。信上指责陆氏"忽大幻以长往，慕他人而轻许。遗弃我之田畴，移积蓄于别户。不念我之双亲，不恤我之二子。义不足为人妇，慈不足为人母。吾已诉诸上苍，行理对于冥府。"陆氏叹恨，三天而死⑦。这是描写寡妇改嫁而受到阴间"报应"的两则故事。另有两则是

----

① 张载：《经学理窟・丧纪》。
② 司马光：《家范》卷7《夫》。
③ 朱熹：《朱文公文集》卷20《论阿梁狱情札子》。
④ 朱熹：《近思录》六《齐家之道》。
⑤ 朱熹：《朱文公文集》卷26《与陈师中书》。
⑥ 洪迈：《夷坚丁志》卷15《汪澄凭语》。
⑦ 洪迈：《夷坚甲志》卷2《陆氏负约》。

描写男子娶寡妇而受到"报应"的故事：鄱阳县医人赵珪，死后不到一年，其妻成氏准备改适。成氏梦见赵珪前来指责，要她在到孝期满后再嫁人。到第三年，成氏改嫁给一名姓魏的胥吏。次年六月，成氏又梦见赵珪指责她不该下嫁"仆奴"一般的胥吏，非常"鄙薄"，"玷辱"门风，说："我下诉于阴君，用四十九日为期，定戕其（指后夫）命。"后夫果然在一个月后染病，七月中死去。此后在夜间，成氏经常听到室内有赵、魏二"鬼"互相击逐之声①。建昌军将仕郎邓增，娶宗室女，生二子。邓增死后，赵氏家贫，满孝后即带二子改适南丰县富室黄氏之子。其后夫梦见邓增讯诮他说："汝何人，乃敢娶吾妻！吾今受命为瘟部判官，汝宜速罢昏（婚）。不尔，将行疫疠于汝家，至时勿悔也。"黄大惊而醒，不得已与赵氏离绝。一年后，赵氏更加贫困，再嫁南城县童久中。没几个月，也梦见邓增来斥责，还说："当以我临终之疾移汝身。"童不以为然。后来果得"风劳之疾"，跟邓所染病相同，二年便死②。按照北宋法律，妇女在丈夫去世一百天后，如果生活无着，可以自行改适。这里赵氏两次改嫁，既不逾越法律，又值得人们同情。但这一故事不仅不予同情，反而试图向男子们证明：娶改嫁妇者不得好死。这无非是想断绝妇女改嫁之路，这样，很多贫苦的寡妇就只能等待饿死了。

所谓死者灵魂附于活人之体说话，死者在阴间写信、托梦，两个"鬼"丈夫相斗等，从现代科学的眼光来看，都是一些荒诞不经的无稽之谈。封建迷信实质上是现实世界在人们头脑中的幻想的反映，它的根源不在天上，也不在地下，而在人间。冥府的需要曲折地体现了尘世的需要。在封建迷信广泛流行的宋代，有些人有意或无意地导演、编造了以上这些故事，借此来反对寡妇改嫁。这就不知不觉地在当时的一些传统迷信中，增添了新的内容，并且随后又和宗教糅合一起，变成了宋后各代地主阶级利用宗教、迷信压迫妇女的一个重要手段。

尽管如此，由于民间长期形成的习俗不易立即改变，程、朱的说教

① 《夷坚三志》辛卷9《赵珪责妻》。
② 《夷坚支志》甲卷4《邓如川》。

和新的迷信传说在当时影响还有限。程颐反对妇女改适,但在实际生活中,他也并未实践自己的说教。程颐兄程颢之子死后,其妻王氏改嫁章氏之子,程颐不曾出面劝阻,只是谢绝王氏的礼物而已①。最可笑的是,程颐的甥女在丈夫死后,程颐怕胞姊过于悲伤,遂即迎接甥女归家,然后再嫁他人②。这两件事说明,即使程颐也不免随俗行事,因此在其甥女丧夫而根本不会饿死的情况下,决定将她更嫁。南宋时,妇女改嫁或招进后夫的事例仍然较多。范仲淹的曾孙女在丧夫后,再嫁奉议郎任谓③。岳飞前妻刘氏,在与岳飞失去联系后,改适他人④。张俊长子早死,其妻再适御前统制田师中,田师中因而称张俊为"阿父"⑤。陆游与妻唐氏离婚后,唐氏改嫁同郡宗室赵士程⑥。知阁门事郑藻娶嫂,竟然由宋高宗作月下老⑦。宋孝宗时人袁采说,当时社会上在丈夫死后,妻子改嫁者甚多。还说,男子"娶妻而有前夫之子,接脚夫而有前妻之子",必须及早决定是否愿意抚养⑧。但是,从宋理宗以后,由于封建统治者确立了理学的思想统治,理学在社会上的影响迅速扩大。"一女不事二夫"⑨、"妇无二夫"⑩等封建教条,被士大夫们反复鼓吹,发挥出束缚妇女的极大效能。有的士大夫还撰词嘲笑同伴"娶再婚之妇"是"旧店新开"⑪。南宋后期编成的《名公书判清明集》一书,收集了当时许多民事审讯案件的判例。其中虽然也有一些案件涉及寡妇改嫁或招纳接脚夫,但跟南宋中期以前相比,妇女丧夫再婚的事例明显减少了。

　　总之,跟前代相比,社会上人们对于妇女的贞节观念逐步加深。尤

---

① 《二程外书》卷11。
② 朱熹:《近思录》六《齐家之道》。
③ 庄绰:《鸡肋编》卷中。
④ 《建炎以来系年要录》卷120,绍兴八年六月丙寅。
⑤ 《建炎以来系年要录》卷140,绍兴十一年五月甲子。
⑥ 周密:《齐东野语》卷1。
⑦ 张端义:《贵耳集》卷下。
⑧ 袁采:《袁氏世范》卷1《睦亲·同居不必私藏金宝、收养义子当绝争端》。
⑨ 《名公书判清明集》,《婚嫁·诸定婚》"无故三年不成婚者,听离"。
⑩ 杜范:《杜清献公集》卷17《跋蔡夫人墓铭》。
⑪ (元)李有:《古杭杂记》。

其到了宋理宗后,由于理学在思想领域定于一尊,妇女的离婚权几乎完全被剥夺,妇女在丈夫死后的再婚权也日益减少。到元、明以后,人们对于妇女贞操的要求更加苛刻,夫死守节便成为天经地义的事情了。

（二）财产继承权

宋代妇女的财产继承权逐步减少。

在财产继承方面,宋代实行众兄弟分户析产制,嫡长子虽然可以继承作为一家之长的地位,但不能独自继承大家庭的全部财产。至于妇女,也还有一定的财产继承权。这一情况跟唐代基本相同,但到南宋后出现了减少的趋势。据《宋刑统》记载,唐文宗大和五年（831 年）到开成元年（836 年）,封建国家规定:商人死后遗产,嫡妻、在室女、在室姊妹有权"受管财物"。如果只有在室女,在营葬和功德之外,余下的财物全部由她继承;如果只有在室姊妹,即可得遗产的三分之一;如果有妻而无子女,妻也可得遗产的三分之一①。北宋时,对于妇女的财产继承权规定得更为详尽。具体地说,表现为身亡户绝者的资财,（一）如果无在室女,即给予死者已出嫁的亲姊妹三分之一。（二）如果无在室女,给予已出嫁女三分之一②。（三）在营葬和量营功德以外,所余都给在室女③。（四）在室姊妹可得一份装奁费,其数量为兄弟娶妻聘财的一半。（五）寡妻、妾无子者,可以"承夫分"④;如果寡妻无嫡亲子孙,又招到后夫,仍由本妻为户主,不得改立后夫户名,待妻子死后,其前夫的庄田作户绝入官⑤。南宋时,妇女的财产继承权明显减少:（一）已出嫁

①　《宋刑统》卷 12《户婚律·死商财物、户绝资产》。
②　《宋会要辑稿》食货 61 之 58《民产杂录》;范镇:《东斋纪事》卷 1;沈括:《梦溪笔谈》卷 11《官政一》。
③　《宋刑统》卷 12《户婚律·户绝资产》。
④　《宋刑统》卷 12《户婚律·卑幼私用财》。
⑤　《宋会要辑稿》食货 61 之 58《民产杂录》。

的姊妹和女儿，虽然仍可获遗产的三分之一，但限为三千贯以下①。
（二）在室女应得兄弟份额的一半②，或由父亲立遗嘱，给予其钟爱的女
儿以一定的田产，作为嫁资③，或由父母作主，在出嫁时，拨给部分田
土、屋业、山园等随嫁④。（三）寡妻自娘家随嫁的田产即"装奁田"，按
照"随嫁田法"，仍归妻所有，改嫁时可以自随，也可以典卖，但不可带
走夫家的财产⑤；如果召纳后夫，前夫又无子孙等，按照"户令"，前夫的
田宅必须经过官府登记，契书寄存官库，田宅则作为"权给"（临时占
有），"合令管绍（管理）"，但只能收取租课，而且所得田宅不得超过五
千贯；其妻死后，田宅仍按户绝法入官。其妻在生前不得任意典卖前夫
的田宅，擅自典卖者，杖一百，田业归还原主⑥；不得立遗嘱传给亲生
女⑦。元、明以后，直到清代，随着封建统治者歧视妇女的改嫁行为，封建
法律规定：凡妇女不论生前离弃或夫死寡居，如果准备再嫁他人，其所有
随嫁的装奁财产，全部归前夫之家所有；只有夫亡无子而守志者，才能继
承丈夫的遗产⑧。这表明妇女业已丧失了对于随嫁田产的自主权。

（三）　裹　　足

　　宋代地主阶级提倡妇女裹足，限制妇女行动。

　　五代十国以前，文人对于女性的美的描述，只说"窈窕"、"美而
艳"，或者形容眉目、口齿、手指、腰肢、装饰等，虽然也有一部分诗文言

---

① 《宋会要辑稿》食货61之64《民产杂录》。
② 《名公书判清明集》，《分析·女婿不应中分妻家财产》、《遗嘱·女合承分》；刘克庄：《后村先生大全集》卷193《书判·建昌县刘氏诉立嗣事》。
③ 赵鼎：《忠正德文集》卷8《家训笔录》。
④ 吴自牧：《梦粱录》卷20《嫁娶》；袁采：《袁氏世范》卷1《睦亲·孤女财产随嫁分给》。
⑤ 袁采：《袁氏世范》卷1《睦亲·同居不必私藏金宝》；袁燮：《絜斋集》卷21《太孺人范氏墓志铭》。
⑥ 《名公书判清明集》，《户婚门·户绝·夫亡而有养子，不得谓之户绝》、《争业类·争田合作三等定等，鼓诱寡妇盗卖夫家业》。
⑦ 《名公书判清明集》，《争业类·继母将养老田遗嘱与亲生女》。
⑧ 《元典章》卷18《夫亡·奁田听夫家为主》；《大明会典》卷19《户口总数》；《钦定大清会典事例》卷753《刑部·户律户役》。

及下肢,但没有以残害肢体的裹足为美的。关于裹足的起源,以前有许多说法①。比较可信的是,到五代南唐,在李后主的宫廷中,李煜命宫嫔用帛绕足,使之纤小,向上弯曲成新月的形状。唐镐诗云:"莲中花更好,云里月长新。"又有《金莲步诗》云:"金陵佳丽不虚传,浦浦荷花水上仙,未会与民同乐意,却于宫里看金莲。"表明当时的官员、富室始"以弓纤为妙",渐渐仿效②。这是妇女裹足的开始。但是,直到北宋神宗以前,妇女裹足者并不很多。从裹足的发展趋势考察,大致是由统治者的宫廷传入教坊乐籍,由教坊乐籍传到京城,再由京城外传到各地城市,渐次增多起来。苏轼最早撰词盛赞女子的小脚:"涂香莫惜莲承步,长愁罗袜凌波去;只见舞迴风,都无行处踪。偷穿宫样稳,并立双趺困,纤妙说应难,须从掌上看。"③描写教坊乐籍的舞女仿效"宫样"缠足,表明裹足之风已经从宫廷外传到教坊乐籍。宋神宗到徽宗初年人徐积,赋诗表彰蔡氏寡妇艰苦持家云:"何暇裹两足,但知勤四肢。"④北宋末、南宋初人张邦基撰《墨庄漫录》一书,主要记述宋徽宗间事,少部分涉及南宋初年,最晚时间为绍兴十三年(1143 年)。张邦基在此书中说及"妇人之缠足,起于近世。"他列举六朝、唐代诗人的一些作品,证明直到唐代尚未出现妇女缠足⑤。不过,张邦基既然说到缠足"起于近世",说明在他撰此书的时候,妇女裹足已经比较多了。太平老人《袖中锦》说:"章相言,近世有古所不及者三事:洛花、建茶、妇人脚。"在此书中,太平老人还列举了当时"天下第一"的许多人和物,其中包括"京师妇人"⑥。"章相"系指宋哲宗绍圣年间(1094 年到 1098 年)任左仆射的章惇,崇宁四年(1105 年)死。洛阳的花⑦和建州的茶⑧为"古所不

① （近人）贾伸:《中华妇女缠足考》,《史地学报》第 3 卷第 3 期,1924 年 9 月。
② 周密:《浩然斋雅谈》卷中;(元)陶宗仪:《辍耕录》卷10《缠足》。
③ 《宋六十名家词》,《东坡集·菩萨蛮·咏足》。
④ 徐积:《节孝集》卷 14《渔父乐》之六《滩阳》。
⑤ 张邦基:《墨庄漫录》卷 8。
⑥ 太平老人:《袖中锦》,《古所不及、天下第一》。
⑦ 周叙:《洛阳花木记》,《说郛》(商务本)卷 26;欧阳修:《居士外集》卷 22《洛阳牡丹记》。
⑧ 顾文荐:《负暄杂录》;姚宽:《西溪丛语》卷上。

及"或者"天下第一",都是北宋间的事。所以,章惇所谓"近世""妇人脚"为"古所不及",显然是指北宋时妇女的裹足。同时,太平老人所谓"天下第一"的"京师妇人",自然也包括妇女裹足这项内容。北宋末、南宋初人袁褧撰《枫窗小牍》,在记载宋徽宗政和(1111 年到 1118 年)、宣和(1119 年到 1125 年)年间妇女装饰的同时,指出"瘦金莲方"是从北方传到南方的①。

　　南宋时,妇女裹足的现象逐步增多。南宋初年,刘光世的家妓都裹足。赵令畤撰《浣溪沙》词云:"稳小弓鞋三寸罗。"题注中说及这些家妓"脚绝、歌绝、琴绝、舞绝"②。宋高宗时,举人邓端若招请"紫姑神","女神"为邓家妇女们赋《裙带》诗云:"罗裙新剪湘江水,缓步金莲袜底生。"③显示邓家妇女都已裹成"三寸金莲"。宋孝宗淳熙九年(1182 年),陈亮在给朱熹的信中说:"某顽钝只如此,日逐且与后生寻行数墨,正如三四十岁丑女更欲扎腰缚脚,不独可笑,亦良苦也。"④表明在陈亮的心目中,女子裹足是一种美,而且女子必须在幼年时开始裹足。跟陈亮、陆游同时代的刘过,曾撰词咏"美人足",其中有"衬玉罗悭,销金样窄,载不起盈盈一段春。""忆金莲移换","似一钩新月"等句⑤。宋宁宗时,一名官员的厨娘被发现系男子假扮,原来他幼时由其父"与之穿耳、缠足,搽画一如女子,习学女工饮食,买赂牙保,脱骗富户,充为厨娘"⑥。湖州南门外,有一妇女"著皂弓鞋,踽踽独行"⑦。这几件事反映官员的家属、富室的妻妾以及社会上为富室服务的厨娘等,都已经缚脚或缠足,而且似乎已经把裹足看成女子区别于男子的一种标志。宋理宗时,宫女都"束足纤直",称为"快上马"⑧。姚勉曾撰《贺新郎》

---

① 　袁褧:《枫窗小牍》卷上。
② 　(清)徐士鸾:《宋艳》卷 7《爱慕》。
③ 　《夷坚三志》壬卷 5《邓氏紫姑诗》。
④ 　陈亮:《陈亮集》卷 20《壬寅答朱元晦秘书(熹)》。
⑤ 　刘过:《龙洲集》卷 11《词·沁园春(美人足)》。
⑥ 　(元)佚名:《夷坚续志》前集卷 1《假女取财》。
⑦ 　《夷坚支景》卷 2《易村妇人》。
⑧ 　《宋史》卷 65《五行志三·木》。

词,描写歌妓"怕立损弓鞋红窄"①。车若水目睹妇女从小缠足、遭受无谓的痛苦,最早提出反对。他说:"妇人缠脚,不知起于何时? 小儿未四五岁,无罪无辜而使之受无限之苦,缠得小束,不知何用?"②道出了备受裹足残害之苦的广大妇女的心声。这时,女子不缠足、穿耳,反而被当作一种例外。程颐的六世孙程淮,宋度宗时任安庆府通判,其族人中妇女一律不缠足,不贯耳,直到元代初年依然如此③。这些事实说明,直到南宋末年,妇女裹足已经比较普遍。到元代时,妇女"人人相效"裹足,"以不为者为耻"④。明、清时,妇女裹足更为普遍。据说,"士大夫家,以至编户小民,莫不裹足,似足之不能不裹,而为容貌之一助"⑤。

裹足摧残了妇女的肢体。当妇女幼年被迫缠足时,备受苦楚;当长成后,犹如双足被钉上了脚镣,终身步履蹒跚,严重影响从事体力劳动和日常生活,因而使妇女更加依附男子,在遭受男子欺凌时只能逆来顺受,在遇到外敌掳掠时只得俯首就擒。裹足习俗的形成,也给中华民族的健康带来了很大的危害。

（四）戴　盖　头

宋代地主阶级提倡妇女出门戴盖头等,进一步限制妇女行动。

汉代女子已头戴"面衣"。据《西京杂记》,赵飞燕为皇后,其妹昭仪上襚三十五条,有"金花紫罗面衣"。面衣前后用紫罗为幅,下垂,杂以他色为四带垂于背。面衣又称"面帽"⑥。唐代初年,宫女骑马者,依齐、隋旧制,多着幂䍦,据说传自周邻的少数族,王公之家都使用。妇女着幂䍦,全身遮蔽,不给路人窥见。唐高宗时,使用帷帽,"拖裙到颈",

---

① （清）徐士鸾:《宋艳》卷5《狭邪》引《雪坡词》。
② 车若水:《脚气集》卷1。
③ （元）白珽:《湛渊静语》卷1。
④ （元）陶宗仪:《南村辍耕录》卷10《缠足》。
⑤ （清）钱泳:《履园丛话》卷23。
⑥ 高承:《事物纪原》卷3《帷帽》、《盖头》。

"渐次浅露"。则天后时,帷帽盛行,幂䍦就废弃不用①。再后又戴皂罗,方五尺,也称"幞头"。宋人高承认为,这种幞头就是宋代的"盖头"②。周煇也认为,宋代妇女走上大街,用方幅紫罗,障蔽半身,俗称"盖头",即唐代帷帽之制③。面衣(面帽)和盖头,除前者垂带,后者无带而外,看来没有多大的区别。从它们的发展史考察,最初只是妇女骑马远行,为防止风沙保护面部而制作的,后来宫廷中用作妇女的装饰品,以后又逐渐传到民间。

北宋中期,司马光在《家范》一书中,记述当时士大夫家的女子到官府争讼,"蒙首执牒","以争嫁资"④。说明这时女子出门戴盖头,在士大夫家属中已经成为一种习惯。司马光提倡"男治外事,女治内事。"主张"妇人无故,不窥中门";"妇人有故,出中门,必拥蔽其面"。男仆入中门,妇女一定要回避,不能回避,必须用衣袖遮面。女仆无故,也不准出中门,有故出中门,也要"拥蔽其面"⑤。南宋高宗时,朱熹任泉州同安县主簿和知漳州期间,见到妇女抛头露面,往来街上,下令以后出门必须用花巾兜面,后人称为"文公兜"⑥。

由于司马光、朱熹等人的提倡,宋代妇女出门戴盖头日益普遍。据记载,京城的妓女出门都将盖头背系在冠子上⑦。替官员、贵族说媒的上等媒人,也戴盖头,着紫背子⑧。元夕观灯,妇女戴"幂首巾"上街⑨,入曲巷酒店饮酒,仍"以巾蒙首"⑩。荆南妇女到医者家求医,"蒙首入门"⑪。

① (后蜀)马鉴:《续事始》,《说郛》(商务本)卷10。
② 高承:《事物纪原》卷3《帷帽》、《盖头》。
③ 周煇:《清波别志》卷中。
④ 司马光:《家范》卷2《祖》。
⑤ 司马光:《家范》卷1《治家》。
⑥ 《福建通志》总卷21《风俗志·泉州府》。
⑦ 孟元老:《东京梦华录》卷7《驾回仪卫》。
⑧ 孟元老:《东京梦华录》卷5《娶妇》。
⑨ 《夷坚支庚》卷8《王上舍》。
⑩ 《夷坚乙志》卷15《京师酒肆》。
⑪ 《夷坚甲志》卷15《薛检法妻》。

有的妇女在室内还用紫色盖头遮首①。宋宁宗时,黄州黄陂县两名妇女出门戴黑盖头②。女童吴志端应童子科试,命中书复试。官员们表示反对,理由是女子应此科考试,纵使合格,不知他日有何用处? 女子之职只是纺纱织布和操持家务。同时,"女子出门,必拥蔽其面",而吴志端既称"习读",却不懂此理,"奔走纳谒,略无愧怍","所至聚观,无不骇愕"③。南宋末年,甚至农村少妇出门,也要带上皂盖头。毛珝诗云:"田家少妇最风流,白角冠儿皂盖头,笑问旁人披得称,已遮日色又遮羞。"④临安府富室的男女,在结婚前三天,由男家送给新娘一些"催妆"礼物,其中包括销金盖头。在举行婚礼时,新娘戴上盖头,然后由男家夫妇双全的女亲,用秤或机杼挑下盖头,新娘"方露花容"⑤。

　　除盖头以外,朱熹在福建漳、泉等州,见当地贫苦人家甚至士子、富室的青年男女,往往自相结合,称为"引伴为妻"。朱熹认为,这种风气不仅"乖违礼典,渎乱国章",更严重的是会"稔成祸乱"。因此,他下令禁止,并且颁布了官定的士庶婚礼仪式⑥。同时,他又采取措施,命妇女在莲鞋底下装上木头,使之行动有声,便于觉察,称为"木头履",以防止妇女"私奔"⑦。朱熹的这些措施,给后代带来了很大的影响。

　　总之,宋代妇女社会地位的逐步下降,归根到底,也是当时新的社会阶级结构形成过程的内容之一。这是因为,宋代封建国家重新确定了各阶级的社会地位,实际上对从属于各阶级的妇女的社会地位也作了相应的规定。众所周知,妇女的地位首先是她们各自的阶级地位,她们各自的阶级地位必然要以父母、丈夫、儿女等亲属的阶级地位为转移。但是,各阶级的妇女的社会地位又因性别的相同而具有共同点。

① 《夷坚支景》卷 8《泗州邸怪》。
② 《夷坚三志》壬卷 6《黄陂红衣妇》。
③ 《宋会要辑稿》选举 12 之 38《童子科》。
④ 毛珝:《吾竹小稿·吴门田家十咏》,载《南宋六十家集》。
⑤ 吴自牧:《梦粱录》卷 20《嫁娶》。
⑥ 朱熹:《朱文公文集》卷 20《申严昏礼状》。
⑦ 《福建通志》总卷 21《风俗志·泉州府》。

具体表现在宋代封建国家确定各阶级的社会地位的同时,还通过制订有关封建法律,提高夫权,逐步剥夺妇女的婚姻自主权和财产继承权;通过重建封建家族组织,提倡尊祖敬宗,妇女完全处于从属的次要的地位;还通过建立和推崇理学,提倡男尊女卑、三从四德,提倡妇女夫死守寡、反对改嫁,提倡裹足等等,并把理学家的这些说教提高到天经地义的高度,还通过在民间传统迷信中增添新的内容,谴责寡妇再嫁,谴责男子娶改嫁妇女。这一切都促成妇女的社会地位呈现下降的趋势,使妇女变得更加依赖于男子。

第九章　宋代的理学、哲学

宋代社会经济的发展，物质财富的增加，使更多的士大夫能够在文化思想领域从事工作；雕版印刷业的发达，各地大批出版书籍，使学术思想交流成为比较容易的事情。这些都为宋代理学、哲学的形成和发展准备了充分的物质条件。尤其重要的是，宋代阶级关系和经济、政治制度等各方面的新变化，必然推动意识形态发生相应的变革。从前仅仅训释、注疏古代儒家经典的经学或者“归乎空玄”①的玄学以及佛教等，不再适应新的形势，官僚地主阶级需要一种新的思想体系，以便占领思想领域，更好地利用古代经典来解释新的政治、经济形势，首先统一本阶级的思想，然后欺骗其他阶级，以此来维持和巩固新的剥削关系和政治思想统治。这一新的思想体系就是在宋代逐步酝酿而形成的“理学”，也就是“道学”。

唐代孔颖达撰《五经正义》，对汉、魏以来历代相沿的经学作了总结，经学从此走上了末路。在中国思想史上，唐代以前的儒学称为“汉学”，唐代以后的儒学称为“宋学”。两宋是宋学的极盛时代。宋学跟汉学的不同之处，在于不拘训诂旧说，凭己意自由说经；依据古代的儒家经典，探讨有关宇宙包括自然界和人类社会的起源和构成的原理，形成独自的理论体系。宋学中占主导地位的学说是理学。理学包括思辨哲学和社会伦理学等多方面的内容。

---

① 　（元）袁桷：《清容居士集》卷21《辅汉卿先生语、孟注序》。

　　宋仁宗庆历年间（1041年到1048年）以前，统治者提倡信奉佛、道二教；在学术上主张恪遵古训，承袭汉、唐传注，命邢昺等撰《七经正义》，作为科举考试的标准本和官定的学校教科书。学者崇尚文辞，墨守章句注疏之学，陈陈相因，很少发明。科举考试，士子答卷，不得与注疏相异。平日对汉儒孔安国、郑玄都不敢稍有异议，当然更不敢背离"圣人"孔、孟之旨了。大体上从庆历年间开始，学者由不信汉、唐儒者注疏，进而大胆怀疑古代儒家经典。首先，孙复、胡瑗训释《春秋》和《易》①，直求古人原书，以己意解释经义，自立新解，开始突破汉学章句注疏的旧传统。所谓新解，便是从当时的社会政治需要出发，借《易》谈论哲理，证明现实社会的合理性；借《春秋》提倡尊王，巩固专制主义中央集权的统治。孙复、胡瑗以及石介曾在太学任教，对当时士大夫影响很大，被称为宋初"三先生"，是宋代理学家的先驱。其次，刘敞撰有《七经小传》，杂论《毛诗》、《尚书》、《周礼》、《仪礼》、《礼记》、《公羊传》、《论语》等经义，其立说多与诸儒旧说不同②。孙复、胡瑗、刘敞等人的著作，犹如几颗巨石，投进了北宋前期思想学术界的一潭死水中，激起阵阵波澜，引起很大的反响。于是，在稍后时间，思想学术界出现了一股怀疑古代儒家经典的风气：李觏、司马光否定或怀疑《孟子》，欧阳修排黜《系辞》，欧阳修、苏轼、苏辙诋毁《周礼》，苏轼讥讽《尚书》，苏辙、晁说之否定《诗序》。这股疑经的社会思潮猛烈地冲击传统旧学的堤岸，终于使之崩溃。与此同时，在各地相继涌现出各个新的儒学流派，不约而同地在理气、性命、道德等问题上各抒己见。周敦颐、邵雍、张载、程颐、程颢、苏轼、苏辙、李觏、王安石等人都著书立说，各自创建了具有不同哲学思想理论色彩的理学学派，不过，由于时代的局限，他们都还没有构筑起完整而系统的理学体系。这桩艰巨的工作，直到南宋中期经过朱熹的努力才最终完成。这样，宋代官僚地主阶级便奠定了自己的思想理论基础。

---

①　孙复著有《春秋尊王发微》十五卷，胡瑗著有《周易口义》十二卷。
②　李壁：《王荆文公诗笺注》卷43《经局感言》。

宋代理学体系的形成,标志着中国封建社会的哲学思想领域发生了一次新的变革,进入了新的阶段。宋代的理学具有以下一些值得注意的特色。

（一）理、气观

宋代以前的经学,只讲求章句训诂,不探究哲理,其哲学思想是先天贫乏的。宋代的理学家探讨义理心性,用"理"来概括精神,用"气"来概括物质,对理和气这一组高度概括的哲学范畴进行了比较深入的探讨,从而进入了研究精神与物质的关系乃至宇宙和人类本质的新阶段。

《周易》是儒家重要经典之一。它通过八卦形式,推测自然和社会的变化,比较接近于哲学。理学的奠基人周敦颐吸取道家学说,糅合《周易》,著《太极图说》和《通书》,探讨宇宙和人类社会起源等哲学问题,开始把儒学的经学哲学化。他最早运用"理"、"气"的范畴。在《通书》第十三章《礼乐》中,他说:"礼,理也。""阴阳理而后和。君君、臣臣、父父、子子、兄兄、弟弟、夫夫、妇妇,万物各得其理,然后和,故礼先而乐后。"这一"理"含有顺序和道理两层意义。在第二十二章《性命理》中,他说:"二气五行,化生万物。五殊二实,二本则一。是万为一,一实万分。万一各正,小大有定。"历来注释家认为,他的这段话本是阐明《易经》所谓"穷理尽性,以至于命"的,"一"是指"太极",也就是指"理"。所以,周敦颐之意是万物按"理"而运行(发展变化),即由"理"而生"二气"、"五行",然后构成万物。在《太极图说》中,他还叙述"无极"、"太极""化生万物"而"变化无穷"的过程①。这里他虽然尚未提及"理",但实际上正如《宋史》所述,他"著《太极图》,明天理之根源,究万物之终始","作《太极图说》……推明阴阳五行之理"②,归根

① 均见《周濂溪集》。
② 《宋史》卷 427《周敦颐传》。

到底还是叙述理(太极)与气(阴阳)的关系。因此,周敦颐不愧为决定宋代理学的发展方向并制订抽象思维和伦理学雏形的理学奠基人。

象数学的创立者邵雍,进一步把"理"、"气"的范畴贯注到他的学术中。他从"太极""一"开始,用简单的"加倍之法",递增为《周易》的六十四卦,认为这就是整个宇宙的演化过程。他认为太极就是"道"或"心",即"天理",存在于天地之先。先有了"道",然后产生万事万物,而道又存在于心中。他重视"穷理尽性",在《观物内篇》中说:"《易》曰'穷理尽性,以至于命'。所以谓之理者,物之理也;所以谓之性者,天之性也;所以谓之命者,处理性者也;所以处理性者,非道而何?"他还主张依照天理遏制人欲。在《观物外篇》中,又谈到"天地之理"和"天理"。他教人"观物",并不是观之以心,而是观之以理。他的"象数学"的基本概念虽然是"数",但与"数"相对的是"理",而"数"一出于"理"。朱熹认为,邵雍的"数学""本于明理",因为"理在数内,数又在理内"①。

关学的创始人张载把"理"、"气"学说发展了一步。他认为"万物皆有理"②,但"理不在人皆在物,人但物中之一物"③,把万物看作"理"存在的根源。他主张"穷理尽性",说:"穷理亦当有渐,见物多,穷理多,如此可尽物之性"④。又提倡存天理、灭人欲,他说:"今之人灭天理而穷人欲,今复反归其天理。"⑤他提出了关于"气"的比较详细的理论。其中,提出了"虚空即气"、"太虚即气"的命题,认为"气"是物质的统一实体,批判了道家"虚能生气"即"有生于无"的观点,又批判了佛教"万象为太虚中所见之物"即"以山河大地为见病"的观点。他主张"太虚无形,气之本体,其聚其散,变化之客形尔。""太虚不能无气,气不能不聚而为万物,万物不能不散而为太虚。"认为广阔的天空是无形可见

①　《朱子语类》卷100《邵子之书》。
②　《张载集·张子语录·语录中》。
③④　《张载集·张子语录·语录上》。
⑤　《张载集·经学理窟·义理》。

的,它充满了物质性的"气","气"不断聚、散;"气"本身是永恒存在的。他还主张"气"处于永不停息的运动状态。他说:"气块然太虚,升降飞扬,未尝止息。"①但是,他的"气"的范畴还不是对于物质的科学概括。在他看来,"气"是一种既构成万物,又可"散而为太虚"、离开万物而独立存在的无形的物质实体,使"气"带有一种非物质的神秘性;同时,他从未正面论述"气"与"理"的关系。

"新学"的倡导人王安石,也运用"理"的范畴。他说:"万物莫不有至理焉,能精其理,则圣人也。精其理之道,在乎致其一而已。"②认为人类能够认识事物的"理"。因此,他主张"穷理尽性",他说:"通天下之志在穷理,同天下之德在尽性。"③尽管如此,在他的理学中,最高哲学范畴还是"道",有时又称为"太极"。他说:"道者天也,万物所自生,故为天下母。"④"太极生五行。"⑤他还描绘了一个由"太初"、"太始"、"太极"、"天地"而后世界万物生成的程序,认为这是从"无者,形之上者也"到"有者,形之下者也"的过程,即"道之本出于无"⑥。这说明他把"道"当作产生万物的母体,而"道"却又产生于"形而上"的"无"。所以,他认为"道乃在天地之先"⑦,赋予"道"以先天性和超自然性。

洛学的领袖程颐、程颢建立了比较完整的"唯理"学说。他们的最高范畴是"理"或"道"。他们说:"万事皆出于理。"⑧"有理而后有象,有象而后有数。"⑨"理"不是从万事万物中抽择出来的规律,而是先验的"天理"。由理产生万事万物。他们反驳张载的"气"的聚散反原说,认为"有理则有气",从而以理在气先的命题,完成了宇宙本原于"理"

---

① 《张载集·正蒙·太和篇第一》。
② 王安石:《王文公文集》卷29《致一论》。
③ 王安石:《王文公文集》卷25《洪范传》。
④ 《道德经注》,《天下有始章第五二》。
⑤ 王安石:《王文公文集》卷27《原性》。
⑥ (元)刘惟永:《道德真经集义》卷1,第18页,载《道藏·洞神部玉诀类》。
⑦ 彭耜:《太上道德经集注·道冲章第四》,载《道藏辑要》心集六。
⑧ 《河南程氏遗书》卷2上《二先生语二上》。
⑨ 杨时编:《二程粹言》卷1《论书篇》。

的基本论点。他们认为理可以自明、自足，推之四海，驾驭万物，是宇宙间的绝对真理。他们主张"格物穷理"，对"格物"提出了新的解释，即"格"是穷尽，"物"是物之理之意，"格物"是"穷理"的方法或途径。他们认为，"穷理"并非要"尽穷了天下万物之理"，也并不要"穷得一理便到"，而是"积累多后，自然见去"①。还把"理"从自然之理推演为道德之理，使"唯理"学说日臻完善。

理学的集大成者朱熹，使"唯理"论达到了这一时期的顶峰。他以"理"作为自己的哲学体系的基础。他十分明确地回答了"理"、"气"的关系问题，指出理、气互相结合、依存："天下未有无理之气，亦未有无气之理。"②但"有理而后有气。虽是一时都有，毕竟以理为主，人得之以有生"③。"有是理，后生是气"④。说明理存在于气之先，由理产生气，并由理来主宰气。同时，理必须存乎气中，没有气，理就"无安顿处"⑤，如同人骑马，"理搭于气而行"⑥。他又把万物之理的总和称为"太极。""太极"是"天地万物之根"⑦，"只是一个理字"⑧。"人人有一太极，物物有一太极"⑨。以"理"这一范畴为中心，他还比较系统地阐述天理人欲、格物穷理、气禀、伦理纲常等学说。

跟朱熹同时的陆九渊，创立"唯心"学说。他的最高范畴也是"理"。他认为"人皆有是心，心皆具是理，心即理也。"⑩"宇宙便是吾心，吾心即是宇宙。"⑪"理"不是外在的，而是在我心中，所以，如要去"穷理"，就只须"明心"。他跟朱熹的不同之处是，朱熹认为人心之中不仅存理，还可能存在欲，他则认为人心与理等同，心中的全是理。此外，他也没有正面论述理与气的关系问题。

---

① 《河南程氏遗书》卷 2 上《二先生语二上》。
②④⑧ 《朱子语类》卷 1《理气上·太极、天地上》。
③ 《朱子语类》卷 3《鬼神》。
⑤ 《朱子语类》卷 60《孟子十·尽心上》。
⑥⑨ 《朱子语类》卷 94《周子之书·太极图》。
⑦ 《朱文公文集》卷 45《答杨子直(方)》。
⑩ 陆九渊:《象山先生全集》卷 11《与李宰》之二。
⑪ 陆九渊:《象山先生全集》卷 22《杂说》。

宋代理学家致力于宇宙根本原理、原则的探讨,他们相信"理"是一个无所不包的概念;并且用"气"概括物质,使人们对于宇宙和人类的抽象思维能力,超越了前人一大步。

（二）对　耦　说

宋代理学家在事物矛盾运动的规律方面,还提出了"无独必有对"或"一分为二"的新命题,指出"对"或"耦"(矛盾)的普遍性,甚至指出有些"对"的双方可以互相转化,这样就把中国古代朴素的辩证法思想提到了新的高度。

周敦颐在《太极图说》和《通书》中,已经谈到由无极、太极而产生阴阳二气,再由"二气交感,化生万物",还指出乾坤、男女、善恶、柔刚等成"对"的事例。不过,总的说来,他的"有对"思想还是比较模糊的。

张载根据"天地变化"由阴、阳二气作用而形成的观点,认为"一物两体,气也;一故神(两在故不测),两故化(推行于一)"[①]。"不有两,则无一"[②]。"有象斯有对,对必反其为"[③]。指出矛盾着的两个方面相反而又不可以相无,而事物的发展变化是由于统一物中存在对立的"两"或"对"。他还提出了在事物矛盾运动过程中,存在着渐变的"化"和突变的"变"两种形态,并且指出了这两种形态的相互关系[④]。

王安石提出了"有耦"、"有对"说。他认为,"五行"的基本属性是"皆各有耦","推而散之,无所不通。""一柔一刚,一晦一明,故有正有邪,有美有恶,有丑有好,有凶有吉,性命之理、道德之意,皆在是矣。"他又进一步指出:"耦之中又有耦焉,而万物之变遂至于无穷。"[⑤]他已经认识到一切物质元素都包含着对立的"耦",引起事物的无穷无尽的变

---

① 《张载集·正蒙·参两篇第二》。
②③ 《张载集·正蒙·太和篇第一》。
④ 《张载集·横渠易说·上经·乾》云:"变,言其著;化,言其渐。"又《正蒙·神化篇第四》云:"'变则化',由粗入精也;'化而裁之,谓之变',以著显微也。"
⑤ 王安石:《王文公文集》卷25《洪范传》。

化。把"万物之变"的原因归之于事物内部的矛盾即"有耦"或"有对",比前人的论述前进了一步。

二程也赞成事物"有对"说。程颢说:"万物莫不有对,一阴一阳,一善一恶,阳长则阴消,善增则恶减。"又说"天地万物之理,无独必有对,皆自然而然,非有安排也。"①程颐也说:"天地之间皆有对,有阴则有阳,有善则有恶。"②"理必有对。……有上则有下,有此则有彼,有质则有文。一不独立,二则为文。"③这显示他们已认识到事物和事物之理无不包含着矛盾,这些矛盾都是客观形成,不以人的主观意志为转移的。但二程论述事物之间的对立,目的在于论证"常",即日月、寒暑、昼夜等对立都是永恒的,不能改变的。自然界如此,人类社会也莫不如此。

朱熹作为理学的集大成者,他最赞赏张载所提出"一故神,两故化"中的"神"、"化"二字,认为"虽程子说得亦不甚分明,惟是横渠推出来"④。他在吸取北宋理学家特别是张载、二程论点的基础上,发展了"有对"说。他从事物的生成说明"对"的原因:"天地只是一气,便自分阴阳。缘有阴阳二气交感,化生万物,故事物未尝无对。"⑤他进一步探讨"无独必有对"的命题,认为"独中又自有对","就一言之,一中又自有对"⑥。虽然事物极小,甚至"一发之微",也可"破而为二"⑦。他抓住邵雍"一分为二"⑧四个字,从太极分为两仪、四象、八卦等现象,指出

---

① 《河南程氏遗书》卷11《明道先生语一》。
② 《河南程氏遗书》卷15《伊川先生语一》。
③ 程颐:《伊川易传》卷2《周易上经》。
④ 《朱子语类》卷98《张子之书一》。
⑤ 《朱子语类》卷53《孟子三·公孙丑上之下》。
⑥ 《朱子语类》卷95《程子之书一》。
⑦ 《朱子语类》卷63《中庸二·第十二章》。
⑧ 邵雍在《皇极经世·观物外篇》中复述《易传·系辞》的太极、两仪、四象、八卦的生成顺序后说:"是故一分为二,二分为四,四分为八,……故曰'分阴分阳,迭用柔刚,故《易》六位而成章'也。"虽然他在中国思想史上第一次提出了"一分为二"一词,但只是用以说明他的象数学的"加倍之法",并不用以表达事物的矛盾运动过程。

"只是一分为二,节节如此,以至于无穷,皆是一生两尔。"①把事物的对立统一现象用最简洁、明确的"一分为二"的命题表达出来,这在历史上尚属首次。他还主张,有些矛盾的对立面双方可以互相转化,称为"流行底",如寒暑、昼夜、四季、弦望晦朔;有些矛盾的对立面双方不可以互相转化,称为"定位底",如天地、上下、四方、夫妇、男女②。尽管朱熹把事物"有对"的终极原因归之于超自然的"理",认为"是理合当恁地"③,但他在当时的历史条件下,觉察到事物"一分为二"的普遍性,并且觉察到有些矛盾的对立面可以互相转化,这不能不把中国古代朴素的辩证法思想提到了新的高度。

诚然,宋代理学家的朴素辩证法思想都还带有严重的形而上学性质。张载认为对立的双方经过调和就能解决矛盾,他说:"有反斯有仇,仇必和而解。"④王安石主张"极守静笃",物的"归根"即静⑤,又认为达到"入神"的境界,就可以"无对于天地之间"⑥。程颢坚持"对"不能互相转化的观点,认为"天之生物也,有长有短,有大有小,君子得其大者,安可使小者亦大乎? 天理如此,岂可逆哉!"⑦朱熹也认为宇宙的本体"太极"没有对立面⑧。尽管如此,这不能抹煞他们在发展辩证法思想方面所取得的前所未有的成绩。

（三）纲 常 伦 理 说

宋代理学家在论述理气观、人性论、格物致知学说时,往往在基本概念中贯注社会伦理原则,使这些哲理的论述以宣扬封建纲常伦理为

---

① 《朱子语类》卷67《易三·纲领下·程子易传》。
② 《朱子语类》卷65《易一·纲领上之上·阴阳》。
③ 《朱子语类》卷95《程子之书一》。
④ 《张载集·正蒙·太和篇第一》。
⑤ 彭耜:《太上道德真经集注》,《致虚极章第十六》,载《道藏辑要》心集六。
⑥ （元)刘惟永:《道德真经义》卷5,载《道藏·洞神部玉诀类》。
⑦ 《河南程氏遗书》卷11《明道先生语一》。
⑧ 《朱子语类》卷100《邵子之书》。

归宿,即以封建纲常伦理来解释自然,既使自然道德化,又使道德自然化。

三纲五常是中国古代儒学的传统理论,先秦孔、孟发其端,西汉经学家董仲舒依据"阳尊阴卑"之说,建立起较为系统的"三纲"、"五常"的道德观念,论证封建等级制度的合理性,但对当时社会生活的影响仍然有限。唐代安史之乱以后,封建伦常纲纪受到严重破坏,人们思想混乱。韩愈一度力图复兴极衰的儒学,以推翻声势极盛的佛、道二教,同时重振伦常。此后,又经历了五代十国时期的混乱局面。宋代社会阶级结构的重新组合,重建封建纲常伦理学说,便成为维护官僚地主阶级统治的实际需要,所以宋代的理学家们无不着力阐发自己的纲常伦理主张。

周敦颐把"理"引申为"礼",又把"礼"视为封建秩序,对封建的纲常伦理进行哲学的论证。如前所述,他在《通书·礼乐》阐释"礼"与"理"的关系,指出"阴阳理而后和",各阶级或各等级"各得其理,然后和"①。封建秩序巩固,便达到了"和"的境界。他又说:"古者圣王制礼法,修教化,三纲正,九畴叙,百姓大和,万物咸若。"②进一步由建立封建秩序,联系到实行"三纲";然后再由建立封建秩序和实行"三纲",回复到万物、各阶级"各得其理"上。他还从"太极"的动静产生"五行",推演为"五行之性",人的"五性感动",就"善恶分,万事出矣"③。提出了人性的形成和分类问题。"五性"是仁、义、礼、智、信等"五常"。"德:爱曰仁,宜曰义,理曰礼,通曰智,守曰信。"④这就为人们规定了道德行为的标准。

张载也把作为意识的"理"和作为封建秩序的"礼"等同起来,使封建秩序自然化(神化)。他说:"礼者,理也。须是学穷理,礼则所以行

---

① 周敦颐:《通书》第十三章,《礼乐》。
② 周敦颐:《通书》第十七章,《乐上》。
③ 周敦颐:《太极图说》。
④ 周敦颐:《通书》第三章,《诚几德》。

其义,知理则能制礼,然则礼出于理之后。"①"穷理"、"知理"就能"制礼"。所谓"礼",对于人是顺从"尊卑、大小之象"。这种"礼"出于"天之自然",不假人手,人只能顺从而已②。他主张"穷理",是以学习"礼"为根本,因为"礼"能够"滋养人德性,又使人有常业,守得定,又可学便可行,又可集得义。"③所以,学习"礼"是士大夫的"捷径"④。他还把"理"升格为"天理",使"天理"与"人欲"两个概念对立,指出:"今之人灭天理而穷人欲,今复反归其天理。"⑤也就是要用"理义"来"战退私己"⑥。他从"气"论,推断人和物因所得气的清、浊而具有不同的性:"凡物莫不有是性,由通蔽开塞,所以有人、物之别;由蔽有厚薄,故有智愚之别。"⑦按照他的话说,物得浊气,人得清气,而圣人得最清的气,恶人得最浊的气。由此,他提出了"气质"之说,把人性分为"气质之性"和"天地之性"两种。后者是人的先天的本性,是善的;前者是因各人所禀气的差异而产生的具体的人性,是恶的。所以,他劝谕人们学习封建道德规范,以便"变化气质"⑧。他晚年的作品《西铭》(载《正蒙》第十七《乾称篇》),综述义理和纲常伦理,把敬天、忠君、爱民、事亲和仁、义、孝悌等观念融为一体,要求人们顺应现实,服从天地君亲的统治。

　　王安石在《洪范传》中一开始就从物质性的"五行",联系到人的感觉和思维的"五事"(貌、言、视、听、思),认为"五事"是"人君"修心、治身、为政于天下的途径,也是"人君""修其性"和"成性"的方法。他把"道"分为"人道"和"天道"。所谓人道,就是封建道德规范。他说:"道之在我者,德也。"⑨"王者,人道之极也。人道极,则至

①　《张载集·张子语录下》。
②④　《张载集·经学理窟·礼乐》。
③　《张载集·经学理窟·学大原上》。
⑤　《张载集·经学理窟·义理》。
⑥　《张载集·横渠易说·下经·大壮》。
⑦　《张载集·拾遗·性理拾遗》。
⑧　《张载集·张子语录·语录中》。
⑨　王安石:《王文公文集》卷28《九变而赏罚可言》。

于天道矣。"①说明封建道德规范与"天道"的关系。由此,他进一步使道德、性命、人心三者贯串起来,说:"先王之道德,出于性命之理,而性命之理出于人心。"②实际上使认识论、人性论、封建伦理道德联为一体。他最重视封建秩序的"礼"。他提出君有"君道",臣有"臣道"。"礼"的作用是定君臣、上下之"位";如果"下僭礼",就要"上失位","人所以乱也"③。古代君臣、父子、夫妇、兄弟、朋友的"礼"丧失,"夷狄"就会"横而窥中国"④。所以,他提倡学习"礼",以便"尽礼",诱导人们遵守和维护封建秩序。

二程不愧为把哲理与封建纲常伦理密切结合的能手。他们从理、性和格物致知等方面来论证和宣扬封建纲常伦理。他们认为,"天理"、"道"是永恒存在、不以人的意志为转移的绝对真理。"天地生物,各无不足之理。""父子、君臣,天下之定理,无所逃于天地之间。"天地安排得如此合"理",所以各阶级只是"尽分"而已⑤。"为君尽君道,为臣尽臣道,过此则无理。"⑥遵循现行秩序,便合天理,否则是逆天理。他们把现存的政治关系、家族血缘关系以至各种社会关系,全部归于"理"的名下。"天下之定理"一语成为他们解释整个封建制度的口诀。对于物质性的"气",他们除将它分成清浊、偏正以外,还按时间、人的生理等分为日气、夜气(良知良能之所存)、恶气、怒气、魂气(人死后存在)、血气等,使这些"气"加上了道德属性。他们又认为,理体现在人的品质,叫做"性","性即理也",所以人性是善的。至于"气",也与"性"密切关联。他们说:"论性不论气不备,论气不论性不明。"⑦"天有五气,故凡生物,莫不具有五性。"⑧"凡有血气之类,皆具五常,但不

---

① 彭耜:《太上道德真经集注》,《致虚极章第一六》。
② 王安石:《王文公文集》卷34《虔州学记》。
③ 王安石:《王文公文集》卷25《洪范传》。
④ 王安石:《王文公文集》卷35《桂州新城记》。
⑤ 《河南程氏遗书》卷1《二先生语一》。
⑥ 《河南程氏遗书》卷5《二先生语五》。
⑦ 《河南程氏遗书》卷6《二先生语六》。
⑧ 《河南程氏遗书》卷15《伊川先生语一》。

知充而已矣。"①人们由于"气禀"的差异而具有不同的"气质之性",这是各人的人性不同的原因。他们举例说,连蜂、蚁都知道保卫其君,豺、獭知道祭礼,说明他们具有"自得天理"的"五常之性",那末人类就更应如此了。他们主张父子之间也要形成像君臣之间的统治关系,而男尊女卑也跟君臣、父子的尊卑一样,是永恒的"常理"。君臣、父子、夫妇便是所谓三纲。在"格物致知"问题上,程颐认为"格物"的目的在于使人们懂得"礼义",唤醒内心的天理,使"物、我一理"②。所谓内心的天理,主要是指"为人子止于孝,为人父止于慈"③,这就把"格物致知"的对象规定为社会伦理道德修养。

朱熹在北宋理学家的基础上,使哲理与封建伦理道德完全融为一体。他的"理"的范畴,既是表示精神而与"气"相对的"理",又是表示伦理道德和天理人欲的"理"。他认为,"天理"的流行,"其张之为三纲,其纪之为五常"。君臣、父子、夫妇之间的关系,都跟季节之有春、夏、秋、冬一样,系"天理使之如此。"他的"气"的范畴,既是表示物质而与"理"相对的"气",又是表示神秘莫测的"气数"、"气运"、"精气"、"浩然之气"等的"气"。他认为人性的本质是善的,性是理的总名,但由于带有偶然性的"气禀之殊,其类不一"④,人们的"气质之性"便出现了区别,因而有寿夭、贫富、贵贱、智愚、贤不肖的"参差不齐"。他又认为,性中的理即仁义礼智等"五常",人天生有此。只是因为"气质之有偏,物欲之有蔽也,是以或昧其性,以乱其伦"⑤。因此,人们需要"知性尽心","知性"即"格物穷理","尽心"即"致知"⑥。"知性"的任务是"知君臣、父子、兄弟、夫妇、朋友各循其理"⑦,从自己身上去体会仁、义、礼、智、信等"五常"。这样,他把"理"、"气"、"性"等从自然界运用

---

① 《河南程氏遗书》卷21下《伊川先生语七下》。
② 《河南程氏遗书》卷18《伊川先生语四》。
③ 《河南程氏遗书》卷7《二先生语七》。
④ 《朱子语类》卷4《性理一·人物之性、气质之性》。
⑤ 朱熹:《朱文公文集》卷14《行宫便殿奏札二》。
⑥⑦ 《朱子语类》卷60《孟子十·尽心上》。

到社会上来,有意无意地在这些哲学的范畴中添入了封建的伦理道德的内容,使这些哲理的论述落实到封建伦理纲常,即以封建伦理纲常来解释自然,既使自然道德化,又使道德自然化。他还论证"三纲"、"五常"具有永恒性,认为三纲五常是"天理"在人间的具体体现,天理与三纲五常"亘古亘今不可易","千万年磨灭不得"①。还撰《小学集注》,收集《礼记》、《曲礼》、《论语》、《孟子》等古代文献中有关纲常的说教,编成《立教》、《明伦》、《敬身》、《稽古》等四卷《内篇》;收集古人和当代人的"嘉言"、"善行"编成《外篇》两卷。在注释中,予以解说发挥,诱导少年遵照纲常伦理,确定自己的言行。传统的纲常伦理学说,经过他的理论化和具体化、通俗化,从而在社会上产生极为深远的影响,成为后世封建制度的思想支柱。

宋代各派理学家在哲学上常常有所分歧,但在封建纲常伦理上,又并无多少差异;他们的教人之法也各有不同,但根本目的都是劝谕人们消除物欲,自觉地遵循封建伦常,服从统治。

(四) 排　佛

宋代的理学家大都以反对佛、道为己任,同时又吸收佛、道的许多思想资料,其中主要是佛教华严宗和禅宗的说教。但是,北宋和南宋前期各个流派的理学家,尚处于探索、创新的阶段,相当多的人的哲学思想前后曾有较大的变化,并且在与佛教的思想斗争中往往败北,而在晚年皈依佛教。直到南宋中期,朱熹建立起完整而系统的理学体系,从理气观、人性论、认识论、伦理学等方面辟佛,才算从理论上暂时抵制住佛教这个"异端"。

唐代中叶以后,佛教改说"心法",进一步儒学化。佛教认为,儒学不能"穷理尽性,至于本源",只是一种"权教",而佛教才"权实"相兼,

---

① 《朱子语类》卷24《论语六·为政篇下》。

在儒学之上①。有些佛徒以佛理阐释儒经《中庸》的"诚明"、"尽性"，提出"复性于情"说②。被誉为"博综三教"的佛徒神清认为，佛教思想和儒经《中庸》、《洪范》、《易传》相通。佛教提出的有关宇宙和社会的一些命题，为传统的儒学所未曾有。儒学要战胜佛教，就必须对这些命题做出像样的回答。这时，儒学主要以封建礼教或纲常攻击佛教。如著名学者韩愈撰《原道》、《论佛骨表》，为排佛的代表作，从封建伦理道德以及财用、夷夏论等来反对佛教思想。同时，也有一些士大夫开始以佛理解释儒经。如韩愈的弟子李翱所撰《复性书》，就是援佛释儒的代表作。

从北宋仁宗庆历年间开始，随着"疑经"风气的盛行，许多士大夫继承唐代韩愈的传统，力辟佛、老，掀起了一股排黜佛、老的热潮。李觏首先从"仁"、"孝"、"礼"攻击佛教的虚伪和乱常，指出佛教之法不过是"绝而（尔）亲，去而君，剔发而胡衣"而已③。石介从"道德"、"礼乐"、"五常"等方面，指斥佛、老"以妖妄怪诞之教"，"坏乱"周、孔"圣人之道"④。欧阳修揭露佛教"弃其父子，绝其夫妇，于人之性甚戾，又有蚕食虫蠹之弊"，认为儒家的"礼义"是"胜佛之本"，主张以修"礼义"来战胜佛教⑤。司马光也揭露佛教"阴府"之说的妄诞⑥。一时排佛呼声甚高。佛教中的高僧尤其是禅僧契嵩等，为了挽救佛教，进一步提倡儒、释之道一致的理论。他们吸取儒家思想，主张人人都有佛性，孝为成佛的根本，又大讲"三纲"中的君臣之道，甚至连写文章也模仿儒经的风格。契嵩等人的著作广为流传，颇有别开生面、儒学难与争锋之势。

随后，在理学酝酿和形成的过程中，宋代理学家一方面采取敌变我

①　（唐）宗密：《华严原人论》，载《大正藏》卷54。
②　（唐）权德舆：《权载之文集》卷18《百岩大师碑铭》。
③　李觏：《直讲李先生文集》卷20《潜书》、《广潜书》。
④　石介：《石徂徕集》卷下《怪说》。
⑤　欧阳修：《居士集》卷17《本论》。
⑥　陈淳：《北溪字义》录遗《佛老》。

变的方法,吸取佛、道的某些思想比如心即理、居敬、穷理、明道统,以及修养方法、编制语录等,以丰富自己的学说;另一方面,又根据自己的理论不断攻击佛、道。理学以"道体"①为立论的基础,便是针对佛教所谓世界为虚幻说的。周敦颐虽然采用了《老子》的"有生于无"说和佛教的禁欲主义,但他编绘《太极图》,显示"天理"创造实在世界的过程,也包含有反对佛教的世界虚幻或五蕴非实说之意。张载首次明确地从理气观、格物穷理、伦理观来批驳佛教。他认为,宇宙由气形成,宇宙是实有的,而佛教不懂物质世界是本,反诬世界乾坤、天地日月为"幻妄","蔽其用于一身之小,溺其志于虚空之大"②。他指出,佛教以有为无,所以"不取理",不知道"穷理",却自称为"性",儒者则主张"穷理",并且主张"穷理"后才能"尽性"③。他还指出佛说流行的结果,使"人伦不察,庶物不明","治忽德乱,异言满耳","上无礼以防其伪,下无学以稽其弊"④。二程虽然也接受了佛教华严宗"一多相摄"等学说的影响,但照样不遗余力地攻击佛教。他们指出当时佛教的危害性说:"惟佛学,今则人人谈之,弥漫滔天,其害无涯。"而且佛教"先言性命道德,先驱了知者,才愈高明,则陷溺愈深。"⑤他们又从物与道的关系,指出"道之外无物,物之外无道。是天地之间,无适而非道也。"父子、君臣、夫妇、长幼、朋友之间都有"道"。佛学却"毁人伦,去四大(按:佛教以地、水、火、风为四大)",这就"外于道也远矣"⑥。他们驳斥佛教的"理障"说。佛教认为"既明此理,而又执持此理,故为障。"他们指出这是错看了"理"字。"天下只有一个理,既明此理,夫复何障! 若以理为障,则是己与理为二。"⑦程颢驳斥佛教所谓"幻为不好底性",指出"道即

---

① 见朱熹:《近思录》第一章。
② 《张载集·正蒙·太和篇第一、大心篇第七》。
③ 《张载集·正蒙·中正篇第八》、《横渠易说·说卦》。
④ 《张载集·正蒙·乾称篇第十七》。
⑤ 《河南程氏遗书》卷2上《二先生语二上》。
⑥ 《河南程氏遗书》卷4《二先生语四》。
⑦ 《河南程氏遗书》卷18《伊川先生语四》。

性"，"若道外寻性，性外寻道，便不是"①。还说明佛教主张"识心见性"，但根本不谈"存心养性一段事"，是"唯务上达而无下学"②。程颐指责佛徒"逃父出家，便绝人伦"，"自己不为君臣、父子、夫妇之道，而谓他人不能如是"③。用封建伦理来攻击佛教不忠、不孝和不义。

周敦颐、张载、二程等人虽然已经认识到佛教的危害性，但他们对佛学的批驳都还不够深刻和系统，同时，他们自己的立论也颇有漏洞。因此，在他们生前或死后，依然有许多士大夫信仰佛教。尤其是程颐的高徒，如游酢、杨时、谢良佐、吕大临等"程门四先生"，在程颐死后，均"晚年嗜佛"，"流而为禅"④。即使跟随程颐二十年而被程颐称为"我死不失其正"的尹焞，后来也不免转而学禅。司马光的门人刘安世、晁说之，晚年都笃信佛教，刘安世甚至认为其师诋佛为非⑤。另一理学家陈瓘，曾信向洛学，但最后也不免成为佛教的信徒⑥。

至于苏轼和王安石，生平都与一些高僧过从甚密，受佛教甚至老、庄的影响颇深。苏轼在晚年"杜门烧香，深念五十九年之非"⑦。还"学寿禅师放生，以证善果"⑧。王安石一生没有建立起比较完整的理学体系。他的思想倾向，接近于孟子的心性之学，又受老、庄、佛学严重影响。"新学"兴起后，"士大夫非道德性命不谈"⑨。但王安石思想的特点之一是"说多而屡变，无不易之论"⑩。诸如在人性论上，他曾变化过多次。他曾经主张"性不可以善、恶言"，善、恶只是情和习，不同意孟子的性善说和荀子的性恶说⑪。又赞同扬雄的性善、恶混说，认为性、

① 《河南程氏遗书》卷1《二先生语一》。
② 《河南程氏遗书》卷13《明道先生语三》。
③ 《河南程氏遗书》卷15《伊川先生语一》。
④ 《朱子语类》卷5《性理二·性情心意等名义》。
⑤ 《宋元学案》卷20《元城学案》；卷22《景迂学案》。
⑥ 《宋元学案》卷35《陈邹诸儒学案》。
⑦ 苏轼：《苏东坡集》附王宗稷编《东坡先生年谱》。
⑧ （清）徐士銮：《宋艳》卷12《丛杂》引《善诱文》。
⑨ （金）赵秉文：《滏水文集》卷1《性道教说》。
⑩ 李壁：《王荆文公诗笺注》卷15《寓言十五首》之三。
⑪ 王安石：《王文公文集》卷27《杂著·原性》。

情合一而不可分,反对"废情"①。最后又发挥孔、孟的性善说,认为人天生具有"五常"之性,"智愚昏明之品"是"才",是"习",指出扬雄和韩愈的人性说只是混淆了才、习与性而言之②。此外,在变法前后,他的思想学术由"旧学"转变为"新学",在孔孟的儒学中增添了一些法家学说,为其新法的推行作为张本。这又是一次变化。尤其在他的晚年,因为政治上遭受挫折,退居江宁,终于皈依佛教禅宗,变成了一位虔诚的佛教徒。

程颐、司马光的门徒和苏轼、王安石等理学家在晚年信仰佛教的这些事例,显示北宋的理学家正在创新、摸索阶段,还没有形成一套完整的理学体系,因而在与佛教的思想斗争中难免失败。

南宋中期,朱熹集当代理学的大成,建立起比较完整而严密的理学体系。他的学说明显地吸取了佛教的许多内容,如他的"理一分殊"说,采择了华严宗的"一多相摄"说。同时,他也从各方面诋佛。他认为,以前的学者如欧阳修、程颐排佛,仅就礼法或理义而论,没有抓住"要领"。他从佛教的发展史指出,佛教在晋、宋间"剽窃"老、庄及列子的"意思","变换推衍,以文其说","皆是中华文士相助撰集"③。这样,据他所说,就查到了佛教窃取老庄学说的"正赃"。他又从唯心论区分儒、释的差别。他说,佛教"从劈初头便错了",因为它从头到底都主张"空",把天地看作"幻妄",把"四大"看作"假合",也把万理都看作"空""虚",而儒者认为"理是实理","万理皆实"④,"君君臣臣、父父子子、夫夫妇妇,皆是实理流行"⑤。在人性论方面,他指出佛教把"知觉运动"包括视、听、言、动当做"性",还进一步提倡"识心见性",而儒者认为仁义礼智才是"性","性只是理,有是物斯有是理",视、听、言、动只是"眼前作用",主张"天命之谓性,率性之谓道","至诚尽人物

---

① 　王安石:《王文公文集》卷27《杂著·性情》;卷25《洪范传》。

② 　《王安石全集·拾遗·性论》;《王文公文集》卷27《杂著·性说》。

③④　《朱子语类》卷126《释氏》。

⑤ 　《朱子语类》卷63《中庸二·第十二章》。

之性，赞天地之化育”，将“性”的实理运用到一切方面，佛教则把“性”与“用”“分为两截”，连眼前君臣、父子、兄弟、夫妇的关系上都“不能周遍”①。在心与理的关系上，他指出佛教“见得心空而无理”，把心与理看成两件事；儒者则“见得心虽空而万物咸备”，把心与理看作一回事②。他也从佛教“废三纲五常这一事”，指出这是“极大罪名”③。他还分析士大夫晚年“都被禅家引去”的原因，一是佛说玄妙，思想境界比“为取利禄声名之计”的士大夫要高，士大夫自身“工夫有欠缺处”，“说得来疏略”；二是佛说“有个悟门，一朝入得，则前后际断”，省得气力④。他比较全面、明确地分析理学与佛教观点的界限，揭露佛教与老、庄学说的关系，从而使宋代理学家能够暂时地在理论上抵制住这个“异端”。

（五）两个思想体系

宋代理学家内部尚未形成壁垒森严、旗鼓相当的唯物主义和唯心主义哲学两大阵营，张载、王安石都没有建立起严格意义上的唯物主义思想体系，而程颐、程颢，尤其是朱熹，则比较自觉地建立了完整系统、更富哲理的唯心主义思想体系。

前已言及，张载的理学承认“理”寓于物中，“气”是物质的统一实体，但又强调“气”是无形无象的，不免使“气”带有非物质的神秘性，同时，也没有正面论述“理”与“气”的关系问题。在认识论上，他跟其他理学家一样，把“理”称为“天理”，赋予“理”以天然性、神圣性。他说：“所谓天理也者，能悦诸心，能通天下之志之理也。”他也主张人们应该“穷理”，即认识“天理”。他把认识分为“闻见之知”和“德性之知”两种，前者是感官与物“交而知”，即感性直观；后者是理性思维。他认识

---

①③④　《朱子语类》卷126《释氏》。
②　　朱熹：《朱文公文集》卷56《答郑子上》之十五。

到"闻见之知"的必要性和局限性:"闻见不足以尽物,然又须要他。"①但他割断"闻见之知"与"德性之知"的联系,认为"德性所知,不萌于见闻"。同时,进一步全盘否定"闻见之知",他说:"世人之心,止于闻见之狭。圣人尽性,不以闻见梏其心,其视天下无一物非我。"②又说:"上智、下愚不移,充其德性则为上智,安于见闻则为下愚;不移者,安于所执而不移也。"③把"闻见之知"看成"下愚"、"小人"的陋习④。他既然否认知识来源于感性直观,那末"德性之知"又从何而来呢? 他说:"成吾身者,天之神也。不知以性成身而自谓因身发智,贪天功为己力,吾不知其知也。"⑤这就把"德性之知"归结于神秘的"天功"了。由此可见,在他的理学中夹杂有严重的唯心主义成分。

王安石以"五行"作为构成万物的物质元素,这是他的理学中的唯物主义观点。但他又主张"五行"的生成按水、火、木、金、土等先后的顺序,他把这一顺序跟人的精、神、魂、魄、意相配,认为后者也按此顺序生成。这显然是一种不经之谈。他还认为"太极生五行","太极"即"道"。如前所述,他描绘了由"无"生"有"的万物生成过程,还认为"道"应分为有、无两部分:"无则道之本"、"名天地之始","有则道之末"、"名万物之母";"道之本出于冲虚杳眇之际,而其末也散于形名度数之间"⑥。他还认为,"道乃在天地之先"⑦。赋予"道"以无限性和先天性。如果把"道"解释为自然或一般物质实体,或规律,"道"就不应具有先天的性质。从这里看出,他的理学受老子影响颇深,而且如同庄子继承老子的"道"那样,夸大"道"的规律性而否定其物质性。在认识论上,他主张可知论,认为"可视而知,可听而思,自然之义也"⑧。承认人的感性直观和理性思维是自然的本能。同时,他又强调人的主观能

①③　《张载集·张子语录·语录上》。
②⑤　《张载集·正蒙·大心篇第七》。
④　《张载集·经学理窟·气质》。
⑥　(元)刘惟永:《道德真经集义》卷1,第19页。
⑦　彭耜:《太上道德经集注》,《道冲章第四》。
⑧　王安石:《王文公文集》卷20《进〈字说〉表》。

动作用,认为"视而使之明,听而使之聪,思而使之正,皆人也"①。这是他的认识论中的唯物主义因素。但是,在感性直观和理性思维的关系上,他夸大了理性思维的作用,而承认一种超感觉的认识,即所谓"致一论"的认识方法。他认为,在貌、言、视、听、思"五事"中,应"以思为主"。如果把"思"作为认识过程中的高级阶段,自然是正确的,但他又提出了由"思"而"无思无为"的更高级阶段。他认为"圣人"能通过"致一"而达到精通"至理"即"入神"的境界,这时就可以"无思无为,寂然不动"而掌握万物②。这种企图跃过感性直观,而仅靠掌握"至理"去完成认识过程各个环节的认识方法,不能不是一种超感觉的唯心主义认识论。与此相适应,他还主张"内求""人心"中的"性命之理"。他说:"先王之道德,出于性命之理,而性命之理出于人心。"③"圣人内求,世人外求。内求者乐得其性,外求者乐得其欲"④。由此他进一步认为:"能学先王之道,以解其心之蔽者,明也;明则外物不能累其心,外物不能累其心,则诚矣。人之所以不明者,以其有利欲以昏之,如能不为利欲所昏,则未有不明也。明者,性之所有也。"⑤这就是说,人心本来充满"性命之理",但被外物即利欲所累所昏,便不能"明"(精通)"性命之理"了。所以,他说:"方今乱俗不在于佛,乃在于学士大夫沉没利欲,以言相尚,不知自治而已。"⑥要求学者去除物欲,懂得"自治"即"内求""性命之理"。可见他的认识对象不是客观的外在事物,而是主观的内心的理。因此,他的认识论也动摇于唯物主义和唯心主义之间。

张载从未对二程的"唯理"学说进行过争辩,王安石除以"三不足"说驳斥保守派以外,差不多也没有对二程的"唯理"学说表示过

---

① 王安石:《老子注》。
② 王安石:《王文公文集》卷29《致一论》。
③ 王安石:《王文公文集》卷34《虔州学记》。
④ 王安石:《王文公文集》卷29《礼乐论》。
⑤ 杨时:《杨龟山先生集》卷6《〈神宗日录〉辨》。
⑥ 王安石:《王临川集》卷73《答曾子固书》。

异议。然而二程却十分明确地反驳张载等人的某些唯物主义观点，至于朱熹则连对陆九渊那样的"唯心"学说也毫不轻易放过，可见二程、特别是朱熹是比较自觉地建立了完整而系统、更富哲理的唯心主义思想体系。

第十章　宋代人民群众的阶级斗争

宋代社会各方面的发展变化，为人民群众的阶级斗争增添了新的特色。

（一）农民起义的战斗口号

宋代农民起义更加明确地提出了"均贫富"和"均贫富，等贵贱"的战斗口号，对地主阶级剥削、压迫农民的经济、政治制度提出挑战。

唐代中叶以前的农民起义把斗争矛头首先指向地主政权，突出反抗封建隶属关系的强化，要求提高人身权。唐代中叶以后的农民起义，继续打击地主政权，同时把斗争矛头指向地主经济，逐步由朦胧而明确地提出了"平均"社会财富的要求或口号。唐末王仙芝起义，王仙芝自称"天补平均大将军"。五代南唐时，黄梅县民诸佑在组织农民准备起义时，提出"使富者贫，贫者富"①的思想。北宋初年，川峡地区王小波、李顺起义军更加明确地提出"均贫富"的口号。王小波向广大农民宣称："吾疾贫富不均，今为汝均之。"②南宋初年，洞庭湖畔钟相、杨太起义军在王、李起义口号的基础上，补充入"等贵贱"的内容。钟相告诉起义军："法分贵贱贫富，非善法也。我行法，当等贵贱，均贫富。"起义军自称"爷儿"，称封建法律为"邪法"，称杀死官吏、儒生、僧道等为"行

---

① 陆游：《南唐书》卷14《陈起传》。
② 王辟之：《渑水燕谈录》卷8《事志》。

法",称剥夺地主财产为"均平"①。"均贫富,等贵贱"口号的明确提出,与其说是中国封建社会农民战争经验积累和革命传统的必然结果,毋宁说是宋代特定的历史条件下的产物。马克思主义经典作家告诉我们,"平等的要求",在农民战争中"是对极端的社会不平等,对富人和穷人之间、主人和奴隶之间、骄奢淫逸者和饥饿者之间的对立的自发的反应","这种自发的反应,就其本身而言,是革命本能的简单的表现,它在这上面,而且也只有在这上面找到了它成立的理由。"还指出,"平等的观念","本身都是一种历史的产物,这一观念的形成,需要一定的历史关系"②。宋代的阶级结构、土地占有形态、政治经济制度等,决定官僚地主阶级占有大量的财富,而广大劳动人民处于赤贫的境地。同时,宋代"官无世守,田无常住"的社会现实,使农民阶级先进分子认识到贵贱、贫富是可变的、易变的,并非天命所定。既然官僚、商人和地主通过土地兼并、囤积居奇、营私舞弊、敲诈勒索等手段,不断改变自己的经济和政治地位,甚至有些官僚、商人和地主就在激烈的竞争中破产而沦为贫贱,正像有些士大夫已经看到的"贫不必不富,贱不必不贵"③的社会现象那样,那末农民阶级也未尝不可用自己的方式,即用革命战争的方法来杀死富者和剥夺富者的财富,实现"均贫富,等贵贱"的口号。这是农民阶级对于封建制度在感性认识阶段的一个不小的飞跃。此外,北宋中期和南宋初年,封建国家连续两次降低佃客的法律地位,致使佃客由编户齐民回复到类似前代部曲、奴婢的社会地位,从此"人命寝轻,富人敢于专杀"佃客。钟相、杨太起义军提出"等贵贱"的口号,并且指斥封建法律为"邪法",就是否定这一封建法律,也是对这一时期封建国家肆意降低佃客社会地位的一种反抗。由此可见,宋代农民起义所提出的"均贫富,等贵贱"的战斗口号,本身是当时历史条件的产物,是农民阶级革命本能的简单的反映。

---

① 《三朝北盟会编》卷 137。
② 《马克思恩格斯选集》第 3 卷,第 146 页至 147 页。
③ 刘跂:《学易集》卷 6《马氏园亭记》。

（二）抗 租 斗 争

宋代农民采取了新的斗争方式——抗租斗争。

宋代以前，农民的阶级斗争，除武装起义以外，经常性的斗争方式是为反抗封建国家的赋役剥削而逃亡。到宋代，尤其南宋，农民阶级就增添了一种新的斗争方式即抗租斗争。宋代租佃制度的发展，实物地租成为地主剥削佃客的主要手段。随着社会生产的逐步发展，地主的贪腹日益膨胀。为了满足自己贪得无厌的剥削欲望，地主便通过正额地租和名目繁多、花样百出的额外地租以及高利贷，对佃客进行敲骨吸髓般的剥削，攫夺了佃客大部分甚至全部土地产品，使佃客过着极端贫穷困苦的生活。为了生存和保卫自己的劳动果实，佃客便不断展开反对地主高额地租的斗争。这种方式的斗争，北宋时甚少，南宋后就日益增多。较早的一次是宋神宗时由成都正法院的"佃氓"发动的。这些"佃氓"执耜辟壤，共得良田四千七百多亩，正法院"寺僧稍欲检察"，"佃氓""辄手棘待诸途，往往相掊击濒死"。正法院僧"检察"佃客新开辟的良田，目的在于使"佃氓输租于寺廪"，而佃客为了保卫自己惨淡经营而得的土地，拒绝输租，就跟僧侣地主进行了激烈的斗争①。南宋时，佃客的抗租斗争以两浙和江西路居多。湖州佃客，往往"数十人为朋，私为约，无得输主户租"②。江西抚州附近地区租种官田的佃客，"不复输纳"地租，"春夏则群来耕获，秋冬则弃去逃藏。当逃藏时，固无可追寻，及群至时，则倚众拒捍"③。婺州地主卢助教，以刻剥起家，"因至田仆之居，为仆父子四人所执，投置杵臼内，捣碎其躯为肉泥"④。平江府吴县的佃客，为了反抗巡尉司派弓兵下乡替地主催租，百般苛虐

① 扈仲荣等：《成都文类》卷39，杨天惠：《正法院常住田记》。
② 吕祖谦：《东莱吕太史文集》卷10《薛常州墓志铭》。
③ 陆九渊：《象山先生全集》卷8《与苏宰》之二。
④ 洪迈：《客斋三笔》卷16《多赦长恶》。

佃客,"举族连村"地"群起而拒捕",弓兵"追愈急",佃客"拒愈甚","非佃伤官兵,则官兵伤佃,否则自缢自溺"①。秀州德清县的佃客,还发动了反对"府第庄干"即官僚庄田的干人大斗收租而要求"降斗"的斗争②。这些事例只是出于当时士大夫的零星记录,但由此可知佃客的抗租斗争已经日益频繁,成为农民阶级经常性的斗争方式之一,从而为宋代人民群众的斗争增添了新的内容。

(三) 夺 地 斗 争

宋代农民开展了夺取地主土地的斗争。土地是封建社会的主要生产资料。宋代土地私有制进一步发达,租佃制度盛行,地主主要依靠霸占土地来刻剥农民。农民为了摆脱困境,迫切要求土地,期望得到一小块土地进行简单再生产,以便维持生活。不过,这时的农民斗争尚未将土地从一般财富中区别开来,王小波、李顺起义军和钟相、杨太起义军虽然提出了"均贫富"的口号,这一口号的背后也隐藏着农民的土地要求,但并没有明确提出。这是因为农民对于封建制度的基础——地主土地所有制仍然缺乏理性的认识。但是,现实生活促使农民自发地要求土地,在武装起义中从地主手里夺回土地耕种。南宋初年,湖南、广南、江西等路二十多州起义农民,大都夺取地主土地耕种,或者不直接夺取,而"令田主出纳租课"③。这些起义中也包括钟相、杨太起义。钟、杨起义军在洞庭湖畔夺取地主土地耕种,"春夏则耕耘,秋冬水落,则收养于寨"④,福建范汝为起义军,也是"占据乡村民田耕种,或虽不占据,而令田主计亩纳租及钱银之类"⑤。如果田主顽抗,就"夺其种粮、牛畜而逐之"⑥。在宋朝军队残酷镇压这次起义后,统治者担心已

①② 黄震:《黄氏日抄》卷70。
③⑤ 《宋会要辑稿》刑法3之47《田讼》。
④　熊克:《中兴小纪》卷18。
⑥　廖刚:《高峰文集》卷1《投富枢密札子》。

经接受"招安之人"继续"占夺民田,认为己业",所以规定由各州县"出榜晓谕,许人户陈诉,官为断还"①。地租是土地所有权由以实现的经济形态,起义农民强迫田主按亩交纳租课,土地变为农民的"己业",显示农民已经成为这些土地的主人。宋孝宗时,湖南郴州宜章县李金起义,宋朝军队进行血腥镇压,李金等几十名首领被俘牺牲,宋朝官府为地主"复故田宅者以千数"②。表明起义农民曾经夺取地主的土地和房屋,在起义军失败后,又被地主抢回。宋理宗时,福建汀州晏梦彪起义,起义农民杀死许多地主,夺取大批土地耕种。在起义失败后,封建官府实行反攻倒算,"根括"起义农民"户绝田"和"户绝钱米",其中米一项即有五千三百多石,每年催纳入仓。在起义失败二十七年以后,汀州还有"贼绝田"八百顷,拨充"均济仓"③。这些田地就是起义农民从地主手里夺来,而米则是起义农民从这些田里生产的。宋代农民夺取地主的土地归自己占有和耕种的行动,显示农民阶级已经把斗争锋芒指向封建生产关系的核心——地主土地所有制,这也是中国农民战争史上的一件大事。

(四) 夺取地主浮财和粮食的斗争

夺取地主浮财和粮食是宋代农民更为经常性的斗争方式,也是农民"均贫富"的具体行动之一。宋初川峡地区王小波、李顺起义时,起义军就曾"调发""富人大姓"所有财粟,"大账贫乏"④。广大农民也积极带领起义军去地主家夺取财货,有的还"指引"起义军发掘"豪家"收藏财物的地窖⑤。这是在农民武装斗争时夺取地主的浮财。遇到凶年饥岁,地主囤积粮食,等待高价,嗷嗷待哺的农民就起而夺取地主的粮

---

① 《宋会要辑稿》刑法 3 之 47《田讼》。
② 朱熹:《朱文公文集》卷 88《观文殿学士刘公(珙)神道碑》。
③ 《开庆临汀志》,见《永乐大典》卷 7892《汀字·汀州府》。
④ 沈括:《梦溪笔谈》卷 25《杂志二》。
⑤ 黄休复:《茅亭客话》卷 6《奢侈不久》、《金宝化为烟》。

食或钱财。宋仁宗时，开封府界农民"持仗劫粟"，信州农民"劫米而伤主"①。寿州各县饥民"相与发富人之仓，而攘其粟"②。宋哲宗时，寿州农民十多人或二三十人一伙，"打劫"施助教、谢解元、地主魏氏等家财物，每处皆夺取达几千贯③。南宋时，这类斗争屡见不鲜。宋高宗时，衢州饥民俞七、俞八"与佃主徐三不足"，"因集保户"到一千余人，"持杖劫夺谷米，不计数目，并擒捉徐三等同往祠神烧香"④。宋孝宗时，各路不时发生"饥民乘势劫取富民廪谷"的事件⑤。宋宁宗时，台州等地饥民"以借粮为名"，强迫地主交出钱米⑥。徽州休宁县农民金十八等几百人，闯入县衙，要求"籴官米"，县官被迫开仓给之。南康军建昌县农民方念八等一百多人到邻县"强发富家仓米"⑦。宋理宗、度宗时，江西建昌军农民"多由富家征取太苛，而民不能堪"，乃举行暴动。宋理宗时，南丰县"诸佃"在张半天、何白眉带领下，攻打县城，焚毁谭姓"大家"（大地主）的屋舍⑧。宋度宗时，南丰县农民罗劝天、詹花五，"怨其主谌氏，相挺劫其家，乘势入县焚毁"⑨。起义军先在农村夺取地主财产，入县城后"虏略财货"，"杀死宗室王民"，邻县无不震动⑩。吉州许多农民在城内外"群起剽掠米粮、钱物"，农民们"填塞街巷"，夺取富家的廪粟及其他财物，甚至把富家守墓人的小米、麦、纻、丝、麻、锅、釜、牛、犬等，"扫地一空"，守墓人"男子奔走逃避，老弱被其捽缚，使供吐所藏"。所得财物，由农民们在富家墙外均分⑪。徽州"佃奴"即佃仆在宋朝知州投降元朝时，举行暴动，"屠贵户、富户无算，城空月余"，还

---

① 《宋会要辑稿》兵 11 之 18、24《捕贼二》。
② 《永乐大典》卷 20204《毕字·毕从古》。
③ 苏轼：《苏东坡奏议集》卷 10《乞赐度牒籴斛斗，准备赈济淮浙流民状》。
④ 《宋会要辑稿》兵 13 之 20《捕贼》。
⑤ 《宋会要辑稿》兵 13 之 26《捕贼》。
⑥ 《宋会要辑稿》兵 13 之 47《捕贼》。
⑦ 真德秀：《真文忠公文集》卷 6《奏乞分州措置荒政等事》。
⑧ （元）刘埙：《水云村稿》卷 13《汀寇钟明亮事略》。
⑨ 王柏：《鲁斋王文宪公文集》卷 20《王公墓志铭》。
⑩ 刘埙：《水云村稿》卷 14《代申luó乞蠲租免籴状》。
⑪ 欧阳守道：《巽斋文集》卷 4《与王吉州论郡政书》。

将地主库存财物"发而攘之"①。对于农民这一经常性的斗争方式,封建官府的一般对策是"杀一儆百",即捕杀首领,以控制局势,防止事态发展。

（五）抗 税 斗 争

封建官府对农民和工匠、商人的繁重赋税剥削,如科配、和买、盐税等,都曾激起反抗斗争。杨太曾"立说":"从之者无税赋、差科,无官司、法令。"②宣布废除压得人民难以喘息的赋税、差役和科配。宋孝宗时,湖南郴州宜章县百姓李金,因县衙"抑买乳香急","乘众怒,猝起为乱",起义军达一万多人③。十几年后,宜章县农民又在陈峒领导下举行暴动,反抗封建官府用"和籴"来无偿勒索农民的粮食④。广西农民主要因为不堪官府强迫他们高价买盐,也在弓手李接领导下起义,起义军到处张贴文榜,宣布"不收民税十年",获得广大人民拥护,"从叛者如云"⑤。

（六）其他中、下层人民的反抗斗争

宋代各个行业的中、下层人民,如士兵、茶园户、盐户、坑冶户、茶贩、盐贩、木匠、兵匠、渔民等,都纷纷进行武装斗争,以反抗封建官府的残酷压榨。

宋代实行募兵制,封建国家经常在灾荒年分招募饥民为兵。这一"养兵"政策可以收到两方面的功效,一是"无赖不逞之人,既聚而为

---

①　方回:《桐江集》卷8《先兄百三贡元墓志铭》。

②　李纲:《梁溪先生全集》卷73《乞发遣水军吴全等付本司招捉杨么奏状》。

③　李心传:《建炎以来朝野杂记》甲集卷15《市舶司本息》;《朱文公文集》卷88《观文殿学士刘公（珙）神道碑》。

④　杨万里:《诚斋集》卷89《千虑策·民政上》。

⑤　《朱子语类》卷133《本朝七·盗贼》。

兵,有以制之,无敢为非";二是"因其力以卫良民,使各安田里"①。这自然削弱了农民阶级的斗争实力。对此政策,宋太祖赞不绝口,以为"可为百代之利"②。但是,一般士兵的生活十分惨苦。将官常常克扣"廪给"(军饷)是公开的秘密,士兵实际所得无几,往往妻子冻馁。将校或官员还强迫士兵服各种劳役。特别是厢军,生活更是痛苦。一旦所受压迫和剥削超过可以忍受的程度,士兵们便立即手持武器,向统治者展开斗争。于是被宋朝养兵政策削弱了的一部分农民的斗争力量,便在兵变中显示了出来。

士兵斗争从北宋初年开始,一直到南宋末年,从未间断过。据统计,士兵斗争共达上百次,在中国历史上是没有先例的。

宋代的士兵斗争可分四类:一、单纯的兵变。宋真宗时,广武卒刘旰率领几千名士兵,在西川怀安军起事,谋杀西川都巡检使韩景祐,未成。攻打五军州、十镇县,六天内行军五百多里,坚持斗争十天,失败③。益州守军因忿恨主将苛虐,由赵延顺率领,杀死主将,推举都虞候王均为主,建号"大蜀",改元"化顺",建立政权④。宋宁宗时,利州路兴元府军士反对将帅克扣粮饷,由张福、莫简率领,称为"红巾队",杀四川总领财赋杨九鼎⑤,剖其腹,实以金银⑥。二、士兵与百姓联合造反。宋太祖时,卫士杨密与"妖人"张龙儿、百姓王裕等"共图不轨事"⑦。宋仁宗时,徐州"妖人"孔直温在军士中活动,"诱军士为变"⑧。贝州宣毅卒王则与州吏张峦、卜吉合谋,占领贝州,建立"安阳国"。王则自称"东平郡王",以张峦为宰相、卜吉为枢密使,改元"得胜"。深、

---

① 朱弁:《曲洧旧闻》卷9。
② 邵博:《河南邵氏闻见后录》卷1。
③ 《续通鉴长编》卷41,至道三年八月。
④ 《通鉴长编纪事本末》卷25《王均之变》。
⑤ 刘时举:《续宋编年资治通鉴》卷15《宁宗四》。
⑥ 罗大经:《鹤林玉露》卷10。
⑦ 《续通鉴长编》卷7,乾德四年十二月庚辰。
⑧ 《续资治通鉴长编》卷157,庆历五年十一月辛卯。

保、齐州都曾有士兵和百姓跟王则义军联络，准备响应①。宋高宗时，杭州禁军陈通等人抗议将帅不发衣粮，杀副将造反。捉住知州叶梦得，又杀两浙转运判官吴昉。苏、秀二州守军到杭州与陈通会合②。起义士兵"每获一命官，亦即枭斩"③。陈通还与越州新昌摩尼教首领盛端才、董闰和台州天台摩尼教首领余道"潜约""同日举事"④。三、士兵响应农民起义，加入起义军。王小波、李顺起义过程中，曾有虎翼卒五百人由指挥使张璘带领，杀监军的宦官王文寿，参加了张余部起义军⑤。峡路漕卒数千人也在江陵府准备响应，但事机不密，杨承进等二十一名首领被杀⑥。四、逃亡。士兵不堪官员和将领的压迫和剥削，经常性的斗争方式就是逃亡。宋仁宗时，"诸处逃军，藏匿民间，或在山谷，寒饿转死者甚多"⑦。宋神宗时，苏轼说过："逃军常半天下"⑧。南宋时，士兵逃亡的事件更是屡次发生。

对于宋代的士兵斗争，应该进行具体的分析。除少数属于骄兵叛乱以外，其多数具有正义的性质。在这些斗争中，广大士兵杀死贪官污吏和为非作歹的武将，建立政权，打击了各地区的封建统治；有些士兵还与农民、百姓联合起来，甚至参加到农民起义军中。因此，从士兵斗争的主要一面讲，仍不失为宋代人民群众斗争重要的一部分。

商品经济的发达，促使在商品生产和流通领域中谋生的人数大量增加。茶园户（茶农）、盐户（亭户）、坑冶户、茶贩、盐贩、木匠、兵匠、渔民等中下层人民，都曾因封建官府垄断人民生活必需品如茶、盐、酒、矾等买卖，对人民进行残酷剥削，或因地方官吏肆意刻剥，生路断绝，被迫进行各种形式的斗争，或者举行武装暴动，或者参加农民起义。茶园

① 《续资治通鉴长编》卷161至卷163。
② 《建炎以来系年要录》卷8至卷9。
③ 洪迈：《容斋续笔》卷5《盗贼怨官吏》。
④ （明）田琯：《万历新昌县志》卷13《杂传志》。
⑤ 《通鉴长编纪事本末》卷13《李顺之变》。
⑥ 《宋史》卷268《张逊传》。
⑦ 《续通鉴长编》卷195，嘉祐六年十一月辛未。
⑧ 《苏东坡奏议集》卷1《上皇帝书》。

户：宋神宗时,彭州三百多茶园户、五千多人,反对官场收购茶叶亏损价钱,聚集茶场"作闹",包围茶官"诟詈",撕毁其衣服,"殴击从者"①。盐户(亭户)：宋太祖时,海门监盐户庞崇等起义,失败,被杀三百多人②。宋恭帝时,庆元府各场盐丁因"积年被官吏椎剥","不胜其苦",即以"借粮"为号召,由徐二百九、叶三千四率领,"相挺为盗",举行暴动,使"千里惊扰"③。坑冶户：宋仁宗时,广南岑水监坑冶户因官府收购铜货"止给空文","无所取资",遂与江西"盐盗"结合,"郡县不能讨"④。宋神宗时,福州车盂场坑户"相聚为盗,吏民无敢呵者"⑤。宋宁宗时,官吏说："今之盗贼所以滋多者,其巢穴有二：一曰贩卖私盐之公行,二曰坑冶炉户之恣横,二者不能禁制,则盗贼终不可弭。"⑥茶贩：王小波、李顺因贩茶失业,举行起义⑦。宋孝宗时,一批茶贩因不堪官府百般勒索,在赖文政率领下,于湖北造反,转入湖南、江西、广东⑧。"茶盗"队伍多达几千人⑨。盐贩：私茶、盐贩是宋代常年存在的民间武装力量。福建、江西、两浙等路都有大批"盐子",数十百人为群,携带武器,贩卖私盐,遇到官军,即与格斗。这些盐贩、茶贩在反对封建官府高价出卖茶盐,使人民能买到比较廉价的茶、盐方面,起到了一定的作用。汀州附近各地农民,还预先将本地"某处某家富有财物"的消息告诉汀州农民。汀州农民便持挟刀杖,"以贩盐为名"聚集起来,由报信者当向导,"置立部伍,公以劫屋为事",夺取地主富豪的财物⑩。木匠：宋孝宗时,宣州胡姓木匠聚集当地居民数千人,占据麻姑山,举行起

---

① 《续通鉴长编》卷282,熙宁十年五月庚午。
② 《续通鉴长编》卷13,开宝五年十月己酉。
③ 黄震：《黄氏日抄》卷77《申省宽盐课状》、《申已断亭户徐二百九等》。
④ 张方平：《乐全集》卷40《蔡公(抗)墓志铭》。
⑤ 黄裳：《演山集》卷34《俞君(备)墓志》。
⑥ 《宋会要辑稿》兵13之39《捕贼》。
⑦ 苏辙：《栾城集》卷36《论蜀茶五害状》。
⑧ 李心传：《建炎以来朝野杂记》甲集卷14《财赋一·江茶》。
⑨ 朱熹：《朱文公文集》卷88《观文殿学士刘公(珙)神道碑》。
⑩ 《永乐大典》卷7895《汀字·汀州府·丛录》引《(开庆)临汀志》。

义①。兵匠：宋神宗时，斩马刀局兵匠，由于"役苦"和被禁军将校强迫服役，"不胜忿而作难"，杀死作头、监官②。渔民：钟相、杨太起义，洞庭湖畔的广大渔民纷纷加入，成为这支农民起义军的重要力量。宋理宗时，湖州潘丙等拥戴济王赵竑当皇帝，发动政变，其支持者中有几十名太湖渔民。这些事件显示渔民也已登上了宋代的政治舞台。

---

① 叶适：《水心文集》卷14《徐德操墓志铭》。
② 陈师道：《后山丛谈》；《续通鉴长编》卷262，熙宁八年四月己丑。

结　语

　　多年来,中外历史学界对于中国封建社会内部的阶段划分,一直存在着许多不同的意见。有些同志主张以唐代中叶或隋代为分界线,划分为上行阶段和下行阶段。有些同志主张隋、唐、宋、元为中国封建社会的中期,此前或此后是前期或后期。有些同志主张以秦至元末为中期,其中又将秦至隋统一为中期前段,隋至元末为中期后段。我主张将中国封建社会划分成三大段,其中从唐代中叶到明代后期以前为中国封建社会的中期,主要理由有二:第一,这一时期的社会生产力继续发展,为资本主义生产关系的萌芽的出现初步准备了物质条件;第二,在封建社会的范围内,社会阶级结构出现了较大的变化。

　　唐代中叶以后中国封建社会的发展变化,首先是因为社会生产力的逐步发展,这是引导社会发展变化的最根本的物质力量。其次是因为人民群众不屈不挠的阶级斗争,不断打击封建制度腐朽落后的环节,这是促使社会发展变化的最根本的动力。经过唐末农民大起义的扫荡,东汉以来以世代簪缨和经学传家相标榜的门阀士族一蹶不振,落后的部曲、奴客制度分崩离析。唐末以后,又经过五代十国的军阀战乱时期,直到宋代初年,北纬约39度以南、东经约101度以东的中国广大地区才告重新统一。统一的政治局面和相对安定的环境,一方面促进了社会生产力不断发展,另一方面使封建国家得以重整山河,把社会上已经发生的变化情况,通过法律手段,制订各项法制,使之固定下来。本书《前言》中所说"定型",便是这个意思。正因为唐代中叶以后的社会发展变化,到宋代几乎完全定型,所以宋代社会各方面都比较清楚地呈现出不同于前代的新面貌。

宋代的社会经济有很大的发展。农业的生产技术达到了高峰,先进地区的农产量在当时世界上居于领先的地位。手工业和科学技术的许多部门,也都居于世界的先进水平。国内商业和对外贸易兴盛,货币流通量比前代大有增加,商品经济比前发达。从社会经济的角度考察,宋代已经初步具备了资本主义萌芽的物质条件。正如著名历史学家范文澜所说:"宋朝生产力的顺利进展,很可能产生资本主义的萌芽。"①但是,由于宋朝在外部不断受到北方邻国的侵扰,在内部地主阶级加紧对人民的压榨和控制,社会经济的进一步发展受到了压抑,因此始终没有产生出资本主义的萌芽来。在蒙古灭宋的过程中,不少地区的生产受到了严重摧残,社会经济的发展更是再度受阻。作为产生于封建社会后期自然经济解体时的资本主义生产关系的最初形态,作为一种新的社会关系,资本主义萌芽首先稀疏地出现在手工业生产部门,然后逐步渗透到农业部门。同时,资本主义萌芽具有新生事物的生命力,它一经诞生,一般不会半途夭折。所以,我不赞成宋代曾经出现资本主义萌芽而后来夭折的观点。我认为,宋代只是初步具备了资本主义萌芽的物质条件,但并没有产生资本主义萌芽。因此,可以这样估计,宋代只是中国封建社会中资本主义萌芽的准备阶段。

宋代形成了新的社会阶级结构。由唐代的门阀士族和部曲、奴客、贱民、番匠、奴婢等旧的社会阶级结构,转变为宋代的官僚地主和佃客、差雇匠、和雇匠、人力、女使等新的社会阶级结构,这是在中国封建社会内部阶级关系的一次重大变化。根据目前掌握的资料,这一变化逐步由封建法律加以肯定下来。如宋仁宗初年,开始出现表示官僚地主的"官户"的法定名称,随后又陆续规定了官户的各种特权和限制。又如

---

① 《范文澜历史论文选集》,中国社会科学出版社1979年版,第30页。

宋仁宗时开始规定佃客的迁徙自由权；宋神宗或哲宗时开始明确规定佃客的法律地位，宋高宗时又作了新的规定。毛泽东同志在《矛盾论》中指出："新过程的发生是什么呢？这是旧的统一和组成此统一的对立成分让位于新的统一和组成此统一的对立成分，于是新过程就代替旧过程而发生。旧过程完结了，新过程发生了。新过程又包含着新矛盾，开始它自己的矛盾发展史。"①宋代新的社会阶级结构的形成，标志着宋代已经迈入了一个新的历史过程。跟新的社会阶级结构同时形成的，有新的封建土地所有制和新的剥削方式，这三者互为依存。新的封建土地所有制允许地主、官员自由购置土地，土地的私有化程度大为提高。地主出租土地、收取地租、剥削佃农的租佃制度，也成为宋代社会普遍的经济形态。随着新的社会经济结构的出现，宋代社会的整个上层建筑都出现相应的变革。大致上在宋太祖、太宗时期，基本上完成了政治制度和军事制度的改革，其中科举制度的改革稍迟至宋真宗时完成。在宋仁宗时期，基本上完成了教育制度的改革。思想领域的变革则比较晚一些，这是因为意识、观念的变化往往发生在物质生活的变化之后。宋仁宗时出现了"疑经"的风气，随后形成了理学的各派，直到宋孝宗时才由朱熹集"唯理"学派之大成，并在宋理宗时受到地主阶级的推尊，取得思想上的统治地位。新的封建家族组织的建立和妇女的社会地位的变化，宋仁宗时也已经开始了，但直到南宋后期才告一段落。人民群众的阶级斗争，针对新的封建经济制度和政治制度，提出了新的战斗口号和采取了新的斗争方式。农民起义在宋太宗时提出"均贫富"的口号，宋高宗时发展为"均贫富，等贵贱"；宋神宗时开始的抗租斗争，南宋时日益增多；士兵和手工业各部门的中下层人民也开展了各种方式的斗争。这一切都意味着宋代的社会历史面貌跟唐代中叶以前有很大的不同。这种不同，不仅是在量方面的大量增加，而且是在质方面的部分变化。当然，所谓质的部分变化，只是指在封建制度内部长

---

① 《毛泽东选集》第 1 卷，人民出版社 1952 年版，第 295 页。

期量变过程中出现的部分质变而言,并不表明宋代已经出现了资本主义生产关系的因素。因此,我认为,宋代社会各方面的发展变化,显示了从唐代中叶以后,中国封建社会进入了继续发展的新时期,这一新时期便是中国封建社会的中期。

宋史研究

（第一至第三、第四章部分）

目　　录

前　　言

　　20世纪的中国宋史学,大致经历了酝酿期、开创期和海峡两岸平行发展期三个阶段。从时间上划分,前两个阶段差不多在上半世纪,后一个阶段在下半世纪。后一个阶段海峡两岸的情况有些不同,不同之处主要是在50至70年代,对香港和台湾的宋史学界而言,是平稳发展期;对大陆宋史学界而言则是曲折发展期:1950年至1965年,大陆的宋史研究呈现缓慢发展,1966年至1976年"文化大革命"时期,基本处于停滞状态。80年代后,则是大陆和台湾、香港宋史学的大发展时期,不仅发表了大量高质量的论著,而且培养了一批优秀的宋史研究人才,堪称两岸宋史研究的黄金时期。

　　经过一百年几代学者的共同努力,以及日本、美国、法国等宋史学者的推动,中国宋史学界取得了丰硕的成果,众多学者逐渐在许多问题上达成共识。当然,直至今天也还存在着一些分歧,甚至还就一些问题展开争论,但因本书体例和篇幅所限,凡发表在2001年及以后的论著不得不一律忍痛割爱。

　　我们在着手编写本书时,最初计划尽可能全面反映宋史学界已经取得的成绩,不论是大陆的,还是台、港的。胡戟、张弓等先生主编的《二十世纪唐研究》(中国社会科学出版社,2002年)是我们理想中的样板,该书近174万字,比较全面地总结了20世纪唐史领域的研究情况。但是,与该书相比,本书撰写的宗旨是作为一种学术研究史,必须从大处着眼,紧抓主要的问题和曾经展开热烈争论的问题,突出一些具有开创意义的重大学术成果,尽量融入一些自出机杼、发人深省的新见,以反映中国宋史学的发展脉络,所以,无法面面俱到、巨细无遗。

在本书动笔之后,宋史学界的许多朋友热情地提供了许多帮助。中国社会科学院历史研究所王曾瑜先生首先寄来了他所撰20世纪宋史研究回顾"研究史"部分的手稿复印件。南京师大历史系陈振教授寄赠他与李天石先生合作编著的《宋辽金史研究概述》(天津教育出版社,1995年)。四川师大历史系张邦炜教授、四川大学历史文化学院刘复生教授、江西师大历史系许怀林教授、暨南大学古籍研究所汤开建教授、浙江师大历史系方如金教授、浙江大学经济学院周生春教授、中山大学历史系曹家齐教授等,陆续寄来他们的著作和论文以及论著目录。台湾中国文化大学人文学院宋晞和韩桂华教授寄赠了《宋史研究论文与书籍目录》和《续编》。香港中文大学历史系曾瑞龙教授生前多次寄赠香港宋史学者的著作和论文的复印件,还亲自撰写香港宋史学者的师承关系等。北京大学中古史研究中心曾经邀请本书的著者之一朱瑞熙作为访问学者,去该中心图书馆查阅相关书刊,尤其是港台学者的著作。中古史研究中心正、副主任张希清和李孝聪教授及邓小南、刘浦江教授、图书分馆馆长臧健副研究员、马秉滔先生,为朱瑞熙提供了一些重要信息,复印了许多珍贵的资料。在此,笔者一方面对以上各位朋友以及其他宋史研究同行表示歉意,因为无法将他们在宋史研究领域的贡献全部写入本书,难免有所遗漏;另一方面对他们的大力支持和无私帮助表示由衷的感谢。

本课题的研究得到上海市教育委员会人文社会科研项目的资助,并得到教育部人文社科重点研究基地——北京大学中古史研究中心重大项目基金援助,特表谢忱。

本书作者分工如下:

朱瑞熙:前言、导言、第一章、第二章、第三章、第四章之第二节。

程郁:第四章之概述及第一节、第五章、第六章。

　　第四章中,刘婷提供了第三节的初稿,余珏提供了第四节的初稿,瞿晓凤、何亚莉、王庆松提供了第五节的初稿,由朱瑞熙、程郁改定。此外,戚良艳提供了第二章第一节的初稿。

　　全书由朱瑞熙统稿。

朱瑞熙

导　言

宋朝从公元 960 年至 1279 年，共约 320 年。在中国历史发展的长河中，唐、五代以来从阶级关系到政治制度都发生了一系列的变化，大致到宋代定型。宋朝处于一个相对稳定的发展时期，作为当时的世界大国，经济、文化诸方面的成就，在世界上居于领先的地位，对人类的文明做出了重大贡献，产生了深远的影响。

宋朝以后，历代学者都对宋朝历史作过初步的探索。元代赵汸和郝经都把宋与汉、唐相比，称为"后三代"或"后来三代"①，给予充分的肯定。明代陈邦瞻《宋史纪事本末·叙》说："宇宙风气，其变之大者有三：鸿荒一变而为唐、虞，以至于周，七国为极；再变而为汉，以至于唐，五季为极；宋其三变，而吾未睹其极也。变未极则治不得不相为因，今国家之制，民间之俗，官司之所行，儒者之所守，有一不与宋近者乎？非慕宋而乐趋之，而势固然已。"明确指出宋与汉、唐五代的不同，明代与宋的传承关系②。

进入 20 世纪后，差不多四代宋史研究者生逢其时，面临"四新"的局面：第一"新"是社会更新，即中国社会由传统专制社会向现代社会的转型时期。第二"新"是研究方法更新，即受到日本、美、法等学者的影响，开始运用新的研究方法。第三"新"是观念更新，即接受西方的

---

① （元）赵汸：《东山存稿》卷 1《观舆图有感》；郝经：《陵川集》卷 10《温公画像》。均四库全书文渊阁台北商务影印本。

② 中华书局 1977 年版，附录一。参见张其凡：《两宋历史文化概论》，广东人民出版社，2002 年版。

史学理论,包括马克思主义的历史唯物主义,萌生了新的史学理论体系。第四"新"是史料的新发现,即经过不断的爬梳发掘,利用许多新的历史文献和考古成果。可以这样说,经历了酝酿期、开创期和海峡两岸平行发展期三个阶段,到 20 世纪末期,中国史学界业已奠定了现代意义的中国"宋史学"。此外,学者们突破传统的研究思路,扩大了视野,开展跨学科的研究,诸如在宋代政治制度史、社会生活、生态环境学方面的研究,都取得了丰硕的成果,拓展了研究的领域,增添了研究对象。

就研究成果的数量而言,20 世纪中国学者至少发表了有关宋史的论文 18 972 篇,出版有关宋史的著作 1 121 种①,其中不乏学风扎实、立论严谨而足以传世的典范之作。中国宋史研究会成立于 1980 年,是全国最早成立的断代史研究会,至 20 世纪末在册会员已达 300 多人。中国宋史研究会每两年举行一次年会,出版论文集 10 多册。台湾的宋史座谈会创立的时间更早,自 1963 年 11 月举行第一次座谈会后,至 1994 年,共召开过 117 次座谈会,至 2000 年,出版《宋史研究集》共 30 辑。可谓成绩卓著。参加宋史座谈会的学者前后也有几十人。

中国宋史学的首要任务自然是揭示两宋历史上发生的事实真相,说明前后的发展变化,其次是总结相关的历史规律。应该说事实真相越揭示得清楚,结论越是客观,相关规律越是明显。20 世纪的头 30 年是中国宋史学的酝酿期。这一时期中国的许多专家学者开始运用西方的历史、经济、政治等学科的理论和研究方法,诸如一些大学者梁启超、康有为、王国维等先后迈入宋史领域,对宋代的一些课题进行了别开生面的研究,留下了多种极有分量的论著,贡献了第一批学术成果。三四十年代,是中国宋史学的开创期。蒙文通、陈乐素、张荫麟、邓广铭等四位先生,作为中国第二代宋史研究的杰出代表,在宋史研究、培养宋史研究后备力量方面,都做出了杰出的贡献。50 至 70 年代,是中国宋史

---

① 据宋晞先生编《宋史研究论文与书籍目录》和《宋史研究论文与书籍目录续编》,台北中国文化大学出版部 1983 年版和 2003 年版。

学的曲折发展期。大陆的宋史学者虽然经过努力,取得了可观的成绩,但不得不参加频繁的政治运动,无法充分发挥自己的聪明才智,登上更高的学术境界。至于"文化大革命"期间,尽管也有一些宋史课题被提到政治舞台,但只是极左派政治斗争的工具。真正的宋史研究处于沉寂的状态。台湾和香港的宋史研究则基本上继续正常进行,没有停顿下来。八九十年代,准确地讲,是在1979年改革开放以后,到20世纪末,是宋史研究的大发展时期。第二、第三代学者,珍惜千载难逢的机会,释放出压抑多年的学术能量,在宋史研究领域遍地开花,写出了大量学术论著,达到20世纪宋史研究的最高学术水准。同时,他们还培养了众多的第四代宋史学者,这批年轻后起之秀正肩负着继往开来的重任,将在21世纪宋史研究方面做出更大的成绩。

本书在扼要勾画出20世纪中国宋史学由开创到奠基的发展历程后,首先探讨这一百年内宋代政治史方面的一些重大争论,如有关北宋初的疑案、多名皇帝的评价、岳飞和宋金和议问题、民变问题等。随后梳理这一百年内对于宋代政治制度、经济、社会、文化等的研究和逐步创立、拓展和深入的过程,力求描绘出这些方面研究的发展轨迹。

历史证明,每个人都不可避免地受到时代的局限。对于前辈宋史学者,应该充分尊重他们曾经在宋史园地辛勤耕耘而获得的丰硕成果,把他们的研究成果放在他们所处的时代来加以恰当的评价。这也就是要"善待先人",而不应苛求他们。对于曾经出现的不同学术观点的争论,应该充分加以肯定。在20世纪前50年中,中国学术界围绕宋史进行过许多争论,有力地推动了宋史的深入研究。但在后50年中,尤其在50至70年代,大陆宋史学界受教条主义的严重干扰,几乎没有进行过像样的真正学术意义的争鸣,不是以理服人,而是动辄戴帽子、打棍子。直到八九十年代,大陆宋史学界才迎来了企盼已久的学术春天,不时展开真正有学术价值的辩论。当然,在辩论中,不应鼓励彼此使用超出学术争论范围的言辞,这种言辞实际是50至70年代用教条主义压制学术的不良遗风,不值得仿效和提倡。这种遗风不利于学者之间进行平等而有益的讨论。实际上,学者之间更多的是"自说自话"即各说各的,互不交锋,这也不利于宋史研究的进一步深入。必须指出,20世纪的中国宋史学界还没有真正形成学派,这自然令人遗憾。所以,我们不得不寄希望于新的世纪,热切盼望第四代及以后的学者,能够通过我们对20世纪研究成果的清理和评说,踩在前几代学者的肩膀上,踏踏实实地登上新的学术高峰。

第一章　中国宋史学的开创和奠基

　　20 世纪的中国,经历了清朝末年、民国时期和中华人民共和国前51 年等三个历史阶段,社会制度发生了翻天覆地的变化。从清朝末年起,随着西方史学理论和研究方法的逐步传入,以及新史料的发现,中国学术界逐渐重视对宋代历史的研究,从酝酿到形成相对独立的学科,涌现出一批又一批成绩卓著的专家,推出了许多颇有学术价值的研究著作和论文。

第一节　20 世纪头 30 年中国的宋史研究

　　不能否认,20 世纪头 30 年内,中国的历史学家和其他学界的许多专家学者,在宋史领域做出了一些堪称开拓性的工作,留下了一些论著。诸如梁启超对王安石及其变法的研究,康有为对宋代职官制度的研究,王国维对宋代戏曲的研究等,皆成绩卓著,影响深远。

　　1908 年,梁启超撰成中国历代人物传记之一《王荆公》。1930 年上海商务印书馆出版时,改名《王荆公传》。1935 年,上海世界书局在印制《王临川集》时,又将此传附在卷首,改为《王安石评传》。梁启超运用西方的史学、经济学和政治学的理论和研究方法,重新评价王安石及其变法,认为王安石是"中国大政治家"、"大文学家",并将各项新法归纳为民政、财政、军政、教育、选举等类。他将各项新法与当时欧、美政治进行比较,提出青苗法"颇有类于官办之劝业银行";募役法"令出代役之税,以充募资……其办法极类今文明国之所得税";方田法如同"近世所谓土地台账法";将兵制最接近于今世的德国、日本之陆军编制法;保甲法"最初之性质","与今世所谓警察者正相类"。同时,他对有关王安石的记载加以考订,如指出宫观祠禄官的设置"远在熙宁以前",并不始于王安石。又如以前学者说王安石认为《春秋》是"断烂朝报",他指出这是曲解王安石的原意,王的原意是"实尊经,非诋经也"。梁启超的上述研究确实有开创之功,但缺点是对王安石及其变法评价过高,如认为免役法"实国史上、世界史上最有名誉之社会革命";同时,与当时欧、美政治的比较也颇不恰当①。

1903 年,康有为用笔名"明夷",在《新民丛报》发表《宋官制最善》一文。该文指出,宋代官制的"五善"为"中央集权"、"分司详细"、"以差易官"、"供奉归总"、"州郡地少"。"凡此五者,皆中国历朝所未有,非迂学所能识者也"。他也将宋朝各官署的设置与当时欧、美各国进行比较。比如他认为宋朝"集供奉之职于一司",而"今俄、英、日皆有宫内省,以一司尽统诸司,供奉者既简既肃,而又不与国政、民政之官相杂乱,岂不清切乎?故宋制最精妥矣"。至于"分司详细",如设置吏部,"此与各国内务部无异矣"。又如三司、户部的设置,"可谓析之至详,虽今各国理财之司,备极精密,无以过此"。该文强调宋代官署的设置出于当时现实的需要,具有合理性、优越性。这些观点与清代初年以来学者贬低宋代官制大相径庭,体现了一种历史进化论,对后来的学者极有启发②。

1915 年,王国维著《宋元戏曲史》一书,用比较科学的分析和归纳方法,对中国戏曲的形成和发展作了总结。该书将宋代的戏曲分为滑稽戏、小说杂戏、乐曲、宫本杂剧段数四部分,指出唐、宋滑稽戏即杂剧,

---

① 梁启超:《王安石评传》,世界书局 1935 年版。
② 康有为:《官制议》卷 4《宋官制最善》,载《近代中国史料丛刊续编》第 4 辑,台北文海出版社影印本。见马洪林《康有为大传·生平大事年表》:"1903 年……著成《官制议》。"辽宁人民出版社 1988 年版。

宋杂剧以诙谐为主,但与唐朝不同的是"其中脚色较为著明,而布置亦稍复杂;然不能被以歌舞"。宋代的小说即"说话",但以口演以叙事为主,与杂剧"但托故事者迥异"。傀儡至宋"最盛","种类亦最繁",有悬丝、走线、杖头、药发、水傀儡等多种,"宋时此戏,实与戏剧同时发达,其以敷衍故事为主,且较胜于滑稽剧"。影戏是"自宋始有之",也"专以演故事为事","此亦有助于戏剧之进步者也"。傀儡和影戏,演其"形象",但"非以人演也"。在乐曲方面,宋代称"歌舞相兼者"为"传踏","恒以一曲连续歌之","每一首咏一事,共若干首,则咏若干事"。同时,出现了"诸宫调",是"合诸曲以成全体者",而又"合若干宫调以咏一事"。王国维力图从宋代的杂剧、小说、傀儡皮影等杂戏,来探讨后代戏剧的起源。他提出北宋已经有"戏曲",但"其体裁如何,则不可知",因此仅能从周密《武林旧事》所载"宫本杂剧段数,多至二百八十本",推断"今虽仅存其目,可以窥两宋戏曲之大概焉"。他的结论是"真正之戏剧,起于宋代"①。王国维还对宋代的金石学等课题作过探讨②。

此外,这一时期还有胡适、何炳松、陶希圣、张星烺、张其昀、柳诒徵、汤中、竺可桢、吴其昌、周予同、吴廷燮、赵万里等许多著名学者,对宋代的思想、政治史、人物、文献、科技、史学、唐宋间社会变迁等做了研究。但是,他们对宋史的研究有共同的特点:一是他们都成为宋史研究园地的匆匆过客,犹如蜻蜓点水,浅尝辄止,或仅如一颗流星,一闪而逝,尚未出现专攻宋史的学者。二是仅对宋代的某一具体方面进行探讨,缺乏对宋朝历史的整体研究,也缺乏对宋朝历史地位的深入思考。

总之,梁启超、康有为、王国维等学者在宋代历史某一方面的研究立下了开拓之功,但当时也还没有形成一个相对独立的学科,即中国宋史学。因此,他们所做的一切只是为中国宋史学的创立做了酝酿的工作。

---

① 　王国维:《宋元戏曲史》,商务印书馆 1943 年 7 月版。
② 　王国维:《宋代之金石学》,载《国学论丛》第 1 卷第 3 期,1928 年 4 月。

第二节 蒙文通、张荫麟、陈乐素、邓广铭的开创之功

从 20 世纪 30 年代起,中国宋史学由酝酿期进入开创期。由于中国国土辽阔,高等学校和研究机构众多,中国宋史学的开创过程呈现多元化的倾向,这就意味着为中国宋史学立下开创之功的不仅仅是某一位学者,而是至少有四位,即蒙文通、陈乐素、张荫麟和邓广铭。可以依照他们四位的年龄、开设宋史课程的早晚、培养宋史研究的后备力量、宋史研究方面的建树等四个标准,来肯定他们在 20 世纪开创中国宋史学的功绩。

首先,从他们四位的年龄考察。蒙文通先生生于 1894 年,卒于 1968 年。陈乐素先生生于 1902 年,卒于 1990 年。张荫麟先生生于 1905 年,卒于 1942 年。邓广铭先生生于 1907 年,卒于 1998 年。蒙文通先生居长,邓广铭先生最年轻。

其次,从他们开设宋史课程的时间先后考察。蒙文通先生和张荫麟先生几乎是同时开设宋史课的,或者蒙先生略早于张先生,蒙先生在北京大学史学系,张先生在清华大学历史系。桑兵在《晚清民国的国学研究》一书中指出:到 20 世纪 30 年代,北平的学术界里充满着"非考据不足以言学术"的空气。与此相应,各大学的史学课程日趋专门化。1931 年北京大学史学系的课程比此前有明显变化,主要表现于:一、通史断代化,中国史分为上古、汉魏、宋史、满洲开国史……①

牛大勇在《北京大学史学系沿革纪略(一)》一文中指出:20 年代末期至 30 年代中期,北大史学系专任教师以及为史学系授课的校内外学者还有(以姓氏笔画为序):……赵万里(宋史、中国雕版史、中国史料目录学)……蒙文通(周秦民族思想、魏晋南北朝史、隋唐五代史、宋

---

① 桑兵:《晚清民国的国学研究》,上海古籍出版社 2001 年版,第 80 页。

史、中国史学史）……

　　牛大勇所依据的资料是"北大档"中的"《史学课程》,1931—1932年"和"《国立北京大学文学院课程一览》,1932—1937 各年度"等。这些档案资料应该是可信的第一手材料①。又据蒙文通先生哲嗣蒙默教授记载,蒙文通先生"1933 年,教授于北京大学,讲《周秦民族与思想》……1936 年,移居天津,教授于河北女子师范学院"②。这里还可提供一个旁证,邓广铭先生在生前数次对朱瑞熙说:"我们是一师之出。"邓先生此话显然事出有因:邓先生 1932 年至 1936 年在北京大学史学系就读,邓先生必定在这四年中曾聆听蒙先生的宋史课。刘浦江同志也撰文指出:"大学时代,邓广铭也上过两门属于这个领域的专业课,一门是蒙文通讲授的宋史。"③可见,蒙文通先生在 1933 年至 1935 年间在北京大学开设了宋史课。

　　至于张荫麟先生开设宋史课的时间,据桑兵《晚清民国的国学研究》一书记载:清华(大学)历史系从来就重视历史和相关学科的训练……蒋(廷黻)担任系主任期间,该系课程有所调整,如 1929 年将"历史研究法"改为"史学方法",将中国上古、近世史改为宋辽金元等断代史……至 1934 年,因为开设本科与研究院共修课程,专门化趋势进一步加强,如断代史分为秦汉史、(魏)晋南北朝史、唐史、宋史、明史、清史……④

　　说明清华大学历史系是从 1934 年开设宋史课的。又据张其凡同志《两宋历史文化概论》一书记载:1933 年冬,他(即张荫麟先生)自美国回国后,在清华大学历史、哲学两系任教时,即在历史系每周开设宋史课。这是迄今所知 20 世纪以来最早在大学专门开设宋史课的开端。1940 年春,张荫麟任浙江大学史学教授,兼史地研究所导师,继续开设

①　《北大史学》第 1 辑,北京大学出版社 1993 年 6 月版。
②　蒙默:《蒙文通学记》,第 187—188 页。
③　刘浦江:《邓广铭与二十世纪的宋代史学》,《历史研究》1999 年第 5 期。
④　桑兵:《晚清民国的国学研究》,第 81—82 页。

宋史课,培养青年学子,由此开浙江大学宋史研究之风气①。

据此,大致可以判定张荫麟先生在清华大学历史系开设宋史课的时间上限为 1934 年,下限为 1939 年底。张敦恒、张云台先生撰《张荫麟在清华——为老校友张荫麟逝世 60 周年而作》回忆:1934 年至 1935 年张荫麟为清华大学哲学系与历史系合聘专任讲师……在历史系为本科及研究院(生?)主讲共修学程。《中国学术史》和《宋史》第二年开班②。

据此,可以进一步肯定张先生在 1934 年尚未开设宋史课,而是到 1935 年 1 月或 2 月才开始。至于开设宋史课的时间下限,据李埏先生撰《张荫麟先生传略》记载:1935 年暑期后,(张荫麟)应当时教育部之聘,编撰高中历史教科书(后来改为专著,即《中国史纲》),于是向清华告假,专事著述。1937 年"七七事变"爆发,他南下浙江……③

可见 1935 年暑期后他就离开清华,实际上不可能开宋史课了。因此,张荫麟先生在清华大学历史系开设了一个学期的宋史课,时间应为 1935 年 1 月或 2 月至 7 月。

以上说明蒙文通先生和张荫麟先生差不多同时在北大和清华开设宋史课,蒙先生也可能比张先生略早,但具体时间目前无法确定。

再其次,从培养宋史研究的后备力量考察。蒙文通先生性格豪爽,对后辈晚生诲人不倦,循循善诱,得立其门墙者,多能自成其学。最早的专治宋史的学生,当数中国著名的宋史专家邓广铭先生。尽管蒙先生早年在北大史学系所讲授的宋史课的内容如今已经无从知晓;尽管邓先生与蒙先生后来在宋史研究上有许多不同观点,如邓先生肯定王安石及其变法,而蒙先生虽基本肯定王安石其人,但从实践和社会效果分析对王安石变法(蒙先生认为用"熙丰变法"一词更准确)持全盘否定的态度。然而邓先生在宋史上接受蒙先生的启蒙教育却是不争的事

① 张其凡:《两宋历史文化概论》,广东人民出版社 2002 年 7 月版,第 215—216 页。
② 《张荫麟先生纪念文集》,汉语大词典出版社 2002 年 10 月版,第 281 页。
③ 《张荫麟先生纪念文集》,汉语大词典出版社 2002 年 10 月版,第 248 页。

实。稍后,曾在 20 世纪 40 年代和 50 年代先后于四川成都、北京"受业"于蒙先生的另一位宋史专家郦家驹先生,1978 年 12 月撰写《深切怀念蒙文通先生》一文①,指出蒙先生在宋史研究方面的种种成就,以及指导学生研究宋史的方法。郦先生著有《中国史稿》第五册(主要作者之一,1983 年)、《宋史研究论文集》(另一主编是邓广铭先生,1984 年)、《试论关于韩侂胄评价的若干问题》(1981 年)、《北宋时期的弊政和改革》(1983 年)、《两宋时期土地所有权的转移》(1988 年)、《秦桧传序》(1999 年)等。20 世纪 60 年代前期,蒙先生招收贾大泉同志和朱瑞熙为宋史专业研究生,胡昭曦同志为助教。在蒙先生的悉心指导下,3 人 10 多年后,都学有所成,自成一家。胡昭曦同志主要著作有《四川古史考察札记》、《宋代四川战争史料选编》(第一作者,1984 年)、《宋蒙(元)关系史》(第一作者,1992 年)、《宋理宗宋度宗》(第一作者,1996 年)、《宋代蜀学研究》(第一作者,1997 年)、《胡昭曦宋史论集》(1998 年)、《四川书院史》(2000 年)、《巴蜀历史文化论集》(2002 年)、《宋代蜀学论集》(2004 年)等。贾大泉同志主要著作有《宋代四川经济述论》(1985 年)、《宋代四川纸币》(2002 年)、《宋代四川绘画》(1986 年)、《钓鱼城与南宋政权》(1994 年)、《薛田与交子》(1996 年)、《宋代的纸币发行和纸币政论》(1996 年)等。朱瑞熙主要著作有《中国通史》第 5、6、7 册(主要作者之一,1978 年、1979 年、1983 年)、《宋代社会研究》(1983 年)、《宋代笔记小说选译》(1991 年)、《中国政治制度通史》宋代卷(1996 年)、《辽宋西夏金社会生活史》(第一作者,1998 年)、《嘐城集》(2001 年)、《白鹿洞书院古志五种》(1995 年)、《传世藏书·宋、金、元别集》(1996 年)等。经过蒙先生的长期努力,为中国宋史学界、为四川大学历史系的宋史研究奠定了雄厚的基础。

1942 年,张荫麟先生不幸英年早逝,年仅 37 岁。张先生在清华大学历史系、浙江大学史地系培养了许多学生,其中在宋史方面的高足有

---

① 蒙默:《蒙文通学记》,第 101—118 页。

丁则良、李埏等先生。丁则良先生是张先生在清华大学任教时的学生之一。20 世纪 40 年代发表四篇宋史论文:《王安石日录考》(1941年)、《杯酒释兵权考》(1945 年)、《沈括生卒年考》(1947 年)、《读"沈括编年事辑校后记"》(1948 年)。50 年代发表三篇论文:《北宋初年王小波、李顺起义的性质》(1950 年)、《关于宋初王小波、李顺的起义》(1951 年)、《关于北宋初年王小波、李顺起义的几个问题》(1954 年)。李埏先生自 1938 年 8 月开始,在昆明西南联合大学史学系从张先生学习宋史,主要著作有《中国封建经济史论集》(1987 年)、《中国古代土地国有制史》(第一主编,1997 年)、《宋金楮币史系年》(1996 年)、《不自小斋文存》(2001 年)等,还编写《中国封建经济史专题》、《唐宋经济史》、《宋代史稿》、《唐宋社会的等级分析》等教材和讲义,用于教学①。

　　陈乐素先生自 1942 年至 1954 年先后任浙江大学史地系、历史系教授。1978 年至 1979 年,在原杭州大学历史系任职,创设宋史研究室。1979 年,南下广州,在暨南大学历史系担任教授,创办宋史研究室。在四五十年代,陈先生继张荫麟先生之后,培养了一批宋史研究生,为浙江大学的宋史研究奠定了雄厚的基础。他的高足有著名宋史专家徐规、宋晞、程光裕等先生。徐规先生 1940 年秋至 1942 年读过张荫麟先生开设的唐宋史等三门课,所以实际也是张荫麟先生的学生。1947 年开始发表宋史论文。主要著作有《李焘年表》(1963 年)、《王禹偁事迹著作编年》(1982 年)、《沈括事迹编年》(1988 年)、《刘锜事迹编年》(1992 年)、《仰素集》(1999 年),另有精心点校的李心传著《建炎以来朝野杂记》(2000 年)等。宋晞先生也曾承张荫麟先生之教,1947 年起发表宋史论文。主要著作有《宋史研究论丛》第 1 辑(1962 年)、第 2 辑(1980 年)、第 3 辑(1988 年)、第 4 辑(1992 年)、第 5 辑(1999 年)、《宋史研究论文与书籍目录》(1983 年)、《宋史研究论文与书籍目录续编》(2003 年)等。1949 年 8 月赴台湾工作,多年主持"宋史座谈会",成为

①　林文勋:《李埏先生传略》,载《不自小斋文存》,云南人民出版社 2001 年版,第 935 页。

台湾宋史学界的领袖人物,为海峡两岸宋史学者的沟通做出了杰出贡献。程光裕先生主要著作有《宋太宗对辽战争考》(1972 年)、《唐宋茶史论稿》(1985 年)、《宋元时代泉州之桥梁研究》(1969 年)、《宋代明州之著名山寺》(1987 年)等。

邓广铭先生从 1946 年返回北平到 1998 年逝世,一直在北京大学任职。1980 年,创建中国宋史研究会。1981 年,创建北大中国中古史研究中心。邓先生一生培养许多宋史研究生,其中最有成就的是漆侠先生。1948 年,漆先生考入北大,成为邓先生的第一位研究生。漆先生主要著作有《王安石变法》(1959 年)、《宋代经济史》、《求实集》(1982 年)、《知困集》(1992 年)、《探知集》(1999 年)、《宋学的发展和演变》(2002 年)、《中国封建社会经济史》(第二总主编,1996 年)等。此外,还有不少曾经接受过邓先生指导的历史系本科生和研究生,其中后来成为宋史专家的有陈振、陈智超、梁太济、王曾瑜、吴泰、张希清、邓小南等同志。

第四,从对宋史研究贡献的早晚和大小考察。蒙文通先生并不专治宋史,1927 年和 1928 年相继撰成的名著《古史甄微》和《经学抉原》,是两部影响深远的研究中国上古史的专著。1935 年,蒙先生发表《评〈史学散篇〉》一文。1937 年,发表《论北宋变法和南宋和战》。1938 年,发表《〈宋史〉叙言》(为《中国史学史》讲义的内容之一)。以上两文可能是蒙先生在北大历史系所开设"宋史"课的部分内容。1942 年,发表《跋〈宋史全文续资治通鉴〉》。1943 年,发表《宋明之社会设计》、《宋代史学》(即《中国史学史》第三章第一、二、四、六、七节)。1946 年,撰写《跋华阳张君〈叶水心研究〉》[①]。1948 年,发表《王介甫〈老子注〉佚文》。据蒙默先生为该文所写跋,得知蒙先生辑于 1947 年前后任四川省立图书馆馆长时。同年,又发表《陈碧虚与陈抟学派——陈景元〈老子〉、〈庄子〉注校记》[②]。及至 50 年代和 60 年代初,蒙先生在

---

① 载《蒙文通文集》第 3 卷《经史抉原》,巴蜀书社 1995 年版。按:该文蒙生前并未刊出,据手稿原文撰于"丙未仲夏",即民国 35 年(1946 年)农历 4 月。
② 《蒙文通文集》第 6 卷《道书辑校十种》,巴蜀书社 2001 年版。蒙默在该文跋中指出蒙先生此文与 40 年后容肇祖辑《王安石〈老子注〉辑本》(中华书局,1979 年版)的异同和优劣。

1955 年发表《从〈采石瓜洲毙亮记〉认识到宋代野史中的新闻报道》，1957 年,发表《中国历代农产量的扩大和赋役制度及学术思想的演变》。1958 年,撰写《鸿沟通塞考》《道教史琐谈》等文,皆涉及宋史。1961 年,发表《从宋代商税和城市看中国封建社会的自然经济》等论文。从 1954 年至 1958 年,还撰写《北宋变法批判七件》稿,传授给历届学生和研究生。蒙先生的这些文章均以深邃的智慧和独特的视角,探讨宋代的一些重要课题,每一篇都提出了发人深省的新的见解,在全国宋史论文尚少的年代尤其引人注目,影响深远。1987 年至 2001 年,蒙先生的著作《蒙文通文集》第一卷至第六卷陆续出版。

张荫麟先生,是一位很有才华的历史学家,他一生撰写了宋史论文 20 多篇,且发表时间较早。1925 年,发表《宋燕肃、吴德仁指南车造法考》和《宋卢道隆、吴德仁记里鼓车之造法》。1930 年,发表《关于朱熹太极说之讨论》。1936 年,发表《南宋亡国史补》、《南宋初年的均贫富思想》、《南宋末年的民生与财政》、《端平入洛败盟辨》和《沈括编年事辑》。1937 年,发表《宋初四川王小波、李顺之乱》和《宋史兵志补阙》。1938 年,发表《宋儒太极图说之转变》。1939 年,发表《北宋的土地分配与社会骚动》、《陆象山的生平》和《陆学发微》。1940 年,发表《宋代南北社会之差异》、《南宋之军队》和《〈刘锜与顺昌之战〉自序》。1941 年,发表《〈顺昌战胜破贼录〉疏证》、《燕肃著作事迹考》、《宋太祖誓碑及政事堂刻石考》、《宋太宗继统考实》、《宋朝的开国和开国规模》和《北宋的外患与变法(上)》。1942 年他病逝前后,发表《北宋的外患与变法(下)》、《宋武功大夫河东第二将折公墓志铭跋》、《北宋关于家庭制度之法令》、《北宋四子之生活与思想》(未完稿)等。这些论文反映张先生视角宽广,内容包括北宋和南宋的政治、经济、制度、科技、思想、人物、农民起义等,多有开创性的课题①。

① 张云台编:《张荫麟文集》,教育科学出版社 1993 年版。张其凡:《两宋历史文化概论》,广东人民出版社 2002 年版,第 216 页。另,张其凡认为张荫麟先生共发表宋史论文 30 多篇,但据徐规先生《张荫麟先生著作系年目录并序》(徐规《仰素集》,杭州大学出版社 1999 年版)统计,实际为 26 篇。

陈乐素先生一生以宋史研究为主,是中国又一位德高望重的宋史学界元老。1933 年,陈先生发表处女作《宋徽宗谋复燕云之败》。1934 年至 1936 年,连续发表《徐梦莘考》、《三朝北盟会编考》和《宋初三馆考》三篇论文。1946 年,发表《直斋书录解题作者陈振孙》、《宋史艺文志序文证误》和《四库提要与宋史艺文志之关系》。1947 年,发表《南宋定都临安的原因》和《主客户对称与北宋户部的户口统计》。1948 年,发表《余靖奏议中所见北宋庆历时社会》和《读宋史魏杞传》。1979 年,发表《宋代的客户与士大夫》。1982 年,撰就《流放岭南的元祐党人》,发表《珠玑巷史事》。1983 年,撰就《略论〈直斋书录解题〉》,发表《袁本和衢本〈郡斋读书志〉》和《桂林石刻〈元祐党籍〉》。主要著作有《求是集》第一集(1986 年)和第二集(1984 年)、《宋元文史研究》(1988 年)、《宋史艺文志考证》(2002 年)等。陈先生在宋史方面的最大贡献,是对一些宋代史籍目录著作如《直斋书录解题》、《郡斋读书志》和《宋史·艺文志》等的深入研究;其次是对宋代社会问题的开拓性研究。

邓广铭先生 1932 年夏考入北京大学文学院史学系就读,1935 年发表《浙东学派探源——兼评何炳松〈浙东学派溯源〉》。1936 年至 1937 年,主要研究陈亮和辛弃疾。1936 年,发表《陈亮狱事考》、《陈龙川斩马盗马故事考辨》和《〈陈亮年谱〉纠谬》。1937 年,发表《〈辛稼轩年谱〉及〈稼轩词疏证〉总辨正》、《辨陈龙川之不得令终》、《朱唐交忤中的陈同甫》。1944 年,出版专著《韩世忠年谱》和《陈龙川传》,发表《陈桥兵变黄袍加身故事考释》和《宋太祖太宗皇位授受问题辨析》。1945 年,出版专著《岳飞》,发表《赵匡胤的得国及其与张永得李重进的关系》。1947 年,出版专著《辛稼轩年谱》,发表《〈宋史〉岳飞、张宪、牛皋、杨再兴传考辨》。1948 年至 1949 年,连续发表《〈宋史·职官志〉考正》、《〈宋史·刑法志〉考正》。五六十年代,先后撰写《王安石》(1953 年)、《岳飞传》(1955 年)、《辛稼轩传》(1956 年)、《稼轩词编年笺注》(1957 年)、《中国史纲要》宋辽金史部分(1962 年),发表《爱国词人辛稼轩》(1954 年)、《论赵匡胤》(1957 年)、《南宋初年对金斗争中的几个问题》和《唐宋庄园制度质疑》(1963 年)。1975 年,出版《王安石——中国十一世纪时的改革家》。1979 年,出版此书的修订本,发表《"黄龙痛饮"考释》。八九十年代,邓先生集中精力做了以下几件工作:一、修订有关岳飞和王安石的旧著,1983 年出版《岳飞传(增订本)》,1997 年出版《北宋政治改革家王安石》。二、校点陈亮等文集,1987 年出版《陈亮集》校点增订本,1989 年出版司马光《涑水记闻》(与张希清同志合作)。三、修订《中国史纲要》宋辽金史部分,1995 年和1998 年再版。四、主编《中国大百科全书·辽宋西夏金史》,1992 年出版。五、修订辛弃疾年谱和辛词及诗文笺注,1993 年出版《稼轩词编年笺注》再次增订本,1995 年出版《辛稼轩诗文笺注》(辛更儒同志负责笺注),1997 年出版《辛稼轩年谱》增订本。六、发表论文 30 多篇,内容包括王安石、岳飞、陈亮、辛弃疾等人的史实、文献、思想,还有宋学、北宋兵制、宋朝家法等重要课题。1994 年,出版《邓广铭学术论著自选集》。1997 年,出版《治史丛稿》。邓先生晚年仍然思想敏捷,笔耕不辍,创获尤多,不愧为宋史学界的领军人物。

除上述四位先生外,对中国宋史学的创立也有添砖加瓦之功的学者还有金毓黻、聂崇岐、张家驹、吴天墀、全汉昇、朱士嘉、王振铎、朱希祖等先生,他们有的早年主治宋史,成绩卓著,但后来转攻其他断代史;有的专研宋史,但天不假年,无法做出更大的贡献,令人惋惜。

总之,以上四位先生在 20 世纪宋史研究领域作了学科的拓荒和奠基工作,将宋史研究引入现代科学的轨道,为宋史学的学科建设打下了坚实的基础。这一长达百年的开创和奠基过程,可以概括为以下五点:

第一,20 世纪中国宋史学的开创过程,呈现多元化的倾向。

第二,曾经为中国宋史学立下开创之功的学者,主要是蒙文通、张荫麟、陈乐素、邓广铭四位先生。

第三,蒙文通先生和张荫麟先生最早在中国最著名的学府北京大学、清华大学开设宋史课,蒙先生似比张先生还要早一些。

第四,蒙文通先生和张荫麟先生及陈乐素、邓广铭先生都为中国宋史学界培养了一些优秀人才。蒙先生的学生有邓广铭、郦家驹两位先生,还有胡昭曦、贾大泉和朱瑞熙同志。张荫麟先生的学生有丁则良、李埏等先生。陈乐素先生的学生有徐规、宋晞、程光裕等先生。邓广铭先生的学生有漆侠先生及陈振、陈智超、梁太济、王曾瑜、吴泰、张希清、邓小南等同志。

第五,四位先生对宋史研究的贡献因各人境遇的不同而出现差异。蒙文通先生于1968年6月因受迫害而含恨辞世,他一生研究宋史自1935年至1968年约有34年,前后共撰写宋史论文和书稿等近30篇(部)。蒙先生在宋史研究和教学上的杰出成就,"对中国宋史学的突出贡献,使他无愧为中国现代的宋史学的奠基人之一"①。张荫麟先生一生钻研宋史近17年,发表论文26篇。张先生在宋史教学和研究上的突出成就,证明他也是中国20世纪宋史学的另一位奠基人。陈乐素先生发表宋史论文较早,他的一生撰写的宋史论文和著作也不少,在宋史教学和研究上卓有成就,是又一位中国20世纪宋史学的奠基人。邓广铭先生一生专治宋史,时间长达60多年(1935年至1998年),加之身体健康精力充沛,直到晚年仍能撰写论著,因此他在教学上培养宋史研究的后备力量人数最多,可谓桃李满天下;在研究上成绩卓著,成果累累,可谓著作等身。因此,他是20世纪中国宋史学最重要的奠基人。

---

① 蒙默:《蒙文通学记》,第184页。

第二章　有关宋代政治史的
一些重大争论

第一节　经久不衰的热点——宋代皇帝研究

20 世纪三四十年代,宋初疑案杯酒释兵权、烛影斧声等进入研究者的视线,对于宋代皇帝的研究逐渐活跃起来,以后便成为经久不衰的热点。至今为止,就两宋全体来说,详于北宋诸帝而略于南宋诸帝,于南宋诸帝中,前期又重于中、后期。

一、三四十年代,关于宋初疑案的争论

所谓宋初疑案包括陈桥兵变、杯酒释兵权、烛影斧声和宋太祖誓碑。

论及赵宋王朝的上台,陈桥兵变是必不可少的话题。20 世纪中期,邓广铭在详细考证后指出:陈桥兵变是赵匡胤蓄谋已久的篡夺政权事件,操纵指使者,却是宋太祖本人[1]。40 年代,他又撰写《赵匡胤的得国及其与张永德李重进的关系》一文[2],介绍了赵匡胤发家的经过,指出"赵匡胤夺取后周天下只是由于人谋之灵巧,而丝毫无涉于所谓天命所归";后周两名大将张永德、李重进之间的矛盾,与赵匡胤夺取政

---

① 《真理杂志》,1944 年,第 1 卷第 2 期。
② 邓广铭:《赵匡胤的得国及其与张永德李重进的关系》,《东方杂志》1945 年 11 月,第 41 卷第 21 期。

权有非常重要的关系。

宋初的"杯酒释兵权"事件因其戏剧性而每为学者怀疑。丁则良《杯酒释兵权考》[①]提出,"所谓杯酒释兵权全来自传闻,不足置信"。事实上,宋"太祖于建隆二年,收禁军兵权,开宝二年,罢诸镇节度,均为多年准备布置之结果"。"欢宴罢节度一事,虽史料之证据较强,但节镇之被解决,则早在此次欢宴之前。其经过亦为一年多之斗争"。该文还制作《宋太祖朝禁军诸将年表》,并附加考证,使作者的见解更有说服力。聂崇歧《论宋太祖收兵权》[②]进而考察这一故事的原因背景,指出"宋太祖之杯酒释兵权,即罢宿将典禁兵,与罢藩镇乃截然二事","其所收之兵权,有内外之分,内为罢宿将典禁兵,即世人所熟知之'杯酒释兵权'是也。外为撤罢藩镇,先创种种法制以减削其权势,继则免资格深者,授以虚官,而用他官权知节镇所在州府,此种政策之完成盖已在真宗之世"。

张荫麟《宋太祖誓碑及政事堂刻石考》[③],首先对宋太祖誓碑和政事堂刻石进行了考辨,认为此二说皆不可信,但又认为:"宋太祖不杀大臣及言官之密约所造成之家法,于有宋一代历史影响甚巨。由此事可以了解北宋言官之强横,朝议之嚣杂,主势之降杀,国是之摇荡,而王荆公所以致慨于'今人未可非商鞅,商鞅能令法必行'也。神宗变法之不能有大成,此其远因矣。此就恶影响言也。若此善影响言,则宋朝之优礼大臣言官实养成士大夫之自尊心,实启发其对于个人人格尊严之认识。此则北宋理或道学之精神基础所由奠也。"

宋太祖之死及宋太宗继统,号为史学界难解之"谜",史学界历来有两种对立的观点:一派承认"烛影斧声"之说,认为太宗篡权,暗杀了太祖;另一派认为"烛影斧声"是虚妄,太祖不过是猝死,不一定与太宗有关系。这两派已发端于 40 年代,前者以吴天墀为代表,他细致考证

---

①　丁则良:《杯酒释兵权考》,《人文科学学报》1945 年,第 3 卷第 1 期。

②　聂崇歧:《论宋太祖收兵权》,《燕京学报》1948 年 6 月,第 34 期。

③　张荫麟:《宋太祖誓碑及政事堂刻石考》,《文史杂志》1941 年,第 1 卷第 7 期。

了这一事件的全部经过,注重考察此事的相关背景与影响,列举一连串的疑点;对太宗的为人、性格也进行了深入探讨,《烛影斧声传疑》认为确有可能是太宗暗杀太祖;而所谓的"金匮之盟"破绽颇多,分明是太宗与赵普两人合伙编造出来的①。后者以邓广铭为代表。其《宋太祖太宗授受辨》②认为:"太宗之得国虽是全然出于逆取,而其所用手段则尚未惨毒到灯下弄斧的程度"。张荫麟《宋太宗继统考实》③也认为太祖是暴卒,但同时列举太宗继统前后的反常行为,指出:"然有一事可确知者,太宗之继位亦无太祖正式传授之法令根据。"并列举"金匮之盟"说的 5 种可疑之处,"以此五征,吾人今可断言,所谓'金匮之约'乃乌有之事"。

除宋初二帝,陈乐素作有《宋徽宗谋复燕云之失败》④一文,详细论述了燕云问题的始末和宋徽宗为复燕云所做的外交军事上的努力及其失败。

抗战期间,由于岳飞的被重视,宋高宗也就被置于研究者的视线之下。缪凤林《宋高宗与女真议和论》⑤认为:"绍兴八、九年和议以不战而收陕西河南之地,又得梓宫母后,虽称臣纳币亦可为委曲求全也",对此似不可苛责;然绍兴十一年和议则另作别论,宋于郾城胜后,犹称臣割地纳币,宋人一切让步,主要换取女真羁留钦宗,足见高宗、秦桧为私利而出此下策。汪士杰《岳武穆之死与宋高宗及宋代政制》⑥就岳飞之死进行了详细考证,认为岳飞之死的主要原因为:"(一)乃高宗之恐再有'陈桥兵变,黄袍加身'等故事的重演;(二)与宋代政治制度及立国精神不许任何一个臣属以大有所为,尤有最严密和前因后果的必然关系",因而杀害岳飞一事高宗并非不知,而且"系处于主动的地位,张

①　吴天墀:《烛影斧声传疑》,《文史杂志》1941 年 3 月,第 1 卷第 3 期。
②　邓广铭:《宋太祖太宗授受辨》,《真理杂志》1944 年,第 1 卷第 2 期。
③　张荫麟:《宋太宗继统考实》,《文史杂志》1941 年 7 月,第 1 卷第 8 期。
④　陈乐素:《宋徽宗谋复燕云之失败》,《辅仁杂志》1933 年 12 月,第 4 卷第 1 期。
⑤　缪凤林:《宋高宗与女真议和论》,《国风》1936 年,第 8 卷第 2 期。
⑥　汪士杰:《岳武穆之死与宋高宗及宋代政制》,《政治季刊》1947 年 6 月,第 5 卷第 1、2 期合刊。

俊与秦桧,不过为二大帮凶耳"。

二、50 年代至 70 年代,立足于批判的宋皇帝研究

50 年代仅有的几篇关于宋皇帝的研究,皆与宋初加强中央集权措施相关。季子涯(漆侠)的《赵匡胤和赵宋专制主义中央集权制度的发展》①,不否认赵匡胤在结束割据局面后实现国家统一和为巩固政权所采取措施的积极作用;同时指出这个专制集权的消极作用也是极大的。邓广铭对赵匡胤加强中央集权的作用和意义给予了充分的肯定。他认为"赵匡胤在开国之初为了巩固其统治而作出的一些强化中央集权的措施,和他所采用的'先南后北'的战略计划,全都是必要的、正确的,因而都是应当予以肯定的"②。张家驹《赵匡胤论》③详细论述了赵匡胤建国及统一的历史条件和加强中央集权的措施,认为赵匡胤加强中央权利的措施是"完全针对宋初的具体情况所决定的",这些措施的弊端得以充分发展是其后的统治者墨守成规的结果,不能全归咎于赵匡胤。

60 年代对宋高宗的研究,仍由岳飞话题引发。戴不凡《岳飞的诗文》④一文提出,岳飞是宋高宗的"爱将"。于是,1961 年《光明日报》连载"草莽史家"的长文《岳飞与赵构——兼评怎样评价历史人物怎样依史作据》⑤。该文针对戴文提出了不同看法,认为无论从岳飞或赵构方面来看,这个观念都是不成立的。若文《关于〈岳飞与赵构〉的一点资料》⑥,引用了与岳飞同时的张戒《默记》中的一段记载,证明秦桧杀害岳飞,是迎合了赵构的"私欲",认为杀害忠良的罪行赵构应负主要责

---

①　季子涯(漆侠):《赵匡胤和赵宋专制主义中央集权制度的发展》,《历史教学》1954 年第 12 期。

②　邓广铭:《论赵匡胤》,《新建设》1957 年第 5 期。

③　张家驹:《赵匡胤论》,《历史研究》1958 年第 6 期。

④　戴不凡:《岳飞的诗文》,《戏曲报》1960 年第 23、24 期合刊。

⑤　草莽史家:《岳飞与赵构——兼评怎样评价历史人物怎样依史作据》,《光明日报》1961 年 3 月 4 日、7 日、9 日、11 日。

⑥　若文:《关于〈岳飞与赵构〉的一点资料》,《光明日报》1961 年 6 月 6 日。

任,秦桧只能负其中的一小部分责任。

70 年代因评论王安石变法而及于神宗评价,多褒王安石而贬神宗。因评《水浒》展开了对宋徽宗的评价,一般认为《水浒》美化了宋徽宗①。孙文良《评宋徽宗》②认为:宋徽宗是个昏庸腐败的皇帝,打着"维新"、"崇宁"的招牌,压榨人民;他的联金击辽的政策是民族投降主义。

三、80 年代以后,趋于客观而全面的皇帝研究

(一)宋初疑案再次成为争论的焦点

随着研究环境的宽松和文字狱的消除,历史上的政治事件不再是令人恐惧的课题,于是在 80 年代初期一度形成政治事件研究热,对某些皇帝的肯定论调也越来越盛。

关于陈桥兵变,出现一些背影分析之作。程溯洛《陈桥兵变并非"千秋疑案"》③从人民意愿的角度分析兵变的起因。曾维华《陈桥兵变前镇、定二州并非"谎报"军情》④,考证出陈桥兵变前镇、定两州所报军情是毋庸置疑的。顾吉辰《论后周末年的一场政治谣言:兼论赵匡胤上台》⑤,重点分析了后周末年"都点检当天子"这一政治谣言产生的背景,指出它是实现赵匡胤上台的重要因素。李裕民、范学辉探讨了赵匡胤于后周迅速崛起的一系列活动。王育济《世宗遗命的匮废和陈桥兵变》⑥和《论陈桥兵变》⑦认为:周世宗遗命的匮废,为赵匡胤夺权排除了障碍。兵变既与唐末以来兵骄将悍的政治混乱相关,更与某些具有积极意义的社会深层变化有内在联系;既是机缘巧合的结果,又是缜密

① 评论组:《斥"至圣至明"与"太平盛世"——评〈水浒〉对宋徽宗的吹捧》,《四川大学学报》1975 年第 9 期增刊。
② 孙文良:《评宋徽宗》,《辽宁大学学报》1975 年第 6 期。
③ 程溯洛:《陈桥兵变并非"千秋疑案"》,《历史知识》1982 年第 3 期。
④ 曾维华:《陈桥兵变前镇、定二州并非"谎报"军情》,《历史知识》1984 年第 5 期。
⑤ 顾吉辰:《论后周末年的一场政治谣言:兼论赵匡胤上台》,《学术月刊》1994 年第 4 期。
⑥ 王育济:《世宗遗命的匮废和陈桥兵变》,《史学月刊》1994 年第 1 期。
⑦ 王育济:《论陈桥兵变》,《文史哲》1997 年第 1 期。

决策和细致运作的结果；赵匡胤卓越的政治识见，使宋代酿造出一种文明、理性的立国气象，这对两宋政治产生了深刻而有益的作用。

对于"杯酒释兵权"，有越来越多的学者怀疑它的真实性。徐规、方建新《"杯酒释兵权"说献疑》①通过考释得出结论：千百年来沿袭至今的"杯酒释兵权"说，因出处不明，疑点甚多，在未取得确证之前，似不宜引用，否则易使宋初收兵权的措施简单化、戏剧化，背离历史事实。徐规的另一篇文章《再论"杯酒释兵权"——兼答柳立言先生》②再次重申了上述观点，以详实的史料反驳台湾学者柳立言的质疑。而王育济《论"杯酒释兵权"》③为肯定一方的代表，认为虽然此事细节上有所出入，但基本上是可信的，它不仅结束了武人干政，而且也营造出较为文明理性的开国氛围。

80年代中期，杜文玉、徐规、辛更儒、张其凡、唐兆梅几乎同时发表了对宋太祖誓碑的看法。徐规《宋太祖誓约辨析》④一文，基本上继承了张荫麟的观点，指出：尽管"誓碑"之事"不足凭信"，但史料记载北宋大臣与神宗、哲宗的多次谈话，均可证明北宋有一条不轻杀臣下的不成文之祖宗家法。对此，杜文玉提出不同意见，在《宋太祖誓碑质疑》中列举了宋皇帝大量杀戮臣子，没有优待后周王室后裔等事实，认为"关于'誓碑'之事纯属子虚乌有，是根本不存在的"，指出"誓约"之事，大有可能是高宗因为某种政治需要和曹勋共同编造的⑤。

与太祖、太宗有关的"烛影斧声"疑案，引起更多学者的注意。严文儒、李裕民、王瑞来、毛元祐、朱云鹏等学者都在不同程度上继承了张荫麟的观点，谋杀说占了上风。严文儒《太宗所称"内患"析》⑥通过对"奸佞"阐释，并结合宋太宗弑兄杀弟后的心理分析，认为在太宗眼中

① 徐规、方建新：《"杯酒释兵权"说献疑》，《文史》第十四辑，中华书局1982年7月版。
② 徐规：《再论"杯酒释兵权"——兼答柳立言先生》，《仰素集》，杭州大学出版社1999年版。
③ 王育济：《论"杯酒释兵权"》，《中国史研究》1996年第3期。
④ 徐规：《宋太祖誓约辨析》，《历史研究》1986年第4期。
⑤ 杜文玉：《宋太祖誓碑质疑》，《河南大学学报》1986年第1期。
⑥ 严文儒：《太宗所称"内患"析》，《华东师范大学学报》1985年第1期。

所谓的"奸佞"、"内患"不是"草莽之中"的农民起义,而是指"庙堂之上"危害他继位、传位的大臣们。将"国家若无外忧,必有内患"解释为"守内虚外"观点是有待于商榷的。李裕民《揭开斧声烛影之谜》①认为:"这一事件谋杀案,元凶就是宋太宗,目的在于篡夺皇位。"王瑞来《"烛影斧声"事件新解》,分析了太宗好色的个性、太祖与太宗的矛盾后,得出"烛影斧声"是一次突发事件,并指出宋太祖的既定继承人是秦王赵德芳②。邓广铭在对比分析了《宋大诏令集》、《续资治通鉴长编》等史料所载的《即位大赦诏》后,也不再坚持他在40年代提出的旧说,作《试破宋太宗继位大赦诏书之谜》③一文,在确定太祖暴卒的基础上,进一步推论出"烛影斧声"是一幕宋太宗蓄谋已久的乘"机"发作的"篡弑"事件。朱云鹏《道教与宋太宗父子的上台》④从一个新的角度论述了宋太宗父子上台的原因,认为:太祖之死,很大程度上是太宗与道士合伙搞的一场阴谋,从而促成了太宗的上台。太宗利用道士制造自己是真命天子的神话之后,为抵消"金匮之盟"的影响,再次依靠道士的帮助,把自己的儿子推上了皇帝的宝座。

同时,也有一些不同的声音。刘洪涛《从赵宋宗室的家族病释"烛影斧声"之谜》⑤,完全否认篡弑说,认为:"赵匡胤前有躁狂症状,后有脑溢血症状,家族又有这类遗传病史,他的死亡实是病殁,不足为怪。所谓'烛影斧声之谜'的玄虚只是那些历史学家的猜测而已。"王雅轩《宋太祖本传》⑥也对这些历史谜案提出自己的看法。认为"烛影斧声"毫无杀机,相反是兄弟间亲情的反映,"太宗时或避席,有不胜之状",只是饮酒场面。王育济根据《宋会要辑稿》中首次发现太祖传位遗诏和宋太宗宣布遗诏后继位的记载,认为太宗继位完全合法,而以往有关

---

① 李裕民:《揭开斧声烛影之谜》,《山西大学学报》1988 年第 3 期。
② 王瑞来:《"烛影斧声"事件新解》,《中国史研究》1991 年第 2 期。
③ 邓广铭:《试破宋太宗继位大赦诏书之谜》,《历史研究》1992 年第 1 期。
④ 朱云鹏:《道教与宋太宗父子的上台》,《中州学刊》1999 年第 2 期。
⑤ 刘洪涛:《从赵宋宗室的家族病释"烛影斧声"之谜》,《南开学报》1989 年第 6 期。
⑥ 王雅轩:《宋太祖本传》,辽宁古籍出版社 1996 年版。

宋初的一些学术结论皆"以太祖无留下传位诏书"之说为依据,因而应加以重新考虑①。施秀娥《宋太宗继统考略》②认为太祖是猝死的,而"金匮之盟"是可信的,同时还指出:太宗本身的才干和拥有的政治力量足以左右当时局势,不需用流血方式取得皇位。

与此相关,"金匮之盟"也成为热点。90年代初期,唐兆梅《评〈杜太后与"金匮之盟"〉》③认为:"金匮之盟"的传说不可信,杜撰的可能性极大,即是宋太宗为巩固自己政权而杜撰和虚构的。但史学界对"金匮之盟"进行了重新考证后,大多认为"金匮之盟"并非完全伪造。侯健方《宋太宗继统考实》④通过对现存宋代史料的梳理、分析,并结合五代宋初的特殊政治环境,认为"烛影斧声"和"金匮之盟"由宋代官方史书的润色和后人对史料的曲解而形成,宋太宗的继统既符合当时的政治需要,又符合宋太祖的本意。何冠环《金匮之盟真伪新考》⑤认为:"金匮之盟"伪造说难以成立,但不能排除有后人所加伪造部分。王育济《金匮之盟真伪考》⑥,在分析"金匮之盟"种种说法之后,也认为这是一桩有真也有伪的复杂事件。孔学《"金匮之盟"真伪辨》⑦持有类似观点。

（二）宋初二帝的一些政策措施得到肯定

对宋皇帝国策的研究,重点仍是北宋初二帝,相较于以前,对皇帝本人,尤其是对宋太祖、太宗,有了更多正面的评价。宋太祖得到肯定的,首先是统一全国的策略。龚延明《宋太祖》⑧、薛春德、郭春宣《赵匡胤》⑨、常旌《黄袍加身处,宋太祖·赵匡胤》⑩等传记,都高度评价了赵

① 王育济:《宋太祖传位遗诏的发现及其意义》,《文史哲》1994年第2期。
② 施秀娥:《宋太宗继统考略》,《齐鲁学刊》1989年第6期。
③ 唐兆梅:《评〈杜太后与"金匮之盟"〉》,《学术研究》1991年第2期。
④ 侯健方:《宋太宗继统考实》,《复旦大学学报》1992年第2期。
⑤ 何冠环:《金匮之盟真伪新考》,《暨南大学学报》1993年第3期。
⑥ 王育济:《金匮之盟真伪考》,《山东大学学报》1993年第1期。
⑦ 孔学:《"金匮之盟"真伪辨》,《史学月刊》1994年第3期。
⑧ 龚延明:《宋太祖》,中华书局1985年版。
⑨ 薛春德、郭春宣:《赵匡胤》,军事科学出版社1992年版。
⑩ 常旌:《黄袍加身处,宋太祖·赵匡胤》,哈尔滨出版社1997年版。

匡胤的统一策略及加强中央集权的措施。此外,吴建华等论文也肯定
了宋太祖加强中央集权的积极作用。但对于宋初的"先南后北"路线,
历来有否定与称赞两种声音。范文澜、吕振羽在他们的通史著作中都
不认同"先南后北"的军事路线,认为这是甘心做弱国的表现。汪槐龄
《柴荣与宋初政治》①也持此说。而王熙华、金永高《宋辽和战关系中的
几个问题》②提出相反看法,在分析了当时各方的政治、经济、军事形势
后,作者认为"先南后北"路线符合当时的历史实际。裴汝诚、许沛藻、
徐规、方如金、邓广铭、郦家驹、任崇岳等也持类似观点。王育济、白钢
《宋太祖遣使行刺北汉国主考》③也赞同"先南后北"是一条切合实际
的战略方针,并通过缜密的考察与分析得出结论:此事件是由宋太祖一
手策划,侯霸荣等人出面完成的阴谋,旨在配合宋军攻灭北汉;但又认
为宋太祖在北汉问题上措施失当,指出此事件对统一进程阻碍极大,如
果宋太祖不是在此事上蹉跎六载,可能会有更大的作为。还有王瑞明、
毛元祐等关于太祖军事政策的论文。

　　80 年代中期以后,更多角度地展开对赵匡胤治国方略的研究。俞
慈韵《赵匡胤的法律思想》④、乔宗传《赵匡胤重视法治的原因和策
略》⑤,一致认为:陈桥兵变后,赵匡胤就决心依法治国,并为此制定了
一系列依法治国的政策和策略。宋太祖的用人政策,也是论述较多的
论题,张煌远、乔宗传、张士尊、蔡东州都作有相关论文。顾吉辰作有
《宋太祖的税制整改简论》⑥和《论宋太祖集中财权》⑦,认为宋太祖的
整顿税制措施是值得肯定的;只是太祖以后的统治者,一味墨守成规,
将太祖集中财权的措施变本加厉,助长了消极因素。

①　汪槐龄:《柴荣与宋初政治》,《学术月刊》1980 年第 7 期。
②　王熙华、金永高:《宋辽和战关系中的几个问题》,《文史》第九辑,中华书局 1980 年版。
③　王育济、白钢:《宋太祖遣使行刺北汉国主考》,《中国史研究》1992 年第 4 期。
④　俞慈韵:《赵匡胤的法律思想》,《松辽学刊》1985 年第 2 期。
⑤　乔宗传:《赵匡胤重视法治的原因和策略》,《史学月刊》1985 年第 4 期。
⑥　顾吉辰:《宋太祖的税制整改简论》,《社会科学战线》1993 年第 3 期。
⑦　顾吉辰:《论宋太祖集中财权》,《学术月刊》1991 年第 5 期。

　　宋太宗的对辽政策历来贬多褒少,尤其是太宗对辽战争的失败,更遭致非议。汪槐龄《论宋太宗》①、李锡厚《雍熙三年宋太宗对辽战争何以失败》②、王瑞来《略论宋太宗》③都认为:攻辽失败尽管有关将士难辞其咎,但宋太宗应负重要责任。漆侠《宋太宗第一次伐辽——高粱河之战》④及《宋太宗雍熙北伐——宋辽战争研究之二》⑤指出:宋太宗急功近利,在战略决策上过于仓促、草率,是宋军败绩的主要原因。并指出战争失败后,宋太宗对内统治政策发生了演变,逐渐形成了“守内虚外”的政策。但王晓波的三篇文章:《宋太宗对辽战略的失误——评宋辽高粱河战役》⑥、《宋太宗雍熙北伐综评》⑦、《宋太宗雍熙北伐失败后对辽的政策》⑧,提出了不同意见,认为:虽然对辽战争失败宋太宗负有不可推卸的责任,但当时士大夫们的北伐情绪远高于太宗,太宗也不过顺应“民意”罢了。驳斥了一味肯定主战,主和即为投降的观点。

　　张其凡《宋太宗论》⑨首先分析太祖之死,认为“太祖猝死是光义酒中下毒最有可能”,“金匮之盟”也是伪造的。接着指出“宋太宗最大的功绩应推基本实现统一和重视文化事业两项”,这两项事业,对于当时的社会发展带来积极有利的影响,但对整个北宋社会的发展,“太宗是功过参半的”。还指出太宗时期,虽则经济、文化均有发展,然积贫积弱之势已萌,终不能臻于至治,而给有宋一代带来莫大危害;可见太宗朝是转折时期,太宗对于历史发展带来的不利影响是无法否认的。此后张其凡的《宋太宗》⑩一书重申了这一观点。王瑞来《略论宋太宗》⑪也持类似观点,认为“他的一生,建树并不多,对宋代制度,多是补充太

①　汪槐龄:《论宋太宗》,《学术月刊》1986 年第 3 期。
②　李锡厚:《雍熙三年宋太宗对辽战争何以失败》,《中州学刊》1987 年第 1 期。
③⑪　王瑞来:《略论宋太宗》,《社会科学战线》1987 年第 4 期。
④　漆侠:《宋太宗第一次伐辽——高粱河之战》,《河北大学学报》1991 年第 3 期。
⑤　漆侠:《宋太宗雍熙北伐——宋辽战争研究之二》,《河北学刊》1992 年第 2 期。
⑥　王晓波:《宋太宗对辽战略的失误——评宋辽高粱河战役》,《四川大学学报》1999 年第 2 期。
⑦　王晓波:《宋太宗雍熙北伐综评》,《军事历史》1999 年第 2 期。
⑧　王晓波:《宋太宗雍熙北伐失败后对辽的政策》,《四川大学学报》2000 年第 4 期。
⑨　张其凡:《宋太宗论》,《历史研究》1987 年第 2 期。
⑩　张其凡:《宋太宗》,吉林文史出版社 1997 年版。

祖时期的草创,使之更加完善化"。郭文佳、辛更儒也高度评价了宋太宗的功绩。但毛元祐《论宋太宗的性格特征及其影响》①从心理学的角度评价宋太宗,认为他是个才识平庸、恣意猜疑的人,这种性格"决定了宋太宗不是想方设法去开拓、创新、进取,而是把施政方针的基点建立在保、守、防上";"宋代所有弊端的产生,几乎都同他本人的这种性格有着直接或间接的联系"。此外,李裕民《宋太宗平北汉始末》②、季平《论宋太宗的政治思想》③、于海根《简论宋太宗淮盐政策的六次变更》④等文,从军事、政治、经济、思想等方面评述了宋太宗。

宋朝被认为是个"重文抑武"的朝代,宋太宗的"文治"更为突出,大都得到史学家的肯定。钟家栋《重评宋太宗诏修类书》⑤和王云海《宋太宗的"右文"政策》⑥皆认为宋太宗诏修类书不是为了防范前朝遗臣作乱而羁縻他们的一种权术,客观事实中也并不存在这种可能性和必要性;而是太宗为了巩固宋王朝所采取的一项积极措施,而且主观上宋太宗非常渴望修类书。李笑梅《试析宋太宗扩大科举及其积极意义》⑦认为扩大科举既有客观原因,也有主观因素。扩大科举还巩固了宋朝的统治,推动了科技文化的发展,对后世影响深远。此外,贺圣迪《宋太祖宋太宗的文化建树》则从宋太祖、宋太宗重新确立儒学为指导思想,设立多功能的文化机构崇文院,重视科学技术等方面,详细论述了宋初二帝在文化上的建树⑧。

(三) 其他皇帝的研究陆续开展

80 年代末,其他一些皇帝也进入学者研究的课题。90 年代,更出现帝王研究热,若干帝王研究丛书几乎同时出版,如华夏出版社的《历

①　毛元祐:《论宋太宗的性格特征及其影响》,《华中师范大学学报》1989 年第 5 期。

②　李裕民:《宋太宗平北汉始末》,《山西大学学报》1982 年第 3 期。

③　季平:《论宋太宗的政治思想》,《社会科学研究》1990 年第 3 期。

④　于海根:《简论宋太宗淮盐政策的六次变更》,《上海师范大学学报》1992 年第 1 期。

⑤　钟家栋:《重评宋太宗诏修类书》,《学术月刊》1983 年第 9 期。

⑥　王云海:《宋太宗的"右文"政策》,《河南大学学报》1986 年第 1 期。

⑦　李笑梅:《试析宋太宗扩大科举及其积极意义》,《辽宁大学学报》1989 年第 2 期。

⑧　贺圣迪:《宋太祖宋太宗的文化建树》,《上海大学学报》1993 年第 5 期。

代名帝政治智慧丛书》、哈尔滨出版社的《中国名帝书系》，尤其是吉林文史出版社的《宋帝列传》丛书，第一次逐个、全面、详细地评价了宋代18位皇帝，可说是20世纪宋帝王研究的总结。

　　20世纪对宋真宗的研究首先集中于他的对辽政策。朱瑞熙80年代撰《澶渊之盟》①与主流观点相左，指出：该盟约缔结后，宋辽之间"不再有大的战事，为中原与北部边疆经济文化的交流创造了条件"，从客观上肯定该盟约有其历史作用。张其凡《雍熙北伐到澶渊之盟——真宗朝政治研究之一》②肯定了宋真宗即位后所采取的措施，认为真宗时"已基本从政治、军事两方面扭转了太宗晚年的危局，宋军已具备了与辽兵抗衡的力量"，并肯定了"澶渊之盟"。以后，方良《宋真宗和辽国策评议》③也认为"澶渊之盟"是有积极意义的重大事件，宋真宗利用它完成了由"战辽"到"和辽"的转折，实现了"和辽"的重大战略决策，从此宋辽双方形成共存的局面达百年之久。宋辽双方为此都做出了妥协和让步，皆"屈而不辱"，作为这一历史事件的关键人物之一，真宗的各项举措大致不错，不失为有识有谋有为的君主。

　　对于宋真宗的崇道，也从以往的一味批评转为探讨更深层的社会原因。吴熊和《柳永与宋真宗"天书事件"》④细察柳永的诗词，发现其中有几首与真宗的"天书"事件有关，可见他为了及第，通过诗词为"天书"献颂。仝晰纲、迟少丽《宋真宗东封西祀论》⑤认为北宋边防暂时的平安局面，使宋真宗既厌战又好功，这是促成东封西祀的条件。国内矛盾重重，真宗希望以封禅的形式来转移注意力；大臣们为了取宠固位，人为制造迷信是促成真宗东封西祀的重要条件。

　　汪圣铎《宋真宗传》⑥一书认为："宋真宗是个功过参半的人"，在他

①　朱瑞熙：《澶渊之盟》，《辽宋西夏金史》，中国大百科全书出版社1988年5月版。
②　张其凡：《雍熙北伐到澶渊之盟——真宗朝政治研究之一》，《学术月刊》1988年第1期。
③　方良：《宋真宗和辽国策评议》，《苏州铁道师范学报》2000年第1期。
④　吴熊和：《柳永与宋真宗"天书事件"》，《杭州大学学报》1991年第1期。
⑤　仝晰纲、迟少丽：《宋真宗东封西祀论》，《山东师范大学学报》1994年第6期。
⑥　汪圣铎：《宋真宗传》，吉林文史出版社1996年版。

统治期间并非毫无建树,在国家的治理上也不乏成功的业绩。虽然他不停地东封西祀弄神弄鬼,遭到后人非议,但他并未丧失理智,对规劝他的人,没有加以迫害,只是既不采纳,也不惩罚。同时在此期间也不是全然不理政事,他的政绩也是明显的。范平《宋真宗时期的政治制度建设》①分析了宋真宗治政的各项措施,认为宋真宗在宋代发展史上起到了承上启下的作用。而李启明、王纯对宋真宗的文化建树作了肯定。

　　20 世纪对宋仁宗的研究一般与包拯联系在一起。朱运来《从包拯的成名评宋仁宗》②不同意“宋仁宗是一个庸俗而又荒唐的皇帝”的说法,认为从包拯的成名来看,宋仁宗在经济、政治、军事、司法方面都有较大建树,对祖宗之法并非固守不变,而是有所革新。王春江《包拯与仁宗皇帝》③也认为仁宗是个比较开明的君主。黄燕生《宋仁宗、宋英宗》④一书,认为宋仁宗“性格懦弱,料理政务常举棋不定,易受朝廷大臣左右”,也许正是如此方营造出百家争鸣的气氛。仁宗也并非一生碌碌无为,在其亲政初期也曾励精图治,曾要改革前朝弊政,但可惜并不长久。

　　对宋神宗的研究,主要与熙丰变法及王安石有关。80 年代后,学术界重新评价了王安石与神宗的社会贡献。张邦炜《宋神宗的重禄法》⑤详细论述了熙丰变法中一项变法内容——重禄法。该文认为重禄法不仅是变法内容,而且还是宋神宗用来保证变法顺利开展的一条重要措施。当然,就如何评价王安石与神宗在变法中的地位,以及两人间的关系等问题,学术界也产生了一些分歧。鲁尧贤、王才忠、冷辑林、乐文华认为神宗是这次变法的发动者、指导者和自始至终的主宰者。唐兆梅《其成也神宗,败也神宗——略论宋神宗和王安石变法》⑥,认为

① 范平:《宋真宗时期的政治制度建设》,《学术月刊》1999 年第 3 期。
② 朱运来:《从包拯的成名评宋仁宗》,《武陵学刊》1996 年第 1 期。
③ 王春江:《包拯与仁宗皇帝》,《合肥教育学院学报》2000 年第 3 期。
④ 黄燕生:《宋仁宗、宋英宗》,吉林文史出版社 1997 年版。
⑤ 张邦炜:《宋神宗的重禄法》,《历史知识》1986 年第 3 期。
⑥ 唐兆梅:《其成也神宗,败也神宗——略论宋神宗和王安石变法》,《江西教育学院学报》1988 年第 3 期。

王安石之所以能够主持变法,是神宗的鼎力支持的结果,是熙宁变法的主宰。然而,神宗虽然主张变法,但他与官僚大地主相互依附的关系,使得他不愿过多地改变祖宗之法,对变法运动的支持也远远没有达到变法派所希望的力度,受皇权羁绊的变法运动最终归于失败。李之鉴《论王安石新学新法同神宗求治的关系》①认为神宗对新法采纳与实施的程度,决定了王安石思想的起伏,变法者政治上的升黜和政局动乱的程度,这就是直接反映了新学为皇权中意的程度。罗家祥《宋神宗与熙丰时期的朋党之争》②认为神宗对变法者既"信任"又"限制",他只是利用参与变法的年轻官员,而对旧党既"不满"又"难以忘怀",神宗对新旧二党的这种政治态度,给统治集团内部的派别倾轧在客观上埋下了祸根,给北宋政治带来了巨大的危害,加剧了熙丰时期统治阶级内部的新旧党争。

　　与之相反,顾全芳《宋神宗与熙丰变法》③认为宋神宗的悲剧,不在于元丰改制而在于熙宁时过分依靠和相信王安石,而没有适当地制约王安石。同时该文不同意把熙丰变法时期的人物分成派别,认为神宗与王安石之间也有矛盾。乐文华、陈志强《宋神宗与"祖宗家法"》④系统考察了神宗以前北宋诸帝对"祖宗家法"的开创和继承之后,分析了神宗对"祖宗家法"的矛盾态度。认为神宗是熙丰变法的主宰,但在"锐意求治"和"祖宗家法"之间,神宗很难调和,这在一定程度上导致了熙丰变法的失败。叶坦《评宋神宗的改革理想与实践》⑤认为北宋体制的主要弊病就出在专制集权上,神宗的改革,应当是改革新体制的不完备所带来的弊病,但他的改革措施却是倒退到汉唐旧体制中去,与历史背道而驰,酿成了悲剧。叶坦《大变法——宋神宗与十一世纪的改

---

①　李之鉴:《论王安石新学新法同神宗求治的关系》,《平原大学学报》1990 年第 1 期。

②　罗家祥:《宋神宗与熙丰时期的朋党之争》,《江汉论坛》1990 年第 3 期。

③　顾全芳:《宋神宗与熙丰变法》,《学术月刊》1988 年第 8 期。

④　乐文华、陈志强:《宋神宗与"祖宗家法"》,《江西教育学院学报》2000 年第 1 期。

⑤　叶坦:《评宋神宗的改革理想与实践》,《晋阳学刊》1991 年第 2 期。

革运动》①一书则再次论述了上述思想,该书还高度赞扬了神宗,认为"神宗皇帝,确是宋代君王中最有锐气、最具坚韧、最敢有为者",同时还指出熙丰变法前期是"宋神宗借助辅臣颁布新法和落实措施的阶段",后期是"神宗皇帝逐步走向事必躬亲、直接主持变法的阶段"。仲伟民《宋神宗》②也认为他在历史上是有功的,不同意把熙丰变法的全部功过归结于王安石,认为在变法期间,神宗自始至终都起着非常重要甚至是关键的作用。同时,对神宗的治国方略及军事思想、品德与性格都给予了较高评价。

对宋徽宗的评价,史学界一般分歧不大,在谴责他的昏庸失国之际,又不得不佩服他在艺术上的造诣,因而徽宗的艺术成就一直都是人们谈论的重点。尚仪《宋代画院和宋徽宗赵佶》③论述了画院在宋代的发展和地位,指出在赵佶的支持下,画院制度正式成为科举制度的一部分,且徽宗本人在花鸟画上也很有造诣。姜澄清《论赵佶的书法艺术》④认为赵佶在艺术上的建树集中在书画创作和书画院的建制两个方面。赵佶虽以昏庸失国,但他在书画艺术上并不昏。吴企明《论赵佶题画诗的美学价值和艺术渊源》⑤认为赵佶不仅直接题诗于画面上,也题诗于画卷后面,对题画诗的书写方式进行了重大改革。

80年代以后,对宋徽宗研究,多层面展开。羊华荣《宋徽宗与道教》⑥和《佞道昏君宋徽宗》⑦,把徽宗的崇道活动分为两个阶段,认为这些活动对当时的政治、经济和军事方面都起了消极作用,从而加速了北宋的灭亡。俞兆鹏《论宋徽宗抑制通货膨胀的失败》⑧认为不能紧缩货币、发展生产,也难以整肃吏治,是徽宗无法抑制通货膨胀的主要原

---

① 叶坦:《大变法——宋神宗与十一世纪的改革运动》,三联书店1996年版。
② 仲伟民:《宋神宗》,吉林文史出版社1997年版。
③ 尚仪:《宋代画院和宋徽宗赵佶》,《美术》1956年第1期。
④ 姜澄清:《论赵佶的书法艺术》,《贵州文史丛刊》1984年第4期。
⑤ 吴企明:《论赵佶题画诗的美学价值和艺术渊源》,《苏州大学学报》1995年第2期。
⑥ 羊华荣:《宋徽宗与道教》,《世界宗教研究》1985年第3期。
⑦ 羊华荣:《佞道昏君宋徽宗》,《文史知识》1987年第5期。
⑧ 俞兆鹏:《论宋徽宗抑制通货膨胀的失败》,《中国史研究》1995年第2期。

因。指出：虽然徽宗的个人昏庸是促使北宋王朝迅速衰亡的重要原因，但北宋立国以来一些基本国策的发展，加重了社会危机，也必然使国家走向衰亡。任崇岳《风流天子宋徽宗》①认为："仅仅用昏庸二字形容他（徽宗），似乎不尽贴切"，"徽宗在即位之初，曾经有过一段励精图治的辉煌时期"，把失国的罪过全部算在他的身上，那也有失公允。王曾瑜《北宋晚期政治简论》②则指出：徽宗并非单纯的继体守成之主，也并非一味昏庸，他即位后，基本上继承了前两位皇帝的遗志，也采取了一些改革措施；北宋晚期的腐败并非始于徽宗，但在他统治时，腐败极度膨胀，即使在这种情况下，宋徽宗仍标榜要惩治腐败。王曾瑜《宋徽宗和钦宗父子参商》③更指出："宋钦宗倒是个标准的守成之主，其循规蹈矩，肯定远胜于宋仁宗"。该文还分析了徽、钦两宗的矛盾，认为"两人的龃龉，在宋徽宗的决策中，是起了作用的"，"钦宗防范父亲的结果，则是父子同归于尽"。

　　相对于北宋帝王的研究来说，南宋帝王的研究要薄弱得多，而且大多集中于高宗。80年代初，学者多持60年代的观点，对高宗仍以批判为主，但随着时代的迁移，在抗金及杀岳飞案上，学者的研究带有更多的理性，出现了多元化的观点。张云霄《岳飞与赵构的斗争》④认为岳飞对高宗并非一味"愚忠"，作为抗金的坚决拥护者，面对投降派的高宗，他与赵构之间曾经有过激烈的斗争。阎邦本《论绍兴和议南宋的主要决策人是赵构不是秦桧》⑤和《再论绍兴和议南宋的主要决策人是赵构不是秦桧》⑥，认为高宗是"绍兴和议"的主要决策人，也是杀害岳

① 任崇岳：《风流天子宋徽宗》，河南人民出版社1994年版。
② 王曾瑜：《北宋晚期政治简论》，《中国史研究》1994年第4期。
③ 王曾瑜：《宋徽宗和钦宗父子参商》，《庆祝杨向奎先生教研六十年论文集》，河北教育出版社1998年版。
④ 张云霄：《岳飞与赵构的斗争》，《社会科学战线》1982年第6期。
⑤ 阎邦本：《论绍兴和议南宋的主要决策人是赵构不是秦桧》，《南充师范学院学报》1986年第2期。
⑥ 阎邦本：《再论绍兴和议南宋的主要决策人是赵构不是秦桧》，《南充师范学院学报》1987年第4期。

飞的元凶。史苏苑《宋高宗论二题》①在杀害岳飞问题上也持类似观点，但认为高宗在生活上无可厚非，他不沉溺女色，不信赖宦官，不依靠外戚。在内政上也说得过去。但在政权偏安、民族危急的大动荡时期，忠、奸不分，再加上贪恋帝位，要保持偏安之局，杀害岳飞是应当受到谴责的。指出高宗杀害岳飞并非一怒之下的偶然决定，而是有深刻的历史根据和主观现实条件的。对此，王曾瑜提出了不同的看法，所著《宋高宗》②及《荒淫无道宋高宗》③两本著作，抓住高宗专制与腐败的一面，以抗金问题为线索，鞭挞了高宗对外割地称臣、对内残害忠良的荒淫无道的一面。高宗令岳飞退兵，以往多强调高宗的主观原因，陈民族《宋高宗令岳飞退兵原因新论》④指出：除主观原因外，还有经济崩溃、人民对政府的不信任、南宋军队战斗力弱等客观原因，在一定程度上促使高宗采取了退兵措施。刘伟文《试论宋高宗的军政建制及其影响》⑤，高度评价了高宗的军政建制，认为南宋初年"诸大将在不同程度上尽到抗金的责任，然而因他们掌握重兵，权势日盛，这就产生不少弊端"，高宗针对这种局势，采取了收兵权和健全统军体制两项措施，"从巩固中央集权的角度来说，这些措施，是有一定的作用的。它防止了藩镇割据势力的出现，从制度上保证了国家的稳定，为当时社会生产的发展和繁荣提供了必要的条件，也为南宋政权的延续提供了必要的保证"。邱少平、李克武从心理的角度探析高宗屈膝求和的原因。

孝宗历来被认为是南宋较有作为的皇帝，受到较高赞誉。王德忠《孝宗加强专制集权浅论》⑥、《宋孝宗"恢复"图治述评》⑦、张邦炜《宋

①　史苏苑：《宋高宗论二题》，《宋史论集》，中州书画社 1983 年 8 月版。

②　王曾瑜：《宋高宗》，吉林文史出版社 1996 年版。

③　王曾瑜：《荒淫无道宋高宗》，河北人民出版社 1998 年版。

④　陈民族：《宋高宗令岳飞退兵原因新论》，《益阳师专学报》1997 年第 3 期。

⑤　刘伟文：《试论宋高宗的军政建制及其影响》，《宋史研究集刊》，浙江古籍出版社 1986 年版。

⑥　王德忠：《孝宗加强专制集权浅论》，《东北师范大学学报》1989 年第 1 期。

⑦　王德忠：《宋孝宗"恢复"图治述评》，《东北师范大学学报》1991 年第 1 期。

孝宗简论》①、范有芳《宋孝宗为改变不平等"受书礼"的斗争》②,从不同的角度论述了孝宗为摆脱困境而采取的一系列措施,认为"宋孝宗是南宋唯一的一位较有作为的皇帝"。王德忠《金世宗与宋孝宗之比较研究》③,分析两人上台前后的处境,指出他们都有求治图强的措施,但他们都无法改变金与宋走向衰弱的历史必然。陈国灿、方如金《宋孝宗》④,虽承认孝宗是南宋较有作为的皇帝,但认为孝宗的统治业绩很有限,其革除弊政的措施存在诸多不足,南宋国弱民贫的状况并未得到根本改变,尤其到了统治后期,孝宗明显趋于保守和消极。方如金《试评宋孝宗的统治》⑤再次重申了上述观点。卿希泰《宋孝宗与道教》⑥列举详实的史料,指出孝宗的崇道思想是十分坚定的,对三教合一思想作了新的发挥,影响尤为深远。

对南宋中后期皇帝的研究,长期以来几乎是一片空白。虞云国《宋光宗、宋宁宗》⑦首次对这两个皇帝作了深入的探讨,认为光宗后期"政治日昏"的历史责任,应该归于封建世袭的君主制。而宁宗"作为君主,他虽然无怠无荒、克勤克俭,没有失德的过举,然而由于他不明不敏,不仅称不上是合格的守成之主,反而使南宋王朝发展轨道在历史大变局的重要时期出现了根本性的逆转"。这两位皇帝的上台,"最充分暴露了君主世袭制荒谬绝伦缺乏理性的那一侧面"。胡昭曦、蔡东洲《宋理宗、宋度宗》⑧对理宗、度宗进行了全面考察,认为理宗"不是'明主',也非'暴君',40年当政未挽狂澜于既倒,对南宋的灭亡负有不可推卸的责任。但是,他既不是完全无能的'庸才',也不是'只图偏安无复国之大志'的皇帝",对其评价应做具体分析。而度宗完全是个昏庸

① 张邦炜:《宋孝宗简论》,《天府新论》1991年第3期。
② 范有芳:《宋孝宗为改变不平等"受书礼"的斗争》,《松辽学刊》1997年第1期。
③ 王德忠:《金世宗与宋孝宗之比较研究》,《史学月刊》1999年第6期。
④ 陈国灿、方如金:《宋孝宗》,吉林文史出版社1998年版。
⑤ 方如金:《试评宋孝宗的统治》,《浙江大学学报》2000年第6期。
⑥ 卿希泰:《宋孝宗与道教》,《宗教学研究》1998年第3期。
⑦ 虞云国:《宋光宗、宋宁宗》,吉林文史出版社1997年版。
⑧ 胡昭曦、蔡东洲:《宋理宗、宋度宗》,吉林文史出版社1996年版。

之主,致使南宋灭亡的速度大大加快。是书引用了大量宋元人撰写的野史、笔记,一些史料尚属首次披露。同作者《宋理宗的"能"与"庸"》①再次呼应了上述思想,将理宗在位 40 年分成三个阶段分析,认为理宗并非无能之辈,其历史作用有积极的一面,也有消极的一面,到晚年方成昏君。

　　围绕亡国之君恭帝入元后的命运,在八九十年代出现了一些考证文章。王尧《南宋少帝赵显遗事考辨》②通过汉藏两种文字史料的对勘,提出瀛国公 18 岁往吐蕃萨思迦出家并娶元朝公主的传说是可信的,但元顺帝是瀛国公赵显之子的传说(据明人李翮记载)根本不可信。此传说形成原因有三:(1)汉族士大夫不满异族统治而编造故事;(2)记载恭帝的史料缺乏;(3)元朝廷内部斗争的结果。程亦军《南宋少帝赵显遗事》③指出王尧文中的两处失误,即:(1)赵显并非"度宗第二子,母全氏",应为"母为度宗昭仪王清惠";(2)少帝去上都在公元一二八三年而不是一二八二年。任崇岳《元顺帝与宋恭帝关系考辨》④也认为赵显不过是亡国之俘,根本不是元朝驸马,元顺帝为赵显之子的说法更不能成立,赵显之死是因为成就太大,招致别人的嫉妒,被元英宗下令赐死的。李勤璞《〈南宋少帝赵显遗事考辨〉一文商榷——瀛国公史事再考》⑤在重新对照藏汉两种文字史料后认为,瀛国公 18 岁往吐蕃萨思迦出家及娶元朝公主并非事实,但南宋少帝赵显确实有儿子。

　　整个 20 世纪以宋帝王为题的论著约 340 多篇(本)。20 世纪 30年代和 40 年代对宋皇帝的研究主要是对一些历史谜案的考证、分析;50 年代初至 70 年代末,虽有几篇质量较高的论文问世,但受当时政治的影响颇深,总体上形成批判的基调;80 年代以后,研究才多角度多层次地展开,一些高水平的论文及传记在这时期涌现,尤其是 80 年代末

①　胡昭曦、蔡东洲:《宋理宗的"能"与"庸"》,《中国史研究》1998 年第 1 期。
②　王尧:《南宋少帝赵显遗事考辨》,《西藏研究》1981 年第 1 期。
③　程亦军:《南宋少帝赵显遗事》,《西藏研究》1984 年第 4 期。
④　任崇岳:《元顺帝与宋恭帝关系考辨》,《民族研究》1989 年第 2 期。
⑤　李勤璞:《〈南宋少帝赵显遗事考辨〉一文商榷——瀛国公史事再考》,《西藏研究》1999 年第 1 期。

90 年代中,学术界掀起了一股帝王研究热。但从研究宋帝王的论题看,侧重于北宋及南宋初两个皇帝。至今为止,有关北宋帝王研究的论著约占总数的 80%,其中太祖、太宗及徽宗三帝的论著即占总数的65%;而有关南宋后七位皇帝的论著仅占总数的 3%。其次,重复研究较多,特别是对一些历史"谜案"及帝王实施的政策,大都集中于一个或几个皇帝。第三,从研究方法看,综合方法的使用还比较薄弱,大部分的研究仍然沿用传统的方法,甚至是贴标签似的模式。在这些方面,尚有待于开拓和加强。

第二节　现实需要与史学真实的冲突
——岳飞研究

　　20 世纪的中国,经历了三种不同的社会制度和众多的历史事件。有关宋朝爱国将领、抗金英雄岳飞历史的研究逐步系统和深入,学术界还不时展开热烈的讨论。

一、抗战需要压倒了多元化的史学研究

　　清代末年,反清的革命党人为鼓舞士气,开始将数百年前坚决抗敌、最后被投降派迫害致死其英雄事迹在民间已家喻户晓的岳飞,写入汉族人民反抗异族压迫的斗争史中。1903 年 4 月,《湖北学生界》发表留学日本的湖北籍学生所撰《中国民族主义第一人岳飞传》,称岳飞是中国五千年历史上第一民族英雄。该文可以说是 20 世纪第一篇记述岳飞事迹的文章。

　　民国时期,第一本介绍岳飞事迹的著作是孙毓修编纂的《岳飞》一书①。该书卷首提出"中国上下数千年"中"妇人孺子,里老走卒",皆视之为神拜之如佛的"名人",仅有蜀汉的关羽和南宋的岳飞。关羽"忠

---

① 　孙毓修:《岳飞》,商务印书馆 1913 年版。

义之气过人,勇武之略盖世,受后人之崇拜,亦固其宜";而岳飞"后来居上",其"为人尤足为少年之模范"。该书字数不多,作者的立足点是宣扬岳飞的忠义和勇武。

1923 年,吕思勉《自修适用白话本国史》①出版。该书第三篇《近古史下》第一章《南宋和金朝的和战》第二节《和议的成就和军阀的剪除》,提出了一些独特的观点,如:(1)充分肯定宋、金和议。认为,和议在当时,本是件必不能免的事。(2)秦桧是"爱国"的,他不是"金朝的奸细"。他说:"主持和议的秦桧,却因此(指和议)而大负恶名,真冤枉极了。"当时"金人怕宋朝什么?要讲和,还怕宋朝不肯?何必要放个人回来,暗中图谋"。秦桧"既是金朝的奸细,在北朝,还怕不能得富贵?跑回这风雨飘摇的宋朝来做什么?当时和战之局,毫无把握,秦桧又焉知高宗要用他做宰相呢"?据此,他认为"秦桧一定要跑回来,正是他爱国之处;始终坚持和议,是他有识力,肯负责任之处"。"能解除韩(世忠)、岳(飞)的兵柄,是他手段过人之处"。(3)实际上认为岳飞、韩世忠等武将已成为"军阀",岳飞的抗金事迹全被夸大了。他只承认岳飞在郾城"打了一个胜战"。"郾城以外的战绩,就全是莫须有的"。朱仙镇大捷,"更是必无之事"。《宋史·岳飞传》的有关记载,"真是说得好听,其实只要把宋、金二史略一对看,就晓得全是瞎说的"。"最可笑的,宗弼渡(长)江的时候,岳飞始终躲在江苏,眼看着高宗受金人的追逐;《宋史》本传,还说清水亭一战,金兵横尸十五里;那么,金兵倒好杀尽了。"作者撰写此书时,正是帝国主义列强为维护各自的在华利益,积极扶持各派军阀进行争夺地盘、扩大实力的混战和争斗,给国家民族带来了很大的灾难,广大民众对各省军阀深恶痛绝,因此作者谴责历史上的"军阀",否定岳飞,肯定秦桧和宋、金和议②。

① 吕思勉:《自修适用白话本国史》,商务印书馆 1923 年版。
② 台湾学者王德毅最早提出:吕思勉《白话本国史》"显然认为韩岳张刘颇似民初的军阀",但"其言些些激情,不值得一驳"。(《岳飞的历史地位——兼论民国以来的岳飞研究》,《中国历史学会史学集刊》第 22 期,1990 年 7 月。)

1924 年,出版了钱汝雯编《宋岳鄂王年谱》6 卷,另卷首、卷末各一卷,卢永祥刊本。

1931 年"九一八"事变东北沦陷后,中华民族发出了救亡抗日的吼声。有识的爱国志士,立即想到应从历史伟人、民族英雄岳飞身上汲取力量。江苏嘉定(今属上海)文字学家周承忠,从相传为岳飞手书李华的《吊古战场文》碑拓中,在"河水萦带,群山纠纷"中取"河"、"山"两字,在"秦没而还,多事四夷"中取"还"字,在"奇中有异于仁义"中取"义"字的下半截"我"字,组合成"还我河山"四字。加上岳飞的落款和图章,临摹成为一幅岳飞手书的"还我河山"题词。另一位嘉定人、地理学家童世亨,立即将此题迹刊登于地图册的扉面。而《东方杂志》主编金兆梓见后,立即在杂志上刊出。"还我河山"四字,道出了中国人民的心声,从此作为岳飞的真迹,与《满江红》词一起,迅速传遍全国①。

1933 年,管雪斋著《岳武穆》一书,在汉口出版,该书分英雄思想、武穆之少年及其志愿、武穆之知遇、武穆之武功(分御外、讨逆、平盗三部分)、武穆之治军、武穆之文学、武穆之人格、武穆之死及和议、武穆与今日之中国,共 12 章。书前载传世的有关岳飞的文物,如:岳飞遗书《出师表跋》,岳珂藏岳飞二枚印章,谢枋得藏岳飞砚铭拓本;书后附岳飞年谱。该书引用岳珂《金佗稡编》、岳飞文集、王夫之《宋论》等史籍,认为岳飞系秦桧所害死。书中各章、节皆联系当时政局,如对"九一八"事变,指出"拥兵数十万者"对日军的侵略"曰'避免冲突',曰'不抵抗',国家养兵之意,果在斯乎"?

稍后,各地出版社相继推出各种介绍岳飞事迹的著作。如:无梦、易正纲编《中国军神岳武穆》②,范作乘编《岳飞》③,自动生《岳飞》④,章依萍编著《岳飞》⑤,褚应瑞《岳飞抗金救国》⑥,褚应瑞《精忠报国的

---

① 周庆和:《嘉定轶传三则》,载顾思明、张振德主编:《嘉定史话》,中华书局 1998 年版。
② 无梦、易正纲:《中国军神岳武穆》,上海汗血书店 1935 年版。
③ 范作乘:《岳飞》,上海中华书局 1935 年版。
④ 自动生:《岳飞》,重庆正中书局 1936 年版。
⑤ 章依萍:《岳飞》,上海儿童书局 1936 年版。
⑥ 褚应瑞:《岳飞抗金救国》,上海民众书店 1939 年版。

岳飞》①,孔繁霖《岳飞》②,邓广铭《岳飞》③,彭国栋《岳飞评价》④。以
上著作大都是普及读物,宣讲岳飞的抗金救国故事,用以激励民众的士
气,坚持抗日。其中仅邓广铭、彭国栋二书,学术性较强。彭著全书分
为岳武穆之修身、用世、事功、殉忠四章,约六万字。根据岳飞文集、宋
史本传、宋元以来各家著述,着重论述岳飞的个性、事功,战斗详情和任
官次第多缺略。该书提出杀害"民族英雄"岳飞的元凶是"国贼汉奸"
秦桧,同时又介绍"论者"的观点,即岳飞之死"实出高宗意;与当时文
武之争,亦有关联",认为"论者"之说亦近理。该书同年 12 月,又在上
海出版。

　　30 年代,余嘉锡开始怀疑《满江红》词并非岳飞真作,疑为明人所
伪托。余嘉锡《四库提要辩证》卷 23《别集类》11《岳武穆遗文一卷》
说,《满江红》词始见于明代弘治期间浙江镇守太监麦秀所刻词碑,此
碑词由吴江人、广东按察使赵宽所书,"非(岳)飞之亲笔"。他认为此
词"来历不明,深为可疑"。"疑亦明人所伪托"。他还说,此词"为岳珂
所未见,鄂王家集所无有,突出于明之中叶,则学者不可不知也"。余
嘉锡提出的这个问题,直到 60 年代初才重又提起,在学术界引起争论。

　　抗日战争胜利后,经过前一阶段在民间的广泛传播,终于出现了一
部学术价值更高的著作,它就是李汉魂《岳武穆年谱附遗迹考》⑤。书
后附录轶事拾遗、历朝论评选辑、大事表、宋代形势图、文集索引等。该
书的主要贡献除按时间顺序详述岳飞事迹外,还对岳飞的家属和部将
情况有所辩证,诸如从《建炎以来系年要录》、《宋史·岳飞传》以来,都
把岳云说成是岳飞的养子。该书根据《鄂王行实编年》,提出岳飞夫人
李氏在 18 岁时与岳飞结婚,次年生长子岳云,证明岳云并非养子。又
如《系年要录》等书记载岳飞妻"刘氏",在岳飞从军后"改适"他人。该

————————

①　褚应瑞:《精忠报国的岳飞》,上海民众书店 1943 年版。
②　孔繁霖:《岳飞》,南京青年出版社 1945 年版。
③　邓广铭:《岳飞》,重庆胜利出版社 1945 年版。
④　彭国栋:《岳飞评价》,重庆商务印书馆 1945 年版。
⑤　李汉魂:《岳武穆年谱附遗迹考》,上海商务印书馆 1947 年版。

书根据《鄂王行实编年》等,认为岳飞妻一直与岳飞"同在任所",没有"改适"之事,"刘氏"系李氏之误。再如指出张宪不是岳飞之婿。岳飞有二女,一嫁高稼;一女未嫁,在岳飞冤死那年,仅13岁。

自清末至民国时期,尤其是在抗日战争时期,以上各种专著都着力赞扬岳飞是中国的民族英雄。

此外,在30年代末至40年代初,史学家还不约而同地编写大型中国通史的著作。其中较有影响的有周谷城《中国通史》①。该书第三篇《中世后期》第四章《宋对金的妥协策》,简单地提及岳飞,如说在1140年,"岳飞至郾城也把兀术打个大败";"一一四一年……当时主和的人,大概不少。如张浚,如陈与义,都有和意;高宗更不待说"。"和议既已大有人赞成,而武人又多不可靠。""当时岳飞以精锐之兵,战胜金人,力言和议不是办法,结果被秦桧杀了。"认为岳飞是秦桧杀害的,而岳飞最多"是一位名将"。钱穆《国史大纲》②,该书第六编《两宋之部》第三十四《南北再分裂》,基本观点与周谷城稍有不同。如在1139年部分,说:"金兀术毁成约","分道南侵","宋亦出兵","宋兵在这一次战事中,得到好几回胜利",其中有"岳飞郾城之捷"。在1141年宋金和议部分,指出宋高宗"非庸懦之人,其先不听李纲、宗泽,只是不愿冒险。其后,不用韩、岳诸将,一意求和,则因别有怀抱"。岳飞和韩世忠不甘朝廷"向君父世仇称臣屈膝","故岳飞不得不杀,韩世忠不得不废"。认为岳飞系由高宗所杀。范文澜《中国通史简编》中册(宋辽至清中叶)③第五章《南北分裂与封建经济南盛北衰时代——金与南宋》,提出秦桧是金朝的"奸细",宋高宗赵构"始终主逃主降,认主战派是坏事的小人"。岳飞和韩世忠所率军队是"连年战争中""锻炼出"的"两部新的有力军队"。岳飞率军在郾城"大破金军","准备渡河","赵构、秦桧借口岳飞孤军不可久留,勒令退兵"。秦桧"知道岳飞不死,和议

---

①　周谷城:《中国通史》,上海开明书店1939年版。

②　钱穆:《国史大纲》,商务印书馆1940年版。

③　范文澜:《中国通史简编》中册(宋辽至清中叶),延安新华书店1942年版。

难成,自己的相位也难保,专力谋杀飞"。作者从抗日斗争的需要出发,不时以"中国人民"代替南宋人民,说:"金人知道赵构易灭,中国人民不易灭,赵构愿降,中国人民不愿降,如果不借中国统治阶级的力量来镇压中国人民……对金将是极大的不利。"

吕振羽《简明中国通史》第十三章《专制主义封建制矛盾扩大的五代两宋辽金时期》,约在 1948 年 12 月前完稿。该书认为秦桧是金朝的"大奸细","自始就主张划淮(河)以北与金议和",而"高宗为首的大地主集团,也只想和"。岳飞是"主战派将领"或"抗战派将领"。岳飞率军取得偃城(应为郾城)之捷后,乘胜"进军朱仙镇"。"千杀不赦的秦桧和可耻的南宋小朝廷,于勒令岳飞退兵与诸帅还镇外","矫诏逮(岳飞及子云、婿张宪)三人入狱",杀害了他们。宋、金和议"成立"后,"事实上,秦桧也成了金廷统治南宋的最高代理人,高宗皇帝只是秦桧的傀儡"。认为岳飞是被金朝"大奸细"秦桧"矫诏"所杀。该书提出张宪是岳飞之婿,误,前述李汉魂编岳飞年谱时已作了辩正。

这一时期有一批专论岳飞的文章,如梁园东《岳飞秦桧旧案》[1],金毓黻《岳飞之死与秦桧》[2],陶元珍《岳飞死因之分析》[3],邓广铭《从军以前的岳飞》[4],江士杰《岳武穆之死与宋高宗及宋代政制》[5],都从不同角度探讨岳飞,提出了一些值得重视的观点。其中还有一篇是翦伯赞《两宋时代汉奸与傀儡组织史论》,写于 1940 年 3 月,1943 年编入《中国史论集》[6]。作者从吸取历史教训出发,为反抗日本法西斯侵略,摧毁"我们民族内部的汉奸、卖国贼汪逆等"组织的傀儡政、府,撰写此文。提出:(1)岳飞是"抗战派"之代表和"民族英雄"。(2)秦桧"不仅是投降主义的执行者,而且是首倡者"。他在"岳飞等抗战派在军事上

---

①　梁园东:《岳飞秦桧旧案》,《人文月刊》1937 年 6 月,第 8 卷第 5 期。

②　金毓黻:《岳飞之死与秦桧》,《文史杂志》1941 年 6 月,第 1 卷第 6 期。

③　陶元珍:《岳飞死因之分析》,《中国青年》1942 年 11 月,第 7 卷第 4—5 期。

④　邓广铭:《从军以前的岳飞》,军事与政治)1945 年 6 月,第 8 卷第 3 期。

⑤　江士杰:《岳武穆之死与宋高宗及宋代政制》,《政治季刊》1947 年 6 月,第 5 卷第 1 期。

⑥　翦伯赞:《两宋时代汉奸与傀儡组织史论》,《中国史论集》,文风书店 1947 年版。

走向胜利"时，"尽收诸将兵权，消灭抗战派的力量，以减轻敌人侵略的障碍，最后则以极无耻的手段，制造虚伪谰言，诬杀反对投降至为坚决之岳飞等民族英雄，毫无廉耻地大胆执行敌人灭亡中国的阴谋，作敌人之内应"。

二、1949 年 10 月至 1959 年，由相对客观转向批判

1949 年 10 月至 1965 年，中国内地的众多学者努力探求历史规律，在岳飞的研究方面取得了一些成绩。但到 1964 年至 1966 年"文化大革命"前，随着"左"倾理论的发展，学术界对历史上的岳飞展开了批判活动。在"文化大革命"中，更是全盘否定岳飞，岳飞庙遭到严重破坏，岳坟被毁。

1951 年 1 月，《新闻日报》连续刊登 10 篇文章，讨论应以何种观点来评价岳飞。其中石英提出岳飞"对人民有罪"，是"封建奴才"，但多数作者认为岳飞是"伟大的爱国主义者"，"他并没有愚忠"，"他保护了广大人民的利益，曾燃烧起人民对侵略者的仇恨"。接着，《历史教学》第 1 卷、第 2 卷，陆续发表四篇文章，讨论"岳飞到底算不算民族英雄"，大都认为岳飞具有"民族英雄本色"，无愧是家喻户晓的民族英雄。

1954 年，邓广铭《岳飞传》①出版。分为《战士在成长和锻炼中》、《驰驱奔命于各种战场上的岳飞和岳家军》、《民族战场上的忠勇斗士》、《对于岳飞的评价》等四章，书前附《南宋中兴四将图卷》中的岳飞像，书后附《略论有关"拐子马"的几个问题》。该书的成就在于：(1) 深入剖析有关岳飞事迹的史籍优劣和可信程度。他将这些史籍分为三个系统，即官修史书、私人著述和岳飞子孙记述，指出各个系统"都或多或少地包含着一些不可凭信的成分在内。所以，在取材时，注意作一番'去粗取精，去伪存真'的考辨研讨工作"。(2) 详细记述岳飞的经历，分析宋、金双方的形势。(3) 恰如其分地评价岳家军平定"游寇"和镇

---

① 邓广铭：《岳飞传》，北京三联书店 1954 年版。

压农民起义军,指出抗金战争"不只是服务于赵宋政权的"。该书有几点值得注意:(1)肯定岳飞是"杰出的军事家"、"不朽的民族英雄"。(2)秦桧是"一个出卖祖国的掮客",干尽"降敌卖国的勾当",是杀害岳飞的元凶。(3)高宗赵构与秦桧组成了"南宋政府的卖国集团",但对岳飞的迫害是秦桧及其党羽一手策划和操办的。(4)岳飞在料理其父丧葬后,娶刘氏为妻,刘氏后来径自改嫁他人;岳飞在南渡后,又娶李氏,生了几个孩子。该书现在看来也有几个缺点:一是没有注意到金朝也是中国古代的一个王朝,女真族今天虽已不存,但已融合到中华民族之中,成为今天中华民族的一部分。该书则把宋朝的汉族称作"中华民族",而把金朝军队称作"异族侵略者"或"金国侵略军"等,将女真族排除在中华民族之外。二是岳云是岳飞亲生之子,40 年代李汉魂编《岳武穆年谱》已作了辨正,该书却仍沿旧说。尽管如此,该书依然是50 年代研究岳飞最为深入的一部著作。

1958 年,沈起炜编著《宋金战争史略》①出版。该书论述绵延 110 年的宋、金两国战争史,以较多篇幅介绍岳飞及其军队的战绩,写得深入浅出。该书涉及岳飞的内容有以下几点值得注意:(1)充分肯定岳飞是"宋朝人民抗金斗争中最杰出的英雄人物,也是中国古代历史上最伟大的民族英雄人物之一"。(2)秦桧是"金人派来的奸细"、"特务"、"汉奸"。(3)宋高宗是"大地主阶级"的首脑,"一贯主和",是"中国历史上""最丑恶的皇帝",他与秦桧一起组成"投降派"。高宗认为岳飞"对于他的统治有危险,非杀掉他不可"。(4)区分女真族的贵族、军人和平民,指出"女真贵族是侵略战争的发动者",女真军人"在掠夺中曾一时得到了些好处,然而长期的战争破坏了他们可能享受的和平生活"。女真平民"并没有在战争中得到真正的利益"。

1959 年,何竹淇《岳飞抗金史略》②出版。分为:岳飞的时代背景,家庭生活,抗金的第一、二、三、四期,受迫害等 7 章,另有前言和岳飞抗

---

① 　沈起炜:《宋金战争史略》,湖北人民出版社 1958 年版。
② 　何竹淇:《岳飞抗金史略》,北京三联书店 1959 年版。

金大事年表。据前言,作者写于 1956 年。该书与邓广铭《岳飞传》有一些不同:(1)强调南宋初统治阶级内部分为两大集团,即"岳飞抗战派和秦桧投降派",前者"得到人民的支援,坚决主张抗金";后者"依靠敌人而生存,坚决主张投降"。(2)岳飞是"竭尽全力抵抗外来民族压迫的""伟大的民族英雄",但也存在缺点,即他作为"统治阶级的一分子","忠君的封建教条思想深深地毒害了岳飞,使他做了最高反动统治者——高宗的帮凶,替他做出危害人民的事情来",即"打击农民军",这是岳飞光辉一生的"一个大污点"。(3)秦桧是"卖国投降派首领"、"卖国贼"、"金国的代言人"、"内奸"。(4)宋高宗是"最高反动头子",被秦桧"假借高宗的命令",下了 12 道金牌,勒令岳飞从前方撤军,"并捏造种种罪名",把岳飞等杀害了。他"虽然想要杀岳飞,却还有所顾虑,恐怕激起大家的反对"。不过,杀害岳飞还是得到他"特别的允许,才得最后执行的"。(5)岳家军最后一战是在朱仙镇取得了"大胜利","兀术像丧家犬一样,逃回汴京去"。(6)岳飞在 16 岁时娶妻刘氏,生子岳云。刘氏生岳云时,岳飞仅 17 岁,"又刚结婚,似乎没有抱养子的必要"。李氏"可能是岳飞的继配"。该书与邓广铭《岳飞传》相同之处是,都把宋朝等同于"中国",把宋朝人民等同于《中国人民》、"中华民族",而把金朝女真族排除在中华民族之外。如说:"金国为了满足侵略中国的欲壑,要求高宗和秦桧杀害岳飞";"岳飞之被杀死,是敌人勾结中华民族败类杀死的中国人";"中国人民是如何的热爱祖国,谁也不甘心做亡国奴";"女真贵族统治者侵入中国"等等。之所以会出现民族理论上的这一偏差,可能与 50 年代比较强调反对外国侵略和保卫祖国有关。

　　50 年代后期,史学界曾为岳飞的评价开展争论。不过,后来又急剧转变为政治批判,脱离了正常的学术讨论轨道。赵俪生、高昭一《南宋初的钟相、杨幺起义》①,在《岳飞对待起义的态度及其具体措施》一

<hr>

① 赵俪生、高昭一:《南宋初的钟相、杨幺起义》,《中国农民战争史论文集》,上海新知识出版社 1954 年版。

节中,提出岳飞"是一位爱国的将领,对于这样忠于祖国的义军,即使是处在敌对状态,也是会十分尊敬和爱惜的,于是……坚决执行对起义人民妥协让步的政策"。还进一步认为"岳飞的贡献",在于"收编了绝大部分的起义军,使之转化为抗金的力量"。宁可《有关岳飞评价的几个问题》[①],与赵俪生等商榷。该文不赞成片面夸大岳飞镇压杨幺起义一事,"从而基本上否定岳飞"。但也不宜为了无损岳飞的民族英雄地位,而"替岳飞隐讳和辩解",这也"违反了历史事实"。岳飞镇压杨幺起义,"是罪,而不是贡献,不是功","不仅是对农民起义的打击,而且也是对人民抗金力量的摧残",因为这次起义"不但反宋,而且也抗金"。此外,该文提出:(1)不可夸大或贬低岳飞在抗金斗争中的地位和作用,岳飞"是主张抗金最坚决的人,而且始终尽一切力量来为这一主张奋斗,从来没有怀疑或动摇过。因此,他成为抗战派的主要代表人物"。但是不能"脱离南北军民的整个抗金斗争来孤立地叙述岳飞的抗金事迹,甚至根据一些被夸大了的记载来过分渲染,忽视广大军民和其他抗金将领的地位和作用,把岳飞及其军队当成了抗金斗争唯一的或决定的力量,甚至认为东南半壁河山的保全都是岳飞的贡献"。同时,也不应认为"岳飞的军队不过三四万人,防守地区只是宋金前线上的一个地段,和其他将领的地位和作用差不多,甚至资历或贡献还比不上某些将领。因此怀疑或不承认岳飞是抗金斗争的中心主柱这种提法"。(2)有关岳飞"绍兴十年反攻开封之役后撤兵的问题",有的人认为岳飞没有乘当时的有利时机,"抗命出击,甚至联络两河义军,取南宋小朝廷而代之,以取得抗金斗争的最终胜利",这是"他封建奴才思想的具体表现"。作者提出,抗金斗争的结局"主要决定于南宋政府的政策与措施,而政府内部抗战派又居劣势,因此,南宋政府内部降战两条路线斗争的结果也就决定抗金斗争必然不能得到胜利"。又说:"岳飞的是否被害及他个人的是否坚决反抗,也不能根本改变事件的进

---

① 宁可:《有关岳飞评价的几个问题》,《文史哲》1957 年第 5 期。

程。"(3)作者不赞成"岳飞的撤兵,纯粹是由于投降派的破坏"的提法,认为岳飞的"阶级局限性使他不能不遵从这种命运","他终究还是忠实于地主阶级,忠实于赵宋皇朝的","一身奉命唯谨的他,虽然也有痛苦和斗争,但最后还是选择了南宋政府为他安排的道路"。赵俪生在岳飞率军镇压杨幺起义事件上的学术观点,到 1959 年,还被人无限上纲,扣上"反动观点"的政治帽子,作为赵被打成所谓右派分子的"罪状"之一,见同年《兰州大学学报》第 1 期张代经的"批判"文章。

三、1960 年至 1976 年,由批判走向全面否定

60 年代,主要是在 1960 年至 1966 年"文化大革命"前的 6 年多时间内,岳飞的研究在史学界和文学界几度展开过热烈的讨论,取得了一些成绩。戴不凡《岳飞与赵构——兼评怎样评价历史人物,怎样依史作剧(一、二、三、四)》①,实际上探讨如何编写历史剧,涉及岳飞的评价问题,从而引发了 1961 年文史学界一场大讨论。这次讨论在各种报刊上正式发表了 16 篇文章,编写出 2 个剧本。文章的内容有:从《满江红》词探讨岳飞的"忠君思想",岳飞这类"历史英雄人物的积极精神的局限性",岳飞的诗文,岳飞的就义,岳墓和岳庙,秦桧杀害岳飞父子的原因等。

1962 年,主要是开始争论《满江红》词真伪问题。第一位提出岳飞《满江红》词值得怀疑的学者是夏承焘,其《岳飞〈满江红〉词考辨》,载 9 月 16 日《浙江日报》。该文提出《满江红》"踏破贺兰山缺""是明代中叶以后的一句抗敌口号,在南宋是决不会有这话的。我推测这词的作年,大概是在英宗天顺间(那时鞑靼族始入居河套)至孝宗弘治十五年(那年赵宽写岳坟词碑)这四五十年之中"。他认为词的作者"现在还没有确据可下定论",但怀疑是"那位在贺兰山大破鞑靼的将军王越",他是"一位老诗人"、"有文学修养的大将,身份和岳飞很相似"。

_____

① 戴不凡:《岳飞与赵构——兼评怎样评价历史人物,怎样依史作剧(一、二、三、四)》,《戏剧报》1960 年第 23、24 期。

同年 10 月,学初《岳飞〈满江红〉词的真伪问题》①,对余嘉锡关于《满江红》词的考证提出异议,认为岳飞《满江红》词"确载于《精忠录》。据此书卷 5 陈贽《题〈精忠录〉诗》序,《精忠录》乃汤阴典教袁纯于景泰六年(1455 年)所编,不久即镂板以行。惟《精忠录》所载诗文,俱未注出处,不复能深考"。将《满江红》词见世的时间往前推了数十年,但也承认《精忠录》所载诗文皆不注明出处,难免有来路不明之嫌。

1963 年至 1964 年,是岳飞研究获得丰收的两年,出现了 10 多篇论文。不过,也开始出现了"左"的大批判的苗头。这两年中,最有代表性的有邓广铭《南宋初年对金斗争的几个问题》②。该文值得注意的有四点:(1)秦桧是"汉奸"、"女真主子的忠顺奴才"、"女真贵族代理人"。(2)赵构和秦桧的"对金投降,只能代表南宋政府中一小撮民族败类","成为我们历史上的千古罪人"。"岳飞的杀身之祸","是秦桧和赵构共同对他下的毒手"。(3)岳飞是"我们历史上最伟大的民族英雄之一",他"始终一贯地坚持收复失地,报仇雪耻,特别是坚决反对任何形式的叛卖国家和民族的罪行"。(4)驳斥"从三十年前以来"的几种"错误的论点"。如有人提出,南宋在当时如要继续以武力抗击金人,则军费负担实在太重,将更使得民不聊生。所以秦桧的坚持对金讲和,实在是有不得已的苦衷,这对南宋人民是有很大好处的。再如有人提出,在南宋初年,"张韩刘岳等大将全都是非常飞扬跋扈的",南宋政府"难以制驭","为提高中央政府对诸大将的控制之权,所以采取了杀一儆百的办法而把岳飞杀掉"。作者一一加以反驳,指出绍兴和议后,秦桧没有使百姓的负担减轻,而是"把老百姓更推向贫困冻馁的深渊";"岳飞的作风"并不飞扬跋扈,如要"杀一儆百","最先应当收拾的是刘光世和张俊,万无杀及岳飞之理",而"今竟先从岳飞开刀,这就显得是别有阴谋,是与所谓制裁武人一事全不相干的"。指出这些错误观点

①　学初:《岳飞〈满江红〉词的真伪问题》,《文史》1962 年第 1 辑。
②　邓广铭:《南宋初年对金斗争的几个问题》,《历史研究》1963 年第 2 期。

"是为秦桧、赵构残害民族英雄的罪行喝彩,是一种荒谬绝伦的议论"!

1964 年 7 月,华山《岳飞的爱国主义不能批判地继承吗?》①发表。
该文首先总结建国以来岳飞评价问题的争论,认为史学界已基本取得
一致意见,即岳飞的一生"虽然犯过镇压农民起义的罪行,但在抗金战
争中却立过大功,在当时民族矛盾占主要地位的历史条件下,他的功是
主要的,罪是次要的,岳飞是应该肯定的人物,他是我国历史上杰出的
民族英雄"。其次,概括近几年来学术界、戏剧界在讨论历史遗产的批
判继承问题时,深入一步探讨岳飞爱国主义的来源及其阶级本质问题。
第三,作者认为岳飞的爱国主义"有三个来源":一是"早期的农民爱国
主义",即"他初期是一个农民爱国者,而不是地主阶级的爱国者"。二
是"后期的地主阶级抗战派的爱国主义",即中小地主阶级的爱国主
义,他们的爱国主义是与维护封建剥削制度、维持封建政权(也就是说
"忠君")的观念分不开的。像这样的人物,在历史上最典型的代表就
是岳飞。三是"受士兵和人民群众的影响",当然也不能"忽视或者抹
杀岳飞影响群众的一面"。第四,岳飞的爱国主义是"可以批判继承
的",他的爱国主义中"有劳动人民的爱国主义的因素","当然是可以
批判继承的";"就是他的地主阶级爱国主义思想","也并非不能批判
继承"。事实上,"八百多年来,岳飞的爱国主义精神始终没有死亡过,
它始终活在人民心里。人民老早对他做出了批判继承"。应该说,该
文在当时比较深刻地阐述了岳飞的爱国主义问题,说明岳飞忠君与爱
国的关系,至今还是可取的。

1964 年 9 月至 11 月,冯其庸在《光明日报》连续发表三篇《岳飞剧
的时代精神及其他——论古代岳飞剧中的爱国主义及其对投降派的批
判》,认为:(1)"历史人物岳飞的头脑里有封建道德忠君思想",是不可
以批判继承的。(2)有些人提出宋高宗"代表当时整个国家民族",但
"宋高宗的政治路线,尽管初期还有一些抗金的要求,但是他的根本方

---

① 华山:《岳飞的爱国主义不能批判地继承吗?》,《新建设》1964 年第 7 期。

面是实行投降主义的路线"，所以"这种说法"，"是根本错误的，客观上是为宋高宗的投降主义辩护"。（3）有些人认为"岳飞忠于宋高宗，就是岳飞的爱国主义"，他们"把岳飞忠于宋高宗的忠君思想与抗金思想完全混为一谈，看不到这两者之间存在的特殊矛盾"，当岳飞"这种封建忠君思想"，"与抗金斗争结合起来"时，"就具有特定历史条件下的积极意义"；当岳飞"被迫不得不忠于宋高宗的放弃抗金的命令而放弃抗金"时，"这种封建的忠君思想便失去了积极意义"。

然而，好景不长，1964 年下半年，开始出现了在岳飞和秦桧问题上对周谷城的大批判。其中有金应熙《周谷城是怎样袒护秦桧、赞成投降、诋毁主战派的》①，项立岭等《周谷城是怎样为秦桧、张邦昌翻案的》②，罗思鼎《为什么要替秦桧翻案》③。先后有 10 多篇文章。这些文章指责周先生在《中国通史》中"一方面替大汉奸秦桧辩护，一方面则竭力丑化民族英雄"，"把反对议和投降的人叫做'义理派'，把主张议和投降的叫做'时势派'，在他看来义理派都是些'不负实际责任的人'，而'时势派'像秦桧等人则是'大有见识'的，其主张是'切中时势'的。周谷城还替秦桧表功，说和议巩固了赵宋统治权力"。这些文章大都指责周先生的观点是"明目张胆地宣传'卖国无罪论'"④。

1966 年初，更有人撰文否定岳飞，认为岳飞"不值得崇拜"。数月以后，"文化大革命"风暴掀起，在极左思潮的影响下，岳飞被完全否定，全国重点文物保护单位杭州岳飞墓横遭破坏，岳坟前秦桧等"四凶"跪像失踪。

四、1977 年至 2000 年，百花齐放的时代

"文化大革命"结束后，岳飞的研究逐步走上正轨，首先是研究队

---

①　金应熙：《周谷城是怎样袒护秦桧、赞成投降、诋毁主战派的》，《红旗》1964 年第 17、18 期。
②　项立岭等：《周谷城是怎样为秦桧、张邦昌翻案的》，《解放日报》1964 年 10 月 16 日。
③　罗思鼎：《为什么要替秦桧翻案》，《文汇报》1964 年 11 月 5 日。
④　《关于批判周谷城反动史观的综合报导》，载《历史教学》1964 年第 11—12 期，第 33—34 页。

伍的不断壮大,新生力量逐渐增多,成立了全国性的研究团体——岳飞研究会,定期召开学术研讨会。其次是出版和发表了多种专著和大量论文,使研究的广度和深度都大有进展。

（一）各种著作

这一时期,有关岳飞的著作有研究性的专著、融研究和通俗性一体的著作、诗文选注、墓庙文物介绍等。

首先,最令人瞩目的研究性著作有邓广铭《岳飞传（增订本）》①、王曾瑜《岳飞新传》②。邓先生的增订本,是在 1955 年版的基础上改写而成的,篇幅也由 18.1 万字增至 34.5 万字,据增订本《自序》,"改写的部分至少应占全书的百分之九十以上"。该书共 21 章,叙述岳飞成长的历史背景、岳飞生平事迹等,文笔简练。其中最值得注意的论点:(1)秦桧是"杀害岳飞的元凶",秦桧"既已'挟虏势以要君,'即已能把赵构玩弄于股掌之上","岳飞父子和张宪的冤狱,完全是由秦桧矫诏所造成的"。与 1963 年的观点稍有不同。(2)赵构和秦桧同为"民族败类",赵构"从其登上皇位之日起,就已打定了对金人只能投降,不能抵抗的主意"。赵构始终"把对金乞和的终能搞成,完全归功于秦桧"。(3)女真族"崛兴于我国东北白山黑水地区",它是中华民族的一部分,完颜阿骨打不仅是它的民族英雄,"而且是属于全中华民族的民族英雄"。但女真族随后发动的"侵宋战争","完全是一种破坏性和落后性的战争"。(4)岳云是岳飞亲生之子,岳飞 15 岁与刘氏结婚,次年生子"取名叫岳云"。(5)更加深入剖析南宋官修史书、私人著述、家传著作中关于岳飞记载的真伪,如指出岳珂《金佗稡编·鄂王行实编年》"虚构了许多不甚符合情理的事",对岳飞幼年、少年、参军初期的情景等,都一一作了分析。

王曾瑜的《岳飞新传》,分《佃农投军》、《"尽忠报国"》、《屡折不挠》、《功废一旦》、《冤狱碧血》、《历史评价》等 16 章,后附《有关岳飞生平的历史资料》、《岳飞年表》。该书的观点有与邓广铭不约而同之

---

① 邓广铭:《岳飞传（增订本）》,人民出版社 1983 年版。

② 王曾瑜:《岳飞新传》,上海人民出版社 1983 年版。

处,也有相异之处,其中主要论点有:(1)宋金战争的性质,是"一次民族战争","在本质上则是女真奴隶主和以汉族为主的各族人民的阶级斗争,是奴役和反奴役之争,是倒退(奴隶制)和进步(封建制)之争,是分裂和统一之争"。(2)岳飞是"我国历史上一位伟大的民族英雄",他"毕生事业的主要方面是从事抗金斗争",但也有不少过错和弱点,主要是镇压一些地区性的农民起义,其次是对投降派斗争软弱,致使抗金战争功败垂成。他"功大于过"。(3)宋高宗是投降派的首领,"自绍兴元年以后","降金之心不死"。他"为了对金媾和,在秦桧的怂恿下,决定杀害岳飞"。他"批准了秦桧和万俟卨的上状,将岳飞和张宪处死,并亲自把岳云由徒刑改为死刑"。(4)秦桧是金人"放归"的"奸细","破坏抗金是他的本分"。(5)当时的左相赵鼎是个"依违于抗战和投降之间的人物",或"首鼠两端","实际上仍倾向于投降"。(6)岳飞先娶之刘氏,生岳云和岳雷,后"改嫁两次","岳飞愤恨刘氏的背弃行为"。"大约在建炎二、三年间,岳飞娶了……李娃"。(7)《高宗日历》"除了给高宗和秦桧的降金乞和涂脂抹粉之外,不遗余力地诋毁岳飞,抹杀岳家军的功绩"。《金史》的缺点是"扬胜讳败","只承认(宋军)吴尚原(大捷)一次,其他(仙人关、顺昌、郾城、颍昌)四战只字不提"。岳珂《金佗粹编》"恢复了部分的历史真相",但"主要缺点"是"回避高宗和岳飞的矛盾,客观上为高宗开脱罪责",掩盖了高宗其实是杀害岳飞的元凶的真相,"为后世戏剧、小说塑造岳飞的'愚忠'形象开了先河"。必须指出的是,该书出版时责任编辑"未经作者同意,就对传记原稿作了大量的修改和删略,被删除者有史实、有论述,更有大量注释",很多修改之处"降低了原稿的质量,并且增添了原稿未有的错误"①。

其次,相继出版了融学术性和通俗性于一体的几种著作,有龚延明《岳飞》②、朱瑞熙《中华民族杰出人物集·岳飞》③等。前书是"文化大

---

①　王曾瑜:《岳飞新传》,河北人民出版社 2001 年版。
②　龚延明:《岳飞》,浙江人民出版社 1980 年版。
③　朱瑞熙:《中华民族杰出人物集·岳飞》,中国青年出版社 1983 年版。

革命"后第一部岳飞的传记。龚著《岳飞》,采取熔铸史料于传记文学
的方式,以章回体裁对岳飞抗金爱国生活作了形象生动的描述,在历史
研究成果普及化、通俗化方面作了可喜的尝试。1985 年江苏古籍出版
社出版龚延明同名的传记著作,1990 年浙江古籍出版社出版龚的《岳
飞小传》。他的主要观点是:(1)岳飞是民族英雄。(2)岳飞精神是中
华民族优秀精神遗产的一部分,指爱国、廉洁奉公和勇敢精神、纪律严
明、平等待人、宁死不屈等。(3)杀害岳飞的元凶不是别人,正是高宗,
秦桧所扮演的只是一个帮凶角色。(4)绍兴十年,岳飞乘郾城大捷,满
怀胜利的信心,向朱仙镇进军,又胜金军。朱瑞熙《岳飞》的主要观点
是:(1)岳飞是宋朝著名的抗金将领,也是中国历史上杰出的民族英雄
之一。(2)宋高宗和秦桧一起迫害岳飞,目的是向金朝屈膝投降。
(3)岳飞有"忠君思想",但他的"忠君并不是只知有君、不知有国的封
建奴才式的愚忠,而是与爱国融为一体的忠君"。在他生活的时代,人
们难以把皇帝和国家严格区分开来,特别在民族危难时,更把忠君当作
爱国,把勤王当作救国。(4)岳家军最后一战,是在郾城大捷后,乘胜
进军朱仙镇,打败了兀术率领的 10 万金兵。

　　此外,还有张鹏良《岳飞》①、刘秀生《岳飞评传:抗金十年功,忠魂
冤千古》②。

　　其三,有关通史和宋史专著的论述。蔡美彪、朱瑞熙等编写的《中
国通史》第五册③,在第二章第六节《宋王朝的南迁和人民抗金斗争》
中,提出:1)岳飞等和秦桧是南宋初朝廷中形成的抗战派和投降派的
代表,岳飞对抗金斗争做出了贡献,并且只是因为抗金获胜而被投降派
卖国贼秦桧谋害的。高宗、秦桧终于以"莫须有"的罪名,毒杀了岳飞。
2)秦桧自称从金朝逃回,其实是金朝放他回来作内奸。3)绍兴十年,
"岳飞自郾城进军朱仙镇,距东京开封只有四十五里了",未提在此战

<hr>

① 张鹏良:《岳飞》,军事科学出版社 1995 年版。
② 刘秀生:《岳飞评传:抗金十年功,忠魂冤千古》,广西教育出版社 1996 年版。
③ 蔡美彪、朱瑞熙等:《中国通史》第五册,人民出版社 1978 年版。

胜金军。该书的缺点是以后人伪造的所谓岳飞手迹"还我河山"照片为插图。

中国社科院历史研究所编写组编写的《中国史稿》第五册①,在第四章《宋、金南北对峙,金在北方的统治》中认为:(1)岳飞是"著名的南宋抗战派将领",是"这一时期抗战派的代表人物"。(2)秦桧是金国的"奸细",是女真贵族"长期豢养的走狗",假装从金营脱逃,打入南宋王朝内部进行劝降活动,企图从内部瓦解南宋的抗金斗争。(3)宋高宗顽固坚持妥协投降政策,"伙同秦桧","进行着卑鄙的叛卖活动"。最后经过密谋策划,他们收买岳飞的部将,诬告岳飞谋反,把岳飞及其子岳云、部将张宪投入监狱,把他们杀死于狱中。该书论述岳飞抗金事迹篇幅不多。

周宝珠、陈振主编《简明宋史》②,于该书第十一章《南宋对金的和战斗争》第一节《宋高宗、秦桧的对金投降与岳飞指挥的抗金战争》,认为:(1)岳飞是"我国历史上著名的民族英雄","由于坚持抗金,反对乞和,终于被害死在狱中"。(2)秦桧是"内奸"、"奸臣",指使其党羽捏造罪名,诬告岳飞谋反,把他害死。(3)宋高宗一心一意与奸臣秦桧合谋,不断派出使臣向金求和,"对金称臣纳贡"。绍兴八年,他"任命秦桧为右相","把向金屈膝求和的事交给他专办","作为金的属国皇帝"。(4)绍兴十年,朱仙镇之役,是"岳飞的一小支军队""打败了来犯的金兵",岳飞七月十九日"下令自郾城退兵"。

陈振主编《中国通史》第七卷③,对岳飞的事迹着墨不多,该书乙编第九章《南宋与金的对峙》主要观点有:(1)秦桧是"奸相"、"奸臣"。(2)宋高宗和秦桧一手策划"降金求和活动"。(3)未提岳飞是否"民族英雄",也未提杀害岳飞的元凶是高宗或秦桧。(4)左相赵鼎是反对议和的,因而在绍兴八年十月被罢免。(5)绍兴十年七月,岳家军朱仙

①　中国社科院历史研究所编写组编写:《中国史稿》第五册,人民出版社 1983 年版。
②　周宝珠、陈振主编:《简明宋史》,人民出版社 1985 年版。
③　陈振主编:《中国通史》第七卷,上海人民出版社 1999 年版。

镇之捷,采邓广铭之说,即是"岳珂所虚构的一次战功而已"。该书丁编第五十章《岳飞》,主要采邓广铭《岳飞传(增订本)》的观点,如认为,岳飞冤案是秦桧制造陷害的,秦桧决心杀岳飞警告敢于反对求和者。另外:(1)对岳珂记载金兀术曾致信秦桧说:必杀岳飞,而后和可成也。认为:这既可能实有其事,也有可能是秦桧编造,借以促使宋高宗下杀岳飞的决心。(2)朱仙镇之役,认为可能有一支小部队一直进到离开封45里的朱仙镇一带,并打败了金兵,岳珂(或顾杞)所记当得自传闻,并非全系空穴来风,但传说或岳珂已将此战之规模及效果夸大。这两点是作者自己的见解。

何忠礼、徐吉军著《南宋史稿》①比较详细地论述了岳飞的事迹,该书第三章《宋金对峙局面的初步形成》,提出了一些见解,主要有:(1)岳飞不仅是南宋杰出的抗金将领,也是中国历史上著名的民族英雄,他的活动体现了中华民族的根本利益和愿望,因此是进步的和具有积极意义的。(2)秦桧南归后,坚持对金屈辱投降的路线,犯下了种种罪行,很像是一个金人打入南宋内部的奸细,但这是颇多疑问的。作者认为他是趁混乱之机逃回南宋的。(3)杀害岳飞的元凶应是高宗,秦桧则是一个出谋划策者和主要帮凶。高宗和秦桧是对金和议的"决策者"。所谓兀术致信秦桧说"必杀飞,始可和"的"秘密条款",因而秦桧一定要杀岳飞的说法是"值得商榷"的,"是否存在所谓的'兀术遗桧书',也是大可怀疑的"。(4)"所谓'名曰诏狱,实非诏旨'在客观上成了为尊者讳的一个饰词,不可凭信"(实际针对邓广铭的见解)。(5)岳家军最后"乘胜追击,一直打到了离开封府只有四十五里的朱仙镇一带,在那里再次打败了负隅顽抗的金兵"。(6)宰相赵鼎"并非是一个一味主张妥协投降的人,后来人们指责他是签订'绍兴和议'罪魁祸首,实在是代高宗和秦桧受过"。他"虽是一个主守派,却并不主张无条件的投降"。(7)岳珂《金佗粹编》"对他祖父的事迹和战功都有明显的拔高和美化"。

---

① 何忠礼、徐吉军:《南宋史稿》,杭州大学出版社 1999 年版。

（8）对于"绍兴和议"的评价，一方面基本赞同"今人"认为它"本身就是一个错误"，"更是一个彻头彻尾的卖国行为"的意见；另一方面认为：它对于稳定南宋政局，求得喘息的时间，以减轻百姓负担，恢复被战争破坏了的经济，从而进一步壮大军事力量，等待时机，以为后图，从客观上来说，恐怕也不是没有一点积极的东西。又指出它的消极影响确实大于积极意义，即使国家蒙受了耻辱，人民增加了负担，给整个国家和民族带来了严重的后果。（9）不赞成那种认为绍兴前期南宋有力量收复北方失地的看法，指出实际上"从历史上来看，绝大多数和议的签订，都是双方军事和经济力量达到某种平衡的产物，'绍兴和议'也不例外"。这完全是一种新的观点。该书的缺点是与《中国通史》第五册一样，用后人伪造的"岳飞手迹""还我河山"为插图。

其四，其他著作。最有学术价值的当数岳珂编、王曾瑜校注的《鄂国金佗稡编续编校注》①一书。该书是现存最详细记录岳飞一生的一部史籍，由岳飞之孙岳珂编定，王曾瑜精加校注，并在《前言》中指出：该书是"成功之作"，保存了不少原始文件和其他记载，据以恢复了部分历史真相，但又存在着严重的缺点，主要是抹杀宋高宗与岳飞的矛盾，回避宋高宗杀害岳飞的罪责；此外，对岳飞的事迹有虚美的成分，其史笔也有不少错讹与疏漏。岳飞的诗文，有郭光辑注《岳飞集辑注》②，党相魁辑注《岳飞诗词》③，泰山选注《岳飞诗文选注》④，丁亚政、沈立新编著《岳飞墓庙碑刻》⑤。岳飞的书法，有中国历代书法名作系列丛书编辑组编《岳飞书法选》⑥，刘尚勇《岳飞书诸葛亮前后出师表》⑦。据邓广铭研究，传世的岳飞墨迹，还有全篇《出师表》和"还我河山"四

---

① 岳珂编、王曾瑜校注：《鄂国金佗稡编续编校注》，中华书局 1989 年版。
② 郭光辑注：《岳飞集辑注》，中州古籍出版社 1997 年版。
③ 党相魁辑注：《岳飞诗词》，黄河文艺出版社 1988 年版。
④ 泰山选注：《岳飞诗文选注》，浙江古籍出版社 1990 年版。
⑤ 丁亚政、沈立新编著：《岳飞墓庙碑刻》，当代中国出版社 1999 年版。
⑥ 中国历代书法名作系列丛书编辑组编：《岳飞书法选》，海天出版社 1990 年版。
⑦ 刘尚勇编：《岳飞书诸葛亮前后出师表》，中国国际广播出版社 1992 年版。

字,事实上皆伪品。

（二）论文

这一时期,有关岳飞的大小论文很多,据宋晞《宋史研究论文与书籍目录(增订本)》①和《续编》②,以及查长美辑录《岳飞研究报刊论文索引(1903—1985 年 4 月)》③,徐静建、王晴、方建新编《岳飞研究论著目录(1983—2000 年)》的统计,加上我们的搜集,约有 280 篇。

"文化大革命"结束后,当务之急是在岳飞研究领域肃清"左"的流毒,恢复岳飞应有的历史地位。当然,直到"四人帮"垮台半年多,叶嘉彦还是撰文《是"报国"还是"误国"》④,提出岳飞北伐抗金是"误国"行为。与之相反,许多学者开始在这一研究领域进行拨乱反正的工作。还在"四人帮"垮台前夕,王曾瑜发表《岳飞北伐的几次考证》⑤,对绍兴六年秋、绍兴六年冬和绍兴十年的三次北伐钩沉探微,进行细致的考订。该文虽未提岳飞是民族英雄,但已充分肯定岳飞抗金的功绩,并明确指出:(1)秦桧出于奸细本能,必须破坏岳飞北伐。(2)秦桧父子"窜改历史,使岳飞几次北伐的史实有不少空白或疑案"。(3)绍兴十年岳家军杀到朱仙镇,击破金军,仍有相当的可能。(4)岳珂《鄂王行实编年》关于岳飞奉十二道班师诏的记载,"透过秦桧,开脱高宗,而故作曲笔";同时,岳珂"本着孝子慈孙之心,对祖父的军事成就渲染得言过其实"。该文属于"文化大革命"后正面论述岳飞的第一篇论文。

1978 年,杭州大学的宋史研究者率先发起对岳飞的重新研究。该校学报第 1 期至第 3 期,连续刊发徐规《朱仙镇之役与岳飞班师考辨》,倪士毅、龚延明《论岳飞》,孙如琦等《岳飞是我国历史上杰出的民族英雄》,徐规《南宋绍兴十年前后"内外大军"人数考》等四篇论文。徐规

---

① 宋晞:《宋史研究论文与书籍目录(增订本)》,中国文化大学出版部 1983 年版。
② 宋晞:《宋史研究论文与书籍目录(增订本)续编》,中国文化大学出版部 2003 年版。
③ 查长美辑录:《岳飞研究报刊论文索引(1903—1985 年 4 月)》,《岳飞研究》第一辑,浙江古籍出版社 1988 年版,第 453—461 页。
④ 叶嘉彦:《是"报国"还是"误国"》,《浙江工人政治学校学报》1977 年第 4—5 期。
⑤ 王曾瑜:《岳飞北伐的几次考证》,《文史》第六辑,中华书局 1976 年 6 月版。

的论文认为,否认岳家军朱仙镇之捷是"主观武断,不足凭信";还分析岳飞班师的原因。倪、龚二位的论文最早提出"杀害岳飞的罪魁是皇帝赵构,下毒手的则是汉奸秦桧";岳飞"不愧为祖国历史上一位杰出的民族英雄",他的"反民族压迫和反投降的斗争,在南宋将领中最坚决、最勇敢"。孙如琦等人也认为,岳飞"在中华民族的发展史上,曾经起过积极而有益的进步作用,不愧为我国历史上一位杰出的民族英雄"。同年 6 月 15 日,《光明日报》还报道他们组织杭大历史系师生《座谈岳飞的评价问题》,与会者基本形成同识,即"岳飞的历史地位应该肯定","岳飞在当时坚决主张抗击女真族贵族的野蛮掠夺战争,在历史上是起到进步作用的","有理由肯定岳飞是中华民族英雄"。还提出"不应当沿袭过去的说法把辽、金、西夏称作'外国'"。他们充分肯定岳飞的历史地位,引起学术界注意。同时,他们也自然地形成了一个研究岳飞的群体。

1979 年,研究岳飞的论文如雨后春笋,不断见诸报刊。如:汪槐龄《论岳飞的爱国主义》[①],吴泰《应该恢复岳飞的历史地位》[②],周宝珠《岳飞冤狱及其平反昭雪前后的斗争》[③],王曾瑜《岳飞之死》[④],徐渭平《论民族英雄岳飞》[⑤],史平《略论民族英雄岳飞》[⑥]。这些文章从不同角度论证岳飞的历史地位,肯定岳飞的抗金业绩。

1983 年 7 月至 9 月,《北京晚报》"百家言"栏陆续刊登 6 篇文章,讨论岳飞评价问题。曾白融《为岳飞叫屈》[⑦],针对有的文章提出岳飞对 12 道金牌"顺从地班师退兵,又顺从地就戮于风波亭,这就是愚忠的铁证",认为不符合史实。岳飞从绍兴九年起,多次反对宋高宗和秦桧

①　汪槐龄:《论岳飞的爱国主义》,《复旦学报》1979 年第 4 期。
②　吴泰:《应该恢复岳飞的历史地位》,《历史教学》1979 年第 5 期。
③　周宝珠:《岳飞冤狱及其平反昭雪前后的斗争》,《历史教学》1979 年第 12 期。
④　王曾瑜:《岳飞之死》,《历史研究》1979 年第 12 期。
⑤　徐渭平:《论民族英雄岳飞》,《光明日报》1979 年 2 月 13 日。
⑥　史平:《略论民族英雄岳飞》,《浙江日报》1979 年 9 月 18 日。
⑦　曾白融:《为岳飞叫屈》,《北京晚报》1983 年 7 月 16 日。

对金屈膝求和,曾直指秦桧"相臣谋国不臧",说"今日之事,可忧而不可贺"。他还抵制了高宗的 11 道金牌,直到第 12 道金牌以前,岳家在前线已成孤军,才被迫撤军。至于"就戮于风波亭",也"很难说犯了'顺从'之罪"。当时不管岳飞"顺从不顺从都得'就戮',这和'愚忠'是不沾边的"。杨斌《岳飞有愚忠,仍然是英雄》①,认为岳飞是"中国历史上著名的民族英雄。""在一定程度上同赵构、秦桧统治集团作过斗争",但"又不能不有历史局限性和时代局限性"。岳飞"率军镇压了杨幺农民起义,双手沾上了农民起义军的鲜血";"秦桧矫诏十二道金牌令他班师","以致坐失战机,使抗金事业毁于一旦"。最后指出,不能用"愚忠"来"否定"岳飞,但也"不能掩饰岳飞忠君思想所造成的个人过失与历史悲剧"。邓广铭《为岳飞的"愚忠"辨》②,指出岳飞始终反对赵构"依靠汉奸秦桧向金朝出卖领土、人民和主权的那桩罪恶勾当","甚至为此而付出生命也在所不惜"。至于岳飞"遵命班师",实际是"一个英明措施",当时岳家军"已陷入孤军作战境地,如不班师,难免丧师","为保全这支抗金的有生力量",岳飞的班师"表现出"他的"深谋远虑,不投入赵构、秦桧所设圈套中去",这些"怎么可以说他'使抗金事业毁于一旦',又从而断定这是岳飞的愚忠的表现呢"? 陈益《岳飞能称民族英雄吗?》③,不赞成把岳飞说成是民族英雄。他提出"民族英雄一词是不能滥用的",只能"指在反对外国入侵中战功卓著者",但宋与辽、金"都是中国的一部分",如果"今天我们把岳飞、文天祥称为民族英雄,不等于把金、元置于敌对外国的地位了吗"? 所以,他认为:岳飞、文天祥"只能说他们是代表当时所在国家人民利益的抗战将领或卓越的军事家、政治家"。钟玉新《不必隐讳岳飞的愚忠》④,不赞成邓广铭的观点,认为绍兴六年"岳飞率大军征金,势如破竹,眼

① 　杨斌:《岳飞有愚忠,仍然是英雄》,《北京晚报》1983 年 8 月 2 日。
② 　邓广铭:《为岳飞的"愚忠"辨》,《北京晚报》1983 年 8 月 16 日。
③ 　陈益:《岳飞能称民族英雄吗?》,《北京晚报》1983 年 9 月 3 日。
④ 　钟玉新:《不必隐讳岳飞的愚忠》,《北京晚报》1983 年 9 月 20 日。

看就要打到东京了,当时并无孤军遭覆灭的危险,然而一朝奉君命,便匆匆退兵,不敢坚持'将在外君命有所不受',坐失大好战机,这又作何解释? 其中就没有半点愚忠之见作怪么"? 同时,岳飞"明知秦桧'谋国不臧',卖国求荣",为何不能乘"班师回朝之机","导演一出'清君侧'杀汉奸的活剧,迫使高宗采纳主战派的谋略呢"? 还有,岳飞"恰恰就是屈死在宋高宗手下的。他不敢抱怨昏君误国,还以一死来表明自己不怀二心,尽忠到底,可见忠得有点愚"。他的结论是"岳飞还有愚忠的一面"。周裕德《岳飞可称民族英雄》①,对陈益一文提出不同见解。他认为:"当时的历史真实"是"宋、金两方的确各自把对方当作敌对的外国",岳飞"面对屡犯中原、烧杀淫掠的外族","壮怀激烈,尽忠报国,称之为民族英雄,是理所当然的"。"我们承认岳飞这样的汉族英雄,也承认耶律阿保机、努尔哈赤这样的少数民族的英雄"。以上六文,言简意赅,观点明确,大都针锋相对展开争论。

从此,岳飞的研究不断深入,并且不时继续争论,当然,有关岳飞的评价问题则基本形成共识,即大都认为是民族英雄。以下为争论的五个问题:

1. 岳飞率军镇压杨幺武装的评价问题。绍兴五年(1135 年),岳飞奉命率军镇压杨幺武装,史学界长期认为是镇压农民起义,是岳飞生平的一个污点。蔡美彪、朱瑞熙等《中国通史》第五册,直至 1995 年版,仍高度评价杨太(即杨幺),认为岳飞军进行血腥的镇压,杨幺拒不降宋,英勇就义。对此,马强《镇压杨幺为岳飞"污点"说质疑》②提出不同意见,认为"杨幺领导的农民军在其后期已蜕变为破坏南宋抗金战争的反动地主武装,所以镇压杨幺集团,不仅不是岳飞的'污点',而且应看做这位民族英雄抗金爱国业绩的一个组成部分,予以肯定的评价"。还提到杨幺在钟相殉难后,在暗中与伪齐李成集团勾结,阴谋进攻南宋,所以杨幺集团已经变成反动地主割据军阀武装。陈

---

① 周裕德:《岳飞可称民族英雄》,《北京晚报》1983 年 9 月 24 日。
② 马强:《镇压杨幺为岳飞"污点"说质疑》,《人文杂志》1984 年第 6 期。

景福、白炎《评价历史人物必须实事求是——就岳飞镇压杨幺起义与马强同志商榷》①，指出马强的观点难以成立，认为在宋金战争中，岳飞作为主战派之一，虽有过积极的愿望和行动，但始终唯昏君高宗之命是从。他主战的同时，也不容挣扎在死亡线上的农民起来造反，而且多次提兵镇压了这些起义，这突出反映了他的"愚忠"。翁福清《对岳飞镇压杨幺起义问题之我见》②，认为应对镇压杨幺问题"进行实事求是的分析"，"杨幺农民军割据湖湘，并与李成有所勾结，实际上成为了抗金斗争的一个障碍"。所以，岳飞"出兵"镇压，"是他对抗金事业的又一个贡献，而不是什么'罪行'。"该文还列举了历史上镇压过农民起义的正面人物韩世忠、李纲、卢象升、史可法等人的例子。殷时学《岳飞平杨幺是一场历史悲剧》，认为这是"一个比较复杂的问题"，杨幺"继承钟相的事业是完全正义的"，而岳飞"平定杨幺"又是"抗金斗争的绝对需要"，所以"只能说这是一场悲剧"。"这场悲剧的形成"，还与杨幺军所处地理环境，"伪齐交结杨幺水寨一事"密切相关，不能简单而论。俞兆鹏《钟相、杨幺起义与南宋政府的招安政策——兼评岳飞对待杨幺起义军问题》③，不赞成当时史家评论岳飞对待杨幺起义军问题的两种绝然不同的观点，一种是认为岳飞血腥镇压了起义，是他"一生中的污点"；另一种是否定杨幺军，认为岳飞攻打杨幺军"出于抗金爱国事业的需要，是完全正确的，并非什么污点"。他认为："所谓岳飞平杨幺事件，实质上是南宋抗金部队与民间爱国武装在共同保卫民族利益前提下的联合，而这也是南宋政府处理农民问题效果最好的一次。因此，岳飞不仅不是什么'镇压农民起义的刽子手'，而是历史的功臣。"至于投降岳家军的"周伦、杨钦等不仅不是农民起义军的叛徒，而是真正的爱国志士"。

---

① 陈景福、白炎：《评价历史人物必须实事求是——就岳飞镇压杨幺起义与马强同志商榷》，《人文杂志》1986 年第 1 期。
② 翁福清：《对岳飞镇压杨幺起义问题之我见》，《岳飞研究》第 1 辑，浙江古籍出版社 1988 年版。
③ 俞兆鹏：《钟相、杨幺起义与南宋政府的招安政策——兼评岳飞对待杨幺起义军问题》，《岳飞研究》第 3 辑，中华书局 1992 年版。

　　2. 岳飞忠君思想问题。黄君萍《岳飞愚忠的危害》①，提出岳飞"深受忠君思想毒害"，为"甘当儿皇帝，无耻至极"的"历史罪人"赵构"大唱赞歌"。他"自以为在尽忠，其实是助纣为虐，是对人民的不负责任"。"由于忠君思想的毒害"，他"背叛了农民阶级"，充当了镇压农民起义的"凶恶打手"。"愚忠思想"把他"推向了与人民为敌的深渊，最后使抗金斗争半途而废"，造成了悲剧。邓广铭《岳飞庙志·序》②，针对前述《北京晚报》所载钟玉新《不必隐讳岳飞的愚忠》一文，说岳飞自从投身于抗金战争之后，他所始终坚持的主张，则是以武力抗击女真贵族的南侵军。在这一重大问题上，他从来没有对赵构、秦桧的倒行逆施作过迁就和让步，更不要说屈从了。这怎么可以叫做愚忠呢？邓先生还列举史实证明钟文的观点"出于作者的推测，于史无征"。朱瑞熙《岳飞思想述论》③认为在中国古代，"君主是封建国家的总代表"，"君主与国家、君权与政权结合在一起"，"忠君和爱国难以分开，忠君的思想和行为自然被看成是爱国的表现"。同时，"爱国的行动必须得到君主的支持，不然，难以取得成功"。岳飞"主张'忠于王室'、'以忠许国'，必要时为国捐躯，不贪图官职和享受。在绍兴七年以后，他屡次抵制高宗的投降政策，并且因此而遭到杀身之祸，他以实际行动表明他的忠并非对皇帝的盲目的无条件的愚忠"。

　　3. 杀害岳飞的元凶问题。邓广铭坚持"秦桧是杀害岳飞的元凶"。王曾瑜、龚延明等则较早在各自论著中提出不同意见，认为高宗才是杀害岳飞的元凶。阎邦本《关于秦桧矫诏杀岳飞的问题》④，针对邓先生的观点，指出岳飞被害时"秦桧尚不能任意摆布赵构"，秦桧在绍兴十三年尚不能以私意矫诏杀胡舜陟，怎能杀害官高望重的岳飞？高宗迟迟不肯昭雪，是要坚持他诏杀岳飞的"诏旨"。所以，"岳飞之死，不是

①　黄君萍:《岳飞愚忠的危害》,《晋阳学刊》1985 年第 2 期。
②　邓广铭:《岳飞庙志·序》,《文献》1985 年第 1 期。
③　朱瑞熙:《岳飞思想述论》,《岳飞研究》第 2 辑,中原文物编辑部 1989 年特刊。
④　阎邦本:《关于秦桧矫诏杀岳飞的问题》,《南充师院学报》1983 年第 2 期。

秦桧的矫诏,而是赵构的'圣旨'赐死的"。戴建国《关于岳飞狱案问题
的几点看法》①从宋代司法制度入手,认为宋代审案"十分慎重","一般
案件允许上诉",中央设有登闻鼓院、登闻检院受理上诉案件,但属"奉
圣旨根勘"则不准上诉。岳飞一案正是"御笔"亲断,"不许人陈告,官
司不得受理",所以,"岳飞一案,从下大理寺狱受审到被害,所有活动
自始至终都是在高宗的旨意下进行的"。朱瑞熙《宋高宗朝的中央决
策系统及其运行机制》②从中央决策制度角度论证秦桧一手遮天,假传
圣旨杀害岳飞是断然不可能的。辛更儒《岳飞狱案研究》③支持邓先生
的观点,认为宋代宰相在刑法方面本来就享有决断的权力,甚至可以先
行后奏,"高宗处理重大行政要务的权力往往被架空"。因此,"秦桧在
杀害岳飞事件中","充当首恶大憝的角色"。

4.《满江红》词的作者问题。这是一桩众说纷纭的公案,长期引起
文学界和史学界的极大关注。前述余嘉锡、夏承焘最早对千古绝唱
《满江红》词表示怀疑,认为系明人伪托,而非岳飞所写。邓广铭坚持
认为《满江红》词确系出自岳飞之手,发表《岳飞的〈满江红〉不是伪
作》④、《再论岳飞的〈满江红〉不是伪作》⑤,指出岳飞投军后的文化程
度提高很快,具有做诗填词的能力;同时,具有这种思想。认为以岳珂
《金佗粹编》未曾收入《满江红》词为理由,而否定岳飞写过此词,也不
能成立。岳飞的另一首诗"雄气堂堂贯斗牛,誓将直节报君仇……"同
样未收录。汤阴县岳庙王熙书《满江红》词刻石于明英宗天顺二年
(1458年),比杭州刻石至少早了40年。至于词中的"贺兰山"、"匈
奴",全是泛说、泛指,不应过分拘泥于贺兰山的具体位置。王克、孙本
祥、李文辉《从"贺兰山"看〈满江红〉词的真伪》⑥,认为"贺兰山"是指

① 戴建国:《关于岳飞狱案问题的几点看法》,《岳飞研究》第2辑,中原文物编辑部1989年特刊。
② 朱瑞熙:《宋高宗朝的中央决策系统及其运行机制》,《岳飞研究》第4辑,中华书局1996年版。
③ 辛更儒:《岳飞狱案研究》,《宋金史人物丛考》,哈尔滨出版社1999年版。
④ 邓广铭:《岳飞的〈满江红〉不是伪作》,《文史知识》1981年第3期。
⑤ 邓广铭:《再论岳飞的〈满江红〉不是伪作》,《文史哲》1982年第1期。
⑥ 王克、孙本祥、李文辉:《从"贺兰山"看〈满江红〉词的真伪》,《文学遗产》1985年第3期。

河北磁县的贺兰山,此地为历代兵家必争之地,为宋金交兵战场,岳飞早期曾在这里战斗了六个年头,它是岳飞计划渡河后与金兵再次决战的战场。后人误指它为宁夏贺兰山,是"考证不严,张冠李戴的结果"。对此,邓广铭持不同看法,他在《辨岳飞〈满江红〉词中的贺兰山在磁州说》①中提出,所谓磁县贺兰山是"兵家必争之地"缺少根据,有关岳飞抗金活动的大量原始资料"也无一处含有'磁州贺兰山一带'等类字样",所以王克等人文中"所强调的,基本上都是出自于他们的凿空造说,而并不能自圆其说,而且是完全与史实相悖的"。王瑞来《断语不可轻下——也谈岳飞〈满江红〉词的真伪》②,一方面肯定此词"如果没有岳飞那样经历的人是很难写出的",另一方面又提出"迄今为止,还没能找到一条毋庸置疑的确凿资料",来推翻余嘉锡的怀疑。

5. 有关岳飞新资料问题。随着研究岳飞的逐步深入,各地报刊不时披露新发现的有关岳飞的资料。如1983年5月13日《光明日报》,报道江苏丹阳县丹凤公社岳家村发现《曲阿培棠岳氏宗谱》,载有岳飞临刑前对他的审讯录和岳飞致秦桧的信,以及新发现的岳飞诗数首。《南昌晚报》也曾发表麦文峰《岳飞两首集外佚诗》,老渊《岳飞〈题骥马冈〉诗》,辑录自《婺源县志》和《(同治)武宁县志》的三首据说是岳飞所作的佚诗。

1986年,有的学者又在浙江江山县《须江郎峰祝氏族谱》中,发现了一首据说是岳飞在绍兴三年所作《调寄满江红·与祝允哲述怀》及祝允哲《乞保良将疏》等。李庄临、毛永国据此写成《岳飞〈满江红·写怀〉新证》③。李庄临等又在同年《戏文》第2期,发表《岳飞〈满江红〉词新证》。次年7月8日《人民日报(海外版)》,对李、毛的文章作了较详的报道。1988年,朱瑞熙发表《〈须江郎峰祝氏族谱〉是伪作》④,指

① 邓广铭:《辨岳飞〈满江红〉词中的贺兰山在磁州说》,《岳飞研究》第4辑,中华书局1996年版。
② 王瑞来:《断语不可轻下——也谈岳飞〈满江红〉词的真伪》,《宁夏大学学报》1981年第4期。
③ 李庄临、毛永国:《岳飞〈满江红·写怀〉新证》,《南开学报》1986年第6期。
④ 朱瑞熙:《〈须江郎峰祝氏族谱〉是伪作》,《学术月刊》1988年第3期。

出:(1)该谱所载北宋绍圣间"兵部尚书、太子少保、都督征讨大元帅"祝臣及其子靖康元年"大制参"祝允哲,宋代历史上根本没有这两名重要官员。(2)所谓《允哲公和岳元帅述怀》词,也是两篇伪作。(3)从该谱中的一些"新证",经过考订,肯定系明代或清代的祝氏后人所编造。同年,周少雄《祝氏谱及岳飞〈满江红〉词考议》①,认为:(1)祝氏谱的"祝允哲资料有可能鱼龙混杂,但真大于伪,我们不可全信,亦不需全疑"。(2)祝氏谱载祝臣、祝允哲事迹,"混入了不少明清之制"(从官制、官职、官衔看)。(3)"祝允哲和作,平仄失调处不少","允哲进士出身,似不当如此"。(4)"岳、祝唱和词并非凭空捏造,当有出处。疑当日岳祝来往书札,祝家存有不少"。(5)肯定祝氏谱"资料确有其可珍之处,至少它为我们提供了岳飞《满江红》早期流传的另一版本文字"。(6)该文作者还提及祝氏谱记载,建炎元年天下勤王,"准韩(世忠)元帅咨,以太后命……";靖康间,"岳飞只是个末名将校",与"已是从三品的正议大夫"祝允哲"皆志图恢复,忠义为国,志趣相投","或者其时已有战友之谊,开始来往了";祝允哲堂兄祝允治"乃岳飞部将","授河北武信校尉","击贼屡功,迭升都阃将军,督理征讨前营军务";祝允哲侄祝大任,"有诗《吊精忠岳飞帅》、《送韩元帅西征》,似乎与岳飞、韩世忠都有来往",等等。其实,这些只要稍加考证,便可知都是祝氏后人杜撰的东西,毫无价值。

五、台湾地区和香港地区的岳飞研究

自 1949 年起,台湾和香港的学者与大陆内地交流甚少。台湾学者中研究岳飞最有成绩者为蒋复璁和李安二人。1945 年版彭国栋著《岳飞评传》,1954 年台北正中书局再版。蒋复璁《岳飞传记》②,分:楔子,农民的入伍,忠义感人,报国有路,一帆风顺,削平群盗,打击刘豫,直捣中原,罡风逆转,唾手燕云、功亏一篑,慷慨赴死、万古垂名等。约 4 万余字。

---

① 周少雄:《祝氏谱及岳飞〈满江红〉词考议》,《文学遗产》1988 年第 5 期。

② 蒋复璁:《岳飞传记》,收入《民族英雄及革命先烈传记》上册,台北正中书局 1966 年版。

李安毕生从事岳飞研究,著有《岳飞史迹考》、《岳飞史事研究》、《精忠岳飞传》、《岳飞行实与岳珂事迹》等著作。《岳飞史迹考》①,分为正编、外编、附录三部分,正编共 16 章,分别为《诞生之时代背景》、《身世与故里》、《少年时期之生活与投军经过》、《安内成就》、《攘外事功》、《调任枢密副使万寿观使与入狱始末》等。外编共 19 章,多为具体史事考注文字。主要观点是:秦桧为金朝之"谍","秦桧通敌",而宋高、宗"思母",受金"要挟",乃"忍痛'赐死岳飞'","两者相互以成"。该书的缺点是受当时海峡两岸关系的局限,不时提出要以岳飞为榜样,做好"光复大陆神圣工作"。《岳飞史事研究》②系论文集,共收作者 18 篇文章。前附"还我河山"四字岳飞墨迹和台湾故宫藏岳飞画像(戴幞头,穿文官公服)。1987 年由同一书馆出版续集,分上、下二册,上册皆纪念岳飞诞辰之作,下册侧重史实的研究,如:《岳飞与宜兴》、《岳飞与河北》、《岳飞与江西》等。下册有一篇《评〈王曾瑜〉〈岳飞新传〉》。该文先比较邓广铭《岳飞传》与《岳飞新传》的异同,认为:(1)邓、王都引用《三朝北盟会编》和《系年要录》所谓岳飞妻"两经改嫁"是"污蔑"的记载,是不对的。(2)王说"大约在建炎二三年间",岳飞娶李娃为妻,"她比岳飞大两岁,结婚时已有二十八九岁",但"没有说明出处","是王自己编造的"。(3)王说岳飞"大约有四个哥哥,都夭亡了",又说"乳名叫五郎"。认为资料原文是"为语与吾郎"。《精忠岳飞传》③分 12 章,叙述岳飞一生的重大史实,对岳飞冤狱的真相分析尤详。《岳飞行实与岳珂事迹》④中,岳飞行实部分,有《韩世忠为追念岳飞兴建之翠微亭》、《岳飞水镜石印章》、《岳飞铜质官章》等。岳珂事迹部分,分甲、乙二编,甲编为岳珂撰《武穆行实编年》考注,乙编为岳珂事迹考述⑤。

李安还在各种报刊上发表有关岳飞研究的文章数十篇。其中有与

① 李安:《岳飞史迹考》,台北正中书局 1969 年版。
② 李安:《岳飞史事研究》,台湾商务印书馆 1977 年版。
③ 李安:《精忠岳飞传》,台北东大图书公司 1980 年版。
④ 李安:《岳飞行实与岳珂事迹》,台湾商务印书馆 1984 年版。
⑤ 以上参阅宋晞:《谈近四十年来台湾地区的岳飞研究》,《岳飞研究》第 3 辑,中华书局 1992 年版。

旅美华人刘子健争论的一篇，颇受国内外学者注意。刘子健《岳飞——从史学史和思想史来看》①一文，主要认为：（1）南宋时，秦桧和岳飞"因为毁誉未定，岳飞的历史地位，并不算高"。岳飞的历史地位经过明代，达到了最高峰。（2）岳飞被捕下狱后，竟没有一个文官敢替他说半句话，只有武将韩世忠去责问过秦桧。（3）岳飞被害，高宗的动机相当强，至少比秦桧的动机强得多。对此，李安撰《岳飞在南宋当时的声誉和历史地位》②，进行反驳。李安认为：（1）岳飞被害时，"因为秦桧、万俟卨的朋比为奸，专制上下，当时朝野人士虽多抱不平但不敢言"。不过，"当时冤狱审判人多言岳飞无罪"。（2）岳飞在当时"声誉殊隆"，"不能说是毁誉未定"。岳飞死后，"南宋朝野对岳飞"也充满"崇敬"。（3）"研究宋史尤其南宋初年"，"不重视李心传的说法，似乎是有偏差的"。据李心传记载，岳飞"至今号为贤将"。（4）"秦桧的通敌"是事实，不可否定。1986 年，刘子健在论文集《两宋史研究汇编》③中，收入《岳飞》此文，在《补记》中提出：《满江红》"一定是明代中叶的作品，并且靠通俗文学流传"。赞同夏承焘的观点。认为"贺兰山这一点，似尚不能遽断"。在《汇编》的《引言》中，刘先生还进一步指出：（1）岳飞被诬杀，当时"是骇人听闻的大案，何以满朝坐视不救？何以熟读圣贤书的士大夫，不群起抗议？唯一敢挺身而出，直接去找秦桧责问的，不是儒臣，而是认字不多的武将韩世忠"。（2）宋高宗实际是杀害岳飞的主谋，但高宗把责任推给秦桧，"杀岳飞的罪魁是秦桧吗？秦桧一死，高宗立即过河拆桥，把秦家子孙一起赶回原籍"。这时，"还是没人出头说话"，"给岳飞昭雪"。"一直到孝宗即位以后，才正式平反。平反之后，终南宋一代，又有谁敢……批评号称中兴圣主的高宗？"以上算是对李安的答复。

　　有关《满江红》词，台、港学者也曾展开过讨论。孙述宇《岳飞的

---

①　刘子健：《岳飞——从史学史和思想史来看》，《中国学人》1970 年第 2 期。

②　李安：《岳飞在南宋当时的声誉和历史地位》，《东方杂志》复刊 4 卷 10 期，1971 年 4 月 1 日。

③　刘子健：《两宋史研究汇编》，台北联经出版事业公司 1987 年版。

〈满江红〉?——一个文学的质疑》①,提出:(1)此"词里既有这么多岳飞自己的事迹与典故,看来这首《满江红》不会是岳飞写的。若不是后人写来怀他咏他,便是别人拟他的身份写的"。这些"典故"乃指"三十功名尘与土"和"八千里路云和月"。(2)将此词与岳飞的《小重山》相比,后者"有一种由深深失望而生出的欲说还休的味道",这表明"他的阅历,例如那多年的奋斗和掣肘挫败的经验,这些阅历经验在他的情绪上是留下印记的"。前者则"是首有事迹、有心志,但没有阅历经验的词"。(3)"英雄诗的题材是英雄,作者却绝少是英雄","汉武帝和唐太宗这些雄主,写出的诗都不是英雄诗。岳飞的诗词,收在《金佗稡编》,没有哪一首像这《满江红》这么激烈的"。相反,"英雄诗"是这些做不到英雄的诗人创作出来的。(4)"即使不是岳飞所作,《满江红》仍值得流传下去"。10天后,针对孙述宇的此文,李安撰《潇潇雨未歇——〈岳飞的满江红?〉读后》②,予以反驳。该文认为:(1)经过考证,据岳飞的经历,"三十功名尘与土"、"八千里路云和月"、"潇潇雨歇",《满江红》词"乃表达其本人真实感受于公元一一三三年(宋绍兴三年)秋季九月下旬作于九江"。(2)岳飞《小重山》词作于绍兴九年"生活平静无战役之时,与六年之前争战无休止时刻作《满江红》词之时代背景与感受全不相同,两词格调自然大有差异"。(3)《金佗稡编》"未收岳飞作品不止'满江红词'一首,其原因基于高宗赐死时,岳飞家存文件全被查封没收,迨后蒙准发还并不齐全"。1984年10月18日,李安又在台湾《民族晚报》上撰文,指出《满江红》词中的贺兰山,是岳飞"立志光复的磁州贺兰山"③。1980年10月,香港《明报月刊》第177期,也刊载孙述宇《岳飞的〈满江红〉?》一文。同刊10月号又载徐著新《不是岳飞的〈满江红〉》一文,基本逐条重述夏承焘的观点和论据,实际支持孙述宇的意见。此外,还有一些台湾学者的看法也值得注意,他们认为鉴于

---

① 孙述宇:《岳飞的〈满江红〉?——一个文学的质疑》,《中国时报》1980年9月10日。
② 李安:《潇潇雨未歇——〈岳飞的满江红?〉读后》,《中国时报》1980年9月21日。
③ 龚延明:《关于岳飞〈满江红〉词讨论综述》,载《岳飞研究》第2集,中原文物编辑部1989年特刊。

《满江红》词已与岳飞精神融为一体,成为激励民族浩然正气的有力武器,作为多灾多难的中华民族的特定历史产物,没有必要人为地将岳飞与《满江红》词分割开来,此词真伪之争没有必要再继续下去①。

这段时间里,还有蒋君章《岳飞的北伐计划与北伐行动》②,王敏濂《岳飞评》③,李宗黄《尽忠报国的岳飞》④。巨焕武《岳飞狱案与宋代的法律》⑤,提出岳飞案的三项重要原始司法文件,一为诏狱全案,失传;二为尚书省敕牒全文,《金佗稡编》节录;三为行遣省札及大理寺案款,载《建炎以来朝野杂记》和《建炎以来系年要录》。认为"岳飞狱案的一干人犯,其定谳竟然没有一人系从大理寺的议拟及刑部、大理寺的共同看详,而一一法外加刑;只有对科处岳飞的极刑,欲加而无从加为例外"。是第一篇从宋代法制论述岳飞案件的论文。

香港学者有关岳飞的著作较少,有陈惟殷《民族英雄岳飞》⑥,还珠楼主《岳飞传》⑦等。李唐《岳飞新传》⑧属传记小说,其 1974 年版,分为:少年时代、从统领到镇抚使、剿平游寇、对江西"土寇"用兵、中原奋战与援救淮西、杨么事件、还我河山、千载冤狱等 8 篇,所引史料皆译成白话文,但不注明出处,有些描述缺乏依据。

六、大陆与台、港学者岳飞研究的交流

"文化大革命"后,大陆与台、港地区学者有关岳飞研究的学术交往,逐步由间接交流发展到直接交流。以 1984 年底大陆学者与台、港学者相聚香港中文大学探讨宋史为分界线,此前只是通过各自的报刊和著作了解对方,属于间接交流,如前述 1980 年 10 月孙述宇、李安、徐

① 任崇岳:《建国以来岳飞研究综述》,《中国史研究动态》1990 年第 10 期。
② 蒋君章:《岳飞的北伐计划与北伐行动》,《中华民族伟人》,正中书局 1955 年版。
③ 王敏濂:《岳飞评》,《简牍学报》1977 年第 5 期。
④ 李宗黄:《尽忠报国的岳飞》,《中国地方自治》1976 年 7 月,第 29 卷第 2 期。
⑤ 巨焕武:《岳飞狱案与宋代的法律》,《大陆杂志》1978 年 2 月,第 56 卷第 2 期。
⑥ 陈惟殷:《民族英雄岳飞》,香港中华书局 1955 年版。
⑦ 还珠楼主:《岳飞传》,文宗出版社 1956 年版。
⑧ 李唐:《岳飞新传》,上海书局 1961 年版。

著新讨论《满江红》词的文章,大陆学者便是从同月 12 日、19 日、25 日《参考消息》上读到的。

1991 年 7 月,在杭州召开岳飞研讨会,由宋晞率台湾同行王德毅、程光裕、赵振绩等,参加了这次会议。四位先生的论文均收入《岳飞研究》第三集。宋晞《谈近四十年来台湾地区的岳飞研究》,介绍 1954 年来台湾学者研究岳飞的进展情况。王德毅《宋高宗评——兼论杀岳飞》,认为宋高宗是“最无能的中兴君主”,“连晋元帝都不如,遑论其他”,但他“并不昏庸无能,他善于运用权术,德威并施”等等。他对岳飞是“假秦桧之手而杀之”。赵振绩《岳飞“踏破贺兰山缺”的历史意义》,提出:“贺兰山之贺兰得名于贺兰部,贺兰部为托跋氏八部之一的东部。贺兰为契丹之音读,而契丹为贺兰之字义。”所以,岳飞“踏破贺兰山缺”是指“踏破契丹山居的老巢贺兰山”。程光裕《台湾宜兰岳武穆王庙——碧霞宫》,介绍台湾 12 座崇奉岳飞为“主神”的宫庙中“较具规模”的宜兰岳武穆王庙碧霞宫,指出该宫创建于日本占据时,宜兰地方人士缅怀祖国,乃建此宫,为避日人耳目而名此,“寓期盼早日重见光明、重归祖国之意”。

1993 年 3 月,在杭州召开的又一次岳飞研究会上,宋晞发表论文《论〈宋史筌〉立端宗、末帝纪》。黄宽重、张元、程光裕、梁庚尧等撰有《秦桧与文字狱》等论文。以上各文皆收入《岳飞研究》第四集。

七、结语

回顾 20 世纪中国学术界的岳飞研究状况,可以说是成绩蔚然,成果累累。据统计,有关研究著作有 20 多部,论文超过 1 000 篇。同时,学术界不时展开讨论,争论之热烈而持久,在宋代历史人物的评价方面当推前几位。岳飞事迹及精神的研究,已经成为一门显学。经过研究的长期积累,在 20 世纪后半期,逐步涌现出几位比较突出的岳飞研究专家,他们是邓广铭、徐规、李安、王曾瑜、龚延明、何忠礼。

经过 100 年的深入研究,中国学术界在岳飞的评价方面,基本形成共识,即岳飞是中华民族的英雄。中国有五千多年的文明史,众多民族共同生活在中华大地上,共同创造了灿烂辉煌的中华文化。这种文化又培育了以爱国主义为核心的团结统一、热爱和平、勤劳勇敢、自强不息的伟大民族精神。中华民族精神随着历史的发展不断充实和更新。岳飞的"尽忠报国"、"廉洁奉公"、严明军纪、教子从严、宁死不屈的崇高精神,已经融进了中华民族精神之中,成为中华民族精神的一部分。

除此以外,学术界还深入探讨了岳飞的思想、岳飞平定杨幺武装的评价、谁是杀害岳飞的元凶、岳飞进军朱仙镇是否属实、《满江红》的真伪等问题,提出了许多不同的意见,展开了争论。我们相信,随着新的史料和文物的发现,新的科技手段的运用,必将促进岳飞研究不断深入。

第三节　受现实政治影响最大的研究课题
——王安石及其变法研究

20 世纪的中国,学术界对于王安石及其变法的研究逐步深入,尽管学者的研究方向和观点不甚相同,"文化大革命"期间还遭到歪曲。

一、清代末年

20 世纪的头 12 年,正是清代末年,中国大地正酝酿着一场推翻清朝专制制度的革命,人心思变。同时,西方的史学理论和研究方法逐渐传入中国。宋代的改革家王安石及其领导的变法的研究开始被人关注,并且运用西方的史学理论和研究方法加以探讨。

这一研究的开创者便是梁启超。1908 年,梁启超撰成中国历代人物传记之一《王荆公》[①]。该书在 1930 年商务印书馆出版时,改名《王荆公传》。1935 年,上海世界书局在印制《王临川集》时,又将此传附在

---

① 李喜所、元青:《梁启超传》,人民出版社 1995 年版,第 532—538 页。

卷首,改名《王安石评传》。

　　梁启超在该书《例言》中提出,王安石是中国大政治家、大文学家。在《自序》中,他说为王写传的目的是:欲考熙丰新法之真相,穷极其原因、结果,鉴其利害、得失,以为知来视往之资;以示伟人之模范,庶几百世之下,有闻而兴起者。该书共 22 章,分为叙论、荆公之时代、荆公略传、执政前之荆公、荆公与神宗、荆公之政术、荆公之武功、罢政后之荆公、新政之成绩、新政之阻挠及破坏、荆公之用人及交友、荆公之家庭、荆公之学术、荆公之文学等。最后附有"王安石年表"和"王氏世系表"。该书的重点在论述各项新法的内容及其得失,且往往以今世欧美政治比较之。诸如青苗法,认为颇有类于官办之劝业银行,认为中国人知金融机关为国民经济之命脉者,自古迄今,荆公一人而已。市易法"实一种之专卖法也",但银行之性质,最不宜于兼营其他商务,而普通商业又最忌以抵当而贷出其资本,今市易法乃兼此两种矛盾之营业,有两败俱伤耳。募役法是王安石"救时惠民之第一良政",该法令出代役之税,以充募资,实近于一种之人身税,而其办法极类今文明国之所得税。方田法盖如近世所谓土地台账法,言地税者称此法最善焉。将兵制求诸今世,惟德国、日本之陆军编制法最近之。保甲法最初之性质,与今世所谓警察者正相类明甚。在王安石"用人及交友"章,列举陈升之、王珪等近 40 人,一一加以评述。如章惇,指出《宋史》列入"奸臣传",梁启超认为章惇支持王安石变法"为功无罪",章是"有才而负气之人也,奸则吾不知也"。吕惠卿《宋史》也列入"奸臣传",梁启超认为吕"诚非佳士",但"窃疑纣之不善,不如是之甚也",同时吕也是欧阳修作为"饬躬"、"端雅"之士推荐来的。梁启超认为此 40 人中其贤才泰半,不肖者仅十之二三,其所谓不肖者,其罪状盖犹未论定也。

　　在该书《叙论·〈宋史〉私评》部分,梁启超提出:《宋史》全盘否定王安石及其新法,而《宋史》在诸史中最为芜秽……其谬最甚,而数百年来未有人起而纠之者,莫如所记关于王荆公之事。梁启超认为元人编纂《宋史》"不能别择史料之真伪",因而据一面之词,以成信谳,而沉冤遂永世莫白矣。

梁启超在该书中运用了西方的史学、经济学和政治学的理论和研究方法，重新评价王安石及其变法，并将各项新法归纳为民政、财政、军政、教育、选举等类，皆具有开创之功。同时，他对有关王安石的记载加以考订，如"考异七"指出宫观祠禄官的设置"远在熙宁以前"，并不始于王安石。"考异十九"论证宋后相传所谓王安石说《春秋》为"断烂朝报"，是曲解王安石的原意，王的原意"实尊经，非诋经也"。

该书的缺点，一是当时掌握的史料中没有《续资治通鉴长编》和《宋会要》，研究难免存在粗疏的毛病。二是对王安石及其新法的评价过高，如认为王安石的免役法实国史上、世界史上最有名誉之社会革命。

受梁启超的影响，中国学术界开始从正面评论王安石，基本肯定王安石的新法。

二、20 年代至 40 年代

20 年代至 40 年代，王安石及其变法的研究逐步受到重视，尤其是1935 年国民政府主席蒋介石下令河南省政府王安石政略研究会"深切研究"王安石"遗规"，并且作为庐山训练县政人员的教材之一。于是，王安石研究的论文和著作如雨后春笋般地涌现。据统计，著作有 7 种，其中较有影响的是柯敦伯著《王安石》和柯昌颐著《王安石评传》，佚名编《王荆公政治、学说辑要》，文章 90 多篇。

柯敦伯《王安石》①，共 18 章，分为年谱、少年时代、外任州县时代、内登馆阁时代、居丧时代、执政时代、退居时代及身后、政治思想、政治之实施、哲学、文学、著作及书法。其中政治之实施分为五章，为理财（包括青苗、募役、均输、市易、方田均税）、改革军政（包括省兵、将兵、保甲等法与军器监）、改革学制（包括新贡举制度和兴建学校）、治水、

---

① 柯敦伯：《王安石》，商务印书馆 1935 年版。

攘外等。该书肯定王安石及其新法,其特点有:(1)将新法归纳为理财、军政、学制等方面,较梁启超稍有不同。(2)首次论述王安石的哲学思想,并从宇宙论、人生(性)论和社会学三个方面加以探讨。(3)反驳某些传统的观点,如"后世往往强纳安石于法家者流",该书提出王安石的政治思想"虽略有法家之倾向,而终囿于儒家"。(4)首次使用宋人杨仲良《通鉴长编纪事本末》的资料。(5)对王安石的评论采用就事论事不戴帽子的办法,且列举大量的资料加以证明,没有梁启超过誉失实之词。

柯昌颐《王安石评传》①,共 24 章,为绪论、年表与世系、时代背景、政治思想之渊源、政治思想之转移、整理财政之初步、社会政策、改革田赋、改革学制、改革兵制、外交及其武功、哲学、经学、文字学、文学、书法、著作之存佚等。社会政策分为 4 章,即青苗法、募役法、均输法市易法、农田水利。将该书与柯敦伯《王安石》比较,发现两书内容雷同之处极多,有些文字还大段相同,"柯昌颐"有抄袭剽窃"柯敦伯"之嫌,但我们认为两"柯"其实是一人,不然早就引起版权官司了。另外,两书均由商务印书馆出版,1935 年再版,不然编辑不会糊涂到看不出柯昌颐抄袭柯敦伯而允许同时再版。两书稍有不同:(1)关于内容。《王安石》文字言简意赅,内容略少;《王安石评传》则较详,且增加了"经学"、"用人之贤不肖"、"变法之争议""史传之失实"等章,"哲学"章中增加了"安石与老庄学说"、"安石与杨墨学说"、"安石与佛学"三节。(2)关于对王安石的评价。《王安石》没有明确评价王安石的提法;《王安石评传》则提出王安石为"中国历史上有数之大政治家",王安石在中国"蒙冤千载"。对梁启超认为王安石是"三代以下一完人"的说法,作者认为属于"极端崇拜之论","骤亦未能论定",不过王安石"政治思想及执政时之设施,具有相当之价值,信为不可磨灭"。(3)关于两书的性质。从两书的内容及论述的深度看,《王安石》是普及读物,《王安

---

① 柯昌颐:《王安石评传》,商务印书馆 1935 年版。

石评传》则是研究著作。

佚名《王荆公政事、学说辑要》①，前有"王荆公遗像"，正文有言行录、变法本末纪事、学案、熙丰知遇录以及"附录"（包括"荆公著述"、"序记"两部分及实录考）。编者显然受梁启超的影响，从肯定王安石及其变法的角度，编纂有关王安石的政事和学说方面的史料，自己的观点通过史料透露，而没有直接表达。"言行录"部分，分段摘录《温公琐语》、《温公日录》、《涑水记闻》、《邵氏闻见录》、《东轩笔录》、《荆公语录》、《郑介夫言行录》等原文。"变法本末纪事（上）"作者署名为陈梦雷，从熙宁元年至九年逐步叙述各项新法的实行情况，所据史籍为《宋史》和《文献通考》。"变法本末纪事（下）"，作者署名陈邦瞻，时限与上篇相同，全部照搬《宋史纪事本末·王安石变法》条。"学案"部分，照搬《宋元学案》卷98《荆公新学略》。"熙丰知遇录"，作者署名为"江右新城杨希闵铁佣"，清代同治七年（1868年）撰。据杨自序，他获得李焘《北宋通鉴长编纪事本末》150卷钞本，因而在"熙丰知遇录"中大量引述。杨在引述时，不断以"闵案"方式表达己见，为王安石及其新法辩护，认为王安石"独来独往，大是人杰"，是"古来热血当事之人"。杨希闵当是引用《北宋通鉴长编纪事本末》研究王安石的第一人。"附录"部分精选王安石的一些札子、论、书、记等以及陆九渊等人评论王安石的文章。"实录考"，作者为蔡上翔，分上、下，转录《王荆公年谱考略》卷25的全部内容。该书似为有关王安石及其变法的资料汇编，其中杨希闵在"熙丰知遇录"中所加按语较有见地，其水准似在蔡上翔之上。

熊公哲《王安石政略》②，专门探讨王安石的新法，肯定王安石的"立法之意"，但又认为王安石在实行过程中"激于一念急切之情，事多失序，恤农之政，竟流烦苛"，即实际效果不好（自序）。

此外，有关王安石的著作有：施闲《王荆公之政治思想》③，郑行翼

---

①　佚名：《王荆公政事、学说辑要》，江西南昌印记印刷所1935年版。

②　熊公哲：《王安石政略》，商务印书馆1936年版。

③　施闲：《王荆公之政治思想》，无锡国学专修学校。

《王安石生活》①,卢芷芬《王安石》②,赵启人《王安石大政治家》③。这些著作均从正面评述王安石及其变法,其观点明显受了梁启超的影响。

30年代末至40年代初,在大型中国通史类的著作中,较有影响的有周谷城《中国通史》、钱穆《国史大纲》、吕振羽《简明中国通史》、范文澜《中国通史简编》等。这些著作都对王安石及其新法作了论述。

周谷城《中国通史》④,于第四篇第二章之三《宋之变法图强》、之四《因变法引出党争》,提出王安石是"变法图强运动的主要人物",是"大政治家,有新见识,且亟欲贯彻其新法的主张"。变法的"动因"是"一曰外部的压迫,二曰内部的贫弱"。各项新法"针对着当时财政的窘状,及人民的苦况"。可分为四组:(1)"救济农村",为青苗和农田水利法;(2)"整理财政",为方田均税法;(3)"兼顾农村与财政",为募役和市易、均输法;(4)"整饬军备",为置将、保甲、保马法及设军器监。该书全面肯定王安石的各项新法。至于新法失败的原因,是"新党处境如彼其难,而同党内的倾陷又如此其烈",因此神宗死后,"旧党司马光便出而为相","旧党得势,尽去新法,复旧法"。

钱穆《国史大纲》(1940年),于第六编第三十二章《士大夫的自觉与政治革新运动》之三《熙宁新法》,及第三十三章之一《熙宁新党与南人》,专论王安石及其变法。该书首先将"熙宁新政"与"庆历变法"对比,认为反对范仲淹的,"全是当时所谓小人",反对王安石的,则"大多是当时的所谓君子"。宋仁宗"比较温和,因朝臣反对即不坚持";宋神宗则"乾纲独断,佞人反对,依然任用"。王安石"并不十分注重"范仲淹所提十事中的前几项,青苗、均输等法"大抵相当于范仲淹十事之六七八诸项"。范仲淹的政见"先重治人而后及于治法";王安石则"似乎单重法不问人"。对于王安石的新法,该书批评甚多,如认为"新政立

①　郑行翼:《王安石生活》,世界书局1930年版。
②　卢芷芬:《王安石》,开明书店1935年版。
③　赵启人:《王安石大政治家》,江西世界书局1943年版。
④　周谷城:《中国通史》,上海开明书店1939年版。

法本意,亦有招受当时反对处";"安石之开源政策,有些处又迹近为政府敛财";"安石推行新法,又增出许多冗官闲禄","冗官不革,政治绝无可以推行之理";"明明可省的费,而安石不主节省";"安石最大的弊病,还在仅看重死的法制,而忽视了活的人事";"新法的失败,一部分是行政技术上的问题"。该书对于王安石本人则基本上是肯定的,认为他"确是有伟大抱负与高远理想的人",范仲淹和王安石"他们做人为学的精神与意气,则依然为后人所师法,直到最近期的中国"。①

中国历史研究会编(范文澜主编)的《中国通史简编》中册②,于第三编第四章第四节《王安石变法及新旧党争》,以历史唯物主义为指导,认为宋神宗赵顼最怕契丹和西夏,"急需加强军备",为了筹饷养兵,他想让富裕的地主、商人高利贷者承担部分军费。"这是他变法的基本观念,也就是引起新旧两派官僚对立的基本原因"。王安石是"笃信儒家经典《周礼》的政治家",于是他成了赵顼的一个"助手"。王安石"实践并发展了范仲淹、欧阳修的主张,造成与旧官僚派(主张保住旧制)对立的新官僚派(主张改革旧制)"。王安石的新法,内容广泛,可分理财和整军两类。青苗法是"王安石谋夺取富户放债的利益";免役法是"官用一小部分免役钱雇人充役,不再强派人民充当";方田法是清丈官员、地主的无数逃田,增加赋税;市易法是"侵夺商人利益的方法";保甲法是"王安石想用农兵制逐渐代替募兵制",但实际是"统治阶级压迫农民的暴虐工具"。赵顼和王安石"厉行新政的宗旨,显然只求扩大收入,整顿军队来保护自己临危的地位"。他们并不想改革官僚政治和人民生活,"反而更加重穷人的负担"。他们"与旧官僚派政见分歧处,只在对原来享受免赋免税特权的各阶层是否应该受些限制这一点上"。

吕振羽《简明中国通史》,从 1941 年起陆续编写,其中第十三章《专制主义封建制矛盾扩大的五代两宋辽金时期》,约在 1948 年 2 月前

① 本文所引原文皆据 1977 年修订再版本,台北编译馆出版。
② 中国历史研究会编(范文澜主编):《中国通史简编》中册,延安新华书店 1942 年版。

完稿。该书第二节的《王安石的经济改良政策》,提出王安石、吕惠卿等"改良派",代表"中间阶层",他们的新法是针对当时社会矛盾的改良方案。该书主要论述新法的经济政策,有方田、募役、青苗等法及创制置三司条例九个方面。新法的目的主要在和缓农民和地主的阶级矛盾,适应中间阶层的要求,特别符合中小地主的经济利益,也反映了自由商人和手工业者的一点要求;同时在发展生产,整理国家财政收入。新法的效果表现在"人民还是受到一些好处","同时财政也大有起色","对北宋社会危机的挽救,也起了不少作用"。新法的失败原因在于"在执行上发生不少偏差和毛病","不良分子也从中制造了不少弊端",以司马光、吕公著、韩琦、程颢、苏轼等为首"大地主集团"的"拼命反对"①。

　　这一时期发表的文章共有 93 篇,其中关于王安石本人及其政治思想有 20 篇,关于变法 29 篇,关于王安石经济思想、政策 18 篇,关于哲学 6 篇,关于诗、文 18 篇②。

　　这些文章中撰写较早且较有影响的有陶希圣《王安石的社会思想与经济政策》③提出,王安石的社会思想是从生产者立场出发,积极主张增加社会生产,消极反对商人、地主的兼并。王安石推行保甲法,企图恢复"农兵制"。"农兵制"与"井田制""是不分离的一贯系统",但"中唐以后兼并之家把自由农民给兼并了","剩余的人口只有到都市里来,或出卖劳动,或充当兵士,而为佣兵的大量来源"。既然井田"不能实现",因此"农兵的恢复,在事势上是难能的"。王毓铨《王安石的改革政策》④,提出王安石站在整个统治阶级的立场上,他的经济政策都是以国家利益为前提。东方专制主义国家的阶级性,是属于拥有生产手段和政治特权的地主、商人和官僚,而不是属于小生产者——农民

---

① 本文摘引原文皆据人民出版社 1955 年版。
② 据原杭州大学古籍所和宋史室编:《宋辽夏金史研究论著索引》甲编上册,1985 年油印本。
③ 陶希圣:《王安石的社会思想与经济政策》,《北大社会科学季刊》1935 年 9 月,第 5 卷第 3 期。
④ 王毓铨:《王安石的改革政策》,《政治经济学报》1936 年 10 月,1937 年 1 月,第 5 卷第 1、2 期。

的。所以,王安石的改革是要解决当时社会的"三大问题":一是整理
国家财政,摧抑兼并,救济农民,恢复水利,增加农民生产力。二是把农
民从地主手里夺来放在中央政府的直接统治之下,作为中央政府的支
柱。三是整顿专制主义官僚政治机构,消灭农民暴动和抵抗外族的侵
略。张腾发《王安石变法之史的评价》①提出,王安石新法是"以封建式
的土地占有形式及地租的剥削形式为骨干的社会内的改良主义,无疑
地要以土地问题为其主要的内容"。所以,新法最重要的部分就是
青苗法和方田均税法,其次是募役法;市易法和均输法则是与商业资本
的发展有很大的关系。这次新法是由秦至清季中比较进步的改良主
义。它的失败,反映了改良主义的脆弱可怜,粉碎了一切想用平和的手
段来改革社会的美梦,这是我们研究王安石变法的最大的意义。

三、50 年代至 1965 年

1950 年至 1965 年,马克思主义史学成为中国内地史学的正统。众
多宋史研究者努力学习马克思主义著作,探求历史规律,取得了一些成
绩。但到 1964 年至 1966 年"文化大革命"前,随着"左"的阶级斗争理
论的进一步发展,紧跟着对文艺界的过火的政治批判,宋史学界有些学
者也展开了批判活动。这一时期共出版著作两种,文章 52 篇,其中王
安石及其变法 25 篇,王安石经济思想和政策 1 篇,王安石思想 5 篇,文
学 11 篇,教育 1 篇,人物 9 篇。

这一时期第一位论述王安石的学者是邓广铭。他的《王安石》②作
为"中国历史小丛书"出版,认为:王安石是封建时代一位杰出的政治
家,王安石的新法在当时是能够加强抵抗外族的力量的。虽然他的新
法是一种改良主义的措施,但引起了保守的大地主的激烈反对。在与
保守派的斗争中,他终于失败了。新法一是对于豪绅大地主们的既得
利益作了部分的限制和裁减,另一则是代表了中小地主阶级的政治经

---

①　张腾发:《王安石变法之史的评价》,《现代史学》1937 年 4 月,第 3 卷第 2 期。

②　邓广铭:《王安石》,北京三联书店 1953 年版。

济要求,也适当地照顾到一般富裕农民的经济利益。新法的实行,确实有一定的成绩,收到了一些很好的效果,"在富国强兵方面所得的成绩,还只可说是新法的副产品,新法的重要效果是社会生产的发展","使整个的社会生产得以欣欣向荣"。该书还认为《辨奸论》实际是南宋初年"守旧党徒"邵雍之子邵伯温"撰造"却"冒称是北宋苏洵的作品"。"三不足"之说,是王安石"那么极顽固的政敌司马光替他造出来的",而王安石"并不曾标榜过这样的口号",不过"虽是出之于敌党之口,却仍可认作王安石的'传神写照'"。

漆侠《王安石变法》①,分为"封建国家的政治经济概况"、"封建统治危机下改革要求的酝酿及其成熟"、"变法的内容和实质"、"变法过程中的斗争"、"新法的废除和反动的封建统治势力的高涨"、结论,共六章。卷首为"对资产阶级历史学中有关王安石变法研究种种谬论的批判(代绪论)",提出:在揭露和批判资产阶级学者有关王安石变法研究种种谬论的同时,将试图依据马克思列宁主义的基本原理,从事实材料中说明王安石变法这个复杂的矛盾运动过程。南宋写成的话本《拗相公》,"把王安石描绘成为一个猪犬不如的人"。南宋陆九渊撰《荆国王文公祠堂记》,"从根本上否定这次变法",且只是"从封建伦理道德上分别'邪'、'正'、'君子'、'小人'"。清代蔡上翔著《王荆公年谱考略》一书,虽然"肯定了变法,亦肯定王安石本人","对王安石变法问题的研究仍具有相当的参考价值",但蔡"牢实地站在封建主义立场上","旨在为王安石申冤辩诬",有些是"烦琐无聊的考证"。像蔡"持有浓厚阶级偏见的人,当然不可能对王安石变法及王安石本人有真正的了解和正确的认识"。对于近代梁启超、胡适、钱穆的王安石及其变法的研究成果,基本持否定的态度。该书认为这三位学者在政治上是有某些区别的,但在学术思想上同属于资产阶级思想体系。他们以各色各样的唯心论观点和方法,歪曲了历史,也歪曲了王安石变法。书后附录

---

① 漆侠:《王安石变法》,上海人民出版社 1959 年版。

"关于熙宁新法的部分资料",从均输法至军器监分10部分。该书较邓广铭的《王安石》,对王安石变法的研究从广度和深度上看,都前进了一大步。作者提出:(1)从宋初到王安石变法前夕,百年来政治经济的总过程,已经为农民的革命形势铺平了道路;专制主义统治的腐败和各种横征暴敛,已经吸引了广大农民日益实行独立的历史发动。也就是达到"巨大规模农民战争"的前夜。"宋封建统治阶级""感到已经无法照旧生活和照旧统治下去了"。(2)将宋代地主阶级划分为大地主和中小地主阶级。大地主阶层主要是由各地富豪和品官、形势户组成;中小地主阶层是占地一二顷到三四顷的地主,"在地主阶级当中,他们占极大多数"。"大地主阶级在这次改革中受到压制,很不得利";"中等地主在这次改革中并无所失";"小地主在这次改革中获利最多"。"以王安石为首的变法派主要是在代表这个阶层(按指小地主阶层)的利益的基础上进行改革的"。(3)新法的"进步作用"是十分明显的:改革起了加强宋封建统治和维护地主阶级广泛利益的作用,对于社会生产力的发展和历史的前进是起着推动作用的,"到了元丰年间,农业和手工业方面都有了进步,社会呈现了前此百年来未有的繁荣景象","城市、商业贸易也繁荣起来",物价下降且"趋于稳定的状态","极大部分劳动人民过着较为安定的生活,并在这种条件下反复自己的再生产"。(4)新法的实质即"改良运动的实质"是"地主阶级的自救运动,用来对抗农民的阶级斗争的"。(5)王安石是"杰出的爱国政治家",宋神宗是"地主阶级的总代表,当然也是兼并势力的代表"。(6)司马光是一个积极维护大地主阶层利益而凶猛反对变法的急先锋,"在政治上极为低能和短视",司马光于1085年当宰相后,即同文彦博、吕公著一道,建立了顽固派的统治。

这一时期较早发表、较有影响的论文是蒙文通撰《中国历代农产量的扩大和赋役制度及学术思想的演变》①。该文从中国古代两千多

---

① 蒙文通:《中国历代农产量的扩大和赋役制度及学术思想的演变》,《四川大学学报》1957年第2期。

年的历史大趋势角度,提出:"熙丰新法,免役、青苗多是刻薄贫民,维护地主官僚利益,是最反动的。"免役法"原是比较进步的",但不适合北方,因为"北人一般较贫"。明代的一条鞭法,就是把免役法合在税里,实际也是王安石"免役法"。1954 年至 1958 年,蒙先生撰成《北宋变法批判七件》,从新法"措施及其实效及结果",剖析各项新法的利弊和元祐更化、绍述之论与"党争",以及王安石其人其友、北宋变法的史料等问题。该稿当时虽未正式出版,但已油印,传播甚广,后出版于先生身后,收于《蒙文通文集》第五卷①。

　　侯外庐和丘汉生撰《唯物主义者王安石》②从中国哲学史的角度提出,"王安石是宋代著名的变法者,同时也是一个唯物主义哲学家","他在政治上有雄大的志向,在哲学上也有很高的抱负"。又认为王安石的"新学"代表了带有非身份性的色彩的庶族集团,而与那些坚持古旧等级身份的豪强地主(如司马光……)展开了学术的斗争。该文分为王安石的"唯物主义世界观"和"人性论"、"认识论"两节,指出王安石"肯定物质是第一性的","物质是运动的、变化的";"道"是指"物质世界的运动遵循着一定的规律","道是无始无终的客观存在"。王安石论性的特点"是把人性作为单纯的心理能力来考察",他"同意'性相近也,习相远也'的说法","这样强调后天的习惯,已经接近于实践的标准"。与人性论相应,王安石"重视后天的实践功夫","这样的为了认识世界而需获得广博的知识的学风,是'新学'学派的共同点"。文章也指出了王安石世界观和人性论、认识论的局限性和缺点。该文显然模仿前苏联学者的模式,将中国哲学史写成一部唯物主义和唯心主义的斗争史,王安石很幸运地被列入唯物主义阵营。这一观点影响十分深远,不过不利于问题的深入研究。

　　杨向奎《论"王安石变法"》③,提出了许多精辟的见解,如:(1)"北

① 蒙文通:《北宋变法批判七件》,《蒙文通文集》第五卷,巴蜀书社 1999 年版。
② 侯外庐、丘汉生:《唯物主义者王安石》,《历史研究》1958 年第 10 期。
③ 杨向奎:《论"王安石变法"》,《中华文史论丛》,上海古籍出版社 1962 年第 2 辑。

宋社会上政治上的核心问题"，是"北宋逐渐形成大官僚地主集团，而许多自耕农民陆续下降为佃客"。社会向两极分化的结果，一二等户固然是农民的剥削者，更严重的是官户或所谓衣冠形势户，它们占有的土地最广，势力最大，奴役的农民也最多，而国家对他们的科役最少，结果所有徭赋多落在自耕农头上。（2）变法前的形势：北宋开国后，没有出现兴盛繁荣的景象……阶级矛盾尖锐，农民不断起义，和地主阶级处于你死我活的斗争中。仁宗时，"已露了衰征"。（3）变法的目的和手段：王安石是要富国强兵的。而要达此目的，必须适当地打击地主和富商。封建统治者之所谓变法，不可能改变旧的阶级秩序，他们只是要适当地调整阶级关系，加强皇权，削弱分散力量，集中财权，集中兵权，造成国富兵强的局面。（4）新法的成效：青苗法，虽然青苗钱的表散，不尽合理，但其用意救贫者之乏息，禁富民之贪暴，是无可置疑的。方田均税法，十几年间在部分地区实行的结果，官家能够控制的土地和农民都增加了。免役法，"便于中小地主"。变法后国家较富，国力较强，使北宋在强敌的压迫下，还能挣扎若干时期，维持了一个比较稳定而牢固的局面，这对于当时社会经济的发展当然有利。（5）对新法的评价：王安石的计划在历史上说来具有进步意义，它对大地主阶级起了一定的限制作用，适当地调整了税户间的徭役负担。（6）对王安石的评价：王安石是具有法家观点的儒家，而司马光是儒家中的保守派。王安石"更强调法治"。王安石是一个有作为的政治家，也是具有法家思想的儒家。儒家而具有法家思想的人，不是鼓吹公羊，采取更化维新的办法，就是提倡周礼，正法度，重世功。（7）历史上对王安石有不同的评价，如南宋的浙东学派陈亮、叶适"反对荆公"，"反对新法中的青苗法和市易法，也反对保甲法"，这"反映了富民豪贾的思想"；清代蔡上翔的研究主要是为荆公辩诬，但也弄清了许多是非曲直，为全面评价荆公奠定了良好基础。

　　周良霄《有关王安石变法思想的几个问题》[①]，提出王安石是"我国

① 周良霄：《有关王安石变法思想的几个问题》，《历史教学》1964 年第 3 期。

历史上杰出的政治改革家、思想家、文学家",“儒家传统思想中的民主性因素给了王安石的思想以深刻的影响",他的“愿见井地平"、“均天下之财,使百姓无贫"是他变法思想的中心和最高理想。王安石变法"从阶级实质来说,是中小地主利益在政治上的反映"。

胡昭曦《关于评价王安石变法的几个问题》①,针对周良霄论文提出不同意见:(1)认为王安石变法思想中,理财很重要。他主张“抑富",目的是增加政府收入,并非为了惠贫。他的理财原则是“因天下之力以生天下之财,取天下之财以供天下之费",这就是说,榨取劳动人民生产的物质财富,专供给统治者,以加强对广大劳动人民的统治,这才是变法思想的中心。作者问:“变法者的动机是为了人民吗?"回答是否定的。还进一步指出:无视这一点,“将模糊和混淆阶级界线"。(2)认为新法的执行并没有什么效果,如“均输法"就根本未见实施。新法对社会生产发展的积极作用也不像某些人估计的那样高。政府收入虽有增加,但也是加重人民负担的结果。(3)认为新法归根到底对大地主最有利,也对整个地主阶级有利。熙宁、元丰间的阶级矛盾仍然是激烈的,农民起义仍然是频繁的,而不是像某些人所说的阶级矛盾大为缓和,甚至很少农民起义的。

王瑞明《批判周谷城对王安石变法的歪曲》②,认为周谷城《中国通史》对王安石变法"作了一系列的歪曲":(1)认为周先生提出“实行新法乃应付时代要求",将土地集中少数人之手的现象看做乃“受种族战争的影响",是“歪曲了王安石变法的时代背景"。(2)认为周先生提出宋人在对西夏贸易上“始终采严格的闭关主义,采极端的排外主义",因而“激起夏人的恶感",是“颠倒是非,为侵略者张目"。(3)认为周先生提出新法“可以减轻农民的负担"、“救济农村",是“美化封建政府,美化地主阶级",“这同样也是为阶级合作、阶级调和论提供历史根据"。

① 胡昭曦:《关于评价王安石变法的几个问题》,《光明日报》1965 年 3 月 10 日。
② 王瑞明:《批判周谷城对王安石变法的歪曲》,《历史教学》1965 年第 4 期。

四、1966 年至 1976 年

"文化大革命"期间,历史研究成为有些人的阶级斗争工具。王安石及其变法被肆意歪曲,王安石被加上了"法家"的桂冠。这一时期,著作有 5 种,都在 1974 年、1975 年两年内出版;文章有 165 篇,都在 1973 年至 1976 年发表,以 1974 年、1975 年两年最多。这些著作和文章的作者大致可以分为三类:一是"四人帮"的宣传班子,专门为"四人帮"篡党夺权制造舆论,借此攻击周恩来、邓小平等。他们炮制的文章数量不多,但分量甚重,犹如重磅炸弹,在大陆一时影响极大。二是工厂、学校和部队的理论小组和学习小组撰写的文章,都根据"四人帮"宣传班子的调子,加以发挥,上纲上线,在社会上制造声势,其实读者寥寥。三是一些专家、学者经受不住政治压力,违心地跟着撰写了一些著作和文章。我们原拟回避这一问题,以免引起误解,但又为整套书的体例所限;同时,如果整整 10 年不写,这似乎不能体现对历史的尊重,又如何向后代交代? 总之,对"文化大革命"10 年的审视,最好都要超越个人,而真正总结出历史的经验教训。

最早把王安石当成"法家"而加以宣传的,是署名史尚辉《从"三不足"看王安石的法家思想》①,1973 年 9 月 22 日《文汇报》转载。该文从"王安石的三句名言:'天变不足畏,祖宗不足法,人言不足恤'",说"三不足"说"体现他的法家思想"。又说,王安石"是当时中小地主阶级利益的代言人"、"革新派的代表人物",变法是他的"法家思想在政治上的体现","打击了大地主兼并势力",而司马光"代表""顽固派",是大地主统治集团在政治上思想上的代表,他"死守儒家反动立场"。

1973 年 10 月 1 日,署名"石仑"撰的《论尊儒反法》,在《红旗》杂志第 10 期发表。该文列入"重视上层建筑领域的革命"专栏,从而揭开了"批儒评法"的序幕。该文将董仲舒、朱熹等人归入"日益没落的封

---

① 史尚辉:《从"三不足"看王安石的法家思想》,《学习与批判》1973 年第 1 期。

建阶级的思想代表",他们"都是尊儒反法的",而将曹操、柳宗元、王安石等人归入为"地主阶级中主张搞一些革新的人物",他们是"肯定法家,肯定秦始皇的"。文章还指出:"王安石为了实行变法,也吸收了法家的变革思想"。最后提出要"彻底批判尊儒反法思潮","识别那些搞资本主义复辟的阴谋家、野心家"等。

罗思鼎("四人帮"在上海的写作组)《从王安石变法看儒法论战的演变——读〈王荆公年谱考略〉》①,提出王安石是"北宋时代一位比较进步的地主阶级政治家。长期以来,他一直是自命孔门正统的道学家们的眼中钉"。又说:王安石"在当时确实是一位有尊法反儒倾向的人物",他的"荆公新学"是"为了替推行新法制造理论根据,吸收法家思想而创立的一个新学派"。司马光则是代表了"大地主阶级顽固派",他与二程"发展了反动的孔学,形成了极端唯心主义的理学即道学","竭力鼓吹儒家的反动理论"。文章最后提出必须"揭露历史上儒法斗争的实质,批判尊儒反法的反动思想"。

1974年3月,张立文、方立天《王安石反对司马光的斗争》②发表。该文认为:(1)王安石是"尊法反孔派","代表无特权的地主阶级下层";司马光是"尊孔反法派","代表有特权的大官僚大地主集团"。(2)"变法的中心内容,是抑制大官僚大地主集团的土地兼并和垄断"。(3)王安石的思想体系,"在斗争中,改革派往往采用法家的变法思想,作为对儒家正统的亵渎和叛逆,作为推行改革路线的理论根据"。(4)王安石"对尊孔反法的批判也是不彻底的,并不能战而胜之"。"阶级和时代的局限",使"他实行的是一条自上而下的变法路线,因而他的变法最终招致失败"。4月,张立文《王安石反对司马光的斗争》③发表。

1974年6月,邓广铭《王安石——北宋时期杰出的法家》④发表。

---

① 罗思鼎:《从王安石变法看儒法论战的演变——读〈王荆公年谱考略〉》,《红旗》1974年第2期。
② 张立文、方立天:《王安石反对司马光的斗争》,《河北师大学报》1974年第1期。
③ 张立文:《王安石反对司马光的斗争》,《北京日报》1974年4月9日。
④ 邓广铭:《王安石——北宋时期杰出的法家》,《北京大学学报》1974年第3期。

该文分为"'三不足'是反儒、变法的战斗口号"、"王安石变法是在法家思想指导下进行的"、"历代反动派为何咒骂王安石"三节,认为:1)王安石是"地主阶级的革新派",他的"三不足"论是"为迎接这场战斗而提出的,用以破除迷信、解放思想的战斗口号","在整个变法过程中,这个口号对扫除思想障碍,打退守旧派儒家人物的进攻,起了很大的作用"。2)王安石是"一个伟大的爱国主义者"、"一位杰出的法家","在变法过程中,经常把历史上法家的变法经验取作借鉴",它"不但是继承了法家的思想,他的政治实践也是奉行了一条法家的政治路线"。3)从南宋邵伯温、朱熹到现代林彪,"所以咒骂王安石,是因为他们尊孔反法,主张守旧,反对革新,主张倒退,反对进步"。

　　1974 年 8 月和 11 月,"四人帮"在北京和上海的写作班子分别以北大、清华"大批判组"和"罗思鼎"名义,炮制《论爱国主义者王安石——兼论历史上儒法之间卖国与爱国两条路线的斗争》①和《论北宋时期爱国主义和卖国主义的斗争》②二文。这两篇文章把所谓儒法斗争无限上纲到爱国与卖国的高度,荒谬地提出;1)王安石是"杰出法家"和"杰出的爱国主义者","以王安石为代表的法家坚持了爱国主义的路线"。2)变法具有"爱国主义性质","是一次爱国主义的政治运动",王安石推行的是"爱国主义路线",坚持的是"反侵略的爱国主义立场"。3)司马光是当时儒家的"头子",他对辽和西夏"反动统治集团的侵略威胁""挂起了卖国主义的降旗",以他为代表的"大地主反动集团为了维持自己的腐朽统治,大搞尊孔复古,竭力反对王安石变法,反对人民群众反侵略的正义斗争,甚至不惜卖身求荣,充当民族的败类","采取了投降卖国的政策"。4)把法家、儒家与爱国、卖国等同起来,说什么"法家爱国,儒家卖国,这是一个带有规律性的历史现象"。

---

① 《论爱国主义者王安石——兼论历史上儒法之间卖国与爱国两条路线的斗争》,《北京大学学报》1974 年第 4 期。

② 罗思鼎:《论北宋时期爱国主义和卖国主义的斗争》,《红旗》1974 年第 11 期。

　　随后，单远慕的《读王安石〈答司马谏议书〉》①发表。该文从王安石回答司马光的一封信，评论王安石及其变法说：（1）此信"集中反映了王安石的法家思想和战斗精神"，王安石是"北宋时期一位有进步思想的地主阶级政治家"。（2）围绕变法，展开了一场"儒法斗争"，这是"地主阶级内部前进与倒退、革新与守旧的两条路线斗争"。王安石"崇奉法家"，"要革新、前进"；司马光"相信儒教"，"要守旧、倒退"。（3）司马光"一伙顽固派""因循守旧，反对变革"，"完全是为了维护大官僚、大地主阶级的利益"。

　　赵继颜《试论王安石变法的历史经验》②和《司马光与"元祐更化"》③两文提出：（1）变法的性质是"发生在北宋中期的一次政治改革运动，是地主阶级内部革新与守旧、前进与倒退两条路线斗争的一次大搏斗"，"以王安石为代表的地主阶级革新派，战胜了以司马光为代表的大地主阶级顽固派，坚持法家革新路线"。（2）"北宋时期，地主阶级日趋腐朽反动，政治上越反动，思想上就越需要孔孟之道"。

　　这一时期出版的著作有：邓广铭《杰出的法家王安石》④、《王安石（中国 11 世纪时的改革家）》⑤、《王安石、李贽》⑥，湖北人民出版社编辑《中国十一世纪时的改革家王安石》⑦，抚州革委会政治部《王安石变法》⑧。

五、1977 年至 2000 年

　　1976 年 10 月，"四人帮"被粉碎，"文化大革命"结束。大陆学术界开始进入繁荣的春天，有关王安石及其变法的研究也走上了正轨，同

① 　单远慕：《读王安石〈答司马谏议书〉》，《人民日报》1974 年 10 月 8 日。
② 　赵继颜：《试论王安石变法的历史经验》，《山东师院学报》1975 年第 1 期。
③ 　赵继颜：《司马光与"元祐更化"》，《山东师院学报》1976 年第 2 期。
④ 　邓广铭：《杰出的法家王安石》，山东人民出版社 1974 年版。
⑤ 　邓广铭：《王安石（中国 11 世纪时的改革家）》，人民出版社 1975 年版。
⑥ 　邓广铭：《王安石、李贽》，广东人民出版社 1974 年版。
⑦ 　湖北人民出版社编辑：《中国十一世纪时的改革家王安石》，湖北人民出版社 1975 年版。
⑧ 　抚州革委会政治部：《王安石变法》，江西人民出版社 1975 年版。

时,随着研究队伍的不断扩大,新生的力量逐渐增多,研究的广、度和深度都大有进展,取得了可喜的成绩。这一时期出版的著作有 10 种,资料辑佚 3 部,论文集 2 种,文章 338 篇。

(一)著作和论文集

漆侠《王安石变法》①再版,在 1959 年版的基础上,稍作修订,观点一仍其旧,主要是增补了王安石执政前哲学思想的发展,对变法的改良主义性质进一步作了说明。

邓广铭《王安石(中国十一世纪时的改革家)》②,第二次出版。该书体例和内容大致与 1975 年初版相同,但作了一些必要的修改:一是消除"儒法斗争"留下的痕迹。如将简单加于王安石头上的"法家政治家"和"法家"的桂冠,贬称司马光等种种行为属于"反动",及"儒法斗争"、"两条路线斗争"等,都一一删除。又将"儒家"改为"俗儒"等。二是加强对于王安石变法是"政治改革",而不是"改良主义运动"的论述。不过,新版保留了 1974 年 11 月 20 日所撰《后记》似乎没有必要;同时对司马光等依旧贬得过低,如称"以司马光为首的那班守旧派和他们的喽啰"、"弃地与敌的罪行"、"守旧派的失败主义的论点和论据,卖国主义的论点论据"等。邓广铭对《王安石》重加修订,改称《北宋政治改革家王安石》③。该书共分"当国执政以前的王安石"、"宋神宗起用王安石　王安石变法革新"、"王安石入参大政治国安邦的两大抱负"等九章。据其"序言"说,该书对 70 年代的《王安石》作了"大幅度的修改",继续清除"有关'儒法斗争'和'批林批孔'的污染因素";同时,与"过去三写王安石"一样,"选取"王安石"作为政治改革家的一面","着重加以表述和描绘",力图"恢复王安石的本来面目"。此外,对漆侠《王安石变法》中有关王安石"三不足"原则的处理提出批评,认为"仍嫌含混"。该书可以说是 20 世纪中国史学界全面肯定王安石及

---

① 漆侠:《王安石变法》,上海人民出版社 1979 年版。
② 邓广铭:《王安石(中国十一世纪时的改革家)》,人民出版社 1979 年版。
③ 邓广铭:《北宋政治改革家王安石》,人民出版社 1997 年版。

其变法的一个最好的总结。

马振铎《政治改革家王安石的哲学思想》①，共分 12 章：王安石的时代，生平及其政治、学术活动，天道观，元气一元论思想，运动观和朴素辩证法思想，人性论，唯物主义反映论和唯物主义"圣智论"，唯心史观，进步的政治思想，经济思想，教育和人才的选取任用思想，"荆公新学"及其历史地位。提出王安石建立起"下半截唯物主义、上半截唯心主义的哲学体系"，他的哲学思想是"北宋中期政治、经济的产物"，"反过来又给北宋中期以后的政治、经济以有利的影响"。"荆公新学"结束了汉儒的"章句注疏之学"，开宋儒"性命义理之学"的"先河"。

龚延明《王安石》②，作为"中国历史小丛书"之一出版。该书分为中进士前后、在州县做官、上"万言书"、得神宗知遇、入相变法、响亮的"三不足"口号、改革与用人、退休金陵等 8 节，比较概括地叙述了王安石的一生，着重在变法的过程。

傅林辉《王安石述略》③，分为第一、二部，第一部为"王安石脉系"，下分"父系"、"母系"两章；第二部为"王安石概论"，下分王安石的哲学、政治经济、人才等思想，变法的内容和措施，在中国文学史上的地位等 5 节。作者充分利用在江西抚州工作的条件，收集王氏和吴氏族谱，结合其他文献，理清王安石及其夫人吴氏脉系、众多亲属，较有价值。

张白山《王安石》④，作为"中国古典文学基本知识丛书"之一出版。从文学史的角度，介绍唐宋八大家之一的王安石在文学上的成就，认为王安石的文学思想的主流"属于儒家体系"，但"掺杂着道释思想，形成了三教合流的复杂体"。

叶坦《大变法——宋神宗与十一世纪的改革运动》⑤，主要认为：熙

① 　马振铎：《政治改革家王安石的哲学思想》，湖北人民出版社 1984 年版。
② 　龚延明：《王安石》，中华书局 1986 年版。
③ 　傅林辉：《王安石述略》，江西抚州王安石研究会 1986 年。
④ 　张白山：《王安石》，上海古籍出版社 1986 年版。
⑤ 　叶坦：《大变法——宋神宗与十一世纪的改革运动》，三联书店 1996 年版。

丰变法是一次成功的变法，导致皇权更加强化，官制更加繁复，费用更加冗杂。更注重从变法的实际成效来考察，与其他著作明显不同。

以上几种著作，除叶坦《大变法——宋神宗与十一世纪的改革运动》以外，都从各种角度对王安石及其变法作了全面肯定，基本上保持着50年代至70年代的观点。

三种资料辑佚书之一是容肇祖辑《王安石〈老子注〉及辑本》①，主要由宋人李霖《道德真经取善集》、彭耜《道德真经集注》、元人刘惟永《道德真经集义》三书中辑录王安石《老子注》的佚文。不过，蒙文通1948年发表的《辑王安石〈老子注〉佚文并序》②，容肇祖该书并未提及。之二是丘汉生辑校《诗义钩沉》③，主要有吕祖谦《吕氏家塾读诗记》、李樗《毛诗详解》及朱熹《诗集传》、杨简《慈湖诗传》中辑录王安石《诗义》佚文274篇，分为20卷。之三是杨华林编《王安石佚事汇编》上、下册④，系征求意见稿。该书按王安石的青少年时代、政治生涯、当国时期、晚年生活、身后毁誉以及家人佚事，分类编辑王安石及其家属的佚事，有一定的价值，惜未能正式出版。

李德身《王安石诗文系年》⑤，将王安石的各类诗、文按时间先后进行排列，有一定的学术价值。

有关研究性的论文集，由江西省纪念王安石逝世900周年筹委会主编《王安石研究文辑》⑥，前一部分收录1958年前后的论文23篇，后一部分为国内的论著目录等。抚州市王安石研究会编《王安石研究论文集》第一集⑦和《王安石研究论文专集》⑧两种，收录抚州王安石研究会第一次学术研讨会的主要论文。

————————

① 容肇祖辑：《王安石〈老子注〉及辑本》，中华书局1979年版。
② 蒙文通：《辑王安石〈老子注〉佚文并序》，《图书集刊》1948年第8期。
③ 丘汉生辑校：《诗义钩沉》，中华书局1982年版。
④ 杨华林编：《王安石佚事汇编》上、下册，江西抚州市王安石研究会和抚州市图书馆学会1991年。
⑤ 李德身：《王安石诗文系年》，人民教育出版社1987年版。
⑥ 江西省纪念王安石逝世900周年筹委会主编：《王安石研究文辑》，江西省历史学会1986年。
⑦ 抚州市王安石研究会：《王安石研究论文集》第1集，1986年3月。
⑧ 抚州市王安石研究会编：《王安石研究论文专集》，1986年8月。

（二）论文

这一时期大陆地区有关王安石及其变法研究论文的特点：一是肃清"四人帮"的流毒。二是突破了传统的全面肯定的观点，出现了不同意见，并且展开了初步的争论。三是视野开阔，从不同角度进行考察，内容涉及各个方面，增加了研究的广度。这些论文，据初步统计近 360 篇，其中关于王安石变法近 140 篇，思想和学术近 70 篇，教育 23 篇，文学 44 篇，政治 2 篇。分为几个阶段：

1. 肃清"四人帮"的流毒

最早批判"四人帮"的学者是吴泰和朱瑞熙。分别发表有《关于王安石变法的几个问题——驳"四人帮"及其喉舌散布的一些谬论》[①]和《"四人帮"歪曲王安石变法历史的险恶用心》[②]两文。吴泰认为：（1）"四人帮"胡说"王安石变法主要目的是为了对付异族的侵略"。其实，"变法的根本目标，是'富国强兵'"，而"实现'富国强兵'的主要目的，就是为了加强地主阶级对农民阶级的专政"。（2）"四人帮"胡说变法派同保守派斗争的阶级实质是"中小地主阶级和大地主阶级之间兼并和反兼并的斗争"。其实，两派的相异"不过是防范农民革命的方法，加强宋王朝统治的办法各异罢了"。（3）"四人帮"胡说王安石同司马光的斗争是"儒法斗争"。其实，"王安石在本质上是尊儒的"，他的《三经新义》是"继承并发扬儒家学说的"，"虽然有摒弃儒家某些陈腐说教的地方"。（4）"四人帮"胡说变法的进步作用是因为王安石有什么法家的倾向，其实在于"变法在一定程度上推动了社会生产力的发展"。朱瑞熙认为：（1）"四人帮"宣扬变法是"为了对付外族的侵略，对内反抗高压政策"。其实，变法根本目的"是用整顿军队和官僚机构、解决封建国家财政危机的办法，来巩固地主阶级对农民的统治"。（2）"四人帮"极力美化保甲法，把它说成是用以抵抗外族"侵略的强大

---

① 吴泰：《关于王安石变法的几个问题——驳"四人帮"及其喉舌散布的一些谬论》，《文史哲》1977 年第 4 期。

② 朱瑞熙：《"四人帮"歪曲王安石变法历史的险恶用心》，《文史哲》1977 年第 4 期。

的武装力量"。其实,它的"矛头主要是针对广大农民"。(3)"四人帮"夸大王韶经营熙河的战绩,说什么"奏响了胜利的凯歌",却不提元丰四年和五年宋军对西夏作战的两次大败仗。(4)"四人帮"歪曲变法的历史,目的是通过美化、抬高王安石来比附自己,标榜他们一伙人是坚定的"爱国主义者"、"当代的法家";同时,以批司马光为名,大批宰相,影射攻击周恩来总理和中央其他领导同志,妄图篡党夺权。

随后,批驳"四人帮"的文章有:许晓秋《"四人帮"是怎样利用王安石变法大造反革命舆论的》①,周咏《与王安石何干?》②,邓广铭《从一篇黑文看罗思鼎们对宋史和王安石变法的懵懂无知——对〈从王安石变法看儒法论战的演变〉——读〈王荆公年谱考略〉一文的批判》③,杨志玖《王安石与孟子》④。

1977年到1978年,上述宋史学者们出于义愤,批驳了"四人帮"的谬论,做出了一定的成绩。但受当时认识的局限,吴泰在文章中仍然称朱熹为"南宋反动道学家",王守仁为"明代反动道学家"。朱瑞熙则指出"四人帮""完全抹杀了保甲法的阶级性,掩盖了保甲法的反动本质",而"这是彻头彻尾的修正主义的谬论"。由此透露出他们当时的学术思想尚未完全肃清"左"的影响。

2. 1978年至1983年

正面论述王安石变法的论文作者,最值得注意的有两位,即谷霁光和王曾瑜。谷霁光发表了一组论文:《王安石变法与商品经济》⑤、《王安石法学观点探颐》⑥、《王安石经济思想若干问题试析》⑦等。谷霁光从商品经济的角度出发,提出变法派和守旧派的斗争的焦点在于"对

① 许晓秋:《"四人帮"是怎样利用王安石变法大造反革命舆论的》,《辽宁大学学报》1977年第5期。
② 周咏:《与王安石何干?》,《人民日报》1978年10月17日。
③ 邓广铭:《从一篇黑文看罗思鼎们对宋史和王安石变法的懵懂无知——对〈从王安石变法看儒法论战的演变〉——读〈王荆公年谱考略〉一文的批判》,《社会科学战线》1979年第1期。
④ 杨志玖:《王安石与孟子》,《社会科学战线》1979年第3期。
⑤ 谷霁光:《王安石变法与商品经济》,《江西大学学报》1978年第3期。
⑥ 谷霁光:《王安石法学观点探颐》,《争鸣》1981年第1期。
⑦ 谷霁光、谷远峰:《王安石经济思想若干问题试析》,《中国史研究》1980年第1期。

待商品经济态度的不同"。守旧派"对有关商品经济的一些现象,极为敏感",虽然他们"不懂得什么是商品经济,也不真正理解商品经济所产生的影响和作用"。他们"力图维持现存秩序,维护自然经济,墨守成规,不允许有丝毫微小的改革"。王安石推行青苗法,"借贷以钱,突破常平法物物交换的范畴","与富人高利贷者比较而言,它是有利于农业生产的发展的"。免役法"以钱募役,反映出地租形态上的重大变化"。市易、均输等法的施行"客观上都有利于商品经济的发展"。谷霁光还认为王安石"利用商品经济为封建政治服务","他的主张,较多地反映中小地主和中小商人的要求,尤其是南方地主和商人的要求。而总的方面,乃是代表整个地主阶级革新派的一种主张"。谷霁光不赞成把王安石和司马光看做代表某一阶层的观点,认为王和司马"都是作为整个地主阶级的代表人物出现在当时政治舞台上,不管谁上台执政,不可能只是代表一个阶层,某一阶层的利益不可能超越于阶级利益之上"。

王曾瑜《王安石变法简论》①,中心思想是"基本上否定王安石变法"。具体观点为:(1)评价王安石变法的根本原则,应该是看王安石"变法的实践,到底对祖国的统一,历史的进步,人民的生活等等,起了什么样的作用"。即主要"依据行动"和"依据效果",不是依据言论和动机。(2)免役法和青苗法的实行,"无非是新增两笔赋税,一笔叫役钱,另一笔叫青苗钱","无非是向编户齐民增收两笔新税"。(3)保甲法是"部分地恢复征兵制","无论从哪个方面和角度看,保甲法只是毫无进步因素可取的很反动的法令"。"由募兵制到征兵制的倒退,只能给人民带来灾祸"。以上三点是变法的重点,"是加强对贫民下户的搜刮和镇压"。保马法的"真正的受害者一般只能是乡村下户和客户"。市易法"建立了官府的垄断经营","用封建官营商业破坏私营商业","使很多重要城市的商业正常发展,受到了严重的打击","数量众多的大中小商人债台高筑"。学校科举改革"就是要实行王学的思想专断,

---

① 王曾瑜:《王安石变法简论》,《中国社会科学》1980年第3期。

树立对王安石的信仰权威,乃是禁锢思想自由的反动措施"。(4)王安石"富国有术,而强兵无方","王安石变法的目标——富国强兵,其实只完成了一半,而且从评价变法功罪的角度看,又是比较次要,应予否定的一半"。(5)王安石只是"企图对旧制度作些修补工作,就不宜称为'革新'。变法派与反变法派之争,只是'补旧'与'守旧'之争,或者说是维护旧制度方式方法之争"。两大派的斗争,"本质上还是政策性的分歧"。变法派"好大喜功";反变法派"目光短浅,安常习故",司马光在政治上是个"庸才",因循保守,而毫无建树可言"。两派"都无肯定的必要"。

这一阶段,还有专论王安石的新法某一方面的论文发表。如陈振关于保马法的两篇论文:《略论保甲法的演变——兼评马端临对保马法的误解及影响》①,《论保马法》②;郭志坤《简论王安石的考课法》③,陈守忠《王安石变法与熙河之役》④。

3. 1984 年至 1999 年

这是王安石及其变法的研究比较活跃的时期,从各个角度探讨:王安石新法的实施效果和影响,各派官员的矛盾冲突,王安石的经济思想、对商品经济的态度、其性格特征,王安石的年谱、著作等。此外,还突破了 1950 年后全盘肯定王安石及其变法的模式,展开了不同观点的争论。这些都显示研究正在逐步深入。这一时期又可分为两个阶段:

(1) 1984 年至 1990 年

较有影响的论文有以下数篇。胡昭曦《熙丰变法经济措施之再评价》⑤,首先,采用蒙文通的观点,提出"王安石变法"一词不准确,因为王安石元丰年间"均未干政",而元丰年间新法较熙宁年间"已有发展变化",故称"熙丰变法"更为全面、确切。其次,认为熙丰变法"有一定

① 陈振:《略论保甲法的演变——兼评马端临对保马法的误解及影响》,《学术研究辑刊》1980 年第1 期。

② 陈振:《论保马法》,《宋史研究论文集》,《中华文史论丛》增刊,上海古籍出版社 1982 年 1 月版。

③ 郭志坤:《简论王安石的考课法》,《历史教学问题》1981 年第 4 期。

④ 陈守忠:《王安石变法与熙河之役》,《甘肃师大学报》1980 年第 3 期。

⑤ 胡昭曦:《熙丰变法经济措施之再评价》,《西南师范学院学报》1984 年第 4 期。

的积极作用",它的"历史作用是不能全盘否定的"。第三,王安石所说
"民不加赋而国用饶",实际情况却是"巧妙地收取更多的赋税、息钱,
实行不恰当的'通货管理'"。第四,熙丰变法"给广大贫苦劳动人民在
政治上和经济上增加了新的负担","熙丰年间的阶级斗争并没有缓
和"。第五,熙丰变法是"中国封建社会中统治者的一次重大改革活
动,也是中国古代史上的一次重要事件","对其全盘否定或过分肯定,
都是值得商榷的"。在50年代至70年代中国史学界对王安石及其变
法持全盘肯定的态度,其经典著作依据为列宁的"王安石是中国11世
纪的改革家"。对此,朱瑞熙提出疑问。他的短文《正确理解经典作家
对王安石的论述》①,针对一些学者喜欢用马克思主义经典作家对王安
石评论的语句,却常常忽视经典作家原意的现象,指出列宁提到"王安
石是中国11世纪的改革家,实行土地国有未遂","列宁认为王安石确
曾实行过土地国有的措施",因此对王安石大加肯定。然而,在王安石
推行的各项新法中,"都没有涉及土地制度的问题,更没有实行过土地
国有之法"。王安石和宋神宗曾有两次谈及解决土地问题的办法,也
只是"最多由国家立法,对地主富豪的占田数量加以限制,对农民耕种
的土地也加以限制,而且主张缓慢地实行"。列宁之所以对王安石有
此评论,是因为普列汉诺夫"提出王安石曾经推行过土地国有的措施,
后来遭到失败",但是史实证明普列汉诺夫搞错了,因而,列宁的这一
论断"成了无本之木,无源之水"。所以,"如果仅仅因为列宁说过王安
石是改革家,而不管历史事实如何,便断定王安石是改革家,那不是历
史唯物主义的研究方法。如果历史足以证明王安石确是改革家,那么
引用和不引用列宁对于王安石的上述评论也不是至关重要的"。1997
年邓广铭把他的专著改名看来就是直接受了此文的影响。

　　顾全芳《评论王安石变法》②,针对史学界关于王安石变法的论述,
特别是邓广铭《王安石(修订本)》(1979年版)提出不同意见。(1)变

---

① 　朱瑞熙:《正确理解经典作家对王安石的论述》,《光明日报》1986年2月19日。
② 　顾全芳:《评论王安石变法》,《晋阳学刊》1985年第1期。

法前，"朝廷上下多以改革为治国的必然，而反对革新的，居于次要地位"。王安石与司马光等"一大批人的争论，并不在于是否需要改革，而是在于改革什么，怎样改革"。（2）王安石"没有从实际出发解决当时迫切需要解决的社会问题"即冗官、冗兵、冗费"三大灾害"，"而是从想当然出发，以增加税收来解决财政困难"。他"具有否定一切的思想的倾向"，"在变法中废除了宋初许多好的政策法令"。（3）评价王安石的"三不足"精神，"必须一分为二"，他"以'三不足'反击顽固派的反对改革，应予肯定；拿'三不足'作为挡箭牌，拒绝任何批评和意见，则应予否定"。（4）评价王安石变法的得失成败，"要看实践，看效果"。在农业方面，变法"弊多利少，并没有起到有力的推动和促进作用，反而增加了农民的负担与约束，受到比变法前更多的剥削"。变法的"最大成效，是使国家财政由空虚而殷实"。这是"通过增加税收、尤其是变相的税收"的结果，"归根到底还是要落到……主要是直接生产者农民头上"。王安石"根本没有打击和限制官僚贵族的特权"。（5）变法的失败原因在于"'求治太急'，准备不足"；王安石"固执、主观，听不得半点不同意见"；"变法派内部的矛盾与分裂。导致了力量的削弱、步调的不一致"。（6）王安石是"一位伟大的改革家"，"又是一位失败了的改革家"。变法"不应该全盘否定"，"失败了的改革，比不想改革要好些"。（7）论文对邓广铭的观点提出了不同意见，这是应该鼓励的。但论文中又说邓"不是受了王安石欺人之谈的迷惑，就是对变法实际的歪曲"，这种指责就没有必要了。此外，顾全芳还有《庆历新政与熙丰变法》①，《评王安石的抑兼并政策》②，《曾巩与王安石变法》③，《宋神宗与熙丰变法》④。

　　周良霄《王安石变法纵探》⑤，认为应把王安石变法放到整个中国

①　顾全芳：《庆历新政与熙丰变法》，《西南师大学报》1987年第2期。
②　顾全芳：《评王安石的抑兼并政策》，《北方论丛》1988年第5期。
③　顾全芳：《曾巩与王安石变法》，《江西社会科学》1988年第5期。
④　顾全芳：《宋神宗与熙丰变法》，《史学月刊》1988年第8期。
⑤　周良霄：《王安石变法纵探》，《史学集刊》1985年第1—2期。

封建社会中、后期发展的过程中来考察,也许就能比较客观地进行辨识和评论。他不赞成把王安石"之所行,从主观理想到客观作用,尽加肯定;而对于反对方面的评论,则一概以保守顽固斥之,这是一种简单和偏执的态度,同样不可能切合事实"。从时代背景和方田均税、免役、保甲、科举、青苗、均输、市易等法的来龙去脉,分析其利弊。最后提出:(1)各项新法"凡是为后世所沿行的,它便是适应中国后期封建社会的发展,为地主阶级统治制度所必需的";反之,"那些不为后世所沿行的政策,表明它们本身便是行不通的,也就对社会发展无积极作用可言"。(2)王安石与宋神宗的"思想各不一样",王安石"只有通过抑兼并以惠贫民,损有余以补不足,才能达到他'均天下之财,使百姓无贫'理想"。宋神宗的"目标只是要富国强兵",他"虽不失为有所作为的君主,但思想上则比较平庸"。两人"始终是貌合神离"。该文提出以历史实践来检验王安石的各项新法,视野开阔,最有新意。

吴泰《熙宁元丰新法散论》[①],提出变法既有进步的一面,也确有反动的一面。其进步性主要反映在推动生产力和生产关系发展,如实行农田水利法推动农业生产,以役代雇客观上顺应了历史潮流,推动了雇佣关系和商品经济的发展。如将变法置于历史发展的长河中加以考察,其进步性是主要的。

刘祚昌《论王安石的政治品质与政治作风》[②],以道德标准来衡量王安石,认为王安石当政后足以自圣,狂妄自大,刚愎拒谏,喜同恶异;重用阿谀之小人,打击陷害异议者,钳制思想,压制舆论,实行学术专制和特务统治,导致新法推行中弊端百出并启新旧党争之祸端,招致外侮。

何忠礼《也论王安石变法的失败原因》[③],提出宋神宗奉行"异论相搅"的家法,对保守派姑息重用,而变法派社会基础不牢,人才严重不

---

① 吴泰:《熙宁元丰新法散论》,《宋辽金史论丛》第1辑,中华书局1985年版。
② 刘祚昌:《论王安石的政治品质与政治作风》,《东岳论丛》1986年第2期。
③ 何忠礼:《也论王安石变法的失败原因》,《杭州大学学报》1988年第2期。

足;新法推行过于仓促,出现残害百姓现象,招致一片反对。

葛金芳等《熙宁新法的富民与富国之争》①认为:(1)"能够看做王安石变法的,只是王安石在任时期推行的熙宁法而已"。"从总体上看,元丰法与熙宁法旨趣相异,措施相左,效果亦绝然相反"。(2)神宗和王安石在熙宁时期没有"公开打出过'富国强兵'的旗帜","实际上'富国强兵'只是反对派指斥新法之言"。(3)王安石的"理财是为了出名,以达到先修内政的需要,故而坚决反对扩大军费开支"。"以'雪耻'为指归,则必然谋求加强军事力量","必然走上'为国聚敛'的歧途"。(4)王安石"坚持以富民为变法的指导思想,所以在他任相期间,同将富国放在首位的宋神宗,发生了一系列冲突和争执,主要表现在'靖边'与'开边'、'省兵'与'增兵'、'节用'与'烦费'这三个方面"。

漆侠、郭东旭《关于王安石变法研究中的几个问题》②,总结 1980年以来宋史学界对王安石变法的研究,认为:(1)有些学者全盘否定王安石或全盘肯定王安石,其中以顾全芳、季平同志最为突出,几乎用无所区别于司马光的论调来评价王安石及其变法的(季平在有关司马光的论著中,也对王安石及其变法作了评价)。(2)从有关史料的运用和研究方法的角度,就王安石变法的时代内容、王安石和司马光所代表的社会力量、王安石变法的历史作用等方面,反驳顾、季的论点,认为顾、季在前两部分"采用吹肿胀大、无中生有的方法,歪曲新法、夸大新法的弊端";在后一部分"采用压缩空气、以有化无的方法,极力缩小新法的作用"。(3)认为前七八年的王安石变法研究不尽如人意:这几年来,包括王安石变法研究在内的学术领域里,存在着为标新立异,为翻案而出奇的学风。而这种风气则是建立在不读书、不学习马克思列宁主义,以及由此两者结合而成的最拙劣可笑的主观主义思想方法这样一个基础之上的。(4)论文中使用了一些超出平心静气展开平等学术讨论的语句,诸如说顾"在文章中气势汹汹地声称";"看看顾全芳等同

---

①　葛金芳等:《熙宁新法的富民与富国之争》,《晋阳学刊》1988 年第 1 期。
②　漆侠、郭东旭:《关于王安石变法研究中的几个问题》,《中国史研究》1988 年第 4 期。

志'抑王尊马'的论谈,到底有多大斤两";"这种指鹿为马、颠倒是非、歪曲历史事实的做法";"胡乱套用,任意作践"等,这些语句无助于问题的进一步讨论。

汪圣铎《王安石是经济改革家吗?》①认为,王安石变法不仅没有解决"三冗"问题,冗员反而增加,变法的结果是扩大了封建国家盈利性经营规模,官营经济体系发达,民间工商业发展不利。

顾全芳《重评司马光和王安石变法》②,没有正面回答漆等的反驳(可能两篇文章的写作和发表有时间差),但主要针对漆著《王安石变法》(1979年版)。其主要观点如下:(1)王安石变法中为巩固封建统治的自我调整,不可能仅仅代表某一阶层的利益,而是代表整个统治阶级的利益。他不赞成变法仅仅代表中小地主阶层的利益的观点。司马光反对变法,并不全然是新法侵犯了大地主利益,也是出于新法加剧了对下层百姓的苛夺,但也不可能认为"司马光是站在农民立场上说话"。王安石与司马光的立场和出发点"是相同的"。(2)司马光对王安石在创设制置三司条例司和推行保甲法的"批评,是基本正确的"。保甲法"以镇农民,加强控制为主要职能","实在不能说是革新"。王安石"所设想的兵农合一,不是历史的进步,而是历史的反动"。(3)司马光和王安石"分歧的焦点,在于如何对待冗费"。司马光主张节流,王安石"提倡理财","司马光便认为是加重农民的负担,侵吞百姓的膏血,激烈地反对了"。对此,司马光"无端地反对,同样是偏见"。(4)关于如何评价王安石,他认为"从历史的角度审视",变法"有积极的、进步的一面,也有消极、落后甚至空想的一面"。"全盘肯定和全盘否定"变法,"都欠准确"。"全盘肯定与全盘否定司马光反对王安石变法,都不客观"。(5)提出如何运用马克思主义的立场、观点和方法,来研究司马光和王安石变法,还有待于深度与广度。在学术讨论中,需要的是

① 汪圣铎:《王安石是经济改革家吗?》,《史学月刊》1989年第6期。
② 顾全芳:《重评司马光和王安石变法》,《学术月刊》1990年第9期。

以理服人。顾全芳另有《青苗法研究》①。

除以上论文,还有:谷霁光《试论王安石的历史观与其经济改革——为纪念王安石逝世 900 周年而作》上、下两篇②,许怀林《王安石变法的历史地位》③,俞兆鹏《论北宋熙丰变法时期的市易法》④,杨国宜《王安石变法失败的历史教训》⑤。这些论文从各个方面对王安石变法提出自己的见解,主要发表在江西省的社科刊物上。

(2)1991 年至 1999 年

研究进一步深入到王安石及其变法的各个方面。较有影响的论文有邓广铭《王安石在北宋儒家学派中的地位》⑥。该文提出“不能把王安石称为理学这一儒家学派的祖师爷”,理学家的祖师爷“只能归之于程颢、程颐、张载三人”,理学家们“以王安石之对于内圣外王同时并重,是大异其趣的”。杨渭生《王安石新学简论》⑦论证“新学富有开拓创新的时代精神”,“新学是融儒、法、佛、道于一炉的新创作”,“在宋学建立的过程中是树立了功勋的”。

叶坦《评宋神宗的改革思想与实践》⑧和《熙丰富国之法的枣核形曲线:析王安石新法的阶级利益趋向》⑨,认为宋神宗想恢复已被取代了的汉唐建功体制是与历史发展背道而驰的;新法对不同阶级的经济利益形成了曲线影响,如青苗法本身就有很大问题,执行中流弊丛生,贫苦百姓深受其害。

---

① 顾全芳:《青苗法研究》,《西南师大学报》1990 年第 3 期。
② 谷霁光:《试论王安石的历史观与其经济改革——为纪念王安石逝世 900 周年而作》(上)、(下),《争鸣》1987 年第 1—2 期。
③ 许怀林:《王安石变法的历史地位》,《江西社会科学》1987 年第 1 期。
④ 俞兆鹏:《论北宋熙丰变法时期的市易法》,《江西社会科学》1988 年第 1—2 期。
⑤ 杨国宜:《王安石变法失败的历史教训》,《江西社会科学》1988 年第 5 期。
⑥ 邓广铭:《王安石在北宋儒家学派中的地位》,《北京大学学报》1991 年第 2 期。
⑦ 杨渭生:《王安石新学简论》,《中日宋史研讨会中方论文选编》,河北大学出版社 1991 年版。
⑧ 叶坦:《评宋神宗的改革思想与实践》,《晋阳学刊》1991 年第 2 期。
⑨ 叶坦:《熙丰富国之法的枣核形曲线:析王安石新法的阶级利益趋向》,《江淮论坛》1991 年第 3 期。

　　李华瑞《关于〈青苗法研究〉中的几个问题》①,对顾全芳《青苗法研究》提出了不同意见。张全明《社仓制与青苗法比较刍议》②,认为中国传统的社仓制比王安石的青苗法的措施更完善,更有利于恢复发展生产;对社仓制的作用不能肆意贬低。

　　高纪春《宋高宗初年的王安石批判与洛学之兴》③提出,南宋初年对王安石进行了批判,从而确立了高宗"是元祐非熙丰"的态度,"洛学是在批判王安石新学的过程中兴发起来"。王盛恩《市易法新评》④,从市易法推行情况来考察,认为市易法实施的结果是卓有成效的,市易法对各阶层带来了不同的影响。程民生等《熙丰时期的兵制改革及启示》⑤认为,变法达到了富国的经济目的,但强兵的政治目标却夭折了。王天顺、杜建录《王安石的御夏方略》⑥提出,王安石的御夏方略主要为"安内以制外"和"和戎以断西夏之右臂",这一方略是"理性的",他反对贸然对西夏用兵,主张待真正达到富国强兵时,再发兵灭夏。童丽《试析王安石变法中的矛盾》⑦提出,变法中存在着言利与何必言利的矛盾,农业赋税货币化和自然经济结构的矛盾,增加财政收入和生产发展缓慢的矛盾,变法思想与官员素质的矛盾,抑兼并与不触犯土地所有权的矛盾,这些矛盾在当时社会条件下无法解决,而新法又加剧了这些矛盾。

　　高纪春《关于吕惠卿与王安石关系的几点考辨》⑧,经过考证,认为吕、王的交恶"皆缘国事",并非出于个人私仇;所谓"发其私书",由苏辙兄弟笔墨渲染而出,实际并无此事。

　　俞兆鹏《评欧阳修"止散青苗钱"问题——兼论北宋熙丰新法中之

①　李华瑞:《关于〈青苗法研究〉中的几个问题》,《西南师大学报》1992 年第 3 期。

②　张全明:《社仓制与青苗法比较刍议》,《史学月刊》1994 年第 1 期。

③　高纪春:《宋高宗初年的王安石批判与洛学之兴》,《中州学刊》1996 年第 1 期。

④　王盛恩:《市易法新评》,《史学月刊》1996 年第 5 期。

⑤　程民生等:《熙丰时期的兵制改革及启示》,《河南大学学报》1996 年第 3 期。

⑥　王天顺、杜建录:《王安石的御夏方略》,《中州学刊》1996 年第 4 期。

⑦　童丽:《试析王安石变法中的矛盾》,《学术月刊》1996 年第 8 期。

⑧　高纪春:《关于吕惠卿与王安石关系的几点考辨》,《河北大学学报》1997 年第 3 期。

青苗法》①认为，欧阳修止散青苗钱的言行是合理的，目的在于济贫惠民，将其称为"守旧"，"反变法"，是不够实事求是的。冷辑林、乐文华《宋神宗是熙丰变法的主宰》②，从宋神宗参与变法时间、内容都多于王安石的角度考察，认为宋神宗才是熙丰变法的真正主宰。路育松《试论王安石对吏禄的改革》③，探讨了从熙宁三年推行的"重禄法"的内容、实行原因及其取得的成效等问题。

此外，这段时间里还有高纪春《论朱熹对王安石的批判》④、贾玉英《王安石变法与台谏》⑤，郑秉谦《王安石与蔡京》⑥，吕荣哲《杰出的政治变革家吕惠卿》⑦，漆侠《王安石的〈明妃曲〉》⑧等。

4. 有关王安石文献资料的研究

关于王安石书信的辨伪、《字说》的辑佚、王安石年谱的补正等，也获得了可喜的成绩。张希清《王安石的赈济思想与〈上龚舍人书〉的真伪》⑨，指出谷霁光等《王安石经济思想若干问题试析》一文引用的《王文公文集》中的《再上龚舍人书》及《上龚舍人书》，"并非王安石的作品"，因此不能依此来论证王安石的赈济思想。

朱瑞熙《王安石〈字说〉钩沉》⑩，论述《字说》的编写经过、流传、《字说》学的形成、《字说》的评价，并依据宋人文集、笔记、字书及明、清文献，辑录了《字说》277 条、318 字。三年后，朱瑞熙《王安石〈字说〉钩沉续》⑪发表。该文从《道藏》等书辑得《字说》11 条，并补释 2 条。期

① 俞兆鹏：《评欧阳修"止散青苗钱"问题——兼论北宋熙丰新法中之青苗法》，《南昌大学学报》1998 年第 3 期。
② 冷辑林、乐文华：《宋神宗是熙丰变法的主宰》，《江西社会科学》1999 年第 1 期。
③ 路育松：《试论王安石对吏禄的改革》，《安徽史学》1999 年第 2 期。
④ 高纪春：《论朱熹对王安石的批判》，《晋阳学刊》1994 年第 5 期。
⑤ 贾玉英：《王安石变法与台谏》，《抚州师专学报》1995 年第 4 期。
⑥ 郑秉谦：《王安石与蔡京》，《东方文化》1995 年第 3 期。
⑦ 吕荣哲：《杰出的政治变革家吕惠卿》，《黑龙江社会科学》1999 年第 2 期。
⑧ 漆侠：《王安石的〈明妃曲〉》，《中国文化研究》春之卷，1999 年第 1 期。
⑨ 张希清：《王安石的赈济思想与〈上龚舍人书〉的真伪》，《中国史研究》1982 年第 3 期。
⑩ 朱瑞熙：《王安石〈字说〉钩沉》，《抚州社会科学》1987 年第 3 期。
⑪ 朱瑞熙：《王安石〈字说〉钩沉续》，《抚州学刊》1990 年第 12 期。

间,徐时仪也辑补《字说》2 条,载《抚州社会科学》(1989.3),并作《王安石〈字说〉的文献价值述略》①。曹锦炎《王安石及其〈字说〉:介绍张宗祥辑本〈熙宁字说辑〉》②,介绍张宗祥曾撰《熙宁字说辑》手稿五卷,1992 年由其子女捐赠浙江图书馆。

高文、高启明作《新编王安石年谱》③。高克勤《王安石年谱补正》④,主要对三种清代学者所编《王安石年谱》和《考略》,钩稽史籍及宋人文集,加以补正。

邓广铭《关于王安石的居里茔墓及其他诸问题》⑤,主要论证王安石之墓"直至(公元)16 世纪之初","仍在江宁原地,未被迁移到其他地方"。王安石的临川旧居"在临川县城之内,而不是在临川县城之外的任何地方"。

5. 王安石的人才思想

关于王安石人才思想或人才论、人才观、人才理论,从 1980 年至1999 年,每年都有二篇至三篇发表,这些文章除最早的数篇外,所用资料几乎相同,见解也无甚分歧,显然内容重复,然而关于王安石的人才思想在变法过程中,是否得到体现,却尚未见到实证分析⑥。

台湾学者先后撰写并出版了 10 来种研究王安石及其新法的专著和论文集。其中比较重要的有帅鸿勋《王安石新法研述》⑦、《纪念王安石、司马光逝世九百周年学术研讨会论文集》⑧、蒋义斌《宋代儒释调和论及排佛论之演进——王安石之融通儒释及程朱学派之排佛反王》⑨、夏长朴《李觏与王安石研究》⑩、孙光洁《王安石冤屈

①　徐时仪:《王安石〈字说〉的文献价值述略》,《文献》1993 年第 2 期。
②　曹锦炎:《王安石及其〈字说〉:介绍张宗祥辑本〈熙宁字说辑〉》,《浙江学刊》1992 年第 6 期。
③　高文、高启明:《新编王安石年谱》,《河南大学学报》1992 年第 5 期。
④　高克勤:《王安石年谱补正》,《文献》1993 年第 4 期。
⑤　邓广铭:《关于王安石的居里茔墓及其他诸问题》,《北京大学学报》1993 年第 2 期。
⑥　葛金芳、金强:《近二十年来王安石变法研究评述》,《中国史研究动态》2000 年第 10 期。
⑦　帅鸿勋:《王安石新法研述》,台北正中书局 1973 年版。
⑧　《纪念王安石、司马光逝世九百周年学术研讨会论文集》,台北文史哲出版社 1986 年版。
⑨　蒋义斌:《宋代儒释调和论及排佛论之演进——王安石之融通儒释及程朱学派之排佛反王》,台湾商务印书馆 1988 年版。
⑩　夏长朴:《李觏与王安石研究》,台北大安出版社 1989 年版。

新论》①等。这些著作主要采用实证的方法,对王安石及其新法、思想等进行梳理,论证新法的合理性,为王安石辩诬。

第四节 由盛转衰的民变研究

20世纪的宋代民变研究,因为国内形势的变化,而出现五个明显不同的阶段。

第一阶段,即1901年至1949年。在前30年,似乎尚未有人关注宋代的这一课题。估计与前代常常被全国性的农民暴动所推翻不同,宋代320年中,农民或士兵、茶商等的暴动或起义虽然此起彼伏,但规模较小,影响有限,因而在20世纪早期,被学术界忽略。随着唯物史观的传播,学者们开始注意到上层建筑与经济基础的关系,从经济基础来探讨两宋民变的原因。最早以马克思主义原理研究宋代民变的学者是陶希圣,1934年11月,他发表《宋代的各种暴动》②一文。两年后,李文治撰《北宋民变之经济的动力》③。1935年6月,杨效曾撰《方腊的暴动》上、下篇④。同年,朱希祖《杨么事迹考证》⑤出版。该书详细收辑有关钟相、杨么暴动的史料,加以考订,保存了一些珍贵的史料。1937年4月,张荫麟《宋初四川王小波、李顺之乱》载《清华学报》12卷2期。1939年12月,余嘉锡《宋江三十六人考实》,载《辅仁杂志》8卷2期。1941年3月,裘重《南宋的民众运动》,载《大陆》1卷6期。1942年12月,范文澜在《中国通史简编》中册中,首次称宋初王小波聚众"起义",北宋末方腊以"魔教教主"率领农民"起义",南宋初"钟相起义"解决了"土地问题"。应该说,陶希圣、李文治、范文澜等人首开以唯物史观探讨宋代民变的先河。

第二阶段,即1950年至1965年。大陆学术界逐步接受阶级斗争

---

① 孙光洁:《王安石冤屈新论》,台北文史哲出版社2000年版。

② 陶希圣:《宋代的各种暴动》,《中山文化教育馆季刊》1934年11月,第1卷第2期。

③ 李文治:《北宋民变之经济的动力》,《食货》1936年11月,第4卷第11期。

④ 杨效曾:《方腊的暴动》上、下篇,《华北日报·史学周刊》1935年6月13日、20日。

⑤ 朱希祖:《杨么事迹考证》,商务印书馆1935年版。

史观,将中国社会发展的唯一原动力归之于阶级斗争,而古代的农民起义或农民战争"才是历史发展的真正动力"①。于是中国历史上农民战争课题展开研究,成为中国历史学界的"五朵金花"之一。50 年代,最早将北宋初王小波、李顺事变定为"农民起义"的学者是丁则良,1950 年至 1954 年他连续发表探讨王、李"起义"性质、经过等问题的三篇文章。邓广铭最早将南宋初年的钟相、杨么事变定为"农民起义",1951 年、1954 年他发表论钟、杨"起义"和岳飞"绞杀起义军"等问题的两篇文章。何鹏毓在 1951 年撰文,最早将北宋末方腊事变定为"农民大起义"。1953 年,张政烺撰《宋江考》。与此同时,史学界推出了一些著作:1954 年,有方诗铭《方腊起义》②,张文清《钟相与杨么》③;1955 年,重印余嘉锡《宋江三十六人考实》④;1956 年,有任强《宋江和方腊的故事》⑤;1957 年,有廷之等《北宋方腊起义》⑥,刘知渐《王则起义》⑦,邓潭州《杨么起义的故事》⑧;1958 年,有云川《方腊起义》⑨等。这些著作中有的并非严格的学术著作,只是历史故事性质。个别著作还伪造了一些史料,误导了读者。

　　上述论文和著作还局限于各次民变的个案研究,还没有上升到理论的高度。到 1959 年,侯外庐发表《中国封建社会前后期的农民战争及其纲领口号的发展》⑩,把北宋初王・李、北宋末方腊、南宋初钟・杨等定为中国封建社会后期农民起义,"其口号所包含的思想""主要表现在分产均产方面",终于从理论的高度充分肯定这些农民战争的自觉的"革命"的性质,将"均贫富"的主张看成是一种政治纲领。该文在

① 毛泽东:《中国革命和中国共产党》,《毛泽东选集》第 2 卷,人民出版社 1991 年版,第 625 页。
② 方诗铭:《方腊起义》,上海四联出版社 1954 年版。
③ 张文清:《钟相与杨么》,上海四联出版社 1954 年版。
④ 余嘉锡:《宋江三十六人考实》,作家出版社 1955 年版。
⑤ 任强:《宋江和方腊的故事》,上海人民出版社 1956 年版。
⑥ 廷之等:《北宋方腊起义》,云南人民出版社 1957 年版。
⑦ 刘知渐:《王则起义》,河北人民出版社 1957 年版。
⑧ 邓潭州:《杨么起义的故事》,湖南人民出版社 1957 年版。
⑨ 云川:《方腊起义》,浙江人民出版社 1958 年版。
⑩ 侯外庐:《中国封建社会前后期的农民战争及其纲领口号的发展》,《历史研究》1959 年第 4 期。

中国史学界产生了极大的影响。

至 1965 年,陆续出现了近 20 篇文章和三种著作,这些文章主要是讨论两宋几次农民"起义"的规模、口号、历史作用、历史特点等。三种著作是杨威民、任树民《王小波、李顺起义》①,齐治平《方腊起义》②,苏金源等编《宋代三次农民起义史料汇编》③。

第三阶段,即 1966 年至 1976 年"文化大革命"时期,受"左"的思潮的影响,大陆掀起了钻研古代农民战争的热潮,学者们不遗余力地发掘史料、实地调查撰写文章等等。这一阶段,共发表了有关宋代民变的大小文章 98 篇以上,其中主要是论述方腊的"哲学思想"、"反投降反理学的斗争"、"反皇权"、"农民革命路线"、"雇工出身"、"早期革命活动"等;其次是论述钟、杨"农民起义"的"革命纲领"和"反孔斗争";更多的文章是批判宋江的"投降主义组织路线"和批判《水浒》、批判孔子、批判理学,属于政论文章,与学术无关。

第四阶段,即 1977 年至 1989 年。这一阶段是大陆学术界探究中国古代民变历史的鼎盛时期。有关宋代民变的著作和文章之多,也达到了空前绝后的程度。首先是一般通史著作,如蔡美彪、朱瑞熙等撰《中国通史》第五册④,为证明"农民阶级反抗地主阶级的阶级斗争是封建社会历史发展的动力",以相当多的篇幅叙述北宋初"川蜀地区的农民起义",北宋中期"农民士兵的起义","方腊等领导的农民革命战争",南宋初期"钟相、杨太等领导的农民起义",南宋中、后期"农民群众的反抗斗争和武装起义"。中国社科院历史所《中国史稿》第五册⑤,也以近三节的篇幅叙述"王小波、李顺起义"、"方腊起义"、"南宋农民武装起义",还总结了南宋阶级斗争的"一些新的特点"。其次是资料汇编。影响最大的是何竹淇《两宋农民战争史料汇编》四册⑥,实际迟

---

①　杨威民、任树民:《王小波、李顺起义》,上海人民出版社 1964 年版。

②　齐治平:《方腊起义》,中华书局 1960 年版。

③　苏金源等编:《宋代三次农民起义史料汇编》,中华书局 1963 年版。

④　蔡美彪、朱瑞熙等:《中国通史》第五册,人民出版社 1978 年版。

⑤　中国社科院历史所:《中国史稿》第五册,人民出版社 1983 年版。

⑥　何竹淇:《两宋农民战争史料汇编》,中华书局 1976 年版。

至 1977 年始正式问世。该书收集了大量资料,按时间顺序编排,对研究宋代民变较有价值。缺点是限于当时的学术思想,将有关民变、兵变、"盗贼"活动等资料一并收录。1978 年,四川人民出版社出版了四川大学历史系调查组编的《王小波、李顺起义资料汇编》,几乎将现存所有王、李史料一网打尽。再次是研究著作。1978 年,有四川大学历史系《王小波、李顺起义考述》[①],白钢《〈钟相杨么佚事〉及其史料价值》[②],武汉大学历史系《钟相杨么起义》[③];1980 年,有杨渭生《方腊起义》[④],安徽师大历史系《方腊起义研究》[⑤];1981 年,白钢、向祥海《钟相杨么起义始末》[⑥]。最后是论文。据统计,至少有 148 篇。1978 年至1981 年学术界还曾为宋江是否投降宋朝和征讨方腊,展开过热闹非凡的讨论。

　　1978 年 5 月,邓广铭和李培浩在北京大学作《历史上的宋江不是投降派》的学术报告。针对邓、李的报告,6 月、8 月,吴泰于《光明日报》发表《历史上的宋江是不是投降派?》一文。该文认为:宋江最后投降了宋朝,并参加镇压方腊起义军。8 月 1 日,邓、李又撰《再论历史上的宋江不是投降派》,于同报发表。该文进一步阐明自己的观点,即宋江没有投降宋朝,也不曾"从征方腊","宋江之为北宋官军所俘获,是在方腊领导的起义已经失败之后"。12 月 5 日,同报又刊出三篇文章,即万绳楠《宋江打方腊是难以否定的》、张国光《历史上的宋江有两个人》、戴应新《从〈折可存墓志铭〉论宋江不是投降派》。从论题上就可以看清三位作者旗帜鲜明的观点。同年,朱瑞熙也发表《论北宋末年的梁山泊农民起义和宋江》[⑦],持与吴泰相同的观点。1979 年、1980年,问题的争论进入白热化状态。吴泰《再论宋江的几个问题》,于《中

①　四川大学历史系:《王小波、李顺起义考述》,四川人民出版社 1978 年版。

②　白钢:《〈钟相杨么佚事〉及其史料价值》,山西人民出版社 1978 年版。

③　武汉大学历史系:《钟相杨么起义》,湖北人民出版社 1978 年版。

④　杨渭生:《方腊起义》,浙江人民出版社 1980 年版。

⑤　安徽师大历史系:《方腊起义研究》,安徽人民出版社 1980 年版。

⑥　白钢、向祥海:《钟相杨么起义始末》,山西人民出版社 1981 年版。

⑦　朱瑞熙:《论北宋末年的梁山泊农民起义和宋江》,《中国农民战争史论丛》第 1 辑,山西人民出版社 1978 年版。

国史研究》1979 年 2 期刊出。谷霁光、陆树仓、裴汝诚、戴鸿森、北郭等，都纷纷加入了这场论争。朱瑞熙(笔名张嘉栋)《历史上的宋江是否投降尚难定论》①，提出邓广铭与吴泰的观点均有漏洞，关键之处往往用"有可能"等词，应进一步发掘史料。1981 年，马泰来《从李若水的〈捕盗偶成〉诗论历史上的宋江》，于《中华文史论丛》第 1 辑发表。该文以北宋末官员李若水的一首诗为确凿证据，断定宋江等人最后投降宋朝，还做了武官。1982 年，邓广铭《关于宋江的投降与征方腊的问题》，也于同刊第 4 辑发表。邓先生承认宋江降宋，但仍坚持目前不能肯定宋江参加镇压方腊。

　　第五阶段，即 1990 年至 2000 年。宋代民变的研究进入山穷水尽的退潮阶段，学术界只发表论文 11 篇，平均每年仅一篇。这说明人们对这一问题的研究失去了热情。1998 年，虽因电视连续剧《水浒传》的播出，历史上的宋江再度进入人们的视线，但学者们只是撰文作一般的介绍，已不可能引起争论。

　　与大陆地区不同的是，台湾学者因政治原因，最初回避两宋民变这类敏感课题，因而论著寥若晨星；同时坚持传统观点，称之为"民变"或"变乱"。后稍改变，开始有青年学者投入这一领域。其中有王世宗《南宋高宗朝变乱之研究》②、刘馨珺《南宋荆湖南路的变乱之研究》③等。这些论著的特点是视野开阔，资料翔实，立论持平，对大陆学者多有启发。

第五节　范仲淹及其庆历新政研究

　　对于中国历史上著名的政治家和文学家范仲淹及其庆历新政，学术界历来十分关注。据杭州大学宋史研究室和古籍研究所合编《宋辽

---

① 朱瑞熙(笔名张嘉栋)：《历史上的宋江是否投降尚难定论》，《中国农战史研究集刊》第 2 辑，上海人民出版社 1979 年版。
② 王世宗：《南宋高宗朝变乱之研究》，台湾大学出版部 1989 年版。
③ 刘馨珺：《南宋荆湖南路的变乱之研究》，台湾大学出版部 1994 年版。

夏金史研究论著索引》，及宋晞编《宋史研究论文与书籍目录》等统计，共发表有关范仲淹和庆历新政的大小论文 203 篇，其中有关范仲淹文学作品的共 65 篇，综论范仲淹一生的共 113 篇，专论庆历新政的共 25 篇。有关范仲淹的研究著作，较有分量的有汤承业《范仲淹研究》①和《范仲淹的修养与作风》②，程应镠《范仲淹新传》③，陈荣照《范仲淹研究》④，李涵、刘经华《范仲淹传》⑤，鄢家声《北宋重臣范仲淹》⑥，王耀辉《范仲淹的人生哲学》⑦等；另有苏州学者周鸿度编《范仲淹史料新编》⑧，台湾大学文学院编《范仲淹一千年诞辰国际学术研讨会论文集》⑨，苏州范仲淹研究会编《范仲淹研究论集》⑩。

　　众多的论文和专著的出现，说明对范仲淹和庆历新政的研究已经取得了相当大的成绩，有些论著提出的一些真知灼见，足以成为定论。但稍嫌不足的是，对范仲淹早期仕宦经历、庆历新政各项措施等问题的研究，仍然不够深入，甚至出现了一些错误的论断。同时，对一些不同的意见较少展开讨论。

一、研究论著对范仲淹早期仕宦经历的误解

　　有关研究的不足之处，首先，表现在对范仲淹早期的仕宦经历出现了一些误解。

　　据南宋人楼钥编《范文正公年谱》载，范仲淹在宋真宗天禧元年（1017 年），"迁文林郎，权集庆军（原注：案《九域志》，亳州也）节度推官"。又载次年"为谯郡从事（原注：亳州也）"。节度推官是北宋前期

---

① 汤承业：《范仲淹研究》，台北编译馆 1977 年版。
② 汤承业：《范仲淹的修养与作风》，台北商务印书馆 1977 年版、1982 年版。
③ 程应镠：《范仲淹新传》，上海人民出版社 1986 年版。
④ 陈荣照：《范仲淹研究》，三联书店香港分店 1987 年版。
⑤ 李涵、刘经华：《范仲淹传》，中州古籍出版社 1991 年版。
⑥ 鄢家声：《北宋重臣范仲淹》，台北汉欣文化事业公司 1995 年版。
⑦ 王耀辉：《范仲淹的人生哲学》，台北扬智文化事业公司 1997 年版。
⑧ 周鸿度：《范仲淹史料新编》，沈阳出版社 1989 年版。
⑨ 台湾大学文学院编：《范仲淹一千年诞辰国际学术研讨会论文集》，台湾大学文学院 1990 年编印。
⑩ 苏州范仲淹研究会编：《范仲淹研究论集》，苏州大学出版社 1995 年版。

的幕职官之一,许多初登进士第者都担任幕职官,而"从事"则是幕职官的一种别称。汉代以后,三公及州郡长官都可自辟僚属,多以"从事"为称,如治中从事、都官从事、功曹从事、兵曹从事、别驾从事等,又统称为"百万"①。后代就经常用"从事"来表示幕职官。所以,谯郡从事就是权集庆军节度推官的一种别称,两者实际是同一个官职。但是,陈荣照《范仲淹研究》,即照抄《范文正公年谱》,以为范仲淹在"真宗天禧元年,年二十九,迁亳州(今安徽亳县)集庆军节度推官……二年,为谯郡(亳州)从事"。这就把上述两种官称当成两种官职(宋人称官员的实际职务为"差遣")。

据《范文正公年谱》载,范仲淹在天禧三年,"除秘书省校书郎",次年,"校书艺省,守官集庆"。"艺省"是秘书省的一种古称,"校书艺省"就是担任"秘书省校书郎"的一种典雅的表达方式,但由此产生了现代学者的一些误会。如程应镠《范仲淹新传》据此描述:"仲淹在亳州好几年,有个短时期在京师,校书于秘书省"。该书《范仲淹事迹著作编年简录》也以为范仲淹在天禧三年"除秘书省校书郎",四年,"校书秘书省"。显然以为范仲淹在亳州期间,一度到京师在秘书省校书。汤承业《范仲淹研究》也这样叙述:"天禧三年(1019年),除秘书省校书郎,校书艺省。"也以为范仲淹曾到秘书省校勘过书籍。不然,完全不必要在"除秘书省校书郎"后再复一"校书艺省"了。事实上,范仲淹这时一直在亳州,根本没有到京师在秘书省担任过校书的差遣。据《范文正公年谱》,范仲淹在天禧五年调任"监泰州西溪镇监仓",次年即仁宗乾兴元年(1022年)十二月,他撰《上张(知白)右丞书》,自称为"文林郎、试秘书省校书郎、权集庆军节度推官、监泰州西溪镇监仓范某"②。按照这时的职官制度,文林郎是一种文官的散阶。《宋史·职官志九》记载,文林郎是文散官的第28阶,属"从九上"品官。散官是一种附加性官衔,只表示一定的级别,决定服色、资序,与实际职掌和俸

---

① 孙逢吉:《职官分纪》卷10《诸从事》。
② 《范文正公集》卷8。

禄无关。试秘书省校书郎是试衔或试秩之一。《宋史·职官志九》记载了"试秩"的六阶,接着又说:"右幕职初授则试秘书省校书郎,再任至两使推官,则试大理评事。"①试秩在当时只是幕职官的一种附加性官衔,可以候选得到差遣。这表明范仲淹在天禧三年所授"秘书省校书郎",完整的名称应该是"试秘书省校书郎",只是一种附加性官衔,不是实职,所以不能说他真赴京师的秘书省去校勘书籍了。至于为什么到泰州担任西溪镇监仓后,仍旧领"权集庆军节度推官"衔呢?原来,北宋的幕职州县官(又称选人),既是低级地方官职务的总称,又是低级文臣阶官的总称,情况较为复杂。经常有以京西路某县令为阶官,而实际担任河北路转运司勾当公事;或者以陕西路某军节度判官为阶官,而实际担任河东路某州学教授的。范仲淹在天禧元年到四年,担任权集庆军节度推官,这是一种差遣。他在《祭龙图杨给事文》中说:"余岁二十兮,从事于谯,独栖难安兮,孤植易摇。公方监郡兮,风采翘翘,一顾而厚兮,甚乎神交。"②龙图杨给事是龙图阁学士、给事中杨日严,当范仲淹在亳州担任集庆军节度推官时,杨日严是该州的通判③,杨日严十分器重范仲淹。在范仲淹从亳州改任监泰州西溪镇监仓后,他原有的集庆军节度推官差遣,便立即成为他的一个阶官,而新加的监泰州西溪镇监仓头衔才是他的真正的差遣官称。

二、对《答手诏条陈十事》的作者的误解

有关研究的不足之处,还表现在对《答手诏条陈十事》的作者出现了误解。

《中国历史图说》第八册(宋代)(台北新版),在介绍范仲淹与庆历新政时,以为范仲淹与韩琦、富弼"联合草拟十项革新纲领"。这也不符合事实。韩琦虽是革新派的主要成员,但他没有机会参加草拟工作。在宋仁宗开天章阁召见范仲淹、富弼等人不久前,韩琦刚刚被派往陕西

---

① 《宋史》卷169。
② 《范文正公集》卷10。
③ 《宋史》卷301《杨日严传》。

路。仁宗赐给范、富的手诏里写道："比以中外人望,不次用卿等,今琦暂往陕西,仲淹、弼宜与宰臣章得象衷心国事,毋或有所顾避。"①所以,这时韩琦不在京城。韩琦确实也曾在天章阁与仁宗商谈过改革事宜,他还向仁宗奏陈九事,随后又奏陈七事,但时间不详②。而且,韩琦并不赞成《答手诏条陈十事》之七"修武备"中提出的实行唐代府兵制一类的主张,他十分肯定宋代的募兵制,以为:"养兵虽非古,然亦自有利处。议者但谓不如汉、唐调兵于民,独不见杜甫《石壕吏》一篇,调兵于民,其弊乃如此。后世既收拾强悍无赖者,养之以为兵,良民虽税敛良厚,而终身保骨肉相聚之乐,父子兄弟夫妇免生离死别之苦,此岂小事?"③因此,韩琦没有和范仲淹一起草拟这份万言书。至于富弼,实际也没有与范仲淹联合草拟。苏轼撰富弼神道碑说:在仁宗开天章阁后,"公遂与仲淹各上当世之务十余条,又自上河北安边十三策"④。这说明富弼与范仲淹各自献策,没有"联合"行动过。造成范、富"联合"行动的这种误解,是由于李焘《续资治通鉴长编》在记载范仲淹 10 项建请时,一开始就这样写:"仲淹、弼皆惶恐避席,退而列奏曰……"最后,李焘又加注说明他把这 10 项建请系于十月丙午的理由:"《实录》于十月丙午载仲淹、弼《答手诏条陈十事》,其四曰择官长,即附见丙午。"似乎富弼也参与这一奏疏的草拟和奏陈。但是,富弼的神道碑证明富弼没有与范仲淹"联合"行动,而是独自向仁宗条奏"当世之务"。因此,富弼看来也没有与范仲淹"联合"上奏。

三、对范仲淹的 10 项建策如何实行的问题有所误解

有关研究的不足之处,还表现在对范仲淹的 10 项建策如何实行的问题上有所误解。

各种专著对范仲淹 10 项建策是否全部实行,有着不同的说法。程

---

① 《续资治通鉴长编》卷 143,庆历三年九月丁卯。
② 《续资治通鉴长编》卷 143 李焘注,据《韩琦行状》。
③ 罗大经:《鹤林玉露》乙编卷 4;沈作喆:《寓简》卷 5。
④ 《苏轼文集》卷 18《富郑公神道碑》。

应缪《范仲淹新传》认为:"庆历三年至四年,这十项建议先后由朝廷颁布,付诸实施。""皇帝对于他的请求、建议,一律付诸实施。"陈荣照《范仲淹研究》提出,范仲淹的10大纲领中,第一、二、三、四、五、八各项"已略有实行",又认为"二府如果遇到好的地方官吏,对第六、九、十各项也会注意,只有第七项'修武备',除了陕西营田外,好像并未经办"。《中国大百科全书·中国历史·辽宋西夏金史》"从庆历新政到王安石变法"节,主张"范仲淹、富弼提出'厚农桑''修武备'等建议则并未实施"。三种著作提出了三种不同的看法。究竟哪一种看法比较符合史实呢?

其实,这三种看法都不准确。理由之一,是李焘《续资治通鉴长编》卷一四三和《宋史·范仲淹传》,都记载范仲淹的10项建请,仁宗"以诏书画一,次第颁下,独府兵,辅臣共以为不可而止"。明确提出10项建请中有"修武备"一项没有实行,这说明这10项建请没有全部付诸实施。

理由之二,是《宋会要》等书记载了其他九项的实行情况。虽然李焘在《长编》中只写明了第一、二、三、四、五、八项的实行日程,但根据《宋会要》等史籍,还可以知道第六、九、十项的实行情况。李焘是这样记载的:第一项"明黜陟",庆历三年"十一月壬戌施行"。第二项"抑侥幸","十一月癸未试馆职,丁亥减任子"。第三项"精贡举","明年三月乙亥,施行贡举新制"。第四项"择官长","十月丙午施行"。第五项"均公田","十一月壬戌施行"。第八项"减徭役","明年五月己丑施行"。李焘还写明其"余六、七、八、十并未详"。但据考,当时第六、九、十项还是初步实行。

此外,庆历新政时范仲淹等人提出的改革方案不仅仅是范仲淹《答手诏条陈十事》中10项建请,事实上还有取消茶盐专卖而改行通商、实行赎刑等。

四、对范仲淹的10项建策如何被推翻的问题有所误解

有关研究的不足之处,还表现在对范仲淹的10项建策如何被推翻

的问题上有所误解。

在 1983 年前,各种涉及庆历新政和范仲淹的历史著作,大都认为在庆历五年正月范仲淹和富弼分别被罢去参知政事和枢密副使之职后,各项建策便被推翻,恢复一切旧制,新政宣告失败。如陈荣照《范仲淹研究》认为:"他的新政是由庆历三年十月开始实施,到庆历五年正月,他罢知邠州便全部废弃,前后不过一年零三个月。"《中国大百科全书·中国历史·辽宋西夏金史》"庆历新政"条也认为:"(庆历)五年初,范仲淹、韩琦、富弼、欧阳修等人相继被排斥出朝廷,各项改革也被废止。"其实,庆历新政是一次政治改革运动,随着它的领导人范仲淹、富弼、韩琦等人退出朝廷中央,从总体上看,它是失败了。但是,它的各项措施并没有都同步废罢,因此不能把庆历新政的失败和范仲淹 10 项建策的被废罢混为一谈。

范仲淹的 10 项建策,除"修武备"没有实行而无涉废罢外,其余九项的遭遇不完全一样。最受贵族官僚痛恨的"抑侥幸"一项,原来包括好几方面的内容,被废罢时也是逐个方面陆续进行的。首先,在庆历五年三月己卯,朝廷下诏宣布停止执行庆历三年十一月(丁亥)的"条制",重新规定凡依靠恩荫得官的选人,自今只由吏部流内铨遇参选的时候,适当考试所习艺业注官①。庆历三年十一月丁亥的"条制"规定,依靠恩荫得官的选人担任差遣,必须达到一定的年龄,还要经过严格的考试,如果不参加考试和找不到三名京朝官担保,就"永不预选"②。在宣布废罢这一"条制"后,也曾遭到有的大臣的反对,监察御史包拯曾向仁宗上疏,提出自从限制奏荫选人注官后,"天下士大夫之子弟莫不靡然向风,笃于为学"。有的臣僚最近要求撤销这一限制,是"未之熟思尔",也许"条制"还有不够完善的地方,但只须"令有司再加详定,依旧施行"③。说明包拯不赞成废罢这一"条制"。其次,在庆历六年四月,朝廷废罢庆历四年范仲淹所订限制大卿监以上圣节(即乾元节,乃

① 《续资治通鉴长编》卷 155。
② 《续资治通鉴长编》卷 145。
③ 《续资治通鉴长编》卷 155,庆历五年三月己卯;《包拯集》卷 2《请依旧考试奏荫子弟》。

宋仁宗生日)陈乞恩泽的"新制",宣布"并依旧者"。这时,一度反对过范仲淹的权御史中丞张方平上疏表示异议。他说:范仲淹的"新制"中难以实行的部分已经冲改了,只有"恩例"照旧执行。不妨将范仲淹的"新制""略加裁损,考之理道,已是适宜"。其中臣僚恩例,请求"且依新制为便","不可以人废言"①。几天后,朝廷又下诏恢复部分高级武官的"奏荐班行恩例",一般武官则仍"依前后条贯施行",即遵照新政期间颁布的制度执行②。李焘在编写到这段历史时,特意注明:这或许与张方平所说"不可以人废言"相关。这反映武官的恩荫待遇只有一部分恢复旧制,另一部分仍然执行改革后的新制。再其次,在庆历八年九月,殿中侍御史何郯向仁宗提出:"近年大臣罢两府任,便预乞子弟召试充馆职或出身,用为恩例。望自今后,馆阁不许臣僚陈乞子弟外,其陈乞及奏举召试出身,候有科场,与免取解及南省试,令赴御前与举人同试,以塞私幸。"这一"恩例"是指庆历新政以前的旧制。朝廷大臣们经过商议后,由仁宗下诏:"今后臣僚奏子孙弟侄等乞出身及馆职,如有合该恩例者,类聚一处,候及三五人,送学士院试诗、赋、论三题,仍弥封、誊录考试。其试官,令中书具学士姓名进呈点定。仍精加考试,候定到等第,临时取旨。"③为了便于比较,不妨姑称这一诏书为"后诏",庆历三年十一月癸未根据范仲淹建议而颁布的诏书为"前诏"。"前诏"一律不准现任和前任两府和大两省以上官员为其子弟、亲戚申请馆职和读书等。何郯仍然坚持"前诏"的原则,不过也作了让步,提出准许官员子弟申请和奏举召试出身,在科举年份,给予免解和免省的优待,与其他举人一起参加御试。"后诏"则作了更多的让步,改为凑满三五人,送学士院严格考试,然后取得出身或馆职。可见何郯的建议没有被朝廷采纳,但官员的子弟获得馆职或出身,还要经过严格的考试,这一点仍然比庆历以前的旧制严格一些。再其次,在皇祐二年(1050年)八月,新任知汉州何郯再次上疏,提出:"朝廷向来已曾更改

---

① 《续资治通鉴长编》卷158,庆历六年四月壬子。
② 《续资治通鉴长编》卷158,庆历六年四月戊午。
③ 《续资治通鉴长编》卷165,庆历八年九月己未。

资荫条制,然而亲子孙亦以限年厘革,是致人心嗟怨,遂即复故。"他建议区别官员亲属的亲疏,凡逢圣节可荫补亲属的官员,子孙依照旧制荫补,期亲逢郊祀荫补一名,其他亲属须两次郊祀荫补一名;凡逢郊祀可荫补亲属的官员,子孙依照旧制荫补,期亲须两次郊祀荫补一名,其他亲属须三次郊祀荫补一名。其中沿边守臣和路分应得的恩例,照旧不变。何郯希望"如此等级裁减,一年内可省入官数十人";同时,对官员的远亲也"不尽隔绝",这样,"酌于众心,计亦无怨"①。皇祐四年九月,经御史中丞王举正与两制、台谏官议定,仁宗下诏:凡逢圣节可荫补亲属的官员,期亲依照旧制荫补,大功亲逢郊祀荫补一名,小功以下亲须两次郊祀荫补一名;凡逢郊祀可荫补亲属的官员,子孙依照旧制荫补,期亲须两次郊祀荫补一名,大功以下亲须三次郊祀荫补一名②。此后,朝廷还停止了圣节时的奏补③。可见"抑侥幸"措施并没有完全被推翻,旧的恩荫制度也没有完全恢复。在范仲淹和富弼离朝后,还有一些官员站出来支持"抑侥幸"的措施。又有一些官员主张对"抑侥幸"措施稍作修改,借以减少阻力。

受到贵族官僚激烈反对的另一项改革措施即"明黜陟",在被废止的过程中,也出现过一些波折。庆历八年二月,翰林学士张方平上奏札,重新提出旧有的官员磨勘叙迁制度存在弊病,人们对此已经"习以为常,皆谓本分合得,无贤不肖,莫知所劝"。他要仁宗"稍革此制"。其中理应磨勘叙迁的官员,一定要有劳绩值得褒扬,或者朝廷特敕择官荐举的官员,才准予迁转。如果没有劳绩,又不经过荐举的官员,则应延长其年考④。宋仁宗是否采纳他的建议,不得而知。但这证明废止"明黜陟"也不是一帆风顺的。

"精贡举"一项,原来包括改革贡举考试制度和兴办学校两个方面。庆历五年二月己卯,仁宗下诏"礼部贡院,进士所试诗赋,诸科所

---

① 《续资治通鉴长编》卷169,皇祐二年八月己未。
② 《续资治通鉴长编》卷173,皇祐四年九月甲辰。
③ 《续资治通鉴长编》卷169,皇祐二年八月己未。此指嘉祐元年(1056年)四月丙辰事,见《续资治通鉴长编》卷182。
④ 《续资治通鉴长编》卷163,庆历八年二月甲寅。

对经义,并如旧制考校"。这是采纳了知制诰杨察关于恢复贡举考试旧制的提议的结果。庆历八年二月,御史中丞鱼周询回答仁宗手诏所问说:"愿陛下特诏进士先取策论,诸科兼通经义,中第释褐,无令过多。"他试图恢复"精贡举"中改革科举考试的措施,减少冗员①。至于兴学养士方面,自从重建太学以后,即使保守派官员,也没提出过撤销太学的建议,尽管太学一度处于极不景气的境地,各地州县纷纷创办学校,"往往有学舍、官田、房廊之利",使"学校之盛,侔于汉、唐矣"②。

"厚农桑"一项,自从实行以后,从来没有人提出过异议。庆历五年九月,两浙路提点刑狱宋纯等人还向仁宗上疏说,凡官员能擘画开修水利,都须事先具所见利害,画成地图,申报本属州军和转运司或提刑司;确系在官衔选派部下官员,亲赴该地考察;确系应该开修,可获长期利益,当地乡耆调查落实后,差官具保,申报转运司和提刑司审查允当,才下达本属州县,计算民夫和材料、粮饷的数量,设法劝导得益人户自愿提供。宋纯等还说:"仍依原敕于未农作时兴役半月,不得非时差扰。候毕,具原擘画官,依近诏保明施行。"最后还声明,如果官吏擅自开修,不预申本属,"不得理为劳绩"等。仁宗批准了这一建议③。这说明"厚农桑"措施仍在继续推行,只是强调在开修水利前要充分调查研究,保证有"经久利济",避免盲目动工。其中提到的"原敕",就是庆历三年十一月七日颁布的诏书。此后,也没有看到宋朝统治者宣布废止这一"原敕"的任何诏令。

"择官长"一项,在被废罢过程中,也有一些波折。庆历五年二月,曾有一名官员上疏攻击"择官长"措施,说这"不唯上侵宰执之权,又下长奔竞之路","遂令端士并起驰骛"。要求仁宗"特罢此诏,一切令依旧"。欧阳修立即上奏状,指出这名官员所说"悉涉虚妄",对这名官员的这些谬论逐条反驳,要求仁宗"审察爱憎之私,辨其虚实之说,凡于

---

① 《续资治通鉴长编》卷163,庆历八年二月甲寅。
② 赵汝愚:《国朝诸臣奏议》卷80,孙觉:《上神宗论取士之弊宜有改更》。
③ 《宋会要辑稿》食货7之12—13。

政令,更慎改张"①。庆历八年二月,御史中丞鱼周询重提举州县长官问题,认为"改弦易辙,正在此时"。要求选派两制和谏官推荐两任的通判担任知州事(必须是京朝官);如果这些通判"治状尤异",便允许直升省府判官、转运使副或提点刑狱。原来按照"常例"升迁知州等,"并一切停罢"②。显而易见,鱼周询实际上是主张继续执行"择官长"中荐举州军长官的措施。

根据以上分析,可以知道在新政失败后,"厚农桑"措施在照常推行;"抑侥幸"和"精贡举"措施没有完全废止,它们的一部分新制还在继续执行。所以,只能这样说,庆历新政随着范仲淹等人的离朝,大部分改革措施被废罢了,但也有一部分措施照常实行,有的措施还被进一步完善。

五、对庆历新政的评价

范仲淹在庆历新政中提出的各项改革措施,并非尽善尽美、毫无缺点的。

首先,有些措施缺乏可行性。这些措施遭到抵制,也是合乎情理的。如"修武备"一项,实际上是要全面恢复唐代的府兵制,以代替宋代的募兵制。唐代沿袭隋代实行征兵制,也就是府兵制,进一步与均田制结合起来。凡年满20岁到60岁而接受国家田宅的百姓,都要应征入府服役,自备甲仗、粮食和武器。精壮的男子充当士兵,长期戍守边境和征战,无法务农。这种寓兵于农制度下的军队,也是一种强制性的劳役组织。唐代中期以后,均田制逐步崩溃,府兵制赖以维持的物质基础逐渐消失,代之以雇佣性质的募兵制。宋代的募兵制虽然也成冗兵、冗费以及士兵生活惨苦和骄横的弊病,但从历史上看,国家雇佣大批职业兵士,广大直接生产者可免受征战和屯戍之苦,保证农业和手工业生产的正常进行。同时,占全国军队总数约三分之一的厢军是一支从事

---

① 《续资治通鉴长编》卷154,庆历五年二月乙卯。

② 《续资治通鉴长编》卷163,庆历八年二月甲寅。

牧业和手工业的专业生产兵,这支军队分担了农民和工匠的大部分夫役。所以,募兵制造成了兵、农的分离,是劳役地租向实物地租过渡的一个表现,是历史上一种进步的现象。范仲淹要推翻募兵制,恢复府兵制,走唐代中期以前的老路,这当然是行不通的。当时朝廷大臣们一致加以反对,也是无可非议的。

又如范仲淹在庆历三年九月提出,陕西、河东路因边防经费不足,改铸铁钱,以助军费,但百姓多盗铸,犯法者日众。他建议在这两个路的沿边州军实行赎刑。赎刑的适用范围是杖罪和杖以下罪,兵士和公人一般不赎。宋仁宗采纳他的建议,下诏实行赎法,准许"乡民以谷麦,市人以钱帛",但诏令一出,立刻遭到谏官余靖的反对,他说如今"三边有百万待哺之卒",二税上供以及尽归于官的茶盐酒税等,"尚犹日算岁计,恐其不足",百姓"贪其利而犯禁者,虽死不避"。现今"一为赎刑,以宽其禁,三军之食,于何取之"? 他要求"废罢"这一诏书。当时议论者也认为如果实行此诏,则"富人皆得赎罪,贫者不能自免"①。宋朝法律规定品官、太学生、州县学生、医生等犯一定的罪名和罪行时,允许赎罪②,但不准许吏人用荫赎罪③。显然,宋朝只有官员和士人享有在法律上赎罪的特权。范仲淹提议把赎刑扩大到普通百姓,使一般富人可以赎罪,这不仅会严重影响陕西、河东一带的军费,而且还会使一般富人享有赎罪的特权,所以也是难以实施的。

再如范仲淹在"精贡举"一项中,提出外州解发进士和诸科举人,用"乡举里选之式",首先考察其履行,然后试以艺业,由地方长官"保明行实";同时,取消乡试的封弥和誊录办法。各州解试(乡试)实行封弥制,是从宋仁宗明道二年(1033 年)仿照殿试和省试而开始的。在尚未实行封弥和誊录以前,各州解送举人"多采虚誉",即使考试官不受"请托",也只取从前曾经荐送的举人,新录取的不到百分之一,封弥和誊录以后,考试官不知道考生的姓名,难以舞弊,阅卷评分时必须认真

<hr>

① 《续资治通鉴长编》卷 143,庆历三年九月癸巳。
② 《庆元条法事类》卷 76《当赎门·罚赎》。
③ 王栐:《燕翼诒谋录》卷 3《有荫人不得为使》。

一些,所以"稍合至公"①。范仲淹试图恢复明道二年以前的乡试办法,使录取举子失去了比较客观的标准,为考试官们提供了更多的舞弊的机会,所以也是行不通的。"精贡举"中还提出进士科先考策、论,后考诗、赋,用策、论成绩决定去留,再用诗、赋决定成绩的高低。但参加省试的举人往往达六七千人,只用策论,较难考校和升黜,不像诗、赋"以声病杂犯,易为去留";而在实行的过程中,举人都"以激讦肆意为工","中外相传,愈远愈滥"②。在当时的技术条件下,实行也有具体的困难。

其次,有的措施本身存在缺点。"精贡举"一项中兴学养士方面,也有一些制度不够完善的地方。马端临说过:今庆历之法,所谓习业者,虽有讲肆听读,而未尝限以通经之岁月。所谓荣途者,止于拔解赴省,而未尝别有优异之捷径。此所以科场罢日,则生徒散归,讲官倚席,虽限以听学之岁月,而不能强其久留,反以淹滞为困,故不久而遂废也③。这是指举办太学后,对太学生只限定在校"习业三百日,乃听预秋试"④,但没有规定在校学成的期限;太学生成绩优异,只是准予发解参加省试,太学本身不能给成绩突出的太学生授官。总之,太学对士子缺乏吸引力,所以一旦科场结束,学生星散,教官也就无事可做。太学不免逐渐出现不景气的境况,"殆将废弛"⑤。

六、结论

庆历新政虽然失败了,但对以后的宋朝政治产生了深远的影响。

陈荣照《范仲淹研究》一书,曾以专节论述此事。指出庆历新政对于王安石变法的影响时说:"庆历改革失败后二十四年,即神宗熙宁二年(1069 年),就有王安石变法的继起。这两个相隔不远政治改良运动是有联系的,实际上王安石变法的某些部分,如官僚机构、科举、教育与

---

① ② 　《续资治通鉴长编》卷 164,庆历八年四月丙子礼部贡院言。

③ 　《文献通考》卷 42《学校三·太学》。

④ 　《续资治通鉴长编》卷 147,庆历四年三月甲戌。

⑤ 　赵抃:《清献集》卷 8《乞给还太学田土房缗》。

军制的改革,就是以新政的措施为蓝本而制订的。"又说:"庆历新政为王安石变法作了一次有价值的演习。"精辟地分析了庆历新政对王安石变法的影响。不过,在军制方面,被王安石变法时采用的分将守边法,是范仲淹在庆历新政之前创造的。仁宗康定元年(1040年)八月,身任陕西经略安抚副使的范仲淹,在鄜延路将州兵分为6将,每将率3 000人,"分部教之,量贼众寡,使更出御贼,贼不敢犯。"此后,"诸路皆取法焉"①。宋人徐度指出:"熙宁将法,盖本范公之遗意也。"②从时间上看,范仲淹的分将守边法在庆历新政之前,所以不应属于庆历新政的影响范围。

此外,不应忽视范仲淹和"庆历之风"对宋代以后士风的深刻影响。庆历新政的反对者之一张方平(字安道)认为,宋朝本来"风俗淳厚,自范文正公一变,遂为崖异刻薄。后来安道门人和其言者甚众,至今士大夫莫能辨明"。朱熹认为这是一种"不正"的议论,造成了"是非反复"③。他提出:"范公平日胸襟豁达,毅然以天下国家为己任"。范仲淹"大励名节,振作士气,故振作士大夫之功为多"。这里的"名节",指忠义和廉耻两个方面。庆历以前,即使"人品甚高"的大臣王曾,"晚年乃求复相",当时士大夫"都不以此事为非"。所以到范仲淹开始,"方厉廉耻,振作士气"④。朱熹还指出:"本朝忠义之风,却是自范文正公作成起来也。"⑤陈傅良也指出:"宋兴七十余载,百度修矣,论卑气弱,儒士犹病之。及乎庆历,始以通经学古为高、救时行道为贤、犯颜纳说为忠。"⑥可见范仲淹在庆历时期所提倡的名节、忠义、廉耻等主张,成为宋代士风的转折点。这种新士风的形成,对以后一些士大夫在抵抗金、蒙侵略的过程中,能够坚持民族气节、视死如归,发挥了不可估量的作用。

---

① 《续资治通鉴长编》卷128,康定元年八月庚戌。
② 徐度:《却扫篇》卷上。
③ 《朱子语类》卷52《孟子·公孙丑上》。
④ 《朱子语类》卷129《本朝三》。
⑤ 《朱子语类》卷47《论语二十九》。
⑥ 《止斋文集》卷43《策问十四首》。

第三章　宋代政治制度的曲折研究

20 世纪的宋代政治制度研究,经历了逐步拓展和深入的过程,中间出现了一些曲折。这一过程大致划分为四个阶段:第一阶段,即头 20 年,为宋代政治制度研究的开创阶段。第二阶段,即 20 年代至 40 年代,为宋代政治制度研究的奠基阶段。第三阶段,即 50 年代至 1976 年,大陆或内地的宋代政治制度研究几乎完全停顿,香港和台湾地区的研究继续进行。第四阶段,即 1977 年至 2000 年,为宋代政治制度研究走上正轨,进一步深入阶段。

第一节　宋代政治制度研究的开创阶段

20 世纪初,资产阶级革命派和改良派都以西方资产阶级的进化史观,对中国传统的政治制度进行了研究和批判。这些研究和批判,推动了中国学术界开始用史学新方法来研究中国政治制度史。

在头 20 年,国内一些报刊相继发表了研究中国古代政治制度的学术论文,据初步统计,约有 50 篇。其中以 1902 年梁启超的《中国专制政体进化史论》影响最大。该文发表在《新民丛报》上,是用西方资产阶级进化史观系统考察中国历代政体演化过程的第一篇专题论文。文章把中国历代政体的发展史划分为 4 个大期、13 个小期。"自黄帝至周初,为封建未定期;自周至汉初,为封建全盛期;自汉景武以后至清初,为封建变相期;自康熙平三藩以后,为封建全灭期。"将中国专制政体的演化,看做是由低级向高级、由不完善向完善发展的历史过程,具有科学性。当然,这类划分缺乏严格的科学标准,同时还没有弄清国体与政体、国家与社会的区别①。

　　受梁启超的启迪,1903 年终于出现了第一篇探索宋代政治制度的文章。该文作者明夷(康有为笔名),题为《宋官制最善》②。该文的主要内容及学术贡献,见本书第一章第 2 页。

　　第二篇为吴廷燮撰《北宋经抚年表》③。据吴氏自《序》,该文 1911 年 7 月写就。1918 年 2 月,吴氏又撰成《南宋制抚年表》两卷,与《北宋经抚年表》一起,用铅字排印,收入开明书店所编《二十五史补编》中。两篇长文实际是两部著作,即宋代路级官署的资料工具书。前书分地区和路分,依照时间顺序,叙述北宋时期节度使和安抚使、经略安抚使、马步军都总管等的任免、迁转等情况;后者叙述南宋时期安抚使和制置使、经略安抚使等的任免、迁转等情况。难能可贵的是,两书取材于李焘《续资治通鉴长编》、李心传《建炎以来系年要录》等编年体史及其他别史、政书、各家文集、方志、笔记等,且将这些散见的史料,分别系于任职官员的名下,为读者提供了大量资料线索。缺点是引述史料尚欠谨严,错讹较多;在排列经抚、制抚的任免、迁转时带有一定的随意性④。

　　第三篇为怀葛民撰《南宋之节度使》⑤。该文历数北宋初石守信等解除兵权后,"节度使一职,非近属及有大功者不除。宣和以还,乃稍滥"。至建炎后,以文臣建节者 3 人,以外戚建节者 22 人,以恩旧建节者 5 人,父子建节者 13 家,兄弟建节者 7 家。指出:"宋代节度职权,略如前清之督抚,保障民生,整饬吏治,乃其专责。以上所举,除吴(璘)、刘(光世)诸家,以武功显著外,其他大概无所建树。至父子祖孙,迭握兵柄,以纨绔子弟滥竽戎间,尤属非宜,以视前清之曾、左、胡、李,盖不

①　白钢:《中国政治制度通史》第一卷,人民出版社 1996 年版,第 13 页。
②　明夷(康有为笔名):《宋官制最善》,《新民丛报》1903 年,第 46—48 页。
③　吴廷燮:《北宋经抚年表》,《中国学报》1913 年,第 3、4、5 期。
④　张忱石:《北宋经抚年表·南宋经抚年表》点校说明,中华书局 1984 年版。
⑤　怀葛民:《南宋之节度使》,《东方杂志》1918 年 5 月,第 15 卷 5 号。

逮远甚。"将南宋的节度使制与南宋的亡国联系起来,认为是导致南宋亡国的原因之一。

第二节　宋代政治制度研究的奠基阶段

在二三十年代,宋代政治制度的研究领域逐渐从官制拓展到法律、科举、教育制度。首先,关于法律制度。1924 年 10 月至 12 月,王世杰的论文《评〈宋刑统〉》,在《北大社会季刊》①发表。该文是 20 世纪第一篇探讨《宋刑统》的论文。1929 年,杨鸿烈《宋代的法律》②发表。该文是 20 世纪第一篇较为全面探讨宋代法律的论文。1934 年,陈昆化《唐宋时代家族共产制度与法律》③,开始探讨唐、宋两代国家法律对家族财产的有关规定。次年 2 月,汪兼山翻译了日本学者仁井田陞的论文《唐宋之家族同产及遗嘱法》④,对中国学者研究唐、宋时期大家族的财产制度和遗产继承等方面起了推动作用。1935 年 12 月,任启珊《宋建隆重详定"刑统"考略》一文⑤发表。

其次,关于科举制度。1932 年,陈东原《宋代科举与教育》⑥刊出。该文是 20 世纪探讨宋代科举制度和教育制度以及人才培养和选拔制度的第一篇,对后人的研究影响很大。1938 年,聂崇岐《宋代制举考略》⑦发表。该文比较系统、深入探讨宋代的制举,首先论述宋代制举的沿革及其科目,指出科举中的两个科目即书判拔萃和博学宏词不属制科、制举应试者的资格限制、制举考试分阁试和御试两级及其试法、制举中的具体科目和及格登第者的待遇、宋人对制举的称呼和看法。

---

① 王世杰:《评〈宋刑统〉》,《北大社会季刊》1924 年 10 月至 12 月,第 3 卷第 1 期。
② 杨鸿烈:《宋代的法律》,《吴淞月刊》1929 年第 1、2 期。
③ 陈昆化:《唐宋时代家族共产制度与法律》,《法律评论》1934 年,第 12 卷第 1—2 期。
④ 仁井田陞著、汪兼山译:《唐宋之家族同产及遗嘱法》,《食货》1935 年,第 21 卷第 5 期。
⑤ 任启珊:《宋建隆重详定"刑统"考略》,《社会科学季刊》1935 年,第 2 卷第 4 期。
⑥ 陈东原:《宋代科举与教育》,《学风》1932 年,第 2 卷第 9 期。
⑦ 聂崇岐:《宋代制举考略》,《史学年报》1938 年,第 2 卷第 5 期。

最后以宋代制举与两汉策贤良之制进行比较作为结论,指出两汉策贤良非有大事,不诏不举,宋代类同贡举,辄有定期;汉策贤良所问多属时政,宋题琐细,多问典章名数;汉策贤良考试程序简单,对策不限字数,宋制举不仅有阁试或亲试的故为刁难,而策文少于 3 000 字者不予录取;汉策贤良称旨者必予破格升擢,宋人布衣高第者不过八品,官不过州通判,职官登科也仅迁转两资;汉策贤良旨在旁求直言,宋朝只重文采,直言者反遭摈斥。

1939 年 6 月,聂崇岐又发表《宋词科考》①长文。论文在界定词科为宏词和词学兼茂、博学宏词三科的通称后,分为:沿革,应试的资格及手续,考试的门类及准备,考试程序和方式,等第及待遇,宏词和词学兼茂、博学宏词登科官职录,词科琐录,结论等 10 部分。在"词科琐录"部分,指出"宋人不以词科为制举","宋人视词科不若制举之重"等。在结论中,提出由"实用"考察,"词科试格,侧重四六",固然属于"繁文缚辞,无补治道",但"国家体制所关,朝廷应用文字,众目所瞻,亦有不容草草者",所以不应一概否定。

再其次,关于职官制度。高一涵著《中国内阁制度的沿革》②,第三章《自隋到宋的三省制度》,论述宋代元丰改制前后宰相制度和三省制度的变化,提出"宋代的宰相在事实上很具有政党内阁的雏形"。黄现璠撰《唐宋时代的转运使及发运使》,1933 年 12 月发表于《进展月刊》③。1934 年,日本学者青山定男的同名论文发表于《清华周刊》④。

第四,关于军事制度。张荫麟《宋史兵志补阙》⑤,是中国第一篇从历史文献学角度探讨《宋史·兵志》的论文,为当今宋代兵制研究的滥觞。胡适《南宋初年的军费》⑥,中一《南宋初年的军人与和战》⑦,罗煊

①　聂崇岐:《宋词科考》,《燕京学报》1939 年第 25 期。
②　高一涵:《中国内阁制度的沿革》,商务印书馆 1933 年版。
③　黄现璠:《唐宋时代的转运使及发运使》,《进展月刊》1933 年 12 月,第 2 卷第 12 期。
④　青山定男:《唐宋时代的转运使及发运使》,《清华周刊》1934 年,第 42 卷第 1 期。
⑤　张荫麟:《宋史兵志补阙》,《社会经济史集刊》1937 年 6 月,第 5 卷第 2 期。
⑥　胡适:《南宋初年的军费》,《现代评论》1925 年 1 月,第 1 卷第 4 期。
⑦　中一:《南宋初年的军人与和战》,《华北日报》1935 年 4 月 21 日。

《北宋的用将》①，威中《宋元民兵述略》②，并非专门论述宋代兵制的论文，但与宋代兵制有一定的关系。

第五，关于教育制度。有四部教育制度通史性质的著作，其中宋代部分都占有一定的篇幅。最早的一部著作是郭秉文《中国教育制度史》③。据黄炎培所撰《序一》，该书早在 1916 年完稿。郭秉文系留洋的教育学博士，原著估计为英文，由周槃译成文言文。该书在第三编《汉以后各朝教育之沿革》中，叙述《宋朝教育之状况》，描绘了宋代教育制度的大致轮廓。

第二部著作是周予同《中国学校制度》④，用新式标点符号。该书在《近代编》之二叙述"两宋的学校与书院"，首先在"宋代学制的改进"节中，指出在北宋和南宋的"三百余年间，学制的兴废增损，殊不一致；但比较唐代改进的地方，也约有数点"，即"一、为学校经费的确定"，"二、为学校学科的扩充"，"三、为书院制度的创兴"，"四、为地方教育行政官的专设"。其次，在"宋代的京都学"节中，扼要叙述太学、辟雍、四门学、广文馆、律学、算学、书学、医学、道学、武学、画学、小学、内小学、宗学、诸王宫学等 15 种学校。在"宋代的州县学"节，分析"州县学发达的原因"，"一由于士大夫的努力提倡，二由于中央政府的物质供给"。在"州县学学规示例"部分，首次引用《金石萃编·京兆府小学规》，认为由此"可以窥见当时地方学校内容详密的一斑"。在"书院制度的起源与发展"节，提出书院制"盖受佛教徒禅林制的影响而产生。它不仅在中国学校制度沿革史上放一异彩，而且对于中国的社会组织、学术思想及政治问题都发生密切的重要的关系"。对宋代书院制作了充分的肯定。该书突出之处还在于将"禅林的讲学制度"纳入宋代教育制度之内，并不因其为佛教而排除在外，显示了作者视野的开阔。在

---

① 罗煊：《北宋的用将》，《天津益世报》1937 年 3 月 11 日。
② 威中：《宋元民兵述略》，《天津益世报》1937 年 5 月。
③ 郭秉文：《中国教育制度史》，商务印书馆 1922 年版。
④ 周予同：《中国学校制度》，商务印书馆 1933 年版。

《禅林制度的追述》节,指出宋儒的思想内容和著作形式"在在受佛教的影响",书院制"也是由佛教徒的禅林制演变而来","禅林讲学制度,与现代学校中公开演讲、教室授课及私人请教等情形无甚差异,其与书院制度相比较,亦多相似处"。观点鲜明,结论精辟。

第三部著作是盛朗西编《中国书院制度》①。该书共六章,第一章《书院之起源》,指出"唐时书院,并无学校性质",在中国历史上,"书院以白鹿洞为最早"。北宋初的白鹿洞书院在南唐时"号为庐山国学","顾实亦一学馆耳";另有睢阳书院即应天府书院"前身","原为睢阳戚同文先生讲学之所"。又指出"宋初天下四书院,惟岳麓书院建置为较迟"。在书院的规制方面,采用周予同先生前说,认为"不免受当时佛教禅林制度之影响",当然又进一步指出宋儒"思想之内容,著作之形式,在在受佛教禅宗之影响"。第二章《宋之书院》,提出:一、宋初四书院惟白鹿洞、岳麓最盛,至宋亡犹讲学不衰。二、北宋诸儒,多讲学于私家。南宋诸儒,多讲学于书院,故南宋时,书院最盛。三、书院的性质,有官立、私立两种。官立者如白鹿、岳麓等是,私立者如泰山书院、浮沚书院等是。四、书院的经费收支和管理、讲学情况等,都一一作了扼要的介绍。

第四部著作是陈青之著《中国教育史》②。该书的突出成就之一是依据历史唯物主义观点探讨中国的教育史,之二是比较全面和系统地论述中国古代和近代、当代的教育制度及其运转情况。在第四编《半封建时代中期的教育》中,划分为三期,即宋、元、明。在第一期宋代中,分为《宋之政治与教育的关系》、《宋代学风及学派》、《宋代教育制度及其实况》、《北宋教育家及其学说》、《南宋教育家及其学说》共五章。在第三章中,又分为《概论》、《国子监》、《太学》、《六专门学校》、《三短期学校》、《贵胄学校及国立小学》、《地方学校》、《科举》、《书院》、《结论》共 10 节。尤其在《太学》一节,分述入学资格及进学手续、名额及学龄、

① 盛朗西编:《中国书院制度》,中华书局 1934 年版。
② 陈青之:《中国教育史》,商务印书馆 1936 年版。

课程、考课法、升舍法、教职员及管理、学规。难能可贵的是所述宋代教育制度几乎面面俱到，但限于篇幅，许多内容如同蜻蜓点水，未能深入。个别结论不够准确，如提出太学中"凡正录及学谕皆以学生充当"，其实学正和学录由两种人充任，一是学官，二是太学生，即职事学正和职事学录，故二者不仅由学生充当。

　　这一时期散见于各种报刊的论文有 10 多篇。其中探讨各种教育制度和书院的论文各有 7 篇。首先，宋代各项教育制度方面。盛朗西《宋代之大学教育》，连载于《民铎杂志》①。瞿兑之《宋代之社会教育谈》载《社会问题季刊》②；朱炳煦《宋代学制表略》载《中华教育界》③；李俨《唐宋元明数学教育制度》载《科学》④；觉民《宋代太学生之生活及考试情况》一文载《清华周刊》⑤；张其昀《南宋杭州之国立大学》连载于《国风》⑥，又载于《史地杂志》。各自从社会教育、学制、太学、数学教育等方面简略论述宋代的教育制度。其次，宋代书院方面。盛朗西《宋元书院讲学制》载《史地学报》和《民铎杂志》⑦；曹松叶《宋元明书院概况》载于《语历所周刊》⑧；张天量《宋代书院的兴起》载《大公报》⑨；梁瓯第《宋代的书院制度》载《社会研究季刊》⑩；傅顺时《两宋书院制度》载《之江期刊》⑪。另有两篇研究庐山白鹿洞书院的论文：陈东原《庐山白鹿洞书院沿革考》⑫，是专论白鹿洞书院历史的第一篇。另

---

① 盛朗西：《宋代之大学教育》，连载于《民铎杂志》1926 年 2—5 月，第 7 卷第 2—5 期。
② 瞿兑之：《宋代之社会教育谈》，《社会问题季刊》1930 年 4 月，第 1 卷第 1 期，
③ 朱炳煦：《宋代学制表略》，《中华教育界》1931 年 11 月，第 19 卷第 5 期。
④ 李俨：《唐宋元明数学教育制度》，《科学》1933 年 10 月，第 17 卷第 10 期。
⑤ 觉民：《宋代太学生之生活及考试情况》，《清华周刊》1935 年，第 43 卷第 12 期。
⑥ 张其昀：《南宋杭州之国立大学》，《国风》1936 年 10 月，第 8 卷第 9—10 期；又载于《史地杂志》1937 年 5 月第 1 期。
⑦ 盛朗西：《宋元书院讲学制》，《史地学报》1925 年，第 3 卷第 6 期；《民铎杂志》1925 年，第 6 卷第 1 期。
⑧ 曹松叶：《宋元明书院概况》，《语历所周刊》1929 年 12 月，1930 年 1 月，第 10 卷第 111、112、115 期。
⑨ 张天量：《宋代书院的兴起》，《大公报》1935 年 4 月 12 日。
⑩ 梁瓯第：《宋代的书院制度》，《社会研究季刊》1936 年 3 月，第 1 卷第 1 期。
⑪ 傅顺时：《两宋书院制度》，《之江期刊》1937 年 1 月，第 1 卷第 7 期。
⑫ 陈东原：《庐山白鹿洞书院沿革考》，《民铎杂志》1926 年 1—2 月，第 7 卷第 1—2 号。

一篇为俞敏良《白鹿洞书院之研究》①。

　　及至40年代,中国宋史学界的研究队伍基本形成,并且出现较多具有很好学术质量的研究成果。这一时期,有关宋代政治制度的研究也取得了可观的成绩。据初步统计,共54篇论文,其中有关官制的论文24篇,科举制度1篇,铨选制度2篇,法律制度9篇,军事制度6篇,教育制度1篇。另外,还有涉及皇权和皇位继承问题的论文各6篇,表明研究者扩大了视野,宋代政治制度的研究范围有了新的延伸。

　　首先,关于官制。比较突出的论文有聂崇岐《宋代府州军监之分析》②。该文系统论述宋代府、州、军、监的设置、废复、升降等,分为六部分:一为绪论,二为州及军监之置废,三为府州军监之升降,四为府州等格之升降,五为府州郡号及府州军监等之更名,六为结论——府州军监之统计。作者为了简洁地说明问题,制作了12个表,每表列出时间、原地、州或军监名、废或复者、依据等栏。将两宋府州军监的置废、升降、郡号、更名等梳理得异常清楚。史骕《汉唐宋地方制度之研究》载《国学丛刊》③。梁宗敏《宋代之保甲制度》④,为首篇专论宋代地方保甲制度的论文。金毓黻有三篇宋代官制的论文:一是《宋代官制与行政制度》⑤。二是《宋代府州军监制度考》⑥。以上两文均附有表,使文章简洁明了。三是《堂后官考》⑦。钱穆《论宋代相权》⑧,是现代研究宋代宰相权力的第一篇。

　　邓广铭《宋史职官志抉原匡谬》⑨,主要依据马端临《文献通考》,指出元人在编纂《宋史》职官志时,"抄袭"了《通考·职官考》的许多文

①　俞敏良:《白鹿洞书院之研究》,《协大艺文》1938年12月第9期。

②　聂崇岐:《宋代府州军监之分析》,《燕京学报》1941年6月第29期。

③　史骕:《汉唐宋地方制度之研究》,《国学丛刊》1941年12月第5册。

④　梁宗敏:《宋代之保甲制度》,《更生旬刊》1942年7月,第15卷第5—6期。

⑤　金毓黻:《宋代官制与行政制度》,《文史杂志》1942年4月,第2卷第4期。

⑥　金毓黻:《宋代府州军监制度考》,《志林》1943年1月第4期。

⑦　金毓黻:《堂后官考》,《文史杂志》1945年8月,第5卷第7—8期。

⑧　钱穆:《论宋代相权》,《中国文化研究汇刊》1942年9月第2卷。

⑨　邓广铭:《宋史职官志抉原匡谬》,《文史杂志》1942年4月,第2卷第4期。

字,但在"删润"的同时,又产生了很多讹误。该文因种种客观原因,标点错误较多。邓先生《宋史职官志考正》①,对《宋史》十二卷职官志逐卷进行考证,前有《自序》和《凡例》,凡例第一条说明"所据为主要参证参资者",列举了《宋会要稿》、《续资治通鉴长编》、《续通鉴长编纪事本末》、《建炎以来系年要录》、《建炎以来朝野杂记》、《文献通考》等17种。该文对《宋史》职官志补正至多,其成果在二三十年后,甚至在整理点校《宋史》时多被采纳。

此外,还有几篇发表在报纸上的文章,如曾资生《宋元丰官制改革的前后趋势》和《北宋人事行政制度概况》②,何回《宋代中央的财物行政——三司与户部的组织》③,官蔚蓝《宋代禄制之薄》④,徐大卫《宋代公务员的待遇》⑤,节勤《宋明两代的官俸》⑥。尽管这些文章篇幅不大,但涉及的内容,如宋神宗元丰官制改革、官府人事行政制度、三司和户部、官员俸禄等,都是首次专文论述,具有开创性。

其次,关于科举制度。仅有两篇,且从唐至清代,时间跨度很大。一篇为史鼐《唐宋迄清取士科目考略》⑦,另一篇为曾资生《宋辽金元的科举概略》⑧。

第三,关于铨选制度。曾资生《宋代荐举制度的运用与精神》⑨,为20世纪首篇探讨宋代铨选制度的内容之一荐举制的论文。曾资生《宋辽金元的考核制度概况》载《东方杂志》⑩。

第四,关于法律制度。文章较多,比较突出的有张荫麟《北宋关于

---

① 邓广铭:《宋史职官志考正》,《史语所集刊》1943年3月。
② 曾资生:《宋元丰官制改革的前后趋势》、《北宋人事行政制度概况》,《和平日报》1945年5月15日、5月29日。
③ 何回:《宋代中央的财物行政——三司与户部的组织》,《中央日报》1947年6月11日。
④ 官蔚蓝:《宋代禄制之薄》,《中央日报》1947年7月23日、7月30日。
⑤ 徐大卫:《宋代公务员的待遇》,《大公报》1948年9月21日。
⑥ 节勤:《宋明两代的官俸》,《台湾新生报》1948年10月16日。
⑦ 史鼐:《唐宋迄清取士科目考略》,《古学丛刊》1940年7月第9期。
⑧ 曾资生:《宋辽金元的科举概略》,《东方杂志》1944年,第40卷第17期。
⑨ 曾资生:《宋代荐举制度的运用与精神》,《东方杂志》1945年12月,第41卷第24期。
⑩ 曾资生:《宋辽金元的考核制度概况》,《东方杂志》1945年6月,第41卷第12期。

家庭制度之法令》①。虽然篇幅不长，但是 20 世纪首篇探索宋代家庭制度的论文。金毓黻《宋代敕令格式》②，是首篇论述宋代敕令格式的论文。刘铭恕《宋代出版法及对辽金之书禁》，载《中国文化研究汇刊》第五卷上③。陈鹏《唐宋继承法研究》上、下篇载《法律评论》④。邓广铭《宋史刑法志考正》载《史语所集刊》⑤。该文《序》指出：《宋史》的编纂者没有采用宋代《国史》中的《刑法志》，而是大量地照抄或改削马端临《文献通考》的记事文字，还"渔猎"了其他一些史书。又指出《宋史·刑法志》的八点"疵病"，诸如：年代和时次的错误，地名和人名的错误，记事自相矛盾，叙事不能始终，类例区分不清，叙北宋事较详而南宋事太略，删改旧史文字而失其原意，抄袭旧史文字而不加考订。作者在正文中一一加以考订。二三十年后，在整理点校《宋史》时，该文的研究成果仍多被采用。

第五，关于军事制度。张荫麟在《宋史兵志补阙》一文的基础上，又撰写《南宋之军队》⑥。柴德赓《宋宦官参预军事考》⑦，探讨宋代宦官率军和监军情况，是 20 世纪研究宋代宦官问题的第一篇论文。金毓黻《宋代兵制考实》载《文史哲季刊》⑧。

第六，关于教育制度。有关宋代的论文极少，仅有雷震《广西宋元明书院记略》⑨一篇。

第七，关于皇位继承。有谷霁光《宋代继承问题商榷》载《清华学报》⑩。吴天墀《烛影斧声传疑》⑪认为，宋太宗的袭位，"颇露出一些阴

①　张荫麟：《北宋关于家庭制度之法令》，《益世报》1942 年 2 月 17 日。
②　金毓黻：《宋代敕令格式》，《文史杂志》1942 年 4 月，第 2 卷第 4 期。
③　刘铭恕：《宋代出版法及对辽金之书禁》，《中国文化研究汇刊》第 5 卷上，1945 年 9 月。
④　陈鹏：《唐宋继承法研究》上、下篇，《法律评论》1947 年 7—8 月，第 15 卷第 3—4 期。
⑤　邓广铭：《宋史刑法志考正》，《史语所集刊》1949 年 12 月。
⑥　张荫麟：《南宋之军队》，《益世报》1940 年 5 月 30 日。
⑦　柴德赓：《宋宦官参预军事考》，《辅仁学志》1941 年 12 月，第 10 卷第 1—2 期。
⑧　金毓黻：《宋代兵制考实》，《文史哲季刊》1943 年，第 1 卷第 1 期。
⑨　雷震：《广西宋元明书院记略》，《广西通志馆馆刊》1948 年 4 月第 2 期。
⑩　谷霁光：《宋代继承问题商榷》，《清华学报》1941 年 4 月，第 13 卷第 1 期。
⑪　吴天墀：《烛影斧声传疑》，《史学季刊》1941 年 3 月，第 1 卷第 2 期。

谋家的痕迹"。他在宋太祖在位时已"勾结宦官,利用道士方伎一流的人","鬼鬼祟祟的才获得了帝位"。他的个性与行为表现为忌刻臣僚和迷信僧道、矜骄、沽誉、掩护过非等,"充分显示他修养之欠缺"。他"既非一个光明耿介的人物,则其进行阴谋攫夺帝位,并不是怎样出人意料的事情"。他还"嫉忌德昭,逼人致死;德芳英年,亦寻殂亡",继又"嫉害廷美"。论文还首次对"金匮之诏"提出怀疑,认为杜太后临终之际,宋太宗必然在侧;既然宋太宗在场,便不可能有"金匮之诏"。赵普上章自诉"金匮之诏"时,正是自己失势之时,"其为人,其处境,其时机皆有造伪虚说的最大可能性"。随后,张荫麟《宋太宗继统考实》在《文史杂志》①刊出。邓广铭《宋太祖太宗授受辩》②,认为"太宗的继统是用劫夺的手段取得的"。宋太宗死后,是史官们在纂修《太宗实录》时,"从原出虚构的纷杂传说中选用了太后顾命之说"。"宋太祖素欲传弟之说","必为太祖身后史官之伪为,是不能认作信史的"。"赵普录遗命藏金匮之说",从"赵普上书太宗自陈其曾受太后顾命之事,也颇觉难通"。还考订了太宗在"居藩邸时诸种""恣纵不法"事情。至于释文莹《续湘山野录》等书记载"太祖之崩"有"烛影斧声"之说"为不符实","太宗之得国虽是全然出于逆取,而其所用手段则尚未至惨毒到灯下弄斧的程度"。

第八,关于皇权。张荫麟首先撰文《宋太祖誓碑及政事堂刻石考》③,考订所谓宋太祖在太庙寝殿的夹室立"誓碑""不得杀士大夫及上书言事人"等,及政事堂刻石"南人不得坐吉此堂"。邓广铭《陈桥兵变黄袍加身故事考释》④,提出宋太祖"从后周世宗的显德中叶起始","因为已经攫得兵权,且已典领禁军,对于后周的天下便已存了觊觎之心",到世宗去世的次年正月"藉了出兵的机缘而采取行动了"。所以,

---

① 张荫麟:《宋太宗继统考实》,《文史杂志》1941 年 7 月,第 1 卷第 8 期。
② 邓广铭:《宋太祖太宗授受辩》,《真理杂志》1944 年 4 月,第 1 卷第 2 期。
③ 张荫麟:《宋太祖誓碑及政事堂刻石考》,《文史杂志》1941 年 7 月,第 1 卷第 7 期。
④ 邓广铭:《陈桥兵变黄袍加身故事考释》,《真理杂志》1944 年 1 月,第 1 卷第 1 期。

陈桥兵变的"操纵指使之者","是宋太祖本人"。丁则良《杯酒释兵权考》①，认为太祖在建隆二年收禁军兵权，开宝二年罢诸镇节度，"均为多年准备布置之结果"。杯酒释兵权"全来自传闻，不足置信"。所制《宋太祖朝禁军诸将年表》并附考证，说明太祖自建隆二年后很少除授三衙的都指挥使，以便于控制。聂崇岐也撰《论宋太祖收兵权》②，指出："宋太祖之'杯酒释兵权'，即罢宿将典禁兵，与罢藩镇乃截然二事。盖以今日兵制衡之，禁兵殊似中央军，藩镇之兵则近于地方团队也。"杯酒释兵权发生在建隆二年（961年）七月庚午（初九日），不是乾德初（963年）。杯酒释兵权后，宋太祖"即不用杰出人才"任禁军高级将领，"而殿前司与侍卫马军司及侍卫步军司，'三衙'鼎立，浸且为有宋一朝之永制焉"。在"论罢藩镇"部分，指出宋太祖削夺藩镇之权"其术不只一端"，其中重要的为添置通判、令新收各州直隶京师、设转运使以综揽各州钱谷、收诸道精兵填补禁军，但直至太宗时"藩镇亦未撤除净尽"。

第三节　宋代政治制度研究的停顿阶段

50年代到1976年，大陆的宋代政治制度研究几乎一片空白，究其原因，不外乎学术界受到了"左"的思想干扰。表现在史学界，人们热衷于探讨中国资本主义萌芽、中国奴隶社会与封建社会的分期、中国农民战争、汉民族的形成等问题，时称"五朵金花"。本来，研究这些问题无可厚非，但对典章制度的研究视为烦琐考证，研究方向不正，加之接二连三的政治运动，学者们无暇系统阅读文献和潜心思考相关问题。尤其在"文化大革命"的十年浩劫期间，杰出的宋史专家蒙文通、华山、张家驹等先生相继被迫害致死，给宋史学界带来了无法估量的损失。

这一时期，在官制方面，仅有漆侠《宋朝的"差遣"和"通判"是两件

① 丁则良：《杯酒释兵权考》，《人文科学学报》1945年9月，第1卷第3期。
② 聂崇岐：《论宋太祖收兵权》，《燕京学报》1948年6月第34期。

事情》①(《问题解答》之一) 一篇短文,指出宋代的"'官'只是一个空头名义,并不担负这个'官'的实际职务,而'差遣'则是来规定实际职务的,亦即具有实际权力的"。"宋代官僚权力的大小,是由'差遣'来判断,而不由'官'的大小判断。""'通判'可以说是'差遣'中的一种。"在法律制度方面,有唐志炯《南宋的医事律令》②。吴晗《刺配》③,提出:"宋代把犯人脸上刺字这种法律是从石敬瑭的晋朝继承而来的"。"刺面有大刺、小刺之别。凡是审判官认为犯罪情节严重、犯人'性情凶恶'的,就把字体特别刺大些。"所刺文字,"也有把所犯事由、所配地名、军名、服役色名都刺在脸上的"。受到刺配刑狱的人,"到配所后还得服劳役"。"刺配这条法律,在宋朝统治的三百年间是时代愈后愈重的"。该文言简意赅,论题点到为止。在教育制度方面,仅有龚纯《王安石变法与北宋的医学教育》④。至于科举制度和军事制度方面,几乎完全阙如,仅有吴晗《阵图和宋辽战争》⑤一文,提出:"阵法就是野战的战斗队形和宿营的防御部署;把队形、部署用符号标志,制成作战方案,叫做阵图。"又指出:"根据阵图在前线指挥作战或防御的带兵官,叫做排阵使"。"在作战时,选拔骁将作排阵使。"还指出,宋、辽战争中宋军屡败的原因是"由于皇帝事先所制阵图不可能符合客观实际情况,统军将帅又不敢违背节制,只好机械执行,结果是非打败仗不可"。"相反,不凭阵图,违背皇帝命令的倒可以不打败仗"。

与大陆沉寂的情况相反,台湾和香港地区的宋代政治制度的研究照常进行,且成果累累。可惜这时两岸阻隔,大陆和台湾地区的学者彼此中断联系,不通信息,无从交流。

在著作方面,最早为方豪《宋史》第一、二册⑥。第一册第三章《宋

---

① 漆侠:《宋朝的"差遣"和"通判"是两件事情》(《问题解答》之一),《历史教学》1954年第10期。
② 唐志炯:《南宋的医事律令》,《医学史与保健组织》1958年12月,第2卷第4期。
③ 吴晗:《刺配》,《灯下集》,三联书店1960年版。
④ 龚纯:《王安石变法与北宋的医学教育》,《中华医史杂志》1955年第2期。
⑤ 吴晗:《阵图和宋辽战争》,《新建设》1959年第4期。
⑥ 方豪:《宋史》第一、二册,台北中华文化出版事业委员会1954年版。

代之官制》、第四章《宋代之军队》,第五章第四节《宋代之科举》、第六节《宋代之太学》、第八节《宋代之州学》、第九节《宋代之书院》、第十节《士大夫之优遇》,叙述宋代官制的紊乱和中央官制、地方官署、南宋的官制改革,以及宋代的禁军和厢军、乡兵、藩兵、兵源与兵力、军费、水师、宦官参与军事,还叙述宋代的中央和地方教育制度、选拔人才的科举制度、官员的优厚待遇等。该书基本依照《宋史》职官志和选举志,初步探讨了宋代政治制度中的职官、科举、兵制、学校等单项制度,但并不深入,同时也出现了一些错误,如误把与枢密院"对持文武二柄"的"中书"即中书门下当成设在宫内的"中书省"、"名政事堂"。又如认为"监司有四,曰帅、漕、宪、仓",其实监司与帅司并立,监司中不包括帅司。再如提出"南宋官制之特色"之一为"三省合一。以门下并入中书,称中书门下……尚书省之制已废于无形"。实际是中书省与门下省合并为"中书门下省",尚书省依然单独存在,且事权甚重。

　　齐伯骥《宋代政教史》①中的"政"指政治变革,即政治事件和政治家的活动,并不包括政治制度,却在中篇《教育内容》中,以三章的篇幅论述宋代的《学校组织与编制》和《贡举考试制度》、《官吏铨选制》,属于教育制度和官员选拔、考核制度。在《学校组织与编制》章中,分述中央官学和地方教育、书院教育、私人讲学、学校行政及管理(学生入学、师长、授课、修业期、考试、学规、用费、释奠)、图籍与印刷、学风与士气等,比较详细地加以论述。在《贡举考试制度》章中,还制图表说明从宋太祖建隆元年到度宗咸淳十年贡举考试的年、月时间和主考官名、进士录取数、榜首(状元)名、省元名、诸科录取数及备考,各路得解及免解进士数和及第数、取士比率,从宋太祖开宝六年到仁宗嘉祐八年间历次殿试赋和诗、论的考题等。这些图表简要说明有关信息,具有开创意义。

　　侯绍文《唐宋考试制度史》由台北商务印书馆(1973 年)出版。第

---

①　齐伯骥:《宋代政教史》,台北中华书局 1971 年版。

二编之二《宋代考试制度》和第三编《各论》,主要论述宋代科举的解试和省试、殿试、制举、武举、童子举、绘画考试,以及科举的期集与宴会、避讳、放榜、考试文体、八股制艺兴于宋、贡举防弊,其次论述宋代的太学三舍法考试等。除叙述各级考试的由来、程序、科目、废兴外,在《八股文之来源》一节提出"八股文的创始人"是宋神宗朝宰相王安石,王安石所撰《里仁为美》短文即八股文的"先河"。在《三舍法对后世的影响》一节,提出"积分法"和"会试法"、"政府主持大学毕业考试制"三项,认为是宋代太学三舍法对后世考试与学校制度最有"影响之处"。这些见解尽管仍有商榷之处,但都是发前人之所未发,颇有学术价值。

正式以"政治制度史"命名的著作也有几部。张金鉴《中国政治制度史》①在《序言》中,提出该书研究的范围"限于狭义的政治制度,即国家的统治组织及其运用"。在第二章《国体制度》第六节《商业资本社会与集权国家》("目次"作"商业经济社会与集权国家")中,作者提出"自隋唐迄明清,中国是以商业资本经济为基础的统一国家","商业资本主义社会必促成统一集权国家与专制皇帝的出现",所以,"这一时期的政权性质是以商业资本为基础的绝对君主专制政权"。在兵制方面,"饷糈与财政集中的结果,使军队纯粹佣募化,以金钱雇佣关系,兵权乃有系统的受制于君王之手。兵士与君主的关系,以金钱为中间而逐渐制度化"。在选官制度方面,"专制君主""运用科举制度,选拔无经济势力而具有服从性格的中产阶级与知识分子,一方用利禄的引诱,一方用武力的威胁,使官吏成为君主极忠实的臣仆"。在官制方面,"宋专制政权的运用上,有特派制度亦足以佐证其集权程度的高强。地方封疆大吏遣派'朝臣出守',行政上'官'与'差'的区分至宋时始有之"。进一步指出,"真正的集权国家与专制政权,是隋、唐定其基础,至赵宋完成之"。在第三章《政体制度》第六节《集权国家与专制君主政体》中,概括隋唐以后至明、清与隋、唐以前的不同之处,一是"绝对

① 张金鉴:《中国政治制度史》,台北三民书局 1978 年版。

的专制君主"，表现为"君主常擅作威福，对其臣民，随其喜怒好恶，妄行杀戮"；"君权重而相权轻"，宰辅的"权力分散，相互牵制，使之无从发挥强大的效能"；"王室的倾覆，多由于异族或外来势力的侵略"。二是"极度的中央集权"。三是"奴隶的官僚制度"，"宋承唐制，官僚地位奴隶化的趋势，继续发展，有增无减"。在《宰辅制度》、《中央行政组织》、《地方政治制度》各章中，也简要地论述了宋代的各单项制度，并作了前后对比。

张金鉴此书问世 10 年后，曾繁康著《中国政治制度史》，由中国文化大学出版部出版。据作者《自序》，该书 1953 年即已完稿。该书第二章第三节《绝对王权与君权观念之没落》提出："由秦汉以迄于隋唐，可说乃是君权观念和君权制的茁壮时期。自宋以后，一方君主绝对专制，他方君权观念又无新的拓展，而国家民族之积弱，则愈来愈甚，故又成为君权观念和君权制度的衰落时期。"在第三章第三节《宋元明清的宰相制度》中，首先认为宋代宰相"不复议政"，"宰相丧失一个极其重要的权力"。其次，"宰相又无过问兵事的权力"。再次，"又无过问国家财政的权力"等，"宰相的权力""真可说是名存而实亡了"。在第五章第三节《宋元明清的地方行政制度》中，提出宋代地方行政有"诸种重要特色"，一是"使文臣出守列郡"；二是"将地方政府权力，完全收归中央"；三是"使地方官吏，尽量发生互相牵制的作用"。

有关单项制度的著作，也有几种。地方政治制度方面，有廖从云《中国历代县制考》①。第六章《宋之县政制度》，提出"秦、汉乃以大县之长官为县令，小县之长官为县长，而宋乃以差选人为正式之县官者曰县令，以朝官出而主县政者曰知县"。指出县令和知县官阶的不同。但也有一些缺点，如认为"有兵戎则兼兵马都监或监押"，实际《宋史》原文作"有戍兵则兼……"又如提出"实历。九考有政声无过犯……"实际应作"实历九考，有政声，无过犯"，等等。

_____

① 廖从云：《中国历代县制考》，台北中华书局 1969 年版。

职官和选举制度方面，有杨树藩《中国文官制度史》（1976），第四篇《宋》，分总论、考选和任用、退休制度，着重在文官的选拔和任用，不以官衔为中心。该书对推动宋代职官、铨选、科举等制度的深入研究做出了贡献，缺点是有些解释不够准确，如误将"官"与"散阶"、"散官"等同。

财政管理制度方面，有陈秀夔《中国财政制度史》①。第二篇第二章《帝国时代财务行政制度》第八节《宋代财务行政组织》，叙述宋代的财务行政组织和财政中央集权制，第三章第四节《宋代审计制度》，叙述宋代的监察制度和审计制度，提出宋之审计称为"勾稽"，主管勾稽的机关有二，为御史台和刑部。以下叙述宋代的赋税制度和货币制度、俸给制度、官有财产和官营事业、财政政策等，该书对宋代财政制度的研究仅是初步的，有些重要问题如各级财政管理制度、运行机制等都未涉及。另外，存在一些错误，如在"银锭为法定货币"部分，误将金代的"承安通宝"当作宋代的货币，将金"哀宗正大年间，民间各种交易，使用银为计算的单位"当成宋代之事。

罗球庆对宋代兵制研究做出了贡献。1958年，他在香港《新亚学报》刊出《北宋兵制研究》②长文。该文分为北宋兵制的建立、动摇、破坏、变革、崩溃、结论，共六章，阐发北宋兵制发展的线索和特征，颇有价值。

第四节　宋代政治制度研究走上正轨，
　　　　进一步深入阶段

1977年至20世纪末，是大陆宋代政治制度研究逐步走上正轨并获得进一步发展的时期，不仅撰写出许多高水平的著作和论文，填补了一些空白，还培养出一批优秀的研究人才。港、台学者的研究照常进行，也取得了可观的成绩。

---

① 陈秀夔：《中国财政制度史》，正中书局1973年版。
② 罗球庆：《北宋兵制研究》，《新亚学报》1958年，第3卷第1期。

　　大陆宋史学者在 80 年代初编写了《中国大百科全书·中国历史》①,其中"宋朝"条,集中了当时专家的集体智慧,达到了当时最高的学术水平,但其中"宋朝政治制度"仅包括官制和军制、科举制、法律四部分,尚未探讨中央决策系统、皇帝制度、监察制度、财政管理制度等。邓广铭、程应镠主编的《中国历史大辞典·宋史卷》②,徐光烈主撰官制,王曾瑜撰兵制,朱瑞熙撰铨选和科举、学校、刑法等词目,其研究水平达到了当时的高度,但收词范围也有缺陷。与此同时,多部中国历代制度史著作,也或多或少、或深或浅地对宋代政治制度作了论述。最早的两部是左言东《中国政治制度史》③,第八章《封建地主制时期的君主专制(四)——宋辽金元》第二、三、四、五节,讲述宋朝的皇权、官僚机构、文官制度、军事和法律、监察、财政、礼仪等制度,还论述了宋辽金元政治制度的得失利弊及与世界各国的比较。限于篇幅,该书叙述较简。张晋藩、王超《中国政治制度史》④,第四编第一章《封建专制主义中央集权进一步强化的宋朝的政治制度》,分述宋朝专制主义中央集权的强化、中央政府的组织及其变化、地方行政制度、官吏的考选与任用制度、军队与军事制度、司法监察制度,基本上仍是官制、兵制、法制三大块,个别地方也有错误。罗辉映《中国古代政治制度史》⑤和邵德门《中国政治制度史》⑥,其结构仍仅为官制、兵制、科举制、法制四部分。杨鸿年、欧阳鑫《中国政制史》⑦,在《清以前的中央政治制度》和《秦汉至明清的地方政治制度》两编中,分述宋代的政治制度,虽然也言及历朝皇帝,但很少论述宋代,且不注史料出处。韦庆远《中国政治制度史》⑧,在第一编第三章《隋唐五代宋的政治制度》中,主要叙述隋、唐之

①　《中国大百科全书·中国历史》,中国大百科全书出版社 1988 年版。
②　邓广铭、程应镠主编:《中国历史大辞典·宋史卷》,上海辞书出版社 1984 年版。
③　左言东:《中国政治制度史》,浙江古籍出版社 1987 年版。
④　张晋藩、王超:《中国政治制度史》,中国政法大学出版社 1987 年版。
⑤　罗辉映:《中国古代政治制度史》,四川大学出版社 1988 年版。
⑥　邵德门:《中国政治制度史》,吉林人民出版社 1988 年版。
⑦　杨鸿年、欧阳鑫:《中国政制史》,安徽教育出版社 1988 年版。
⑧　韦庆远:《中国政治制度史》,中国人民大学出版社 1989 年版。

制,有关宋代的历史地位和皇帝制度、中央行政体制和运行机制、地方行政体制、军事制度、法律制度、监察制度、教育和科举制度、职官管理制度等,内容较为简单。白钢主编《中国政治制度史》①,第八章《宋朝政治制度》,由朱瑞熙和张其凡撰写,分为:宋朝社会面貌和政治制度的基本特征,皇帝制度和中央决策系统,中央和地方行政体制,立法、司法和监察制度,军事制度,财政管理制度,人事管理制度,宋朝政治制度的历史地位共九节。

　　1996 年 12 月,由白钢主编,朱瑞熙、张其凡著《中国政治制度通史》第六卷即宋代卷,由人民出版社出版。该书在天津版《中国政治制度史》的基础上,运用政治学、历史学等学科的原理,除介绍各项制度外,着重在阐述其运行机制和特点;同时,首次论述宋代的中央决策体制,探讨中央决策机构和决策的依据,信息传递渠道,决策和政策贯彻执行的程序、方式,决策的特点与效应等。

　　有关单项制度的著作也陆续问世,其中有皇帝制度、职官制度、铨选制度、科举制度、兵制、法律制度等。

　　皇帝制度方面,有白钢《中国皇帝》②,朱诚如《中国皇帝制度》③,徐连达和朱子彦《中国皇帝制度》④,秦海轩和卢路《中国皇帝制度》⑤,周良霄《皇帝与皇权》⑥等,皆涉及宋代的皇帝制度。其中学术价值较高、属于研究性质的为白钢、徐连达和朱子彦、周良霄所著三种,朱诚如的著作似为普及读物,史料很少注明出处。此外,张邦炜《宋代皇帝与政治》⑦,论述宋代的宗室、后妃、外戚和宦官与政治的关系,主要从政治史的角度来探讨这些皇亲国戚对当时政治的影响。其中也涉及一些

① 　白钢主编:《中国政治制度史》,天津人民出版社、新西兰霍兰德出版有限公司 1991 年版。
② 　白钢:《中国皇帝》,天津人民出版社 1993 年版。
③ 　朱诚如:《中国皇帝制度》,武汉出版社 1997 年版。
④ 　徐连达、朱子彦:《中国皇帝制度》,广东教育出版社 1998 年版。
⑤ 　秦海轩、卢路:《中国皇帝制度》,山西古籍出版社 1999 年版。
⑥ 　周良霄:《皇帝与皇权》,上海古籍出版社 1999 年版。
⑦ 　张邦炜:《宋代皇帝与政治》,四川人民出版社 1993 年版。

制度,如后宫制度等。吴以宁、顾吉辰《中国后妃制度研究(唐宋卷)》①的宋代部分,叙述皇帝纳后、后妃服饰和车辇、陵制、谥法、年寿、著述等,有关后妃预政和等级、俸禄等内容皆编录朱瑞熙《宋朝的宫廷制度》等论文。黄锦君《两宋后妃事迹编年》②,部分内容也涉及宋代后妃制度。朱子彦《后宫制度研究》③,在"母仪天下"的皇后,妃嫔、女官与后宫管理机构,后宫礼仪制度等章内,分述宋代的后妃制度,但最后部分外戚制度很少叙述宋制。余华青《中国宦官制度史》④,第六章第一节《两宋王朝的宦官制度》,论述宋代宦官势力的发展概况、宦官机构及其有关管理制度,有一定的深度。

职官制度方面,按出版时间的先后,有:臧云浦等《历代官制、兵制、科举制》⑤,该书在《中国历代官制简述》之十一《宋代官制》,将宋代官制分中枢、地方、军事三类,最后概括其特点,但存在多处硬伤。陈茂同《历代职官沿革史》⑥,第十一章《宋朝》专述宋代中央和地方官制及选官制度,研究广度和深度均超过前书,但也误将散官阶与官阶混同。龚延明《宋史职官制补正》⑦,在邓广铭《宋史职官志考正》的基础上,针对中华书局校点本《宋史·职官志》,逐条加以考证,对进一步深入研究宋代官制颇有帮助。杨志玖主编《中国古代官制讲座》⑧,第十三章《复杂多变的宋朝官制》系朱瑞熙撰(《文史知识》1986 年连载),分为:宋代职官制度的特点,中枢部门,一般中央机构,地方官制,品阶制度,恩荫、致仕、俸禄制,共六部分,后附宋代文臣京朝官阶表、武臣官阶表。刁忠民《两宋御史中丞考》⑨,考订宋太祖至宁宗朝的 169 位御

① 吴以宁、顾吉辰:《中国后妃制度研究(唐宋卷)》,华东理工大学出版社 1995 年版。
② 黄锦君:《两宋后妃事迹编年》,巴蜀书社 1997 年版。
③ 朱子彦:《后宫制度研究》,华东师范大学出版社 1998 年版。
④ 余华青:《中国宦官制度史》,上海人民出版社 1993 年版。
⑤ 臧云浦等:《历代官制、兵制、科举制》,江苏古籍出版社 1987 年版。
⑥ 陈茂同:《历代职官沿革史》,华东师范大学出版社 1988 年版。
⑦ 龚延明:《宋史职官制补正》,浙江古籍出版社 1991 年版。
⑧ 杨志玖主编:《中国古代官制讲座》,中华书局 1992 年版。
⑨ 刁忠民:《两宋御史中丞考》,巴蜀书社 1995 年版。

史中丞,指出自宁宗嘉定二年起至宋亡,共 70 年不设御史中丞。贾玉英《宋代监察制度》①、苗书梅《宋代官员选任和管理制度》②,前书较为全面、深入探讨宋代中央和地方监察制度,后书较为全面、深入探讨宋代的科举、学校、恩荫等选官制度、官员除授制度、任用官员的重要原则、官员管理制度,多有建树。黄惠贤等《中国俸禄制度史》③,第六章《两宋俸禄制度》系杨果撰写,分皇室、宫廷俸禄、百官俸禄,宋代俸禄制的特点及其历史地位,共三节。杨果《中国翰林制度研究》④,论述自唐至清翰林院或学士院的兴衰,着重探讨宋代翰林学士院的组织机构、翰林学士的职掌和有关制度、政治文化功能等。李昌宪《宋代安抚使考》⑤,分为北宋和南宋安抚使考两大部分,再按各路和时间先后进行考订,书后附人名索引,补正了吴廷燮《北宋经抚年表·南宋经抚年表》数以千计的讹误。刁忠民在《两宋御史中丞考》的基础上,撰《宋代台谏制度研究》⑥,分建置、事权、选任篇三章,是迄今探讨宋代台谏制度最为深入的一部著作。虞云国《宋代台谏制度研究》⑦,篇幅较刁忠民著作稍少,但研究角度不同,更多从制度的运作论述。

　　选举制度方面,实际包括铨选和科举制度两部分。何忠礼《宋史选举志补正》⑧,对《宋史·选举志》中科举、学校、铨法、保任等记载一一皆以考订,最后附录《宋代科举一览表》等 18 种表格,较有价值。许树安《古代的选士任官制度与社会》⑨,其六《科举制度在宋朝的发展》,主要论述两宋的科举考试,兼及“三舍法”取士制。黄新宪《中国考试发展史略》⑩,第五章《宋——考试的进一步完备与强化》,分述官吏考

①　贾玉英:《宋代监察制度》,河南大学出版社 1996 年版。
②　苗书梅:《宋代官员选任和管理制度》,河南大学出版社 1996 年版。
③　黄惠贤等:《中国俸禄制度史》,武汉大学出版社 1996 年版。
④　杨果:《中国翰林制度研究》,武汉大学出版社 1996 年版。
⑤　李昌宪:《宋代安抚使考》,齐鲁书社 1997 年版。
⑥　刁忠民:《宋代台谏制度研究》,巴蜀书社 1999 年版。
⑦　虞云国:《宋代台谏制度研究》,上海社会科学出版社 2000 年版。
⑧　何忠礼:《宋史选举志补正》,浙江古籍出版社 1992 年版。
⑨　许树安:《古代的选士任官制度与社会》,天津人民出版社 1985 年版。
⑩　黄新宪:《中国考试发展史略》,福建人民出版社 1992 年版。

课、学校(主要是太学)考试和科举考试改革的理论与实践,缺点是较少注明史料出处。陈茂同《中国历代选官制度》①,第七章《宋代——科举制的完善》,由"重文轻武——宋代的基本国策"始,论述至"繁官杂吏";第十三章《宰相论》至第二十一章《科举论》,论及宋代宰相、将帅的选任制度等。邓小南《宋代文官选任制度诸层面》②,探讨宋代任官制度的主要特点、文官选任主管部门、考课法、资与资序、荐举制度、磨勘制度、差遣除授制度,是第一册系统论述宋代铨选制度的专著。

　　教育制度方面,也有两种著作。第一种是通史类。最早有顾树森"文化大革命"前的遗著《中国历代教育制度》③,第六篇第二章《宋代的教育制度》,分述教育、科举和书院制度。集体编写《中国教育史简编》④,第六章《宋元时期的教育》,着重叙述教育政策和思想,而教育和书院制度的内容则嫌稍简,且将科举列入教育制度。毛礼锐、沈灌群《中国教育通史》第三卷⑤,第七章《宋代的教育》,以近三分之二的篇幅介绍宋人的教育思想,学校和书院制度、科举制度反而论述较少。李国钧等《中国书院史》⑥,第一、二编论述北宋和南宋的书院,其中包括书院教育制度,是最有分量的一部专著。胡昭曦《四川书院史》⑦,第一部分《四川书院的兴起与形成制度》,较深入探讨宋代四川书院的建设和制度。第二种是宋代教育专著。袁征《宋代教育》⑧,论述宋代学校和书院主要课程及教材,学生的考试和升级,教职员的选任,著名教育家及其教学法,是迄今研究宋代教育制度最为深入的一种。苗春德《宋代教育》⑨,其中《学校编》和《管理编》,探究宋代的官学、私学、书院和

①　陈茂同:《中国历代选官制度》,华东师大出版社 1994 年版。
②　邓小南:《宋代文官选任制度诸层面》,河北教育出版社 1993 年版。
③　顾树森:《中国历代教育制度》,江苏人民出版社 1981 年版。
④　《中国教育史简编》,江苏教育出版社 1986 年版。
⑤　毛礼锐、沈灌群:《中国教育通史》第 3 卷,山东教育出版社 1987 年版。
⑥　李国钧等:《中国书院史》,湖南教育出版社 1994 年版。
⑦　胡昭曦:《四川书院史》,巴蜀书社 2000 年版。
⑧　袁征:《宋代教育》,广东高等教育出版社 1991 年版。
⑨　苗春德:《宋代教育》,河南大学出版社 1992 年版。

教育行政管理、学校管理,该书重点在介绍各个学派和著名的教育家。

军事制度方面,研究著作相对较少。最早的专著为王曾瑜《宋朝兵制初探》①,分枢密院——三衙统兵体制、北宋前期和中期的禁兵、厢兵等兵种、北宋后期和南宋的兵制、募兵制下的各项制度(招刺、军俸、拣选、官资和阶级等)、军事装备和通信、军法和军政等。王晓卫《历代兵制浅说》②,第一章《陈傅良与〈历代兵制〉》,第二章《陈傅良的兵制观》,第十章《北宋兵制》,附一《南宋及元明清兵制概况》,扼要介绍南宋学者陈傅良等人研究古代兵制的著作和两宋的兵制。编写组编《中国军事史》第三卷《兵制》③,何少恒、田昭林撰第五章《五代、宋、元的兵制》之二,有关宋代的兵制,内容基本参照王曾瑜《宋朝兵制初探》。陈群《中国兵制简史》④,其《宋代兵制》的主要内容,也基本节录王曾瑜的著作。《中国军事百科全书·中国古代战争史》五代、宋辽金夏部分分册⑤,介绍了宋代禁军、厢军、乡兵、蕃兵、武学等,有一定的学术价值。

法律制度方面,此前的研究几乎是一片空白,直到上海社科院政治法律研究所(后改称法学研究所)《宋史刑法志注释》⑥的出版,始稍改观。该书《前言》和逐条注释都有一定的学术价值。肖永清《中国法制史简编》⑦,第四章论述五代、两宋至明、清政治法律制度,涉及官制、监察制度、军事制度、科举制度、致仕制度、法律制度,其中宋代法律制度总结了法律形式和内容方面的种种特点,较为简单。张晋藩等编著《中国法制史》第一卷⑧,第六章第二节介绍宋代中枢体制的变化、科举制、兵制,第三节论述宋代法律制度,内容包括立法概况、宋律的基本内

①　王曾瑜:《宋朝兵制初探》,中华书局1983年版。
②　王晓卫:《历代兵制浅说》,解放军出版社1986年版。
③　《中国军事史》第3卷《兵制》,解放军出版社1987年版。
④　陈群:《中国兵制简史》,军事科学出版社1989年版。
⑤　《中国军事百科全书·中国古代战争史·五代、宋辽金夏分册》,军事科学出版社1992年版。
⑥　上海社科院政治法律研究所:《宋史刑法志注释》,群众出版社1979年版;《续集》,1982年版。
⑦　肖永清:《中国法制史简编》,山西人民出版社1981年版。
⑧　张晋藩等编著:《中国法制史》第1卷,中国人民大学出版社1981年版。

容、司法机关和诉讼制度三个方面。张晋藩《中国古代法律制度》①，第十一章《宋朝的法律制度》，着重论述宋代的行政和民事、经济、刑事等法律，较有价值。叶孝信主编《中国民法史》②，第五章《两宋民法》，从民法角度，分述所有权、债、婚姻和亲属、继承、民事诉讼等，颇有新意。真正专门研究宋代法律制度的著作，仅有两种，一是王云海主编，朱瑞熙和季怀银副主编的《宋代司法制度》③，除介绍各级各类司法和审判机构、司法官员的选任外，着重论述起诉制度、强制措施、证据制度、审判制度、复审和复核、奏裁及执行制度、监狱管理制度等。二是郭东旭《宋代法制研究》④，比较系统论述宋代的立法制度、行政法、刑法中的罪名法、刑罚制度、经济法、财政法、法的主体、婚姻家庭法、物权法、债权法、刑事和民事诉讼法。以上两书在宋代法律制度的研究方面均多有独到见解，且有开创之功。

财政管理制度方面，虽然尚未有人撰写专书，但有关会计史、财政史、审计史中均有宋代的内容。郭道扬《中国会计史稿》上册⑤，第六章《唐宋时代的会计》，除论述宋代的会计方法、财计理论外，还探讨宋代的财计组织和制度，其中包括计账和户籍制度、审计制度、经济法制、仓储管理制度、定额管理与奖惩制度等。中国财政史编写组《中国财政史》⑥，第六章《宋辽金财政》第四节《财政管理》，分述财政体制、财政机构及职掌、财务管理与会计、钱币管理、仓储管理与漕运、贸易管理等，缺点是较少注明史料出处，不便于读者查阅。汪圣铎《两宋财政史》⑦，是中国第一部全面、深入探讨宋代财政史的专著，其第三编《宋朝财政的管理体系与设施》，论述地方财政的地位与作用、财赋的转

① 张晋藩：《中国古代法律制度》，中国广播电视大学出版社 1992 年版。
② 叶孝信主编：《中国民法史》，上海人民出版社 1993 年版。
③ 王云海主编、朱瑞熙和季怀银副主编：《宋代司法制度》，河南大学出版社 1992 年版。
④ 郭东旭：《宋代法制研究》，河北大学出版社 1997 年版。
⑤ 郭道扬：《中国会计史稿》上册，中国财经出版社 1982 年版。
⑥ 中国财政史编写组：《中国财政史》，中国财经出版社 1987 年版。
⑦ 汪圣铎：《两宋财政史》，中华书局 1995 年版。

输、三司理财体制、户部理财体制、会计和监察及审计等制度,其研究之深入,论述之精辟,实在难得。方宝璋《中国古代审计史话》①,其《复杂多变的宋代审计》、《宋代监察官的兼职审计》、《唐宋对官吏经济政绩的考核》、《唐宋时期的财经监督立法》,都涉及宋代的财经审计制度,虽然此书是普及读物,但视角独特,对研究者仍有参考价值。

　　这一时期,港、台地区学者在宋代政治制度的研究上也颇有成就。陈宝秋《中国历代兵役制度》②,第五章《宋代兵役》,分述禁、厢、乡、蕃兵及招募方法、拣选和训练。邓嗣禹《中国考试制度史》③,第二章《宋之考试制度》,介绍宋代各类考试制度的变迁、考试方法、待遇、出身等。李甲孚《中国监狱法制史》④,第七章《宋朝的狱制》,扼要介绍宋朝的司法系统、狱制、狱的管理。姜文奎《中国历代政制考》⑤,上编第五章《两宋》,论述宋代的中央和地方政制。孙文良《中国官制史》⑥,第五章第一节《两宋庞杂的官制》,介绍宋代的官制和特点,但所据史料仅为《宋史·职官志》和《续资治通鉴》。以上五书的内容皆为一般性的介绍,研究深度不够。最有学术价值的宋代政治制度著作,首推香港学者梁天锡的几部专著,其次为台湾学者张复华和黄宽重的各一部专著及徐道邻的一部论文集。梁天锡的专著之一《宋代祠禄制度考实》⑦,分沿革、分布、任禄三篇,对祠禄官的产生和发展,各地宫观的地理分布,祠禄官的资历和迁转、兼职、添支,以及对政制、宗教、社会等影响,均作了详尽的考实,后附《宋祠禄奉罢年表》。之二《宋枢密院制度》⑧,分沿革和组织、任禄、职掌、关系和得失四篇,后附两宋枢密表及注释,约100万字。之三《宋宰辅制度研究论集》第一辑《宋宰辅

①　方宝璋:《中国古代审计史话》,中华书局1995年版。
②　陈宝秋:《中国历代兵役制度》,台北华世出版社1981年版。
③　邓嗣禹:《中国考试制度史》,台湾学生书局1982年版。
④　李甲孚:《中国监狱法制史》,台湾商务印书馆1984年版。
⑤　姜文奎:《中国历代政制考》,台北编译馆1987年版。
⑥　孙文良:《中国官制史》,台北文津出版社1993年版。
⑦　梁天锡:《宋代祠禄制度考实》,珠海文史所1978年版。
⑧　梁天锡:《宋枢密院制度》,台北黎明文化事业公司1981年版。

兼摄制度》①,对宋代宰辅互兼制度、宰辅领礼仪差遣、宰辅带衔编修校译、宰辅带衔编修制度等作了详尽论述,并编制了《宰相带史官衔表》、《执政带史官衔表》等。之四《宋宰相表新编》②,分为平章参政、仆射侍丞、宰侍丞、仆射平章参政、丞相参政、丞相兼枢密参政等六种表及注释,其中官衔较《宋史·宰辅表》增加 6 000 个,并多处纠正《宋史·宰辅表》之误。黄宽重《南宋时代抗金的义军》③,是一部比较全面、深入探讨南宋义军的专著,内容包括义军兴起的背景、活动经过、组织形态与性质、宋廷的政策等。但限于史料,在义军的组织形态方面,仍显粗略。张复华《北宋中期以后之官制改革》④,探讨宋神宗、哲宗、徽宗和钦宗四朝的官制改革,分析相互的关系以及整体的影响,提出这些改革具有斗争性、不完全性、政策与政制合一性等三项特征。徐道邻《中国法制史论集》⑤,收录了作者 1970 年至 1974 年所撰《宋律佚文辑注》、《宋律中的审判制度》、《鞫谳分司考》、《宋朝的县级司法》、《翻异别勘考》、《推勘考》、《宋朝的刑书》等 13 篇宋代法律制度方面的论文,皆有新意,对后学启发很多。

---

① 梁天锡:《宋宰辅制度研究论集》第一辑《宋宰辅兼摄制度》,香港中国佛教文化出版有限公司 1996 年版。
② 梁天锡:《宋宰相表新编》,台北编译馆 1996 年版。
③ 黄宽重:《南宋时代抗金的义军》,台北联经出版事业公司 1988 年版。
④ 张复华:《北宋中期以后之官制改革》,台北文史哲出版社 1991 年版。
⑤ 徐道邻:《中国法制史论集》,台北志文出版社 1975 年版。

第四章 宋代经济史研究

宋代经济史研究一直是一个最受关注的分支,无论是四五十年代因苛税而引发的宋代赋税研究,还是五六十年代,运用马克思主义理论研究土地制度及庄园制度,甚至六七十年代"文化大革命"期间,王安石变法的话题仍离不开经济史研究。80年代以后,经济史研究更成为重点,每年都有大量论文问世。

1949年以前,尽管发表了不少各类专题的宋代经济史论文,但全局概述性的宋代经济史研究专著尚未问世。50年代,张家驹著《两宋经济重心的南移》①出版,不仅引起宋史界的注意,还成为整个中国古代史界的话题。

八、九十年代,更多的高质量专著相继出版。贾大泉《宋代四川经济述论》②"是在某些重要史料不足的客观困难下,对宋代四川经济作了尽可能详细的论述"③。叶坦《宋代经济思想研究》④"改变了单纯按思想家人头,或按类别的著述方式,以经济思想发展史的发展为线索,按专题系思想观点,力图展示经济思想史的发展轨迹与规律,在方法论上做出新的尝试"⑤,提出一些新的思想观点。吴晓亮和林文勋主编的《宋代经济研究》是云南大学历史系宋代经济史研究的论文集。程民

① 张家驹:《两宋经济重心的南移》,湖北人民出版社1957年版。
② 贾大泉:《宋代四川经济述论》,四川省社会科学院出版社1985年版。
③ 王曾瑜:《宋史研究的回顾与展望》,《历史研究》1997年第4期。
④ 叶坦:《宋代经济思想研究》,博士论文文库1988年。
⑤ 叶坦:《〈宋代经济思想研究〉概要》,《中国社会科学院研究生院学报》1990年第1期。

生的《宋代地域经济》①一书对"经济重心南移于北宋末完成说"提出异议。"试图从整体上建立自己的中国经济史宋辽夏金阶段的理论体系。"②

漆侠的巨著《宋代经济史》③,"力图用马克思主义基本理论为指导,揭开在宋代社会经济错综复杂的表象之下的历史事实。……从理论上高度地概括出宋代社会经济中具有典型特征的、带有普遍规律的结论,显示了作者的马克思主义理论水平。这是本书的一个重要特点。"④上册为第一编,论述宋代农业生产与土地诸关系;下册包括第二至第五编,第二编论述手工业生产,第三编专门探讨宋代茶、盐、酒、矾的生产及与国家专利制度,第四编论述宋代商业的发展,第五编论述宋代经济思想。"无论就中国经济史或宋史而论,这部书都是里程碑式的作品,它首次对宋代经济及其在中国古代经济史中的地位,作了系统、深入的论述。"⑤作者认为:在两宋期间,我国经济、文化都居于世界的最前列,并超出欧洲诸国达两三个世纪之久。书中列举宋代人口、垦田面积、单位面积、单位面积产量等一系列数据,以证实宋代的农业生产力远远超过唐代;社会生产关系也发生了相应的变化,封建租佃制取代了此前的庄园农奴制在全国范围内取得了主导地位,以太湖流域为中心的两浙路地区出现了以实物和货币为形态的定额地租,商品货币关系也急剧发展起来。在此基础上,作者提出我国封建时代社会生产力发展的两个马鞍形模式,即在秦汉时期达到第一个高峰,魏晋以下低落,隋唐有所恢复和回升,到宋代则"以前所未有的速度迅猛发展,从而达到了一个更高的高峰",元代急遽下降,明代中叶恢复到宋代水平,"以后虽有所发展,但在一定程度上显现了迟缓和停滞"。漆侠的观点在宋史界中得到相当广泛的认同。

---

①　程民生:《宋代地域经济》,河南大学出版社 1992 年版。
②⑤　王曾瑜:《宋史研究的回顾与展望》,《历史研究》1997 年第 4 期。
③　漆侠:《宋代经济史》,上海人民出版社 1987 年版。
④　史宇:《一部大型的断代经济史》,《河北学刊》1988 年第 3 期。

　　从学术渊源来说,中国宋史界受到海外"唐宋革命论"的影响。近代以来,无论中国或海外的中国史学界,都硬性将中国史纳入西方的分期,进而说中国是"停滞的社会",即长期处于古代,欧洲和日本则天生适应资本主义。到二、三十年代,日本学者内藤湖南开创了"京都学派",其根本思想是以中国为中心的东亚世界是一个独立的文明世界,其历史的展开形成了一个自身完整的世界。因此对这一历史的分期方法也不在于以欧洲史为标准,来衡量中国史①。进而提出:从史学角度看,所谓近世,不仅从时间上看距今天较近,而且必须有构成近世的内容,而在中国历史上具备这一内容的近世,应从宋代开始。唐到宋是中国由中古到近世的一个大转折②。

　　这一唐宋转折论到1945年后便发展为"唐宋变革论"。宫崎市定总结说:"中国文明在开始时期比西亚落后得多,但是以后这种局面逐渐被扭转,到了宋代便超越西亚而居于世界最前列,然而由于宋代文明的刺激,欧洲文明向前发展了。到了文艺复兴,欧洲就走到中国前面了。"③到80年代改革开放前夕,这种观点已普遍为海外学者接受,中外许多学者从不同的方面得出类似的结论:中国经济在宋代出现飞跃,达到了顶峰,尔后发展减缓,最后陷于停滞。

　　20世纪末,李伯重发表了"十三、十四世纪江南农业变化探讨"系列论文,主要从农业生产力与生产关系方面对上述"唐宋革命论"提出了挑战。其主要观点集中见于《"选精"、"集粹"与"宋代江南农业革命"》④一文。李文彻底否定了"宋代经济革命说",认为:中国是个传统的农业社会,如果真有"宋代经济革命",首先应表现为"宋代江南农业革命",从经济成长方式看,宋代江南虽有若干重要进步,但并没有出现可以称为"革命"的重大变化。因此,"宋代江南农业革命"只不过是

①　马彪:《超越战后日本中国史学模式的谷川史学》,《中国史研究动态》2001年第2期。
②　内藤湖南:《概括的唐宋时代观》,收入《东洋文化史研究》,《全集》第八卷,第111—119页。
③　宫崎市定:《宋代における石炭と铁》,《东方学》1957年第13辑。
④　李伯重:《"选精"、"集粹"与"宋代江南农业革命"》,《中国社会科学》2000年第1期。

一个"虚像"而已。产生这种错误的根源是方法论,主要表现为"选精法"和"集粹法",这两种方法的主要错误都在于将某一或某些例证所反映的具体的和特殊的现象加以普遍化,从而使之丧失了真实性。作者分析作为生产力发展的重要表象——江南粮食亩产量,指出漆侠提出亩产估计已超过或达到运用现代科技的当今苏州、上海等江南高产地区丰收年份的水稻最高产量。作者分析产生这种"虚像"的原因是研究方法的问题。所谓"选精法"的表现为:在近200条的亩产量记录中只选取个别的高产记录作为平均亩产;而在论述技术进步对农业的影响时,选取占城稻的引种及江东犁的使用,也并不具有以往所认为的那些优点。所谓"集粹法",就是在对发生于一个较长的时期或和一个较大的地区中重大历史现象进行研究时,将与此现象有关的各种史料尽量搜寻出来,加以取舍,从中挑选出若干最重要的(或最典型、最有代表性)者,集中到一起,合成一个全面性的证据,然后以此为根据,勾画出这个重大历史现象的全貌。作为这种方法的代表,作者举出台湾学者梁庚尧的《南宋的农村经济》[①],在论述南宋稻作技术时,梁氏将国内外学者所搜集到的例证集中起来,构成一幅技术进步的总图像,但这些单项技术出自不同的地区,而并非以苏州为中心的江南地区农民所普遍采用的技术。作者最后引用吴承明的话说:"我们在治史中常用'举例子'的方法,但这种方法是危险的。""方法论在史学研究中应当占有与历史资料同等重要的地位。"

这篇论文及其系列论文在国内外宋史界引起重视及争议。

第二节　关于宋代资本主义萌芽的讨论

早在20世纪三四十年代,吕振羽、侯外庐等学者已经开始探讨中国古代资本主义生产方式的萌芽问题,他们把目光对准了明末清初。

---

① 　梁庚尧:《南宋的农村经济》,台北联经出版事业公司1984年版。

至 50 年代,这一问题被再度提出,引起了学术界的兴趣,掀起了讨论的热潮。多数学者把资本主义萌芽定在明代中期,也有部分学者主张唐宋萌芽说或北宋萌芽说、宋代萌芽说。

一、第一次讨论

　　五、六十年代最早著书探讨中国古代资本主义萌芽的学者是尚钺。他在《中国资本主义关系发生及演变的初步研究》①一书中说,1950 年他和中国人民大学的同事在讲授中国历史课程时,提出"远在十六世纪中叶以前,中国已有资本主义最初的萌芽"。而在该书中,他认为"类似"资本主义生产关系的"现象","中国早在南宋末和元初,就已隐约看到"。从而"为明代资本主义萌芽,准备了有利条件"。1956 年,吴海若发表《中国资本主义生产的萌芽》②,提出"唐宋材料太少,我们暂不做结论。明、清两代,无论是在种植经济作物的农业部门,或者在生产粮食的一般农业部门,都出现了资本主义生产方式的萌芽"。同时,又在字里行间依据元末徐一夔等人的记载,觉得这一萌芽应该开始于明代以前,甚至南宋以前。同年,束世澂《论北宋时资本主义关系的产生》③刊出。其主要观点是:(1)宋代商品经济的发展达到空前的高度,这样高涨的商品经济,是可能作为资本主义关系产生的前提的。(2)北宋时已涌现出大量脱离农村封建制和城市行会限制的无产者,这些无产者成为城市产业后备军或者雇佣工人后备军。(3)北宋社会存在着资本家剥削雇佣工人的制度,各地已有了雇佣劳动的市场价格,乃至官营工场也不能不依照市场价格给予工人工资。这种雇佣工人是身份自由的,是有工资的。(4)北宋时社会面貌发生变化,已部分出现完全使用雇佣工人的资本主义农业经营者,商人资本已在支配着家庭手工业,一般坊场主是中小资本家乃至是当时的大资本家,反映在人们

---

① 尚钺:《中国资本主义关系发生及演变的初步研究》,北京三联书店 1956 年版。
② 吴海若:《中国资本主义生产的萌芽》,《经济研究》1956 年第 4 期。
③ 束世澂:《论北宋时资本主义关系的产生》,《华东师大学报》1956 年第 2 期。

的思想上,出现了重商主义派。(5)北宋时社会上已存在着资本主义的萌芽,并且还不只是稀疏地出现。

　　次年,在束世澂论文的启发下,柯昌基撰《宋代雇佣关系的初步探索》①,进一步提出:(1)宋代已有了个别具有地方性的资本主义雇佣关系。它在一般非资本主义的雇佣关系中比重是不大的。但它的出现却证明我国资本主义准备阶段开始于宋代,证明中国社会若无帝国主义侵略,是可以正常地、合乎规律地发展到资本主义社会。(2)他根据采矿、冶金、陶瓷、煮盐、造纸等业及汴京、临安府商店的雇工情况,认为宋代的资本主义雇佣关系不少是属于工场手工业的,这些手工业作坊是零星的、具有地方性的;规模较大的,工人达500多,有的工场且包括二至三个作坊,内部有一定的分工,生产有采取轮班作息制的,工资是凭技给酬;工人的劳动条件具有若干的奴役性;隶属于资本的工人,对改换雇主习以为常,一方面和资方展开了为增加工资而作的最原始的经济斗争,同时也帮助工场主人反抗封建制度;生产过程的必然性已使工人要不断把他的劳动力投回市场,使雇主为了利润不顾任何困难也要购买它;手工工场主本身已有相当的经济力量与社会力量。(3)他还论及宋代资本主义雇佣关系发展存在一些障碍,即:一是行会多少有一些束缚;二是国家的限制;三是官营工业排挤民营;四是最具决定性的原因,即一定的物质生产水平还具备得很少;五是元蒙入侵与草原贵族的统治。同年,孔经纬和李普国发表《关于宋朝富裕普通工商业者成长的某些史实》②。首先,界定"富裕普通工商业者",不是指与官府、与封建土地所有权、与封建特权结合的工商势力。其次,从各种宋代笔记中发掘一些普通的富商事例,认为这些工商业者的存在并不是个别的,他们致富的过程,一般都是比较迅速的,这说明在正常历史条件下,已有可能发展成为资产者。再次提出,只有这类经济势力才是最初资产

①　柯昌基:《宋代雇佣关系的初步探索》,《历史研究》1957年第7期。
②　孔经纬、李普国:《关于宋朝富裕普通工商业者成长的某些史实》,《历史教学问题》1957年第3期。

阶级分子的前身,在正常发展的情况下,他们一旦富裕了就有可能变成资产者。他们认为,应该从这种认识和理解出发,研究封建社会后期的资本主义萌芽问题。

1959 年,王方中《宋代民营手工业的社会经济性质》[①],对柯昌基论文中宋代民营手工业的性质论断提出不同意见,认为,宋代商品经济的发展水平还很有限,还没有见到在他们中间逐步萌生资本主义关系的迹象。又指出:"近来在某些同志的研究工作中,存在着一种脱离具体历史条件、把宋代历史近代化的倾向","这种非历史主义倾向是应当、并且可以防止的"。1963 年,吉敦谕《对〈论北宋时资本主义关系的产生〉一文的意见》[②],针对束世澂的论文,从马克思主义经典的引用和史料的引用两个角度,提出意见。首先,认为束虽征引马克思《资本论》研讨资本主义关系的产生,但其论断和马克思的论旨是不相符合的。其次,认为"束文中所引八十余条史料,非但无一能够证实其北宋资本主义的各种论断,而且其中绝大多数都由于被任意曲解,以致不能与北宋史实相符合"。吉敦谕本着讲理论、摆史料的精神,在学术层面上提出自己不成熟的意见,这种学风至今仍值得称道。

这是一次学术争论。不过,这次争论并没有进一步深入下去,史学界很快掀起批判尚钺、束世澂等人的高潮,他们不仅在学术上,而且在政治上备受打击。

二、第二次讨论

七八十年代,史学界再次探讨中国古代资本主义萌芽问题。

1979 年,刘永成《论中国资本主义萌芽的历史前提》[③],提出资本主义萌芽必须具备:"社会分工的扩大和商品经济的不断发展","商业和商人资本的一定程度的发展","地租形态的变化,货币地租的发展"等

---

① 王方中:《宋代民营手工业的社会经济性质》,《历史研究》1959 年第 1 期。
② 吉敦谕:《对〈论北宋时资本主义关系的产生〉一文的意见》,《光明日报》1963 年 2 月 27 日。
③ 刘永成:《论中国资本主义萌芽的历史前提》,《中国史研究》1979 年第 2 期。

三个前提,而"不仅唐代、宋代、元代乃至明代前期,都是不可能完全具备的"。

同年,傅筑夫《唐宋时代商品经济的发展与资本主义因素的萌芽》①,提出"封建社会内的商品经济的发展,是资本主义因素产生的历史前提"。他认为:(1)唐代是从古代型的贩运贸易开始向近代型商业转变的过渡期,雇佣劳动在唐代已经是普遍实行的一种制度。(2)宋代的国内商业规模远大于唐代,地方性商业亦远比唐代发达,对外贸易非常发达,商品生产比唐代又往前发展了一大步。(3)宋代的手工业无论在经济规模上或生产技术上,都远比唐代为进步,如茶、糖、盐、丝织、印刷、制瓷、造船等业。(4)宋代的商品生产远比唐代发达,而且也大大超过了十四五世纪地中海沿岸城市产生资本主义萌芽时的发展水平。"根据宋代的商品经济和雇佣劳动发展情况来看","宋代是中国资本主义萌芽的产生时期"。

1980 年 7 月,召开全国性的中国经济史研讨会,主要讨论"如何看待中国资本主义萌芽的一些问题"。会上,有些学者认为,"中国农业资本主义萌芽是确实存在的,不能以马列著作的一些概念来套中国的情况"。另一些学者则提出,"资本主义萌芽指的是资本主义关系的最初出现,虽然是个别现象,但必须是具有质变的现象","就雇佣劳动而言,我国虽出现较早,但直到清代以至近代的一些雇佣关系,还是属于封建性质的"。连很多学者赞成的明代中期说他们也加以否定,更不屑考虑唐宋说或宋代说了②。

1981 年起,郭正忠连续发表文章,从各个角度论证宋代出现了资本主义萌芽。其中代表作为《宋代四川盐业生产中的资本主义萌芽》③和《宋代包买商人的考察》④。前文的主要观点为:(1)北宋中期四川开

①　傅筑夫:《唐宋时代商品经济的发展与资本主义因素的萌芽》,《陕西师大学报》1979 年第 1 期。

②　《中国经济史学术讨论会纪要》,载《光明日报》1980 年 7 月 29 日。

③　郭正忠:《宋代四川盐业生产中的资本主义萌芽》,《社会科学研究》1981 年第 6 期。

④　郭正忠:《宋代包买商人的考察》,《江淮论坛》1985 年第 2 期。

始出现的卓筒井使用新技术,与旧式的大口浅井截然不同,它是井盐手工业生产向专业化分工发展的产物。(2)卓筒井作坊主人是货币资本的拥有者,这些资本虽远不似大盐商那般雄厚,却开始转化为真正的生产资本。(3)新井作坊中受雇的工匠,仅仅出卖自己的劳动力给主人,并不出卖其人身,他们已是双重意义上的自由劳动者。(4)井盐业中资本主义萌芽,仅存在于四川部分地域和处于半秘密状态的部分卓筒井中;其生产规模——几个至一二十个井台,也只限于手工作坊的简单协作。(5)四川卓筒井作坊属于中国历史上——大约是第一代资本主义萌芽,这一事实表明,中国无产阶级与资产阶级的前身,曾有过比西欧市民阶层更早的"创世纪",只是由于地主阶级的残酷打击,他们又夭亡了。后文主要认为:(1)包买商人的活动,在封建生产方式向资本主义生产方式转变的历史上,起过巨大的过渡作用。(2)在宋代江西织布业、两浙丝织业、川峡茶园、福建果园、广东矿冶业等部门和地区,均可发现包买商人的活动。(3)宋代包买商人活动的特点是,一般已拥有比较雄厚或相当数量的货币资金;首先经营某些市场畅销而利厚的商品,并与生产这些商品的部门发生联系;他们包购生意的对象,主要是直接生产者或生产经营者;他们与生产者交易的手段,多是事前付款,事后提货;付款的方式,则是预交定钱,预交产品本钱,或预放生产性贷款;购销产品的数量是成批的和大宗的;一部分包买商人开始雇佣助手或代理人,为自己效力;他们的资本与信贷资本联系密切,并互相转化。(4)宋代包买商人活动的经济背景,主要是商品货币经济的发展,特别是某些商品贸易市场的扩大和商人货币资金的集聚。在宋史学界中,郭正忠是继柯昌基之后力主宋代出现资本主义萌芽观点的又一位专家。

朱瑞熙在《宋代社会研究》一书中,赞同范文澜的论断:"宋朝生产力的顺利发展,很可能产生资本主义的萌芽。"[1]提出:"宋代只是中国封建社会中资本主义萌芽的准备阶段",虽然"从社会经济的角度考

---

① 范文澜:《范文澜历史论文选集》,中国社会科学出版社 1979 年版,第 30 页。

察,宋代已经初步具备了资本主义萌芽的物质条件",但由于宋朝在外部不断受到北方邻国的侵扰,在内部地主阶级加紧对人民的压榨和控制,社会经济的进一步发展受到了压抑,因此始终没有产生出资本主义的萌芽来。①邓广铭也不赞成资本主义萌芽宋代说。他说:"有很多人认为,在宋代已经出现了资本主义关系的萌芽,在地租形态中,也已经出现了货币地租。我以为,这一说是不很妥当的。"邓先生进一步提出:宋代并不具备所谓资本主义萌芽的一些"一定的条件",如劳动力的商品化、规模较大的手工工厂、包买商人的出现等②。

反思 20 世纪中国学术界关于资本主义萌芽问题的争论,以及 80年代关于中国封建社会长期停滞原因的讨论,其实都还没有超越几种社会形态(即原始社会——奴隶社会——封建社会——资本主义社会等)的发展模式。这套西欧模式并不完全符合中国的历史实际,因为中国至少在西周以后并不存在西欧式的封建制度或封建社会。如果唐宋或明清并非封建社会,那么,何来封建社会中"孕育着资本主义的萌芽"? 何来封建社会的长期停滞不前③?

第三节　围绕土地所有制的两场争论

宋代土地制度的研究往往与庄园租佃制及资本主义萌芽问题纠缠在一起,于五六十年代及 80 年代中,出现过各种议论,发生过一些争论,它曾是一个相当热门的研究课题,而这两场争论是在不同的政治、思想背景下发生的。

一、宋史研究先驱者最初的探索

早在三四十年代,即有学者开始探索这一课题,成果并不多,也不

---

① 朱瑞熙:《宋代社会研究》中州书画社 1983 年版,第 173 页。
② 邓广铭:《邓广铭学述》,浙江人民出版社 2000 年版,第 163 页。
③ 白钢编著:《中国封建社会长期延续问题论战的由来与发展》,中国社会科学出版社 1984 年版。

太深入,只与其他朝代作些粗浅的对比研究。

李栋材《唐宋元明土地制度概略》发表于 1947 年 10 月 29 日《中央日报》。作者先介绍唐代均田制的大概情况,认为其均田办法为宋元明代的土地制而斟酌损益之。唐开元以后,实行两税以资救济,唐代的均田制度革除无余,土地公有制度不复存在,而土地私有制从此滋长,实为我国经济史上的一大阶段。宋代有民田和公田,南宋言田制者多采用方田法的遗意,创立经界之说,但经界之法未能行于全国,是很可惜的一件事。张子铭《宋元的地籍整理》载于 1948 年 5 月 24 日《中央日报》。作者认为:在宋代地籍整理措施中,经界法不失为良法,申严推排之法,才能使民安业,而这项措施最终未被实施实令人遗憾。

陶希圣《宋代的职田》①指出:中唐以后,职田在官员的俸禄里已不甚重要,钱的支给已成其生活之必要。五代时,职田竟归于废弛。宋初咸平中规定,以官庄及远年逃亡田拨充职田,职田佃户要以浮客充当,田租依照各地的私田习惯。仁宗时,政府便想废掉这种制度,打算由财政官收取职田租,计数分派于各地方官,其实是变职田制为俸钱制,办法还没议好,法令还没实施,仁宗又把职田制恢复了。值得注意的是"无田而配出所租",意为本没职田,而把应得的田租数目分派到税户身上,令其摊交。

二、五六十年代:第一场争论

20 世纪中期,一般学者都承认:中唐前后,土地所有制形态发生了重大变革,宋代其实是沿着中唐以后的路线发展的。但关于这一变革的具体内容,一部分史学家认为是均田制的破坏和庄园制的发达;而另一部分史学家则认为是世族地主土地所有制的衰落和庶族地主土地所有制的兴起。

侯外庐代表前者,他的《中国封建社会土地所有制形成的问题》②

① 陶希圣:《宋代的职田》,《食货》1935 年 7 月,第 2 卷第 4 期。
② 侯外庐:《中国封建社会土地所有制形成的问题》,《历史研究》1954 年第 1 期。

认为:"中国中古封建是以皇族地主的土地垄断制为主要内容,而土地私有权的法律观念是比较缺乏的。""秦汉以来这种土地所有制形式是以一条主线贯串着全部封建史,其所以说是主要的,因为这种生产关系是居于支配地位,并不是说此外没有其他占有权存在。""前一阶段以军事的政治的统治形式为主,汉之垦田、屯田、公田、营田是不完全制度化的,魏晋屯田、占田以至北魏、北齐、北周、隋、唐的均田是制度化的。后一阶段(从安史之乱到清初)这种土地所有制是以经济的所有形式为主(军事屯田例外),唐中叶两税制开其端,至宋、元、明、清的官田、皇田、官庄、皇庄是制度化的。"中心论点是中国封建社会实行土地国有制。

大多数宋史研究者显然不同意侯外庐的概括,而同意后一种意见。杨仪(国宜)认为北宋时多种形态并列,但大地主土地私有制已占上风。其《北宋土地占有形态及其影响》①认为:首先,宋初40年,朝廷在解决农民土地问题上做了一些工作,因此创造了大量自耕小农经济。其次,真、仁、英、神时期出现新情况:(1)官田恢复,官田经营方式改变,官庄客户出现封建隶属性减轻的趋势,实物地租以外,还采用货币地租。(2)私人地主势力发展:宋代富民兼并土地比以前各代更为突出,因而官僚大地主在宋政权中占有决定性的地位,最高统治者虽想稍予控制,也无能为力,这就是限田不成与新法失败的根源。(3)地主庄田租佃制的发展:宋代明显出现了主户与客户、田主与田仆的对立,田主之名的出现曾引起历代史家的注意,这是一个很大的转变。(4)土地集中及其影响:"田制不立"、"赋役不均"造成北宋社会危机。北宋末年官僚地主暴夺民田,政府采取括公田方式,助长土地兼并,加深阶级矛盾,加速了北宋的灭亡。杨国宜《南宋大地主土地所有制的发展》②,总结土地所有高度发展的表现为:(1)官田的空前扩充,官田数量一直在发展着,但总数已不可考。从绍兴元年(1131年)到淳熙元年

① 杨仪(国宜):《北宋土地占有形态及其影响》,《历史教学问题》1958年第3期。
② 杨国宜:《南宋大地主土地所有制的发展》,《史学月刊》1959年第9期。

（1171年）的40年间，官田总数达20万顷，占全国垦田面积十五分之一弱，超过北宋官田数量三倍。（2）当时封建经济的主流还是一般地主，大地主兼并势力迅速发展，在南宋农村，出现商人、地主、官僚三位一体现象，他们采用各种方式进行土地兼并，形成空前未有的大地主。（3）土地集中，农民破产。

张邦炜《论宋代的官田》[1]认为：从中国封建社会开始之日起，地主土地所有制就是土地所有制的主要形式；在北宋，官田大约仅占全部耕地面积的七十二分之一，即使在官田颇为发达的南宋也只不过占十五分之一。北宋前期，经营国有土地的最普遍、最流行的方式是屯田营田。处理官田的办法有：一是出卖与人，这说明封建政府承认私人的土地所有权，可见那种认为封建国有制以一条红线贯串着全部封建史的说法是难以成立的。二是改变经营方式，召人租佃或设置官庄。北宋以后，庶族地主土地所有制有了进一步的发展，发展的标志是依附关系减轻的租佃关系已正式而普遍地确立了。而且，国家土地所有制也起了相应的变化，即从屯田营田制变为召人租佃或设置官庄，也就是说，封建国家由仿效世族地主过渡到仿效庶族地主。

承认大地主土地私有制为主流，"土地兼并"问题便不可忽视，杨志玖和李景林围绕宋代地主与农民占田的估算比例数发生了争论。当时，一般主流的通史著作认为，大地主占有宋代全国六分之五的耕地。杨志玖《北宋的土地兼并问题》[2]对这一比例提出了商榷。由于上述说法的依据是《宋史·食货志》，作者详细核对了史料后发现：首先，这一推算并不准确。《宋史·食货志》说：不纳税田占十分之七，则纳税田占十分之三，纳税田为440万顷，则实际垦田数当为1460多万顷，绝不会达到《宋史》所载的3000多万顷，这个数字显然是推算错误或是笔误。其次，不能把纳税田和不纳税田的比例数字作为地主和农民占有

---

①　张邦炜：《论宋代的官田》，《甘肃师大学报》1962年第4期。

②　杨志玖：《北宋的土地兼并问题》，《历史教学》1953年第2期，后收入《中国历代土地制度问题讨论集》，三联书店1957年9月版。

田土的比例数字。因而作者认为："在没有更精确的统计以前,我们仍不妨用《宋史·食货志》所说的纳税和不纳税的比例数字作为近似的推测,即是可以认为大地主约占全国耕地三分之二,而农民的田则占三分之一。"又写道:"此外我们还可以从北宋的人口方面来推测土地兼并的情况,宋代的户口分主户和客户两种,主户是指有土地者,其中包括地主和自耕农。"李景林《对北宋土地占有情况的初步探索——兼对杨志玖先生"北宋的土地兼并问题"的几点商榷》①提出了不同意见:(1)根据纳税与否并不能说明私人地主占有土地的情况,只能基本上说明官僚地主及其他享有封建特权的地主对土地占有的情况,因为享有封建特权并占有大量土地的官僚地主并不代表整个地主阶级,还有私人地主的存在,私人地主按照当时的法律向封建国家负担赋役。(2)杨文所谓农民占有三分之一土地的结论,似乎没考虑这一点,并把主户内部土地占有情况简单化了,因为主户中不仅有地主和自耕农,还有很大一部分贫苦农民和一无所有的佃农,自耕农和佃农只占有全国耕地中微不足道的极小部分。作者的结论是:(1)占全国人户总数中极少数的官僚地主和私人大地主约占有全国土地的70%—85%,他们利用土地及其他特权,残酷地压迫和剥削广大下层农民。(2)占主户中户数很小一部分的中小地主和占主户中人户相当部分的自耕农,占有不到全国耕地15%的土地。(3)占全国总户数30%的乡村客户并不占有土地,他们直接忍受着地主阶级及其政府的种种压迫和剥削。

　　华山《南宋统治阶级分割地租的斗争——经界法和公田法》②考察国家对大土地所有者开展的一系列分割地租的斗争。论文开头写道:"我国历代统治阶级的内部斗争,不管采取何种形式,和其直接原因是什么,归根结底其实质"都是为了缓解政治危机而"被迫采取自卫手

---

① 李景林:《对北宋土地占有情况的初步探索——兼对杨志玖先生"北宋的土地兼并问题"的几点商榷》,《历史教学》1956年第4期,后收入《中国历史土地制度问题讨论集》,北京三联书店1957年版。

② 华山:《南宋统治阶级分割地租的斗争——经界法和公田法》,《山东大学学报》1960年第1期。

段,向大土地所有者展开分割地租的斗争"。而南宋的经界法和公田法都是这种性质的斗争。作者先分别论述了公田法与经界法的产生、颁布和实行情况,列举了绍兴中李椿年主持的南宋最大规模且颇有成效的一次经界法的实行与其后续发展情况,并与朱熹主持的措置失败作对比。认为:公田法的实质是官庄制度的扩大。二法相比,各有得失利害,尽管"都是统治阶级内部分割地租的斗争,但由于它们采取了不同的形式,又在不同的历史条件下实施,这就使得两者有着不同的社会内容和历史意义"。

三、八九十年代:第二场争论

(一) 宋代各种土地所有制形态的深入研究

关于宋代土地所有制的形态问题,在 80 年代初又被人提起。董家骏《试论宋代的诉讼法与土地所有制形式的关系》①,针对侯外庐国有土地主导说提出商榷:侯先生所谓的"皇族土地所有制",实际上就是"封建国家土地所有制"。既然成为"垄断制"、"主要内容",国有土地就必须在数量上能够占绝对优势。但就南宋而言,官田数量约达 20 万顷,比北宋的官田总数高出三倍,仍仅占全国垦地面积十五分之一弱。据此,两宋国有土地不足以成为"主要内容"或"垄断制"。两宋官田之外的土地私有制具有浓厚的"经济"色彩,而且这种土地私有制在宋代法律上给予了肯定,土地在交易过程中,体现为私有财产。程溯洛主张多种形态并存说。其《宋代封建土地所有制的各种形态与农民的负担》②认为:(1)两宋时期,官僚地主土地所有制占有全境土地十分之七的面积。(2)宋代私人大地主的大土地所有制仅次于官僚地主土地所有制。(3)南宋封建国有土地比率的增加,对于南宋在严重战争威胁下仍能维持其 150 余年的统治是有相当关系的。(4)小农的土地所有

---

① 董家骏:《试论宋代的诉讼法与土地所有制形式的关系》,《宋史研究论文集》,上海古籍出版社 1982 年 1 月版。

② 程溯洛:《宋代封建土地所有制的各种形态与农民的负担》,《历史教学》1982 年第 7 期。

制缩小,这种地主和农民的两极分化,可谓宋代封建土地所有制的特点之一。宋代农民的负担和封建土地所有制的各种形态紧密相连。二税的合计宋朝超过唐朝七倍以上,占宋代人口一半的佃农是二税的实际负担者。随同二税输纳的还有杂变之赋和丁口之税(身丁钱)、杂徭,官田地租比私田重。

何为宋代的土地所有制形态的主流,至80年代,已不再是争议的中心,大多数学者都认同地主土地所有制占主导地位的观点,只是对于官田官庄的地位作用有些不同的意见,于是一度形成研究官田、官庄的热潮。不少学者主张宋代国有土地衰落说。赵俪生《试论两宋土地关系的特点》①认为:从井田到均田就是马克思所表述的东方(亚细亚)形态存在和减退的过程,从两宋开始,所谓亚细亚特征已经基本上减退完毕了。宋代商品生产发展,"商业货币等交换流通行为所引起的压倒一切的影响作用在土地所有制方面的具体表现",就是"两宋官田的私田化与官租的私租化"。封建国家土地所有制日益衰落,土地私有制特别是地主所有制日益发展,确系宋代土地所有制诸关系中的一个重要特点和变化。漆侠《宋代经济史》用统计数字来说明国有土地制的衰落,封建地主土地所有制占据优势及自耕农民土地所有制日益缩小的过程,封建国家占有的土地,北宋约为垦田面积总数的4.57%,南宋约为4%;大地主占田,北宋约为30%~40%,南宋升至50%,中小地主占田则在30%~20%间;自耕农民的占田,在北宋最高不过40%,到南宋则下降为30%。

由讨论国有土地所有制的衰落,引发了官田私有化的话题。蒋兆成《宋代官田的演变》②认为:秦汉以来官田就开始采用租佃方式经营,但只是到两宋时期,佃耕制才成为经营官田的普遍形式,用经济关系的强制来代替政治、军事的强制,这显然是一种历史进步。两宋官田的经营方式大致可分为军屯(或军庄)、营庄(或营田官庄)、分散佃耕制和

---

① 赵俪生:《试论两宋土地关系的特点》,《吉林师大学报》1979年第1期。

② 蒋兆成:《宋代官田的演变》,《杭州大学学报》1981年第3期。

三级包佃制等四种类型。而屯聚兵民佃耕制的官庄,最终必然要为分散的佃耕制所代替。由于豪绅地主实际占有官庄的国有土地,便决定了官田私有化必然沿着封建大土地私有制的方向发展。国有土地私有化的两条重要途径是:承佃官田的佃户对国有土地具有继承权和买卖转让权,官田的大量出卖。由这两条途径发展,官田最终多变为豪绅地主的私产,这是封建土地私有制发展的必然结果。

张景贤《宋代官田的衰落》[①]也认为宋代国有土地急剧衰落。其表现为:北宋官田主要集中在北方沿边地区,总的看来数量不多;南宋初期的官田,基本沿用了屯田、营田之名,多行于江淮、荆襄、川陕地区。所谓南宋官田总数占全国垦田面积十五分之一弱,超过北宋官田数量三倍的数据,作者认为并不确切。北宋神宗时,官田占垦田总数的9.5%,南宋则占7.6%,何况宋政府所掌握的全国垦田数当是比实际垦田数大大缩小了的数字,官田与实际垦田面积相比,所占比重只能比9.5%和7.6%的比率更低。而且南宋国土大减,江淮地区多次遭到金兵的践踏,官田经营不善,时兴时废,垦田总数比北宋为少,大土地所有制又有明显的发展,官田数量不可能超过北宋。官田衰落的外因为宋政府所推行的土地政策使大土地所有制迅猛发展,加速了官田的衰落;内因是经营管理不善,生产积极性低。由募民承佃至出卖官田,是宋政府官田政策的一大转变。大量官田从封建国家名下合法地转移到封建地主手中,加速了土地国有制的衰落和封建大土地所有制的发展,封建国家直接控制和剥削的佃户的数量日益减少,更多地通过地主阶级间接地实行对佃户的剥削,这就使封建国家和地主阶级的利益结合得更加紧密。

梁太济《两宋的土地买卖》[②]指出:值得注意的是,官田的民化和官田的出卖,主要不是通过政府的出卖,而是佃户将佃耕的官田当作民田一样出卖,政府事后也逐渐承认这种土地买卖行为的合法性,体现出土

①　张景贤:《宋代官田的衰落》,《河北大学学报》1982 年第 3 期。

②　梁太济:《两宋的土地买卖》,《宋史研究论文集》,上海古籍出版社 1982 年 1 月版。

地私有权日益增强的历史趋势,官自卖田的过程也是官田不断向民田转化的过程。宋代社会有别于它以前各个时代的显著特点是,宋代土地所有权通过买卖经常转换,封建地主要通过买卖才能取得奴役榨取农民的先决条件——土地。土地买卖盛行的事实表明土地的私有性质确实已经有了增强。宋代官户、形势户对土地的占有,主要是通过土地买卖实现的,与直接凭借政治权势的"吞噬""兼并"相比,终究是社会前进的标志。

葛金芳《关于北宋官田私田化政策的若干问题》①从国家土地政策的角度,探讨官田私田化。(1)形式:官田私田化无非有偿转化(出卖)与无偿转化(赐赋)两大类,而以有偿转化为主。(2)概况:官田私田化政策实质是对土地私有化潮流的被迫承认。真宗时企图恢复福州官庄已消退的官田性质,却几度碰壁,说明土地私有潮流确已不可逆转。仁宗时退而求其次,迫使官庄佃户补交地价,否则就要剥夺其土地所有权,此后有偿转化日益成为官田私田化的主要方式。(3)中唐以来日益明显的土地私有化潮流,便是官田私田化政策的幕后推动力,土地私有制因渐趋成熟而日益显示出优越性,官田的私田化趋势便表现为历史的必然。(4)这一政策既有顺应历史潮流、调动直接生产者劳动积极性的一面,又有延缓土地使用权向土地所有权的深化进程、加剧土地与劳动的分离趋势之消极的一面。在晚唐至北宋初,这个政策的积极面占主导地位,而北宋中叶以后,消极面有了明显的增长。至于括田之举措,不能视为官田私田化政策的反证。官田私田化的流量毕竟要比私田官田化大得多。官田的数量在某些特定时期有过畸形膨胀,但总趋势仍在逐步缩小。而魏天安《宋代官庄制度考实》②认为,宋代存在民田不断沦为官田的反向运动,因而"官田私田化"才如有源之水,常流不竭。

关于官田的数量,程溯洛《南宋的官田与农民》③认为:北宋元丰年

---

① 葛金芳:《关于北宋官田私田化政策的若干问题》,《历史研究》1982 年第 3 期。
② 魏天安:《宋代官庄制度考实》,《河南大学学报》1991 年第 4 期。
③ 程溯洛:《南宋的官田与农民》,《历史教学》1953 年第 8 期。

间为 6.3 万余顷,约占农田面积的百分之一点三八。漆侠估计(《宋代经济史》):熙宁、元丰之际垦田最少达 700 万顷,而各类官田总额为 32.2 万余顷,则国有地占垦田总数的百分之四点三左右。魏天安《宋代官田的数量和来源》[1]重新做出估算,认为官田的实际数额大大高于上述两个数字,理由是官田来源很多:有前代遗留下来的屯田和官庄,已耕垦的土地又因居民逃亡而荒废,户绝田,没官田,投献田,拓边占田,围水为田,购买等,规模之大为历代王朝所不能比拟。宋初官田仅有数万顷,此后随着土地的开发和土地账籍制度的完备,逐步增多,至宋神宗时达到高峰,有 80 万顷。此后,土地兼并和吏治腐败,使官田所有权为包占者所分割,官田数量和国家的租课收入锐减。北宋末的"括公田"本是国家企图凭借政治强权恢复对国有土地所有权,却成为北宋末年农民起义的导火线。南宋高宗、孝宗 60 年间,大片荒田得到垦辟,官田的数量渐趋接近北宋的水平,此后随着官田包占浪潮的不断高涨,官田逐步减少。南宋末的"买公田"与北宋末"括公田"同出一辙。

曾琼碧《宋代官田的来源以及官私土地的相互转化》[2]似乎是结合了上述双方的要点,认为在官田大量转化为私田的同时,也有不少私田转化为官田的,两者始终处于对流的状态,而流向应是官田化私田为主。营田在某些时期之所以有所扩大,直接原因是官府不断籍没和强夺民田,主要还是由于当时的阶级矛盾与民族矛盾的尖锐,以及小农经济的脆弱等原因造成的。宋代不断出现新的官田,这种现象是不容忽视的。官田的数量还是一个悬而未决的问题,《文献通考》卷 4 关于元丰年间全国官田数字的记载大有疑问。官田的数量是时减时增,北宋或南宋官田的绝对准确数量很难估计。

吴旭霞《论南宋末年的公田法》[3]认为:"公田法"出现在南宋末年,是财政危机发展的必然结果。以往官田多卖给大地主、大官僚、大商

---

[1] 魏天安:《宋代官田的数量和来源》,《中州学刊》1991 年第 4 期。

[2] 曾琼碧:《宋代官田的来源以及官私土地的相互转化》,《中山大学学报》1993 年第 1 期。

[3] 吴旭霞:《论南宋末年的公田法》,《江西社会科学》1986 年第 6 期。

人,结果造成大地主土地所有制的发展。公田法则限制土地兼并,它是封建国家政权与地主阶级矛盾的产物,实行公田法的唯一目的就是榨取地租,摆脱经济危机,以恢复落后的封建土地国有制。其失败说明地主阶级的局限性,决定了他们不可能对封建土地制度进行彻底的改革,不可能消除封建社会地主兼并土地的普遍现象,以土地国有取代地主土地所有制,是逆历史潮流的倒退,所以绝无成功的可能。

屯田、营田为宋代官田中的一种,而且是与秦汉以来的官田制最为接近的一类,在宋代土地私有化浪潮中显得颇为特别,于是在 80 年代成为议题之一。首先,屯田和营田如何定义,是否屯田必以兵,营田必募民? 对此,学者表达了不同的看法。汤开建较早开始研究这一课题,《试论南宋的营田》①一文从南宋营田的恢复发展、经营方法、阶级关系以及经营效果等四个方面进行深入地探讨,认为南宋营田的主要方式为置庄经营,采用租佃制,地租形式主要是实物地租,广大佃农实际是被封建国家奴役的农奴。若璋《宋代的屯田》②主要评论宋代屯田的种种不利、有害方面,认为它是一种无用的制度。而李蔚认为:“陕西的屯田和营田大大减轻了军粮运输之苦”。史继刚认为:当前有的学者对宋代屯营田的效果和作用估计过高,实际上,宋代屯田、营田效果不佳,原因一是屯田、营田中残存的封建劳役制对耕种者生产积极性的影响;二是主管官员不能恪尽职守。李蔚《论宋代西北的屯田》③谓:“屯田、营田名异而实同”,这一观点为许多学者赞同。李清凌《关于宋代营田的几个问题》④认为:屯出、营田并不是一回事。营田并非全是国有土地,而是国有和私有土地的混合体,私田所占比重较大;是以流亡人口为主的耕作者与封建政府构成的一种生产关系。宋代营田产生一系列弊病的主要原因:(1)缺乏稳定的土地来源;(2)营田劳动者人身

①　汤开建:《试论南宋的营田》,《兰州大学学报》1982 年第 1 期。
②　若璋:《宋代的屯田》,《东南日报》1984 年 2 月 2 日。
③　李蔚:《论宋代西北的屯田》,《宋史研究论文集》87 年会编刊。
④　李清凌:《关于宋代营田的几个问题》,《西北师院学报》1985 年第 3 期。

极度不自由,致使他们失去劳动的积极性;(3)吏治的腐败;(4)私家地主的侵蚀与破坏。至于"广置营田"与"尽鬻官田",不一定有内在必然联系,二者都是宋政府解决同一财政问题所采取的两项措施。台湾学者侯家驹《宋代屯田营田辨》①。用比较的方法将二者清楚地区分开来。在回顾唐代营田概况时他发现,唐之营田绝大部分均用民耕,营田与屯田二词交互使用,经五代直至宋初仍是如此。按土地、人员、目的、政府提供、政府借贷,分成方法六大项目,比较二者后,作者指出:屯田主要位于边境,多为水田;营田北宋主要位于西北前线,南宋多在接近前线的后方。屯田人员主要为兵卒,间亦招民耕种;营田人员主要为人民,亦有乡兵、厢军、配军承耕。屯田主要为军事动机,营田主要为经济动机。屯田政府提供房舍、耕牛、农具、种子、田粮;营田政府提供房舍(或兼供牛具种子),屯田无须借贷,营田政府供给牛具,贷款购种粮。屯田官府与承耕者平分;营田官府分四成,承耕者分六成。史继刚《宋代屯田、营田问题新探》②则认为二者并不能如此清楚划分,史料证明:宋代不仅存在"用兵以耕"的屯田和"募兵以耕"的营田,同时也存在屯田以民、营田以兵或兵民杂耕的现象,特别是营田,越是往后发展,兵卒耕种的比例越大,以至于呈现出以兵代民的趋势。分布特点是:北宋多集中在河北、山西、陕西等三边地区,而南宋几乎在各地都有设置。

关于职田的研究论文不多,如穆朝庆《论宋代的职田制度:兼评"厚俸养廉"政策》③,论述宋代职田制的实施过程与变革、职田的经营与收入分配等,透视其利弊得失,评价"厚俸养廉"政策的性质与作用。作者认为:宋职田制大约经历了四个阶段:恢复阶段——宋初至咸平二年,初步调整阶段——咸平三年至庆历三年,再调整阶段——庆历四年至熙宁、元丰年间,维持阶段——元丰以后至南宋末年。由于宋代土地私有制占主导地位,官府所控制的土地比重不大,职田实质是用政治资

①　侯家驹:《宋代屯田营田辨》,《中华文化复兴月刊》1986年,第19卷第9期。
②　史继刚:《宋代屯田、营田问题新探》,《中国社会经济史研究》1999年第2期。
③　穆朝庆:《论宋代的职田制度:兼评"厚俸养廉"政策》,《中州学刊》1992年第4期。

本补偿经济损失。

姜锡东《试论宋代的官僚地主土地所有制》①认为：在宋代五种土地所有制中，官僚地主土地所有制占据了支配地位，但在宋初两朝尚无优势，真宗朝尚不到总数之半，至仁宗朝开始达到50%，到南宋时则高达70%左右，而且土地质量好，多为肥沃之地。冗官冗吏之弊的形成，是官僚地主土地所有制恶性膨胀的主要原因。其特点为：突出的特权性；土地所有权与经营权分离；具有不稳定性，特别是南宋时，土地买卖频繁，土地所有权迅速转移是突出的社会现象。

（二）限田与"不抑兼并"的再评价

宋代的土地政策最突出的一点便是"不抑兼并"，大地主土地所有制得到相对自由的发展，但最高统治者仍不时有限田政策出台。宋政府为什么要颁布限田令？王志瑞《宋元经济史》②认为是为了解决"赋税不均"的问题；李剑农《宋元明经济史稿》③认为是为了解决"一面欲耕而或无地，一面有地而无人耕"的土地分配不均问题；蔡美彪等《中国通史》第五册④认为是为了遏制"官员地主无限占田"的剧烈兼并土地之趋势。而张景贤《关于宋代的"限田"政策》⑤认为：首先，宋政府提出限田政策的直接原因，是为了解决差役摊派不均的严重问题，目的在于"均徭役"，而不在于"均田税"。其次，限田政策的内容见于《宋史·食货志》中《农田》和《役法》两门，若不留心易误认为两件事情，而对限田诏书的内容产生片面认识。再次，关于限田的数量，史料皆说品官以30顷为限，作者认为当是举其中数，当有不同的限额。最后，仁宗乾兴元年限田诏书之后，宋政府仍可能实行过限田政策。徽宗时，官员们普遍认为限田无法推行；到南宋，这些更成一纸空文。

对于宋代"不抑兼并"的土地政策，建国后一直被冠以"反动政策"而给

①　姜锡东：《试论宋代的官僚地主土地所有制》，《中国经济史研究》1994年第3期。
②　王志瑞：《宋元经济史》，商务印书馆1934年版。
③　李剑农：《宋元明经济史稿》，三联书店1957年版。
④　蔡美彪等：《中国通史》第五册，人民出版社1978年版。
⑤　张景贤：《关于宋代的"限田"政策》，《河北大学学报》1981年第3期。

予恶评。乌廷玉的论文《北宋大土地所有制的发展和"千步方田法"》①,代表"文化大革命"前的主流观念,先列举大地主获得田产的手段:主要通过暴力强占;其次通过放高利贷;三是勾结官府伪造契券,讹诈农民或中小地主田产。认为北宋大地主的土地兼并影响极坏:一是迫使农民破产,二是破坏一部分地区公共水利工程,三是偷税漏税,破坏国家财政,使部分赋税转嫁到中小地主和自耕农肩上。"千步方田法"的实施,增加了税收,解决了财政赤字问题,减少了赋税转嫁,平均了赋税负担,实际上这是宋政府反击大地主的过程;但徽宗时"千步方田法"的实施很不彻底,成效很差,问题很多。

80年代后,随着思想解放的深入,历史评价更为客观,出现了许多不同的声音。葛金芳《试论"不抑兼并"——北宋土地政策研究之二》②认为:将不抑兼并政策径直斥为"反动政策",恐怕失之武断。"杯酒释兵权"之举,标志着不抑兼并已达到登峰造极的地步。宋代各种抑制兼并的言论,大致有三种情况:一是统治阶级为欺骗农民群众而发的空头支票;二是拘守经学的儒生之见;三是沿用兼并一词,而含义已转而他指,从中看不出与不抑兼并政策有相抵触的地方。不抑兼并政策的诞生乃是社会经济条件变动之后的必然产物,地主阶级大土地所有制合法地位的确立,在我国中古社会发展史上无疑是一个历史性的标志,这个标志说明地主阶级争取本阶级土地所有权的斗争已基本结束;历史开始进入农民阶级为自身土地所有权而斗争的新时期;土地政策上的"不抑兼并",必然导致赋役政策上的"据地出税"。唐兆梅《析北宋的"不抑兼并"》③进一步指出:唐中叶以前的诸般田制和摧抑兼并的政策自有其长期存在的理由;而唐中叶以后的"不立田制"和"不抑兼并"政策,含有现实的因素,取代摧抑兼并的政策是历史发展的产物。(1)北宋的"不抑兼并"是唐末五代以来土地兼并发展的必然趋势;(2)不抑

① 乌廷玉:《北宋大土地所有制的发展和"千步方田法"》,《松辽学刊》1985年第1期。
② 葛金芳:《试论"不抑兼并"——北宋土地政策研究之二》,《武汉师范学院学报》1984年第2期。
③ 唐兆梅:《析北宋的"不抑兼并"》,《中国史研究》1988年第1期。

兼并是宋廷集中兵权、财权、政权的补偿政策;(3)北宋"不抑兼并"政策,反映出时代特色;(4)宋人抨击兼并的言论,"均济贫乏"的要求,内涵与特点都与前代迥然不同;(5)"不抑兼并"政策有一定的积极意义,不应全盘否定。理由是:它促进封建租佃制在宋代的广泛发展;促使土地与劳动力的结合;使宋朝的土地开垦率达到了很高的程度。所谓"不立田制",实际是商品经济发达、租佃关系发展、土地买卖盛行情况下的一种新的田制,"不立田制","不抑兼并"并非反动政策,而是历史的进步,应给予新的评价。马兴东《宋代"不立田制"问题试析》①则将"不立田制"与租佃制相互联系起来。他论证说:(1)"北宋全国的耕地面积约有 85%以上都在私家地主手中",南宋时政府所控制的国有土地更寥寥无几。(2)苛役重税使"下户"农民逃亡,成为客户,他们与庄主在一定程度上结下了相互依存的关系。(3)在当时的地主庄园里,"见税什五"的佃耕方式是极为普遍的;随着租佃关系的发展,定额租制亦应运而生。租佃客户摆脱了封建政府的苛役之后,人身依附关系的减弱却是以更沉重的地租为代价换来的。官私土地皆以召募佃客耕种作为经营方式,成为主流,这便是宋代"不立田制"的历史渊源和背景。而"不立田制"措施又促使地主庄园普遍形成,丧失土地的农民陆续找到栖身之地,摆脱了封建国家苛重赋役的干扰,能在较前相对安定的环境里从事生产,使封建生产关系重新得以调整,因而,宋代社会生产力的提高和封建经济的繁荣,超过汉唐两朝。

(三) 土地制度中的法律问题

早在"文化大革命"前,侯外庐曾说:"中国中古封建是以皇族地主的土地垄断为主要内容,而土地私有权的法律观念是比较缺乏的。"②后来又发表《关于封建主义生产关系的一些普遍原理》③特别着重研究了土地与法律规定的关系。董家骏《试论宋代的诉讼法与土地所有制

---

①　马兴东:《宋代"不立田制"问题试析》,《史学月刊》1990 年第 6 期。
②　侯外庐:《中国封建社会土地所有制形成的问题》,《历史研究》1954 年第 1 期。
③　侯外庐:《关于封建主义生产关系的一些普遍原理》,《新建设》1959 年第 4 期。

形式的关系》①对此提出不同意见,认为土地私有制在宋代法律上得到肯定,后来发展成为成文法,土地私有制的法律观念不仅不"缺乏",而且达到了相当成熟的程度。具体表现为:(1)契约关系的法律化、制度化,使买业人(即新的业主)在法律上取得了合法的土地私有权。(2)法律对土地私有权认可的契约关系,是中国封建社会发展到后期阶段的一个特征。南宋时民间诉讼变成了新兴学问。(3)宋代法律对遗产继承的规定,正说明了土地私有观念的深化。(4)租佃关系的"契约"法律化。总之,宋代的土地私有权植根在宋代法律条文里,表现在"契约"上,体现在"诉讼"中。作者并试图说明宋代契约关系出现的背景,是不同于欧洲的,即不能产生资本主义。而土地私有权深化的影响是,提高了农业生产力;促进了商品经济的发展。

　　葛金芳《唐宋之际土地所有制关系中的国家干预问题》②论述了一个政治与经济交叉的课题。论文指出:国家权力对于经济领域的各种干预与经济关系的诸多变动之间,明显地存在着一种互为因果的辩证关系。在宋代国家对土地制度的干预方面发生了新变化:(1)无论是曹魏屯田、西晋占田,还是五朝均田,无一不是国家权力对于土地所有制关系进行干预的结果,中古田制一放弃,国家权力对于土地所有制关系的调整干预能力明显削弱。田制模式的放弃,标志着农民阶级的小土地所有制,基本摆脱对于封建国家的依附地位,向独立性小农经济前进的过程大大加速。(2)放弃调整土地所有制结构,提出不抑兼并政策。我国封建社会的土地所有制体系,由小农土地所有制、国家土地所有制和地主阶级的大土地所有制这三种主要成分组成。魏晋以来的历届封建政府,始终把抑制大土地所有制的膨胀速率,作为其调整土地所有制结构的主要手段。这个手段一放弃,标志着其调整土地所有制结构这一传统职能的基本放弃。于是私家土地所控制经营的耕

①　董家骏:《试论宋代的诉讼法与土地所有制形式的关系》,《宋史研究论文集》,上海古籍出版社1982 年 1 月版。
②　葛金芳:《唐宋之际土地所有制关系中的国家干预问题》,《中国史研究》1985 年第 4 期。

地面积急剧扩展,至北宋中叶已远远压倒国家官田和小农私田。(3)在大土地所有制因干预减弱而加速膨胀的同时,小农土地所有权的经济权威亦在逐步增长,国家对小农土地所有制维护与尊重,呈现出土地私有制逐渐成熟时期所具有的历史特点。宋廷在运用国家权力干预土地买卖的过程中表现出来的维护地权正常流通的愿望是认真的,而不是敷衍的;是真实的,而不是虚假的。(4)国家干预的触角开始伸向契约租佃领域,企图通过干预地租来调整日趋普遍而又更为重要的主佃关系。唐宋之际,小农经济之主导形态是以无地客户与少地下户为主体的佃农经济了,虽然封建国家的财政收支状况主要依赖拥有田产的主户集团,但佃农经济的维持,仍是封建经济稳定与繁荣的源泉。入宋以后,在各种社会矛盾日趋激化情况时,封建国家的调节能力反而转趋削弱,这是我国封建社会在唐宋之际步入其下行阶段的又一表征。

至90年代,土地制度中的法律问题,引起了一些学者的兴趣。刘春萍《南宋田宅交易法初探》[①]介绍了有关田宅交易及典当的法条内容与特点、官府处理诉讼的依据等,如在订立田宅买卖契约后,业主必须离业,即转移土地的占有,资料主要来自《名公书判清明集》。认为南宋土地买卖表现出前所未有的活跃,南宋田宅交易法的内容相当广泛,形式上也渐趋完备。这既是商品经济兴盛发达的结果,也反映出秦汉以来重义贱利的思想,至南宋已发生了根本性的转变。南宋的田宅交易法有力地维护了业主的既得利益,以刑罚和行政手段保护个人私有财产权不受侵犯,在当时具有一定的进步意义。

郦家驹《两宋时期土地所有权的转移》[②]认为:与前代相比,两宋时期土地所有权的转移,具有一些新的特点。(1)长时期形成的对土地买卖起着抑制作用的封建传统习俗,逐渐发生一些有利于土地买卖的变化,并在封建条文中得到具体反映。如在土地买卖中,亲邻一向享有法律规定的优先权,北宋初年,亲邻优先权的规定十分具体;熙宁、元丰年间,曾一度废除近邻在土地所有权转移过程中的优先权;哲宗元祐年间,又重新恢复"典卖田宅,遍问四邻";宁宗时则规定"有亲而无邻与有邻而无亲,皆不在问限"。这种法令上的变化,说明在土地所有权转移过程中,货币关系以外的限制趋向于减弱。(2)国家直接参与土地买卖,官田的买卖和民间的土地买卖一样频繁。官田买卖多种多样,确实是宋代以前所不曾有的现象。(3)在宋代土地所有权转移中,有卖、断卖或断骨卖;也有典、典质、典当;还有抵当或倚当。这种以土地作为抵押进行高利贷的社会现象,在唐代以前已经不再是个别偶发现象,而在南宋得到迅速发展,是和当时商品货币关系的发展趋势相适应的,也是宋代土地所有权转移的一种新形式。

在亲邻权问题上,李锡厚则强调其消极面,其《宋代私有田宅的亲邻权利》①指出:在宋代的私有田宅交易中,原主的亲邻具有优先购买权、特定情况下的收赎权以及参与产权认定之权。根据马克思主义理论,作者认为:亲邻上述权利的根源,在于当时的土地私有制不同于资本主义私有制的,是以宗族共同体为前提和基础的私有制。在宋代,亲邻权利制约着土地私有权,宗族关系就是所有权的前提和基础。

综上所述,对于宋代土地制度的研究,曾在五六十年代和80年代发生了两场争论。第一次争论的要点是哪种土地所有制形态在宋代占主导地位。尽管在40年代,许多学者已提出唐开元以后,土地公有制度不复存在,土地私有制从此滋长的观点;到50年代,一些通史学者根据列宁有关"亚细亚生产方式"理论,认为国有土地所有制贯穿整个中国古代史;但许多宋史学者对此观点提出了不同的意见。80年代初,土地制度再次成为热门话题,但由于大部分学者都认可大地主土地所有制占主导地位的观点,争论很快转向官田制的构成、演变及国家的土地政策等,尤其是葛金芳、唐兆梅等提出重新评价"不限兼并"政策积

---

① 李锡厚:《宋代私有田宅的亲邻权利》,《中国社会科学院研究生院学报》1999 年第 1 期。

极面的观点,体现出新时期思想解放的特色。到 90 年代,出现从法律角度研究土地制度的趋向。

第四节　关于庄园制与租佃制的争论

关于宋代庄园制与租佃制的争论,起于五六十年代,盛于 80 年代,由于它往往与一些非常重大的课题如中国社会形态的划分、资本主义萌芽等纠缠在一起,所以一度成为热门话题。

这一话题的提起还可追溯到更早的时候。如上所述,早在 20 年代,由于内藤湖南"唐宋转折论"的兴起,一些日本学者开始热衷于研究唐宋之际的历史,特别是宋代经济活动中新出现的因素,得到了更多的关注。30 年代,日本学者加藤繁《唐宋时代庄园之组织及其聚落之关系》①的论文被译成中文。这前后,中国出现了三篇有关庄园制的文章:鞠清远《唐宋元寺领庄园研究》②;李仲奇《唐宋朝代庄园之检讨》③;高达观《宋代庄园经济之发展》④。但加藤繁等人的主张仍是东京学派的,即用西方的庄园制来类比中国的历史,这不能不引起中国宋史学者的思考。

一、用马克思主义解释宋代租佃关系及庄园制的尝试

五六十年代学者在论述宋代主要土地所有制形态时,注意到宋代租佃关系的新特点,尤其是官田包佃制吸引了学者的目光。

杨国宜《南宋大地主土地所有制的发展》⑤认为:南宋庄田租佃制的盛行,全国三分之二以上的农民失去了土地变成官、私佃户。其特征为:(1)庄田组织、租佃方式发展,见于北宋,到了南宋更为普遍,投标

---

① 加藤繁著、张其春译:《唐宋时代庄园之组织及其聚落之关系》,《方志月刊》1934 年 2 月,第 7 卷第 2 期。
② 鞠清远:《唐宋元寺领庄园研究》,《中国经济》1934 年 9 月,第 2 卷第 9 期。
③ 李仲奇:《唐宋朝代庄园之检讨》,《中国经济》1936 年 4 月,第 4 卷第 4 期。
④ 高达观:《宋代庄园经济之发展》,《社会学讯》1947 年 10 月第 6 期。
⑤ 杨国宜:《南宋大地主土地所有制的发展》,《史学月刊》1959 年第 9 期。

招佃的办法,也值得注意。(2)地租形态的发展:从有关学田的记载来看,一般田租米每亩达一石五斗,等而下之,最低也有三斗。这样的租额在当时说来是很重的。而且地租开始有货币形态的趋势,南宋官田收入有很大部分就是货币。(3)农民封建隶属性有减轻的趋势,但没有任何事实能说明农民的解放。在文末,作者提出一个有意思的问题:南宋大地主土地所有制的发展,达到了封建经济极高的阶段,但为什么没有导致资本主义制度的确立呢? 马克思说:跟着货币地租,占有并耕作一部分土地的下属农民和地主间传统的合乎习惯法的关系,必会转化为一种契约的、依照明文法的固定规则来确定的、纯粹的货币关系。……地租一经取得契约关系的形态,资本家租赁土地的事情,就必然也会出现。……资本主义租地农业家,一经插在地主和从事实际耕作劳动的农民间,一切由旧农村生产方式发生的关系,就都会被消灭①。这个发展模式可简化为:货币地租——契约关系——资本主义租地农业家——封建生产方式的消灭。这可以说是封建社会农村经济发展到后期的一般道路。然而,中国封建社会农业经济始终没有达到最后一步。作者的解释是:唐代以至于南宋的货币地租,在严格的意义上,还没有达到马克思所说的水平。马克思说:生产地租到货币地租的……把商业、城市产业……及货币流通已有显著发展这一件事作为前提。它还以生产物有一个市场价值,并以多少接近价值的售卖作为前提。……在劳动的社会生产力没有一定程度的发展时,这种转化是很少能够发生的。②而无论唐、宋,都没有完全具备这些前提,因而要完成这个转化就是非常困难的。在很长的时期内,各种地租形态混合,货币地租始终没有能够代替实物地租的主要地位,许多货币地租实际上只不过是实物地租形态下的一种计钱折估而已。农民的封建隶属性虽有减轻,但非常有限。宋代包佃制度中的田主并不主要是农业资本家,而是一些有势力的官僚地主。因此他们建立起来的包佃制并不是资本主义农

---

① 马克思:《资本论》,第 3 卷,第 1042—1043 页。

② 马克思:《资本论》,第 3 卷,第 1041 页。

业,而是封建势力对农民的掠夺。要转化成资本主义并不是一件容易的事,这种转化,只有在世界市场、商业和手工制造业发展到一定的相对高度以后,方才是可能的。因此我们不能指望新的制度在这时建立。南宋大地主土地所有制的发展,虽使各方面出现了新的象征,但农民并没有得到解放,"身份性占有与专制主义的结合,商业资本与地主经济的结合,阻碍了社会经济进一步的发展,加深了农民的剥削与痛苦"。

很明显,作者首先设定马克思所说的货币地租——契约关系——资本主义租地农业家——封建生产方式的消灭之模式,是放之四海而皆准的真理;然后勉力套入中国的史实,却发现南宋的包佃制并不合乎这个公式,于是用发展未到高级阶段来解释。这也是当时主流的研究方法。

张邦炜《论宋代的官田》①剖析了官庄的内部结构,发现庄园无一不以租佃方式经营,在宋代史籍里,从未发现任何别种方式经营的庄园,南宋时,包佃制度更为盛行。但这种关系绝不是资本主义性质的,佃主的收入不是利润,而是封建地租的一部分;庄主与庄户之间的关系,和非庄主地主与一般佃户之间的关系,从本质上说,毫无不同之处,都是租佃关系,在国有土地上的耕作者对庄主的依附关系在逐渐减轻,但仍存在。至于南宋官田佃户有兼纳租、税二色的现象,作者认为这只是个别的、暂时的例外。而《宋史·食货志》中关于官庄客户的依附关系强化之史料,华山认为是经济落后区域的特殊情况②,作者表示同意,认为各地经济发展不平衡,不能把某地的特殊情况当作全国的一般情况。"宋代的官庄不是农奴制的庄园,它的地租形态不是劳役地租,在其内部没有地主自用地和农奴份地的划分,亦即是说,必要劳动和剩余劳动在时间上和空间上都不是分离的。"

当时,史学界有一种比较流行的观点,认为安史之乱后均田制遭到破坏,庄园制成为此后历史时期内土地所有制的主要形态,甚至是居于

---

① 张邦炜:《论宋代的官田》,《甘肃师大学报》1962 年第 4 期。
② 华山:《关于宋代的客户问题》,《历史研究》1960 年第 1—2 期。

绝对支配地位的形态。这一派以尚钺主编的《中国历史纲要》①为代表。邓广铭《唐宋庄园制度质疑》②不同意上述观点,认为唐宋庄园制只能表明农田经营方式或耕作方式,但绝不能被视作一种土地所有制形态。而且也不能把唐宋两代的最通行的农田经营方式概括为庄园制,因为,像构成欧洲中古时期庄园制的那些基本特征,在唐宋时期封建生产方式之内实际上是不存在的,而唐宋庄园制的主张者,恰恰是把欧洲封建庄园制作为蓝本,生搬硬套在中国历史上。庄园制的前提是:领主土地所有制,毗连在一起的大片土地,具有农奴身份的被榨取劳役地租的直接生产者,而唐宋两代,是普通地主经济形态占主导地位,地主土地分散在许多地区,即使地主拥有大片土地,也总要将它分割出租给若干佃户,最通行的剥削方式是实物地租的租佃关系,就使得庄园制的土地经营方式成为不可能,但也不否认在唐宋两代曾存在过庄或庄园等字样,但那只是指农田而已。

郑昌淦是《中国历史纲要》的作者之一,作《论唐宋封建庄园的特征——与邓广铭同志商榷之一》③,逐条反驳邓广铭的论点。作者对邓文中"《中国历史纲要》有关唐宋庄园制的论点,只是集加藤繁、森谷克己各人论点的大成"一说尤为愤怒,自称和加藤繁等人的最大区别在于本书是从马克思列宁主义有关封建生产关系的理论出发来论述唐宋庄园的,因而特别强调阶级关系;但又承认本书曾参阅鞠清远的《唐代经济史》④,而鞠著又大多沿袭加藤繁等人的论点。全文围绕封建庄园制度的特征、唐宋文献里庄、庄园、庄田的涵义及其实质、唐宋封建庄园的规模展开。(1)邓文所概括欧洲庄园五个特征并不准确,因为欧洲封建贵族的庄园也是很复杂的,邓文所概括的特征只是农奴制和劳役经济的,这种庄园不具有绝对普遍意义。(2)承认:本书说封建庄园到

---

① 尚钺主编:《中国历史纲要》,人民出版社 1954 年版。
② 邓广铭:《唐宋庄园制度质疑》,《历史研究》1963 年第 6 期。
③ 郑昌淦:《论唐宋封建庄园的特征——与邓广铭同志商榷之一》,《历史研究》1964 年第 2 期。
④ 鞠清远:《唐代经济史》,商务印书馆 1936 年 4 月版。

宋代发展为"绝对支配形态"的提法有些言过其实,但认为"庄园、庄田或庄常常作为唐宋时人对于连带庄屋的私有田产的别称,这是唐以前没有的"。针对邓广铭强调庄园制"只能表明农田的经营方式"一说,作者咄咄逼人地说:"不管有意或无意,势将使人忽视以至掩盖了封建庄园制之下的土地占有关系及与之相联系的阶级剥削和阶级压迫的实质,因而在理论上说,也是错误而有害的说法。"这已经超出学术争论,有大批判的火药味了。(3)列举许多史料,说明各种因素影响到庄园的规模,认为封建地主庄园制的共同的最基本的特征和条件是:一家地主独占一庄及其周围大体上连成一片的田地,以剥削和奴役农民,至于果园、林地及地主住宅等并不是庄园必不可少的。总之,作者认为唐宋时封建地主庄园是大量存在的,大地主大庄园也不在少数。

这场争论的中心是中国史研究是否要根据西方史的模式来重新描绘。

张维华也比较早地注意到宋代的地租问题。其《宋代的地租形态》①总结宋代的地租特点为:(1)越来越明显地体现出地权与地租的关系。随着地权概念的进一步发展和巩固,地租制度进一步发展和巩固起来。地主对农民进行地租的剥削,是建立在地权的享有之上,一切不同程度的依附关系和伴随地租而起的其他奴役和剥削,也建立在这一基础上。由于身份和地位不同而建立起来的依附关系,虽然还是相当广泛地存在着,但却逐渐趋于经济关系方面。(2)在国有土地上,"租"与"税"被当作不同含义和不同制度被明确区分。"租"是剥削阶级通过土地占有向劳动农民榨取的一种剩余劳动,在地主土地上是如此,在国有土地上也是如此。"税"是土地私有者,包括大小地主和自耕农,以向国家政权承担义务的方式所缴纳的实物或货币。这也说明地租制度在国有土地上也逐渐发展和巩固起来。作者分别考察了封建地主土地上的地租形态和国有土地上的地租形态,说明一般封建地主所榨取的地租,与代表统治政权的君主所榨取的地租,虽然在本质上没有

① 张维华:《宋代的地租形态》,《史学月刊》1964 年第 7 期。

什么不同,但究竟是属于两个范畴,因而在形式上就有某些不同之处。

二、租佃制研究的深入

(一)有关货币地租的争论

70 年代末,80 年代初,"中国封建社会为何长期延续"成为议论的中心,于是宋代租佃制成为热门话题,其中地租形态的变化是其关键,即宋至清这段历史进程中是否产生过货币地租,如果产生又产生于何时等相关问题。如上所述,当时,这个问题之所以被学者视为关键,其前提便是:马克思所总结的社会发展模式是放之四海而皆准的,这个模式为:货币地租——契约关系——资本主义租地农业家——封建生产方式的消灭。

对此,史学界发生了一系列争论。以漆侠为代表的学者持肯定态度,认为宋代已经产生了货币地租且继续发展。

漆侠《宋代货币地租及其发展》①指出:我国封建经济制度在两宋200 多年间发生了较显著的变化,这个变化就是:"封建租佃制占主导地位,特别是生产力最发展地区在租佃制中更发展起以实物和以货币为形态的定额地租。"作者从史料中存在的地租材料着手,对货币地租的产生和发展作了详细剖析和充分论证,以此得出结论为:宋代产生货币地租的条件充分,"宋代的农业、手工业的发展必然导致商业、城市的发展",进而促使"以钱币折租"这一货币地租形式的产生和发展。货币地租"对封建社会地主阶级产生了冲击作用,并成为一个威胁"。其后,作者《宋代的货币地租》②指出:两宋时期许多地区虽然还存在着庄园农奴制,但从全国范围看,占主导地位的已经是封建租佃制了。论文从纵横两方面论述封建国家土地所有制中的学田、沙田芦场和建康府营田都存在的货币地租的现象,考察了货币地租征收量、货币地租与市场联系等方面,发现学田的货币地租最为发展,沙田芦场和建康府营

---

① 漆侠:《宋代货币地租及其发展》,《河北大学学报》1979 年第 1 期。
② 漆侠:《宋代的货币地租》,《中国社会经济史论丛》第 2 辑,山西人民出版社 1982 年 2 月版。

田的货币地租则是在南宋中叶以后发展起来的。为了维护学田所有权和对地租的榨取,宋代曾建立了一套比较完备的管理制度。"学粮"的征收,是采用定额地租或固定地租形态的。以产品为形态的定额地租,在"学粮"中占居主导地位;而以货币为形态的定额地租虽居次要地位,但由于突出显示了我国封建经济制度的变化,故不容忽视。结论是:宋代学田中的货币地租已经不是偶然出现的经济现象,而是有了相应发展的经济关系。在简单分析沙田和营田征收货币的情况之后,认为这说明南宋产品地租向货币地租转化,在广度和深度上都有所发展。文章还剖析了有关地主土地所有制中货币地租材料的问题,主要涉及文献有王安石的《临川先生文集》和《郑氏规范》。论文并以江浙路为典型案例,探究宋代货币地租的发展背景,认为定额地租的发展与农民的阶级斗争也有着密切的联系。其《宋代地租形态及其演变——兼论地价及其与地租的关系》①对地租形态多样化作了补充说明,认为:在宋代社会经济发展的总过程中,由于生产发展的不平衡性,各个地区出现了极其明显的差别,而这个重大差别也就造成了各地区之间财产关系和经济关系的种种差别,并由此导致了对宋代社会经济发展总过程产生不同的甚至截然相反的影响和作用。地租是宋代社会生活中地主阶级攫占广大无地少地农民剩余劳动乃至必要劳动的一种广泛存在的经济关系。地租形态是多样的,并且在各地区之间是极为不同的;各种地租对生产的发展所产生的影响和作用是不相同的。作者对宋代土地买卖同地租的关系也略加讨论和叙述。

一些学者对上述观点提出不同意见。朱瑞熙 1980 年所撰《宋代社会研究》中《宋代的租佃制度》一章,论述宋代地租诸形态,指出:"宋代还出现了一些'折钱租'和钱租。定额租的租额因其固定不变,在商品经济发展的影响下,易于向货币地租转化。折钱租是由实物地租向货币地租过渡的一种地租形式,它跟钱租一样都还属于封建地租的范

---

① 漆侠:《宋代地租形态及其演变——兼论地价及其与地租的关系》,《求是集》,天津人民出版社 1982 年 4 月版。

畴。"还指出:"钱租在宋代并不普遍","分布在两浙、江西、江东、广东、福建等经济较为发展的地区,而且主要是在官田和经济作物地段上,毫无疑问,钱租是这些地区商品经济发达的产物"。显然,他不赞成宋代出现货币地租的提法。汪圣铎《宋代货币地租分析》①,针对漆侠文中引用的史料提出质疑,并对这些史料加以重新分析,得出如下结论:(1)宋代的货币地租在数量上极其微小;(2)宋代各个时期各种货币地租的形成,起决定性作用的是田地产本身或是田地产所有者的特殊情况;(3)宋代货币地租的出现以商品货币经济的畸形发展为前提条件。因此,宋代的货币地租与马克思《资本论》所论述的货币地租有本质的区别。包伟民《论宋代折钱租与钱租的性质》②,依据马克思经济学原理及相关史料对货币地租有否产生等问题进行了讨论与分析,全文分三个部分:实物折钱租、钱租、宋代是否存在产生货币地租的历史条件。作者对漆侠的下列观点进行了质疑:(1)将实物折钱租与钱租作为货币地租;(2)这种从产品地租到货币地租转化的经济关系,在宋代至全国范围内逐步推开。并分别得出三个结论:(1)实物折钱租的产生是由于封建社会政府财政的需要,而非宋代社会商品经济自然发展的结果。(2)田租之折纳的钱币不足以作为封建地租解体形态的货币地租,还不能形成一种新的经济关系。(3)两宋时期我国封建社会继续发展,并不存在足以产生货币地租的历史条件,更不可能已经在全国范围内逐步地开展了产品地租到货币地租的转化。杨际平《试论宋代官田的地租形态》③间接支持了这一派的观点,在分析了宋代官田的地租形态后得出如下结论:宋代官田的各种地租形态中定额实物租明显占支配地位。分成租也有相当的比重,但不占多数。完整意义的劳役地租几乎未见。货币地租已见端倪,一般仍处于实物折钱阶段,且往往兼

---

① 汪圣铎:《宋代货币地租分析》,《北京史苑》1983 年第 1 期。
② 包伟民:《论宋代折钱租与钱租的性质》,《历史研究》1988 年第 1 期。
③ 杨际平:《试论宋代官田的地租形态》,《中国经济史研究》1990 年第 3 期。

纳实物。同作者《宋代民田出租的地租形态研究》①一文,也从多角度论证在宋代的大部分地区定额实物租占据主导地位的观点。

高聪明、何玉兴《论宋代的货币地租——与包伟民商榷》②赞同漆侠的观点。针对包伟民上文所主张的货币地租与封建社会相排斥的论点,作者认为:货币地租与资本主义地租有着本质的区别,资本主义地租是租地农场主交纳土地所有者的超过平均利润的余额,而货币地租同劳役地租、实物地租一样仍旧是封建的生产关系。不过地租形式已发生了变化,既不是直接的劳役,也不是劳动产品,而是变成了价格的形式。

余也非《宋元私田地租制度》③一文认为,由于"田制不立,不抑兼并"的政策,宋元时期土地兼并激烈,国有土地制度成了私有土地制度的补充形式。文章对该时期的私田地租制度进行了较为全面的分析,认为小农经济扩大再生产本来就困难,更由于农民具有二重人身依赖关系,宋室放任土地兼并,纵容地主苛虐农民,导致了封建地租关系一定程度的停滞。然而,宋代毕竟在法律上否定了佃奴制,肯定了佃农制,有利于地租关系的发展:其一,租佃关系以尊卑之分的主从关系代替了贵贱之别的主奴关系。农民的地位提高了,人身依附关系削弱了,地主特权趋于衰弱。其二,地租的提供是纯粮租的正租,物力附加转移到正租里,所以仍属于封建地租范畴,货币地租也不能例外。但是,毕竟缩小了地主额外苛索及直接役取农民的范围;而力役转化为实物,实物转化为货币,就为货币转化为资本创造了物质前提。

(二) 有关租佃关系的解释

宋代农业的生产关系究竟是什么类型? 庄园制还是租佃制? 如两者并存又以哪种居主导地位呢? 丁则良《宋代土地问题》④试图回答这个问题。他认为:首先,宋代的自耕农经济不占重要地位;上户掌握大

①　杨际平:《宋代民田出租的地租形态研究》,《中国经济史研究》1992 年第 1 期。
②　高聪明、何玉兴:《论宋代的货币地租——与包伟民商榷》,《历史研究》1992 年第 5 期。
③　余也非:《宋元私田地租制度》,《四川大学学报》1981 年第 3 期。
④　丁则良:《宋代土地问题》,《史学集刊》1981 年第 10 期。

量土地,佃农在农业经济中的比重很高。其次,既然庄园制和租佃制都是有关生产关系的问题,讨论生产关系就不能跟生产力的问题分开,因而就不能不注意到各地生产力发展的不平衡,各地便产生几种不同的生产关系。(1)在生产力最低的地区,产生封建性最浓厚,也就是最落后的生产关系,这里就有了旁户地客;(2)庄园的封建性不如上述旁户地客那样浓厚,只能是粗放的经营;(3)生产力较高的地方出现租佃制。这三种再加上自耕农经济,宋代表现为四种生产关系。作者不能明确回答哪种是最普遍、最主要的,而只能说自耕农经济决非主导形式,旁户地客也限于若干落后区域,由于没有充分的材料证明,还不能确定庄园制与租佃制的主次,而从其个人倾向来说,租佃制也只限于少数生产力最高的区域,恐怕也不能算是主导的方式。

如上所述,张邦炜 60 年代论文主张凡宋庄园皆行租佃制。漆侠《宋代以川峡路为中心的庄园农奴制》[①],举川峡路一带为例,对庄园农奴制及其生产状况等作了分析,得出三点认识:(1)封建租佃制向农奴制逆转,与生产落后或生产受到极大破坏有直接关系。(2)以夔州路为中心的庄园农奴制的基本特征,是魏晋隋唐延续下来的;同广大地区的封建租佃制有着极为明显的区别。(3)宋代汉族大庄园主所代表的农奴制不仅延续,而且还有所发展;元朝统治时期,我国社会经济关系发生了较为明显的逆转和倒退。两者结合,从而造成了元代社会的逆转和倒退。同作者《宋代封建租佃制及其发展》[②]主要讨论了两个问题:一是宋代封建租佃制究竟有哪些基本特征,它同庄园农奴制的显著差别是什么;二是宋代封建租佃制在生产最发达的地区又有哪些新的发展。

傅宗文介于二者之间,认为宋代的私庄具有两重性。《宋代的私庄》[③]分三部分。第一部分略论我国地主田庄经济发展的脉络及其本质特征,认为:我国地主田庄经济出现得较早,汉代已颇为发达,本质是

---

① 漆侠:《宋代以川峡路为中心的庄园农奴制》,《求是集》,天津人民出版社 1982 年 4 月版。
② 漆侠:《宋代封建租佃制及其发展》,《陕西师大学报》1982 年第 4 期。
③ 傅宗文:《宋代的私庄》,《中国社会经济史研究》1982 年第 2 期。

一个自给自足农牧工兼备的经济单元。唐代普遍发达的田庄经济,是宋代田庄的历史前提,但是宋代自有特殊的历史条件,即"不抑兼并"的国策使土地兼并趋于激烈。第二部分总结宋代田庄的普遍特点是:以土地为根基,并借助其政治权力,通过分成租或定额租,及人身依附诸条件,把貌似自由的客户束缚于田庄,以进行生产活动。论文从民俗学角度进行考察,介绍田庄分成三大区域:庄园、庄舍、庄田,认为就宋代庄园的组织系统及其作用而论,宋代田庄的组织管理系统相当严密。第三部分谓宋代是我国封建经济鼎盛同时逐步发生转变的时代,这个两重性也强烈地反映于田庄经济。乡间市场的广泛发展,导致农村生产活动日益与市场发生密切联系,田庄经济也就必然地要发生不同程度的变动。使得田庄被迫和商品市场发生联系,于是"经济作物在田庄的种植活动中,逐渐成为重点"。作者认为这是宋代田庄经济变化的新动向。

　　魏天安《宋代官庄制度考实》[1],主要围绕以下几个问题进行分析:官庄的内涵和性质、官庄的组织形式、官庄的产品分配形式及其发展区。

　　在庄园经济中,官庄内部的租佃制特别是包佃制具有相当的典型性,杨康荪和葛金芳围绕官庄包佃制发生了争论。杨康荪《宋代官田包佃述论》[2]一文对两宋官田包佃史实做了一番详细论述,并对相关问题做出自己的评价。第一部分为《官田包佃溯源以及宋代包佃史料的认识方法》,作者提出判断有关史料是否属于包佃形态的两个要点:(1)承佃者是自身不参加实际佃作的包佃主;(2)承佃者向政府交纳官田地租。第二部分为《宋代官田包佃的时限、规模以及成因》,包佃之成因为:(1)官府、民间共同接受的自由射佃官田制度的确立,是宋代官田包佃发展的前提。(2)商品经济的冲击,造成整个社会传统价值观念的衰退和趋利倾向的滋长,是宋代官田包佃发展的历史氛围。第三部分为《宋代官田包佃制度中的生产关系》,包佃的性质为"分割国

---

① 魏天安:《宋代官庄制度考实》,《河南大学学报》1991 年第 3 期。

② 杨康荪:《宋代官田包佃述论》,《历史研究》1985 年第 5 期。

家对官田的收益权",而"国家对官田仍保有处分权,包佃的性质只能局限于占有权的范畴"。最后,作者对宋代的官田包佃制度作了基本肯定的评价,认为利大于弊。其理由为:一方面扩大了当时的垦田面积;另一方面客观上促成了游散劳动力与土地资源的结合。但作者否定了宋代包佃经济区有农业资本主义的性质。

葛金芳作有系列论文,针对杨康荪论文中有关包佃形态、包佃成因、包佃作用及包佃性质等问题提出不同意见,认为杨文某些论断与史料不够吻合。《宋代官田包佃作用评议》[1]指出:宋廷限制包佃、官僚抨击包佃的材料在《宋会要》、《长编》、《文献通考》、《宋史》等主要史籍中连篇累牍、触目皆是,尤其是在包佃盛行的时期和区域特别明显。政府曾采用"陈首"、"鬻买"等对策,说明宋廷官田政策的主导面是维护发展正常的租佃关系,但亦在防备限制私人包佃官田的过分发展。这反映出私人包佃官田中确实存在着一些较为严重的弊端。这些弊端主要有三点:其一,影响官府正常的租课收入;其二,阻滞农业生产的恢复和发展;其三,妨碍土地与劳动力的结合。《宋代官田包佃性质探微》[2]认为:包佃的实质是势大财丰的豪右、权贵凭借特权交结官吏,并往往通过因缘作巧、冒法干禁而达成的对于官田承佃权的一种封建垄断,是地主阶级特别是其中的特权阶层,企图将各类官私田土中最大份额全部控制在本阶级手中的又一表现。《宋代官田包佃成因简析》[3]提出有三个趋势与宋官田包佃形态的发展密切相关:土地私有化潮流的日趋强化;租佃关系的普遍化;荒闲田土的存在或扩大。据此得出以下认识:宋代官田包佃形态,是在契约租佃经济占主导地位的历史环境中,在不可逆转的土地私有化潮流的持续推动下发展起来的一种官田经营方式。这种方式体现了封建国家将管理经营各类田土的责任下放给民间承担的强烈意图,因而在荒土、逃田大量存在的时期和地域内,包佃

---

[1]　葛金芳:《宋代官田包佃作用评议》,《江汉论坛》1989 年第 7 期。
[2]　葛金芳:《宋代官田包佃性质探微》,《学术月刊》1988 年第 9 期。
[3]　葛金芳:《宋代官田包佃成因简析》,《中州学刊》1988 年第 3 期。

形态得到了最充分的发展。《宋代官田包佃特征辨证》①在认识方法和史料释读方面,对杨文作了一定的补充和商榷。(1)关于包佃概念的内涵和外延。作者认为包佃现象不仅存在于官田民营,民田中也有。讨论中应该对揽入民间承佃荒田而止输旧税的情况加以区别,以防扩大包佃概念的外延。(2)包佃主身份。杨文认为包佃主主要是权贵官吏、形势豪右,但也包含少量结保同状分请的拣汰军人或五等人户。作者认为多数拣汰军人和所有真正四、五等户没有可能成为包佃主,因为他们请佃官田是由自家耕作,并不转佃取利。(3)转佃取利问题。杨文认为,在史料未指明承佃者是形势豪右、权贵官吏时,如果承佃数量大,并向他人出租,则可认为是包佃形态。而作者认为包占顷亩与转佃取利,是手段,一是目的,共同组成包佃这根链条的两个主要环节,很难分割。所以官田承佃后未能立即转租这一情节,并不影响包佃形态的成立。即转租这一中介环节是否达成,不是认识包佃形态的必要条件。(4)差额地租问题。作者认为佃主非法赖租不至于影响官田经营中包佃形态的成立。据此作者总结出官田包佃的五个特征,也就是官田包佃的定义:品官权贵、形势豪右之家,为转佃取利、谋取差额地租而承佃大段系官田产的行为。

约于同时,曾琼碧也发表了论述官庄的两篇论文。《宋代佃耕官田的农民》②主要分析官田佃农的不同来源和类别及其阶级属性和地位。作者认为佃种官田的农民大致可分为:下户、客户、流民、退伍军人,其中客户占绝大多数,在分析其阶级属性和地位后,得出宋代承佃官田的客户封建隶属关系比前代松弛的结论,当然,这不过是与过去的部曲、佃客对比而言的。《宋代租佃官田的"二地主"》③从经济地位和租佃学田情况来分析二地主的成分,认为只有官员、财力雄厚之地主才能大量租佃官田转手出租而成为"二地主",此外还包括僧侣地主。

①　葛金芳:《宋代官田包佃特征辨证》,《史学月刊》1988 年第 5 期。
②　曾琼碧:《宋代佃耕官田的农民》,《中山大学学报》1985 年第 4 期。
③　曾琼碧:《宋代租佃官田的"二地主"》,《中国史研究》1987 年第 2 期。

"二地主"租佃官田的主要形式为"管佃"和包佃制。作者对"二地主"盘剥地租的情况也加以详细分析。最后,作者说,宋代"二地主"租佃官田的后果,无论对官府对农民来说,都是弊多于利的。

关于租佃制的影响作用,关履权《宋代封建租佃制的发展与阶级关系的变化》①说:封建租佃制的发展与阶级关系的变化互相关联。租佃制的发展既是以阶级变化为基础,同时又促进了阶级关系的变化。利用租佃制剥削佃农的非身份性官僚地主,成为中国封建社会后期统治阶级的当权派。而这些阶级关系的变化又推动了封建租佃剥削关系的进一步发展,使封建租佃剥削制成为中国封建社会后期的主要剥削形态。论文进一步探讨了中国封建社会后期社会形态发展特点。

关于封建租佃经济成立的历史前提,葛金芳《中国封建租佃经济主导地位的确立前提——兼论唐宋之际地权关系和阶级构成的变化》②提出三点:(1)地主阶级大土地所有制必须确立自身的优势和合法地位;(2)农民阶级的主体构成必须完成由中古自耕农向契约佃农的过渡;(3)超经济强制的松弛必须达到多数佃农的迁徙与退佃自由的程度,这三个基本条件产生于唐宋之际地权关系与阶级构成的变动之中。作者认为:上述三个前提条件在唐宋之际逐步达成的过程,也就是租佃经济日趋增长乃至最终确立的过程。至迟到北宋中叶,契约租佃经济已成为当时封建生产方式中最主要的表现形态。

张邦炜《北宋租佃关系的发展及其影响》③开篇即明言:"准备在探讨租佃关系的发展及其影响的过程中,向不顾国度性、民族性的西方化倾向提出一些质疑。"全文分上、下篇。上篇为《租佃关系在北宋的发展》,针对北宋佃农的人身依附关系格外强的观点发表不同意见,这种观点以李埏《〈水浒传〉中所反映的庄园和矛盾》④一文为代表。下分三

①　关履权:《宋代封建租佃制的发展与阶级关系的变化》,《史学月刊》1985 年第 1 期。

②　葛金芳:《中国封建租佃经济主导地位的确立前提——兼论唐宋之际地权关系和阶级构成的变化》,《中国社会经济史研究》1986 年第 3 期。

③　张邦炜:《北宋租佃关系的发展及其影响》,《甘肃师大学报》1980 年第 3、4 期。

④　李埏:《〈水浒传〉中所反映的庄园和矛盾》,《云南大学学报》1958 年第 1 期。

部分:(1)佃农退佃"自由"的争得——辨析天圣诏的全国性和皇祐法的地方性。主要反驳李文中佃农无退耕自由的说法。(2)私家佃农也负担国家赋役——并说丁赋不见于南方。这部分反驳了佃农是私属不纳赋的观点。(3)超经济强制权利的削弱——略论两种不同的封建政治统治方法及其交错嬗替。这部分基本赞同李文中认为地主对于佃农享有法律特权的论断,但反对李所认为的法律给予地主以私设公堂、私自制裁佃农的特权的论断,明确指出这只是一种法外权利而非法内权利。总之:"从质上来说人身依附关系的相对减轻是北宋租佃制的发展的标志。"下篇从徭役制度、商品经济、阶级矛盾三个方面对租佃关系的发展对北宋社会产生的影响、发展作了较为详细地剖析。

杨际平《宋代官田出租订立租佃契约说质疑》[1]不同意宋代官田出租订立契约说,认为政府发给佃户的"户名"、"公凭"、"契券"等,只包括租佃契约应有的内容,缺乏最重要的有关主佃双方权益的内容,仅是官府颁给佃户的土地使用权证书,而非租佃契。并由此论及汉唐宋元官府始终未与佃户订立租佃契约。

穆朝庆《论宋代租佃关系中的佃户成分》[2]把宋代文献中所称的"佃户"分为三种类型:一、生产性佃户;二、非生产性佃户,即转租佃户;三、诡名佃户,即为逃避服役而将田产隐寄于权贵之家的假佃户。此文对前两种类型的佃户作了初步分析。

综上所述,无论租佃制、庄田制或货币地租的讨论,都与五种社会形态的划分及中国史分期相关,的确有"不顾国度性、民族性的西方化倾向",关于这种租佃关系的性质,有的学者认为它是奴隶制的一种变种,而更多的反对派却认为是合同关系的一种形式,但许多学者强调,中国封建租佃关系比起资本主义性质的租佃关系来,具有"不完备性"。

---

① 　杨际平:《宋代官田出租订立租佃契约说质疑》,《陕西师大学报》1990 年第 4 期。
② 　穆朝庆:《论宋代租佃关系中的佃户成分》,《河南大学学报》1987 年第 1 期。

第五节　宋代商业的再发现

一、传统的课题：商税

宋代商品经济得到重要发展的标志之一是宋王朝首次确立了一套系统的商税征收制度，商税成为政府重要的财政收入。因此，商税是宋代经济史以至整个中国经济史中的重要课题。20 世纪初，日本学者加藤繁最早对宋代商税问题作了专门研究。其后，一批学者相继对之展开探讨。

（一）宋晞关于商税制度开创性的研究

20 世纪 40 年代在大陆，五六十年代在台湾，宋晞发表了关于商税的系列论文。《北宋商税在国计中的地位与监税官》①、《北宋商业中心的考察》②，指出：商税已成为北宋国家的重要财源，为整顿税务，宋初曾屡遣亲民官监税，而这一职务是受士大夫蔑视的，后屡派黜降官去监税，"赋予实际的利益似重于惩罚的意义"。作者根据北宋各朝有关各地商税的记录，来分析商业中心的动态，指出：以空间言，以太湖流域为中心的两浙路商业最发达，其次为淮南东西路和河北东路；从时间上讲，熙宁十年以后较前普遍增多，江南东路与荆湖南路税收骤增与水运进步有关，而福建路因海外贸易而发展。《宋代的商税网》③，用表格详列各州县商税务在北宋熙宁十年前后的变化，可见场务普遍增加，平均每县有场务 1.6 个，而繁盛者超过平均数 3 倍以上，而私设尚未计内；南宋一方面增加原场务税额，一方面使税网更为稠密，南宋初虽一度减并税务，但地方仍私置税务以搜刮，税务扰商缘于官府有税额考核及税

①　宋晞：《北宋商税在国计中的地位与监税官》，南京《中央日报·食货周刊》1947 年 12 月 17 日第 61 期。
②　宋晞：《北宋商业中心的考察》，南京《中央日报·食货周刊》1948 年 7 月 19 日第 83 期。
③　宋晞：《宋代的商税网》，《学术季刊》1953 年 12 月，第 2 卷第 2 期。

吏收入微薄等。另外,税吏苛扰商旅,其主要原因是希图恩赏;商旅对付税吏也有其对策,贿赂是主要方法。《南宋地方志中有关两浙路商税史料之分析研究》①则根据 17 种地方志,详考两浙的商税务与监税官,可知商税务有单设者,亦有与酒、茶、盐等场务合并者,监税官多由武臣担任,税额比南宋显著增加,总额居全国之首。认为两浙路商税收入居全国各路之冠的原因是:物产丰富,交通便利,人口剧增,消费者众,且多达官贵人。

(二) 20 世纪 60 年代,由商税研究而引发的自然经济与商品经济的观点分歧

蒙文通则以宋代商税作为主要的切入点来分析自然经济与商品经济。《从宋代的商税和城市看中国封建社会的自然经济》②,认为:宋代某些大城市的商税务在征课数额上较一般县、镇场务高,但其总额并不大,不是商税的主要组成部分,宋代商品交换主要是分散在广大的小市场中进行的,而不是集中在所谓大城市。作者统计了 39 个商税有 3 万贯以上的城市,发现它们都是"州"的治所,其中还有很多是"路"的首府。因此他认为大城市主要是政治中心,而所谓国内市场根本不存在。"作为当时最主要的水陆干线的长江,犹且不存在大规模商品流转的现象,其他各地,就更不用说了。"而且,商品的大部分是直接生产者为了满足自身需要或封建统治阶级的需要而生产的,这种商品和这类市场的存在,绝不是开始于宋代,而对这类商品进行征课则集中表现在宋代;这种课税,与其看做是商品关系发展了的反映,不如看做是统治阶级加予农民的另一种形式的残酷剥削。指出:研究宋代的商税,不能脱离当时的历史条件。"宋以前的商品关系是不发达的,宋代也仍然是自然经济占统治地位的时代,因而宋代商税反映出当时不存在大规模商品流转,商品交换一般都只在狭小的区域内进行,没有什么商业性城

---

① 宋晞:《南宋地方志中有关两浙路商税史料之分析研究》,《大陆杂志》1965 年 1 月,第 30 卷第 1 期。

② 蒙文通:《从宋代的商税和城市看中国封建社会的自然经济》,《历史研究》1961 年第 4 期。

市的普遍发展,一般的城市是政治中心消费性城市。"

　　另有一些学者表达了与蒙文通的不同意见,认为北宋的商品经济已相当发达。蒙文通于上文中说:"长江沿岸各州虽有一些较高税额的场务,但在这些较高税额的场务之间,却又常常存在一些低税额场务,这也正反映了商品流转的范围是很局限的,大规模商品流转是不存在的。"而王瑞明《关于宋代的商税问题》①认为:这一论断是难以成立的。因为,首先,宋代大规模商品流转是存在的,不能仅仅看商税,造船业的扩大和发展正是大规模商品流转的反映。其次,商税的多寡不能反映商品流转规模的大小。商税的收入额低并不意味着流通的商品数量小,要考虑兼并之家的情况,当时豪强专横,商税多中饱私囊;比较北宋与南宋的商税,南宋特别高,这与政治的腐朽有关,而且,商税的征收并无绝对标准。再次,流转的商品并非必须经过纳税的程序。认为"从沙市到汉阳的一般商品绝不会超过六百贯过税的商品数量"与当时的真实情况不相符合。

　　1963 年杨德泉、左建《关于北宋商税的统计》②发现《文献通考》对北宋商税的统计,存在着两个问题:(1)《征榷考》没有把宋代全国商税一律折成铜钱,因而"四川四路的商税已被夸大了十倍";(2)没有把各府州"在城"的数字与其所属县镇的数字区分开来,把府州的商税总数等同于府州所在城市的商税收入,因而许多学者对北宋府州以及城市商税估计普遍偏高;其次,无法显示县镇以下小市镇工商业的发展情况。作者根据《宋会要辑稿》的有关记载,重新分类统计北宋熙宁十年(1077 年)各府、州、县、镇的商税额,原则为区分各府州"在城"与所属县镇部分,四川四路商税一律折成铜钱,各府、州、县、镇的商税额只取一万贯以上者。得出以下结论:一、《文献通考》中商税 3 万贯以上的城市有 108 个,1 万至 5 千贯的有 35 个,而此文得出的数据依次分别是28 个,178 个。二、"北宋时代几乎平均每一个府州都有一座商税额在

①　王瑞明:《关于宋代的商税问题》,《光明日报》1961 年 10 月 25 日。
②　杨德泉、左建:《关于北宋商税的统计》,《扬州师院学报》1963 年第 1 期。

五千贯以上的城市",北宋的商品经济已经有了普遍发展,商税网遍及全国。三、各个城市之间商税数字的差额悬殊,说明发展很不平衡。四、新兴的工商业小市镇大量成长。

(三) 80 年代以后,商税研究的全面深化

80 年代以后,宋代商税的研究,基本分为四大方向:(1)宋代的商税制度,其下又可细分为:宋代商税的形式、商税征收对象及税率、免税问题、征收机关;(2)关于北宋商税"旧额"的时间及税额中的铜铁钱比价问题;(3)商税统计及分析;(4)商税与商品经济发展关系问题,细分为商税收入与商品流通问题、商税与市场问题。①

在商税征收制度方面,刘森《宋代"门税"初探》②指出:门税为商税之一种,为实现住税征收的重要措施。宋征门税至少始于淳化三年以前,除门税外,还有国门税的名目。门税分入门税与出门税,所征收的商品货物种类大致相同。宋之门税初由商税院(务)及监门使臣负责征收,"小贾即门征之,大贾则输于务货",官府不计出入城门的商品数量,只以当年门税额与上年相比较以定奖惩,致使官吏乱征滥征。戴静华《宋代商税制度简述》③详细论述了宋代税务的设置、监税官吏、关于过税和住税以及商税则例。指出:南宋中期以前曾几次裁并减罢滥设和私设商税场务,都没有收到实效,原因为税额不断增高而又屡次省并场务,商税政策本身就有矛盾。虽然商旅对税务私增税可越级上诉,但难于得到上级部门的支持。冷辑林《略论宋朝的商税网及其管理制度》④,指出:宋朝的商税网大致可分为官务和买扑税场两大类。前者是宋政府在各地设置的税务,而后者是一种商税承包点,是前者在村墟市集上的延续和补充。它们合在一起,日渐形成细密的商税网。同时,宋政府也着力加强对税网的控制,并在遣官管理、厘定税则、解发商税

① 李景寿:《宋代商税问题研究综述》,载《中国史研究动态》1999 年第 9 期。
② 刘森:《宋代"门税"初探》,《中国史研究》1988 年第 1 期。
③ 戴静华:《宋代商税制度简述》,《宋史研究论文集》,上海古籍出版社 1982 年 1 月版。
④ 冷辑林:《略论宋朝的商税网及其管理制度》,《江西大学学报》社科版 1991 年第 1 期。

等方面日渐形成为制度。税网集中体现了宋代封建势力的腐朽和贪婪,弊端日益暴露。认为研究者不能被巨大的商税数字所迷惑,而忽视了封建社会商税网的弊端。

关于商税额的研究,陈智超《北宋商税额补缺》①根据北京图书馆所藏被今本《宋会要辑稿》当作复文删去的原稿,补充了遗漏的解州安邑镇、闻喜县、横水县、刘庄冶和庆州路的全部及赣州的部分商税数。李华瑞《试论宋代工商业税收中的祖额》②以盐、茶、酒税祖额为主要考论对象,把祖额的定义归结为:(1)祖额即定额。(2)祖额系指某一时期征收的数额。立祖额始自淳化三年,为宋代考课地方官吏的重要内容;祖额的确定采取酌中之法;由诸课利场务逐级向转运司申报日、月、年的实际收到数额,然后由三司或户部汇总,提出具体的立额方案,请皇帝裁定,以诏令形式颁行,祖额的实行便具有法定的意义,否则被视作违法;祖额具有计划指标的特点,这种事前确立计划指标的程式,是官榷和征市制度的重要特点。由于诸课利场务的收入在宋代财政的地位日益重要,其祖额的立定也愈益细密,作者认为熙宁时期是诸课利场务立祖额最完备的时期。祖额的确立,对宋代工商业税收既有积极作用,也有负面影响。

宋代商税的统计,还涉及各地不同货币折算的问题。郭正忠《铁钱与北宋商税统计》③指出:加藤繁的统计时有疏误,以铁钱计额的川峡四路商税,又谨慎地排除于总计之外。而杨德泉与左建对四川商税的折计又失于偏低,皆因其依据了错误的铜铁钱比价。作者发现两个奇怪的现象:(1)川峡四路的商税一般高于其他地区。(2)熙宁十年商税与以前旧额相比,川峡地区呈大幅度下降趋势。其原因作者认为是"川蜀所纳皆铁钱",而且马端临在《通考》中将宋初的铜铁钱比价夸张为行于整个宋代,制造了惊人的文献混乱。按照铜铁钱1∶2的比率,

①　陈智超:《北宋商税额补缺》,《中国史研究》1987 年第 4 期。
②　李华瑞:《试论宋代工商业税收中的祖额》,《中国经济史研究》1999 年第 2 期。
③　郭正忠:《铁钱与北宋商税统计》,《学术研究》1985 年第 2 期。

作者重新折计《宋会要》中熙宁十年的川峡商税。所谓"旧额"应是仁宗至和末、嘉祐初的数字,以 1∶3 的铜铁钱比价折算,嘉祐川峡商税"旧额"约 700 万贯。熙宁十年川峡商税与此相比锐减,可能与当时茶法的变化有关。林文勋《北宋四川商税问题考释》①则认为:所谓"旧额"的年代为景祐三年至嘉祐四年 24 年间,这期间铜铁钱的比值大略为 1∶3 和 1∶5,据此将"旧额"折成铜钱,则四川商税占全国总额的28.6% 和 37.5% 左右。熙宁十年,全国其他地区的商税由 500 余万贯增加到 600 余万贯,而四川地区的商税由 600 余万贯减少到 160 万余贯。根据 1∶1.5 比价折成铜钱,则四川商税占全国商税总额的 14.8% 左右。他也认为政府所实行的榷茶之政,是商税减少的主要原因。

程民生《北宋商税统计及简析》②,指出了日本学者加藤繁在北宋商税统计上的一些错误,并吸取了陈智超《北宋商税补缺》的研究成果。统计显示:单就铜钱区的数字来看,南方 10 路的商税总额,要比北方 9 路 1 京发展速度快,增长高;但由于受川蜀铁钱区商税下降的影响,南方地区整体上商税还是下降了,北方地区整体上增长。将熙宁十年各地商税数与元丰初年这一年代最接近的户数结合在一起考察,发现北方的商业活动大大活跃于南方,由此提出,北宋的商业中心在以东京为中心的北方。

相对于"文化大革命"前而言,大部分学者都从商税研究中得出商品经济在宋代相当发展的结论。吴慧《从商税看北宋的商品经济》③,针对蒙文通先生过低估计宋代商品经济发展水平的论断进行全面的论述。指出:首先,北宋的商品交换已相当集中于城市,"县以上城市的商税占商税总额(包括四川)的 50% 强,占商税及坊场钱合计数额的25%。这个比率并不表明商品分散在县乡镇,相反地倒能得出县以上城市商业比重相当可观的论断"。其次,在地区之间已存在较大规模

① 林文勋:《北宋四川商税问题考释》,《中国社会经济史研究》1990 年第 1 期。
② 程民生:《北宋商税统计及简析》,《河北大学学报》1988 年第 3 期。
③ 吴慧:《从商税看北宋的商品经济》,《中国社会经济史论丛》第二辑,山西人民出版社 1982 年版。

的商品流转,蒙文通先生的统计是有重大漏洞的。其三,许多主要商品都是距离较远、规模较大的商品流转的对象。其四,城市的繁荣和商业的发展有密切关系。而郭正忠指出研究领域中出现了过高估计宋代市场发展水平的倾向,特别表现在有关商税的统计、折算和研究中。其《商税·斗秤·宋代市场——宋代市场小议》[①]指出:熙宁十年包括 4 京、23 路、313 府、州、军、监,共 1 993 处场务,全年征收的商税是 775 万余贯,在考虑商税与市场贸易额时,若按"市场商品流通量=商税总额÷商税征收率"计算,则宋代市场商品流通量相当于政府商税收入额的 20 倍,这样对宋代商品流通量的计算就会偏高,若按"市场商品零售额=商税岁额÷商税额占商品零售额的比例"计算,虽然较第一种计算方式合理,但忽略了宋代官府实施的商税征收率这一重要因素。这两种计算方法都有待于进一步完善。

　　20 世纪末,李景寿对中国和日本学者关于宋代商税问题的研究作了总结,认为:以目前的成果而言,大多停留在对商税制度的阐述、商税额的统计及简析、场务数的统计等方面,而较少对商税研究中深层次的问题作系统而深入的分析。特别是有关宋代商税研究中铜铁钱的比价问题、商税与商品流通量、商税与市场、由商税所反映地区经济发展水平等诸问题,无论从广度还是深度上,抑或从史料的挖掘以及研究方法的开拓方面,都有待于进一步展开探讨[②]。

二、趋向细分的课题:宋代市场价格研究

　　物价研究对宋代经济有着重要的意义。首先对其进行研究的也是日本学者加藤繁,他的《唐宋时代金银价格》从金银价格的变动进行了探讨。40 年代末,似乎有感于国统区的物价飞涨,两位学者开始涉及宋代的物价问题研究。秦佩珩《宋代物价考》[③],认为在提到价格时,必

① 郭正忠:《商税·斗秤·宋代市场——宋代市场小议》,《中国经济史研究》1996 年第 2 期。
② 李景寿:《宋代商税问题研究综述》,载《中国史研究动态》1999 年第 9 期。
③ 秦佩珩:《宋代物价考》,《读书通讯》1947 年第 133 期。

须说明所用的测量单位。作者估计了宋代的食品价格、服用价格和其他物品的价格,所涉及的物品范围很广。全汉昇《宋末的通货膨胀及其对于物价的影响》①以数据图表说明楮贱物贵的进程,指出:宋政府为弥补战费的不足而增发纸币,在通货膨胀初期,对政府是相当有利的,但物价飞涨之后,民众自然深受其害,政府也得不偿失了。对于宋之粮价,学者一般认为南宋贵于北宋,北宋后期又较前期为贵,全汉昇《北宋物价的变动》②甚至认为直至仁宗时仍谷贱伤农。

50 年代至 70 年代,很少有学者论及这个专题。漆侠《宋代经济史》③提出宋代物价波动与土地兼并发展有着密切的内在联系。台湾学者梁庚尧《南宋的农产市场与价格》④指出:南宋农产市场的总需求量数目巨大且日益上升。其供给的来源,一是地主所累积的;二是农家在缴税还债时有时要用货币支付,因而将农产品投入市场。从长期来看,绍兴末至嘉定以前,米价最低,嘉熙至宋亡则米价最高;从短时段来说,秋天收成与丰收时米价低,春夏及歉收时高。米价对农村经济产生很大影响。论文附有四个表格,十分详细。

80 年代以后,市场价格问题重新进入学者的视线,这时期的论题有由大变小的趋向,大多是研究某个区域或某种商品的价格。刘益安《略论北宋开封的物价》⑤,按照时间顺序论述北宋开封的物价。宋初 80 年,粮价低廉稳定,"市场上其他百物也都很便宜",货币购买力大,但奢侈品价格很高。11 世纪 20 年代,物价波动越来越大,百货成倍地上涨。熙宁、元丰这一时期的物价虽未能恢复到宋初,但比庆历、皇祐时便宜并稳定得多,显示出熙丰改革的作用。北宋末年,金人围开封,

① 全汉昇:《宋末的通货膨胀及其对于物价的影响》,《历史语言研究所集刊》第 10 本,1942 年。
② 全汉昇:《北宋物价的变动》,《历史语言研究所集刊》第 11 本,1944 年。
③ 漆侠:《宋代经济史》,上海人民出版社 1987 年版。
④ 梁庚尧:《南宋的农产市场与价格》上、下,《食货月刊》1978 年,第 8 卷第 8 期;1979 年,第 8 卷第 9 期。
⑤ 刘益安:《略论北宋开封的物价》,《中州学刊》1983 年第 2 期。

物价猛涨。而何忠礼《关于北宋前期的粮价》①根据大量史料,说明北宋前期的粮价并非如此低廉和稳定,所谓"斗米十钱"的记载有夸大个别现象之嫌,当天灾人祸之时也会上涨至六七十钱,而一般的粮价约在30 文到 60 文的范围。关于粮价的研究论文还有两篇。汪圣铎《南宋粮价细表》②,将南宋粮价按照地区分为五类:行都附近,江浙地区,川蜀地区,金元交界的京西、湖北、淮南地区,其他如湖南、广南、福建等地区。表格内容有时间、地区、品类、单价、补充说明、文献出处。官府籴买、官府折算等价另辟一类,以相区别。为保证数据的准确性,对于原记载中以铜钱、铁钱、东南会子、湖北会子、钱引所计之价一律维持原状。龙登高《宋代粮价分析》③提出:在粮价研究中,容易在时间上忽视收成季节与青黄不接季节之间及丰歉年景之间价格的不同,在空间上忽视粮价的地域差异。认为北宋大部分时期南北各地一般年景下的季节差率水平为 55%左右,丰歉年之间的粮价差更大。作者统计了宋代两浙路收成季节与平常年景粮价(南宋较北宋中期上涨五倍)、北宋北方诸路平常粮价(宋夏战争爆发,军粮等需求大增,昂贵的运输成本使沿边地区粮价猛涨)、南宋南方诸路平常粮价(南宋福建路粮价腾跃的原因是商品经济的迅速发展)、绍兴、乾道年间南方四路的粮价与户口(广西、湖南、两浙的粮价与户数呈同比例变化)。指出宋代粮食的跨区域流通的规模,与粮价地域差异的程度并不一致。粮价与币制的变动也有密切关系。

　　孙洪升则关注茶叶的价格走向,指出:宋代茶价,无论是买茶价还是卖茶价,其价格体系十分复杂,优质茶叶与劣质茶叶价格相差悬殊,茶叶等级分明,而每个等级的价格又不相同。在茶叶间接专卖体制下,政府收购茶叶价格高低具体反映出国家与茶园户的关系,通过价格政策调整茶叶生产的发展。宋政府与商人的经济关系在茶叶间接专卖体制下则具体表现在卖茶价上。通过调整卖茶价固然使官府、商人双双

---

① 何忠礼:《关于北宋前期的粮价》,《中国史研究》1985 年第 1 期。

② 汪圣铎:《南宋粮价细表》,《中国社会经济史研究》1985 年第 3 期。

③ 龙登高:《宋代粮价分析》,《中国经济史研究》1993 年第 1 期。

获利,但茶叶间接专卖体制不废除,其所固有的弊病也就不可能消除,因此,要从根本上解决此问题,废专卖而通商是必然的选择。尽管宋政府力图控制茶叶市场、茶叶价格,但结果往往并不尽如人意。作者根据马克思经济理论,认为宋政府必须要不断调整政府行为以适应经济的发展。另外,商税的高低,茶叶价值,供求关系,货币价值,货币流通量等等都对茶叶价格有影响①。

也有学者关心物价波动的原因,进行较为宏观的研究。顾吉辰《北宋前中期物价波动对比研究》②,以太祖、太宗、真宗三朝作为前期,仁宗、英宗二朝作为中期。前期物价保持至贱,这是由于重视农业生产,整顿税制,国家货币紧缺这三个原因。仁宗时物价开始上涨,这是由于农业歉收,人口猛增,宋与西夏的战争以及货币的贬值。高聪明《北宋物价变动原因之研究》③,对北宋粮价、绢帛价格、金银价格的变动做了比较,粮食价格变动幅度最大。以北宋前期斗米 20 文为基数,仁宗时期为 3 倍多,熙丰时期为 2 倍多,北宋后期则在 5 倍以上,高至15 倍。相对粮价来说,其他物价变化的幅度则小得多。就金价与绢价而言,在北宋前中期相对平稳,而北宋后期都上涨了一倍。银价变化较为特殊,但也处于明显上升中。北宋物价变动有下述特点:从总的趋势看,各种物价普遍上升,其中以粮价上涨幅度最为突出;从时间看,仁宗时期与徽宗时期是物价上升最严重的时期。引起这种现象的原因有:铜钱价值的变化,货币政策的变化,人口增长与垦田面积增长的不协调,大土地所有者对粮价的操纵与控制,大地主和大商人垄断市场,赋税政策,剥削量的增加。

乔幼梅《论宋代物价与货币的关系》④指出:两宋物价的总趋势是从低到高发展的,南宋物价的上涨则呈现了跳跃式的特点。作者根据

---

①　孙洪升:《试论唐宋时期的茶叶市场价格》,《农业考古》2000 年第 4 期。

②　顾吉辰:《北宋前中期物价波动对比研究》,《学术月刊》1985 年第 12 期。

③　高聪明:《北宋物价变动原因之研究》,《河北学刊》1991 年第 4 期。

④　乔幼梅:《论宋代物价与货币的关系》,《国际宋史研讨会论文选集》,河北大学出版社 1982 年 8 月版。

马克思《资本论》的物价变动规律,从铜钱料例的变动入手考察铜钱价值的变动及其对物价的影响,综合文献材料和金相分析,得出两宋铜钱料例中铜锡含量下降、铅含量上升的结论,结合折二钱证明两宋铜钱贬值,引起物价上涨。而两宋三次使用铁钱,都引起了铜铁比价的波动和物价的上升。一方面是由于宋政府错误的货币政策,另一方面是宋政府没有认识到铁钱已经失去了它的价值尺度的职能,反而企图用铁钱作为吸收和维护金、银、铜钱的手段。南宋物价腾踊的原因是:城镇人口的增加,商品粮帛需求扩大,社会生产没有相应地赶上去,造成供求关系紧张。

三、专卖制度的全面研究

宋代的官府专卖制度具有一些新的特点,一是在制度上完成了由直接专卖向间接专卖为主的过渡;二是在专卖商品结构中,传统的大宗专卖品铁的比重逐步减少,新的商品茶、香、矾、醋被纳入专卖轨道;三是专卖收入逐渐赶上并超过两税,促成了财政结构的深刻变化。以上是 20 世纪中国学者经过研究,在宋代专卖制度上形成的共识。

20 世纪中国学术界对两宋专卖制度的研究起步较晚,30 年代才开始有人专题研究盐的专卖制度,对酒、茶专卖制度的专题研究始自四五十年代,而真正展开全面研究,则迟至 20 世纪最后 20 年。这一过程可分为两个阶段。

(一) 起步阶段(1901—1976 年)

在传统的专卖商品结构中,食盐一直居于首位,所以,最早的专题研究将目光对准宋代的盐政。30 年代中期,张家驹连续发表《南宋两浙之研究》[1]、《宋代福建之盐政》[2],对两浙和福建盐的专卖制度进行了初步的研究。此前数年,已出现了数种较有影响的著作,如田斌《中国盐税与盐政》[3]、欧宗祐《中国盐政小史》[4]、曾仰丰《中国盐政

---

[1]　张家驹:《南宋两浙之研究》,《食货》1935 年 2 月,第 1 卷第 6 期。

[2]　张家驹:《宋代福建之盐政》,《中国经济》1936 年 5 月,第 4 卷第 5 期。

[3]　田斌:《中国盐税与盐政》,江苏省印刷局 1929 年版。

[4]　欧宗祐:《中国盐政小史》,商务印书馆 1931 年版。

史》①。1937 年,吴觉农、范和钧《中国茶业问题》②第二章《茶政沿革》,对两宋茶业作了扼要介绍。1939 年,刘隽《官专卖引法的创立与完成》③,是第一篇专门研究宋代茶、盐专卖交引法的论文。1943 年,戴裔煊《宋代食盐生产及统制方法之研究》④,比较全面地探讨宋代的食盐专卖法。1947 年,吴云端《宋代酒的专卖制度》⑤,是第一篇专门研究宋代酒专卖法的论文。1948 年,程光裕《宋代川盐的生产与统制》⑥,首次系统探讨四川食盐的专卖问题。在以上研究的基础上,到 1949 年,终于出现了一篇比较全面研究宋代专卖法的文章,这就是赵靖《宋代之专卖制度》⑦。

　　与此同时,日本学者的一些论文被译成中文,陆续在中国发表。这些文章有的成为传世之作,对中国学者产生很大影响。

　　五六十年代至 1976 年,大陆学者仅出版一种著作、发表两篇论文。戴裔煊《宋代钞盐制度研究》⑧,系 40 年代所著。该书比较全面系统地探讨宋代食盐的运销制度,包括官搬制度和官卖制度、商卖制及其功能;钞盐制度的横向研究,包括各种交引,盐钞的内容、版式与纸张,盐钞的措置印刷交易机构,提举茶盐司等;钞盐制度的纵向研究,包括交引盐制,范祥钞盐制,钞盐制的变迁与颓坏,钞盐制功能的转变,南宋钞盐制的推广等。不仅将两宋的钞盐制度本身梳理清楚,而且比较生动地叙述这一制度的产生、运作和变迁及其原因。论文中,华山《从茶叶经济看宋代社会》⑨,颇引人瞩目。该文之二《宋代茶叶官专卖制度的演变》,扼要介绍宋代榷茶制度的一般情况外,论述了榷茶和国防、"嘉祐通商法"、四川榷茶、北宋末年的卖引法、南宋的茶法等。吴天颖《论

①　曾仰丰:《中国盐政史》,商务印书馆 1937 年版。

②　吴觉农、范和钧:《中国茶业问题》,商务印书馆 1937 年版。

③　刘隽:《官专卖引法的创立与完成》,《社会经济史集刊》1939 年,第 6 卷第 2 期。

④　戴裔煊:《宋代食盐生产及统制方法之研究》,《中山文化季刊》1943 年,第 1 卷第 2 期。

⑤　吴云端:《宋代酒的专卖制度》,《中央日报》1947 年 1 月 18 日。

⑥　程光裕:《宋代川盐的生产与统制》,《海疆季刊》1948 年第 1 期。

⑦　赵靖:《宋代之专卖制度》,《社会科学》1949 年第 2 期。

⑧　戴裔煊:《宋代钞盐制度研究》,商务印书馆 1957 年版。

⑨　华山:《从茶叶经济看宋代社会》,《文史哲》1957 年第 3 期。

北宋四川制盐业中的生产关系》①，部分内容涉及四川食盐的专卖制度。

港、台学者成果略多，有五篇论文：程光裕《宋代川茶之产销》②，钱公博《宋代解盐的生产和运销制度》③，林瑞翰《宋代盐榷》④，竹羽《宋代的酒税》⑤，曾仰丰《盐禁（宋、金）》⑥，分别论述川茶、解盐、酒税和盐的专卖制度，都有一定深度。

（二）全面研究阶段（1977—2000 年）

这一阶段，大陆学者对此倾注较大热情，撰写了多部著作和 60 多篇论文。著作方面，除有关这一课题的综合专业著作尚未问世外，有关盐、茶、酒方面均出现了研究著作或论文集。按照出版时间，首先是贾大权的《宋代四川经济述论》⑦。该书之六《茶业与茶政》论述宋代四川地区的茶业专卖制度、"赵开茶法"、"茶马贸易"；之七《酿酒和制糖》论述酒的产销统制、酒课与国计民生；之八《井盐和盐政》论述井盐的榷禁制度、"赵开盐法"等，比较深入地探讨宋代四川的茶、酒、盐专卖制度。其次，陈椽编著《茶业通史》⑧，第十一章有《宋朝榷茶》、《宋朝的茶马政策》、《宋朝茶法》、《唐宋茶业法律》四节；第十二章有《宋明两朝榷茶易马充实军备》、《宋朝茶税》两节，从各个角度扼要地介绍宋代茶叶的专卖制度。再次，凌大珽《中国税茶简史》⑨，漆侠《宋代经济史》⑩，贾大权、陈一石《四川茶业史》⑪，分别论述了宋代的各项专卖制度。第四，郭正忠《宋盐管窥》⑫和《宋代盐业经

①　吴天颖：《论北宋四川制盐业中的生产关系》，《文史哲》1964 年第 1 期。

②　程光裕：《宋代川茶之产销》，《学术季刊》1953 年 12 月，第 2 卷第 2 期。

③　钱公博：《宋代解盐的生产和运销制度》，《大陆杂志》1964 年 3 月，第 28 卷第 5 期。

④　林瑞翰：《宋代盐榷》，《大陆杂志》1964 年 3 月，第 28 卷第 6 期。

⑤　竹羽：《宋代的酒税》，《中国世纪》1965 年 10 月第 96 期。

⑥　曾仰丰：《盐禁（宋、金）》，《中国盐政史》1966 年 3 月第 4 期。

⑦　贾大权：《宋代四川经济述论》，四川社科院出版社 1985 年版。

⑧　陈椽编著：《茶业通史》，农业出版社 1984 年版。

⑨　凌大珽：《中国税茶简史》，中国财经出版社 1986 年版。

⑩　漆侠：《宋代经济史》，上海人民出版社 1987 年版。

⑪　贾大权、陈一石：《四川茶业史》，巴蜀书社 1989 年版。

⑫　郭正忠：《宋盐管窥》，山西经济出版社 1990 年版。

济史》①。前书依照所论宋代解盐、四川食盐、东南诸路食盐分为三编,其中约一半内容系作者据自己 1981 年以来发表的论文改编,另一半内容是新作。除论述各地食盐的生产技术和产量外,还分析各地食盐的专卖制度。后书是戴裔煊之后又一部系统、深入研究宋代盐业经济体制发展变化的专著,其中第五章之三《官府垄断的榷卖体制》、第七章《宋代东南六路海盐政策的变迁》、第八章《宋代解盐政策与体制的历史变迁》,都细致地论述榷卖体制下的数种食盐官卖方式、官府控驭下的钞引盐制、各朝"榷法"的反复变革等,提出了许多精辟的见解,实在难得。第五,李华瑞《宋代酒的生产和征榷》②。该书是 20 世纪唯一的一部研究宋代酒的专著,其中的中篇《宋代榷酒制度》,分《宋代榷酒政策概说》、《官榷酒制度》、《买扑制度》、《特许酒户制》、《南宋榷酒形式的发展演变》等七章,下篇《酒课与国计民生》中还深入探讨榷酒对人民生活的影响、榷酒的物质基础、专制主义中央集权与榷酒的关系等,较好地填补了这一课题研究的空白。此外,汪圣铎《两宋财政史》③上册第二编《两宋财政的收入与支出》,也有《禁榷收入》一章,对宋代盐、酒、茶、香、矾的专卖制度有扼要的论述,尤其详细地统计了政府这五项的收入。

台湾学者的著作,有朱重圣《北宋茶之生产与经营》④,也论述了北宋政府的茶叶专卖问题,认为官卖法即专卖制,包括禁榷、入中、贴射、三说、三分、合同场等法。三分和三说是两种制度。

论文方面,大陆学者最早研究宋代茶叶专卖制度的是胡昭曦和贾大泉。胡昭曦《宋初川峡地区的茶法与"贩茶失职"》⑤,扼要地论述了宋代对茶叶实行禁榷的地区、禁榷法及其前后变化。贾大泉《宋代四川地区的茶叶和茶政》⑥和《宋代的茶叶专卖制度》⑦,比较系统地探讨

① 郭正忠:《宋代盐业经济史》,人民出版社 1990 年版。
② 李华瑞:《宋代酒的生产和征榷》,河北大学出版社 1995 年版。
③ 汪圣铎:《两宋财政史》,中华书局 1995 年版。
④ 朱重圣:《北宋茶之生产与经营》,台北学生书局 1985 年版。
⑤ 胡昭曦:《宋初川峡地区的茶法与"贩茶失职"》,《四川大学学报》1980 年第 3 期。
⑥ 贾大泉:《宋代四川地区的茶叶和茶政》,《历史研究》1980 年第 4 期。
⑦ 贾大泉:《宋代的茶叶专卖制度》,《历史知识》1982 年第 1 期。

两宋的榷茶法,尤其深入地论述四川的榷茶法及其弊端。最早研究宋代食盐专卖制度的是郭正忠,《北宋前期解盐的"榷禁"与通商》①是他的处女作,随后又发表了一系列论文。最早研究榷酒制度的是贾大泉的论文《宋代四川的酒政》②,尽管以论述四川地区为主,但也兼及两宋整个制度。

　　与其他朝代的专卖研究往往停留在某一观点的争论不同,宋代专卖制度的研究则是从不同方向将研究逐步推向深入。诸如食盐专卖,有关"入中"和盐钞问题,姜锡东《宋代新兴商人资本交引铺的经营活动及其对经济生活的影响》③和高聪明《北宋盐钞与西北货币体系》④等文,论述交引买卖市场和交引铺情况及盐钞在北宋西北地区货币体系中的作用。林文勋《宋代盐钞功能试探》⑤提出:"入中"在北宋中期取得主导地位,盐政过渡到以间接专卖为主;盐钞又具有了货币的职能,对信用和财政起到了积极的作用。有关食盐专卖和边防关系问题,张秀平《略论宋代的榷盐与边防》⑥和《宋代榷盐制度述论》⑦,做了比较深入的探讨。又如茶叶专卖,有关茶法的分类,观点分歧较大。关履权《宋代的茶禁与茶户、茶贩的反抗斗争》⑧,只将宋代的茶法分为榷茶法和通商法两种。林文勋《北宋茶法变动的历史考察》⑨,将茶法分为嘉祐通商法和入中法,入中法包括交引法、贴射法、三分法、三说法、合同场法等。李晓《北宋榷茶制度下官府与商人的关系》⑩,将北宋前期的茶法分为贴射和交引二法,还探讨官、商争利的具体形态。黄纯艳

① 郭正忠:《北宋前期解盐的"榷禁"与通商》,《北京师院学报》1980 年第 2 期。
② 贾大泉:《宋代四川的酒政》,《社会科学研究》1983 年第 4 期。
③ 姜锡东:《宋代新兴商人资本交引铺的经营活动及其对经济生活的影响》,《中国经济史研究》1987 年第 2 期。
④ 高聪明:《北宋盐钞与西北货币体系》,《中国经济史研究》1991 年第 3 期。
⑤ 林文勋:《宋代盐钞功能试探》,《中州学刊》1995 年第 2 期。
⑥ 张秀平:《略论宋代的榷盐与边防》,《浙江师范大学报》1986 年第 2 期。
⑦ 张秀平:《宋代榷盐制度述论》,《河北大学学报》1993 年第 1 期。
⑧ 关履权:《宋代的茶禁与茶户、茶贩的反抗斗争》,《文史哲》1978 年第 2 期。
⑨ 林文勋:《北宋茶法变动的历史考察》,《宋史研究论文集》,云南民族出版社 1997 年版。
⑩ 李晓:《北宋榷茶制度下官府与商人的关系》,《历史研究》1997 年第 2 期。

《北宋三说法辨析》①、《论北宋的现钱法与贴射法》②、《论北宋中期的茶法变动》③等论文，认为贴射法是间接专卖，仅行于淮南；三说法是沿边折中法，仅行于河北。还探讨了现钱法与贴射法、三说法与三分法的关系，及福建茶法等。再如酒的专卖，李华瑞和杨师群都曾发表一系列论文。1994 年，两人在《中国经济史研究》第 2 期，就宋代的酒课问题展开过争论。此外，王菱菱《论宋代的矿冶业开采政策》④，对宋代矿产品专卖制度也进行了探讨。

台湾学者的论文相对较少。有关茶叶专卖，有朱重圣《由㶛口茶场事件检讨宋神宗熙宁年间川茶之官卖》⑤，论述宋神宗时川茶的官卖制度。有关食盐专卖，有梁庚尧的一系列论文，如《南宋淮浙盐的官鬻》⑥、《南宋四川的引盐法》⑦等，对南宋各个地区的食盐专卖制作了相当详尽的探索。

四、漕运与交通

（一）80 年代，漕运研究初兴

北宋是一个漕运业大发展的时代，漕运的兴盛达到了中国古代社会的高峰。在中国内地，对北宋漕运的研究开始于 20 世纪 80 年代，主要有三篇。陈峰《略论漕运与北宋的集权统治》⑧，计算北宋全国漕粮年额：除宋初约百万余石外，大部分时间都达 750 万石，北宋后期，由于政治腐败，漕运混乱，估计不足 700 万石。并将此数额与历史上各主要朝代加以对比，得出北宋的漕运量是我国历史上的最高数的结论。北

---

① 黄纯艳：《北宋三说法辨析》，《中国社会经济史研究》1997 年第 4 期。
② 黄纯艳：《论北宋的现钱法与贴射法》，《中国社会经济史研究》1999 年第 3 期。
③ 黄纯艳：《论北宋中期的茶法变动》，《思想战线》2000 年第 2 期。
④ 王菱菱：《论宋代的矿冶业开采政策》，《河北大学学报》1998 年第 3 期。
⑤ 朱重圣：《由㶛口茶场事件检讨宋神宗熙宁年间川茶之官卖》，《国际宋史研讨会论文集》，中国文化大学史学研究所 1988 年版。
⑥ 梁庚尧：《南宋淮浙盐的官鬻》，《国际宋史研讨会论文集》，中国文化大学史学研究所 1988 年版。
⑦ 梁庚尧：《南宋四川的引盐法》，《台大历史学报》1996 年 11 月第 20 期。
⑧ 陈峰：《略论漕运与北宋的集权统治》，《历史教学》1986 年第 10 期。

宋漕运业之所以如此发达,与当时的集权统治有密切关系的,北宋的募兵制和立国之策对其有着重大的影响。北宋汴河漕运的定额是 600 万石,很多人认为这已经使东南六路倾其所有。而程民生《北宋汴河漕运新探》①认为:600 万石上供粮根本不是六路官方所有粮的全部,而只是一小部分。岁漕 600 万石粮在一定程度上解决了东南地区商品粮产大于销的问题,调节了不同地区由丰歉造成的收入和粮食市场价格的不平衡,长期的籴粮北运,提高了东南的粮价,有利于调动生产积极性,对东南地区经济发展起了促进作用。东南漕粮主要供应驻京军队,而西北三路并不依赖东南,北宋军粮主要仍由北方供应。周建明《论北宋漕运转般法》②指出:宋代继承唐制,进一步完善充实了转般法,使它发挥了重大的作用,保证了漕运业的稳定发展。北宋末年,盐法的改变挫伤了艄公、漕丁的积极性。另一方面,当时漕路时阻时通。同时,转般法本身的一些缺陷日益明显,额外的费用成为北宋政府的一个沉重包袱。转般法的破坏,是由当时各种因素造成的。

(二) 90 年代,漕运研究范围扩大

陈峰发表了系列论文,在漕运研究方面有不少贡献。首先他从纵向研究漕运沿革史。其《北宋东南漕运制度的演变及其影响》③指出:宋初至崇宁时的"转般法"和崇宁以后的"直达法"的发展变化直接关系着东南漕运的盛衰。北宋在唐代的基础上,进一步发展了漕运转般法,使其不仅解决了各段运河阻滞漕船的问题,更具有了以积储补不足、回船运盐等项内容,提高了东南的漕运量。庆历以后,宋政府对漕运进行了调整,加强和籴的调节作用,建立了完整的制度。加强发运司领导职能的同时,注重陆路转运司的配合作用,改善了漕运的组织管理工作。熙宁二年,王安石在东南漕运中实行了"均输法",扩大发运使职权,根据京师的需要,对各项定额随时调整。"直达法的出现,应当

① 程民生:《北宋汴河漕运新探》,《晋阳学刊》1988 年第 5 期。
② 周建明:《论北宋漕运转般法》,《史学月刊》1988 年第 6 期。
③ 陈峰:《北宋东南漕运制度的演变及其影响》,《河北学刊》1991 年第 2 期。

说是转般法瘫痪后的必然产物。"但是,直达法远没有转般法优越,弊多利少,加上管理混乱,加剧了东南漕运的危机,并对北宋政府的统治造成了严重的影响。他的另一篇论文《试论唐宋时期漕运的沿革与变迁》①说:唐宋时期是中国漕运发展的重要阶段,两代漕运既存在制度上的延续性,也出现了诸多方面的不同变化,主要表现在:(1)唐朝时逐渐形成以南方为主的供漕区域及南北向的漕运路线,宋代不仅保持了这一个局势,而且进一步加剧了对东南地区的依赖。(2)唐宋时期在漕运方式中长期实行机动灵活的"转般法",北宋后期则改行"直达法",结果弊端丛生。(3)唐朝产生了转运使之类的最早的漕运官职,宋代则建立了以东南发运司为主,包括各地区机构在内的完备的漕运管理组织。(4)在唐宋两代,漕运运输队伍经历了由征调农民服役到职业性漕卒承担的变迁过程。漕运的以上沿革变迁,正体现了历史发展的必然联系。周建明认为仅仅根据转般法的变化来研究北宋漕运发展阶段是不合理的,因为转般法主要在汴河上实行,其他的漕运三河(蔡河、广济河、黄河)没有实行这种方式。其《论北宋漕运》②将北宋漕运划分为四个时期:漕运网的形成(960—981年),特点是继承前代,未有定制;漕运的繁荣(981—1059年),特点是四河漕运,四通八达,转般运输;漕运的缓慢发展(1059—1082年),特点是三河漕运,网开一面,漕额不减,弊端渐露;漕运业的衰落(1082—1127年),特点是"网"已成"线",漕额锐减,转般直达,漕运衰败。其兴衰轨迹表明:"它在很大程度上可以通过系统内部功能的调节,排除影响漕运系统变化的内部因素,保持其平衡,这种能随情况变化而调节以保持稳定的机制,显示出北宋漕运系统的成熟性,这正是漕运也不断发展、完备的结果。"

　　在横向方面,沈逸波研究漕运的整个系统,而一些学者关注漕运工

---

① 陈峰:《试论唐宋时期漕运的沿革与变迁》,《中国经济史研究》1999年第3期。

② 周建明:《论北宋漕运》,《中国社会经济史研究》2000年第2期。

程的兴修。沈逸波《北宋漕运系统述略》[①]认为:黄河流域漕道是北宋漕运体系的核心部分,形成了下游京畿、河北及中上游陕西等三个相对独立的水运系统,其中,军事性漕渠占相当比例。长江流域漕道是北宋漕运系统的重要组成部分。长江漕道分东、中、西三道。东道以水漕为主,平原地区农业发展迅速,因而耕作用水与漕运用水矛盾较为显著;中道水漕、辇运互为补充;西道役道辇运是漕运的重要形式。珠江干支流是珠江流域的主要漕道,北江、西江、东江以珠江三角洲为核心呈发散状流向。"北宋一朝,漕道南北贯通的政治、经济意义尤为突出。"陈峰《北宋的漕运水道及其治理》[②]指出:与前代相比,北宋时期漕运水道发生了较大的变化,形成了以开封为中心的放射性运河网,为确保大规模漕运的正常进行,北宋政府投入了巨大的人力和物力,因地制宜地对各漕运水道加以治理,取得了相当大的成效。但北宋灭亡后,大部分水道因为失去了必要的维修而导致荒废。高荣盛《宋代江苏境内漕运工程考述》[③]谓:北宋在江苏境内进行了一些改善航运条件的整治工程,有修堤筑坝,恢复堤堰,还首创了复式船闸,具有世界性影响。

对于漕运制度及管理机构的深入研究,主要由陈峰、王艳和周建明分头开展。陈峰《宋代漕运管理机构述论》[④],以东南发运司为重点,北方漕运管理机构的变迁作为补充,论述发运司出现的原因、发展、衰落和职责。以发运司为主的专职漕运管理机构的出现,既是北宋中央对财富加强控制和征调的产物,也是北宋漕运大规模发展的标志。它们的产生,使唐代临时性、兼职的漕运管理官职扩大为固定、独立的管理组织。这对当时漕运发展的稳定和提高发挥了重要的作用。南宋时期,专职漕运管理机构的瓦解和结束,则是当时漕运分裂、萎缩的必然结果。陈峰《北宋漕运押纲人员考述》[⑤],分析漕运的监督管理者——

---

① 沈逸波:《北宋漕运系统述略》,《上海师范大学学报》1992 年第 1 期。
② 陈峰:《北宋的漕运水道及其治理》,《孝感师专学报》1997 年第 3 期。
③ 高荣盛:《宋代江苏境内漕运工程考述》,《江苏社会科学》1997 年第 2 期。
④ 陈峰:《宋代漕运管理机构述论》,《西北大学学报》1992 年第 4 期。
⑤ 陈峰:《北宋漕运押纲人员考述》,《中国史研究》1997 年第 1 期。

押纲人员的构成及变化。宋初,主要由衙前役人充任,到宋太宗时,低级武职将吏开始部分取代衙前役人,并逐渐占据主导地位,离任官以及进纳官、铨试不中者作为临时补充。应募的土人民户主要存在于宋徽宗时,人数增加比较快,但由于漕运物资被大量侵盗,因此存在的时间不长。漕运物资一旦出现损失,衙前役人必须赔偿,官员除了赔偿之外,还要延期升迁、勒充重役,直至加刑。所以,逃避衙纲的现象非常普遍。"押纲者既受封建统治者的驱使、压迫,又对劳动者进行监督和奴役。"王艳《北宋漕运管理机构考述》①和《论北宋汴河漕运制度》②指出:北宋的漕运管理机构相当成熟、完善,在中央,三司是主管部门,负责统一规划全国范围内的漕运工作。在地方,主管是转运司和发运司。前者收缴贡赋,后者要及时发送。漕粮上路后,沿途各催纲司、拨发司要担负押运工作。至京后,下卸和进仓则由在京的4个排岸司和下卸司负责,储备工作也有专人负责。发运司共掌200纲,纲船实行官、私船分运制。在正常的年份,汴河实行一年四运制,一年四运是北宋所能达到的最高运次。每年漕运的时间约有200余日,冬日需关闭汴口。北宋对汴河漕额的规定基本保持在每年600万石左右。周建明《北宋漕运法规述略》③,认为北宋漕运的发展,与当时建立的一套维持漕运秩序的漕运法规是分不开的。虽然没有专门的法典,但有关漕运的法规散见于诏敕和政令中,随着漕运业的发展,漕运的法令也渐趋严密。该文详细论述了北宋漕运法规的主要内容:奖罚令、载物令、用人令、管理令。指出它所显示的时代特征:阶级性、严厉性、系统性。

关于漕运与商业关系的研究,陈峰《简论宋明清漕运中私货贩运及贸易》④指出,宋以前漕运是纯粹官方经营的运输业,到宋代出现了运输者利用漕船贩运、贸易私货的活动。认为这是由于商品经济的长足发展,运河成为商品流通的大动脉。漕运人员主要由募兵性的运军

---

①　王艳:《北宋漕运管理机构考述》,《洛阳师专学报》1998年第4期。

②　王艳:《论北宋汴河漕运制度》,《信阳师范学院学报》1999年第1期。

③　周建明:《北宋漕运法规述略》,《学术论坛》2000年第1期。

④　陈峰:《简论宋明清漕运中私货贩运及贸易》,《中国经济史研究》1996年第1期。

组成,收入严重不足。在商品经济的刺激下,又具备职业便利条件,运输者便投入到贩运贸易私货的活动中去。而宋政府对漕船私货贸易的态度和规定,是经过了从默认、限制到允许、放松的一系列变化过程,逐渐使这种特殊的商业行为获得了合法的地位。漕运私货贸易活动方式主要有替商人运货和自己贩运贸易这两方面。它突破了封建官府的限制约束,为扩大南北商品交流提供了重要的通道;在免税及低运费的优惠条件下,降低了商品流通的成本,促进了工商业的发展;繁荣了都城的商业市场,带动了运河沿线城镇工商业的勃兴。

(三)其他交通研究

由漕运扩展开来,便是所谓"纲运"。台湾学者韩桂华《析论宋代纲运之涵义》[①]指出:纲运一词始现于唐,至宋代其涵义发生了变化,狭义者仍指漕运之法,广义者则泛指各类大宗官属物质之运输,包括水路、陆路与海路。南宋时期,官属物质运送,殆已径称纲运,而少以漕运为名了。

在陆路研究方面,学者更多地关注中央与边疆的交通。陈守忠《北宋通西域的四条道路的探索》[②]谓:宋太祖积极争取西北边疆少数民族,河西地区的瓜沙归义军曹氏、甘州回鹘、凉州的吐蕃六谷族折逋氏等军向宋朝靠拢,于是以灵州为枢纽,经河西走廊以达于阗、远至印度、大食的交通因而畅通。后因西夏的割据,屡经改道,北宋先后有灵州道、夏州道、泾原道、青唐道四条道路通行。本文按时间顺序论述了这四条道路的形成和变化。蔡良军《唐宋岭南联系内地交通线路的变迁与该地区经济重心的转移》[③],论述了唐宋岭南联系内地交通的两次东移。指出:"唐宋岭南交通中心已完全东移郴州路和大庾岭路,由此正当郴州和大庾岭两路的粤北作为岭南经济重心,粤北韶、雄、连三州经济发展一直执岭南各经济区之牛耳。"北宋末年,随着中国第三次人

---

① 韩桂华:《析论宋代纲运之涵义》,《中国历史学会史学集刊》1993 年 9 月第 25 期。

② 陈守忠:《北宋通西域的四条道路的探索》,《西北师院学报》1988 年第 1 期。

③ 蔡良军:《唐宋岭南联系内地交通线路的变迁与该地区经济重心的转移》,《中国社会经济史研究》1992 年第 3 期。

口迁移高潮的出现,在粤北经济发展基础上,岭南经济重心开始了第三次转移,即由粤北向珠江三角洲的南移。在珠江三角洲进入开发的过程中,占内地入岭南交通主导地位的大庾岭路发挥了极其重要作用,它不仅为珠江三角洲的围垦提供了充足的劳动力和信息,还保证了广州外贸的持续繁荣。

程民生《略论宋代陆路交通——纪念先师 90 诞辰》①是对陆路交通的宏观研究,指出:宋政府十分重视对道路的修建和修缮,完善道路沿线的服务和保护设施,交通条件大为改观。当时道路交通的主要工具是车辆,还有骆驼、马、骡、驴等役畜,轿子也普及开来。交通规则主要有四条:"贱避贵,少避长,轻避重,去避来"。专门的交通地图有所发展,交通图的商业性印制出卖,既反映了交通的发展,又适应并促进了交通的发展。

周宝珠《宋代黄河上的三山浮桥》②,从微观上考述古代黄河建桥史上的一个重要事件。宋徽宗政和年间,曾计划兴建滑州、浚州间的三山永久性浮桥,以作为河北、京东、京西包括首都开封交通的重要通道,工程包括"凿山"、"酾渠"、"为梁跨址",以及黄河改道、修堤和迁移通利军(浚州)城等几个重要环节。本文考证了三山名称的变化、位置、距离,并对三山河桥作了客观的评价,批判宋廷耗费民力,但肯定了桥的选址。

总之,对于宋代交通的研究开始于 80 年代,其重点为漕运,其中更侧重于对漕运管理制度的研究,相比之下,陆路交通还有较多的空白,而相较于官营的漕运来说,对民运组织的构成及投资等的研究尚未及深入。

五、研究新热点:对外贸易

西夏建国后,宋朝通往西域的交通基本阻绝,因此对外贸易的重心转移到东部,建立起"海上丝绸之路"。这是一种新的外贸格局。同

①　程民生:《略论宋代陆路交通——纪念先师 90 诞辰》,《暨南学报》1992 年第 3 期。
②　周宝珠:《宋代黄河上的三山浮桥》,《史学月刊》1993 年第 2 期。

时,宋与辽、西夏、吐蕃及其他少数民族地区之间保持着贸易往来。20世纪的中国学术界,对宋代对外贸易的研究,大致经历三个阶段:开创和奠基阶段,冷清阶段,进一步深入阶段。

(一) 开创和奠基阶段(1901—1949 年)

最早探讨宋代对外贸易的是日本学者,并以中文在中国发表或出版。早在 1901 年 12 月,石桥五郎发表论文《唐宋时代的中国沿海贸易及贸易港》①。1915 年起,桑原陟藏陆续发表研究南宋末人蒲寿庚事迹的论文,实际也是宋代海外贸易的研究成果。1935 年,他的论文集《唐宋贸易港研究》中译本由商务印书馆出版,着重探讨唐、宋海外贸易、海港和市舶管理。1936 年,藤田丰八撰《宋代之市舶司与市舶条例》,由商务印书馆出版。

中国方面最早研究宋代海外贸易的学者要算张星烺。1929 年,张星烺《中世纪泉州状况》②发表,论及宋代的泉州外贸,1930 年,张星烺编注《中西交通史料汇编》③出版。该书广泛搜集中外史籍中有关中国与外国往来关系的资料,其中宋代部分包括与欧洲、非洲、亚洲西部、中亚、印度半岛等地区的交往史料,还作了详细注释,是一部不可多得的巨著,为进一步研究提供了方便。1931 年,北平图书馆编成《宋代提举市舶司资料》,载该馆《馆刊》5 卷 5 期。

1932 年起,有关宋代对外贸易的论文逐渐增多。1932 年,有刘兴唐《宋代陆上的国际贸易》④。1935 年,有程维新《宋代广州市的对外贸易情况》⑤,武堉干《唐宋时代上海在中国对外贸易上之地位观》⑥。1936 年,有沧州《唐宋两代广州之对外贸易》⑦,陈竺同《唐宋元明的南

① 石桥五郎:《唐宋时代的中国沿海贸易及贸易港》,《史学杂志》1901 年 12 月。
② 张星烺:《中世纪泉州状况》,《史学年报》1929 年第 1 期。
③ 张星烺编注:《中西交通史料汇编》,辅仁大学 1930 年版。
④ 刘兴唐:《宋代陆上的国际贸易》,《文化批判》1932 年,第 2 卷第 4 期。
⑤ 程维新:《宋代广州市的对外贸易情况》,《食货》1935 年,第 1 卷第 12 期。
⑥ 武堉干:《唐宋时代上海在中国对外贸易上之地位观》,《中央大学社会科学丛书》1935 年,第 2 卷第 1 期。
⑦ 沧州:《唐宋两代广州之对外贸易》,《新民月刊》1936 年,第 2 卷第 3 期。

海舶政》①,江应梁《阿拉伯海船东来贸易与两宋国家经济的关系》②。以上各文大都论述广州、泉州及上海等地市舶机构的创设、职掌、兼及税收、专卖政策、铜钱外流等。1937 年,有钱卓升《唐宋以来之市舶司制度》③,白寿彝《宋时伊斯兰教徒底香料贸易》④和《宋代伊斯兰教徒所贩卖的香料》⑤,朱慎行《唐宋对阿剌伯人的贸易及其发展》⑥。其中白寿彝二文认为,香料贸易在宋代海外贸易中占有明显的主要地位,属于"领袖贸易"。1938 年以后,由于抗日战争的关系,论文骤减。仅见全汉昇《宋代广州的国内外贸易》⑦,胡寄馨《宋代之福建对外贸易》⑧,刘铭恕《宋代海上通商史杂考》⑨。

(二)冷清阶段(1950—1976 年)

1950 年后的十六七年中,因政治运动不断,涉及对外开放的课题较少有人问津,因此仅在少数著作中,简单介绍宋代的海上对外贸易。如李剑农《宋元明经济史稿》⑩,相关文章仅 11 篇,另有 5 篇主旨为"友好关系"论文中,顺便言及海外贸易。台、港学者的论文也不太多,但质量较高。

大陆学者的论文主要探讨广州、泉州等几个宋代港口城市的外贸情况。如章为玑《宋元明泉州港的中外交通史迹》⑪、《续谈泉州港新发现的中外交通史迹》⑫,通过考察泉州的一些中外交通遗迹,进而论证泉州对外交通和贸易的盛况。1974 年,泉州湾后渚港发掘出一艘宋代木制海船,并在船内发现了一批珍贵文物。厦门大学及时利用这一重

---

① 陈竺同:《唐宋元明的南海舶政》,《南海研究》1936 年,第 6 卷第 3 期。
② 江应梁:《阿拉伯海船东来贸易与两宋国家经济的关系》,《新亚细亚》1936 年,第 12 卷第 3 期。
③ 钱卓升:《唐宋以来之市舶司制度》,《遗族校刊》1937 年,第 4 卷第 3 期。
④ 白寿彝:《宋时伊斯兰教徒底香料贸易》,《禹贡》1937 年,第 7 卷第 4 期。
⑤ 白寿彝:《宋代伊斯兰教徒所贩卖的香料》,《月华》1937 年,第 9 卷第 6—9 期。
⑥ 朱慎行:《唐宋对阿剌伯人的贸易及其发展》,《华北日报·史学周刊》1937 年 2 月 18 日。
⑦ 全汉昇:《宋代广州的国内外贸易》,《历史语言研究所集刊》第 8 本,1939 年。
⑧ 胡寄馨:《宋代之福建对外贸易》,《社会科学(福建)》1945 年 9 月,第 1 卷第 2、3 期。
⑨ 刘铭恕:《宋代海上通商史杂考》,《中国文化研究汇刊》1945 年 9 月第 5 卷。
⑩ 李剑农:《宋元明经济史稿》,三联书店 1957 年版。
⑪ 章为玑:《宋元明泉州港的中外交通史迹》,《考古通讯》1956 年第 3 期。
⑫ 章为玑:《续谈泉州港新发现的中外交通史迹》,《考古通讯》1958 年第 8 期。

要发现进行研究,撰成《泉州港的地理变迁与宋元时期的海外交通》①一文,探讨了泉州作为中国古代大贸易港的历史地位,指出宋代南海交通贸易常以广、泉二州为主。又如关履权《宋代广州的香料贸易》②,论述广州进口香料的情况。再如林家劲《两宋时期中国与东南亚的贸易》③,除介绍宋代主要贸易港口、管理机构和两地物质交流外,还论述主要外贸方式,认为"朝贡"的经济意义远超过政治和外交。

港、台学者的著作,首推林天蔚《宋代香药贸易史稿》④,是迄今研究宋代香药贸易最全面系统的著作。其次为孙葆《唐宋元海上商业政策》⑤,书中论及宋代的海外贸易政策。论文主要有方豪《宋代通商口岸简述》⑥,石文济《宋代市舶司的设置与职权》⑦,汪伯琴《宋代西北边境的榷场》⑧,廖隆盛《宋夏关系中的青白盐问题》⑨等。

（三）进一步深入阶段（1977—2000 年）

"文化大革命"后的 24 年,宋代对外贸易课题成为热点,相关研究进一步深入。

这一阶段,出现了多种著作。大陆地区,有陈高华、吴泰《宋元时期的海外贸易》⑩,论述宋元海外贸易的活动状况、所联系的国家和地区、管理机构和法令、各贸易港口的发展状况、繁荣的原因、对社会的影响、中外友好联系与交流等,确是 20 世纪该项专题研究最全面的著作。关履权《宋代广州的海外贸易》⑪,除论述宋代与广州通商的海外诸国、广州的进出口货物、广州海外贸易发展的依据外,还重点探讨当时海外

---

① 厦门大学历史系:《泉州港的地理变迁与宋元时期的海外交通》,《文物》1975 年第 10 期。
② 关履权:《宋代广州的香料贸易》,《文史》第 3 辑,中华书局 1963 年 10 月版。
③ 林家劲:《两宋时期中国与东南亚的贸易》,《中山大学学报》1964 年第 4 期。
④ 林天蔚:《宋代香药贸易史稿》,香港中国学社 1960 年版。
⑤ 孙葆:《唐宋元海上商业政策》,台北正中书局 1969 年 7 月版。
⑥ 方豪:《宋代通商口岸简述》,《宋史研究集》1966 年 4 月第 3 辑。
⑦ 石文济:《宋代市舶司的设置与职权》,《史学汇刊》1968 年第 8 期。
⑧ 汪伯琴:《宋代西北边境的榷场》,《大陆杂志》1976 年 12 月,第 53 卷第 6 期。
⑨ 廖隆盛:《宋夏关系中的青白盐问题》,《食货》1976 年 1 月,第 5 卷第 10 期。
⑩ 陈高华、吴泰:《宋元时期的海外贸易》,天津人民出版社 1981 年版。
⑪ 关履权:《宋代广州的海外贸易》,广东人民出版社 1987 年版。

贸易发展的几个障碍。此外,沈光耀《中国古代对外贸易史》①,漆侠
《宋代经济史》下册②,张维华《中国古代对外关系史》③,李金明等《中
国古代海外贸易史》④,邓端平等《广州对外贸易史》⑤等著作都或多或
少地论及宋代的对外贸易。

这一阶段,大陆学者共发表有关论文 187 篇,不仅数量多,而且内
容遍涉外贸政策、制度、港口和榷场、商品、商人、各地贸易情况,在以往
的基础上有了拓展和深化。首先,对泉州港及相关问题的研究非常火
热。1978 年《海交史研究》创刊号发表吴泰、陈高华《宋元时期的海外
贸易和泉州港的兴衰》和王曾瑜《宋代的铜钱出口——兼谈泉州发掘
的宋船铜钱》二文。前文主要论述泉州何时超过广州,及泉、广二州地
位升降的原因;后文提出宋代铜钱已成从日本到非洲诸国的镇国之宝,
"钱荒"全因大量铜钱没有在国内市场上流通。

其次,对其他港口和局部地区贸易的研究也颇受关注。1979 年,
有徐规等《宋代两浙的海外贸易》。1981 年,有林瑛《明州市舶史略》。
1985 年,有关履权《宋代广州的外商》和刘成《唐宋时代登州港海上航
线初探》。1988 年,有张健《宋元时期温州海外贸易发展初探》。1997
年,有陆韧《宋代广西海外贸易兴起初探》、黄纯艳《海外贸易与宋代海
南岛商业的发展》⑥等。其中有些论文开始探讨以往少人问津的登州、
广西、海南岛的海外贸易问题。

第三,争论宋代海外"朝贡"的性质问题。蔡美彪、朱瑞熙等《中国
通史》第五册(1978 年)认为,北宋海外贸易有两种形式,一是以"朝
贡"、"回赐"为名的官方交易;一是大量的民间贸易往来。1978 年,刘
蕙孙《泉州湾宋船航线上航向的进一步探讨》⑦,赞成"朝贡"就是国际

①　沈光耀:《中国古代对外贸易史》,广东人民出版社 1985 年版。
②　漆侠:《宋代经济史》下册,上海人民出版社 1988 年版。
③　张维华:《中国古代对外关系史》,高等教育出版社 1993 年版。
④　李金明等:《中国古代海外贸易史》,广西人民出版社 1995 年版。
⑤　邓端平等:《广州对外贸易史》,广州高教出版社 1996 年版。
⑥　黄纯艳:《海外贸易与宋代海南岛商业的发展》,《宋史研究论文集》,云南民族出版社 1997 年版。
⑦　刘蕙孙:《泉州湾宋船航线与航向的进一步探讨》,《海交史研究》1978 年创刊号。

贸易。陈造福《19 世纪以前中国和印尼关系考略》[1]持相同观点。郑世刚《宋代海外贸易的官方经营问题》[2]则提出异议,认为"朝贡"主要不是经济性活动,而是政治性活动,货物也不是贸易商品,因此它不是官方交易,而是宋代国际外交活动中的一种礼尚往来的经济联系形式。

第四,进一步探讨市舶制度。漆侠《宋代市舶抽解制度》[3],详述宋代抽解制度的演变,指出市舶税率不断反复、升降不定的特点。连心豪《略论市舶制度在宋代海外贸易中的地位和作用》,认为市舶制度虽对民间贸易起过一定的积极作用,但具有强烈的掠夺性和危害性。陆韧《论市舶司的性质和历史作用的变化》[4],认为宋代市舶司在唐代既有职能的基础上,增加了舶货变易机构和发送机构两个职能。廖大可《北宋熙丰年间的市舶制度改革》[5],认为当时的改革是市舶管理过渡到正规化、法典化的标志。章深《北宋"元丰市舶条"试析》[6]指出,这一重要法律文件的核心思想是实行贸易垄断,进而论及整个中国古代商品经济的致命缺陷。黄纯艳《论中国古代进口品专卖的始行时间》[7],论及宋代海外贸易中的专卖制度。他的《论宋代贸易港的布局与管理》[8],重点论述宋代贸易港的区域性布局,及政府对贸易港较为规范的管理情况。

第五,对进出口物品、海商、海外贸易与当时社会经济的互动关系等,都有一些论文做了有益的探讨。

港、台学者的著作略少,有李东华《泉州与我国中古的海上交通》[9]

---

[1]　陈造福:《19 世纪以前中国和印尼关系考略》,《历史研究》1980 年第 3 期。

[2]　郑世刚:《宋代海外贸易的官方经营问题》,《学术月刊》1980 年第 12 期。

[3]　漆侠:《宋代市舶抽解制度》,《河南大学学报》1985 年第 1 期。

[4]　连心豪:《略论市舶制度在宋代海外贸易中的地位和作用》;陆韧:《论市舶司的性质和历史作用的变化》,《海交史研究》1988 年第 1 期。

[5]　廖大可:《北宋熙丰年间的市舶制度改革》,《南洋问题研究》1992 年第 1 期。

[6]　章深:《北宋"元丰市舶条"试析》,《广东社会科学》1995 年第 5 期。

[7]　黄纯艳:《论中国古代进口品专卖的始行时间》,《云南教育学院学报》1997 年第 3 期。

[8]　黄纯艳:《论宋代贸易港的布局与管理》,《中州学刊》2000 年第 6 期。

[9]　李东华:《泉州与我国中古的海上交通》,学生书局 1986 年版。

和王仪《赵宋与王氏高丽及日本的关系》①两种。后者有两节论及两宋对日贸易，又有一章专讲宋与王氏高丽的贸易。论文共有 10 篇。其中重要的论文有宋晞《宋商在宋丽贸易中的贡献》②、赵铁寒《宋辽间的经济关系》③、蔡辰理《中国的航海事业（四）——宋》④、江天健《北宋时期与西方诸国陆上贸易》⑤、邱炫煜《从〈大德南海志〉看宋末元初广州的海外贸易》、苏基朗《两宋闽南广东外贸瓷产业的空间模式》⑥，从不同角度论述宋与高丽、辽、西域及海外各国的贸易情况。

---

① 　王仪：《赵宋与王氏高丽及日本的关系》，台北中华书局 1980 年版。

② 　宋晞：《宋商在宋丽贸易中的贡献》，《史学汇刊》1977 年 8 月第 8 期。

③ 　赵铁寒：《宋辽间的经济关系》，《中华文化复兴月刊》1977 年 6 月，第 10 卷第 6 期。

④ 　蔡辰理：《中国的航海事业（四）——宋》，《明道文艺》1977 年 8 月第 17 期。

⑤ 　江天健：《北宋时期与西方诸国陆上贸易》，《中国历史学会史学集刊》1986 年 7 月第 18 期。

⑥ 　邱炫煜：《从〈大德南海志〉看宋末元初广州的海外贸易》；苏基朗：《两宋闽南广东外贸瓷产业的空间模式》，《中国海洋发展史论文集》，1997 年 3 月第6 辑。

辽宋西夏金社会生活史

（前言、第十九至第二十三、二十五至二十六章）

目　　录

前　言

　　历史进入辽宋西夏金时代，是中国封建社会继续发展的时期。由唐朝中期开始的社会变革，到这一时期尤其是宋朝完全定型，辽和西夏、金朝社会也取得了显著的进步。由门阀士族和部曲、奴客、贱民、番匠、奴婢等组成的旧的社会阶级结构，到宋朝终于转变为官僚地主和佃客、乡村下户、差雇匠、和雇匠、人力、女使等组成的新的社会阶级结构。商人的社会地位有了很大的提高。这是中国封建社会内部阶级关系的一次重大变化。土地私有制进一步发展，土地买卖盛行，土地所有权转移频繁。国家制定了严密的法规，保障私人对土地的拥有和转移让渡的权利，使土地的占有和买卖、典当的法律更加规范化。地主阶级改变了对农民的剥削方式，普遍采用将土地租给农民而收取地租的办法，放松了对农民的人身束缚，租佃关系迅速发展。在此基础上，宋代的农业、手工业、商业和科学技术都取得了前所未有的新的成就。农业生产技术和粮食产量都居于当时世界上领先的地位。银、铜、铅、锡、铁等矿产量也在当时世界上首屈一指。广泛利用雕版来印刷书籍，并发明了胶泥活字印刷术。制造出水罗盘等指南仪器，用于海船远洋航行。应用火药制造武器，并由制造燃烧性的火器发展到制造爆炸性的火器，造出了世界上第一批火箭、火枪、火炮等新式武器。药线的发明，既加速了这些新式武器的发展，又促进了烟花爆竹式样的不断翻新。铜钱和铁钱的铸造量逐步增加，白银和黄金的货币机能也在不断增大，还发行了世界上第一批纸币。纸币的产生和推行，标志着中国的货币从金属铸币时期开始演进到信用货币时期。国内外交通更加发达,尤其是海上丝绸之路的开辟,使中外文化经济交往更加活跃。

法国史学家贾克·谢和耐教授(Prof. Jacques Gernet)所著《南宋社会生活史》(Lavie Quotidienne en Chine à la veille de l'invasion Mongole, 1250—1276, Pais, 1959)一书,主要研究南宋末年的社会生活情况。他认为:"中国史并不是静止的一成不变的,却是一连串激烈的变革冲击和动荡。从公元6世纪直到10世纪,中国历经了一个使得它变得全然不可辨认的时期。"南宋的都城临安"在1275年前后,则为当时世界上最大、最富庶的城市"。"在蒙人入侵前夕,中国文明在许多方面正达灿烂的巅峰。"又指出:"一支庞大的沿海船队维持东南沿海商埠与远达广东之间的交通;海上的大帆船则每年趁着季风往来于中国和南洋群岛、印度、非洲东岸和中东一带。陆上贸易在南北往还要道,与长江交会点上发达了起来,其交易数额之庞大,远迈当时欧洲主要商业中心的交易量。"还指出13世纪的中国"其现代化的程度是令人吃惊的:它独特的货币经济、纸钞、流通票据,高度发展的茶、盐企业……在人民日常生活方面,艺术、娱乐、制度、工艺技术各方面,中国是当时世界上首屈一指的国家,其自豪足以认为世界其他各地皆为化外之邦"①。

谢和耐教授与笔者虽然相隔万里、从未谋面,且研究方法不同,但彼此的见解竟然如出一辙。拜读之后,笔者更增强如下信念:宋代社会生活的发展是显而易见的,宋代人们的世态风情、生活习尚、民间流俗,包括饮食、服饰、居室、用具、押字、称谓避讳、节日、休假、生育、婚姻、丧葬、交往、语言、文字、宗教信仰、巫卜、交通、通信等,无不都在发展变化之中,并且呈现了许多新的特色,显得比前代更加异彩纷呈、绚丽多姿。宋代人们的社会生活,反映了中国封建社会新时期的时代精神,也揭示了当时的哲学思想、道德观念、民族心理、审美意识等,为中华民族描绘了一幅多姿多彩的历史风俗画卷。

---

① 马德程译本,台北,1982年印行。

　　辽和西夏、金朝的社会发展程度虽然赶不上宋朝,但它们分别在中国北部和西部的开发取得进展,加强了各民族的融合,在社会文化的某些方面已经接近宋朝。它们的社会生活、风尚习俗虽然比不上宋朝丽靡宏侈、丰富多彩,但也各具民族特色,有些习俗还被宋朝汉族人民所吸取,成为宋朝人民习俗的一个组成部分。

　　有些学者强调,宋代的社会生活风尚由于统治者将儒学思想和理学思想作为官民生活与行动的准则,从整体上看是比较繁杂而保守的,相当部分外溢着一种古制的遗风,给人一种质朴、自然的复古感觉。甚至提出理学的"兴起和繁荣"是宋代社会生活全面"复古"的必然结果,也为这种社会需求提供了新的理论依托。尤其是宋代衣冠服饰,总的说来比较拘谨和保守,式样变化不多,色彩也不像前朝那样鲜艳,给人以质朴、洁净和自然之感。这与当时经济、政治和思想文化的状况,特别是程朱理学的影响有着密切的关系。服饰制度在按照古制礼仪之道厘定后,又多次进行修订,以靠拢统治者界定的"天理",从而使宋代的服饰制度形成了一个尽求古制、追求等序、自上而下、由尊而卑、由贵到贱、等级划分十分严格的制度体系,其繁杂程度超过了以往的任何朝代。他们主要列举宋代皇帝的冕服制度,认为每次对皇帝冕服进行更改,都是以进一步恢复古制为原由。而皇帝的冕服是指用于重大典礼所穿戴的衮冕,百官的衮服也只是指朝服中的进贤冠,平时其实很少穿戴。

　　宋朝理学家确实对当时的社会生活有独到的见解。比如朱熹,作为宋代理学的集大成者,对于当时的服装,并没有提出过恢复古代制度的主张。恰恰相反,他主张衣冠要"便身"和"简易",否则自然而然会被淘汰。他说:"某尝谓衣冠,本以便身,古人亦未必一一有义,又是逐时增添,名物愈繁。若要可行,须是酌古之制,去其重复,使之简易,然后可。"[①]他认为衣冠首先要"便身",如果要推行一种新的衣冠制度,应

————————

① 　黎靖德:《朱子语类》卷89《礼六·冠昏丧》。

以现行的衣冠为基础,参酌古代的制度,去掉重复,使得简易,然后可以通行。他还以"期丧"时期的帽子为例,指出持服时不妨暂且"依四脚帽子加绖(按:"绖"即丧服上的麻布带子)"。这种帽子"本只是巾,前二脚缚于后,后二脚反前缚于上,今硬帽、幞头皆是。后来渐变重迟,不便于事。如初用冠带,一时似好。某必知其易废,今果如此。若一个紫衫、凉衫,便可怀袖间去见人,又费轻。如帽带、皂衫是多少费! 穷秀才如何得许多钱? 是应必废也"①。提出衣冠要穿戴方便,而且费用要便宜,否则只能流行一时,不久就会被人们丢弃。此其一。

朱熹在谈及宋代服装的渊源时,明确指出"今世之服,大抵皆胡服。如上领衫、靴鞋之类,先王冠服扫地尽矣。中国衣冠之乱,自晋五胡,后来遂相承袭。唐接隋,隋接周,周接元魏,大抵皆胡服"。如皂鞋之类"乃上马鞋也,后世因袭,遂为朝服"。又指出宋代的公服始于隋代:"隋炀帝游幸,令群臣皆以戎服,五品以上服紫,七品以上服绯,九品以上服绿。只从此起,遂为不易之制。"到了唐代,这种戎服成为"便服",又称"省服";再到宋代,便改称"公服"。公服的衣袖唐初原来很窄,"全是胡服""中年渐宽,末年又宽","相承至今,又益阔也"。他还指出,宋代吏人所戴的冠,就是唐代官员朝服中的"幞头,圆顶软脚"。士人所穿的服装,在徽宗宣和末年(1125 年),京师的士人"行道间,犹着衫帽"。"至渡江,戎马中,乃变为白凉衫。绍兴二十年间,士人犹是白凉衫。至后来军兴,又变为紫衫,皆戎服也。"至于古人的衣冠,"大率如今之道士","道士以冠为礼,不戴巾"。他从衣冠的演变历史提出:"而今衣服未得复古,且要辨得华夷。"②显然,朱熹比较透彻地了解汉族的服装是不断变化的,所以他反对衣冠恢复古制,同时主张区分华夷(按:指周邻少数族),还有是要节省费用,穿着方便。此其二。

朱熹针对当时"衣服无章,上下混淆"的现状,提出现在即使不能"大定经制",也应暂且"随时略加整顿",这总比"不为"即无所作为要

---

① 《朱子语类》卷 84《礼一·论修礼书》。
② 《朱子语类》卷 91《礼八·杂仪》。

好。他的整顿设想有："小衫令各从公衫之色，服紫者小衫亦紫，服绯绿者小衫亦绯绿，服白则小衫亦白；胥吏则皆乌衣。余皆仿此，庶有辨别也。"①主张将小衫的颜色改成与公服一致，以便各级官员和胥吏等易于识别。此其三。

可见朱熹并未主张宋代的服饰制度全面恢复古制。其他的理学家，即使个别可能有类似的观点，但决不能代表所有的理学家都主张恢复古代的服饰制度，更不能夸大为宋代理学持此主张。

至于有的学者强调理学思想的"兴起和繁荣"（按："繁荣"一词似应改为"广泛传播"更为确切）导致了宋代社会生活的全面"复古"，这更不符合事实。笔者以为，第一，宋代理学，此处仅指程朱理学，对宋代社会生活的影响实际并不像某些学者想象中的那么严重。众所周知，二程的理学上距北宋开国百余年后，晚至宋神宗、哲宗元祐间（1086—1094年）在社会上一度传播，但影响不大，到哲宗绍圣时（1094—1098年），尤其在徽宗时，程颐受迫害，名列"元祐党籍"，还下令严禁其"聚徒传授"②。王安石"新学"盛行，在各级学校中，"非（王安石）《三经义》、《字说》，不登几案"③。当时二程的理学只能转入"地下"传播。朱熹的一生也历尽坎坷。他在世 71 年，在地方或入朝真正担任差遣的时间并不多，充其量共九考，实际不过七年稍多，立朝仅 40 天。孝宗时他受到过政治上的两次打击。宋宁宗时，再次受到了政治上的沉重打击，前后持续了五年多时间，抑郁而终。嘉定元年（1208 年），宁宗下诏为朱熹平反昭雪，次年又在赐谥目"文"的公文中肯定朱熹在思想学术上的贡献。但真正充分重视程朱理学，并使之取得思想学术方面的统治地位，更迟至南宋后期理宗时。笔者以为，过高估计程朱理学对宋代社会生活的影响是不符合史实的。

第二，宋代理学家并没有主张对当时的社会生活全面实行古制，也

① 《朱子语类》卷91《礼八·杂仪》。
② 李心传：《道命录》卷 2。
③ 李心传：《建炎以来系年要录》（以下简称《要录》）卷 87，绍兴五年三月庚子。

就是全面"复古"。我们知道,朱熹曾经反复对自己的学生指出:"礼乐废坏二千余年,若以大数观之,亦未为远,然已都无稽考处。""古礼如此零碎繁冗,今岂可行! 亦且得随时裁损尔。"又说:"居今而欲行古礼,亦恐情文不相称,不若只就今人所行礼中删修,令有节文、制数、等威足矣。"①认为古礼过于琐细繁冗,不过"具文",即使在当时也"未必尽用"。到二千多年以后的宋代,自然更难实行。所以,只能以当时人们所通行的礼制为基础加以删修,使之适合"今人"的需要。由此证明,宋代理学家并没有提出过在当时的社会生活中全面恢复古代的礼制。

第三,本书以丰富的内容,确实的史料,充分地证明宋代的社会生活所受理学的影响不深,古代严格的生活等级制度在宋代始终未被严格遵守。宋代的服饰正处于一个不断变化的过程,已如前述。婚姻观念,由中唐以前的重视士族门阀,转变为重视新的官僚门第,重视资产。婚姻和丧葬礼仪也变得简便、灵活和多样化。官府对民间房舍的等级限制比唐代有所放宽,居室用具种类日显繁复,如直腿椅和交椅的逐渐普及改变了以前席地而坐的习惯。饮食的原料和佐料都比前代有所增加,食品的花色品种也增加很多,形成了北食和南食两大饮食系统,面食中的汤饼逐渐向索面即面条演变。

凡此种种,都说明在两宋 320 年内,人们的生活不仅是绚丽多彩的,而且处于不断的变化之中。由此证明,宋代理学家并没有提倡社会生活全面恢复古制,也没造成社会全面复古的效果。

本书为第一部全面反映辽宋西夏金时期社会生活的专著。但在此书出版之前,诸如前述谢和耐教授的《南宋社会生活史》,除有 1982 年马德程先生的中译本外,最近又有刘东先生的中译本,题为《蒙元入侵前夜的中国日常生活》②、伊永文《宋代城市风情》③、周宝珠《宋代东京

---

① 《朱子语类》卷 81《礼一·论考礼纲领》。
② 《蒙元入侵前夜的中国日常生活》,海外中国研究丛书之一,江苏人民出版社 1995 年版。
③ 伊永文:《宋代城市风情》,黑龙江人民出版社 1987 年版。

开封府》①和《宋代东京研究》②,吴涛《北京都城东京》③,林正秋等《南宋故都杭州》④,杭州市政协办公室《南宋京城杭州》(1985年)。有关宋代婚姻礼俗的研究,有彭利芸《宋代婚俗研究》⑤、张邦炜《婚姻与社会(宋代)》⑥。论述金代民俗的专书,有宋德金《金代的社会生活》⑦。《文史知识》、《文史》、《浙江学刊》、《中国烹饪》、《上海师大学报(社科版)》、《历史月刊》(台北)等刊物,也都曾发表过一些论述这一时期社会生活的文章。我们在编写时作了参考,谨在此表示谢意。

本书作者分工如下:

朱瑞熙:前言、第十九章、第二十章、第二十一章、第二十二章、第二十三章、第二十五章和第二十六章。

张邦炜:第六章、第七章、第八章、第九章、第十章、第十一章和第十二章,与蔡崇榜合写第十七章。

刘复生:第三章、第四章和第十三章。

蔡崇榜:第十八章,与张邦炜合写第十七章。

王曾瑜:第一章、第二章、第五章、第十四章、第十五章、第十六章和第二十四章。

---

①　周宝珠:《宋代东京开封府》,《河南师大学报》增刊1984年。
②　周宝珠:《宋代东京研究》,宋史研究丛书之一,河南大学出版社1992年版。
③　吴涛:《北京都城东京》,河南人民出版社1984年版。
④　林正秋等:《南宋故都杭州》,中州书画社1984年版。
⑤　彭利芸:《宋代婚俗研究》,台北新文丰出版公司1988年版。
⑥　张邦炜:《婚姻与社会(宋代)》,四川人民出版社1989年版。
⑦　宋德金:《金代的社会生活》,中国风俗丛书之一,陕西人民出版社1988年版。

第十九章 称谓和排行

辽、宋、西夏和金的官制以其复杂多变为其主要特点,官署、官职的简称和别称等,官员和百姓的称谓以及排行,随着社会生活的发展,也与前代有很多的区别。

一、官署、官职的简称和别称

这一时期各国的职官制度由于历史传承的原因和契丹、党项、女真等民族部落制的影响,显得十分复杂而又变化多端,官署、官职的简称和别称林林总总,不胜枚举。

(一)两宋

在中国封建社会中,宋代的职官制度尤其复杂而多变。

1. 中央官署和官职

二府:北宋前期,朝廷设"中书门下"和"枢密院"对掌文、武大权,时称"二府",又称"两司"①。中书门下居东,称"东府";枢密院居西,称"西府"。元丰改制后,宰相治事的官署亦称"东府"或"东省",枢密院则称"西府"或"西枢"②。

中书门下:北宋前期承晚唐之制,在宫中设置"中书门下",题榜"中

---

① 《宋史》卷162《职官志二》;孙逢吉:《职官分纪》卷3《宰相》。
② 《长编》卷226,熙宁四年九月丁未;楼钥:《攻媿集》卷40《参知政事陈骙知枢密院事》。

书"①。其办公厅称"政事堂",别称"都堂"②,中书门下和中书省以及中书侍郎、中书舍人均可简称"中书",容易相混。

正宰相简称"平章事"或"同平章事",尊称"相公",简称"首台",别称"夔"③。副室相简称"参政"。两名参知政事和三名枢密院长官,合称"五府"④。

哲宗时,开始设"平章军国重事"或"同平章军国重事"之职,以处硕德重臣,位居宰相之上,简称"平章"⑤。

枢密院:枢密院简称"枢府"、"密院",别称"宥府"⑥。枢密院的长官枢密使简称"枢密",知枢密院事简称"知枢",两者别称"枢相"、"大貂";枢密使并直太尉,俗称"两府"⑦。其副长官是枢密副使,简称"枢副"或"副枢";"签署枢密院事"或"同签署枢密院事",简称"签枢"或"同签枢"。"签署"二字,在英宗即位后因避"御讳",改为"签书"⑧。

凡以亲王、留守、枢密使、节度使而兼门下侍中、中书令、同中书门下平章事者,都称"使相"⑨。

三司:三司号称"计省"。长官"三司使"别称"计相",三司副使别称"籝"⑩。

翰林学士院:简称"学士院",别称"北扉"、"北门"。又因其正厅名"玉堂",故又别称"玉堂"⑪。学士院的翰林学士承旨简称"翰林承

① 《职官分纪》卷3《宰相》。
② 宋敏求:《春明退朝录》卷上;《玉海》卷120《乾道左右丞相》。
③ 朱彧:《萍洲可谈》卷1;董弅:《闲燕常谈》;曾布:《曾公遗录》卷8。
④ 宋敏求:《春明退朝录》卷上;赵昇:《朝野类要》卷2《五府》。
⑤ 《宋史》卷416《汪立信传》。
⑥ 《永乐大典》卷11001;司马光:《温国文正司马公文集》卷48《密院札子》;李心传:《旧闻证误》卷2。
⑦ 高承:《事物纪原》卷4《枢密》、《知枢》;姜特立:《梅山续稿》卷15《赠叶枢相》;祖无择:《龙学文集》卷14《紫微撰〈西斋话记〉共三十五事》;《朝野类要》卷2《两府》。
⑧ 《事物纪原》卷4《枢副》;《温国文正司马公文集》卷57《上庞副枢论贝州事宜事》;《宋史》卷162《职官志二》;陆游:《老学庵笔记》卷10。
⑨ 《宋史》卷161《职官志一》。
⑩ 《宋史》卷162《职官志二》;赵与时:《宾退录》卷1;施宿:《嘉泰会稽志》卷3《通判廨舍》。
⑪ 江少虞:《宋朝事实类苑》卷31《词翰书籍》;叶梦得:《石林燕语》卷7。

旨"，别称"翰长"、"院长"①。翰林学士尊称"内翰"、"内相"，别称"典制北门"、"坡"或"銮坡"。遇到起草重要文书，朝廷派两名学士"当直（值）"，称"双宣学士"②。其他官员入院而未授学士，称"直学士院"，别称"直北扉"。北宋前期，翰林学士带知制诰者，称"内制"，知制诰以及元丰改制后的中书舍人称"外制"，内、外制总称"两制"③。

三省：门下省，又称"左省"，别称"东台"、"黄门"、"鸾台"④。元丰改制后，尚书左仆射兼门下侍郎称为"左相"，门下侍郎也别称"黄门"。给事中简称"给事"，别称"夕郎"、"青琐"⑤。中书省，又称"右省"，别称"西台"、"紫微"、"凤阁"、"凤池"等⑥。元丰改制后，尚书右仆射兼中书侍郎称"右相"，中书侍郎也可简称"中书"；为副相时，别称"小凤"⑦。

门下省设起居郎，称"左史"；中书省设起居舍人，称"右史"，总称"二起居"或"两史"，别称"左螭"和"右螭"⑧。但在北宋前期，"两史"仅用以寄禄，并不典职，而另外委派官员领其事，称为"修起居注"，简称"修注"官。中书省设中书舍人，简称"中书"。久任中书舍人者别称"阁老"⑨。知制诰美称"三字"官。"权中书舍人"别称"摄西掖"⑩。

尚书省，又称"都省"、"南省"，别称"文昌"、"中台"、"内台"⑪。尚书省长官的办公厅也称"都堂"⑫，易与北宋前期政事堂的别称"都

① 《宋史》卷 267《张洎传》；王益之：《职源撮要·翰林学士承旨》。
② 《事物纪原》卷 4《内翰》；《嘉泰会稽志》卷 3《进士》；《石林燕语》卷 5；《宋会要》职官 6 之 53。
③ 《要录》卷 148；林駉：《古今源流至论》后集卷 2《两制》。
④ 《攻媿集》卷 34《通奉大夫显谟阁待制陈岘》；李纲：《梁溪集》卷 3《给事中除户部侍郎诏》；《永乐大典》卷 7303。
⑤ 《宋史》卷 161《职官志一》；《事物纪原》卷 5《夕拜》等。
⑥ 张嵲：《紫微集》；《事物纪原》卷 6《凤池》；朱弁：《曲洧旧闻》卷 6。
⑦ 赵与时：《宾退录》卷 1；曾布：《曾公遗录》卷 7。
⑧ 《事物纪原》卷 5《二起居》；《朝野类要》卷 2《史官》；《容斋四笔》卷 15《官称别名》。
⑨ 《宾退录》卷 1；赵翼：《陔余丛考》卷 26《阁老》；《旧闻证误》卷 2。
⑩ 《容斋三笔》卷 12《侍从两制》；《要录》卷 149。
⑪ 《事物纪原》卷 4《都省》；《宋会要》职官 4 之 1、2；庞元英：《文昌杂录》；《文献通考》卷 51《职官五》。
⑫ 《宋会要》职官 4 之 1。

堂"相混。尚书左丞和尚书右丞别称"左辖"和"右辖",总称"丞辖"或"纲辖"①。孝宗乾道八年(1172年),改左、右仆射称左、右丞相作为正宰相,别称"左揆"、"右揆",总称"两揆"②。尚书左、右仆射,左、右丞,中书侍郎,门下侍郎总称"八位"。在左、右仆射为正宰相时,尚书左、右丞和六部尚书总称"八座"③。

尚书省左、右司别称"都司"、"大有司"、"都曹"④。

吏部又称"文部"、"天官"。户部又称"地官",别称"民部"、"民曹"、"版曹"。礼部又称"春官",别称"南宫"、"仪曹"⑤。礼部侍郎别称"春官贰卿",礼部郎官别称"南宫舍人"。权礼部郎官别称"摄郎仪曹"⑥。兵部又称"武部"、"夏官"。刑部又称"秋台"、"秋官",又称"宪部"⑦。工部又称"冬官",别称"起部"⑧。六部的尚书别称"太常伯",侍郎别称"少常伯"⑨。

六部和三省、枢密院"管干架阁库"或"主管架阁库文字"官简称"架阁",别称"掌故"。六部监门官别称"城门郎"、"户郎"、"门长"⑩。

寺监:各寺卿又称"大卿",各监正长官又称"大监"⑪。九寺中,太常寺别称"礼寺"、"曲台"、"颂台"⑫。太常卿别称"乐卿",太常少卿简称"常少"、"少常",别称"奉常"、"少奉常"⑬。太常丞简称"太丞",太常博士简称"太博"、"常博"⑭。宗正寺简称"宗寺"、"司宗",别称"麟

---

① 李廌芸:《炳烛编》卷4《纲辖》。
② 《事物纪原》卷4《左右相》;宫梦仁:《读书纪数略》卷35《爵秩类》。
③ 《朝野类要》卷2《八位》;《事物纪原》卷4《八座》。
④ 周密:《癸辛杂识》别集下《李伯玉》。
⑤ 《职源撮要·吏部尚书》;《容斋四笔》卷15《官称别名》。
⑥ 《石林燕语》卷3;《癸辛杂识》别集下《胥吏识义理》;《宋会要》职官73之33。
⑦ 《职源撮要·兵部尚书》;周必大:《二老堂杂志·宪台》。
⑧ 《梦粱录》卷9《六部》;《宋史》卷165《职官志五》。
⑨ 《职源撮要》;《容斋三笔》卷12《侍从五制》。
⑩ 《宋会要》职官73之33;《永乐大典》卷14046;《书叙指南》卷14《门城管钥》。
⑪ 《宋朝事实类苑》卷28《太常卿秘书监》;《梅山续稿》卷3《寄巩大监》。
⑫ 任广:《书叙指南》卷2《公府区宇》。
⑬ 《曾公遗录》卷8;《容斋四笔》卷15《官称别名》。
⑭ 杨万里:《诚斋集》卷6《江湖集》。

寺"、"秋宗"①,宗正少卿简称"宗少"。大理寺别称"棘寺"、"棘司"、
"棘署",大理卿别称"棘卿",大理少卿简称"理少",大理丞别称"棘
丞",大理寺主簿简称"理簿",大理评事别称"廷评"②。司农寺别称
"大司农"、"大农"、"扈农"、"农扈"、"田寺"③;司农卿因管辖仓贮,又
别称"走卿";司农丞简称"农丞"④。太府寺别称"外府"、"司府",太府
卿别称"忙卿"。光禄卿别称"饱卿"。鸿胪卿别称"睡卿"⑤。六监中,
国子监别称"成均"(学校亦然)、"胄监",国子监丞别称"胄丞",国子
博士简称"国博"⑥。太学博士简称"太博",武学博士简称"武博"⑦。
将作监别称"匠寺"、"工监"、"匠监"⑧。将作监和少监别称"大匠"和
"少匠"或"小匠"⑨。将作监官员总称"工官"⑩。军器监简称"军监",
别称"戎监",又称"武监"。各监的主簿都简称"监簿"⑪。

　　御史台:别称"宪府"、"宪台"、"南台"、"兰台"、"横榻"、"中台"、
"乌台"、乌府"、"霜台"、"柏台"⑫。御史中丞简称"中丞"、"台长"、
"台丞",别称"中宪"、"中执法"、"中司"、"独座"⑬。侍御史知杂事简
称"知杂御史",别称"杂端"、"台端"⑭。御史台下设三院:侍御史主管
的"台院",殿中侍御史主管的"殿院",监察御史主管的"察院"。察院
设六名御史,称为"六察"。殿中侍御史别称"副端"。监察御史简称
"察官",别称"豸"⑮。

---

① 许应龙:《东涧集》卷4《董槐除宗正簿制》。
② 《癸辛杂识》别集下《余晦》;《容斋五笔》卷4《棘寺棘卿》。
③ 朱熹:《朱文公文集》卷91《司农寺丞翁君墓碣铭》。
④ 王得臣:《麈史》卷下《谐谑》;刘过:《龙洲集》卷2《王农丞舟中》。
⑤ 《永乐大典》卷14607,卷14608;《麈史》卷下《谐谑》。
⑥ 杨简:《慈湖先生遗书》附《年谱》卷1;《齐东野语》卷17《景定彗星》。
⑦ 洪迈:《夷坚三志壬》卷1《倪太博金带》;《癸辛杂识》别集卷下《余晦》。
⑧ 蔡襄:《端明集》卷9《毕从益将作监主簿制》。
⑨ 《职源撮要·将作少监》;《容斋四笔》卷15《官称别名》。
⑩ 王安石:《王临川集》卷52《余涣试将作监主簿制》。
⑪ 《攻媿集》卷41《大宗正丞李大性军器少监兼权司封郎官》;《永乐大典》卷14608。
⑫ 《宋史》卷162《职官志二》;《宋会要》职官4之22。
⑬ 《宋史》卷162《职官志二》;《容斋四笔》卷15《官称别名》。
⑭ 《宋史》卷162《职官志二》;刘昌诗:《芦浦笔记》卷4。
⑮ 《宋史》卷162《职官志二》;《癸辛杂识》别集下《郑清之》。

谏院：又称"谏垣"。左、右谏议大夫简称"大谏"，别称"大坡"。左、右司谏别称"中谏长"，左、右正言别称"小谏"或"小坡"①。

秘书省别称"蓬省"、"麟台"、"芸台"、"兰台"、"道山"②。其长官秘书监简称"秘监"，别称"大蓬"；秘书少监简称"秘少"，别称"小蓬"、"少蓬"；秘书丞简称"秘丞"③。秘书丞与太常丞、宗正丞总称"三丞"。秘书省的属官著作郎别称"大著作"、"大著"，著作佐郎别称"小著"④。著作郎和著作佐郎总称"二著"⑤。

馆阁：别称"道山"。任馆职者也称"省官"⑥。资政殿大学士简称"大资政"或"大资"，观文殿大学士简称"大观文"⑦，观文殿学士简称"观学"，端明殿学士简称"端明"，显谟阁学士简称"显学"，显谟阁直学士与徽猷阁直学士等都称"阁学"⑧。据方勺《泊宅编》、高承《事物纪原》等书记载，龙图阁学士简称"龙学"、"龙阁"，别称"老龙"（王得臣《麈史·谐谑》作"大龙"）；龙图阁直学士也可简称"龙学""直龙"，别称"大龙"（《麈史·谐谑》作"小龙"）；龙图阁待制简称"龙制"，别称"小龙"；直龙图阁简称"直龙"，别称"假龙"。任直龙图阁而至死者，称为"死龙"⑨。集贤殿修撰俗称"热撰"，秘阁修撰俗称"冷撰"，天章阁待制简称"天制"，枢密直学士简称"枢直"或"密学"、"密直"⑩。

2. 地方官署和官职

路级官署：转运使司简称"漕司"、"漕台"。转运使简称"运使"，别

① 《宾退录》卷9；《炳烛编》卷4《大坡小坡》。
② 《齐东野语》卷14《馆阁观画》；《职源撮要·秘书监、秘书省》。
③ 王明清：《挥麈录》后录卷6《冯京作主文，取张芸叟置优等》；《老学庵笔记》卷4。
④ 叶梦得：《避暑录话》卷下；范仲淹：《范文正公集》卷12《蔡齐墓志铭》。
⑤ 刘克庄：《后村集》卷43《玉牒初草·宁宗皇帝》。
⑥ 《紫微集》卷29《谢馆职上赵相公启》；《道山清话》。
⑦ 晁补之：《鸡肋集》卷43《祭大资政李公文》；《旧闻证误》卷2。
⑧ 梁克家：《淳熙三山志》卷23《官秩类四》；《避暑录话》卷上。
⑨ 《避暑录话》卷上；《麈史》卷下《谐谑》。
⑩ 《宾退录》卷2；《事物纪原》卷4《天制》、《枢直》；郑克：《折狱龟鉴·陈述古》。

称"外计"、"计使"①。转运副使简称"运副",转运判官简称"运判"。掌管两路以上的"都转运使",简称"都运"或"都漕"②。提点刑狱司简称"提刑司",又与御史台一样别称"宪台",又别称"宪司"、"臬司"③。提点某路诸州军刑狱公事简称"提刑";如由武臣充任"同提点刑狱",简称"武宪"④。提举常平等司总称"提举司",其长官总称"提举官"。提举常平司别称"仓司"、"庚司"。提举某路常平简称"常平使者"、"常平官"⑤。提举茶盐司简称"茶盐司",提举某路茶盐简称"提盐"⑥。提举学事司简称"学事司"、"学司";提举某路学事简称"提学"⑦。漕司、宪司和仓司号称"外台"。监司又可称"监职"或"部刺史"。安抚使司别称"帅司",安抚使别称"帅臣"⑧。

路级一些特殊官署,如制置使司简称"制司",别称"制阃"。其长官制置使,简称"制臣"或"制使"。发运使司简称"发运司",其长官发运使简称"发运"⑨。总管数路"某某等路都大发运使"别称"大漕",发运副使简称"发副"⑩。总领某路财赋军马钱粮所简称"总司"、"总所",别称"饷所"、"饷司",其长官"总领某路财赋"简称"总领"⑪。

州级官署:北宋都城开封府和南宋都城临安府,其长官是牧、尹,委派亲王充任,称"判南衙"。实际并不常设,而另派"权知府"一人为长官。凡任权开封府知府或临安府知府者,称"尹天府";任临安府通判者,称"倅天府"⑫。

---

① 杨傑:《无为集》卷12《沈立神道碑》;《癸辛杂识》前集卷1《闽鄞二庙》。
② 《事物纪原》卷6《运副》、《运判》;《宋史》卷167《职官志七》。
③ 《二老堂杂志·宪台》;宋慈:《洗冤录序》。
④ 《宋史》卷167《职官志七》。
⑤ 钱大昕:《十驾斋养新录》卷10《庚司》;《宋史》卷167《职官志七》。
⑥ 王洋:《东牟集》卷7。
⑦ 《夷坚支戊》卷4《五台文殊》《宋会要》崇儒2之16,选举20之2。
⑧ 蔡戡:《定斋集》卷2《乞选择监司奏状》;葛胜仲:《丹阳集》卷3《上监职书》;《宋会要》职官41之116。
⑨ 黄震:《古今纪要逸编》;《宋史》卷476《李全传上》;龚明之:《中吴纪闻》卷4《卢发运》。
⑩ 《宋史》卷167《职官志七》;《事物纪原》卷6《发副》。
⑪ 《山堂先生群书考索》续集卷13《官制门》;《十驾斋养新录》卷10《四总领》。
⑫ 陶毂:《清异录·官志》;岳珂:《桯史》卷3《机心不自觉》;《宋会要》职官73之30。

各州的长官"权知某州军州事"简称"知州",别称"牧"、"郡太守"、"郡守"、"专城"、"五马"、"郡寄"、"紫马"、"州将"、"明府"、"府君"、"明使君"①。另设"通判州军事",简称"通判",俗称"倅"、"倅贰",别称"监州"、"半刺"②。添差通判俗称"添倅"或"员外倅"③。

各州录事参军简称"录事"、"录参"。知录事参军简称"知录"。司户参军简称"司户"。司法参军简称"司法",别称"法掾"④。司理参军简称"司理",别称"理掾"⑤。

各州幕职官简称"职官",别称"宾佐"、"幕客"⑥。签署(书)判官公事厅简称"都厅",徽宗宣和三年(1121年)改称"签判厅"或"签厅"⑦。其长官签书判官公事(节度州即称签书节度判官公事),简称"签判"。徽宗时曾改称"司录"。节度、观察或军事判官厅简称"判官厅",其长官节度判官简称"节判",观察判官简称"察判",军事判官简称"军判"⑧。节度、观察或军事推官厅简称"节推厅"、"察推厅"或"推官厅",长官节度推官简称"节推"⑨,观察推官简称"察推",军事推官简称"推官"⑩。凡推官也可简称"推"⑪。节度掌书记厅简称"书记厅",其长官为节度掌书记,无出身者则称观察支使,简称"书记"、"支使"⑫。幕职官皆可别称"从事",有时路级官属如勾当公事和州的通判也可用此称⑬。此外,州学设教授,教授可至州衙厅前上下马,故称"上

---

① 《宋会要》职官47之21、46、52;《老学庵笔记》卷3。
② 《书叙指南》卷2;《永乐大典》卷7325;《宋会要》职官47之52、53。
③ 《宋史》卷161《职官志一》;陆游:《渭南文集》卷43《入蜀记》。
④ 《职官分纪》卷40《总州牧》;《朱子语类》卷112《论官》;《范文正公集》卷12《胡令仪墓志铭》。
⑤ 杨简:《慈湖先生遗书》卷18《杨简行状》;《燕翼诒谋录》卷1《置司理参军》。
⑥ 《宋史》卷373《洪遵传》;《水心文集》卷20《黄度墓志铭》。
⑦ 《永乐大典》卷2789;卢宪:《嘉定镇江志》卷16《金厅》。
⑧ 《宋史》卷167《职官志七》;《朝野类要》卷2《幕职》;《事物纪原》卷6《军判》。
⑨ 《淳熙三山志》卷7《职官厅》;曾巩:《元丰类稿》卷4《季节推亭子》。
⑩ 《朝野类要》卷6《幕职》;《永乐大典》卷2789。
⑪ 陆九渊:《象山先生全集》卷8《与赵推》。
⑫ 谈钥:《嘉泰吴兴志》卷2《州治》;《事物纪原》卷6《书记》、《支使》。
⑬ 《宋史》卷171《职官志十一》。

马官"。所有学官为"缓慢优闲之职",号称"冷官"①。在都城的府学任教官,则称"京教"。在诸王宫任大、小学教授者,也简称"宫教"②。

驻泊兵马都监厅、兵马都监厅和兵马监押厅简称"驻泊厅"、"都监厅"和"监押厅"。其长官驻泊兵马都监、兵马都监和兵马监押,分别简称"驻泊"、"都监"和"监押"③。

县级官署:知县和县令都称"作邑人",别称"明府"、"明大夫"、"明廷"④。县丞如差京朝官任职,称为"知县丞",简称"知丞"⑤。县丞别称"赞府"⑥。县尉别称"少府"、"户尉"、"仙尉"⑦。

3. 阶官

宋前期阶官中,太子赞善大夫简称"赞善",太子中舍简称"中舍","中舍"与中书舍人无关⑧。元丰官制后开府仪同三司简称"开府",金紫光禄大夫、银青光禄大夫简称"金紫"和"银青",以下自光禄大夫、宣奉大夫至承直郎都摘取前两字而省去"大夫"或"郎"字作为简称。其中中大夫则例外地简称"中大"⑨。京官和选人都以"郎"为阶官,其简称即省去"郎"字,如通直郎简称"通直",宣教郎简称"宣教",修职郎简称"修职"⑩。

武臣官名的简称不太复杂,如三班奉职简称"奉职",左右班殿直简称"殿直",左右侍禁简称"侍禁"⑪,东西头供奉官简称"供奉官",内殿崇班简称"崇班"⑫,左、右骐骥正使和副使简称"骐骥"⑬。这些简称

---

① 《朝野类要》卷2《上马官》、《冷官》。
② 《癸辛杂识》别集下《黄国》;《事物纪原》卷5《宫教》。
③ 《淳熙三山志》卷7《都监监押厅》,卷4《州司武官》。
④ 《宋会要》职官47之50;《节孝集》卷7《送吕明甫》;《容斋随笔》卷1《赞公少公》。
⑤ 《兴化府志·叙官》;《朝野类要》卷2《知丞》。
⑥ 方回:《桐江集》卷1《汪斗山识悔吟稿序》;《容斋随笔》卷1《赞公少公》。
⑦ 《云麓漫钞》卷5;《清波别志》卷中。
⑧ 《容斋三笔》卷16《中舍》;文同:《丹渊集》卷30《谢三泉知县赞善》。
⑨ 《龙洲集》卷7《代上韩开府》;《曾公遗录》卷7;《避暑录话》卷上。
⑩ 《攻媿集》卷14《石通直挽词》;《陈与义集》卷37《黄修职雨中送芍药五枝》。
⑪ 《李觏集》卷36《送杜奉职》,卷37《送侯殿直之官吉州》;《赠韩侍禁》。
⑫ 《宋史》卷171《职官志十一》;《王临川集》卷53《崇班胡琪等改官制》。
⑬ 《温国文正司马公文集》卷75《苏骐骥墓碣铭序》。

不分左右,不辨正副,容易引起混乱。徽宗政和二年进步改革官制,用
"大夫"和"郎"代替原有的阶官。这些新的阶官在简称时,一般省去
"大夫"和"郎"字,但也带来了一些混乱,如"武功大夫"和"武功郎"都
简称"武功",便不易搞清其真正的官阶高低。

宋代还以节度使和观察使为"两使"。节度使有时称"节钺"①。承
宣、观察、防御、团练等正使,简称时一般省去"使"字。遥郡观察使、防
御使、团练使、刺史,简称"遥察"、"遥防"、"遥团"、"遥刺"②。其中遥
郡防御使,未立军功,不准"落阶官",俗称"秃头防御"。

宋代在相当长的时间里,还将阶官分为左、右,凡阶官前带"左"字
者,因"左"字像"右"字开口,所以别称"开口官"③。

(二) 辽代和金代

辽代:辽代的官制有蕃汉并行,自成系统;名实不一,复杂多变;制度
疏略,记载错乱等特点。辽代既不像唐、宋官制那样繁琐,又不像金、元官
制那样自成体系,而只是因俗而治,因事设官,因人设职。但辽代没有留
下记载职官制度的原始典籍。《辽史·百官志》只是元代编修者依据见
于纪、传的官名,参考唐制,勉强排比拼凑,以致重复错乱之处甚多④。有
关官署、官职的简称和别称也极少记载,仅有如称枢密院为"枢府"⑤。

金代:金代的职官制度杂糅了女真族的军事部族制和辽、宋的旧
制。金太祖建国伊始,封其弟完颜吴乞买(名晟,后为太宗)为谙班勃
极烈,国相完颜撒改为右国论勃极烈,完颜辞不失为阿买勃极烈,弟完
颜斜也(杲)为国论昃勃极烈。勃极烈具有部落贵族议事会的性质,又
是辅助皇帝的统治机构。太宗灭辽,仿辽朝南面官制,以汉官治汉地,
建尚书省,"遂有三省之制";会宁府朝廷则仍行女真官制。熙宗时,
"颁新官制及换官格","大率皆循辽、宋之旧"。海陵王时,撤销中书省

---

① 《老学庵笔记》卷3;《庆元条法事类》卷4《官品杂压》。
② 《曾公遗录》卷8;苏辙:《栾城集》卷27《皇兄令羽磨勘转遥团》。
③ 叶绍翁:《四朝闻见录》丙集《秃头防御》;《朝野要类》卷2《开口官》。
④ 《中国古代官制讲座》第14章;蔡美彪:《蕃汉并行的辽朝官制》,中华书局1992年。
⑤ 《辽史》卷110《萧十三传》。

和门下省,只设尚书省,成为朝廷最高行政官署。尚书省以下,分设各院、台、府、司、寺、监、局、署、所等。

1. 尚书省和其他中央官署、官职

尚书省有时简称"尚书"。左、右丞相简称"丞相",平章政事简称"平章",参知政事简称"参政"①。尚书省的长官尤其是参知政事常被人尊称"相公"②。

左、右司郎中和左、右司员外郎别称"首领官",左、右司的属官都事皆可径称"都事",或直称"左司"或"右司"。尚书省讲议官简称"讲议"③。户部尚书、礼部尚书等往往省略部名,只称"尚书";但有的户部侍郎、员外郎或刑部和吏部郎中,常省去侍郎、郎中或员外郎的官称,只称部名④。作为某部侍郎不省称"某部"而径称"侍郎"者甚少⑤。

此外,枢密院简称"枢密"或"枢府"。尚书省和枢密院合称"省院"⑥。其副长官枢密副使简称"副枢",签书枢密院事简称"签院",枢密院判官简称"枢判"、"院判"⑦。翰林学士院,简称"翰苑"。翰林学士承旨简称"承旨",别称"翰长";翰林学士简称"学士"、"内翰";翰林待制简称"待制",翰林修撰简称"修撰";翰林直学士简称"直学士",应奉翰林文字简称"应奉"⑧。翰林直学士和待制、修撰、应奉文字也皆可称为"内翰",翰林侍讲学士和待制、应奉文字皆可简称"翰林"。有时,翰林待制也被人尊称为"学士"⑨。御史台别称"宪府",御史中丞简称"中丞",监察御史简称"监察"或"御史"⑩。殿前都点检简称"点检"。

---

① 刘祁:《归潜志》卷10;《金史》卷5《海陵》,卷116《蒲察官奴传》。
② 《金史》卷117《王宾传》。
③ 《中州集》卷4,卷10。
④ 《归潜志》卷4杨云翼、萧贡、庞铸、冯延登,卷5杨慥、杨维桢、魏琦。
⑤ 《金史》卷75《沈璋传》。
⑥ 《金史》卷110《杨云翼传》,卷109《陈规传》。
⑦ 《金史》卷114《白华传》,卷17《哀宗上》;《归潜志》卷9。
⑧ 《中州集》卷10;《金史》卷110《赵秉文传》;《归潜志》卷7,卷10赵可。
⑨ 《金文最》卷95《内翰王公墓表》;《中州集》卷1。
⑩ 《遗山先生文集》卷15《拟御史大夫让枢密使表》;《归潜志》卷5李英。

左、右谏议大夫简称"谏议",左、右司谏简称"司谏"①。判大宗正事简称"判宗正";司农少卿也可简称"司农";国史院别称"史馆",编修官简称"编修";太常卿别称"奉常春官",太常丞也可被人尊称为"太常"②。秘书监简称"秘监",秘书少监简称"秘书"。有时,秘书省著作郎也称为"秘书"。著作局的著作郎简称"著作"。大理司直简称"司直"。司竹监使简称"监使"③。皇太子的居所称"东宫",别称"春宫";太子太傅等统称"宫师"④。记室参军简称"记室"⑤。

2. 地方官署和官职

金代地方行政区划实行路、州、县三级建制。路设兵马都总管府、按察司(即提刑司)、安抚司(即宣抚司)、转运司等。提刑司作为"专纠察黜陟"的官署,"当时号为外台"。按察使简称"按察",提刑司判官别称"外台判官"⑥。都转运使司简称"漕司",其长官都转运使简称"都运"。有时中都路转运使也可简称"都运"。转运使简称"运使",转运副使简称"漕副"或"运副"⑦。安抚司简称"安抚",经略司简称"经略"⑧。陕西诸道行御史台简称"西台"⑨。

各州的正职长官如节度使、防御使、刺史别称"州将"⑩。副职长官如同知防御使事、同知州事别称"州倅",府的同知府事也称"倅"⑪。府的判官简称"府判",而防御州的判官则称"防判"⑫。防御州的防御使简称"防御"。各节镇的节度使和节度副使简称"节度"或"节使"和

---

① 《金史》卷 132《徒单贞传》,卷 129《张仲轲传》;《归潜志》卷 4 许古。
② 《金史》卷 76《萧玉传》;《归潜志》卷 5 康锡、申万全。
③ 《金史》卷 90《贾少冲传》;《归潜志》卷 4 张谷英;《中州戊集》第五。
④ 《金史》卷 109《完颜素兰传》;王寂:《拙轩集》卷 1《咏张宫师〈二疏东归图〉》。
⑤ 《遗山先生文集》卷 7《闻希颜得英府记室》。
⑥ 《金史》卷 98《完颜匡传》;赵秉文:《闲闲老人滏水文集》卷 3《送李按察十首》。
⑦ 《金史》卷 75《左渊传》;《遗山先生文集》卷 9《梁都运乱后……》。
⑧ 《金史》卷 110《韩玉传》,卷 118《靖安民传》。
⑨ 《遗山先生文集》卷 5《送希颜赴召西台……》。
⑩ 《金史》卷 111《纥石烈牙吾塔传》;《归潜志》卷 6。
⑪ 《归潜志》卷 7;《金文最》卷 109《中议大夫、中京副留陈规墓表》。
⑫ 《归潜志》卷 5 韩玉;《金文最》卷 87《中靖大夫邵公墓志铭》。

"节副"①。节度判官和观察判官,次赤县的县令,各总管府的推官,简称"节察令推"。"盐度户勾"是指三司的盐铁、度支、户部三科的勾当官②。

各路总管府的兵马都总管简称"总管"。金末,各地分设行总帅府事,简称"总帅",别称"行院"③。

3. 阶官

金代的文官,其中正二品至从六品皆称某某大夫,正七品至从九品皆称某某郎。前者皆省略"大夫"二字,如正奉大夫简称"正奉"④。武散官自正三品至从三品称某某大将军,正四品至从四品称某某上将军,正五品至从六品称某某将军,正七品至正九品称某某校尉,从九品称某某副尉。如金吾卫上将军简称"金吾",武略将军简称"武略",忠武校尉简称"忠武"⑤,皆省略"上将军"、"将军"、"校尉"等词⑥。

二、官员和百姓的称谓

这一时期各国官员和百姓的称谓,随着社会生活的发展,有些是沿用历史旧称,有些是赋予旧称以新的内容,有些则是新出现的称谓。

(一) 两宋

宋代的各种称谓,按其性质可分为尊称、卑称、通称、美称、恶称、谬称等六种。

1. 各行业的通用称谓

首先是皇帝和皇后、嫔妃、公主、驸马、宗室等的称谓。宋代官员和百姓都尊称皇帝为"官家"。赵彦卫《云麓漫钞》卷 3 记载:"蔡邕《独断》,汉百户小吏称天子曰'大家'。晋曰'天'。唐人多曰'天家',又

① 《中州集》卷 5;《金史》卷 122《张顺传》,卷 128《蒲察郑留传》;《拙轩集》卷 2《泛舟用王子告节副韵》。
② 《归潜志》卷 7。
③ 《归潜志》卷 5 田琢;《金史》卷 113《白撒传》。
④ 《中州集》卷 2;《拙轩集》卷 3《上大人通奉寿三首》。
⑤ 《归潜志》卷 2 李献能;《金文最》卷 104《忠武任君墓碣铭》。
⑥ 《归潜志》卷 6。

云'官'。今人曰'官家',禁中又相语曰'官里'。官家之义,盖取'五帝官天下,三王家天下'。"有人说过:宋仁宗"百事不会,只会做官家"①。官员又经常称皇帝为"上"。在宫中,嫔妃也称皇帝为"大家"。有一次,仁宗从御苑回宫,吩咐嫔妃们说:"渴甚,可速进熟水。"嫔妃送上开水,问仁宗:"大家何不外面取水而致久渴耶?"②宫中称皇后为"圣人",称嫔妃为"娘子"。徽宗时,一度改称"帝姬",不久复旧③。有时皇太后可以称公主为"主主",看来是一种亲热的称谓。官员们称大长公主为"大主"④。俗称驸马为"国婿"、"粉侯"。王师约当了驸马,人们因称其父王尧臣为"粉父"。文及甫写信给邢恕,也称驸马韩嘉彦之兄忠彦为"粉昆"。宗室之女封为郡主者,其夫称为"郡马";封为县主者,其夫称为"县马"。亲王南班的女婿,号称"西官",又称"裙带头官"⑤。

其次是官员的通用称谓。皇帝可称臣僚为"卿",但臣僚不敢自相称呼为"卿"。官员们对上级或同级官员自称"下官",是一种谦称⑥。但称呼别人,常常过称官名,实际是互相吹捧。仁宗初年,曾经发现文、武官员过称官名,"僭妄相尊"。如任节度使和观察使者,检校官不到太傅,就允许别人称自己为"太傅";诸司使允许别人称自己为"司徒"等等。当时朝廷特地制定专法加以禁止,但收效甚微,撤销禁令后,"其风愈炽,不容整革矣"。有些官员的寄禄官只是朝议大夫(正六品),却擅自让人称己为"中大夫"(正五品),提高了整整三阶。甚至知州以上的官员都乱称"中大夫"或"通奉大夫"(从三品)⑦。百姓们通称现任官员为"官人"。官员守选或待缺期间,如不回故里,而寄居外乡,在当地被称为"寓公"⑧。

① 施彦执:《北窗炙輠》卷上。
② 《事物纪原》卷1《呼上》;魏泰:《东轩笔录》卷11。
③ 蔡絛:《铁围山丛谈》卷1;吴曾:《能改斋漫录》卷12《公主称》。
④ 钱世昭:《钱氏私志·董夫人》。
⑤ 梁章钜:《称谓录》卷11;《朝野类要》卷3《入仕》。
⑥ 王观国:《学林》卷5《朕》;《事物纪原》卷2《下官》。
⑦ 《容斋三笔》卷5《过称官名》;《云麓漫钞》卷4。
⑧ 王明清:《挥麈后录》卷5;萧参:《希通录》。

　　第三，富室的通用称谓。宋代称宰相之子为"东阁"。其实，东阁最初是宰相招延宾客的场所，与宰相之子不相干。后来把"郎君"加在东阁之下，表示宰相之子。到宋代，直接以宰相之子为东阁。权贵的子弟又可称为"衙内"。太宗时，河南府洛阳有"十衙内"，他们是一些节度使在军队中充当牙校的十名子弟。达官显宦家的子弟还可称为"舍人"，得名于武官的官称"阁门宣赞舍人"。各地富人在社会上普遍被尊称为"员外"。南宋末年人方回指出，北宋时汴京"富人皆称员外"，"员外"得名于尚书省各部的员外郎，为长官的副手。追溯到宋以前，"员外"乃指宋代的"添差"即超编官员①。如果富人的年龄较轻，则人称"小员外"。有些富人被称为"承务"或"郎"，得名于文官的官阶之一承务郎。孝宗时，湖州市民许六，原以售饼为生，被称为"许糖饼"。后来"家业渐进，遂有'六郎'之称"②。"郎"得名于宋代中下级文武官员的寄禄官通称，具体如迪功郎、承信郎。广州民间还称拥有铜鼓者为"都老"，原来当地人称呼所尊敬者为"倒老"，而后讹化为"都老"③。

　　第四，巫医、娼妓、工匠、军人等的通用称谓。宋代市井的巫师、医人、祝卜、技艺之流，无不自称为"助教"。北方称卜相之士为"巡官"，得名于巡游四方卖术。宋代还开始称医人为"大夫"或"郎中"，《清明上河图》绘有汴京"某某大夫"行医售药的药铺。饶州波阳医人赵珪，"人称为赵三郎中"④。汴京迁临安医家张二大夫，后在吉州开药店。"医生"是对各级医学中学生的称呼。太医局的学生也可称为"局生"；见习学生称为"习医生"或"习学医生"，"习医生"经过考试合格，则可升为"局生"。当时，北方民间又常常称医人为"衙推"⑤。各行业工匠，开始被人们称为"司务"。木匠称为"手民"或"手货"⑥。在饭馆酒肆

①　戴埴：《鼠璞·东阁》；《长编》卷18；《续古今考》卷10《附秦汉九卿考》。
②　《夷坚甲志》卷4《吴小员外》；《夷坚支景》卷5《许六郎》。
③　《永乐大典》卷11907《广字·广州府三》。
④　曾敏行：《独醒杂志》卷2；《夷坚三志辛》卷9《赵珪责妻》。
⑤　《宋会要》职官22之42—43；《老学庵笔记》卷2。
⑥　李调元：《官话》卷1《外郎》；《清异录》卷上。

内,卖下酒食品的厨子,叫"茶饭量酒博士"或称"量酒博士"。店内的年轻后生,称为"大伯"。在厨内掌勺的厨师,是"当局者"称"铛头"。在两廊负责向客人端菜者,称"行菜"。女厨师被称为"厨娘"①。临时到店内向食客唱喏,为之办事,像"买物命妓,取送钱物",称为"闲汉"。在客人桌前换汤、斟酒、歌唱,或送上水果、香药,等客人离去时索取赏钱,称"厮波"②。专门替人"拂试头面"而有"缴鼻"、"缴耳"和"缴面之末技"的理发修脸匠,称为"剃剪工"、"剃工"、"刀镊家儿",妇女当理发修脸匠则称为"刀镊妇"③。汴京百姓鄙称军人为"赤老"④,因为北宋时士兵都穿红色的军装。妓女称为"录事"或"酒纠"。汴京相国寺南有"录事项(巷)妓馆",妓院中姿色出众、地位最高者称为"上厅行首"或"行首"⑤。人们还称收生婆为"助产"、"老娘"⑥。船上的篙师称为"长年"或"长老"⑦。

第五,仆隶的通用称谓。江西和江东俗称受雇的佣工为"客作儿",此词早在三国时已经出现,但宋代更为普遍使用,且成为一个骂人的词语⑧。宋朝官员们称自己的家仆为"院子",称主管自家杂事的仆人为"内知"或"宅老"⑨。吴楚地区的主人称自家年轻的女使为"丫头"。京城富人购买婢女,其中从未进入人家者被称为"一生人",主人喜欢她们"多淳谨也"⑩。一般人称未婚的女婢为"妮"、"小妮子"、"小环"。梅尧臣《宛陵先生集》卷53《听文都知吹箫》诗有"欲买小环以教之"之句。仆隶们往往彼此互称官名,比当官的主人的官阶还要高许多。曾慥说:"近年贵人仆隶,以仆射、司徒为卑小,则称'保义',或称

①　《东京梦华录》卷4《食店》;《梦粱录》卷19《顾觅人力》。

②　《东京梦华录》卷2《饮食果子》;《梦粱录》卷16《分茶酒店》。

③　《名公书判清明集》卷14《惩恶门·卖卦人打刀镊妇》;耐得翁:《都城纪胜·闲人》。

④　江休复:《江邻几杂志》。

⑤　《老学庵笔记》卷2,卷6;《东京梦华录》卷3《寺东门街巷》;《梦粱录》卷2。

⑥　袁褧:《枫窗小牍》卷下;《朱子语类》卷138《杂类》;《武林旧事》卷8。

⑦　戴埴:《鼠璞·篙师》;《默记》卷上。

⑧　《能改斋漫录》卷2《俗骂客作》。

⑨　谢采伯:《密斋笔记》卷4;《东轩笔录》卷2。

⑩　王洋:《东牟集》卷6《弋阳道中题丫头岩》;《老学庵笔记》卷6。

'大夫'也。""保义"即保义郎，"大夫"指武官的官阶武翼大夫以上。两浙地区还称富人家年幼的奴仆为"将军"①。奴仆一般称男、女主人为"郎君"和"娘"或"小娘子"，这些"郎君"或"小娘子"应该是年纪比较轻的。年纪较大的仆隶在主人面前，自称"老奴"②。

2. 亲属间的通用称谓

宋代亲属之间的称谓，因传统习惯的不同而有所区别，但也有一些各地通用的称谓。这些称谓包括晚辈称呼长辈、同辈之间的称谓等。

第一，子女对父母的通用称谓。宋代子女普遍称父亲为"爹"或"爹爹"，称亲生父亲为"嫡父"；称母亲为"妈"或"妈妈"，称亲生母亲为"嫡母"。庄绰认为，这种称呼是"举世皆然"的③。不过，也有一些地区的子女称父亲为"爷"或"爷爷"，称母亲为"娘娘"的。如高宗初，东京留守宗泽威名日著，金人既敬重又害怕，尊称为"宗爷爷"。又如仁宗称真宗刘皇后为"大娘娘"，称真宗杨淑妃为"小娘娘"④。徽宗也称杜太后为"娘娘"。蔡絛指出，徽宗"至谓母后亦同臣庶家，曰'娘娘'"。江州（治今江西九江市）农村中称父亲为"大老"。福建人称父亲为"郎罢"或"郎伯"⑤。陕西一带"俚俗"，子女称父亲为"老子"，即使年仅十七八，只要生子，也用此称。所以，西夏人称范仲淹和范雍为"小范老子"和"大范老子"，是尊崇他们为父的缘故⑥。有些地区的子女称父亲之妾为"少母"或"支婆"。陆游：《家世旧闻》载有"杜支婆"者，注云："先世以来，庶母皆称支婆。"

第二，长辈对儿女的称呼。福建人称儿子为"团"（音检）⑦。各地称遗腹子为"别宅子"，法律规定："诸别宅之子，其父死而无证据者，官

---

① 曾慥：《高斋漫录》；《容斋随笔》卷7《将军官称》。
② 《淳熙三山志》卷40《岁时·序拜》；吕希哲：《吕氏杂说》；沈偁：《谐史·戴献可仆》。
③ 张舜民：《画墁录》；《夷坚志补》卷21《鬼太保》；《鸡肋编》卷上。
④ 《演繁露》卷4《父之称呼》；《宋史》卷360《宗泽传》；《龙川别志》卷上。
⑤ 《铁围山丛谈》卷1；赵令畤：《侯鲭录》卷8；吴处厚：《青箱杂记》卷6。
⑥ 《老学庵笔记》卷1；《云麓漫钞》卷3。
⑦ 《青箱杂记》卷6。

司不许受理。"称过继与本族本房人为子者为"过房儿子"或"养子"、"义子"、"继子"①。出继给他人为子者,称"出继子"②。一般民户称人家的在室女(处女)为"小娘子"。"小姐"一般是对散乐路歧人和妓妾等地位低微的女性的称呼。只在区别人家的长女和次女时,才称长女为"大姐",称次女为"小姐"③。

第三,子孙对祖父母和外祖父母的通用称谓。子孙一般称祖父为"翁"、"翁翁"、"耶耶"、"祖公"或"太公",称祖母为"婆"、"婆婆"、"娘娘"、"祖婆"、"太母"或"太婆"④。北宋末,燕山府永清县有一石幢,上刻"亡耶耶王安、娘娘刘氏……"⑤四川民间尊称长者为"波",因而对祖父或外祖父也都称"波"。一般外孙称外祖父母之家为"外家",称外祖父母为"外翁"和"外婆"⑥。

第四,女婿与岳父母之间、女婿与女婿之间、媳妇与公婆之间等通用称谓。宋代普遍称岳父为"丈人",称岳母为"丈母"。也有称岳父为"冰叟"或"冰翁"。王琪《续纂》说,"左科"即差错之一为"丈母牙痛,灸女婿脚跟"⑦。有些地区女婿称岳父为"泰山",称岳母为"泰水"。当时人们尊称他人的岳父为"令岳",称他人妻子的伯父和叔父为"列岳"。至于岳父母,也可雅称女婿为"娇客"、"东床"、"坦床"或"郎"⑧。江休复《嘉祐杂志》载,外戚曹佾太尉是仁宗曹皇后之弟、大臣张耆的"坦床"。蔡襄称自己的女婿谢仲规为"谢郎"。两广地区的岳父母直称女婿为"驸马",这是"中州所不敢言"者⑨。

前夫死后,续招一夫进家,世称后夫为"接脚婿"。法律允许接脚夫

---

① 《名公书判清明集》卷8《户婚门·别宅子·无证据》、《遗嘱·女合承分》。
② 《名公书判清明集》卷7《户婚门·归宗·出继子不肖勒令归宗》。
③ 《夷坚三志己》卷2《许家女郎》,卷4《傅九林小姐》;《永乐大典》卷13136《梦字·梦亡夫置宅》。
④ 阮元:《两浙金石志》卷13《宋修六和塔砖记》。
⑤ 钱大昕:《十驾斋养新录》卷15《永清县宋石幢》。
⑥ 范成大:《吴船录》卷上;《夷坚丁志》卷5《陈通判女》。
⑦ 《夷坚三志壬》卷10《解七五姐》;《说郛》卷5。
⑧ 晁说之:《晁氏客语》;谢维新:《古今合璧事类备要》前集卷29《外亲属门》。
⑨ 岳珂:《宝真斋法书赞》卷9《蔡忠惠家书帖》;庄绰:《鸡肋编》卷下。

的存在,"盖为夫亡子幼,无人主家设也"①。有些人家无子,惟恐世代从此断绝,不肯出嫁其女,于是招婿以补其世代,称为"补代"。民间讹传赘婿为"布袋",有人望文生义,以为当了赘婿,"如入布袋,气不得出",故名。有人入赘岳父家,号"季布袋"。江西一带称赘婿为"入舍女婿"②。

女婿和女婿之间的称呼。大女婿称为"大姨夫",小女婿称为"小姨夫"③。

人们还称同门女婿为"连襟"、"连袂"、"连袄"或"僚婿"、"友婿"。马永卿《嬾真子》卷2《亚婿》说,江东人称为"僚婿",江北人称为"连袄"、"连襟"。吴曾记载,范仲淹和郑戬"皆自小官、布衣选配,为连袄"④。

媳妇一般称公公为"舅"或"阿翁",称婆婆为"姑"或"阿姑"、"阿婆"⑤。两广、浙西、苏州一带民间还称公公为"官",称婆婆为"家"⑥。公、婆普遍称儿子的妻子为"媳"或"新妇"。刘跂《学易集·穆府君墓志》说:"女嫁唐诵,我姑之媳。"

第五,兄弟姊妹之间的通用称谓。世俗都称兄长为"哥"或"哥哥",庄绰说这一称呼"举世皆然"⑦。《颍川语小》也记载:"哥,今以配姐字,为兄弟之称。"世俗又称姊为"姐"或"姐姐",弟、妹称兄之妻为"嫂嫂"⑧。

第六,夫妻之间的通用称谓。宋代世俗,丈夫可称妻子为"老婆"或"浑家"、"老伴"。临安府的卖卦人,在街市边走边叫:"时运来时,买庄田,取(娶)老婆。"⑨借此招徕顾客。有时,老年妇女也可自称"老婆"。

① 《名公书判清明集》卷9《户婚门·违法交易·已出嫁母卖其子物业》。
② 朱翌:《猗觉寮杂记》卷上;《夷坚三志壬》卷6《隗伯山》。
③ 《古今合璧事类备要》前集卷60《婚礼门》。
④ 《能改斋漫录》卷18《李氏之门女多贵》。
⑤ 《夷坚甲志》卷7《张屠父》;《夷坚乙志》卷7《毕令女》。
⑥ 《野客丛书》卷12《称翁姑为官家》;《鸡肋编》卷下。
⑦ 《鸡肋编》卷上。
⑧ 《能改斋漫录》卷2《妇女称姐》;《宝真斋法书赞》卷18《陈忠肃书简帖》。
⑨ 《梦粱录》卷13《夜市》。

如长兴霍秀才之母对官员说："此老婆之子霍某,儿女尚幼……""浑家"一词宋时也较多使用。尤袤《淮民谣》诗云:"驱东复驱西,弃却锄与犁。无钱买刀剑,典尽浑家衣。"①同时,沿用唐人习俗,"浑家"有时当作"全家"之义使用。如有人赋诗云:"深夜一炉火,浑家团圆坐,煨得芋头熟,天子不如我。"②夫妻年老后,丈夫可称妻子为"老伴"。姜特立《老伴》诗云:"老人须老伴,旧事可重论。今古不同调,后生难与言。"③从宋初到徽宗政和二年(1112 年),升朝官的妻子可获国夫人、郡夫人、郡君、县君四级封号,其母亲的封号则皆相应加上"太"字。政和三年起,改为夫人、淑人、硕人、令人、恭人、宜人、安人、孺人共八等④。人们包括丈夫也可用这些封号来称受封的妇女。"县君"和"孺人"在宋代民间似乎成了官太太的同义词。丈夫对小妻的称呼,常因地而异。西北人称为"祗候人"或"左右人",两浙人称为"贴身"或"横床",江西和江东人称为"横门"⑤。

妇女常称丈夫为"郎"。高宗时,探花陈修年六十三,娶妻施氏年方二十三,有人戏为诗:"新人若问郎年几,四十年前二十三。"⑥还常尊称成年男子为"郎君",请安时含笑迎揖道:"郎君万福。"⑦

第七,其他亲戚的称谓。宋代人们称父亲的哥哥为"伯伯",称父亲的弟弟为"叔叔";父亲的弟妻即叔母为"婶","婶"字是"世母字二合呼也"⑧。又称父亲的堂哥哥为"堂伯伯",称父亲的姊妹为"姑姑",称姑姑的丈夫为"姑夫"⑨。还称母亲的兄弟为"舅父",称舅父之妻为"舅母"或"妗"。张耒《明道杂志》指出:"经传中无……妗字,妗字乃

---

①　《夷坚三志壬》卷 9《霍秀才归土》;《梁溪遗稿》补遗《淮民谣》。

②　林洪:《山家清供》。

③　《梅山续稿》卷 13。

④　《枫窗小牍》卷上。

⑤　《鸡肋编》卷下。

⑥　田汝成:《西湖游览志余》卷 2《帝王都会》。

⑦　《夷坚支乙》卷 4《衢州少妇》。

⑧　张耒:《明道杂志》。

⑨　《东轩笔录》卷 15。

舅母字二合呼也。"称母亲的姊妹为"姨"或"姨姨",称姨的丈夫为"姨夫"。宗泽在家书中说:"暑热计时奉姨姨太孺人安佳。"①人们又称妻子的兄弟为"舅"或"舅子",这是依随其子女的称谓。青州人韦高娶杨三娘子为妻,后来遇到杨签判宅的"二承务","视之,乃舅子也"。称妻子的姊妹为"姨",常与对母亲的姊妹的称呼相混②。

女方称丈夫的兄妻为"母母",或称"姆姆"。吕祖谦《紫微杂记》载:"吕氏母母受婶房婢拜,婶见母母房婢拜,即答。"③

婚姻之家互称"亲家",双方的男长辈称为"亲家公"或"亲家兄",女长辈称为"亲家母"。这是承袭了唐代的习俗④。

3. 士大夫之间的通用称谓

宋代士大夫私交,常以"丈"字相称。在现存的宋代史籍中,士大夫之间往来的书信,往往互相称为"丈"。朱弁说:"近岁之俗,不问行辈年齿,泛相称必曰'丈'。不知起自何人,而举世从之。至侪类相狎,则又冠以其姓,曰'某丈'、'某丈',乃反近于轻侮也。"如有些文人称司马光为"司马十二丈",称苏轼为"东坡二丈"⑤。士大夫们普遍以别人称自己为"公",为敬重自己;反之,如别人称自己为"君",则认为"轻己"⑥。

宋代人们还喜欢用行第相称。所谓行第,就是今天的排行。行第有多种排列方法,明人顾炎武说:"兄弟二名而用其一字者,世谓之排行。如德宗、德文,义符、义真之类。起自晋末,汉人所未有也。"如起单名,即"以偏旁为排行"。这种办法与用"兄弟行次,称一为大"的做法,顾炎武说已"不知始自何时"。宋代的宗室仍然"依行第连名",规定不能使用单名,同一辈必须联同一个字如"士"字、"之"字之类。这是所

---

①　《宝真斋法书赞》卷22《宗忠简留守司二札》、《家书》、《吾友三贴》。

②　《夷坚志补》卷10《杨三娘子》;吕希哲:《吕氏杂说》卷上。

③　引自《称谓录》卷7;《梦粱录》卷20《育子》。

④　《野客丛书》卷29《续释常谈》;《宾退录》卷5。

⑤　《曲洧旧闻》卷10;《续资治通鉴》卷79;《豫章黄先生文集》卷26。

⑥　王得臣:《麈史》卷中《体分》。

谓双名行第法,其中同一辈的名字中必须一字相同。另一种是单名行第法,名字必须同一偏旁。第三种是按出生次序排列的行第法。如宗室赵德文,是赵廷美第八个儿子,其兄三人早死,依照活着的五兄弟的顺序,他为老五,因此真宗戏呼他为"五秀才",仁宗尊称他为"五相公"①。使用这种行第法时,往往将同胞兄弟和姐妹一起按照出生的先后顺序排列。如岳州妇女甘氏的行第是百十,而其哥名"甘百九"②。第四种行第法是前面用百、千、兆等中的一个字序辈,下一字则按出生次序排列行第。现存的《宝祐四年(1256年)登科录》载有状元文天祥以下殿试中榜人名单,也记录了他们的行第。如文天祥为"第千一"(有弟一人,名天璧)、陈桂"第兆二"。又如王景俶"第小一",有兄一人;傅一新"第大",有弟一人。这种行第法较为复杂。宋代士大夫们以被人按行第称呼为荣。陆游说过:"今吴人子弟稍长,便不欲人呼其小名,虽尊者亦行第呼之矣。"③这显然是唐代以来的一种新的风气。

4.妇女的名讳

宋代普通的妇女不起正名,常常用姓氏加上一个"阿"字,便算她的正式名字。赵彦卫说:"妇人无名,以姓加阿字。今天官府,妇人供状,皆云阿王、阿张。"在平时,妇女只是按照自己的行第组成名字,称为"某某娘子"。如果是未婚的闺女,则称"某某小娘子"。如孝宗时一名妇女姓张,排行第三,人们称之为"张三娘"④。再如"史氏百九八娘"、"郑氏三十娘"、"张氏十一娘"、"孙四娘子"等。这一类妇女的姓名,在有关文献中俯拾即是。像李清照、朱淑真等有正名和字、号的妇女,在宋代只是为数不多的中上级官员的家属而已。宋代妇女经常自称"妾"。如一名娼女对秦观说:"妾僻陋在此……"妇女又常常自称"奴"、"奴奴"或"奴家"。华岳《新市杂咏》十首之一云:"试问行云何

---

① 《日知录集释》卷23《杂论·排行》;《宋会要》帝系5之23;《宋史》卷244《宗室一》。
② 《夷坚三志壬》卷10《邹九妻甘氏》。
③ 《老学庵笔记》卷5。
④ 《云麓漫钞》卷10;《夷坚支景》卷8《张三娘》。

处觅？画桥东畔是奴家。"①《鬼董》也记载，一名少女自称"奴奴小孩儿，都不理会得"。朱翌认为，"今则'奴'为妇人之美称。贵近之家，其女其妇，则又自称曰奴"。他指出：妇女"一例称奴，起于近代"。朱翌还记载，两广的女子都自称"婢"，男子自称"奴"，与其他地区稍有不同。清代学者钱大昕经过研究，发现妇人自称为"奴"是从宋代开始的②。这一现象反映，从唐代到宋代，妇女的社会地位在逐步降低。

（二）辽代和金代

辽、金二代的官民称谓记载较少，没有像宋代那样比较丰富的内容。只能通过一鳞半爪的资料，了解其中的一二。

辽代民间称祖父为"耶耶"，祖母为"娘娘"。《郑□造陀罗尼幢记》记载："……妻董母奉为先祖耶耶、娘娘，独办杂宝藏荣孝经一藏……"《为亡父母造幢记》记载："涞水县遵亭乡累子村李晟，并出家女法广等奉为先亡父母、耶耶、娘娘等，特建尊胜陀罗尼幢子一坐于此茔内……"又称伯父为"阿伯"或"伯伯"，伯母称"伯娘"。《李从善造罗汉像记》中，提到"阿伯守宁，伯娘刘氏"③。

辽朝皇帝自称"朕"，偶尔也对大臣自称"予"或"我"④；尊称大臣为"卿"。官员尊称皇帝为"陛下"，自称"臣"。被称为某国王或北院大王、南院大王者，人称"大王"。如耶律乙辛任北院枢密使，封魏王，其他官员称之为"大王"。皇室的公主，人们简称为"主"⑤。

金代至章宗明昌二年（1191 年）正月，才允许宫中称皇帝为"圣主"。人们称女真宗室为"郎君"。熙宗时，完颜忽睹"以后戚怙势赃污不法"，留守中京，"选诸猛安富人子弟为扎野，规取财物，时号'闲郎君'"。官场中，下级官员对上级长官，自称"下官"⑥。

① 《夷坚志补》卷 2《义倡传》；《翠微南征录》卷 10。
② 《猗觉寮杂记》卷下；《十驾斋养新录》卷 19《妇女称奴》。
③ 《辽文汇》七；黄任恒编：《辽代金石录》三《石编》。
④ 《辽史》卷 100《耶律术者》，卷 102《萧奉先传》。
⑤ 《辽史》卷 110《耶律乙辛传》、《萧十三传》，卷 79《室昉传》。
⑥ 《大金国志》卷 39《初兴风土》；《金史》卷 120《忽睹传》，卷 128《张确传》。

　　金代实行乡试和府试、省试(会试)、御试四级科举考试制度,凡乡试第一名称"解元",省试第一名称"省元"或"会元",御试第一名称"状元"①。有时,瞧不起某些士大夫,称之为"措大"。如章宗常对人说:"措大辈止好议论人。"士大夫之间,尊称德高望重者为"丈"。如刘祁尊称翰林直学士王若虚为"王丈"②。

　　金代民间的称谓记载殊少,仅有个别例子,如称母亲之姊妹为"姨母"③。

①　《金史》卷51《选举志一》;《拙轩集》卷1《题高解元所藏……》。
②　《归潜志》卷10,卷12《录崔立碑事》。
③　《遗山先生文集》卷12《姨母陇西君讳日作三首》。

第二十章　避　讳

在中国古代,人们不得直接书写或称呼帝王、圣贤和尊长之名,而必须采用其他方法加以回避。这种习俗称为"避讳"。凡与这些尊长之名相同的人、地、职官、书、物等名,都要回避。这种习俗开始于周代。到辽宋西夏金时期,随着社会的发展,出现了一些新的内容,而一些远见卓识的文人学者实际上反对这种习俗。

这一时期避讳的特点是一般只避尊长之名,不避其字、号或谥号。依照其内容,可分为官讳和私讳两大类。

一、官　讳

官讳又称国讳,包括四部分内容。第一,皇帝生前的"御名"(正名)、曾用名(旧讳),这些名死后成为"庙讳"。

辽朝统治者"起自朔漠,其始本无文字,无所谓避讳"。辽兴宗时,翰林都林牙兼修国史萧韩家奴上疏说:太祖代遥辇即位后,"累圣相承,自夷离堇湖烈以下,大号不加,天皇帝之考夷离堇的鲁犹以名呼"。可见很长时间没有形成避讳的习俗。"既占河朔,始习汉文,兼用汉文名字。"受汉族风俗的影响,统治者逐渐也讲究起避讳了①。辽圣宗太平六年(1026年)七月,宋朝委派韩亿为贺辽后生辰使,"诏亿名犯北朝

---

① 《辽史》卷103《文学上·萧韩家奴传》;陈垣:《史讳举例》卷8。

讳,权改曰意"①。辽朝方面记载为"韩翼"②。太平十年正月,宋朝命张亿任贺契丹皇后正旦使到达辽京,张亿也临时改名为"张易"③。这是为了避辽太祖阿保机的汉名"亿"。辽兴宗重熙元年(1032 年)十月,宋朝派遣王德基为贺契丹国母生辰使,与正使刘随一起到辽京。王德基在《辽史》中被改为"王德本"。天祚帝耶律延禧在位时,追改辽兴宗的年号重熙为"重和"。因此,在辽天庆二年(1112 年)释迦、定光二佛的身舍利塔记,叙述重熙十五年铸铁塔事,为避天祚帝之讳改重熙为"重和"。这时,高丽国王王熙也为避天祚帝之讳改名为"颙"。

此外,辽朝为避太宗耶律德光之讳,改官名光禄卿为"崇禄卿";为避兴宗耶律宗真之讳,改女真为"女直"。"凡石刻遇光字皆缺画"④。

有关辽朝避讳的记载较少,也没有辽朝官讳的详细记载。以上说明辽朝官讳大致上是从辽圣宗开始实行的。有关人名、官称、族名、年号等,凡与官讳相碍,皆须改字。有时也用缺笔的办法。宋朝、高丽也尊重辽朝的习俗,主动更改自己使臣的名字甚至国王的名字。

宋朝官讳的资料极多,有关皇帝御名、曾用名和庙讳的记载更多。如宋孝宗淳熙十五年(1188 年),下诏将"文书式"和国子监现行《韵略》中所载高宗"御名"改为庙讳,由刑部和国子监负责改正。孝宗、光宗死后,其"御名"改为庙讳,也经历了类似的过程。宋朝回避皇帝旧讳,始于真宗大中祥符二年(1009 年)。是年,规定中外文字有与太宗旧讳"光义"二字相连及音同者,并令回避。到仁宗宝元元年(1038年),翰林侍读学士李俶建议"毋得连用真宗旧名"。英宗治平元年(1064 年)十一月,翰林学士贾黯奏请"毋得连用仁宗旧名""受益"二字。自此,禁止连用皇帝的旧讳二字,遂"著之文书令,为不刊之典"⑤。

金朝最初与辽朝一样,统治者并不讲究避讳。金熙宗完颜亶即位

① 《长编》卷 104,天圣四年七月乙丑。
② 《长编》卷 109,天圣八年八月戊申;《辽史》卷 17《圣宗八》。
③ 《长编》卷 110,天圣九年十月乙酉,卷 111,明道元年八月壬子。
④ 《史讳举例》卷 3,卷 7;《宋史》卷 487《外国三·高丽》。
⑤ 《宋会要》仪制 13 之 17—18;岳珂:《愧郯录》卷 2《旧讳训名》。

后,逐渐受辽、宋习俗的熏染,开始避讳。官讳中也有御名和庙讳之分。天会十四年(1136年),伪齐奏申请求"降下御名音切及同音字号,下礼部检讨开具申覆施行"。显然,这是为回避金熙宗"御名"作好准备。皇统三年(1143年),学士院"看详"高丽国的贺表内"犯太庙讳同音",究其原因,是"原初不经开牒,至有犯讳"。现今应该"全录庙讳、御名及同音字号","分朗(按:'朗'字疑避金太祖汉名'旻'字的嫌音'明'字改)开牒施行"。尚书省"商量":"拟与宋国一就开坐牒报"。熙宗"准奏"。世宗大定元年(1161年),"御前批送下御名、庙讳"。次年,朝廷"奏定御名、庙讳……回避字样,合遍下随处外,御名、庙讳报谕外方"。大定九年,朝廷奏申"今御名同音,已经颁降回避外,有不系同音相类字,盖是讹误犯,止合省谕各从正音。余救切二十八字,系正字同音,合回避;尤救切十六字,不系同音,不合回避"。世宗"敕旨准奏"①。这说明金朝的官讳也包括御名及其同音字和庙讳。

　　金章宗泰和元年(1201年),下令"官司、私文字避始祖以下庙讳小字,犯者论如律"。据《金史·世纪》,金太祖前,从始祖(名函普)、德帝(名乌鲁)、安帝(名跋海)、献祖(名绥可)、昭祖(名石鲁)、景祖(名乌可邎)、世祖(名劾里钵)、肃宗(名颇剌淑)、穆宗(名盈歌)至康宗(名乌雅束)共八代十位祖宗。金熙宗时规定始祖、景祖、世祖庙"世世不祧"。这样,庙讳有增无减。金章宗泰和元年,还首次规定庙讳的同音字也在禁用之列。金章宗曾经问尚书右丞孙即康和参知政事贾铉:"太宗(按名晟)庙讳同音字,有读作'成'字者,既非同音,便不当缺笔画。睿宗(按:名宗辅,死后改名宗尧)庙讳改作'崇'字,其下却有本字全体,不若将'示'字依《兰亭帖》写作'未'字。显宗(按名允恭)庙讳'允','充'字合缺点画,如'统'傍之'充'似不合缺。"孙即康答道:"唐太宗讳世民,偏傍犯如'葉'字写作'葈'字,'泯'字作'泒'字。"睿宗庙讳上字从"未",下字从"壵";世宗(按名雍)庙讳从"系"。显宗的庙讳

①　《大金集礼》卷23《御名》。

"如正犯字形,止书斜画,'沈'字、'銑'字名从'口','兑'、'悦'之类各从本体"。章宗赞同,"自此不胜曲避矣"①。按此规定,所要回避的字扩大到同形字。

西夏统治者也讲究回避御名、庙讳。如李彝兴原名彝殷,因避宋宣祖讳,改"殷"为"兴"。李彝兴之子克睿原名光睿,避宋太宗讳,改"光"为"克"。同时,西夏统治者自己的名字以及已故父亲的名字也要求国内或邻国回避②。

第二,有些皇帝的生父和宋太祖、太宗的几代祖先之名,也列入庙讳。前者如英宗生父赵允让(淮安懿王)、孝宗生父赵偁,后者如宋太祖、太宗之父赵弘殷(宣祖)、祖赵敬(翼祖)、曾祖赵珽、高祖赵朓、远祖轩辕、始祖(圣祖)玄朗。这部分官讳有些是可变的。如哲宗初年,决定将翼祖皇帝赵敬的神主改迁夹室,按礼部例,其名不再回避,即不入官讳之列。当时称"祧迁"或"祧庙"。徽宗崇宁四年(1105年),又认为翼祖不应"祧迁",乃归还本室,其名讳添入《集韵》。高宗绍兴三十二年(1162年),因为把钦宗的神主祔庙,翼祖夫妇的神主再次"祧庙",规定从此其名"依礼不讳"。但光宗时规定,今后"臣庶命名,并不许犯祧庙正讳。如名字见有犯祧庙正讳者,并合改易"③。

金朝有些皇帝的生父之名,依仿宋朝习俗,列入庙讳。如世宗之生父睿宗名宗尧,章崇之生父显宗名允恭,皆在庙讳之列。如大宗正府,至章宗泰和六年(1206年),因避睿宗讳,改称大睦亲府;判大宗正事改称判大睦亲事。完颜思恭因避显宗讳,改为思敬④。

西夏国主元昊之父名德明,元昊下令在自己境内称宋年号明道为"显道"。宋朝官员范仲淹致书元昊,称后唐明宗为"显宗",也是为避元昊之父名讳⑤。

---

① 《金史》卷1《世纪赞》,卷11《章宗三》,卷99《孙即康传》。
② 《宋史》卷485《外国一·夏国上》。
③ 《宋会要》仪制13之14—18。
④ 《金史》卷55《百官志一》,卷70《思敬传》。
⑤ 《宋史》卷485《外国一·夏国上》;范仲淹:《范文正公集》卷9《答赵元昊书》。

第三,皇太子、亲王以及皇后之父等名讳。如宋仁宗即位前任寿春郡王时名"受益",供奉官赵承益请避其讳,改名"承炳"。仁宗初年,刘太后执政,其父刘通追封彭城郡王,"通"字也定为官讳。但刘太后死后,又复其旧即不再避刘通之名。哲宗即位初,英宗高皇后改为太皇太后,朝廷下诏全国回避太后之父高遵甫名下一字。这时,文及甫给人写信,省去"甫"字,只称"及启"、"及再拜居易少卿兄"等①。

金朝海陵王在天德四年(1152年)立子光英为皇子,于是改鹰坊为驯鸷坊,改英国为寿国,应国为杞国。宋高宗绍兴二十八年(1158年),为避光英讳,改光州为蒋州,光山县为期思县。海陵王被诛后,即复旧名②。

第四,有些皇后的名讳。金世宗大定元年十一月,"御前批送下"钦慈皇后(世宗父之原妻,姓蒲察)、贞懿皇后(世宗的生母,姓李)的名讳,列入庙讳③。

宋代的庙讳,据洪迈《容斋三笔》卷11《帝王讳名》,这时共有50个字。具体的回避方法,有改字、改音、缺笔、空字、用黄纸覆盖等。

第一,改字。改动范围极广,包括人的姓名以及官曹、官称、官阶、地、书、衣冠等名。凡遇需要回避的字,就改用同音字或同义字。关于改姓氏:宋真宗时规定,应回避"圣祖"等名讳,凡姓玄武氏者皆改姓"都氏";姓敬氏者,皆析为文氏和苟氏,变成两姓。徽宗时,还命官府审定姓氏"犯祖宗庙讳者,随文更易"。宋朝还规定回避"宣祖"赵弘殷的名讳,凡殷字都改为商或汤。金世宗时,为避其父宗尧之名,下令改宗氏为姬氏④。章宗时,尹安石为避章宗生父允恭名讳,改姓师氏⑤。关于改人名:宋徽宗时,承直郎宋敬为避翼祖之名,改名"竞"。仁宗初

---

① 《宋史》卷242《后妃上》;周密:《齐东野语》卷4《避讳》;《长编》卷353;《宝真斋法书赞》卷18《文周翰盛暑帖》。

② 《金史》卷5《海陵》;《宋史》卷88《地理志四》。

③ 《大金集礼》卷23《御名》。

④ 王明清:《挥麈前录》卷3;朱彧:《萍洲可谈》卷1;《大金集礼》卷23《御名》。

⑤ 《金史》卷108《师安石传》。

年,命杨大雅任知制诰。大雅原名"侃",因犯真宗旧讳"元侃",下诏改名①。金章宗时,张燧因避章宗(名璟)嫌名,改为张炜。卫绍王原名允济,因避显宗名讳,改名永济②。关于改官曹名:宋仁宗初年,为避刘通讳,改通进银台司为"承进银台司"。金海陵王时,为避太子光英讳,改鹰坊为驯鸷坊。关于改官称:仁宗初年,为避刘通讳,改通判为"同判",通事舍人为"宣事舍人"。关于改官阶名:为避刘通讳,又改通奉大夫为"中奉大夫"、通直郎为"同直郎"③。又为避"支"字,改观察支使为"观察推官"④。关于改地名:宋真宗时,为避"圣祖"讳,改朗州为鼎州,蔡州郎山县为确山县,梓州玄武县为中江县。仁宗初年,为避刘通讳,还改通利军为"安利军",通州为"崇州",大通监为"交城监"。金世宗时,为避御名"雍",改雍丘县为杞县。章宗时,为避睿宗讳,改宗州为瑞州,宗安县为瑞安县。关于改衣冠名:宋仁宗初年,因避刘通讳,改通天冠为"承天冠"。关于改殿名:真宗时,诏改含光殿为会庆殿,原因是"光"乃太宗旧名的上一个字⑤。关于改物名:山药原为薯药,宋英宗即位后,为避御讳"曙",遂称山药。关于改文书等名:宋孝宗时,为避御名"昚"的嫌音"申"字,凡"状申"都变成"状呈",时间的申时改成"衙时"⑥。一时还将公文用语"申复"改为"中复"。

第二,改音。即改读。宋高宗初年,采用改读法以避讳。规定对钦宗之名"桓","各以其义类求之"读音。以威武为义者读作"威",以回旋为义者读作"旋",以植立为义者读作"植"⑦。

第三,空字。凡遇官讳,如难以用他字代替,便将该字空缺。宋孝宗亲撰古体诗两首,其中一首云:"志士惜日短,愁人知夜长。摄衣步

---

① 《宋会要》仪制 13 之 15;《愧郯录》卷 2《旧讳训名》。

② 《金史》卷 100《张炜传》,卷 13《卫绍王》。

③ 《宋会要》仪制 13 之 12、13。

④ 张孝祥:《于湖居士文集》卷 15《讳说》。

⑤ 叶绍翁:《四朝闻见录》戊集《韩墩梨》;《金史》卷 25《地理志中》,卷 24《地理志上》;《愧郯录》卷 2《旧讳训名》。

⑥ 顾文荐:《负暄杂录》;《于湖居士文集·讳说》。

⑦ 《宋史》卷 108《礼志十一》。

前庭,仰观南雁翔。□景随形运,流响归空房。"岳珂指出其中缺少一字,"盖避庙讳,所以尊祖也"①。

第四,缺笔。又称"空点画"。唐代以前,避讳多用改字法;唐代以后,兼用改字、缺笔二法。缺笔法是在应回避而难以回避的情况下,可用缺笔的方法,少写最后一画。如《贡举条式》中《淳熙重修文书式》规定,庙讳皆写成玄(玄)、朗(朗)、匡(匡)、胤(胤)、昚(昚)、恒(恒)、祯(祯)等。

第五,用黄纸覆盖。宋代官讳增多,遇难以回避的常用字,不得已则可用黄纸覆盖②。

对于庙讳,宋朝规定不仅要回避其单名和双名的正讳,还要回避其嫌名(指正名的同音字)。皇帝的双名旧讳,可以不回避其中一字,但二字连用则为犯讳;单名的旧讳,则必须回避。哲宗初年,一度允许庙讳的嫌名可以依例不讳,但进呈文字仍应用黄纸覆盖③。

宋朝还把一些字定为官讳。徽宗宣和初年,根据户部勾当公事李宽奏请,凡以"圣"字为名者,皆予禁止。给事中赵野又提议世俗以君、王、圣三字取名者,应全部"革而正之",而仍有以天为称者,也拟禁止。此后,又有人提出龙、皇、主、玉字也应遏禁。于是这八个字成为官讳的一部分。此外,还曾规定回避万、载等字。当时,据此将龙州改名政州,青龙镇改名通惠镇。到高宗初年,朝廷才将一批地名恢复旧称④。

金朝也将一些字定为官讳。如章宗明昌二年(1191年),下令"禁称本朝人及本朝言语为'蕃'者,违者杖之"。次年,还下诏规定"凡臣庶名犯古帝王而姓复同者禁之,周公、孔子之名亦令回避"⑤。禁止官员和百姓与古代帝王同姓并同名,同时又将周公和孔子之名列入官讳。

---

① 《宝真斋法书赞》卷3《历代帝王帖》。
② 《宋会要》仪制13之12。
③ 《宋会要》仪制13之12、19。
④ 龚明之:《中吴纪闻》卷5《易承天为能仁寺》;《要录》卷43。
⑤ 《金史》卷9《章宗一》。

二、私　讳

私讳又称家讳。宋太宗雍熙二年(985年)下诏,官员三代的名讳只可行于自家,州县长官不准命人将家讳在客位榜列出;新授的职官,除三省、御史台五品,文班四品、武班三品以上,允许按"式"奏改,其余不在请改之列。同时,律文又规定,"诸府号、官称犯祖父名,冒荣居之者,徒一年"。"诸上书若奏事,犯祖庙讳者,杖八十;若嫌名及二名偏犯者,不坐。"①此后,直到仁宗嘉祐六年(1061年)五月前,尚未确立一个严密的制度,有时某一小官要求避家讳而获准改换差遣或官阶,而高官却不获允许;有时虽然二名为嫌名而准许回避,正犯单讳却不予批准。王栐觉得雍熙二年诏书与律文的规定相反,可能是"此诏既行之后,人无兼耻,习以成风,故又从而禁之耶"? 这时,"前后许与不许,系于临时",说明尚未"稽详礼律,立为永制"。于是在嘉祐六年根据知审官院贾黯的建议:"父祖之名为子孙者所不忍道,不系官品之高下,并听回避",下诏:"凡府号、官称犯父祖名,而非嫌名及二名者,不以官品高下,并听回避。"②说明从这时开始正式规定,凡官员所授官职,遇府号或官称违犯父、祖正名时,不论官品高下,都准回避;如果只犯嫌名或双名中一字,仍旧不讳。神宗、徽宗时,一度不准官员为避私讳而改官称。理宗时人赵昇说,当时"授职任而犯三代名讳者",准许回避;如"二名偏犯",则不准回避③。

官员在接受差遣、升迁官阶等时,回避家讳的方法很多,有改地、改授差遣、换官、改职、改官称、沿用旧衔、不系衔内等十多种。

第一,改地。即改换所授差遣的地点。马骘任权发遣衡州,因本州安仁县名犯其父讳,改差主管台州崇道观。

---

① 《宋会要》仪制13之19、20;《愧郯录》卷10《李文简奏稿》;《长编》卷193。
② 《燕翼诒谋录》卷4《禁士大夫避讳》;《长编》卷193。
③ 《朝野类要》卷4《杂制》。

第二，改授差遣和换官。新除起居舍人罗点，因"起"字犯曾祖名，改除太常少卿。张子奭任太常寺奉礼郎，因父名宗礼改授太祝①。

第三，改授次等阶官。宋朝"著令"，凡官员经过磨勘（考核），其升迁的阶官官称如与三代名讳相犯，允许自陈，授给次等阶官，称为"寄理"，系衔时放在官称之首。

第四，改职。即改换所授职名。徐处仁任资政殿学士，因避其祖讳，改授端明殿学士。

第五，改官称和官衙名。宋太祖初年，侍卫帅慕容延钊和枢密使吴廷祚都因其父、祖讳章或璋，原应在拜使相时带"平章事"，乃改称同中书门下二品。宋代在京师设平准务，蔡京以其与父名准相违，改称平货务②。

第六，仍用旧衔。梁克家连升三官为左银青光禄大夫，因"光"字为其父名，乃仍用旧官系衔。

第七，不系官衔内。施师点迁官，应加食实封，因"实"字犯父名，命其免予系衔。

第八，减去差遣名称中某字或暂不迁官。张俊授枢密使，因其父名密，改称"枢使"。太府寺丞楼钥原应迁太常博士，但"常"字犯其祖讳，申请回避，朝廷命其暂任旧职③。

第九，改文书用语。寇準作相，各司公文用语都改"準"为"准"。王安石撰《字说》，不收"益"字，原因是其父名益④。同时，益字也是仁宗的旧讳之一，也应回避。

第十，改人名。司马光担任宰相期间，韩维（字持国）为门下侍郎。两人"旧交相厚"，司马光为了避自己父亲之讳，常常称韩维为"秉国"，

---

① 《宋会要》仪制 13 之 24—26。
② 《愧郯录》卷 3《阶官避家讳》，卷 10《同二品》；《宋会要》仪制 13 之 26；《朝野类要·杂制》；叶梦得：《石林燕语》卷 4。
③ 《宋会要》仪制 13 之 26、27。
④ 谢维新：《古今合璧事类备要》续集卷 3《姓名门·讳忌》；（清）梁绍壬：《两般秋雨庵随笔》卷 5《避讳》；陆游：《老学庵笔记》卷 6。

而不称"持国"①。

第十一，其他更改。蔡京任相，凡来往公文皆避京字，还改京东、京西为畿左、畿右。秦桧妻子名山，乃改山称"岩"。哲宗时章惇为相，安惇任从官，安惇见章惇，必称己名为"享"②。更多的士大夫则在日常应酬和著作中，不直接称呼父祖的名字，而用父祖的最高官位的简称来代替；或者不提父祖之名，注明该字"从某从某"。如岳珂称其父岳霖为"银青"，原因是岳霖的官阶最高至银青光禄大夫。如杨万里在给人的信中提到"故人南丰宰陈通直"，为避这位通直郎"陈芾"之名，而在下面注明"名与先人同，从艹从市"③。

对于私讳，宋朝按照比官讳略为放宽的原则，允许"二名不偏讳"和不避嫌名。但也有"出于一时恩旨免避，或旋为改更者"。如赵洙以国子司业为宗正少卿，洙父名汉卿，御史认为这是"冒宠授官"，准备纠劾。幸而执政者提出异议，理由是"礼文"有"不偏讳"的规定，才免被劾。寇准新授襄州刺史、山南东道节度使，自言父名"湘"，与州名音同，要求"守旧镇"。宰相认为，湘与襄为嫌名，可以不避。孝宗时还下令，"诸府号、官称犯父祖兼（嫌）名及二名偏犯者，皆不避讳"④。这一规定成为当时的"常行之法"。岳珂指出，官员"避家讳者不避嫌名，虽著于令，初无官曹、官称之别"。他解释，比如中书舍人，中书是曹司，不是官称，而舍人是官称⑤。

三、避讳的弊病

这一时期避讳的风尚带来一些弊病。宋、金朝廷礼官为维护皇权的威严，"每欲其多庙讳"。随着各朝皇帝的替代，庙讳陆续增添，而且

① 王明清：《挥麈后录》卷6。

② 《齐东野语》卷4《避讳》；《于湖居士文集·讳说》；（清）李世熊：《宁化县志》卷2《土产志》。

③ 《宝真斋法书赞》卷28《银青制札帖》；杨万里：《诚斋集》卷110《与俞运使》。

④ 《容斋五笔》卷3《士大夫避父祖讳》；《宋会要》仪制13之29、30。

⑤ 《容斋三笔》卷11《家讳中字》；《愧郯录·官称不避曹司》。

在实行时,连一些形似的字也列入回避之列。如宋真宗名恒,从心从亘,音胡登切;缺其一画则为桓,音威。于是连桓也不敢用,而改用"常"字。在日常生活中,使人们感到"不胜曲避",动辄有触犯庙讳的危险。

许多庙讳加上其嫌音,士人在参加各级科举考试时最易违犯,一旦不慎,便名落孙山。为此,在举行考试时,贡院都"晓示试人宗庙名讳久例全书",张挂在墙壁或铺陈在道路上。但是,每次考试总不免有一些人因"用庙讳、御名",违犯"不考式"而遭黜落。

宋孝宗时,宫中将旧版《文苑英华》交给宦官校雠,"改易国讳"。如押"殷"字韵诗,因冒犯"宣祖"赵弘殷之讳,乃改殷为商,于是将一诗之韵全令协"商"字。宦官召募"后生举子"为门客,他们"竞以能改避为功"。这时只有大臣周必大觉得这种做法"尽坏旧本,其甚害理者","殊可痛惋",决定自校一本藏于家①。乱改古书,必然造成混乱。有些文学作品,因为避讳,被改得面目全非。如苏轼《念奴娇·赤壁怀古》词,原作"乱石崩空",为了避"崩"字,改成"乱石穿空"。又如秦观《踏莎行》词,原有"杜鹃声里斜阳树"一句,因为讳英宗"曙"字,不得不改为"杜鹃声里斜阳暮","遂不成文"②。

官员们还利用家讳抬高自己的身份和欺压下属。资政殿学士黄中之子任临安府通判,其官阶仅中散大夫或中大夫,借口避父讳,命合府称其为"通议"即通议大夫,比原有官阶高了好几阶,而"受之自如"。李清臣之父名不陋,派客吏修理屋漏,呼而问之,客吏答道:"今次修了不漏。"李不陋大怒,立即严惩客吏。赵方在楚州,问一娼妓从何而来,对方答道:"因求一碗饭,方到此。"赵方怒其言及自己和父亲之名,将对方处死。陈卓知宁国府,一名司法参军初次参见,陈问其何往,答道:"在安仁县寓居。"陈转身入内,在家庙内边哭边诉说:"属吏辄称先世

---

① 《宋会要》选举 4 之 8、3 之 26;项安世:《世氏家说》卷 8《文苑英华》。

② 《项氏家说》卷 8《因讳改字》。

之名。"司法见状,手足无措,很快寻医而去①。仁宗至和(1054—1056年)年间,田登知应天府,自讳其名,触犯者必生气,吏卒多被榜笞,于是全府皆讳灯为"火"。上元节(正月十五日)点灯,依例准许百姓入州治游赏,吏人写榜张贴于闹市云:"本州依例放火三日。"从此,留下了"只许州官放火,不许百姓点灯"的笑柄。还有朝官蔡昂,为诌媚蔡京,称蔡为父,全家不准犯"京"字,亲属犯者训斥,奴婢犯者捶笞,宾客犯者罚酒,自己违犯则自打耳光②。这些带有故事性的记载,极为可笑,但在当时人们习以为常,鲜以为怪。

四、避讳的怀疑者和反对者

宋代士大夫大都看重避讳,把它当作天经地义之事。但也有一些士大夫对此提出异议,甚至自己不讲家讳。

首先是有些思想家对某些庙讳提出怀疑,认为大可不必。宋仁宗时,胡瑗为皇帝讲解《乾卦》,谈到元、亨、利、贞,其中贞字犯御讳,仁宗"为动色"。胡瑗不慌不忙地说:"临文不讳。"程颐为哲宗讲课,言及"南容三复白圭",内侍提醒他:"容字,上旧名也。"程颐不听。讲毕,对哲宗说:"昔仁宗时,宫嫔谓正月为初月,饼之蒸者为炊,天下以为非。嫌名、旧名,请勿讳。"公然向皇帝提出不要回避御讳的嫌名和旧名。朱熹认为,真宗时王钦若之流论证"圣祖"之名为"玄朗",但"这也无考竟处"。"某常疑本朝讳得那旧讳无谓。且如宣帝旧名病己,何曾讳?平帝旧名亦不曾讳"。他赞成当时朝廷"祧了几个祖讳",但圣祖玄朗依然不祧,"那圣祖莫较远似宜祖些么"③!

其次是有些官员反对实行家讳。北宋时,大臣杜衍不赞成官员们自定家讳,他说:"父母之名,耳可得而闻,口不得而言,则所讳在我而

---

① 《容斋三笔》卷1《家讳中字》;张端义:《贵耳集》卷中。
② 庄绰:《鸡肋编》卷中;陆游:《老学庵笔记》卷5;《两般秋雨庵随笔·讳》。
③ 《齐东野语》卷4《避讳》;《朱子语类》卷128《本朝二·法制》。

已,他人何预焉。"知并州的第三天,孔目官来请家讳,他说:"下官无所讳,惟讳取枉法赃吏。"孔目官"悚然而退"。包拯知开封府,上任之日,吏人也来请家讳。包拯瞋目而视说:"吾无所讳,惟讳吏之有赃恶者。"南宋时,张孝祥还撰《讳说》篇,说:"避讳一事,始闻而笑,中闻而疑,终之不能自决。"他主张"二名不偏讳,卒哭乃讳,礼也。私讳不及吏民,律也"。即官员生前不应自讳,只有皇帝之讳通行天下。马光祖知临安府,莅政之初,吏人具牍请家讳,马光祖批曰:"祖无讳,光祖亦无讳,所讳者强盗、奸吏。"①有些官员任官不避家讳。如富弼之父名言,富弼照样充任右正言、知制诰;韩保枢之子韩亿和孙韩绛、韩缜,都历官枢密院,未曾回避②。

再其次是还有一些士大夫赞成实行家讳,但不赞成以家讳强加于人。宋理宗时,张端义说:"近年以来,士大夫之避讳,自避于家则可,临官因致人罪则未可。"他列举许多事例,说明当时"习尚如此",只是"未能各家自刊《礼部韵略》耳"③!在避讳风尚炽盛的状况下,这或许是一种较为切合实际的主张。

① 《古今合璧事类备要·讳忌》;《于湖居士文集》卷15《讳说》;《稗史·志政》。
② 《容斋五笔》卷3《士大夫避父祖讳》。
③ 《贵耳集》卷中。

第二十一章　押　　字

押字,又称花押或签押、押花字、画押、批押,是辽宋夏金时期人们按照各自的爱好,在有关文书或物品上,使用的一种特定的符号,以代表本人,便于验证。押字与签名、签字不同,签名是用楷书或草书写上本人的姓名,容易认出;押字则用笔写或画出某一符号,一般不是该人的姓名的工整的汉字,不易辨别。

一、押字的起源

押字起源甚早,大致从战国开始,经魏晋南北朝到唐代逐渐流行。

唐末五代时,藩镇擅权,他们的署名"极有奇怪者","跋扈之徒,事事放恣"。此后,人们互相仿效,"率以为常",更有"不取其名"而"出于机巧心法者"①。岳飞之孙岳珂曾见到五代后唐庄宗时宰相豆卢革的《田园帖真迹》一卷,帖中署名不像"革"字,认为是"五代花书体"。岳珂还见到《吴越三王判牍帖》,其中有吴越国王钱镠亲书的押字②。

二、"御　　押"

辽宋夏金时期,除辽和夏因资料缺乏、情况不明外,宋和金朝从统

---

① 《萍洲可谈》卷 1;《事物纪原》卷 2《花押》。
② 岳珂:《宝真斋法书赞》卷 8《唐摹杂帖》。

治者到官员、平民都使用押字。

宋朝十五个皇帝，从宋太祖到度宗，每人都有"御押"。除真宗、神宗、光宗的"御押"纯系画圈外，其他十二个皇帝均押一个特殊的符号。南宋末年人周密《癸辛杂识》别集卷下《宋十五朝御押》（学津讨原本）条，记载这十五个皇帝的"御押"样式如下：

宋太祖		宋太祖原押	
宋太宗		宋太宗原押	
宋真宗		宋仁宗	
宋英宗		宋神宗	
宋哲宗		宋徽宗	
宋钦宗			
宋高宗		宋孝宗	
宋光宗		宋宁宗	
宋理宗		宋度宗	

可能因为辗转传刻的误差，这些押字与杭州凤凰岭玉皇宫石刻所存宋太祖、太宗、真宗"御押"不尽相同。笔者以为玉皇宫的石刻更为可信。

据现今传世的徽宗绘画和高宗手书墨迹，知道徽宗和高宗的"御押"与《癸辛杂识》也不太相同。如徽宗在所绘《梅竹双禽》卷上押字作冭，在所绘《听琴图轴》上押字作冭，[1]在唐代韩干所绘《牧马图》作"丁亥御笔冭"，在（传）唐代韩滉所绘《文苑图》作"丁亥御札冭"，他又在所绘《蜡梅双禽图》和《梅花绣眼图》作冭和冭[2]。丁亥即大观元年（1107年）。可见至少在大观元年宋徽宗使用以上样式的押字，这与《癸辛杂识》所载有些差别。元代贾文彦《图绘宝鉴》卷3认为，宋徽宗在"画后押字用'天水'"。现代有的学者认为，宋徽宗的这个"别致的'花书'签

---

① （美国）高居翰：《中国绘画史》，第68页；《中国历代绘画（故宫藏画集Ⅱ）》，第92页。
② 《文物与天地》1983年第5期、第2期封底彩图；《两宋名画册》。

押,却是由四字联缀的'天下一人'所组成"①。

　　宋高宗的御押,据现今传世的《赐岳飞手敕》,可知是这样的:▣。绍兴三年(1133 年)由日本僧人带回日本的宋高宗墨迹上,高宗的御押作▣②。这两个押字与《癸辛杂识》有些相似,但又有不同。由此可见,《癸辛杂识》所记宋代十五个皇帝的"御押",由于转辗翻刻,只是基本形似。

　　此外,宋朝皇帝为图方便,专门刻制"押字印宝",以便随手加盖,免去书写的麻烦。如仁宗在所绘《御马》图上,除题写时间外,还盖有"押字印宝"③。

　　金代皇帝也仿照宋朝习俗使用押字。据岳珂记载,在金朝军队使用的金、银牌上,有像篆字一样的字六七个,"或云阿骨打花押也"。金章宗专刻一枚押字印章:▣④。

三、官员的押字

　　宋代官员经常使用押字。神宗、哲宗时大臣司马光的押字是这样的:▣。这一押字见于司马光的《宁州帖》,帖上的司马光花押与他的"光"字似若相像而又不像。王安石的押字则用"石"字。据叶梦得说,王安石的押字,"初横一划,左引脚,中为一圈"。因为他为人性急,画圈都不圆,往往窝匾而收,横划又多带过。外人还误以为他押了"歹"字。王安石知道后,特意作圈,尽量画得圆一些⑤。李建中在写《谘送土母帖》时也在帖后押书作款:▣,与他的名字完全不同⑥。这一押字很像简写的"亚"字。

　　可以说,从北宋初年开始,在很长时间内,官员们在经由朝廷进呈

---

①　华叶:《"花押"考趣》,《中国文物报》1995 年 3 月 5 日,第 4 版。

②　谭旦冏主编:《中华艺术史纲》下册;王德毅:《中国历史图说》第 8 册,第 73 页。

③　郭思:《纪艺》。

④　岳珂:《愧郯录》卷 12《金银牌》;赵振绩:《中国历史图说》第 9 册,第 126 页。

⑤　《文物》1966 年第 2 期,图版四;《石林燕语》卷 4。

⑥　《中国艺术史纲》下册,图版 292 之上。

皇帝的文书上,"往往只押而不书名"。如在宋太祖"御批"过的文书中,有一卷为侍卫亲军都指挥使党进在开宝四年(971年)的请给旗号文书,"枢密院官只押字,而不签名"。这种情况到孝宗乾道(1165—1173年)、淳熙(1174—1189年)间大致相沿如旧。朱熹在浙东路任官时,吏人请他在安抚司的牒文上署名并押字。后来在处理绍兴府的牒文时,吏人要求他签名,他只给押字。士大夫们在书写简帖时,只在前面书名,后面也用押字,像司马光、李建中那样。甚至在名刺(类似现代的名片)上,前面写"姓某,起居","其后也是押字"。大约从光宗朝开始,士大夫不再全用押字来代替自己的名字①。

四、押字的广泛应用

宋、金两朝押字的应用范围极为广泛。

第一,官员们在公文结尾,除正楷书名外,还要花押;如仅有名而无押字,公文便不能生效。反之,只押字而不书名,也完全有效。周密曾见到宋太祖和太宗时"朝廷进呈"的"文字",如开宝四年(971年)九月侍卫亲军都指挥使党进"请给旗号,枢密院官只押字,而不签名"。其他一些"御批"文书也如此,官员们"往往只押字而不书名"。周密开始还怀疑这些公文是"检、底"(三司的文稿称"检",枢密院的文稿称"底"),而文件最后竟有"御书批",觉得"殊不可晓"。后来见到前辈记载说,乾道、淳熙间"礼部有申秘书省状,押字而不书名者"②。高宗时,眉州都监邓安民蒙冤死于狱中。据洪迈说,邓安民死后,带着文书找到原眉州知州邵博,要求邵博在牍尾"书名"作证。后来,邓又找邵说:"有名无押字,不可用。"于是邵又"花书之",邵才离去。虽然这是一则带有迷信成分的故事,但反映了当时社会上人们对于押字的重视。

官员们在官署中办理政事,各人"分以文字书押,或以日,或以长

---

①　周密:《云烟过眼录》卷上;《癸辛杂识》后集《押字不书名》。

②　《癸辛杂识》后集《押字不书名》;《云烟过眼录》卷上。

贰,分而判押",称为"轮笔"①。"轮笔"者要在公文上写明处理意见,最后签上自己的押字。在官府的公文末尾,官员们按照官位的高低排列名次,官位越高,越排在后面署名花押。至于官位最高的宰相和执政官,在要求皇帝审批的公文之后签署,一般只写"臣"而不列姓氏,而且只花押,不写名字。仁宗前期,钱惟演从枢密使任使相,他恨自己不能成为真宰相,常叹息说:"使我得于黄纸尽处押一个字,足矣!"但他始终没有达到此位,实现宿愿。哲宗时,宰相苏颂喜欢在文书最后押花字。有一次,一位比他官位更高的官员在他之后押字,把他所押花字排在前面,他便"终身悔其初无思量",不该"押花字在下"②。

在这种用黄纸书写的重要公文上,庶官即一般官员没有资格"押黄",而只能押在黄纸的背面。地方上也规定,凡官府"应行文字",由长官"签押,用印圆备,方得发出"③。这表明押字在当时人们心目中的重要地位。

宋代法律还规定,凡官员处理公事"失错","其主典应同坐。虽系书而不押字,或托故避免而不系书者,皆论如法"④。尽管有的官员在公文上只是"系书而不押字",或者"托故""不系书",如果出现失误,照样要追究罪责。

今存宋高宗建炎二年(1131年)河东路抗金义军的五份文件中,有四份都有一个官员的押字。1966年初,山西灵石县农民在山间石缝中发现一只铜罐,内藏五份白麻纸文书。第一份是鄜延路经略安抚使王庶颁发给义军首领李实的札子,札子宣称李实为"借补进武校尉",时间为"建炎二年正月初八日",在"初八日"之下有一押字,显然是鄜延路经略使王庶的押字。请见图一。第三、第四份是都统河东路军马安抚使司颁发给李实的札子。第三份(图二)称李实为保义郎,第四份(图三)称李实由保义郎"转补成忠郎",时间为"建炎二年八月二十四

---

① 洪迈:《夷坚甲志》卷20《邓安民狱》;《朝野类要》卷5《余纪》。
② 魏泰:《东轩笔录》卷2;《朱子语类》卷116《朱子十三·训门人四》。
③ 《萍洲可谈》卷2;李元弼:《作邑自箴》卷5。
④ 《庆元条法事类》卷10《职制门七》。

日"。这两份札子在左下端各有一个官员的押字,两个押字相同,显然是都统河东路军马差遣安抚使李宋臣的花押。第五份(图四)是河东陕西路经制使司颁发给李实的札子,宣称成忠郎李实为"借补成忠郎",时间为"建炎二年九月初四日"。札子左下角也有一个长官的押字,估计是河东陕西路经制使的押字①。

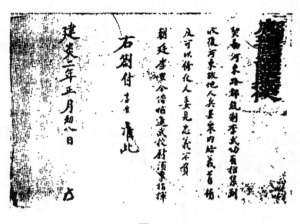

图一

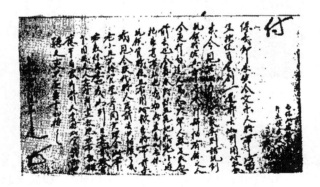

图二

① 《文物》1972 年第 4 期,图版八;陈振:《有关宋代抗金义军将领李宋臣的史料及其他》,《文物》
   1973 年第 11 期。

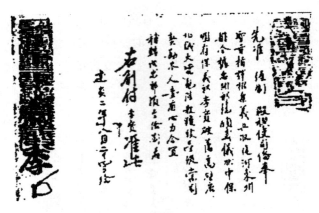

图三

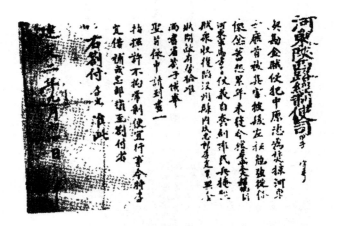

图四

　　第二,百姓们书写诉讼状纸,起诉人必须在状纸末尾押字,官府才予承认。徽宗时,李元弼在所撰《作邑自箴》一书中,规定了各种"状式",在状子末尾写明年月日,然后再写"姓某押状"。如果遇起诉人不会写字,则命代写人"对众读示,亲押花字"。这显示押字在法律文书方面所起的重要作用。

　　第三,百姓们在买卖田地或房屋等财产时,习惯于在契约上书名之后,再画上押字。朱熹指出,当时法律规定,"母已出嫁,欲卖产业,必须出母著押之类,此皆非理"。虽然不符合常理,但出售产业时,改嫁的生母必须在契书上签押,方能生效,这是法律规定的制度。袁采《世范》卷3《治家·田产宜早印契割产》提出,人户买卖田产,"如有寡妇、幼子应押契人,必令人亲见其押字。如价贯、年月、四至、亩角,必即书填"。这种买卖田产契书再经官府"投印",就成为最为详备的合法契书。朝廷"赋役令"还规定,各县衙设置"税租割受簿",遇有百姓买卖土地,割受相关赋税,"即时当官注之","逐户之下结计现管数目,县官垂脚押字"①。今存宋理宗景定元年(1260年)正月十五日徐胜荣与其母阿朱卖地契,上面写有卖地人徐胜荣的押字"",又写有其母阿朱的花押"〇",还有"书契见交钱人李邦善"的押字""。这是有关押字的又一实物证据。

第四,官府发行纸币,在钞版上刻有有关主管官员和吏人的押字,印在纸币上作为记认。北宋王小波、李顺起义后,益州(即成都府)"豪民"十余户,"连保作交子","诸豪以时聚首,同用一色纸印造。印文用屋木人物,铺户押字。各自隐密题号,朱墨间错,以为私记,书填贯,不限多少"。这种交子由发行者"交子铺"负责押字,宋真宗时,改由官府发行②。此后,尚未见到有关发行官员和吏人在纸币上押字的记载和实物。

金代最初没有发行纸币。至海陵王迁都中都(治今北京市)后,在贞元二年(1154年)始置交钞库,发行交钞,与铜钱同时流通③。交钞之制规定,交钞中间在"某字料"、"某字号"横阑之下,刻印"中都交钞库,准尚书户部符,承都堂札付户部复点勘令史姓名押字。"又规定"库、掏、攒司、库副、副使、使各押字,年月日。印造钞引库库子、库司、副使各押字,上至尚书户部官亦押字"。此外,还要加盖支钱州、府的合同印。今存金宣宗时期的几种交钞版,一是"贞祐(1213—1217年)宝券"

① 《庆元条法事类》卷47《税租簿》。
② 李攸:《宋朝事实》卷15《财用》。
③ 《金史》卷5《海陵纪》,卷48《食货三·钱币》,卷125《蔡松年传》。

五贯文合同版。该版中间左面有尚书户部勾当官的押字,往右有印造库使、宝券库使和副使的押字,印造库子、攒司的押字;右面有宝券库掏的押字和另一攒司的押字。其中宝券库和印造库判官、专副之下空缺,无押字。二是贞祐宝券"五十贯"文合同版(图五)。该版中间左面有尚书户部勾当官的押字,往右有印造库使和宝券库使的押字,印造库库子的押字;右面有宝券库攒司的押字。其中宝券库和印造库的副使、判官以及宝券库掏、专副之下皆空缺,无押字。三是贞祐二年北京路一百贯文交钞版(图六)该版中间左面为尚书户部委差官的押字,向右有印造

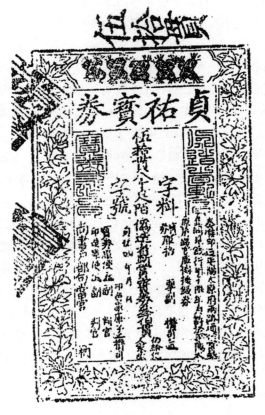

图五

钞官的押字(二人)，印造钞库子的押字；右面有攒司、库子、复点勘讫都目的三个押字。另有金宣宗兴定六年(1222年)"兴定宝泉二贯闻省版"(图七)。该版据学者研究系属赝品①。不过，造假者也极力模仿金代制度，在尚书户部勾当官、户部勘合令史、宝泉库使、印造库使等之下有押字。但作伪者也露出一些破绽，如"二贯文"之"文"误作"闻"，"判官"漏刻了"官"字，等等。不过，它仍能使人们了解金代交钞上押字的大概情况。

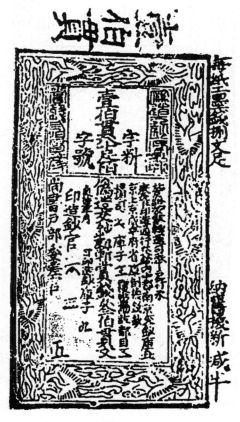

图六

---

①　刘森：《宋金纸币史》第12章《金朝的纸币》。

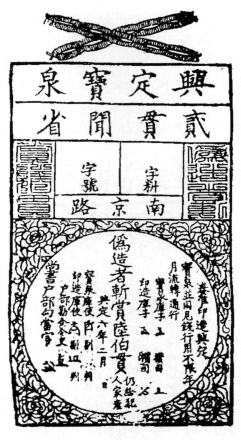

图七

第五，在器物上押字。手工业工人制造铜镜、漆器、瓷器等，也往往在器物上押字，表示对产品质量负有全责。官府铸造的铜镜上，还要镌勒监押官的押字。如宋仁宗天圣八年（1030 年），朝廷规定在京铸镅务铸造铙、钹、钟、磬等铜器，必须在器物上镌勒工匠、专副的姓名以及监官的押字①。传世的一面南宋铜镜，铸就楷书"湖州炼鉴局，乾道四年

① 《宋会要》食货 55 之 19。

炼铜照子,官",以下为监官的一个押字。照子上还铸刻"湖州真石家念二叔照子",说明生产地点和店家。另一面南宋菱花镜,铸就"湖州铸鉴局,乾道十年铸炼铜监",以下为监官的押字;还有"铸造工匠杨",以下为杨某的押字。宋朝的这种习俗传入北方的金朝,在由官府铸造的或由南宋传入的铜镜上刻金朝有关官员的押字。如由金朝官府铸造的一面八棱海舶镜上,铸有"临洮府录事司验讫"字样,下面是检验官员的花押铭记。由南宋铸造的"湖州真正念二叔镜",运入金境后,在背面边沿刻着"富民县丞",以下是押字①。另一面"湖州真正石念二叔照子"运入金境后,也在背面边缘刻"通州司使司官"字样,以下是该官的押字②。

　　1959 年,江苏省准安市宋代墓葬中出土许多漆器,其中一部分盘、碗等带有文字,写明制造这一器物的时间(干支)、地点、漆匠姓名,最后为漆匠的押字。如写有"壬申杭州真大□□上牢",下面为一押字(见图八)。又如一只圆盘上写有"己丑温州孔九叔上牢",下面也是一个花押(见图九)。有的文物工作者将这些花押认做"画"字,显然是不对的。这些器物上还有漆匠的其他一些押字(见图十)③。

　　1958 年,内蒙古巴林左旗出土宋的银铤五枚,其中一枚表面錾刻铭文为"杭州都税院买发转运衙大观元年郊祀银……专秤魏中行等,监匠",以下为:皿匠。显然这是负责监督铸造这枚银铤人员的两个花押。由于錾刻与毛笔书写不同,只有横、直的细线。这些银铤上凡不易辩认的字,实际上大都是有关官、吏、工匠的花押。金朝的银铤也仿照此制,有关银铤的铸造工匠、秤子、监官等皆镌刻押字在其上。如在四枚金章宗泰和六年(1206 年)秋税银铤上,在"任理验"三字之下,皆有押字迶④。

①　梁上椿:《岩窟藏镜》第三集;沈从文:《唐宋铜镜》,《考古》1959 年第 9 期,第 487 页。

②　《文物》1977 年第 11 期,第 9 页。

③　《文物》1960 年第 8、9 期合刊。

④　《考古》1965 年第 12 期,第 643 页;《文物》1975 年第 8 期,第 73 页。

图八

图九

图十

图十一

有时在瓷器的底部,也刻有制造该瓷器的窑户的押字。如河南鹤壁集瓷窑遗址出土了许多北宋至金代的瓷器,其中一些瓷器底部刻有款识,如"赵"、"杨""张"、"刘"、"李"、"宋"等姓氏。在"赵"字之下刻有押字(见图十一)①。估计这是生产这一瓷器的窑户的押字。

第六,在量器上押字。南宋时,有的州府规定各官仓受纳粮食,必须使用法定的标准斛斗。如宋宁宗嘉定间(1208—1224年),宁国府(治今安徽宣城)为各官仓新造了标准斛斗,在斛内刊有"嘉定九年三月,宁国府照文思院降下铜式,新置造斛,铁锢加漆。今后受纳,非此斛不得行用。江东提举、权府事李(押)"。在斗内刊有"嘉定九年三月,宁国府造文思院斗,用此受纳。提举兼权府事李(押)"宋代法律也规定各官仓使用的斛、斗,应该加刻监官的押字。如《金玉新书·诸仓类(凡三十二条,并系增入淳祐新书)》第十三条规定:斛、斗、升、合刻押(庆元重定);诸仓官斛、斗、升、合,各刻仓分、监官押字,置库封锁,应修者当官较量。"此外,第四条还规定,各州州学的钱粮专派一名曹职官掌管收支账册,每月由知州"检点签押"②。

为了表示慎重和使用方便,宋代很多人还把自己的押字刻成印章。如前述宋仁宗的"押字印宝"。地方上专门代人书写诉讼状纸的人,由县衙登记姓名,发给木牌,挂在门前,并且要有"官押印子",在状纸印上号码;否则,不准代人写状③。

还有一些文人有押字癖。如宋神宗时都官员外郎柳应辰,他所到之处留"押字盈丈",甚至在浯溪(源出湖南祁阳县西南,东北流入湘江)石上作大押字,题云:"押字起于心,心之所记,人不能知。"有些"好事者"替他解释,说是可以"祛逐不祥"④。又如历任饶、吉等地知州的施结,"性好蓄古今人押字",所积甚多,从唐末到宋朝当代无所不有,

---

① 《文物》1964年第8期。
② 《永乐大典》卷7512《仓字》。
③ 李元弼:《作邑自箴》卷6《劝谕民庶榜》。
④ 《容斋五笔》卷10《柳应辰押字》。

全部勒石,每次迁居,雇佣数人担负随行。还有一位姓马的官员还乡,将"私居文字,纸尾皆署使字押号"。宋理宗宝祐癸丑元年(1253 年),王柏从"鬻书人"处购得"古贵人押字"石碑,他认为"古人之押字,实书名而花之。后世乃不然,与其名而不相似,直著其心之精微,寓于数划之中",叫人捉摸不透。只有司马光的押字"署名而小花,则不失其制押之原,而精神风致自然见于诚意之表",但"此法未易尽识之耳"①。

五、押字的弊端

在中国历史上,押字习俗的形成是一种进步的社会现象,它减少了人们在各种交往过程中遇到一些不必要的麻烦。自然,押字也带来了一些弊端。如官员们业已习惯在文书上使用本人固定的花押,不用多久,办事的吏人便会熟悉,于是试图为非作歹者便乘机加以模仿,或截取文书纸尾的官员花押,换接到别的公文上,从中营私舞弊。宋仁宗庆历三年(1043 年)四月,三司副使、兵部郎中李宗咏受到朝廷降官的惩处。原因是三司"后行"(吏人的一种,由后行升迁为前行)崔珏等"伪学"权三司使姚仲孙等人的押字,借此"脱赚钱物",而李宗咏犯了失于觉察的罪。南宋末年,文天祥担任地方官时,发现典吏侯必隆"辄敢于呈押之时,脱套花字于行移之后,揍掇公文"。"行移"是指各级官府之间往来的公文。吏人侯必隆在进呈官员押字后,截取纸尾,揍掇到别的公文上。文天祥判决侯必隆脊杖十五下,刺配千里州军②。

---

① 《萍洲可谈》卷 1;王柏:《鲁斋集》卷 11《古贵人押字跋》。
② 《宋会要》职官 64 之 42;文天祥:《文山先生全集》卷 12《断配典吏侯必隆判》。

第二十二章　刺字、文身和簪花

世界古代各国都有刺字和文身的习俗,先在人身上刺字或图案,再涂以墨汁或其他色素,使之沉着于皮下组织,永不褪落。除刺字、文身而外,宋代还有簪花的习俗。

一、刺　　字

宋代继承前代习俗,在军人和大多数囚犯的面部或其他部位刺字。对于囚犯,是作为刑罚之一,北宋初仅适用于贷死的囚犯,此后适用范围日益扩大到大多数囚犯。至孝宗淳熙间,刺配法增至 570 条。神宗末年,重定黥配法,规定"犯盗,刺环于耳后;徒、流以方,杖以圆。三犯杖,移于面,径不得过五分"。刺面分为大刺与小刺两种。凡被认为"情重凶恶"的囚犯,所刺之字稍大,两面分刺。仁宗赞成只刺一面,字样可稍大①。所刺文字,如囚犯被判流罪,命刺其面为"刺配某州牢城"。如果罪不至此,量刑过重,则在这些字前加"特"字。高宗、孝宗时,对宽大处理给予"贷命"的"强盗",在额上刺"强盗"二字,在脸上刺大字"配某州或某府重役",或"配某州、府屯驻军重役"。如被宽大处理的"强盗"而可充兵,则在额上刺"免斩"二字,在"面刺双旗"②。

---

① 《宋史全文》卷 27,淳熙十一年七月己丑;《长编》卷 362,元丰八年十二月癸酉;《宋会要》刑法 4 之 11。
② 魏泰:《东轩笔录》卷 10;《宋会要》刑法 4 之 56、55、51、47;方回:《续古今考》卷 37《五刑起于何时? 汉文除肉刑,近世配军刺旗法》。

北宋还继承前朝的习俗，凡招募士兵，皆在其面部刺上小字，"各识军号"。仁宗初年，规定在京东西、河北等路募兵，"当部送者刺'指挥'二字"。庆历二年（1042年），选河北、河东强壮并抄民丁刺手背为"义勇"。康定间，又在环、庆二州以沿边弓手"涅手背充"寨户。英宗治平元年（1064年），再次在陕西点义勇，"止涅手背"。神宗熙宁七年（1074年），在河北招募蕃人弓箭手，"蕃兵各愿于左耳前刺'蕃兵'二字"①。钦宗靖康元年（1126年），朝廷拟在陕西路招募"义勇"，"止于右臂上刺字"。南宋时，士兵仍然免不了在额部和手背刺字。方回记载说，当时"大军刺字，号以姓名；禁、厢军刺额，号以六点"②。额部一般刺军号，手部一般刺姓名。

有些军人为了表示自己的志向，也在自己身体上刺字。如北宋时，兵马副部署、保州刺史呼延赞在自己身上刺"赤心杀贼"四字，表示"愿死于贼"。岳飞背上刺有"尽忠报国"四个大字，"深入肤理"，相传是岳飞的母亲亲自替他刺上的。高宗初年，抗金名将王彦退入太行山，聚集义军。为表示抗敌的决心，义军皆面刺"赤心报国，誓杀金贼"八字，号称八字军，河北、河东百姓纷纷响应③。

金朝奴婢的面部或身上往往刺字，对此朝廷一般不予过问。宋金战争之初，金军统帅完颜宗翰（粘罕）命令各地大量捉拿中原民众，将他们没为奴婢，在这些奴婢"耳上刺'官'字"，先"散养民间"，再"立价卖之"。南宋使者范成大在金朝亲眼看到奴婢"两颊刺'逃走'二字"，系"主家私自黥涅"。其《清远店》诗云："屠婢杀奴官不问，大书黥面罚犹轻。"④而宋朝则禁止主人私自黥刺奴仆⑤。宋英宗时，官员刘注被"追三官，潭州编管"，其罪状之一便是"刺仆人面，为逃

---

①　施宿：《嘉泰会稽志》卷4《军营》；《宋史》卷193《兵志七》，卷191《兵志五》，卷190《兵志四》。

②　《宋史》卷193《兵志七》；《续古今考》卷37《五刑起于何时？汉文除肉刑，近世配军刺旗法》。

③　孙逢吉：《职官分纪》卷40《刺史》；《宋史》卷365《岳飞》；《会编》卷113建炎元年十月二十九日乙酉。

④　《要录》卷40，建炎四年十二月辛未；范成大：《石湖居士诗集》卷12。

⑤　王栐：《燕翼诒谋录》卷3《主家不得黥奴仆》；《长编》卷54，咸平六年四月癸酉。

走二字"①。

二、文　身

　　宋代有些市井百姓喜欢文身，称为"刺绣"。迎神的团体称"锦体社"。专门为人文身的工匠称"针笔匠"，他们往往"设肆为业"。荆州的街子葛清，自头颈以下遍刺白居易的诗和画："不是此花偏爱菊"句，刺"有一人持酒杯，临菊丛"，"黄夹缬林寒有叶"句，刺"一树，上挂缬"。共刺20多处，人们称他为"白舍人行诗图"。宋太祖、太宗时，有"拣停军人"张花项，晚年出家做道士。当时习俗"以其项多雕篆"，所以"目之为'花项'"②。徽宗时睿思殿应制李质，年轻气盛，行为"不检"，"文其身"，被赐号"锦体谪仙"。东京百姓在大街上庆祝重大节日时，"少年狎客"往往追随在妓女队伍之后，也"跨马轻衫小帽"，另由三五名文身的"恶少年""控马"，称"花腿"。所谓花腿，乃自臀而下，纹刺至足。东京"旧日浮浪辈以此为夸"。南宋初，张俊所率军队常驻"行在"，挑选少壮长大的士兵皆刺花腿，防止逃往其他军队，"用为验也"③。孝宗、宁宗时，饶州百姓朱三的"臂、股、胸、背皆刺文绣"；鄱阳东湖阳步村民吴六也"满身雕青"；吉州太和居民谢六"举体雕青，故人目为'花六'，自称青狮子"。理宗淳祐以后，临安有名的店铺中有金子巷口陈花脚面食店，其店主人显然也是刺双腿者。现存宋人画杂剧《眼药酸》绢画中，绘有一位手臂"点青"的市民。但朝廷严禁宗室"雕青"④。

　　由于不少南方少数民族系古代越人的后裔，他们直到宋代仍保留

---

① 《宋会要》职官65之23。
② 《续古今考》卷37《五刑起于何时？汉文除肉刑，近世配军刺法》；《永乐大典》卷5840《花》字；张齐贤：《洛阳缙绅旧闻记》卷3《田太尉候神仙下降》。
③ 王明清：《挥麈后录》卷2；孟元老：《东京梦华录》卷7《驾回仪卫》；庄绰：《鸡肋编》卷下。
④ 洪迈：《夷坚支志癸》卷8《阆山排军》，卷9《吴六竞渡》；《夷坚丁志》卷3《谢花六》；吴自牧：《梦粱录》卷13《铺席》；《宋会要》帝系7之31。

文身的习俗,如《清波杂志》卷10称:广南黎洞"人皆文身,男女同浴",以致有"文身及老幼,川浴女同男"之说。但又各有其特点,壮族先民只有女奴婢才黥面。《岭外代答》卷10《绣面》称"邕州溪峒使女,惧其逃亡,则黥其面"。而黎女绣面属于"吉礼",《诸蕃志》卷下《黎》云:"女及笄即黥颊为细花纹,谓之绣面。女既黥,集亲客相贺庆,惟婢获则不绣面。"黎族先民只是女性才绣面,而金齿蛮则男性与女性皆文身,并因此有绣面蛮、花脚蛮一类的称呼。《云南志略·诸蛮风俗》称:"文其面者,谓之绣面蛮;绣其足者,谓之花脚蛮。"《马可波罗行纪·金齿州下》说:"男子刺黑线于臂腿下。刺之法,结五针为一束,刺肉出血,然后用一种黑色颜料擦其上,既擦,永不磨灭。此种黑线,为一种装饰,并为一种区别标识。"

三、簪　花

宋代沿袭前朝习俗,不论社会地位或性别、年龄,在平时或节日,都簪戴花朵。

从宋初起,逐步形成"故事":凡大臣参加皇帝举办的宴会,皆赐给宫中名花,其中亲王和宰臣由内侍将花插在他们的幞头上,其他官员自己戴花。皇帝有时也特命内侍为宠爱的翰林学士戴花,使旁观的官员们羡慕不已。每年三月,皇帝与大臣们赴金明池游玩,从宰相到从臣,都赐"生花"即鲜花,"皆簪花而归"。这些花朵分为三品:凡遇圣节大宴,如有辽朝使臣参加,则用绢帛做花,"示之以礼俭"。春、秋季的两次宴会,则用罗帛做花,"为甚美丽"。至于大礼后恭谢、上元游春等,从臣都随皇帝出行,到时安排小宴称为"对御"。凡遇"对御",即赐从臣们"滴粉缕金花","极其珍巧矣"。在赐给从臣们"燕花"时,一般按照官员的品阶决定多少,而在赐给滴粉缕金花时,数量则比平常加倍。这些花朵因为是皇帝赐给的,所以又称"御花",大臣们遇到这种场合都要穿"公裳,簪御花"。花朵一般都插在幞头上,所以又称"簪戴"①。

宋朝皇帝每逢重要庆典，也簪戴花朵。如真宗时，曾特赐东京留守陈尧叟和大内都巡检使马知节御宴，"真宗与二公皆戴牡丹花而行"。在宴会中，真宗命陈尧叟"尽去所戴者"，"召近御座，真宗亲取头上一朵为陈簪之，陈跪受拜舞谢"。徽宗每次出游，回宫时则"御裹小帽，簪花，乘马"。同时，对"前后从驾臣僚、百司仪卫，悉赐花"②。

南宋时，官员们每逢重要节庆，如郊祀、明堂礼毕回銮、圣节、赐宴时，都在幞头簪花。花朵分为三种，一为大罗花，分为红、黄、银红三种颜色；二为栾枝即双枝，用各种颜色的罗制成；三为大绢花，分为红、银红两种。罗花以赐百官，栾枝赐卿、监以上官员，绢花赐将校以下武官。各级官员所戴花朵有一定的数量，不准随便超过限数③。

宋代官民所戴花朵，除上述罗花、绢花、滴粉缕金花外，还有真花即生花，以及用通草、琉璃制成的花朵。人们喜爱簪戴真花的著名地区有洛阳和扬州，《洛阳牡丹记》说：洛阳之俗"大抵好花，春时，城中无贵贱皆插花，虽负担者亦然"。扬州居民与洛阳"无异"，"无贵贱皆喜戴花"。这两地居民所戴之花大都是真正的牡丹和芍药。当然，洛阳居民也有戴仿生花朵的。如宋太祖开宝初年，洛阳有李姓染匠，又"能打装花缬"，人们称之为"李装花"④。这种仿生花朵使用罗、绢为材料。此外，还有用通草和琉璃即玻璃制作花朵的。如宁宗时，饶州一户居民以生产通草花朵为业。度宗时，宫中流行簪戴琉璃花，因此"都下人争效之"。当时，临安有人赋诗道："京城禁珠翠，天下尽琉璃。""识者以为流离之兆"⑤。

南宋临安的414行中，有面花儿行或花朵市、花团。著名的花市或

---

① 王闢之：《渑水燕谈录》卷1；王巩：《闻见近录》；蔡絛：《铁围山丛谈》卷1，卷3；《宋史》卷153《舆服志五》。

② 吴曾：《能改斋漫录》卷13《记事·御亲赐戴花》；《东京梦华录》卷7《驾回仪卫》。

③ 《宋史》卷153《舆服志五》；《宋会要》职官55之20。

④ 欧阳修：《欧阳文忠公集》卷72；王观国：《芍药谱序》；《永乐大典》卷5840《花》。

⑤ 《夷坚支志癸》卷8《李大哥》；《宋季三朝政要》卷4《度宗》。

　　花团在官巷,官巷内著名的花铺有齐家、归家花朵铺,它们专门生产和
销售各种花朵,其中有"像生花朵"、"罗帛脱蜡像生四时小枝花
朵"等①。

---

① 《西湖老人繁胜录·诸行市》;《武林旧事》卷6《诸市》;《梦粱录》卷13《团行》、《铺席》、《诸色
杂货》。

第二十三章 休　假

辽宋西夏金时期的官私休假,因各自的习俗而形成一定的制度。辽和西夏的官私休假制度因史料阙如,详情不明。宋、金的休假情况则较为清楚。

一、宋朝的休假

宋朝凡由官府按"令式"规定的假期,一概称为"式假"。管理"式假"的官署,在神宗元丰官制改革前,一是祠部:真宗时规定,祠部郎中和员外郎所管全年节假日共 100 天,其中包括旬休 36 天。二是鸿胪寺:神宗熙宁四年(1071 年)下诏,凡鸿胪寺所管式假,并令太常礼院行遣。元丰改制后,鸿胪寺不再经管"式假"之事,完全由祠部负责,全年节假日共 76 天①。

各社会群体因职业的不同,诸如官员、胥吏、军队、学生、编配囚徒、丁夫等享有不同的假期。

(一) 官员的休假制度

官员的休假,大致分为公假和私假两大类。公假有节假、旬假、国忌假、外官上任假、唱名后假、朝假,还有特殊情况给假等。私假有婚嫁假、丧假、病假、探亲假、私忌假等。

---

① 《宋会要》职官 60 之 15;《宋史》卷 163《职官志三》;《宋会要》职官 25 之 3;庞元英:《文昌杂录》卷 1。

1. 官员的公假

(1) 官员的节假

官员的节假,在北宋初年,有岁节(元旦)、寒食、冬至各七日,休务各五日。圣节、上元、中元各三日,休务各一日。春社、秋社、上巳、重午(端午)、重阳、立春、人日、中和节、春分、立夏、三伏、立秋、七夕、秋分、授衣、立冬,各假一日,不休务。夏至、腊日,各假三日,不休务。诸大祀,皆假一日,不休务。这里的"假"日是指在京的官员免予朝参,"休务"是指各级官署停止办公。此后,宋朝"或因旧制,或增建庆节、旬日赐沐,皆令休务者,并著于令"。宋真宗时,规定每年大祀、忌日、大忌前一日,皇帝均不坐殿,即在京官员免予朝参,亦即放朝假。元日、冬至、寒食仍各放假七日,诞圣节、元夕等放假皆依旧。新增了天庆节、先天节、降圣节,各放假五日;天祺节、天贶节各放假一日[①]。大中祥符元年(即景德五年,1008年)建天庆节和天祯(天祺)节、天贶节,五年(1012年)建先天节和降圣节,规定各休假五日。宋仁宗康定元年(1040年)二月,因西夏主元昊率兵侵扰西部边境,下诏中书门下和枢密院、三司,自今大节、大忌给假一日,其他小节等"并赴后殿奏事"。减少中央最高官署的假期。直到庆历五年(1045年)六月,因"西兵解严",才重新恢复天庆、天祺、天贶、先天、降圣五个节日的"休务"。庆历六年十二月,规定三元节即上元、中元、下元以及夏至、腊日"自今并休务"[②]。原来每逢夏至和腊日官员只放三天朝假,且休务,官员实际真正享受了假期。嘉祐三年(1058年),御史中丞包拯上疏说:冬至、年节、寒食前后各假一日(按:应当三日),皇帝虽不御殿,即令二府、百司入衙"视事如常"。若皇帝"行幸"或举办燕宴,第二天官员"歇泊",而"不遇休务者,更不别为假日;或观书、阅礼物之类,毋得早归私第"。仁宗依奏[③]。神宗元丰五年(1082年),祠部重定官员休假制度,元日、寒食、冬至,各七

---

① 《宋会要》职官60之15;《宋史》卷163《职官志三》。
② 《长编》卷126,卷156,卷159。
③ 《长编》卷178,嘉祐三年十二月己未;庞元英:《文昌杂录》卷2。

日：天庆节、上元节、同天圣节、夏至、先天节、中元节、下元节、降圣节、腊日，各三日；立春、人日、中和节、春分、春社、清明、上巳、天祺节、立夏、端午、天贶节、初伏、中伏、立秋、七夕、末伏、秋社、秋分、授衣、重阳、立秋，各一日。另有大忌十五日、小忌四日。对于皇帝而言，每逢天庆、夏至、先天、中元、下元、降圣、腊日，皆在前、后二天坐后殿办公，当天不坐。每逢立春、春分、立夏、夏至、立秋、七夕、秋分、授衣、立冬、大忌，前一日，也坐后殿。其余假日，皆不坐，因为"百司休务焉"。以上节假，加上旬假（每月三日，全年三十六日），全年共 124 天。这些假日实际都只是免除上朝，并不全部"休务"。宋徽宗政和四年（1114 年），新定十一月五日为天应节，依照天祺、天贶节先例，作休务假一日①。

南宋初期，因为战乱，官员的节假实际被取消，凡遇节假，"百司"官员"皆入局治事"②。绍兴初以后，随着政局逐渐稳定，节假开始转入正常。孝宗时，罗愿针对当时下诏全国增加中秋节的假期，上疏提出，御史台掌管将每月坐朝和百司入局的情况报告宰执，称为"月报"。从月报看，官员们"一月之中，休暇多者殆居其半，少者亦十余日"。国家的大事，诸如"四时孟享，侍从以上有扈从之劳，则为之休务可也"。以往"国家全盛之时，上下燕安，亦有天祺、天贶之属以文太平，历世承平，循而不敢废"。但是，自从"艰难以来，臣民日思淬励，何暇相从于娱乐之事，而独为休告于官府，失其实矣"。同时，"国家法度在有司者，关报截会，比前代为密。休暇既多，则远方之人常困于守待，而事亦因循失时，有不振之弊"。所以，他建议明诏"有司"，"取承平以来一时以庆事名节者，存其名勿废，而使百司得治事如常日"，以便集中精力"恢崇祖宗之功业"。待到"天下复平"，然后"复举旧令为休暇如承平时"③。罗愿的建议是否获准，现不得而知。到宁宗时，据这时的法典

① 《文昌杂录》卷 1；《宋会要》礼 57 之 31。
② 《宋会要》职官 60 之 15。
③ 杨士奇等：《历代名臣奏议》卷 195《戒佚欲》。

《庆元条法事类》"假宁格"规定①,南宋官员的节假减少较多,主要是元日、寒食、冬至各由七日减为五日。元日、寒食、冬至的假期,共七日时,规定前后各三日;共五日时,规定前、后各二日。如北宋时的"假宁格"规定,清明节前二日为寒食节;寒食节前、后各放假三日,共七日。这样,清明节正在寒食节的后二日,清明节的假日恰纳入寒食节的假期内。元日、寒食、冬至虽减为各五日,但官员实际皆享受全部假期。据《嘉泰事类》规定,该三大节各假五日,"诸假皆休务"②。

在皇帝登殿视事(办公)的日子,有关官员必须上朝,参见皇帝。比如神宗元丰改制后,实行官员"六参"制度。六参,又称"望参",即每逢一日、五日在京大小职事官和不厘务官,"趁赴望参"。这些官员"不得连三次请假"。朝廷下令免予官员朝参,称"放朝假"。放朝假的日子,有时官署停止办公,官员休息;有时官署照常办公,官员不能休息。如上述《庆元条法事类》规定天庆节休朝假三天,实际情况是此时临安府已不像北宋开封府那样,宫观连续斋醮数日,而是"未尝举行,亦无休假"。而外地各州府长官至时必定率员前赴天庆观朝拜,"遂休务,至有前、后各一日"。降圣、天祺、天贶诸节的庆祝和官员放假情况大致也如此③。

(2) 官员的国忌假

宋朝的国忌,是指由朝廷特定的本朝先帝、先后逝世纪念日。国忌分为大忌和小忌两种。宋太祖建隆元年(960年)三月,追尊僖祖(即赵朓,太祖和太宗的高祖)以下四庙,规定僖祖十二月七日忌,其妻文懿皇后(崔氏)六月十七日忌;顺祖(即赵珽,太祖和太宗的曾祖)正月二十五日忌,其妻惠明皇后(桑氏)五月二十一日忌;翼祖(即赵敬,太祖和太宗之祖父)四月十二日忌,其妻简穆皇后(刘氏)十月二十日忌;宣祖(即赵弘殷,太祖和太宗之父)七月二十六日忌。其中以宣祖为大忌,其余皆为小忌。建隆二年,太祖和太宗之母杜太后逝世,次年五月,下诏以其六月二日忌日为大忌。自此以后,凡皇帝和皇后死后,皆由新皇帝将其忌辰立为大忌。有时,一次增加四名已故皇后的忌辰为大忌。如神宗元丰六年(1083年),一次下诏将孝惠(太祖贺皇后)、孝章(太祖宋皇后)、淑德(太宗尹皇后)、章怀(真宗潘皇后)四后的忌日"依大忌例"加以纪念,实际皆立为大忌。随着时间的推移,宋朝也实行废忌。真宗时一度罢宣祖大忌。英宗治平三年(1066年),废罢僖祖和文懿皇后的忌日;神宗元丰八年(1085年),废罢顺祖和惠明皇后的忌日。但至徽宗崇宁四年(1105年),又恢复僖祖和文懿皇后的忌辰,稍前还恢复翼祖和简恭皇后、简穆皇后的忌辰。神宗熙宁三年(1070年),国忌共有四小忌、十五大忌。四小忌为顺祖、翼祖、惠明皇后、简穆皇后,十五大忌为宣祖、太祖、太宗、真宗、仁宗、英宗、昭宪、孝明、明德、懿德、元德、章穆、章宪、明肃、章懿皇后。此外,国忌还有双忌和单忌之分,单忌是一天只有一位先帝或先后的忌辰,双忌则同一天有两名或两名以上的先帝或先后的忌辰。如昭宪皇后、淑德皇后、懿节皇后的忌日同在六月初二日,僖祖和慈圣光献皇后(仁宗的曹皇后)的忌日同在十月二十日①。

宋太祖初次立国忌,规定凡逢其日,"禁乐,废务,群臣诣佛寺行香修斋"。逢大忌,中书门下的官员全部参加纪念活动;逢小忌,轮派一名官员去佛寺烧香修斋。"天下州府军监亦如之。"同时,规定大忌之前一日,皇帝不坐殿视事。"自后太祖、太宗忌,亦援此例,累朝因之。"这说明大忌前一天,皇帝不坐殿视事,在京官员即放朝假。到忌日那天,各官署休务,官员去佛寺烧香后即可回家②。仁宗时,逢真宗、庄懿皇太后的忌日,往往前后三天到二天皇帝不视事,实际是放在京官员七天到五天的朝假。神宗元丰六年(1083年),下诏规定大忌日,六曹诸

---

① 《宋会要》礼42之1、15、16、11、10、12;陆游:《老学庵笔记》卷10。
② 王林:《燕翼诒谋录》卷2;《长编》卷62。

司"不得假执政官早出,诸司官不得随出"①。要求各司官吏照常上班。

南宋时,可能因国忌日益增多,出现了逢双忌、单忌不同的休假办法。按照规定,在京文武百官只在双忌放假,因为烧香跪拜的礼数很多,待全部仪式结束,时间已晚;单忌仅三省官员"归休",其余"百司坐曹决狱,与常日亡异"。宋孝宗时,罗愿上疏要求减少官员假期,如双忌日,百官"不过行香一时之顷,退而入局,盖未害也"②。实际上建议取消双忌百官休假的规定。

（3）官员的旬假

宋代沿袭前代,实行官员旬假制度。太祖开宝九年（976年）,开始规定每遇旬假,皇帝不登殿视事,赐百官休沐一天。所谓旬假,是每十天中休息一天,一般放在每旬之末。史称"每旬唯以晦日休务",即每月的十日、二十日、三十日或二十九日（小月）休假③。仁宗康定元年（1040年）二月,因西夏主元昊反叛,边防紧张,下诏中书门下和枢密院、三司,自今逢大节、大忌给假一日,其余小节、旬休"并赴后殿奏事"。这就是说命令百官暂停旬假。同年六月,翰林学士丁度上疏提出为了安定人心,"请休务如故,无使外夷窥朝廷浅深",乃决定恢复旬假④。宋高宗建炎初年,因战事频繁,凡遇旬休和其他假日,百官照常入局治事。稍后,改为每月最后一天休务。至绍兴元年（1131年）,下令朝廷各司每旬仍休息一天,但其他假期依旧停放。宁宗时,《庆元条法事类》"节假"中规定,每旬放假一天⑤。

（4）外官上任假

宋代沿袭唐制,外官上任规定期限,"限满不赴者"有罚⑥。官员接受新的差遣后,有一定的假期休息,然后赴新任。太宗淳化二年（991

---

① 《宋会要》礼42之6、7;《长编》卷335;庞元英:《文昌杂录》卷4。
② 《容斋随笔》卷3《国忌休务》;《燕翼诒谋录》卷2;《历代名臣奏议》卷195《戒佚欲》。
③ 《长编》卷17;《宋会要》职官60之15。
④ 《长编》卷126,卷127。
⑤ 《宋会要》职官60之15;《要录》卷41;《庆元条法事类》卷11《职制门八·给假》。
⑥ 《重详定刑统》卷9《职制律》。

年）正月，下诏京朝官"厘务于外者，受诏后给假一月浣濯，所在州府以赴上日闻，违者有罪"。真宗咸平元年（998 年）十二月，又下诏京朝官被差任知州、通判知军、监县场及监临物务者，在差遣确定后，"不得更赴朝参"，即不得继续在京城逗留，"限五日朝辞"。除去路途上的时间，再与一个月的假期。如果到任超假三天以上，"别具闻奏"，即朝廷将依法加以惩罚①。

（5）法官给假

宋代有些官员因职务特殊，平日公事繁忙，每逢假日，只得照常办公，或者另外补假。如仁宗天圣二年（1024 年），因审刑院案牍较多，遇到天庆、乾元等五节，仅三天暂停奏申大辟公案；其他公案，仅在这五节的当天"住奏"。哲宗时，户部遇到假日，还派少数官吏去审理杖以下的一些案件②。推想假日不休的官员当有补假的办法。

（6）特殊给假

在特殊情况下，朝廷临时给官员休假。如真宗在大中祥符七年（1014 年）二月，从亳州回京城，特赐随驾"东封西祀"的文武官员休沐假三日③。仁宗次子赵昕在庆历元年（1041 年）病死，仁宗停止视朝五日，表示哀悼。庆历六年（1046 年）三月，在御试完毕，公布录取进士诸科名单后，下诏"依宴后一日例，放歇泊假一日，前、后殿不坐，永为定式"。同年四月，仁宗赴金明池，并刈麦和各处游宴，下诏第二天"并放歇泊沐务假，并后殿不坐，永为定式"④。皇帝不坐殿办公，有关官员即放朝假，且可"歇泊"一天。南宋时，在御试唱名后，也给有关考试的官员放歇泊假三天⑤。

2. 官员的私假

宋代官员的私假名目很多，也形成一定的制度。同时，官员的大部

---

① 《燕翼诒谋录》卷3《外官给告浣濯》；《宋会要》仪制9之8。
② 《宋会要》职官15之30—31；《长编》卷102，卷477。
③ 《宋会要》职官60之15。
④ 《长编》卷131；《宋会要》选举8之33，职官60之15。
⑤ 周必大：《文忠集》卷7《次韵陈叔晋舍人殿试笔记》。

分私假实际享受公假的待遇。

（1）官员的婚嫁假

据《庆元条法事类》记载,官员自身结婚,朝廷规定给假九日。官员的期亲(如亲兄弟、姊妹、侄子、叔父等)结婚,给假五日;大功亲(如孙、堂姊妹、堂兄弟等)婚嫁,给假三日;小功亲(如堂侄、堂孙、堂姑等)婚嫁,给假二日;缌麻亲(如堂侄孙、曾孙、玄孙等)婚嫁,给假一日。对于有些官员的婚嫁假,因其职务繁忙,朝廷另有规定。如太宗淳化三年(992年),规定大理寺断官"婚姻亦假三日"①。

（2）官员的丧葬假

宋代提倡孝道。宋初法律规定,人们如闻父母丧或周亲尊长、大功以下尊长丧而"匿不举哀者",将受到严惩②。对于官员,自然更要求严格遵行。文官遇父母亡故,一般都要解除官职,持服三年(实际为二十七个月)。武官遭父母丧,宋初照例不解除官职,也没有给假的日限。至仁宗天圣八年(1030年),开始规定,武臣遇父母丧,卒哭(即死后第一百天)后,便允许朝参。实际上,规定三司副使以上及班行使臣,遭父母亡故,都给假一百天③。嘉祐四年(1059年),由于武臣普遍"不持丧",这种情况引起了朝廷大臣们的注意,于是经过两制和台谏官的商议,决定阁门祗候、内殿崇班以上持服,供奉官以下不必持服。哲宗元祐七年(1092年),又下诏命武臣丁忧者,现任管军处或担任路分总管、钤辖、都监、知州县城关使、县尉、都监、寨主、监押、同巡检、巡检驻泊、巡防驻泊及管押纲运大使臣等,皆不解除官职(其中系沿边任职和押纲者,给假十五日),一律给假百天。此外,原来不应解除官职而自愿解除官职行服者,除沿边任职者须奏申朝廷待批外,一概准许④。孝宗时,"吏部选法"规定,小使臣遭丧不解除官职,给"式假"一百天。内侍

---

① 《庆元条法事类》卷11《职制门八·给假》;《宋会要》职官24之2—3。
② 《重详定刑统》卷10《职制律·匿哀》。
③ 《长编》卷109,卷177。
④ 范镇:《东斋记事》卷2;《长编》卷470。

官丁忧时,也如此给假。不过,这时又补充规定,凡小使臣中荫补子弟、取应宗室,武举出身人,捧香、戚里、宗室女夫等"诸色补官"人,"皆合遵三年之制"。宁宗时,《庆元条法事类》规定,"武臣丁忧,不解官",给假一百日;其中正在"缘边任使"、"押纲"者,给假十五日,一般"非在职"的文官遭丧,按亲等给假:期亲三十日,大功二十日,小功十五日,缌麻七日,降而服绝三日;其中"无服之殇"(指未满八岁而夭折,无丧服之礼),期亲五日,大功三日,小功二日,缌麻一日。下葬时,期亲五日,大功三日,小功二日,缌麻一日。除服(脱去丧服,不再守孝)时,期亲三日,大功二日,小功、缌麻一日。一般在职的文官遭丧:期亲给假七日,大功五日,小功、缌麻三日,降而服绝、无服之殇一日。遭本宗及同居无服亲之丧,给假一日。"丁忧不解官"时,至大祥(父母丧后二十五月的祭名)和小祥(父母丧后十三月的祭名)七日,禫(父母丧后二十七月的祭名,从此免除丧服)五日,卒哭(父母丧后一百天)三日,朔、望各一日[①]。

对于有些职务忙碌的官员,朝廷在丧假方面有特殊的规定。如真宗天禧元年(1017年)规定,在京城的场、务、坊的监官,遇期亲丧,给假五日,闻哀二日;遇大功或小功丧,给假三日,闻哀一日;遇缌麻亲丧,给假一日[②]。

有关官员的丧葬假,还有一些具体的规定,其中比较重要的有:一、"诸遭丧给假,以遭丧日为始;闻丧者,以闻丧者为始"。规定了丧假起始的日期。又规定"闻丧"给假比"遭丧"减少三分之一。二、沿边任职而"遇军期者",不给祥、禫、卒哭、朔望假。三、凡丧、葬在他处者,在职官不准离任;如欲奔赴或护丧,如能在自己婚嫁中还假者,允许离任。"非在职人",仍加给路程假[③]。

(3) 官员的私忌假

宋太祖开宝九年(976年)规定,"应常参官及内殿起居职官等,自

---

① 《宋会要》礼36之37;《庆元条法事类》卷11《职制门八·给假》。
② 《长编》卷89。
③ 《庆元条法事类》卷11《职制门八·给假》。

今刺史、郎中、将军以上，遇私忌请准式假一日"。真宗景德三年（1006年），下诏"文、武官私忌并给假一日"，"忌前之夕，听还私第"①。扩大至所有官员遇私忌，都给假一日。仁宗庆历初，因西北边境战事吃紧，暂停在朝宰执等私忌假，至庆历五年（1045年）六月才依旧。"私忌"一般是指官员亲生父母的忌日。神宗"元丰令"规定："诸私忌给假一日，逮事祖父母者准此。""逮"指"及"，即"谓生而及见祖父母者也"。到宁宗时，更明确规定私忌是指祖父母和父母的忌日，祖父母内还包括"逮事曾、高同"②。

（4）官员的病假

宋代官员请病假，法律上称"寻医"。官员申请寻医，必须找两名同级现任官员担保，保证其"别无规避"，所在官署验实保明，奏申朝廷。在任的官员寻医，实际上给予病假一百天。满一百天后，如继续请假，所在官署"勘验"确"无规避"，即准许离任，然后申报原来差举的官署。其中通判、路分都监以上，要具奏听旨。暂时没有差遣的寄禄官，则申报御史台。官员在赴阙或赴任、请假、离任等途中患病后痊愈，经所在州衙自陈验实，发给公凭，申报原任官署。如病假满一百天，或者已经痊愈，而续假累计达二百天以上，则申报在京所属官署。官员犯赃而装病寻医者，依照"诈疾病有所避律"加罪两等，监司和郡守"徇情故纵者"与之同罪③。

（5）官员的探亲等假

现任官员遇父母患病、病危而请探亲假，应离任"省视"者，由所属官署查明，除去路程外，给假最多不超过一个月。离任后，申报吏部。如遇"急难"或搬家，须离任者，也查实确"无规避"，保明申报吏部④。

除上述有关官员的公假和私假的许多具体规定以外，还有一些较为重要的规定。诸如一、按照宋高宗绍兴六年（1136年）二月敕的规

---

① 《宋会要》仪制13之31；《长编》卷17。
② 《长编》卷156；《文昌杂录》卷5；《庆元条法事类》卷11《职制门八·给假》。
③④ 《庆元条法事类》卷11《职制门八·寻医侍养、给假》。

定,凡官员以三年为任者,允许每任请假两个月;以二年为任者,允许每任请假一个月。超假时间的俸禄、职田租米之类,一概停发;如违,以贪赃论处。二、"考课令"规定,"诸准格令给假(谓应给而非乞假者),其月、日理为在任"。表明凡官员在"式假"以外所请之假,在考课时不计入其任职时间内①。三、官员请事假或延长假期,要事先向主管官署或吏部递呈札子,写明请假或展期的理由②。

(二)军队的休假制度

军队的休假,也形成一定的制度。如宋宁宗时,《嘉泰事类》"军防格"规定,每遇寒食节,"诸军住教三日";遇中元节,"诸军住教一日"③。

(三)学校的休假制度

学校的休假制度,从北宋到南宋逐步严格。仁宗庆历二年(1042年),王洙上疏指出,当时国子监"殊无国子肄习之法,居常讲筵无一二十人听读者"。建议凡在本监听读的生徒在授业的学官处"亲书到历。如遇私故出入,或疾告归宁,并于判监官处具状乞假,候回日,于名簿开记请假日数。若满一周年已上,不来参假者,除落名籍"④。表明允许国子生连请一年的长假,但如果超过一年而又不来国子监销假,即予除名。庆历四年(1044年),正式设置太学。至徽宗时,太学生有病得向所在的斋请假,称"斋假";因故暂时不能上学,应请"长假"。南宋时,依旧实行太学生请长假超过一年者,必予除籍的规定⑤。

南宋太学和武学还放节假。上巳,太学放假一日,武学三日;清明,太学放假三日,武学一日。对上述"两学暇日",南宋学者周密也觉得"殊不可晓"⑥。

至于各地州学,同样也有一定的请假制度。仁宗至和元年(1054

---

① 《庆元条法事类》卷11《职制门八·给假》。
② 方逢辰:《蛟峰文集》卷1《乞假札子》、《抵家乞宽假一月》。
③ 陈元靓:《岁时广记》卷16《寒食下》,卷30《中元下》。
④ 《宋会要》崇儒1之29。
⑤ 《宋会要》选举4之13、16之12。
⑥ 周密:《癸辛杂识》后集《两学暇日》。

年）制定的京兆府（治今陕西西安）"小学规"规定："应生徒依府学规，岁时给假，各有日限。如妄求假告及请假违限，并关报本家尊属，仍依例行罚。"徽宗时，"学制甚严"，蔡州州学的学生七八人在"黄昏潜出游，中夕乃还"，他们"未尝谒告，不敢外宿"①。

（四）其他人员的休假制度

宋代其他人员的休假制度，主要是编配囚徒和服役丁夫以及一般的"工作"人员等休假的规定。

宋宁宗时，《庆元条法事类》"假宁令"规定："诸配流、编管、羁管移乡人，在道闻祖父母、父母丧及随行家属有疾，或死若产者，申所在官司，量事给住程假。"②允许被判配流、编管、羁管而移乡的人（主要是官员），在路途中得悉祖父母、父母亡故，或者随行家属患病、亡故、生产，申报所在官署，酌情给予"住程假"。同书"假宁格"规定，"流囚居作"者，每旬给假一日，元日和寒食、冬至各给假三日③。

对于服役的丁夫，官府也给予一定的休假时间。如真宗大中祥符六年（1013 年），下诏"诸煎盐井役夫，遇天庆等四节并给假"。哲宗元祐四年（1089 年）六月，因大热，特"给在京工役假三日"。绍圣四年（1097 年）六月，哲宗亲自批示："为暑热，应在京工役去处，并放假三日。"④宁宗时，《庆元条法事类》规定，凡"役丁夫"，元日、寒食、冬至、腊日各放假一日⑤。

对于从事一般"工作"的工匠，也定期给假。真宗景德四年（1007 年），始"诏诸处钱监铸匠，每旬停作一日；愿作者，听之"。规定各官办的钱监铸匠每旬休假一天，如不愿休假，也允许。宁宗时，《庆元条法事类》规定，"工作"人每逢元日、寒食、冬至三大节各休假三日，逢圣节、每旬、请衣、请粮、请大礼赏各休假一日⑥。

---

① 《夷坚丙志》卷 13《蔡州禳灾》。
② 《庆元条法事类》卷 11《职制门八·给假》，卷 75《编配流役》。
③⑤ 《庆元条法事类》卷 11《职制门八·给假》。
④ 《长编》卷 81，卷 429，卷 489。
⑥ 《长编》卷 67；《庆元条法事类》卷 11《职制门八·给假》。

二、金朝的休假

金朝建国后,逐渐仿效辽宋旧制,实行官员的休假制度。官员的休假方式大致有三,一是免朝或辍朝,即皇帝不坐殿视事,官员免予朝参。二是休务或废务,即官署停止办公。三是正式休假。

(一) 免朝或辍朝

金代皇帝往往是在朝廷举行隆重的典礼、重要人物丧葬、天气或天象异常等情况下决定免朝或辍朝的。

金世宗大定八年(1168 年)正月九日,敕旨:"自今后凡享太庙行礼日免朝。"大定九年,重申祭太社稷行礼的当日,皇帝"皆不视朝"。这是每逢朝廷举行重大典礼时,皇帝免朝。

金熙宗皇统二年(1142 年),太师完颜宗幹(斡本)死,薛王完颜宗强(阿鲁)死,皆临时"辍朝七日"。又规定凡平章死,"辍朝三日"。皇统九年,太师完颜宗弼(兀术)死,"辍朝三日"。大定十三年(1173年)、大定十五年,"奉安"昭德皇后(金世宗皇后乌林答氏)、武灵皇后于别庙,"亦免朝参,似此百官行礼,其日并免朝"。大定十九年,改葬昭德皇后,"前后各一日不视朝,废务"。又规定"自来凡遇妃主、大臣薨逝及出葬,并辍朝废务"①。金章宗明昌元年(1190 年)元旦,"以世宗丧,不受朝贺"。明昌二年正月,皇太后徒单氏,太师、尚书令徒单克宁连续去世,金章宗停止视朝,直至二月才继续视朝处理公务②。

金世宗大定三年六月一日,日蚀。朝廷"依旧典故,太阳亏,有司预奏皇帝不视事,百官各守本司,不治务,过时乃罢。自后以为常式"。大定十五年,敕旨进一步规定:"后每遇太阴、太阳亏蚀,并免朝。"③说明在日蚀、月蚀时,皇帝不登殿视事,百官免朝,各在官署坚守,停止办公;日蚀、月蚀过后,继续办公。有时,遇到天降大雪或者暑热,免

①③　《大金集礼》卷 32《辍朝》。
②　《金史》卷 9《章宗一》。

予朝参。如金宣宗兴定四年(1220年)五月,"以时暑,免常朝,四日一奏事"①。

(二)休务或废务

金代各级官署每逢国忌、宗庙从祀、皇后改葬、皇太子丧葬等时,休务一日或数日。

金世宗大定二年(1162年)五月,臣僚奏请睿宗皇帝(完颜宗辅,世宗的生父)忌辰,是否废务。世宗批示:"废务,仍为定制。"同月,贞懿皇后(世宗的生母李氏)忌辰,"亦废务,过大祥后不废"。大定十九年,臣僚奏请太祖(阿骨打)和太宗(吴乞买)睿宗"忌辰并废务","今来世祖皇帝(按即劾里钵,金太祖之生父)五月十五日忌辰,有无合行一体废务",世宗依奏。大定二十六年,决定金熙宗忌辰,官署"亦废务"②。

金代"自来宗庙从祀,并原庙、别庙奉安尊享,及凡庆慰等礼数用百官者,并废务"③。这是因为文武百官到时要参加这些重要典礼,所以各官署不得不停止办公。

一些重要人物丧葬时,除官员免朝外,各官署也废务。如海陵王贞元三年(1155年)十二月,太傅、领三省事大杲死,朝廷"命有司废务及禁乐三日"。世宗大定十九年,改葬昭德皇后,"前后各一日废务"。大定二十五年,皇太子死,"废务、禁乐三日"。又规定这些活动"但用百官祭殿行礼日,亦废务。其发引并葬日,并废务、禁乐"④。

(三)正式休假

金代官员的正式休假,有节假和旬假、国忌假、私忌假、婚假、丧假、病假、探亲假、特准假等。虽然,直到金章宗承安五年(1999年)十月,"初定百官休假(格)",但金熙宗天眷二年(1139年)已经由"详定所定到仪式",其中一款规定了旬休和节序假宁休务日⑤。

---

① 《金史》卷12《章宗四》,卷16《宣宗下》。
②③ 《大金集礼》卷32《废务》。
④ 《金史》卷5《海陵》;《大金集礼》卷32《废务》。
⑤ 《金史》卷11《章宗三》;《大金集礼》卷32《休假》。

　　官员的节假，天眷二年"详定所"规定：元正、冬至、寒食各节前后，"其休务三日"。上元、立春、秋社、上巳、端午、三伏、立秋、重阳、授衣（九月一日），"各休务一日"。其后，又补充规定夏至、中元、下元各休假三日，人日、中和节、七夕、春分、立夏、立冬各休假一日。海陵王天德二年（1150 年），朝廷认为"内外官司自来准式休假颇多，不无旷废官中事务"，乃决定减少假期，仅年节即元旦前后各给假一日，共三日；清明、冬至，各一日；"其余节辰，并不给假"。到金世宗大定二年闰二月，认为节假过少，又决定清明节给假三日，"尚书省相庆（度），各给清明前二日，共三日"。十一月，进一步决定元日、寒食的前后各给假一日，实共三日；冬至、立春、重五、立秋、重九"各给假一日"。在金朝亡国后成书的《大金国志》记载，金代"周岁节假日仪"中规定，元日假三日，前后各一日；寒食假五日；冬至、立春、重五、立秋、重九，各给假一日①。

　　官员的旬假和国忌，天眷二年"详定所"规定：每月三旬和国忌，各休务一日。此后，直至金末，未有变化②。国忌休假的时间，有时由皇帝随意延长。如海陵王贞元元年（1153 年），皇太后大氏病死，下诏尚书省："应随朝官至五月一日方治事"，"外路自诏书到日后，官司三日不治事"③。

　　官员的私忌假，到金章宗明昌元年（1190 年）才正式规定：凡内外官并诸局承应人，遇祖父母、父母的忌日，皆给假一日④。

　　官员的婚娶假，至金世宗大定十七年（1177 年）规定：朝官嫁娶给假三日，"不须申告"⑤。

　　官员的丧假，在海陵王贞元元年规定，内外官凡闻大功以上亲戚丧，只给当日假；如是父母丧，"听给假三日"，"著为令"。金章宗泰和

① 《大金集礼》卷 32《休假》；《大金国志》卷 35《杂色仪制》。
② 《大金集礼》卷 32《休假》。
③ 《金史》卷 63《后妃上》。
④ 《金史》卷 9《章宗一》。
⑤ 《金史》卷 7《世宗中》。

五年（1205 年），规定："制司属丞，凡遭父母丧，止给卒哭假，为永制。"①据宋人记载，"虏法，文武官不以高下，凡丁家难，未满百日，皆差监关税、州商税院、盐铁场，一年为任，谓之优饶"。

官员的病假，朝廷规定一次限请一百天。一百天内俸禄照发，超过一百天，则停发。金世宗大定十七年（1177 年），宰相纥石烈良弼请病假满百日，世宗下诏"赐告"即特准延长病假日期，并"遣太医诊视"②。

官员的探亲假等，往往是出由皇帝特准。如金章宗明昌四年（1193 年），右丞相夹谷清臣上表请求退闲，章宗不允，特批"赐告省亲"，给假五十，"驰驿以往，至彼可为一月留也"。除去路程二十日，实际探亲时间为三十日。明昌三年，参知政事夹谷衡"久在告"，"承诏始出"，章宗见其"羸瘠"，"复赐告一月"③。

（四）其他人员的休假制度

金代官员以外，各级学校以及工役场所也有一定的休假制度。各级学校规定："遇旬休、节辰皆有假，病则给假，省亲远行则给程"，遭丧也给一百日的假④。金宣宗兴定四年（1220 年）五月，特命工部"暑月停工役"⑤。

---

① 《金史》卷 5《海陵》，卷 12《章宗四》。
② 洪皓：《松漠纪闻补遗》；《金史》卷 58《百官志四》，卷 88《纥石烈良弼传》。
③ 《金史》卷 94《夹谷清臣传》、《夹谷衡传》。
④ 《金史》卷 51《选举志一》。
⑤ 《金史》卷 16《宣宗下》。

第二十五章　民间家族组织

　　经过唐末农民战争的扫荡和五代十国时期的战乱,门阀士族遭到毁灭性的打击,他们的旧式的以血缘为纽带的宗族组织随之崩溃,族人星散,封建宗法关系松弛。残存的士族后裔,因为亡失家谱,世系中绝,谱牒之学日趋衰落。谱牒之学本是门阀士族用来炫耀自己贵族血统的一门学问。郑樵指出,隋、唐而上,官府有簿状,私家有谱系,选举官员必据簿状,私家婚姻必依谱系。历代还设图谱局,凡百官和族姓的家状,上交官府,为之考定详实,从而使"贵有常尊,贱有等威",所以"人尚谱系之学,家藏谱系之书"。但在门阀士族退出历史舞台后,"取士不问家世,婚姻不问阀阅"①,即无人修谱续牒,又无人试图利用旧式的门阀士族血统来谋求政治和经济上的特权。因此,到北宋初期,即使"名臣巨族",也"未尝有家谱"②。由于士大夫不讲究谱牒,世人也不载,"由贱而贵者耻言其先,由贫而富者不录其祖,而谱遂大废"③。一般庶族地主(宋称官僚地主)因为出身微贱,不愿追述自己的祖先,无从追溯自己的世次。同时,地主士大夫正陶醉于新王朝的太平盛世而怡然自得,尚未感到需要重新建立一种新的封建家族组织。契丹族在建立辽朝后,对境内的部族实行新的编制,以加强对本族和其他被征服的游牧、渔猎各族部落的统治。这些新的部落组织由国家任命的官员

---

① 郑樵:《通志》卷25《氏族略第一·氏族序》。
② 欧阳修:《集古录跋尾》卷2《后汉太尉刘宽碑阴题名》。
③ 苏洵:《嘉祐集》卷13《谱例》。

管理,各自有固定的居住区域。这些部落组织不同于封建的家族组织。

宋代的政治制度和经济制度决定了一般官员、地主都不享有世袭固定官职和田产的特权。到仁宗时期,有些敏感的士大夫逐渐意识到自己各个家庭的政治地位和经济地位的不稳定性,于是就产生了一种需要,即在封建国家的强力干预之外,寻找某种自救或自助的办法。同时,由于农民对地主的人身隶属关系相对松弛,地主阶级也正需要寻找一种补充手段,以便加强对于农民的控制。这个办法或手段,就是利用农村公社的残余,建立起新的封建家族组织。

宋仁宗皇祐、至和间(1049—1056 年),欧阳修和苏洵不约而同地率先编写本族的新族谱,并且提出了编写新族谱的方法;范仲淹也在苏州创建义庄,以其田租供养族人。这时,理学家张载、程颢、程颐等人也推波助澜,大力宣传造家谱和立"宗子之法"的好处。在这些著名政治家和学者的倡导和推动下,新的封建家族组织便在各地陆续建立起来。

地处北方的金朝,其猛安、谋克最初是女真族的氏族部落组织,猛安代表部落联盟中的部落,谋克代表氏族。在攻灭辽朝和北宋的过程中,猛安、谋克迅速由氏族组织转化为奴隶制下的军事组织。建国后,基本规定每三百户为谋克,每十谋克为猛安[1],逐步变成一种以地域来划分的生产单位和基层军事组织,散落于汉族的州县之间。受汉族封建租佃制的影响,女真猛安、谋克出卖奴隶,将所占土地出租,收取田租,但他们仍旧四五十户"结为保聚,农作时,令相助济"[2],维持着类似汉族的一个个封建家族。具体情况不详。

以下介绍宋代民间家族组织情况。

一、小 宗 之 法

中国古代的家族组织都实行宗法,笼罩着一层温情脉脉的宗法关

---

① 《金史》卷 44《兵志·兵制》。
② 《金史》卷 46《食货志一·户口》。

系的纱幕。宋代士大夫十分重视封建宗法统治。苏轼认为，秦、汉以后，由于官爵不能世袭，"天下无世卿"，"大宗之法不可以复立"，而可以用来收合亲族的"小宗之法"也存而不行，因此，北宋时民间习俗"不重族"，完全是"有族而无宗"的缘故。"有族而无宗"，族便不能收合，族人不能相亲，从而忘记祖先。如今"公卿大臣、贤人君子"的后代，不能"世其家如古人之久远者"，是因为"其族散而忘其祖也"①。张载提出，今天富贵者只能维持三四十年，身死之后"众子分裂"，家产"未几荡尽"，于是"家遂不存"，这样一来，"家且不能保，又安能保国家"！如果"宗法不立，则人不知统系来处，……无百年之家，骨肉无统，虽至亲，恩亦薄"。"宗法若立，则人人各知来处，朝廷大有所益。"他赞成立嫡长子为"大宗"，又赞成实行"继祢之宗"即小宗②。苏洵和欧阳修在提出编写族谱的方法时，明确主张实行"小宗之法"。程颐在议论祭祀制度时，主张在不同节序分别祭始祖、先祖、祢，而常祭则祭高祖以下，实际上综合了大宗和小宗之法。苏轼认为："莫若复小宗，使族人相率而尊其宗子。宗子死，则为之加服；犯之，则以其服坐，贫贱不敢轻，而富贵不敢以加之，冠婚必告，丧葬必赴，此非有所难行也。"他进一步指出："天下之民，欲其忠厚和柔而易治，其必自小宗始矣。"③朱熹在《家礼·通礼》中，规定在祠堂中设龛以奉"先世神主"，虽然其中也提出"大宗"的设龛法，但又声明如果大宗"世数未满"，则仿"小宗之制"；同时，规定祭祀止于高祖以下四代（高祖、曾祖、祖、父），因此实际上仍然是实行"小宗"制度。这一祭祀高祖以下四代的主张，成为南宋后期的民间习俗。

　　宋代地主阶级一般不实行世袭制度，官爵不能世袭，这一制度决定了除皇室家族组织同时行用大宗、小宗之法以外，民间家庭组织只能实行小宗之法。

①　苏轼：《苏东坡应诏集》卷3《策别十三》。
②　《张载集·经学理窟·宗法》。
③　《河南程氏遗书》卷18《伊川先生语四》；《苏东坡应诏集》卷3《策别十三》。

二、宗子(族长)

宋代民间家族组织常常选立官僚地主为宗子(族长),形成以官僚地主为核心的宗族势力。

宋代以前的家族组织主要是按姓氏和门第论高下的世家大族,比较严格地按照嫡长继承制选立宗子。但宋代的民间家族组织则不强调这一点,而更多地从地位、财力、才能等方面考虑,选立本族中地位、财力、能力等最高的官僚地主,这是因为宋代重新建立的民间家族组织,一般是由官僚地主倡导,然后经过修族谱、置族产、订族规等过程而组成的。张载在立"宗法"上,虽然认为实行"大宗"或"小宗"法均可,但他更主张由有官职的族人当"宗子"来继承祭祀。他认为如果嫡长子"微贱不立",而次子为"仕宦",则不问长少,须由士人来当宗子,继承一家的祭祀。"大臣之家"也要照此实行,如果以嫡长子为"大宗",就应根据家计尽力保证抚养"宗子",再将剩余"均给族人";"宗子"还应专请士大夫来教授;要求朝廷立法,允许族人将自己应升的官爵转赠"宗子",或者允许族人将奏荐自己子弟的恩泽给与"宗子"。张载还把立宗法提到"天理"的高度①。二程也说过与张载"明谱系世族与立宗子法"相同的话。他们还提出"夺宗法",主张让官位高的族人取代原来的"宗子",他们说:"立宗必有夺宗法。如卑幼为大臣,以今之法,自合立庙,不可使从宗子以祭。"②程颢还主张"宗法须是一二巨公之家立法",选择宗子,像唐代一样建庙院,不准分割祖产,派一人主管③。张载、二程的"宗法"显示,他们改变了古代选立宗子的旧标准,而提出了新标准。这一新标准透露出宋代地主阶级所要建立的新的家族组织,是以"仕宦"即官僚地主为核心力量,受到官僚地主的控制,其根本目

---

① 《张载集·经学理窟·宗法》。
② 《河南程氏遗书》卷6《二先生语六》;《二程外书》卷11。
③ 《河南程氏遗书》卷17《伊川先生语三》,卷15《伊川先生语一》。

的是要保证各个官僚地主家庭能够传宗接代、永世不绝,并且借此来巩固赵宋王朝的封建统治。

三、族　产

宋代民间家庭组织以一定数量的族产作为物质基础。

宋代官僚地主为了解决各个家庭经济地位的不稳定性,以及为了模糊农民的阶级意识和培植本族的政治势力,以购置族产作为宗族结合的物质基础。仁宗庆历间(1041—1048年)至皇祐二年(1050年),范仲淹在苏州长洲、吴县置良田十多顷,将每年所得租米,自远祖以下各房宗族,计口供给衣食及婚嫁、丧葬之用,称"义庄"。由各房中挑选一名子弟掌管,又逐步立定"规矩",命各房遵守。范仲淹亲自定下"规矩"十三条,规定各房五岁以上男女,计口给白米,每天一升;冬衣每口一匹,五岁到十岁,给半匹;族人嫁娶、丧葬,则分等给现钱。在以后的"续定规矩"中,进一步规定:义庄的经济管理有相对的独立性,即使"尊长",也不得"侵扰干预"义庄掌管人或勾当人"依规处置";族人不得借用义庄的人力、车船、器用,不得租佃义田,不得以义宅屋舍私相兑赁质当,不得占据会聚义仓;义庄不得典买本族人田土,遇有外族人赎回土地,即以所得价钱于当月另行典买①。这些规定都是为了保证义庄经济的稳定和巩固,尽量避免因本族人的侵欺而破败。在范仲淹死后,义庄田产逐渐增多。到宁宗时,曾有族人购置田租五百多石的土地,称"小庄",用以"补义庄之乏"②。理宗时,范氏义庄田产增加到三千多亩③。范氏义庄还得到封建国家的保护。英宗治平元年(1064年),宋朝特降"指挥",允许在范氏各房子弟违犯义庄规矩而本家"伸

---

① 范仲淹:《范文正公集》附录《义庄规矩》。
② 清乾隆本《范氏家乘》卷5《贤裔传·宋赠朝议大夫、次卿公(良遂)传附持家传》。
③ 《范文正公集》附录《朝廷优崇·与免科徭》。

理"时,由当地官府"受理"①。

范氏义庄的建立,为宋代民间家族组织树立了典范。从此,许多官员竞相仿效,独自置田设立义庄,成为当时十分光彩的一种义举。北宋后期,官员吴奎、何执中、官员遗孀谢氏②等出钱买田或割己田宅为"义庄宅",以供祭祀、赡养族党子弟,"永为家规"。这时,封建国家也立法,规定每名太中大夫(文阶从四品)、观察使(武臣正五品)以上官员,可占"永业田"十五顷,由官府发给"公据",改注税籍,不许子孙分割典卖,只供祭祀;有余,均赡族人③。鼓励高级官员置办义田庄性质的"永业田",以保证高级官员世代富裕。南宋时,义庄迅速增多。官员赵鼎、汤东野在规定其子孙不得分割田产、世代永为一户的同时,又亲自出钱买田为义庄,以供给"疏族之贫者"。官员楼璹在明州买田五百亩,立名义庄,订出"规约",由四个儿子轮流主持④。

范氏义庄是由官员独立置田兴办的,这是族产的一个来源。另一个来源,是由族人共同筹田建立。官员汪大猷在庆元府鄞县率先捐田二十亩,作为本族的义庄,族众"皆欣劝"。家铉翁与本族地主相约,按照范氏义庄的标准,由"族大而子孙众多者",推举一人为"约主",以十年为期,买田为义庄,使"仕而有禄食者,居而有余财,各分其有余以逮其不足者"。沈涣也在鄞县本族中倡导兴办义田,"乐助者甚众",得田几百亩⑤。此外,还通过祖传产业、户绝财产、官府赏赐等途径获得族产。

宋代的族产一般沿用范氏义庄的"义田"、"义屋"等名称。有些地区称为"公堂田"。江西抚州金溪县陆九渊的宗族,置有"公堂之田",

---

① 《范文正公集·建立义庄规矩》。
② 《宋史》卷316《吴奎传》,卷351《何执中传》;张衮:《嘉靖江阴县志》卷18《列女》。
③ 《长编》卷414,元祐三年九月乙丑;卷478,元祐七年十一月甲申。
④ 赵鼎:《忠正德文集》卷8《家训笔录》;《要录》卷96;王元恭:《至正四明续志》卷8《学校》。
⑤ 《宋史》卷400《汪大猷传》;家铉翁:《则堂集》卷2《积庆堂记》;袁燮:《絜斋集》卷14《通判沈公行状》。

供给全族一年之食，"家人计口打饭，自办蔬肉"①。有些地区还设置另一种族产，称为"祭田"或"蒸尝田"。朱熹在《家礼》中主张初立祠堂，即置祭田，由宗子主持，供给祭祀之用，不得典卖。朱熹的弟子黄榦，在福州的古田等处置祭田四亩多，每年收租谷十六石，充祭祀之用。规定先在每年租谷内拨六石充祭祀的经费和纳税，交族长掌管；所余谷物积存起来，十年后即以增置田产，轮流赡养宗族中贫乏者。黄榦把所置祭田称为"蒸尝田"。福州福清人陈藻也说："今自两府而至百姓之家，物力雄者，则蒸尝田多。其后子孙繁庶，而其业依律以常存，岁祀不乏"②。说明福州以及建宁府③等地都设祭田或蒸尝田作为族产。祭田或蒸尝田主要用来祭祀祖先，与义田的效用不尽相同。

以义田为中心，各地区官员还为本族举办"义学"、"义田塾"，聘请教师以训族里子弟④；设置"义廪"，资助"仕进及贤裔贫者"；设置"义冢"，以葬宗族的贫苦者⑤。

宋代地主阶级为了克服自身的矛盾，找到了设置族产这一非官方的解决方法。族产名义上是一族的公产，但实际上都被官僚、地主把持着。按照规约，族产只准添进，不准典卖，具有相当的稳定性，因此它的存在首先在一定限度内保证了官僚地主经济地位的相对稳定，也保证了一部分封建地主土地所有制的相对稳定。按照规约，族产都是以散财宗族、救济贫者和培养士人的名义建置的，还不准本族族人租种，其用意无非是要模糊农民的阶级意识，避免在族内发生阶级冲突；同时，借此培植本族政治力量，使本族地主豪绅成为当地的强大势力。有的义庄还规定：凡"患苦乡间，害及族党者，虽贫勿给；男婚越礼，女适非

---

① 罗大经：《鹤林玉露》卷5。

② 朱熹：《朱子家礼》卷1《通礼·祠堂·置祭田》；黄榦：《勉斋集》卷34《始祖祭田关约》；陈藻：《乐轩集》卷8《宗法》。

③ 《名公书判清明集·户婚门·立继》"嫂讼其叔用意立继夺业"。

④ 田顼：《尤溪县志》卷6《人物志》；曾丰：《缘督集》卷3《寄题项圣予卢溪书院》；洪迈：《夷坚志》卷30《界田义学》。

⑤ 刘松等：《隆庆临江府志》卷11；朱熹：《朱文公文集》卷88《龙图阁直学士吴公神道碑》。

正者,虽贫勿助"①。这就剥夺了族内一些稍有反抗行为的贫苦农民分得义田一部分收益的权利,由此官僚地主得以加强对于族内贫苦农民的控制。

四、族　谱

宋代的民间家族组织依靠族谱来结合全族族人。

宋以前的谱牒记录"世族继序"②,主要用来夸示门第,并由官方的图谱局记录副本,核实备案,作为任用官吏的依据。宋代不置谱官,族谱都由私家编修,主要用来"敬宗收族",即结合、维持本族族人。与范仲淹在苏州举办义庄同时,即仁宗皇祐、至和年间,欧阳修、苏洵不约而同地最先编写本家的族谱,并提出了编写族谱的方法和体例。欧阳修将家藏旧谱与族人所藏诸本"考正其同异",发现大抵"文字残缺,其言又不纯雅"。他看到"遭唐末五代之乱,江南陷于僭伪,欧阳氏遂不显"。他认为,"祖考"相传的"遗德"是"以忠事君,以孝事亲,以廉为吏,以学立身",希望子孙"守而不失",所以采用司马迁《史记》表和郑玄《诗谱》法作"谱图",画出世系,传给族人。同时,把"安福府君"欧阳万以来的迁徙、婚嫁、官封、名谥及其行事等编成新族谱③。苏洵这时也编写了《苏氏族谱》,以便使后人观谱后,"孝弟之心可以油然而生"④。欧阳修、苏洵都采用"小宗之法"(五世以外则易宗)。欧阳修的"谱例"是:"谱图之法,断自可见之世,即为高祖,下到五世玄孙而别自为世。"原则是以远近、亲疏为别,"凡远者、疏者略之,近者、亲者详之"⑤。苏洵的"谱法"是:"凡嫡子而后得为谱,为谱者皆存其高祖,而迁其高祖之父。"苏洵认为:"独小宗之法,犹可施于天下,故为族谱,其

---

① 游九言:《默斋遗稿》卷下《建阳麻沙刘氏义庄记》。
② 《旧唐书》卷46《经籍志上》。
③ 欧阳修:《居士外集》卷21《欧阳氏谱图序》。
④ 苏洵:《嘉祐集》卷13《谱例》、《苏氏族谱》。
⑤ 《居士外集》卷21《欧阳氏谱图序》。

法皆从小宗。"宋代官僚地主要想追溯五世以上的祖先事迹,往往遇到其间贫贱的几世,既缺少记载,又于族人脸上无光,因此最好的办法是只记五世,即用小宗之法。但是,对于皇室贵族而言,他们的政治和经济地位是比较稳定的,所以可以按照"大宗之法"(百世不迁)来编族谱。苏洵正是基于这种理由而提出"大宗谱法"的①。

欧阳修、苏洵编写族谱的目的是"收族",即在区别远近、亲疏的基础上,结合本族的族人,即使有些族人"贫而无归",也应由富者"收之"②。由此来结合、维持封建家族组织。

宋仁宗以后,欧阳修、苏洵的族谱成为宗谱形式的规范,影响极为深远。北宋后期,官员王安石、朱长文、游酢、程祁等都编有世谱或家谱③。南宋时,许多官员都为本族编写族谱。据各种文集、方志以及《宋史·艺文志》、郑樵《通志·艺文略》等书记载,有曾丰《重修曾氏族谱》、方大琮《方氏族谱》、吴潜《吴氏宗谱》、欧阳守道《欧阳氏族谱》、游九言《游氏世谱》④,又有《三院吕氏世谱》、《胡氏世谱》、《陶氏世谱》、《东平刘氏世谱》、《赵清献家谱》、《尤氏世谱》。这些族谱往往请著名的士大夫撰序或作跋,如文天祥曾为《燕氏族谱》写序,为《吴氏族谱》《彭和甫族谱》《李氏谱》作跋,又撰《李氏族谱亭记》⑤。陈亮为其家谱石刻写后记。黄震也为《姜山族谱》写序⑥。在新谱编成后,隔一段时间,即须续修,如江西丰城《孙氏世谱》在乾道九年(1173年)、庆元五年(1199年)、咸淳元年(1265年)三次增修,浙东淳安《桂林方氏宗谱》也在北宋末和咸淳十年(1274年)两经编修⑦。

宋代的族谱显然还属于开创阶段,一般考订不够精确,同时数量也

———————————

①　《嘉祐集》卷13《族谱后录上篇》、《大宗谱法》。

②　《嘉祐集》卷13《苏氏族谱亭记》。

③　王安石:《王文公文集》卷33《许氏世谱》;《新安篁墩程氏世谱》,程敏政述:《程氏统宗世谱序》等。

④　曾丰:《缘督集》卷17《重修族谱序》;方大琮:《铁庵集》卷31《方氏族谱序》等。

⑤　尤袤:《遂初堂书目·姓氏类》;文天祥:《文山先生全集》卷9,卷10。

⑥　陈亮:《陈亮集》卷16《书家谱石刻后》;黄震:《黄氏日抄》卷90《姜山族谱序》。

⑦　吴澄:《吴文正集》卷32《丰城县孙氏世谱序》;方之连:《桂林方氏宗谱》卷1《序》。

远比不上元、明、清各代。南宋末文天祥说："族谱昉于欧阳,继之者不一而足,而求其凿凿精实,百无二三。"原因是"士大夫以官为家,捐亲戚、弃坟墓,往往而是",甚至苏轼也不免如此①。欧阳守道认为欧阳修所编族谱尚有粗疏之处,这是因为欧阳修"游宦四方,归乡之日无几,其修谱又不暇咨(谘)于族人",所以谱中"虽数世之近、直下之流,而屡有失亡"。欧阳守道还认为,现今"世家",也罕有族谱,虽然是"大家",但"往往失其传"②。这反映直到南宋末年,族谱的编修还不十分普遍。

五、祠　　堂

宋代的民间家族组织以祠堂作为全族祭祀祖先、举行重要典礼、宣布重要决定等活动的中心。

北宋初年,"士大夫崛起草茅,致通显,一再传而或泯焉,官无世守,田无永业",即使官员也只在"寝室奉先世神主",不曾建立家庙③。仁宗庆历元年(1041年),开始允许文武官员,依照"旧式"建立家庙。皇祐二年(1050年),又规定正一品平章事、枢密使、参知政事等以上大臣建立家庙,其余官员祭于寝(室)。但是,由于有庙者的子孙可能因官低而不能承祭,朝廷又难以尽推"袭爵之恩",因此此事不了了之。以后,必须朝廷下诏,少数大臣才得建立家庙④。北宋时,已经出现了一些"祠堂"。范仲淹死后,庆州、淄州长山县等地为表彰他的功绩,陆续为他建立纪念性的祠堂⑤。王安石死后,在江西抚州故居,当地官员建筑了"荆国王文公祠堂"⑥。范仲淹的义庄,也只建有功德

①　文天祥:《文山先生全集》卷10《跋李氏谱》。
②　欧阳守道:《巽斋文集》卷19《书欧阳氏族谱》,卷11《黄师董族谱序》。
③　《朱子家礼》卷1《通礼·祠堂》。
④　《宋史》卷109《礼志十二·吉礼十二·群臣家庙》;司马光:《温国文正司马公集》卷79《文潞公家庙碑》云,文彦博在嘉祐四年秋最早建成家庙。
⑤　《范文正公集·褒贤祠礼》卷1,卷2。
⑥　陆九渊:《象山先生全集》卷19《荆国王文公祠堂记》。

寺。这些事实说明，宋代相当长的一段时间里，只有大臣因朝廷的特诏得以建立家庙①，一般家族组织都还没有建立祠堂。

宋代民间家族组织建立祠堂，把它作为全族的活动中心，应该说是从朱熹、陆九渊等人的提倡开始的。朱熹在《家礼》一书中开宗明义地宣扬设置祠堂的重要性，他认为这体现了"报本反始之心、尊祖敬宗之意，实有家名分之守，所以开业传世之本"。由于当时一般士庶都不得立庙，为与家庙之制不致混淆，"特以祠堂名之"。他主张在居室之东建祠，由宗子主持，子孙不得据为己有。祠堂内设四龛，供奉高祖以下先世神主。他还规定了祠堂内设祭器以及祭祀的仪式、服装等②。这时，抚州金溪的陆九渊宗族已经为本族建立起"祖祢祠堂"，每天清晨，家长率领子弟"致恭"于此，"聚揖"于厅，妇女在堂上道"万福"；晚上安置也如此。祠堂不仅是祭祀祖先之处，族内有重要事情都要到这里来宣布决定，甚至族人每天要到这里请示、汇报。南宋时，有关祠堂的记载并不很多，到元、明以后就逐渐增多。

六、族　　规

宋代的民间家族组织依靠"家法"、"义约"、"规矩"等条法即族规来统治族人。

从宋代开始，随着民间家族组织的重新建立，这类成文的或不成文的条规便逐步增多起来。北宋中期，京兆府兰田人吕大钧制定了《乡约》。吕大钧系张载的门生。《乡约》要目有四：德业相劝、过失相规、礼俗相交、患难相恤，详细地规定了自愿入约者应该遵守的事项。南宋中期，朱熹又根据这一《乡约》及吕大钧其他著作稍稍增损，撰成《增损

---

① 孟元老：《东京梦华录》卷5《娶妇》条云，新人、新妇"至家庙前参拜"，但这一习俗只可能在贵族、大臣中实行。
② 《朱子家礼》卷1《通礼·祠堂》；罗大经：《鹤林玉露》卷5。

吕氏乡约》，流行于世①。这一《乡约》虽然不是民间家族组织的规约，但显然对"家法"、"义约"等影响很大。吉州永新人颜诩，全族百人，"家法严肃，男女异序，少长辑睦，匦架无主，厨馔不异"。理宗时，台州黄岩县封建家族订有"义约规式"②。绍兴府会稽县裘氏家族，同住一村中，世推一人为族长，"有事取决，则坐于听事"。族长要制裁有过失的族人，就用竹箄。竹箄是世代相传的③。饶州鄱阳县朱氏家族，该族尊长每天聚集子弟"训饬"，"久而成编"，共分父母、兄弟、宗族三部分，外族人"或疑其太严"。抚州金溪县陆氏家族，由一位最长者任"家长"，总管全家之事。每年选派子弟分管田畴、租税、出纳、厨炊、宾客等家事。公堂田只供给米饭，菜肴各家自办。私房婢仆，各家自己供给，准许交米附炊，每天清晨将附炊的米交到，管厨炊者登记于历，饭熟，按历给散。宾客到，则先由主管宾客者会见，然后请家长出见，款以五酌，仅随堂饭食。每天早晚，家长领子弟到祠堂请安致礼。子弟有过，家长聚集众子弟"责而训之；不改，则挞之；终不改，度不可容，则告于官，屏之远方"。清晨，击鼓三叠，一名子弟高唱："听，听，听：劳我以生天理定，若还懒惰必饥寒，莫到饥寒方怨命，虚空自有神明听。"又唱："听，听，听：衣食生身天付定，酒肉贪多折人寿，经营太甚违天命，定，定，定！"④从唱词的内容看，可能出自陆九渊兄弟之手。

据宋人零星记载，族长是各个家族的统治者，掌有主管全族的一切权力。按照各族"规矩"，族长掌管义庄、祭田的收支⑤；族长到族人家里，必须坐在主位，不论亲疏都如此。封建法律还规定，凡族人无子，如要立继，必须得到族长的同意⑥。

---

① 《朱文公文集》卷74《增损吕氏乡约》。
② 《宋史》卷456《颜诩传》；杜范：《杜清献公集》卷17《跋义约规式》。
③ 王栐：《燕翼诒谋录》卷5《越州裘氏义门旌表》。
④ 黄震：《黄氏日抄》卷90《〈训族编〉序》《鹤林玉露》卷5。
⑤ 黄榦：《勉斋集》卷34《始祖祭田关约》；《名公书判清明集·户婚门·立继》。
⑥ 《朱子语类》卷91《礼八·杂仪》；《名公书判清明集·户婚门·立继》。

　　从宋仁宗时开始,经过政治家和学者的提倡,以官僚地主为核心,以"小宗之制"为宗法,以族产为物质基础,以族谱为结合维持工具,以祠堂为活动中心,以"家法"、"义约"、"规矩"为统治手段,封建家族组织便在全国范围逐步建立起来。

第二十六章 节 日

　　每一个民族的节日都是一定历史时期的产物,而每一特定的历史时期,都会出现特定的节日风情。中唐以后直到辽、宋、西夏、金代,随着社会物质生活和精神生活的愈加丰富,节日风情也变得多姿多彩,欢乐愉快。尤其是宋代社会经济的繁荣,科学技术的进步,给节日注入了新的内容,带来了轻松愉快甚至侈靡的风情,反映了当时人们丰富的生活情趣和相对平衡的社会心态。

一、帝后"圣节"

　　"圣节"是指皇帝和太后的生日。

　　辽代皇帝大都立"圣节",甚至有些皇太后也仿此建节。辽代各朝皇帝的"圣节"是:

节 名	圣节时间	皇帝庙号	建节时间
天授节	十月二十三日	辽太宗	天显三年九月癸巳
天清节	七月二十五日	辽景宗	应历十九年五月壬午
千龄节	十二月二十七日	辽圣宗	统和元年九月辛未
永寿节	二月二十三日	辽兴宗	太平十一年闰十月辛亥
天安节	不详	辽道宗	清宁元年十月丁亥

　　辽代皇帝立"圣节"始于太宗天显三年(928年)辽世宗可能因在位期短,未及立圣节。随后继位的辽穆宗,在19年统治期内,每逢生日

也作些纪念活动,但始终没有建立圣节。辽兴宗虽然立了永寿节,但其生日在正月或二月二十三日,不详①。辽道宗立了天安节,但生日记载阙如。

一般每逢新皇帝即位,"有司"即有关官署即奏请为皇帝生日立节,老皇帝的"圣节"便自然消失。遇"圣节"那天,百官上殿向皇帝祝贺。辽朝制定了隆重的皇帝生辰接受百官祝贺的仪式。有时祭日月。朝廷发布曲赦令,释放京师或全国所有在押囚犯,或"曲赦"徒罪以下的犯人;招待僧徒吃斋。有时因恰遇"大赦"或某位大臣病危,也临时取消百官祝贺的仪式②。宋朝一般每年派遣贺生辰使至辽京师,辽方还规定了宋朝"贺生辰使"朝见辽朝皇帝的仪式。辽朝有时逢已故皇帝的生日,也举行纪念活动,如下诏"曲赦徒以下罪",宴请百官,命各赋诗等③。

辽朝特有的祝贺皇帝生日的礼节称"再生仪"。每逢 12 年举行一次,在皇帝本命年的前一年季冬之月(十一月),选择吉日,事前布置再生室、母生室和诸先帝神主舆。至日,皇帝从寝殿至再生室,释服、赤足,三次走过倒栽的岐木之下,产医妪致词,拂拭帝体。皇帝躺在木旁,一叟以矢箙(盛箭的器具)敲击说:"生男矣。"太巫蒙住皇帝的头部,起身。群臣皆献襁褓、彩结等物祝贺。然后,皇帝拜见诸先帝画像,再举办宴会,招待群臣。据说,坚持举行再生礼,是为了使皇帝不忘孝心。所以,常由皇太后主持这一仪式,举行的时间有时改在七月或九月、十月、三月,有时两个月连续举行两次④。每逢举行再生礼,有时也下诏"曲赦"某一地区的罪犯,或减各路徒刑以下犯人的罪一等⑤。

辽朝曾三次为皇太后立过节名。第一次是辽太宗时为皇太后述律

---

① 《辽史》卷 21《道宗一》清宁二年(1056 年)二月乙巳(23 日)条。

② 《辽史》卷 53《礼志六》,卷 6,卷 7,卷 20。

③ 《辽史》卷 51《礼志四》,卷 19《兴宗二》,卷 21《道宗一》。

④ 《辽史》卷 53《礼志六》,卷 10《圣宗一》,卷 11《圣宗二》,卷 12《圣宗三》。

⑤ 《辽史》卷 22《道宗二》。

平十月一日生日立永宁节。第二次是辽兴宗时为皇太后萧绰(即承天皇太后)十二月五日生日立应圣节。但重熙十五年(1046年)三月乙酉(五日),又"以应圣节,减死罪,释徒以下"。萧绰至辽道宗时仍然在世,所以逢应圣节仍为太皇太后萧绰祝寿。第三次是辽道宗时为皇太后萧氏(小字挞里)十二月三日生日建坤宁节。咸雍六年(1070年)十二月己未(三日),"以坤宁节,赦死罪以下"。咸雍八年(1072年)十二月丁丑(三日),再次"以坤宁节,大赦"。但何时为谁立此节,《辽史》等均失载。据辽代礼制,必定是道宗为皇太后萧氏(小字挞里)而立。辽朝也制定了皇太后生辰朝贺的礼仪,皇帝、百官、各国使臣等均上殿祝寿。常常在庆祝皇太后生日时,发布"赦死罪以下"或"大赦"一类的诏令,并且宴请群臣和命妇①。

宋朝每个皇帝都立"圣节",也有两位皇后仿此建节。北宋九朝皇帝的"圣节"是:

节　　名	圣节时间	皇帝庙号	建节时间
长春节	二月十六日	宋太祖	建隆元年正月十七日
乾明节	十月七目	宋太宗	太平兴国二年五月十四日
承天节	十二月二日	宋真宗	至道三年八月八日
乾元节	四月十四日	宋仁宗	乾兴元年二月二十六日
寿圣节	正月三日	宋英宗	嘉祐八年八月二十三日
同天节	四月十日	宋神宗	治平四年二月十一日
兴龙节	十二月八日	宋哲宗	元丰八年五月五日
天宁节	十月十日	宋徽宗	元符三年四月十一日
乾龙节	四月十三日	宋钦宗	靖康元年二月二十六日

宋太宗"圣节"最初称乾明节,淳化元年改名寿宁节。哲宗生于熙宁九年十二月七日,因避僖祖(赵匡胤的四世祖)的忌日,改用八日。宋徽宗生于元丰五年五月五日,也因避俗忌,改用十月十日②。说明"圣节"的名称和时间可依统治者的愿望稍加改变。

---

① 《辽史》卷19《兴宗二》,卷22《道宗二》,卷23《道宗三》,卷53《礼志六》,卷22《道宗二》,卷21《道宗一》。

② 《长编》卷356;周密:《齐东野语·月忌》;《癸辛杂识》后集《五月五日生》。

南宋六朝皇帝加上帝显的"圣节"是：

节　名	圣节时间	皇帝庙号	建节时间
天申节	五月二十一日	宋高宗	建炎元年五月六日
会庆节	十月二十二日	宋孝宗	绍兴三十二年八月二十六日
重明节	九月四日	宋光宗	淳熙十六年二月二十一日
瑞庆节	十月十九日	宋宁宗	绍熙五年九月十七日
天基节	正月五日	宋理宗	嘉定十七年十一月二十七日
乾会节	四月九日	宋度宗	景定五年十二月四日
天瑞节	九月二十八日	宋帝显	咸淳十年七月十二日

宋宁宗的"圣节"原名天祐节，使用一个多月后改称瑞庆节①。

每逢新皇帝即位，由宰相率领群臣上表奏请，为皇帝生日建节。老皇帝的"圣节"一般自然消失。仅孝宗时，高宗尚健在，逢天申节依例祝贺；光宗时，孝宗也健在，逢会庆节也照例祝寿。到"圣节"那天，皇帝坐殿，文武百官簪花，依次上殿祝寿，进献寿酒。皇帝退入另殿，设御宴款待群臣以及外国使臣：先由百官进酒祝寿，然后由皇帝赐百官酒食，乐坊伶人致语，同时奏乐；酒数行而罢。皇帝又赐百官衣各一袭（套）。各州军除向皇帝进贡银、绢、马等礼物外，在僧寺或道观开建"祝圣寿"道场，长官进香、享用御筵，用乐，放生，以示庆祝。朝廷下令禁止屠宰、丧葬和决大辟罪（死罪）数日，还给赐度牒、紫衣师号，准许剃度僧侣和试放童行②。

北宋时，两位皇太后的生日也先后立过节名。仁宗初年，为太后刘氏正月八日生日立长宁节。哲宗初年，为宣仁太后高氏七月十六日生日建坤成节。庆祝活动的内容，包括文武百官上殿祝寿，献纳金酒器，内外命妇进献香合和入宫祝寿，开启道场斋筵，京城禁止行刑和屠宰七天，剃度僧道三百名③。徽宗初年，皇太后向氏依照嘉祐、治平"故事"，仍称"圣节"，但不应立生辰节名，遂成为定制④。

---

① 《宋会要》礼 57 之 18—19《诞圣节》。
② 《宋会要》礼 57 之 14—23《诞圣节》、《节日》。
③ 《长编》卷 354；《宋会要》礼 57 之 37—38。
④ 《宋史》卷 243《后妃下》。

　　金朝女真族早期没有历法,不懂纪年,百姓的年龄"以草一青为一岁"。自兴兵南下,渐受辽、宋习俗影响,"酋长坐朝,皆自择佳辰"。如完颜宗翰(粘罕)以正旦为生辰,完颜希尹(悟室)以元宵节为生日等。金太宗始在登基的第二年即天会二年(1124 年)十月,立天清节,当天北宋和西夏皆派使臣前来祝贺①。从此,每朝皇帝大都建立"圣节":

节　名	圣节或生日时间	皇帝庙号	建节时间
(未立)	七月一日	金太祖	
天清节	十月十五日	金太宗	不详
万寿节	正月十七日	金熙宗	天会十三年六月二十一日
(未立)	正月十六日	海陵王	
万春节	三月一日	金世宗	大定元年十二月二十六日
天寿节	九月一日	金章宗	大定二十九年三月己酉
万秋节	八月十日	卫绍王	不详
长春节	三月十三日	金宣宗	不详
万年节	八月二十三日	金哀宗	不详

　　海陵王每逢生辰举行祝寿活动,南宋、高丽、西夏使臣都会前来祝贺,但未见建立"圣节"。金熙宗生于七月七日,与其生父完颜宗峻(绳果)的忌日相同,故改为正月十七日。金章宗的生日是七月二十七日,大定二十九年三月己酉下诏以生辰为天寿节。六月,右丞相完颜襄认为"圣节"之月"雨水淫暴,外方人使赴阙,有碍行李",乃改为九月一日,并通报南宋和高丽、西夏。但明昌五年(1194 年)七月丙戌(二十七日)和九月初一,两次庆祝天寿节,前一次是在枢光殿宴请百官,后一次是接受南宋、高丽、西夏的使臣祝贺。泰和八年(1208 年)五月癸亥,又下诏将天寿节推迟至十月十五日②。

　　金朝制定了"圣节"上寿的仪式:皇帝升御座,鸣鞭,报时,殿前班起居毕,舍人领皇太子及官员、使臣全班进殿陛,舞蹈五拜,平立。阁使奏报各道州郡贺表目录,皇太子以下皆再拜。皇太子搢笏献寿酒。世

---

① 洪皓:《松漠纪闻》卷上;《金史》卷 3《太宗》。
② 《金史》卷 4《熙宗》,卷 9《章宗一》,卷 83《张汝霖传》,卷 10《章宗二》,卷 23《五行志》,卷 12《章宗四》。

宗时,二阁使齐揖入栏子内,拜跪致词:"万寿令节,谨上寿卮,伏愿皇帝陛下万岁、万岁、万万岁!"宣徽使宣告"有制",又宣答:"得卿寿酒,与卿等内外同庆。"臣僚分班,教坊奏乐。皇帝举酒,殿下侍立的臣僚皆再拜。然后,在殿上设宴招待臣僚和外国使臣。圣节那天,禁止断狱和屠宰。从世宗大定十三年(1173年)开始,规定连续三天禁止断狱和屠宰。金章宗时,天寿节在都城施舍老、病、贫民七百贯,各京二十五贯,各府、州、县从二十贯至五贯不等①。

西夏各朝皇帝并没有为自己的生日立节名。夏景宗(元昊)生于五月五日,西夏"国人以其日相庆贺",具体庆祝活动不详②。

二、官定重要节日

除"圣节"外,各国还有一些官定的重要节日,其中有传统的节日,也有统治者出于政治需要而一时制定的节日。

辽朝官定的重要节日较多,有正旦、中和节、六月十八日、中元节、狗头节、重九节、烧甲节、冬至、腊辰日等。

正旦:正月一日,皇帝将糯米饭与白羊髓和成拳头大小的团,每帐分赐四十九枚。候至五更三点,皇帝等各在帐内从窗中向外掷米团,如果得双数,当夜奏乐和举办宴会;如果得单数,则不奏乐、饮宴,命十二名师巫绕着帐外摇铃执箭,边唱边叫,帐里的人则在火炉里爆盐,烧拍地鼠,称这种仪式为"惊鬼"。在帐内住七天才出门。契丹语称正旦为"乃捏咿呢"或"妳捏离"。

中和节:二月一日称中和节。国舅族萧氏在家设宴招待"国族"耶律氏。契丹语称"伻里哬"。

六月十八日:耶律氏在家设宴回请萧氏。也称"伻里哬"。

中元节:七月十五日称中元节。十三日夜,皇帝离开行宫,在西三

---

①　《金史》卷36《礼志六》;《大金集礼》卷23《圣节》;《金史》卷58《百官志四》;《拙轩集》卷3。

②　《宋史》卷485《外国一》。

十里卓帐下榻。十四日,随从各军和部落,都奏本族乐曲,饮宴至晚上,皇帝才归行宫,称"迎节"。十五日,奏汉乐,大宴。十六目清晨,皇帝向西方行走,命随行各军、部落大叫三声,称为"送节"。契丹语称此节为"赛咿呪奢"。

狗头节:八月八日称狗头节。皇帝杀白狗,在寝帐前七步处掩埋其头,嘴露出地面。再过七天,即中秋节,皇帝移寝帐于此处。契丹语称此节为"捏褐耐"。

重九节:九月九日称重九节。皇帝带领群臣部族围猎射虎,罚射少者请重九诞席。围猎结束,选高地设帐,与蕃、汉臣僚饮菊花酒。兔肝生切,拌鹿舌酱吃。又研茱萸酒,洒在门窗。契丹语称此节为"必里迟离"。

烧甲节:十月十五日称烧甲节。十月内,五京进贡纸做的小衣甲和枪刀、器械各一万副。十五日,皇帝与群臣一起望木叶山(今内蒙古奈曼旗东北老哈河与西喇木伦河汇合处。为契丹族先世所居之处,山上有辽始祖庙),奠洒,跪拜,用契丹字写状,与器甲一起焚烧。契丹语称此节为"戴棘"。

冬至:杀白羊和白马、白雁,各取其生血和酒。皇帝北望黑山跪拜,并焚烧五京所进纸人、纸马一万多副,祭奠山神。契丹族相信人死后,其魂魄归黑山神管辖。契丹族非祭不敢接近此山。此外,朝廷还举行冬至"朝贺仪",臣僚全部出席,仪式如同正旦①。

腊辰日:皇帝率领诸司使以上的蕃、汉臣僚,皆戎装,在五更三点坐朝,奏乐饮酒,按等级各赐甲仗、羊、马。契丹语称此节为"炒伍俪叴"②。

宋朝官定的重要节日,有元旦、上元节、中和节、天庆节等。

元旦:又称:正旦、元日、旦日,俗称年节、新年。是日,朝廷下令免

---

① 《辽史》卷53《礼志六》。
② 以上未注出处者皆见(宋)陈元靓:《岁时广记》卷7至卷39引武珪《燕北杂记》;《辽史》卷53《礼志六·岁时杂仪》。

收公、私房租,准许京城百姓"关扑"(主要是赌博)三天。民间用鸦青纸或青绢剪成大小幡,由年长者戴之,或贴于门楣。家家饮屠苏酒和术汤,吃年馎饦。从早晨开始,百姓穿上新衣,往来拜节,并燃放爆竹①。各坊、巷摆设食物、日用品、水果、柴炭等,歌叫关扑。如马行、潘楼街、州东宋门外等处,都搭起彩棚,铺陈冠梳、珠翠、头面、衣着、靴鞋、玩好之物等。其间开设舞场、歌馆,车马交驰,热闹异常。傍晚,贵家妇女出游、关赌,入场观看或进市店饮宴。朝廷举行正旦"大朝会",皇帝端坐大庆殿,四名魁伟武士站在殿角,称"镇殿将军"。殿庭列仪仗队,百官都穿戴朝服冠冕,各州进奏官手持土特产,各路举人的解元也穿青边白袍、戴二量冠立班。高丽、南蕃、回纥、于阗等使臣,随班入殿祝贺。朝贺毕,皇帝赐宴。宫城前,已结扎起山棚(灯山),百官退朝时山棚灯火辉煌,金碧相射②。各州官员、士大夫在正旦日,赴州衙序拜,各依年齿为序,而不是按官位高低③。

上元节:正月十五日为上元节,又称元夕节或元宵节。京城张灯五天,各地三天,城门弛禁,通宵开放。宋太祖时,因为"朝廷无事,区宇咸宁",加之"年谷屡丰",决定上元节再增十七、十八日两夜举行庆祝④。

节日期间,京城的士民群集御街,两廊下歌舞、百戏、奇术异能鳞次栉比,乐声悠扬。有击丸踢球者、踩绳上竿者,还有表演傀儡(木偶)戏、魔术、杂剧、讲史、猴戏、鱼跳刀门、使唤蜂蝶等。又朝北搭起台阶状鳌山(又称灯山、彩山),上面画有神仙等故事,左右用彩绢结成文殊、普贤菩萨,还张挂无数盏彩灯,极其新巧。许多灯以琉璃制成,绘有山水人物、花竹翎毛。鳌山顶端安置木柜贮水,不时放水,像瀑布飞溅而下。还用草把缚成双龙,遮上青幕,草上密置灯烛数万盏,远望如双龙蜿蜒飞腾。从鳌山到附近大街,约一百多丈,用棘刺围绕,称"棘盆",

---

① 吕原明:《岁时杂记》;《岁时广记》卷5《元旦上》。
② 孟元老:《东京梦华录》卷6《正月》、《元旦朝会》;吴自牧:《梦粱录》卷1《元旦大朝会》。
③ 施宿:《嘉泰会稽志》卷13《节序》。
④ 《宋会要》礼57之28《上元节》。

实际是大乐棚。盆内各色彩灯"照耀有同白日"。乐人奏乐,同时演出飞丸、走绳、爬竿、掷剑等杂戏。皇帝和妃嫔在宫城门楼上观灯戏嬉,百姓在楼下观看露台(露天舞台)演出杂剧,奏乐人不时引导百姓高呼"万岁"①。

朝廷在上元夜设御宴于相国寺罗汉院,仅赐中书和枢密院长官。百姓们以绿豆粉做成的蝌蚪羹、糯米汤元、焦䭔、春茧为节日美食,还迎邀紫姑神,预卜当年蚕桑②。十八日夜或十九日开始"收灯"。

苏州制造的各色彩灯最为精美,且品种很多。元宵节期间,苏州"灯最盛,而菜园罗帛尤壮观"。所谓罗帛是指剪罗帛制成的灯。是日,苏州民间还有"旱划船"上街表演。成都府正月有灯市,从元宵节开始至四月十八日,富室"游赏几无虚辰,使宅后圃名西园,春时纵人行乐"。辰(治今湖南沅陵)、沅(治今湖南芷江)、靖(治今湖南靖县)三州的仡伶、仡獠、山瑶等少数族也于此日"入城市观灯"③。

中和节:二月一日称中和节。皇帝开始换单罗服(单袍),官员换单罗公裳。民间用青囊盛上百谷、瓜果种子,互相赠送。百官进献农书,显示重农务本④。

开基节:正月四日称开基节。宣和二年(1120年)四月,徽宗为纪念太祖在后周显德七年(960年)正月四日登位、建立宋朝,决定立此节名。是日,禁止屠宰和行刑,各级官员皆赴宫观等处进香⑤。

天庆等节:宋真宗为掩饰澶渊城下之盟的耻辱,决定编造神人颁降天书的谎言和用封禅泰山等办法来"镇服四海、夸示外国",陆续创立了五个节名。景德五年(1008年)正月三日,伪造天书下降承天门,下令改元,并于十一月决定以正月三日为天庆节,命各州兴建天庆观。百官赴宫观或僧寺进香。朝廷赐百官御宴。各州军提前七天派道士在长

---

①　《岁时广记》卷10《立棘盆》;《东京梦华录》卷6《元宵》。

②　欧阳修:《归田录》卷2;沈括:《梦溪笔谈》卷21《异事》。

③　《永乐大典》卷20354《夕字》;《鸡肋编》卷上;陆游:《老学庵笔记》卷4。

④　《梦粱录》卷1《二月》。

⑤　李埴:《皇宋十朝纲要》卷18《徽宗》;赵昇:《朝野类要》卷1《诸节》。

官廨宇或宫观建道场设醮,特令官员、士庶宴乐,五天内禁止行刑和屠宰。大中祥符元年四月一日、六月六日,又陆续两次伪造天书下降,事后决定分立二日为天祯节和天贶节。遇此二日,不准屠宰和行刑①。天祯节后因避宋仁宗讳(赵祯),改称天祺节。大中祥符五年闰十月,以后唐天成元年(926年)七月一日"圣祖"轩辕皇帝下降日定为先天节,又以十月二十四日"圣祖"降临延恩殿日定为降圣节,不准行刑,禁止屠宰,准许请客和奏乐,互赠"保生寿酒"。各州选派道士建道场设醮。宋仁宗初年,因天庆等五节"费用尤广",增加百姓负担,决定将各宫观同时设醮改为轮流设醮②。

天应等节:政和四年(1114年),宋徽宗借口"天帝"降临,旌旗、辇辂等出现云端,以十一月五日立为天应节。规定该日建置道场,各级官员前往进香朝拜,停决大辟刑,禁止屠宰。此后,又陆续立宁贶(五月十二日)、天符等节名③。

天庆等节,最初京城的宫观每节斋醮七天,后来减为三天、一天,逐渐废罢。到南宋时,京城不再举行庆祝活动,也不休假,仅外州官员赴天庆观朝拜和休务两天④。

金朝女真在建国前无所谓官定的节日。即使在建国初,还不懂得元宵节。迁到燕京后,逐步理解此节,后来就习以为常了⑤。汉族的传统节日逐渐与女真原有的节日融合一起。金朝官定的重要节日有元旦、元宵节、重五、中元节、重九日等。

元旦:即元日。金熙宗天眷三年(1140年)正旦,始依辽朝旧例起盖山楼一座。海陵王贞元二年(1154年)正月,称之为万春山。世宗大定五年(1165年)二月,改称仁寿山。金朝制定了元日皇帝登殿接受群臣祝贺的仪式,基本与圣节相同。只有二阁使的致词改为"元正启祚,

① 陈公亮:《严州图经》卷1《寺观》;《事物纪原》卷1《天祺》。
② 《宋会要》礼57之28—31, 57之29。
③ 《宋会要》礼57之31—33。
④ 《容斋五笔》卷1《天庆诸节》。
⑤ 《松漠纪闻》卷上。

品物咸新,恭惟皇帝陛下与天同休"。宣徽使的宣答改为"履新上寿,与卿等内外同庆"。然后在殿上赐群臣和外国使臣御宴①。民间则百姓拜日,互相庆祝。还燃放爆竹,烧烛,饰桃木人,饮屠苏酒等②。

元宵节:海陵王天德三年(1151年),第一次在宫中造灯山,庆祝元宵节。贞元元年(1153年)元夕,又一次在燕京新宫中张灯,宴请丞相以下官员,"赋诗纵饮,尽欢而罢"。金世宗大定二十四年(1184年),元夕张灯,"琉璃、珠瓔、翠羽、飞仙之类不一,至有一灯金珠为饰者"。都人男女盛饰观赏游乐,至十八日才结束③。

重九:又称重午、端午节。金朝最重视此节。是日,举行祭天和射柳之礼。在球场设拜天台,台上刻木为船状的盘,"赤为质,画云鹤纹",放在五六尺高的架上,盘中放置食物。黎明,皇帝至拜天台,降辇至褥位,皇太子以下百官皆诣褥位。宣徽使赞"拜",皇帝再拜。上香,又再拜。排食抛盏毕,跪饮福酒,又再拜。百官在此过程中皆陪拜。然后在球场插两行柳枝,参加射柳者以尊卑为次序。最后是各乘坐骑持球杖击球,杖长数尺,一头像偃月;击球者分为两队,争击一球,以击球入网或出门者为胜。再赐给御宴。这一节礼乃沿袭辽朝的旧俗。有时,皇帝在端午日回上京(今黑龙江阿城县白城子),"燕劳乡间宗室父老"。官府是日放假一天④。

中元节:即七月十五日。皇帝在内殿建造拜天台,行拜天之礼。至时,也集合宗族拜天⑤。

重九日:即九月九日。皇帝改在都城外筑拜天台,行拜天之礼仍集合宗族一起拜天⑥。

西夏的官定节日不多,仅"以孟朔为贺",即以正月初一、四月初

① 《金史》卷36《礼志九》;《大金集礼》卷39《元日称贺仪》。
② 《会编》甲集政宣上帙三;王寂:《拙轩集》卷4;《大金国志》卷35《杂色仪制》。
③ 《金史》卷5《海陵》;《大金国志》卷13《海陵炀王上》,卷18《世宗圣明皇帝下》。
④ 《金史》卷35《礼志八》,卷8《世宗下》;《大金国志》卷35《杂色仪制》。
⑤ 《金史》卷35《礼志八》。
⑥ 《金史》卷35《礼志八》;《大金国志》卷35《杂色仪制》。

一、七月初一、十月初一作为节日,具体庆祝活动不详①。

地处今新疆吐鲁番县东南高昌废址的高昌国,宋初称西州回鹘。宋太宗雍熙元年(984年),王延德等从其地回来,向宋廷报告行程。其中,说到该国仍使用唐开元七年(719年)的日历,"以三月九日为寒食,余二社、冬至亦然"。说明该国每年庆祝寒食、春社、秋社、冬至四节。此外,居民们在每年春月到五十多所佛寺"群聚遨乐","游者马上持弓矢射诸物",称"禳灾"②。

三、节气性和季节性节日

辽朝的节气性和季节性的节日有立春、重午、夏至、中秋节、岁除等。

立春:是日,宫内举行庆祝立春的仪式。皇帝进入内殿,率领北、南臣僚拜先帝画像,献酒。可矮墩(又作"可贺敦",高级官员之妻的称号)以上入殿,赐坐。皇帝戴幡胜,也赐臣僚幡胜簪戴。皇帝在土牛前上香,三奠酒,教坊奏乐。皇帝持彩杖鞭土牛。司辰报告春至,可矮墩以上北、南臣僚持彩杖鞭土牛三周,再引节度使以上登殿,撒谷、豆,击土牛。撒谷、豆时,允许参预仪式者争抢。臣僚依次入座,饮酒,吃春盘,再喝茶。民间妇女"进春书,刻青缯为帜,像龙御之,或为蟾蜍,书帜曰'宜春'"③。

重午:五月五日,黎明,臣僚齐赴御帐,皇帝系长寿彩缕,坐在车上,引导北、南臣僚合班,再拜。各官员皆赐彩缕,揖臣僚跪受,再拜。引臣僚退下,随车驾至膳所,酒三行。午时,采艾叶与绵相和絮衣七事,皇帝穿着,北、南臣僚各赐艾衣三事。皇帝和臣僚们一起宴乐,渤海族厨师

---

① 《宋史》卷485《外国一》。
② 《宋史》卷490《外国六》;《长编》卷25。
③ 《辽史》卷53《礼志六》。

进献艾糕。用五彩丝做绳缠臂,称"合欢结"。又用彩丝宛转做成人形簪戴,称"长命缕"。契丹语称"讨赛咿呪"①。

夏至:又称"朝节"。妇女进献彩扇,以粉脂囊互相赠送。

岁除:即除夕。皇帝亲自主持宫中岁除的仪式。至除夕,敕使和夷离毕率领执事郎君到殿前,将盐和羊膏放在炉中燃烧。巫和大巫顺次赞祝火神,然后阁门使赞皇帝面对火再拜。最初,皇帝皆亲自拜火,至辽道宗始改命夷离毕拜火②。

宋朝的此类节日,有立春、社日、寒食、清明、端午、七夕、中秋等。

立春:立春前一天,开封或临安府奉献大春牛(土牛)和耕夫、犁具到宫中,用五色彩杖环击牛三下,表示劝耕,称为"鞭春牛"。各州县也造土牛和耕夫,清晨由长官率领官吏举行"打春"仪式。打春毕,百姓争抢其"肉",但不敢触动号为"太岁"的耕夫。百姓互赠装饰着花朵而坐在栏中、上列百戏人物和春幡雪柳的小春牛。当时以牛为丑神,击土牛用以表示加速送走寒气③。朝廷还赐给百官金银幡胜④。

社日:每年有两个社日。宋代以立春后第五个戊日为春社,立秋后第五个戊日为秋社。朝廷和各州县都举行祭祀社稷的仪式,官衙各放假一天。民间做社糕、社酒相送,并用肉、饼、瓜、姜等切成棋子大小,浇在饭上,称社饭⑤。

寒食和清明:自冬至后一百零五天,称寒食节,又称"一百五日"、"百五节"、"禁烟节"。陕西人称为熟食日,京东人称为冷烟节,太原人称为一月节。寒食前一天为"炊熟日",蒸成枣糕,用柳条串起,插在门楣上,称"子推"或"子推燕"⑥。子女长大后,多在此日上头。寒食节前后三天,家家停止烟火,只吃冷食。为此,节前多积食物,谚云:"馋妇思

---

① 《辽史》卷53《礼志六》;《岁时广记》卷23《端午下》。
② 《辽史》卷53《礼志六》,卷49《礼志一》。
③ 《岁时广记》卷8《立春》;袁文:《瓮牖闲评》卷3。
④ 《东京梦华录》卷6《立春》;《梦粱录》卷1《立春》。
⑤ 程大昌:《演繁露》卷12;《岁时广记》卷14《二社日》。
⑥ 蔡絛:《铁围山丛谈》卷2;《岁时广记》卷15《寒食上》;《鸡肋编》卷上;金盈之:《醉翁谈录》卷3。

寒食,懒妇思正旦。"寒食第三天为清明节。是日,宫中赐新火给近臣、戚里。百姓纷纷出城扫墓,只将纸钱挂在墓旁树上。客居外地者,登山望墓而祭,撕裂纸钱,飘向空中,称"擘钱"。城市居民乘此携带酒食春游①。

端午:宋代始以五月五日为端午节,又称端五、重五②、重午、天中、浴兰令节。自五月一日至端午前一天,市中出售桃、柳、葵花、菖蒲、艾叶,端午那天家家铺设在门口,吃粽子、五色汤元、茶酒等,"士庶递相宴赏"。还将泥塑张天师像,挂在门额上,以禳毒气。宫中全天奏乐。南方很多地区还赛龙舟竞渡③。

七夕:七月七日为七夕节。北宋初仍沿用五代旧习,七夕用六日。太宗太平兴国三年(978年),开始改用七日,民间崇尚果实、茜鸡(以茜草熬鸡)和摩睺罗即泥塑幼童像,精致者装上彩色雕木栏座,遮以纱罩,甚至用金玉珠翠装饰。傍晚,妇女和儿童穿上新衣,在庭院中立长竹竿,上置莲花,称"花竿"④。设香桌,摆出摩睺罗、酒果、花瓜、笔砚、针线,姑娘们个个呈巧、焚香列拜,称"乞巧"。有些妇女对月穿针,或把蜘蛛放入盒子内,次日观看网丝圆正,即为"得巧"。此日又是晒书节,朝廷三省六部以下,各赐钱设宴,为晒书会⑤。

中秋:八月十五日为中秋节。节前,京城酒店出售新酒,市民争饮,不到中午便销售一空。晚上,金风送爽,丹桂飘香,富豪皆登楼台酌酒高歌,通宵赏月。贫民也质衣买酒,"勉强迎欢,不肯虚度"。南宋时,浙江上放"一点红"羊皮小水灯几十万盏,浮满江面,灿烂如繁星⑥。

重阳:九月九日为重阳节,又称重九节。民间在蒸糕上插小彩旗,镶嵌石榴子、银杏、松子肉等,称重阳糕,用来互相馈赠。又用粉做成狮

---

① 《宋朝事实类苑》卷32《赐新火》;《鸡肋编》卷上;《东京梦华录》卷7《清明节》。
② 《容斋随笔》卷1《八月端午》;郑刚中:《北山文集》卷2《重五》。
③ 《东京梦华录》卷8《端午》;《岁时广记》卷21《端五上》。
④ 王林:《燕翼诒谋录》卷3《七夕改用七日》;《嘉泰会稽志》卷13《节序》。
⑤ 《东京梦华录》卷8《七夕》;《武林旧事》卷3《乞巧》;《朝野类要》卷1《曝书》。
⑥ 《梦粱录》卷4《中秋》;《武林旧事》卷3《中秋》。

子蛮王形状,放在糕上,称"狮蛮"。各僧寺都设斋会。此时菊花盛开,民间竞相赏菊,将菊花和茱萸插在头上,并且饮茱萸酒或菊酒①。绍兴府(治今浙江绍兴)民间多吃栗粽,亲友间非遇丧葬,不相往来。十日,士庶再集宴赏,称"小重阳"②。

立冬和冬至:十月内立冬前五天,北宋都城上自宫廷,下至民间,开始贮藏蔬菜,以供一冬食用③。十一月冬至,民间重视此节,为一年三大节之一。士庶换上新衣,备办食物,大多吃馄饨。还用馄饨祭祀祖先。店铺罢市三天,垂帘饮酒赌博,称"做节"。官府也特准百姓关扑和减免公私房租三天。皇帝于此日受百官朝贺,称"排冬仗",百官都穿朝服④。

除夕:腊月(即十二月)八日,僧寺做成五味粥,称腊八粥,馈赠施主。百姓也用果子、杂料煮粥而食。二十四日,民间用蔬食、胶牙饧(麦芽糖)、萁豆等祭社⑤。腊月底,被认为"月穷岁尽之日",故称"除夜"。而二十四日为"交年节"或"小节夜",三十日为"大节夜"⑥。民间都洒扫门闾,除尘秽,净庭户,换门神,挂钟馗,钉桃符,贴春牌,并祭祀祖先。晚上则准备迎神的香、花、供品,以祈新年的平安。宫中举行大驱傩(驱逐疫疠)仪式:军士等戴面具、穿绣画杂色衣,手执金枪、龙旗,装扮成六丁、六甲、判官、钟馗、灶君、门神、土地等,共一千多人,从宫内鼓吹驱祟到城外,称为"埋祟",而后散去。与此同时,点燃爆仗,声震如雷。农民们还点起火炬,称"照田"⑦。百姓合家围炉而坐,饮酒唱歌,奏乐击鼓,坐以达旦,称为"守岁"⑧。

金朝的这类节日也有立春、寒食节、除夕等。

---

① 《东京梦华录》卷8《重阳》;《梦粱录》卷5《九月》。
② 《嘉泰会稽志》卷13《节序》;《岁时广记》卷35《重九中·再宴集》。
③ 《东京梦华录》卷9《立冬》。
④ 《东京梦华录》卷10《冬至》;《岁时广记》卷38《冬至》。
⑤ 《梦粱录》卷6《十二月》。
⑥ 《岁时广记》卷39《交年节》;《武林旧事》卷3《岁除》。
⑦ 《玉峰志》卷上《风俗》。
⑧ 《东京梦华录》卷10《除夕》;《梦粱录》卷6《除夜》。

立春:金朝皇帝在宫中庆祝立春,可能始于海陵王。天德三年正月癸未立春,海陵王"观击土牛"。从此,他还在此日将土牛分赐各地官员①。

寒食和清明:寒食节又称熟食节。女真族较早采用此节。天辅十六年(实为金太宗天会十一年,1133年)正月,女真族"例并祭先祖,烧纸钱,埋肉脯,游赏外各在水际"。至章宗明昌元年(1190年)二月,王寂在宜民县(今辽宁辽阳东北),遇熟食节,看到"山林间,居民携妻孥上冢,往来如织"。官府放假五日,也以冬至后一百零五天为限②。

居住在荆湖南路沅州(治今湖南芷江)四周的苗、瑶、獠、仡伶、仡佬"五溪蛮",乃近代壮、侗、水、布依、仡佬等族的先民。他们在这时期有岁节、重午等节。岁节似即元旦、新年,史称:"土俗,岁节数日,野外男女分两朋,各以五色彩囊、豆、粟往来抛接,名'飞蛇'。"又称"蛮乡最重重午",是日,"不论生、熟界,出观竞渡,三日而归"。竞渡的船只,在一个月前就要下水,"饮食,男女不敢共处"称"爬船"。至五月十五日,再次出观,称"大十五"。船分为五色,黑船的神"尤恶","来去必有风雨"。山瑶在此日青年男女在山坡相亲,"相携而归"③。

四、宗教性节日

这一时期佛、道二教流行,加上一些新的迷信的出现,使民间的节日增添了不少新的内容。

辽朝的这种节日,有人日、佛生日等。

人日:古代占卜书以正月一日为鸡,二日为狗,三日为猪,四日为羊,五日为牛,六日为马,七日为人,八日为谷。占卜其日天晴为吉祥,

---

① 《金史》卷5《海陵》,卷132《徒单贞传》。
② 《永乐大典》卷19742《录字》引《窃愤录》;王寂:《辽东行部志》;《大金国志》卷35《杂色仪制》。
③ 朱辅:《溪蛮丛笑》。

阴天为灾难。民间习俗于此日在庭院中食煎饼,称"薰天"①。

佛生日:四月八日,为释迦牟尼(又称悉达太子)的生日。都城和各州都用木头雕刻佛像,人们抬起佛像游行,前面用仪仗、百戏导从。又允许僧、尼、道士、百姓们"行城一日为乐"。各佛寺皆举办"菩萨会",共庆佛的生日②。

宋朝的这类节日较多,有人日、玉皇生日、梓潼帝君生日、上巳日、佛日、中元等。

人日:即正月七日。民间在此日剪彩绢人像,称"人胜",贴在屏风或戴在头髻上,表示人人新年后形貌更新。民间还用面做成肉馅或素馅春茧,内藏写有官品的纸签或木片,食时探取,以卜将来官品的高低③。

梓潼帝君生日:二月三日为梓潼帝君生日。帝君即晋代张恶子,本庙在剑州梓潼县七曲山,宋时屡被加封。相传该帝君专"司桂籍,主人间科级",各地任官之人都就观建会,祈求仕途顺利④。

祠山张真君生日:二月八日为祠山张真君生日。张真君即张渤,宋时又称张王、祠山真君,本庙在广德军(治今安徽广德),赐额广惠王庙或祠山行宫。江、浙各地也都建此庙。五代以来此庙"素号灵应,民多以牛为献"。宋统治者屡加封号,尊崇备至。逢其生辰,百姓竞赴朝拜,乘时演出百戏如杂剧、相扑、小说、影戏等。祭者必诵《老子》,且禁食猪肉⑤。

花朝节:二月十五日为花朝节。此时浙中百花竞放,正是游赏季节。州县长官到郊外,赐父老酒食,劝谕农桑。僧寺和尼庵建释迦涅槃会,信徒前往烧香膜拜⑥。

---

① 《容斋三笔》卷16《岁后八日》;《辽史》卷53《礼志六》。
② 《辽史》卷53《礼志六》作"二月八日"。《岁时广记》卷20《佛日》作"四月八日"。《辽文汇》四。
③ 《全宋词》第533页。
④ 《宋会要》礼21之25;郑瑶等:《景定严州续志》卷4《祠庙》;《梦粱录》卷19《社会》。
⑤ 《宋会要》礼20之83、163;《梦粱录》卷14《外郡行祠》。
⑥ 《梦粱录》卷1《二月望》;《玉峰志》卷上《风俗》。

上巳日：中国古代以三月中第一个巳日为上巳节。魏晋以后到宋代，改为专用三月三日为上巳日。民间在流水上洗濯，除去宿垢，称"禊"（即洁）。南海人不做寒食，而在上巳扫墓①。此日又是北极祐圣真君和真武（又名真武灵应真君）生日，百姓都去祐圣观和祥源观（醴泉观）烧香。各道观也建醮，禳灾祈福②。

东岳帝生日：三月二十八日为东岳圣帝生日。各地善男信女前一天在大路上通宵礼拜，会集到东岳行祠（行宫），称"朝岳"，祈求农业丰稔③。

佛日：俗称四月八日为释迦佛的生日，又称浴佛节。各寺院都建浴佛斋会，僧徒用小盒装铜佛像。放入香药糖水（浴佛水），一面铙钹交迎，遍走街巷闾里，一面用小勺浇灌佛像。临安六和塔寺集中童男童女和信徒举办朝塔会，西湖上举行各种放生会，观众达数万人。尼庵也设饭供茶，称"无碍会"④。

崔府君生日：六月六日为崔府君生日。崔府君一说是东汉人崔瑗（字子玉），一说是唐滏阳令。本庙在磁州（治今河北磁县）。额曰崔府君庙，朝廷经常派官员主持庙事⑤。据说，高宗在北宋末出使到磁州境时，崔府君神曾显灵护驾，南宋时乃在各地兴建显应观，以褒其功。是日，百姓纷集该庙烧香，而后为避暑之计⑥。

解制日：佛教以四月十五日为"结制"或"结夏"开始之日。僧、尼从此日起，安居禅教律寺院，不能单身出外云游。佛殿也建楞严会。至七月十五日，僧尼寺院都设斋解制（又称解夏），称"法岁周圆之日"。自结制到解制，前后共90天⑦。

---

① 王观国：《学林》卷5《节令》；葛立方：《韵语阳秋》卷19；《岁时广记》卷18《上巳上》。
② 《夷坚志》卷24《婺州两会首》。
③ 陈淳：《北溪字义》卷下《世俗鄙俚》；常棠：《澉水志》卷上《寺庙门》。
④ 《武林旧事》卷3《浴佛》；《梦粱录》卷19《社会》；《玉峰志》卷上《风俗》。
⑤ 王象之：《舆地纪胜》卷1《两浙西路·显应观》；《宋会要》礼21之25。
⑥ 《武林旧事》卷3《都人避暑》；《梦粱录》卷4《六月》。
⑦ 《梦粱录》卷3《僧寺结制》，卷4《解制日》。

中元：七月十五日为中元节。各州长官往圣祖庙朝谒。百姓在家搭起圆竹架，顶部放置荷叶，装满各种食物和"目连救母"画像，借以祭祀祖宗。或赴墓地拜扫。僧寺也建盂兰盆会，向施主募捐钱米，代荐亡人。是日，百姓一般不吃荤食，屠户为之罢市①。

金朝的这类节日也有人日、上巳、佛日等，但因缺少记载，只能略述一二。如人日，即正月七日。元好问《南歌子》词云："人日过三日，元宵便五宵。共言今日好生朝。……"上巳日，即三月三日。郝俣《上巳前后数日皆大雪，新晴游临漪亭上》诗写道："十月阴风料峭寒，试从花柳问平安。野亭寂历春将晚，山径萦纡雪未干。足踏东流方纵酒，手遮西日悔投竿。渊明正草《归来赋》，莫作山中令尹看。"②由于北方天寒，有时上巳日还下着大雪，因此没有南方人在流水上洗濯之类的活动。段克己《鹧鸪天（上巳日再游青阳峡，用家弟诚之韵）》词也没有描写这类活动。海陵王正隆三年（1158 年），在五台山北麓创建岩上寺。朔漠地区佛教信徒每年于此日纪念佛诞，纷纷越长城、跨北岳，远道前来朝拜五台。岩上寺是当时香客进山的第一接待处所，颇具规模，香火很盛③。

---

① 《岁时广记》卷 29，卷 30《中元》；《事物纪原》卷 8《盂兰》；《武林旧事》卷 3《中元》。
② 《全金元词》；《中州集》卷 2。
③ 张博泉：《金史简编》，辽宁人民出版社 1984 年版，第 413 页。